分権国家の憲法理論

Théorie constitutionnelle de l'État décentralisé

フランス憲法の歴史と理論から見た現代日本の地方自治論

Étude sur la théorie constitutionnelle et l'histoire de l'autonomie locale en France en vue de reconstruction de la théorie japonaise à nos jours

大津 浩 著

分権国家の憲法理論／目　次

凡例

序章　地方自治の憲法理論の現状と再構築の必要性 …………… 1

第1節　「地方自治の本旨」から見た憲法理論の現状　1
1　「地方自治の本旨」の漠然性・曖昧性　1
2　昨今の憲法改正案における「地方自治の本旨」批判　2
3　「地方自治の本旨」の明確な定義の欠如がもたらす訴訟実務の限界　6

第2節　地方自治の憲法理論の研究方法　8
1　「地方自治の本旨」の原意主義的解明の困難性　8
2　国民主権と権力分立の内容的深化から見た地方自治　13
3　複眼的視座からの分析の重要性　15

第3節　「分権国家」の意味と本書の構成　20

第1部　「分権国家」の歴史的基底 ……………………………… 25

第1章　フランス革命期における「単一国家」………………… 26

第1節　革命期における「単一国家」原理の誕生　26
1　近代市民革命における国家と自治体　26
2　「自治体革命」における地方自治権論　30
3　国民代表制原理に基づく「単一国家」型の地方自治の成立　35

第2節　「人民主権」論における対抗的地方自治の論理の萌芽　55
1　「人民主権」原理と対抗的地方自治についての基本視座　55
2　ルソーの「人民主権」論と「連邦制」論　57
3　民衆運動の憲法構想における「人民主権」と地方自治の関係　66

第3節　「革命激化期」議会の憲法構想における
　　　　　対抗的地方自治の隘路と可能性　75
1　「議会ブルジョワジー」の憲法構想における「人民主権」の採用の意味　75
2　「ジロンド憲法草案」における不完全な「人民主権」と地方自治との関連性　79
3　ジャコバンの憲法構想における「人民主権」に基づく地方自治の特質と限界　88
4　フランス革命期の地方自治の変転と「単一国家」原理の極端化　103

第2章　フランス近代地方自治制度確立期における「単一国家」……110

第1節　19世紀フランスにおける地方制度の変遷　110

第2節　19世紀民衆運動の自治理念における連合主義と「人民主権」　114
 1　19世紀の民衆運動と政治革命の関係　114
 2　プルードンの連合主義における対抗的地方自治の要素　116
 3　「パリ・コミューン」の憲法構想における国家と地方自治　126

第3節　第3共和制における「単一国家」型地方自治原理の確立　137
 1　「第2帝政」下の改革案　137
 2　第3共和制前半期第1期の諸改革　140
 3　第3共和制前半期第2期の諸改革　151

第2部　「分権国家」の憲法原理 …… 171

第3章　フランス近代公法学説における「単一国家」型地方自治原理の成立 …… 172

第1節　エスマン——地方自治論の欠如と「古典的代表制」論　173
 1　エスマンの憲法論における地方自治権論の欠如　173
 2　エスマンの法学的国家論と国民主権概念　175
 3　「2つの統治形態」における「古典的代表制」擁護の意味　176

第2節　カレ・ド・マルベール——法学的国家論における「自己行政」論　180
 1　カレ・ド・マルベールの法学的国家論と国家の法人格理論　180
 2　カレ・ド・マルベールの連邦制論　184
 3　カレ・ド・マルベールの地方自治論　189
 4　「半代表制」と「半直接制」における地方自治の憲法理論　195

第3節　デュギー——社会学的国家論における「分権型代理人」論　203
 1　デュギーの法学方法論と国家論　203
 2　デュギーにおける連邦制と分権制の憲法原理　207
 3　デュギーの「分権制代理人」論の本質と限界　214

第4節　オーリゥ——制度理論と国民主権の多段階的代表論における「地方分権」の位置　217
 1　オーリゥの法学方法論　217
 2　オーリゥの複眼的分権論　219
 3　オーリゥの国民主権論における分権論の位置　226
 4　制度理論的憲法論を基底とする「地方分権」論の限界と可能性　240

第4章　現代憲法理論における「分権国家」原理の成立とその射程 … 255

第1節　現代フランスにおける「自由行政」原理と「単一国家」　255

1　フランス近代地方自治原理の残存と現代立憲主義としての第5共和制　255
2　ミッテラン地方分権改革の意義と限界　263
3　憲法判例における「自由行政」原理の成立　273
4　フランス「自治体憲法」論における「単一国家」型地方自治原理の限界　281

第2節　「単一国家」型地方自治原理の変容と「分権国家」原理　286

1　「分権国家」化のための憲法改正　286
2　憲法改正の限界と補完性原理　301
3　「一般権限条項」問題における「単一国家」原理の変容　309
4　憲法判例におけるフランス型「分権国家」の変容可能性　323

第3節　新たな「分権国家」概念における「対話型立法権分有」の可能性　329

1　新たな「分権国家」概念の創出と連邦国家概念の変容可能性　329
2　現代国民主権論における「対話型立法権分有」法理の論理的可能性　341

終章　分権国家の憲法解釈への展望 … 365

第1節　「地方自治の本旨」の憲法解釈の現状　365

1　「地方自治の本旨」をめぐる学説の対立　365
2　「ポスト杉原」の憲法学説の分布状況　374

第2節　「対話型立法権分有」に基づく「地方自治の本旨」解釈の可能性　383

1　地方分権改革と行政法学説における「立法権分権」の展開と限界　383
2　憲法原理としての分権国家における地方自治権保障の新たな可能性　393

主要参考文献一覧　409

あとがき　419

凡例

フランスの議事録・法令集・判例集・法律雑誌

A.P. = *Archives Parlementaires de 1787 à 1860, 1ère série de 1787 à 1799, Recueil complet des débats législatifs et politiques des chambres françaises*, imprimés par ordre du corps législatif sous la direction de J. Habidal et E. Laurent, 1867 et s., A.C.R.P.P., Librairie administrative de P. Dupon

AJDA = *L'Actualité juridique, droit administratif*, Dalloz

C.E. = Conseil d'État

―――, *Recueil Lebon* = *Recueil des arrêts du Conseil d'État*

J.O. = *Journal Officiel de la République Française*

―――, Chambre D., Doc. Parl. = *Chambre des Députés, Documents Parlmentaires*

―――, Chambre D., Déb. Parl. = *Chambre des Députés, Débats Parlementaires*

LA = *Lois, et actes du gouvernement*, De l'Imprimerie Impériale

RDP = *Revue de droit public et de la science politique en France et à l'étranger*, L. G.D.J.

RFDC = *Revue française de droit constitutionnel*, PUF

RFDA = *Revue française de droit administratif*, Dalloz

アメリカの判例集

A = Atlantic Reporter

Cal. Rptr. = California Reporter

US = United States Reports

L ed = United States Supreme Court Reports, Lawyers' Edition

ドイツの判例集

BverfGE = *Entscheidungen des Bundesverfassungsgerichts*, J.C.B. Mohr (Paul Siebeck) Tübingen

序章　地方自治の憲法理論の現状と再構築の必要性

第1節　「地方自治の本旨」から見た憲法理論の現状

1　「地方自治の本旨」の漠然性・曖昧性

　かつて杉原泰雄は、「日本国憲法下の憲法政治」における「憲法軽視の双璧が『第2章　戦争の放棄』と『第8章　地方自治』である」と述べた。さらに杉原は、日本の憲法学界も国民自身も、「戦争の放棄」にはこだわりを持ち続けてきたのとは対照的に、「日本国憲法下においても、地方自治の問題をほぼ一貫してマイナーな問題と考え、その研究・教育に力を入れてこなかった」と喝破した[1]。

　それでは、1995年に設置された地方分権推進委員会による5次にわたる答申と1999年成立の地方分権一括法（その中心が地方自治法の改正である）による「第1次地方分権改革」と、2006年成立の地方分権改革推進法から2009年の政権交代を経て2011年成立の地域主権改革関連3法へと至る「第2次地方分権改革」は、こうした状況に劇的な変化をもたらしたのであろうか[2]。

　確かに、憲法の研究者と共に公法学界を形成してきた行政法の研究者の中には、分権改革の流れに沿って地方自治の公法理論の再構成を目指す者が激増している。しかし彼らの試みは、行政法学の特質とも言えようが、現実の地方自治関連立法の枠内での整合的な解釈に留まろうとする傾向に災いされて、国会の立法をも拘束する法規範性のある憲法原理を明確に示すところにまでは至っていない。例えば、地方自治の公法理論の再構成を積極的に試みている行政法学者の一人である北村喜宣は、その主著の中で、地方分権改革の「大きな流れを受けて、『地方自治の本旨』についての法的意味や解釈が変わらないということはない」と述べ

---

1) 杉原泰雄『地方自治の憲法論』（補訂版、勁草書房、2008年〔初版、2002年〕）31、32-33頁。
2) 「第1次地方分権改革」と「第2次地方分権改革」の概要は本書終章第2節1で扱う。

のちに、「それでは、地方分権一括法の制定後、『地方自治の本旨』とはどのような内実を持つのであろうか。本格的かつ具体的な憲法論が求められるところである」と述べるのみで、その後は直ちに改正地方自治法の分析に進んでしまい、自ら「本格的かつ具体的な憲法論」を再構成しようとはしないのである3)。

　北村ら行政法学者にしてみれば、現実の法令との整合性を無視してでも新しい憲法理論を打ち立てる役割は、憲法学者にあるということなのかもしれない。しかし実際には、残念ながら憲法学者の多くは未だに地方自治の憲法理論の再構成に消極的なままである。とりわけ日本国憲法の地方自治保障にとっての中心概念である憲法92条の「地方自治の本旨」の意味については、相変わらず「住民自治と団体自治の2つの要素」を挙げつつ、そこからの記述的な説明を施すにとどまり、地方自治の制度や権限の存在それ自体の廃止立法を禁止するという意味を除いては、現実の国の立法を拘束する法規範性のある憲法原理を示す姿勢は見られない4)。もちろん、法規範性を有する地方自治の憲法原理に関心を寄せる憲法学者も少数ながら存在する。しかし私見では、彼らの中ですら、「立法によっても侵しえない地方自治権の中核部分」を具体的に描き出すことに成功した者は未だいない5)。まして大部分の憲法学者の場合には、「地方自治の本旨」の漠然性・曖昧性を指摘したうえで、憲法の基本原理に従って「『地方自治の本旨』の意味を解釈して、地方公共団体の自治事務を歴史的・経験的に確定していくことが必要」と述べるのみで6)、それ以上の分析を避け続けているのが今も一般的である。

2　昨今の憲法改正案における「地方自治の本旨」批判

　漠然・曖昧であることを認めつつ、その治癒ないし再構成を怠る学界の一般的傾向は、昨今の憲法改正論議の中で、結果的に「地方自治の本旨」の概念を否定ないし矮小化しようとする動きに利用されてしまったとも言える。例えば、2012年4月27日に発表された自民党「日本国憲法改正草案」（以下、「自民草案」）は、地

---

3) 北村喜宣『分権改革と条例』（弘文堂、2004年）58-59頁。
4) いわゆる通説的教科書の位置を占めてきたものとして、芦部信喜（高橋和之補訂）『憲法』（第5版、岩波書店、2011年）356頁。近年、若手研究者に参照される傾向の強いものとして、長谷部恭男『憲法』（第5版、新世社、2011年）433頁。これらのいずれも、「地方自治の本旨」を憲法原理のレベルにまで遡って、その新たな憲法規範性を描くことに関心がない。
5) 本書終章第1節で詳述する。
6) 野中俊彦・中村睦男・高橋和之・高見勝利『憲法Ⅱ』（第5版、有斐閣、2012年）362-365頁。

方自治に関する憲法の総則規定である92条から「地方自治の本旨」という文言を削除し、「地方自治は、住民の参画を基本とし、住民に身近な行政を自主的、自立的かつ総合的に実施することを旨として行う」との規定に変更して、これを新しい92条1項とすることを提案している。さらに「自民草案」は、住民にとっての自治体の役務提供の平等享受の権利とその負担の公平分担の義務の規定を同条2項として追加することも提案する。そしてこうした変更の理由について、「自民草案」の解説書である自民党「日本国憲法改正草案 Q&A」(増補版。以下、「Q&A」)の「Q35・答(92条 地方自治の本旨)」は、「従来『地方自治の本旨』という文言が無定義で用いられていたため、この条文において明確化を図りました」と説明するのである[7]。

確かに「自民草案」は、地方自治体の種類や国と自治体の協力などを定める新93条2項に、「地方自治体の組織及び運営に関する基本的事項は、地方自治の本旨に基づいて、法律で定める」という現行憲法92条とほぼ同じ規定を置いている。しかしこの場所に「地方自治の本旨」を移すことは、その憲法規範上の意味に大きな質的変化を生じさせることを見落としてはならない。なぜなら第1に、新92条は総則規定として、その表題に「地方自治の本旨」を置きつつ、上記のようにその意味を「住民に身近な行政の自主的・自立的・総合的な実施」に「明確化」しているのであるから、新93条2項の「地方自治の本旨」もこの「身近な自主行政」の意味に限定して解さざるをえなくなるからである。そして第2に、93条は自治体の種類を定めるという趣旨の下、将来の道州制導入をもにらんで、1項で「基礎地方自治体及びこれを包括する広域地方自治体」の存在を定めたうえで、その組織と運営に関する「基本的事項」を「地方自治の本旨」に基づいて法律で定めるという構成を採っており、地方自治体が「住民に身近な自主行政」体に留まる限りで、その組織や運営について現行の地方自治法におけるような過度の拘束を避けて、新地方自治法ではより緩やかな定め方をする旨の立法指針を示したと考えられるからである[8]。さらに新93条3項で国と地方自治体とが「法律の定める役割分担を踏まえ、協力しなければならない」と定めている点も、自治体が

---

7) 自由民主党・憲法改正推進本部『日本国憲法改正草案・Q&A』(増補版、自由民主党、2013年〔初版、2012年10月〕)。地方自治に関する改正案正文は63–64頁、地方自治に関する「Q&A」は29–31頁に掲載されている(頁数は、増補版のもの)。
8) 「自民草案」はこうした「拘束性の緩和」の趣旨を示すために、現行92条が「……組織及び運営に関する事項」を法律で定めると規定していることに対して、「……組織及び運営に関する基本的事項」を法律で定める(傍点は筆者)という修正を加えたものといわれている。

「住民に身近な行政」体としての「本分」をわきまえ、国にとって必要とされる行政への協力の義務があることを踏まえたうえで、その枠内で自治体の組織と運営について地方自治法による拘束を緩和しようとする趣旨で理解される可能性が高い点も、これまでの「地方自治の本旨」が、場合によっては国の法令を一時的に逸脱してでも、住民の人権と安全と自治を守るよう試みる自由を自治体に事実上保障する役割を果たしてきたことに鑑みると、「地方自治の本旨」の法的意味の大きな変更を狙っていることを疑わせる根拠となる[9]。

　実は、憲法92条から「地方自治の本旨」を削除して上記のような「住民に身近な行政の自主的・自立的・総合的な実施」に変更する考え方は、自民党などの保守的政治勢力の中では以前から提起されていたものであった。92条については、2004年11月の自民党憲法調査会「憲法改正草案大綱（たたき台）」において、すでに「第7章　地方自治　第1節　地方自治の原理」の中で、「……住民の福祉の増進を図ることを目的として、地域における行政を自主的かつ総合的に実施する役割を広く担うものとすること」、「国は、……国が本来果たすべき役割のみを担うものとし、地方自治体は、住民に身近な行政をできるだけ幅広く担うものとすること」という文言に変える姿勢が現れていた[10]。そして2005年11月22日の自民党「新憲法草案」では、今回と全く同一の条文が示されていた[11]。

　これらの改正草案は、全て地方自治を「身近な自主行政」に限定する意図で一貫している。これは自民党改憲案が初めて示したものではなかった。実はこれには、グローバリゼーションの強まりの下、一方で分権化立法を通じて自治体[12]に自立と自己責任を求めつつ、他方では国の法律に抵触・違反しないよう自治体を枠づけようという観点から「単一国家」型の法治主義[13]を徹底する趣旨で1999年

---

9)　国と自治体とが「法律の定める役割分担を踏まえ、協力しなければならない」と定める「自民草案」93条3項について、奥平康弘・愛敬浩二・青井未帆編『改憲の何が問題か』（岩波書店、2013年）はその124頁で、国と自治体の「適切な役割分担」の強調による「地方自治の本旨の形骸化」が、「外交・防衛は国の権限と称して、非核神戸方式……のような自治体の取り組みをつぶす根拠となりうる」ことを指摘している（愛敬執筆）。

10)　「憲法改正草案大綱（たたき台）」については、全国憲法研究会編『憲法改正問題』（法律時報増刊、日本評論社、2005年）347-362頁。

11)　「新憲法草案」については、全国憲法研究会編『続・憲法改正問題』（法律時報増刊、日本評論社、2006年）92-107頁。

12)　本書では他文献からの引用の場合を別にして、日本の普通地方公共団体（及び特別区）を原則として自治体と表記する。外国のそれの場合には文脈により使い分ける。

の地方自治法改正がなされた際に、地方自治を「地域における身近な自主的総合的行政」（同法１条の２）と定義したところにその原点があった。1999年の地方自治法改正当時から学界の一部では、地方自治は「自主行政」に留まるものではなく、「市民による国民主権の地域的行使」を実現する場であるとの意義づけから、「自己統治」ないし立法権を含む「統治権の分有」の原理であることを明確にすべきとの批判がなされていた。しかし自治省・総務省官僚は、地方自治をドイツやフランス流の「自主行政」としか見ない一部の有力な公法学者の主張を利用して、これを押し切ったのだった[14]。今回の「自民草案」はこうした流れに沿って、従来、時として「身近な自主行政」を超えて、統治権、特に立法権を国と自治体とで分有するとの立場から、国の法令ないし立法意思すら乗り越えようとする自治体がその根拠としてきた憲法92条の「地方自治の本旨」という規定自体を、いよいよ葬り去ろうとしているのである。

　今回の「自民草案」では、条例制定権を含む自治体の権限について定める現行憲法94条を、新95条で「地方自治体は、その事務を処理する権能を有し、法律の範囲内で条例を制定することができる」という文言に修正しようとしている点にも注目しなければならない。これについては、現行憲法の趣旨と変わらないのではないかとの意見もあろうが、「Q&A」では、「地方自治体の条例が『法律の範囲内で』制定できることについては、変更しませんでした。条例の『上書き権』のようなことも議論されていますが、こうしたことは個別の法律で規定することが可能であり、国の法律が地方の条例に優先するという基本は、変えられないと考えています」（Q35・答95条）と述べていることから分かるように、このような規定にしたことの真意は、「自治体立法に対する国の立法の優越」原則の明確化にある。確かに従来から行政解釈はこの原則に固執し、判例も一部を除き同様であったが、にもかかわらず少なからざる憲法学説や野党側の政治的主張の中には、現行憲法94条を憲法92条と併せて読むことで、「地方自治の本旨」に反する国の

---

13) グローバリゼーションの下の日本における「単一国家」型の法治主義の強まりについては、その揺らぎを含めて、拙稿「グローバリズム立憲主義下の地方自治権論の課題」憲法理論研究会編『国際化のなかの分権と統合（憲法理論叢書６）』（敬文堂、1998年）29-41頁を出発点に、これまで検討を加えてきたところである。

14) 例えば大津浩・大森彌・小幡純子・川島正英・小早川光郎・人見剛「〔座談会〕地方分権改革の意義と課題」小早川光郎・小幡純子編『あたらしい地方自治・地方分権』（ジュリスト増刊、有斐閣、2000年）の24-26頁における筆者（大津）と小早川の議論を参照されたい。

立法は自治体立法に優越しないこと、そして「地方自治の本旨」には、地域の必要性に応じて合理的な範囲で条例による「上書き」を許す趣旨が含まれることを憲法から導き出し、その結果、地域の必要性と合理性次第では、国の「個別の法律で規定」されていなくても「上書き」を認めたり、さらには国の法令からの部分的な「逸脱」すら認める憲法論が存在していたことに鑑みると[15]、こうした憲法論をすべて抹殺しようという意図をここに読み取ることも、あながち穿った見方とは言い切れないであろう。

3 「地方自治の本旨」の明確な定義の欠如がもたらす訴訟実務の限界

訴訟実務においても、「地方自治の本旨」の明確な定義を欠いたまま放置してきたことのつけは深刻である。例えば最高裁は、自治体自主課税権を過度に制約する地方税法の繰越控除規定の効果を部分的に削ぐ条例について、国法の「重要な部分」への抵触でないことを理由に適法とした控訴審判決（「神奈川県臨時特例企業税条例事件」東京高判2010年2月25日判時2074号32頁）を破棄し、条例は国法の趣旨・目的・効果に一切抵触できないとする、まさに地方自治を「自主行政」に限定する判決を下している（最一小判2013年3月21日判例地方自治368号9頁、判時2193号3頁）。

同事件については詳しくは別稿に譲るが[16]、この最高裁判決は、一方では、憲法92条と94条を根拠に挙げて、自治体が「地方自治の本旨に従い、その財産を管理し、事務を処理し、及び行政を執行する権能を有する」ことや、その結果として「課税権の主体となることが憲法上予定されている」ことを一般論として認める。しかしながら同時に、「憲法は、普通地方公共団体の課税権の具体的内容について規定しておらず、普通地方公共団体の組織及び運営に関する事項は法律でこれを定めるものとし（92条）、普通地方公共団体は法律の範囲内で条例を制定することができるものとしていること（94条）、さらに租税の賦課については……憲法上、租税法律主義（84条）の原則の下で、法律において地方自治の本旨を踏まえてその準則を定めることが予定されて」いることから、「これらの事項につ

---

15) こうした憲法論については、本書終章を参照のこと。
16) 拙稿「『対話型立法権分有』の法理に基づく『目的効果基準』論の新展開——神奈川県臨時特例企業税条例の合憲性・合法性についての一考察」『成城法学』81号（2012年）408-358〔（1）-（49）〕頁。同「国の立法と自治体立法——『正統学』自治体立法の規範理論」西原博史編『立法システムの再構築（立法学のフロンティア2）』（ナカニシヤ出版、2014年）203-208頁。

いて法律において準則が定められた場合には、普通地方公共団体の課税権は、これに従ってその範囲内で行使されなければならない」とも述べているのである。

　この理由づけにおいては、「地方自治の本旨」についてその具体的内容は一切示されていない。したがって論理的に考えるなら、同判決は暗黙裡に、具体的な基準によらずとも誰もが「地方自治の本旨」違反と認めざるをえないような、通常は想定しがたい異常な立法（ないし立法の欠如）の場合を除き、国の立法意思が自治体の立法意思に常に優先することを当然の前提としていると考えざるをえない。同事件については、上告審の準備過程で被上告人（神奈川県）側が提出した上申書に添付された鑑定意見書の中に、憲法92条の「地方自治の本旨」の規範的意味を積極的、本格的に論じたものがあり、そこでは「地方自治の本旨」の法規範的意味は、特定の権限や課税制度を保障するものではないにせよ、地域的必要性と合理性が十分に認められる限りは、「対話型立法権分有」の法理に基づき、いかなる場合にも条例が国の法律に部分的・暫定的に抵触・逸脱することを許容する趣旨が「地方自治の本旨」に含まれる、との主張がなされていた[17]。同判決はこうした憲法解釈を一切無視したわけであるが、おそらくは上告人側が第1審から上告審に至るまでの各審級において提出した準備書面に添付された鑑定意見書の中で、一部の憲法学者が、「地方自治の本旨」の意味の明確化を怠ったままで、本件「地方税法の定める法人事業税に関する規定は、『地方自治の本旨』に反するものとは解されない」と直ちに断じていたことが[18]、こうした態度を正当化したのではないかと思われる。なぜならば、憲法学界において通説ないし通説に近い有力説が存在しない場合には、最高裁は、行政解釈と異なる憲法学説上の主張を一切無視してもかまわないとする傾向が強いからである。

---

17)　被上告人上申書添付資料18（2012年9月13日作成の大津浩鑑定意見書）。同意見書は、拙稿・前掲『「対話型立法権分有」の法理に基づく『目的効果基準』論の新展開」に一部修正を加えて収録している。

18)　被控訴人（上告人）提出書証甲179号証（2008年10月21日作成の長谷部恭男意見書）。長谷部は、地方税法の規定は「問題となる法律が『地方自治の本旨』に反する等の特別の事情がない限り、条例が法律の規定に違背抵触した場合に無効となるのは当然である」と述べながら（1頁）、ここで問題となる憲法理論としての「地方自治の本旨」の具体的・明確な意味を述べない。にもかかわらず長谷部は、国の法律の趣旨のみに立脚する旧来型の「目的効果基準」を当てはめて本件条例と法律の関係を分析し、本件条例を法律違反と判断する際には、長谷部は論証抜きで直ちに、「地方税法の定める法人事業税に関する規定は、『地方自治の本旨』に反するものとは解されない」と即断した（3頁）。

第2節　地方自治の憲法理論の研究方法

1　「地方自治の本旨」の原意主義的解明の困難性

　確かに憲法92条の「地方自治の本旨」を、国の立法権をも拘束する明確な意味を持つ法規範として把握するには、一定の困難が伴う。特に憲法の文言上明白な範囲を超えて、その原理的意味から憲法解釈論的に演繹されうる内容までも追究しようとする場合には、その方法論自体が問題となる。

　憲法制定過程を分析することで、各憲法規定に込められた原意を明確にする手法を採ることは可能であろうか。「地方自治の本旨」については、こうした原意主義的手法と結びつきうるようないくつかの論考や研究がある。まず、連合国軍総司令部（GHQ）との交渉の日本側窓口となった法制局の幹部官僚であった入江俊郎や佐藤達夫が後に述懐したものが、一定の資料的価値を有する。

　後に最高裁判事にもなった入江俊郎によれば、憲法92条の条文は「全く日本側の発案」だったとされる。それは、地方自治の本質を旧来の「隣保協同の精神」の文言に留まらないものとする意図を含めつつも、「地方自治の根本精神は既に明らかになっているものと言ってよく、然らば敢て具体的、説明的文言を用いるまでもなく、単に『地方自治の本旨』でよいではないかと考えた」とされる。入江にとっては、「地方自治の本旨とは、『地方自治の理想に従って』というほどの意味であり、換言すれば、地方地方における住民の日常生活上における各種需要の充足に直接、間接必要な公共的事務を、その地方地方の住民が自治的に、その地方地方において共同処理する政治形態」であり、それは「住民自治……と団体自治……との渾然一体となった状態を言う」とされる。しかし「地方自治の本旨」の法規範的意味については、入江はこれを「大きな枠で地方自治の指標を示したいわばプログラム的規定」としか見ておらず、「憲法92条の条文の文言のみを手掛かりにして、地方自治の個々具体の制度、運営の合憲、違憲を論ずるようなことは大いにいさめなければならない」と主張している[19]。

　総司令部との交渉に入江より深く携わった佐藤達夫は、「地方自治の本旨」の「中心の観念」が、「地方住民に身近かな公同の事務は、これらの住民の意思に基

---

19)　入江俊郎「憲法と地方自治」自治省編『地方自治法20周年記念自治論文集』（第一法規、1968年）15-17頁。

きその構成する組織を通じて自主的に処理される」ところにあるとする。「この表現が極めて抽象的である」ことについては、「公共の福祉」と同様に、「結局、個々の具体的問題ごとに、良識ある一般の社会通念によって決せられるべきもの」と述べ、さらに「これが抽象的で漠然としていることが、かえってあらゆる立法の分野をカバーし、それらによる侵害を抑制する効果を持つことになるのではないか」とも述べている。佐藤の場合も、「地方自治の本旨」をプログラム規定に近いものと見ている可能性が強いが、にもかかわらず本稿の視点から見て注目されるのは、佐藤が「地方自治の本旨」の背景をなす考え方として、「地方的民主主義と国家的民主主義との調和点があるはずであり、その発見こそ全ての問題の解決のカギとなるべきものである」と述べているところである。ここには本書が主張するような、国と自治体との間で「対話型の立法権分有」が予定されているとする法理論と結びつきうる視点が含まれているからである[20]。

ところで佐藤は、総司令部案の当初案にアメリカ本土の「ホーム・ルール・チャーター制」を彷彿とさせる「チャーター」(charter) 制定権の文言があったことについては、これを「条例」(regulations) 制定権と翻訳し直し、これを総司令部に受け入れさせた旨を語っている。この点、佐藤は、「そもそも憲法自身でプレジデンシャル・システムというところまで押しつけて置きながら、いまさらチャーターの制定権でもあるまい」と感じたと述懐している[21]。この点については、後に塩野宏も、総司令部が当初予定した「チャーター」制定権には自治体の政府形態選択権の思想が伏在していたはずだったのに対し、佐藤が「条例」制定権に置き換えつつこれを94条に移し、代わりに92条に総則的な規定として「地方自治の本旨」を置いたという有名な事実を確認する。そのうえで塩野は、なぜ総司令部側が受け入れたかは不明としつつ、「何かしら一般的な条項を総則として法令の中に置き、さらにそこに理念を持ち込むというのは、日本人に親和的である」と述べてこうした変更を評価し、結論的には「地方自治の本旨」概念の中で普遍性を有するものは、「自らの『政府』は自ら設計するというその根本的発想」であるとするのである[22]。佐々木髙雄も、解釈論的な結論についてはより禁欲的

---

20) 佐藤達夫「憲法第8章覚書」自治庁記念論文編集部・萩田保編『町村合併促進法施行1周年・地方自治綜合大展覧会記念・地方自治論文集』(地方財務協会、1954年) 47-49頁。
21) 同上、53頁。
22) 塩野宏「地方自治の本旨に関する一考察」『自治研究』80巻11号 (2004年) 27-44頁。

であるが、戦前に「北米合衆国市制概説」[23]を著すなどして、アメリカ型地方自治の基本原理である「ホーム・ルール・チャーター」制を熟知していた佐藤が、「チャーター」と「条例」の本質的な違いを知りつつ、あえてこれを隠して故意に後者の文言を憲法に挿入したことを指摘し、その過程で総則的な規定として92条の「地方自治の本旨」が現れたことを、資料に基づき丹念に跡付けている[24]。

　この佐藤らの日本側法制局官僚による故意の修正を根拠に、「地方自治の本旨」規定が地方自治権を保障するに足るだけの規範性に乏しいことを強調する者もいる。須貝修一は、上記の制憲経緯の中に、「連邦制原理によるホーム・ルール制のかわりに従来の独逸理論による旧制度の原理を盛ったものとして92条を措定する意図」を指摘する。つまり、「いわば92条は旧憲法下の原理をそのまま新憲法にそそぎ込み、他の3か条を帳消しにするような『大きな意義』を有するものとして計画されていた」と見るのである。そのうえで須貝は、92条の「地方自治の本旨」については、「抽象的で漠然としており、伸縮自在であるために、保障規定としてはこれまた下手な作文の域を出ないことのうらみがある」とまで酷評するのである[25]。同様に河合義和も、憲法「92条の実質的内容ないし規定のしかた」が「93以下の個別規定の内容ないし規定の方法と本質的な矛盾関係にある」ことを指摘し、制憲過程における「92条の日本政府側による提案については、これをアメリカ型の地方自治を拒否し、ヨーロッパ大陸型の地方自治を温存しようとする陰謀」と主張する。河合は、K・シュタイナー（Kurt STEINER）の著作をも引きつつ、佐藤らが「総司令部案のホーム・ルール・チャーター制を排除するために日本政府案として現憲法第92条の案を総則的規定として提案し、その『地方自治の本旨に基づいて』という言葉で総司令部側をだまし、『法律で定める』というねらいを果たした」と断じ、このような「地方自治の本旨」の性格こそが、「個別具体的な第8章の条文についての違憲問題としては扱いにくい根本的な問題」を生んだと主張している[26]。

　以上の複雑な歴史的経緯並びに一定の対立を含んだその法学的評価から分かる

---

23)　佐藤達夫「北米合衆国市制概説(1)～(8)」『自治研究』10巻1号211-218頁、同3号95-106頁、同5号67-80頁、同9号73-80頁、11巻5号83-88頁、12巻9号85-90頁、同10号81-90頁、13巻4号91-98頁（1933～1935年）。

24)　佐々木髙雄「『地方自治の本旨』条項の成立経緯」『青山法学論集』46巻1・2合併号（2004年）152-79〔(1)-(74)〕頁。

25)　須貝修一「憲法第8章」『法学論叢』88巻4・5・6号（1971年）1-32頁。

ことは、制憲過程やその原意主義的な分析からは憲法92条の「地方自治の本旨」の一義的に明確な法規範的意味を導き出すことは極めて難しいという事実である。しかし、だからといって一般に抽象性の高い一般総則的な憲法規定に法規範的な意味を認めないのは、憲法理論として間違っている。どの国にも、それぞれの実定憲法[27]についてはその制憲過程に基づく何らかの原意主義的な意味が見出されるものの、日本国憲法のように近・現代立憲主義の流れを踏まえて制定された憲法の場合には、そうした個別・特殊の制憲過程の事情を超えて、近・現代立憲主義に内在する普遍的な憲法原理を見出すことができるはずだからである。この場合には、制憲過程における交渉や政治の場での対立の際には不明だった立憲主義上の普遍的な諸原理が後に明確化することが当然に認められ、学説でそうした見方が通説化した場合には、訴訟実務でも法規範性が認められるに至るのである。そうでなければ、近・現代立憲主義の流れに沿った普遍主義的な憲法原理を見出すべく、日本の憲法学者が日夜進めている外国法研究は解釈論上無意味となる。外国法研究は単なる興味本位でなされるべきではなく、また自己の主張に都合の良い部分のみに言及することを目的として、単に「示唆を得る」ためになされるものでもなかろう。

　日本国憲法の制定過程では不明確だった普遍的な憲法原理上の意味が後に明確化した好例として、国民主権の原理がある。憲法前文及び1条の国民主権の意味については、憲法制定直後の憲法学上の議論（「第1次主権論争」）では天皇制と国民主権の両立可能性に、すなわち「国体」の変更の有無に関心が集中していた。確かにそれこそが憲法制定当時の最大の関心事であった[28]。しかしその後、象徴天皇制と国民主権の両立が当然視されるようになったことに加えて、代表民主制の機能不全が露呈して国民主権の内実が問い直されるようになると、その克服のためには、今まで日本では認識されてこなかったあるべき国民主権の憲法原理を

---

26) 河合義和「憲法第8章の虚像と実像——序説」『日本法学』44巻4号（1979年）34-49頁、同「日本国憲法第8章制定の意義とその限界——比較憲法の視点から」『日本法学』48巻2号（1983年）29-50頁（傍点は原文のまま）。河合が引用した外国語文献は、Kurt STEINER, *Local Government in Japan*, Stanford UP, 1965。

27) 本書において実定憲法とは、成文憲法、不文憲法を問わず、実質的意味の憲法として現実に運用されている最高・根本規範の体系を意味する。これは各国の実定憲法の違いを超越して存在するはずの歴史的でありつつ普遍的な近・現代憲法原理（と本書が考えるもの）と実定憲法の規範や運用とを対比するための用語法である。

見出すことが肝要との立場から、近・現代立憲主義を貫く普遍的な憲法原理として国民主権の意味を探求する研究が進められるようになった。まさにそれが、1970年代から憲法学界で華々しく展開された「第2次主権論争」である。そこでは、1970年代・1980年代の日本憲法学を代表する杉原泰雄と樋口陽一が、他の憲法学者をも巻き込みつつ、主としてフランス憲法史を題材にして近・現代立憲主義の普遍的な憲法原理を探求する中から、「ナシオン主権」と「プープル主権（本書ではこれを「人民主権」と表記する）」の対立図式を提示し、そのうえで日本国憲法の国民主権を両主権原理との関係でどのように把握すべきかを論じるようになったのである[29]。

28）「宮沢・尾高論争」として有名である。宮沢俊義「八月革命と国民主権主義」『世界文化』1＝4号（1946年）、尾高朝雄『国民主権と天皇制』（国立書院、1947年）、宮沢「八月革命と国民主権主義と天皇制についてのおぼえがき」『国家学会雑誌』62巻6号（1949年）、尾高「ノモスの主権について」『国家学会雑誌』62巻11号（1949年）、宮沢「ノモスの主権とソフィスト」『国家学会雑誌』63巻10・11・12合併号（1950年）、尾高「事実としての主権と当為としての主権」『国家学会雑誌』64巻4号（1951年）などで繰り広げられた。この論争全体の要領を得たまとめとして、杉原泰雄編『国民主権と天皇制（文献選集・日本国憲法2）』（三省堂、1977年）の杉原の「解説」（特に3-7頁）、並びに論争当事者である宮沢の上記の論文のうちの第2、第3論文を含んだ『憲法の原理』（岩波書店、1967年）の「国民主権と天皇制」の章（281-355頁）を参照。

29）樋口陽一「現代の『代表民主制』における直接民主制的傾向」『法学』28巻1号、2号（1964年）〔樋口『議会制の構造と動態』（木鐸社、1973年）33-137頁に収録〕、芦部信喜「日本国憲法第43条」有倉遼吉編『基本法コンメンタール・憲法』（日本評論社、1970年）179-182頁、樋口「『国民主権』と『直接民主主義』」『公法研究』33号（1971年）、杉原泰雄「フランス革命と国民主権」『公法研究』33号（1971年）、杉原「国民主権と国民代表制の関係」奥平康弘・杉原編『憲法学4』（有斐閣、1976年）63-81頁（以上はすべて、前掲杉原編『国民主権と天皇制』181-195頁、177-180頁、79-90頁、91-107頁、196-208頁に全部、又は一部収録）等、さらに杉原『国民主権の研究』（岩波書店、1971年）、芦部『憲法制定権力』（東京大学出版会、1983年）特に3-61頁（初出1961年）、同『憲法学Ⅰ』（有斐閣、1992年）特に221-249頁等。確かにその後、資本主義市場経済のグローバル化と歩調を合わせた憲法学界の一種の「穏健化」（保守化？）の流れの中で、主権論そのものを軽視する傾向が強まっている（例えば、高見勝利「主権論——その魔力からの解放について」『法学教室』69号〔1986年〕16-21頁、長谷部恭男「権力への懐疑——憲法学のメタ理論」〔日本評論社、1991年〕、同「憲法制定権力の消去可能性について」同編『岩波講座憲法6・憲法と時間』〔岩波書店、2007年〕51-71頁等）。しかし、国民主権は日本国憲法が明示的に規定する基本原理であり、これを軽視ないし無視する憲法論を採る場合には、そのような立場自体、別の基本的な憲法原理を持ち出しつつその正当化を図ることが必要になる。逆に言えば、現代民主主義の今日的状況において有効な国民主権の憲法理論を提示できる場合には、その憲法規範性を否定する立論はその根拠を失うことになる。「第2次主権論争」を含めて、現代民主主義の今日的状況にふさわしい国民主権原理の新たな把握の仕方については、それが「地方自治の本旨」の意味とも深く結びつくことから、本書第2部第4章第3節2で詳しく論じることにする。

このような日本の憲法学における歴史的かつ普遍的な諸憲法原理探究の方法論に依拠する場合には、「地方自治の本旨」についても、比較法的な近・現代立憲主義の分析の中から、未だに日本では明確化されるに至っていない普遍的な地方自治の憲法原理を見出すことが許されるはずである。では、いかなる国のいかなる法現象を比較対象とすることで、歴史的であると同時に普遍的な地方自治の憲法原理を見出すことが可能になるのか。これこそが次の問題である。

2　国民主権と権力分立の内容的深化から見た地方自治

近・現代の立憲民主主義国家において普遍的でありつつ歴史的な発展を続けていると考えうる憲法原理としては、当然ながら基本的人権と国民主権と権力分立の３つを挙げることができる[30]。そこでまず、歴史的かつ普遍的な憲法原理の理論の１つとして基本的人権の論理から地方自治の憲法原理を導き出す可能性について考えてみる。この場合には、論理的に言えば自然権が憲法や国家の成立以前から人間に固有で普遍的なものとして保障されるとする自然権思想に擬して、自治体の存在と制度と権限も国家や憲法以前から存在するものと考え、したがって自然法の確認規定としての実定憲法により、一定の内容が立法のみならず憲法改正によるその廃止や変更からも常に保護されると立論することになる。これがいわゆる固有権説と呼ばれるものである。しかし後に見るように、特定の自治体の存在や制度、特定の権限や財源自体を超憲法的な自然権に擬して考え、その改廃を一切許さないとする憲法論は、主権原理による統一国家を前提とする近代憲法学の中にこれを見出すことは不可能である。実際の固有権説論者のほとんどは、こうした改廃の可能性自体は認めつつ、変化の中でもなお不変で不可侵な「何か」を虚しく探し求めてきたのが真実である[31]。

そうだとすれば、同じく普遍的な憲法原理である国民主権と権力分立の２つを組み合わせて、そこから地方自治の憲法原理を構想することの方がより有望であろう。もっともこの場合には、前者が民主主義の原理、後者が自由主義の原理と

---

30)　1789年のフランス人権宣言が、第３条で「あらゆる主権の淵源は、本来的に国民にある」と述べつつ、その第16条で「権利の保障が確保されず、権力の分立が定められていない全ての社会は、憲法を持たない」と述べているように、近・現代の立憲民主主義国家の中でこれらの憲法原理を欠くものは存在しない。

31)　固有権説については、新固有権説と併せ本書終章第１節で検討を加える。

いう本質的に対立する概念で理解されてしまう可能性が強く、この場合には2原理の統合として地方自治の憲法原理を構想することは不可能となってしまう。そのように単純化しない場合でも、地方自治の根拠となりうるような権力分立の原理は国（全国的権力）と地方（自治体権力）との間の垂直的権力分立と観念されることになるが、この場合、国民主権原理を新たに再構成しない限りは、全国的権力である国民代表府（国会）の正統性とその最高独立性が国民主権原理から直ちに導かれてしまうがゆえに、両権力の対立・摩擦の解消は常に国民代表府（国会）の立法意思に委ねられるべきとの結論に到達するのは必然である。つまり垂直的権力分立の原理は国民主権の原理に従属するのである。

　確かに後に見るように、近代立憲主義の歴史を見る限り、そして近代立憲主義の下で国民主権原理を最も明瞭に定式化したフランスの憲法史の場合には近代のみならず現代立憲主義においても、垂直的権力分立の原理は、たとえそれを憲法上根拠づけることが可能だったとしても、なお国民主権原理とその下での国民代表制原理に従属する2次的な原理の位置づけしか与えられてこなかったことは事実である[32]。しかし普遍的な憲法原理もその内容が常に不変なわけではなく、社会の変化の中でより深化し内容的な発展を遂げてきたことも事実である。例えば同じ国民主権を採っていても、19世紀の立憲民主主義国家は制限選挙制を容認していたのに対して、20世紀のそれは普通選挙制を不可欠な要素とするものに深化したし、さらに現在では定住外国人にまで選挙権資格を拡大し始めている。このことから分かるように、普遍的な憲法原理といえども、時代に応じた内容的な深化を遂げずには普遍的ではいられないのである。このように考えて初めて、国民主権と垂直的権力分立の両原理が20世紀末以降には、両者を両立させる概念である「主権者国民による国民主権の地域的行使としての地方自治」という定式に、そしてそのような「主権行使の場としての自治体」という定式に再構成されていくとの予測が可能になるのである。

　もちろんこうした定式は、なお確立された法概念とまでは言えない。フランスやドイツに見られるように、立憲民主主義の先進国と呼ばれる国々でも多くの場合、なおこうした概念が公法学界や実務において市民権を得るには至っていない。

---

[32] この点は、本書第1部第1章〜第2部第4章第2節における「単一国家」主義の分析の中で詳述する。

しかし大事なことは、そのような変化の芽を積極的に見つけ出し、それが着実に発展して世界中で公認されるための道筋を見定めることである。現在そうした事実がなお微弱であるからと言って、これを無視するのは学者のすることではない。すでに言及した「神奈川県臨時特例企業税条例事件」控訴審判決における新しい「目的効果基準」論の芽生え、あるいは後に分析を加えるスペインやイタリアなどの「地域国家（État régional）」における立法権分有の試み[33]など、微弱ながらも「国民主権の地域的行使としての地方自治」に通じる動きが確かに起こりつつある。

　2012年末に政権を失うまで、民主党政権は分権改革の理念を「地域主権」の用語を使って説明しようとしていた。確かに「地域主権」の概念は法学的に見て誤っているとの批判を免れえない。また確かに、道州制を強調するための方便である「地域主権型道州制」の文脈でのみこの言葉を用いる政治勢力も存在する[34]。しかし法的な意味がどれほど曖昧であり、また論者自身がどれほど自覚的に論じていたかは怪しいにせよ、なお「地域主権」論者の中には「国民主権の地域的行使としての地方自治」という視点が確かに存在していたのである。例えば2010年6月22日に閣議決定された「地域主権戦略大綱」は、「『地域主権』は、この改革の根底をなす理念として掲げているものであり、日本国憲法が定める『地方自治の本旨』や、国と地方の役割分担に係る『補完性の原理』の考え方と相まって、『国民主権』の内容を豊かにする方向性を示すものである」と述べることで、「地域主権」と国民主権の連結を試みていた[35]。憲法学としては、このような現実の変化の芽を見落とすべきではなかろう。

3　複眼的視座からの分析の重要性

　では、比較憲法学的手法を用いつつ、いかにして国民主権と垂直的権力分立を

---

33)　「地域国家」概念については、本書第2部第4章第3節1で触れる。
34)　おそらくは松下政経塾を源流とするであろう、道州制への国家改造論に一面化する「地域主権」論については、拙稿「現代日本における『分権国家』と『地域主権国家』の憲法概念」拙編『日本とフランス（及びヨーロッパ）における分権国家と法──2009年12月12日成城大学日仏比較法シンポジウムの記録』（成城大学法学部憲法学教室、2011年〔非売品〕）19-21頁（特に同論文注8）を、また政権交代後の改憲論議の中での「地域主権型道州制」に対する批判としては拙稿「現状の固定と『対話』の拒否──憲法改正と地方自治」『月刊自治研』2013年7月号（55巻646号）37-44頁を参照されたい。

それぞれの内容的な深化の中で把握し統合していくのか。筆者は、この課題を以下のような複眼的な視座で果たすことができると考えている、

　近・現代立憲主義の視点から憲法原理を追究する日本の憲法学は、多くの場合、準拠国を設けて自らの憲法理論を精緻化し、かつ正当化してきた。立憲民主主義の先進国としてのイギリス、フランス、アメリカ、ドイツが準拠国となる場合が多く、それは歴史的に見ても、また憲法理論的に見てもおそらく正当である[36]。これらの国々の憲法規定や憲法理論の間にも当然ながら一定の相違が存在する。しかし近・現代立憲主義に属する憲法の場合には、それぞれの国の歴史的な事情や憲法規定の違いを超えて、そのいずれもが、その本質において一定方向への普遍的な憲法原理の確立と深化に通じる大きな歴史の流れの中に位置しており、それが各国の個別事情に応じて多様な現れ方をするに過ぎない。なぜならば、近・現代立憲主義の憲法とは、社会・経済学的に見るならば全て典型的かつ先進的な資本主義国の憲法という本質を持っており、したがってそれらに内在する憲法原理とは、資本主義の世界史的な展開と矛盾の諸現象に規定されて、それとの相互作用的な関係の中で変動・発展する憲法現象を、規範論的に構成したものだからである[37]。加えてそれは、人間の社会的営みの本質として人権保障と民主主義の確立・深化を求める市民の多様な動きとも連動して変動・発展を遂げる法現象でもあることも、普遍的かつ可変的な特質を生む原因となる。こうした認識枠組みを採る場合には、１つの国の憲法現象に憲法原理上の問題の全てを準拠させるのではなく、例えば国民主権の原理においてより普遍的な動きを見せる国の憲法、垂直的権力分立の原理においてより普遍的な動きを見せる憲法をそれぞれ選択して準拠したうえで、異なる準拠国の憲法原理の間の通底関係を考察するという複

35）　2010年６月22日「地域主権戦略大綱」（http : //www.cao.go.jp/chiiki-shuken/doc/100622taiko01.pdf）第１-１-（２）〔2014年１月31日閲覧〕。また民主党政権下で一時期、総務大臣を務めた原口一博も、不明確な部分を残しながらも、「地域主権」と「国民主権の地域的行使」とを結びつける視点を次のように述べている。「地域主権改革というと、地域に主権はありませんと言う人がいますが、地域に主権を与えるというのが地域主権改革ではありません。主権者たる国民が自らの権利において地域を創造していこうという改革です。……主権者たる国民が自らの学びと自らの積極的な参加によって、地域をつくっていくための基本となる法律を制定する。……」（原口一博「インタビュー·"地域主権改革"の評価と課題」『月刊自治研』2013年４月号〔55巻643号〕22頁）。

36）　もちろん多文化主義原理についてはカナダを、「多極共存型民主主義」についてはスイスやベルギーを準拠国とすることが可能である。しかしより根本的・始源的な憲法原理である国民主権や権力分立については、上記４か国を超える準拠国はない。

眼的な比較憲法の方法論こそが適切なはずである。

　そこで本書のように、地方自治の憲法原理を国民主権を中心原理としつつ、これと垂直的権力分立の両憲法原理の内容的深化による収斂現象の一環として理解しようとする場合には、まず何よりも初めに近代立憲主義の下での国民主権の原理にとって最も適切な国、すなわち憲法原理上の論点を最も明瞭に現しながら近代立憲主義と国民主権原理とを同時に発展させ続けた国を準拠国とすべきである。この点では、不文憲法の下、「議会における国王の主権」という妥協的な定式から「議会主権」を確立させることしかできなかったイギリスは、近代立憲主義の普遍性が不十分と言わざるをえない。またドイツも、19世紀に近代立憲主義の確立に失敗して外見的立憲主義の下で近代憲法理論を構築したという限界を持つ。加えてドイツは、20世紀初頭のワイマール憲法において一気に現代立憲主義にまで跳躍し、しかもナチズムのせいでこれに失敗した後に、現行憲法では現代立憲主義の特徴の1つである憲法上の直接民主制の部分導入（「半直接制」）に対して否定的な態度を採っている。このような点で、国民主権の近・現代立憲主義的な発展段階にゆがんだ形で関わることになった国と言わざるをえない。さらに本国からの独立戦争が市民革命に代替するものであったアメリカも、その植民地としての特殊性から市民革命期に民衆層と新興中産階級（フランスでいうところのブルジョアジー）との対立を見ることができず、またその後も資本主義の発展に沿った実定憲法の明文規定の修正を行わず、そのため未だに「社会国家」の憲法原理を確立できないでいる点で、なお国民主権に立つ近・現代立憲主義の普遍性を十分に見せてはいない[38]。以上の点からして、近・現代立憲主義の流れに最も沿った国民主権原理の展開を示した国としては、争う余地なくフランスとなるので、本書ではこれを準拠国とすべきである[39]。

---

37)　筆者は、土台（経済構造）が上部構造（法現象や法イデオロギーを含む）を一方的に規定するというような単純な「土台還元論」は採用していない。なぜなら、人間の意図的・意識的な社会的行為が、経済構造が規定しようとする方向を一定程度変容させうることは認めるべきだからである。したがって後に国民主権に関する杉原説を分析する際にも述べるように、憲法原理の対立を経済構造の対立と直結させて、その本質的な非両立性を主張する立場は採らない。また規範論的な理解とは、現実の法現象を、そのイデオロギー（虚偽）性の問題に留意しつつ、国家権力による強制力の担保のある当為の体系として把握する方法論のことを意味している。社会科学、とりわけ当為の学問においては、そのイデオロギー（虚偽）性の問題から完全に自由になることはできない。しかし、現実の法現象の分析から見出される複数の法原理の対立とそれらの相互作用に着目することで、現実隠蔽の危険性は克服できるものと考える。

ところで、後に詳述するように、内容的に最も精緻化されたフランスの国民主権原理の下では、実はそうであるからこそ、フランス憲法理論は地方自治を国民主権の要素と見ることができなかった[40]。前述したように、フランスにおいては常に垂直的権力分立原理は国民主権原理と区別され、かつ後者に完全従属を強いられてきたからである。したがってここで複眼的視座が必要になる。

　まず他国以上に典型的な性格を持つ国民主権原理の準拠国としてのフランスにおいてこそ、国民主権原理の深化・発展の諸特徴が顕著に見られたところに、問題を打開するカギが潜んでいる。後述するように、フランスでは国民代表府（伝統的には国会）の法的地位は、法的にも理念上も事実上も他の全権力（有権者市民を含む）から完全に独立することを保障される「純粋代表制」の段階（19世紀）、普通選挙制の確立と党議拘束のある大衆組織政党の成立による理念上の「民意に基づく政治」の確立を見た「半代表制」の段階（19世紀末ないし20世紀初頭以降）、さらに直接民主制の部分導入により法制度上も部分的に「民意」が国民代表府の立法意思に優越することが認められるようになった「半直接制」の段階（20世紀後半以降）という各段階に応じた変化を見せてきた。それは、国民主権原理の内容的深化こそが、結果的に国会に代表される国民代表府の立法意思の最高独立性

---

38) もちろん現在のイギリスでは、「議会主権」の原理そのものを否定するところまでは進んでいないものの、スコットランド等の地域自治体への立法権分権化が進んでいる点や、ドイツにおける州レベル、自治体レベルでの住民投票制度導入の進展などの変化が見られ、本書の視点から言えば、より普遍的な現代立憲主義下の国民主権原理の内容に近づいてきている。これらの国々の国民主権原理と垂直的権力分立原理との収斂状況の研究については、他日を期すことにしたい。

39) この点について杉原は、規範論理的な認識と歴史科学的社会科学的認識との統一の中で国民主権の構造を分析しようとする場合には、典型的な市民革命であるフランス革命の分析こそが最もふさわしいとする。なぜならば、「フランス革命においては、国家権力の帰属をめぐる政治闘争が他のいかなる市民革命の場合よりも明確な階級闘争として展開され」、「諸階級の利害が他のいかなる市民革命の場合よりも明確に区別され、各階級が多かれ少なかれ独自の権力論・主権論を持って尖鋭な対決をしているので、『国民主権』の構造についての規範論理的認識のためのすぐれた素材（市民憲法典）を用意し、かつその認識を歴史科学的社会科学的に検証しうる条件を豊かに持ち合わせている」からである（杉原・前掲書『国民主権の研究』36-38頁）。杉原のような階級闘争史観からは一定の距離をとる樋口の場合も、フランスの市民革命期の憲法を「身分制的中間団体を全面的に否定して人一般＝個人を解放する集権的国家を完成させ、人一般を担い手とする人権と、集権的国家の主権という近代憲法の2大範疇を作り出した」点で、そしてその結果としての議会中心主義の確立と現代国家におけるその変容を最も典型的に示す点で、フランス憲法とフランス近代の「典型性」を指摘する（樋口陽一『比較憲法』〔全訂第3版、青林書院、1992年〕52-54頁。傍点は原文のまま）。

40) 本書第2部第3章〜第4章第1節を参照のこと。但し、本書は例外の存在も指摘する。

を次第に掘り崩す本質を持っていることを示している。そしてそれは、国民意思の代表制度がより多元化し、「対話」を通じた妥協と調整こそが現代の国民主権の内容とならざるをえないことをも示している。ここにこそ、現代における国民主権と垂直的権力分立との原理的な収斂可能性が見出されるはずである[41]。

ところが、実際には現在でもフランス公法学の主流は、その精緻化された国民主権の憲法理論の論理そのものに災いされてか、国民代表府の立法意思の最高独立性の動揺それ自体は認めながらも、なお国民主権と垂直的権力分立の両原理の収斂可能性を明確には認めていない。そこで本書では、分析の最終段階において、垂直的権力分立に関する限りフランス以上に豊かな憲法理論を発展させてきたドイツとアメリカ、そして近年の「地域国家」化しつつある南欧諸国にも目を向けることで、フランスの固すぎる憲法理論の相対化を図ることにした。とりわけアメリカは、その近代国家としての成立期の特殊事情により、国民主権の憲法理論内部での原理的対立には無自覚であるものの、その本質においてフランスと通底する近代立憲主義に基づく国民主権原理を一応は確立させており、この意味で補充的なもう1つの準拠国たりうる。アメリカでは「制限政府」(limited government) の思想が根強く[42]、そのために素朴な「人民主権」論を採りつつも、必ずしも「人民主権」を権力分立より優越化させない理論構成を追究する伝統を有してきた。さらに言えば、アメリカ社会は「国家なき法」の観念すら保ち続けてきた[43]。判例理論を含むこのようなアメリカの憲法理論は、確かに国民主権と垂直的権力分立の両憲法原理の素朴な収斂状況の一例を示しうるであろう[44]。

もちろん本書では、フランス以外の国々の憲法理論の分析は極めて簡素かつ部分的なものに留まる。本書は、あくまでも精緻な国民主権論を展開するフランス憲法理論を基本に据えながら、垂直的権力分立の点におけるその限界を克服するのに必要な限りで、フランスの視点からその他の諸国の憲法理論・地方自治理論に対しいくつかの法学的・政治学的分析を加えたに過ぎない。その際の分析視角

---

41) 本書第2部第4章第3節2で詳述する。
42) Carl Joachim FRIEDRICH, *Limited government, a Comparison*, Prentice-Hall, 1974（C・J・フリードリッヒ〔清水望ほか訳〕『比較立憲主義』〔早稲田大学出版部、1979年〕）.
43) この視点については、Laurent COHEN-TANUGI, *Le droit sans l'État, Sur la démocratie en France et en Amérique*, PUF, 1985があまりにも有名である。
44) 本書では、アメリカにおける国民主権と垂直権力分立の素朴な収斂状況は、フランスの視点からそれを見出したトクヴィルの民主主義論、並びに現代アメリカの判例理論における部分的な「立法権分有」化傾向を分析する中で描かれる。

は、フランス憲法理論と他国の垂直的権力分立論とを地方自治の憲法理論の分野で統合化する可能性を秘めているか否かである。このような統合化がまったくの屁理屈を強引に展開しただけのものであるのか、それとも不十分さが残ることは避けられないにせよ、規範理論たる憲法理論として成立しうるものなのかは、本書全体の叙述で判断していただきたい[45]。

第3節 「分権国家」の意味と本書の構成

　本書が目指すのは、「国民主権の地域的行使」としての地方自治の憲法理論の規範論的構築である。地域における国民の主権行使を単なる虚構に貶めず、あるいはそれを単なる正当性の根拠としてのみ理解するのではなく、現実の主権行使の法制度的な保障まで含むものとして概念構成する場合には、そしてまた、主権者国民の主権行使の一環として立法権を考える場合には、立法権行使の場としては国のみならず自治体も当然に想定されることになる。

　立法権の分有は連邦国家でこそ当然視されている。しかし日本国憲法は、少なくとも明示的には連邦制を採用していない。そこで本書は、連邦制の憲法原理を採用しているとは言えなくとも、なお国と自治体とがある特定の関係で立法権を分有することを認める憲法理論を探求するのである。

　本書では、このような型の分権化状態にある国家のことを「分権国家」と呼ぶ。それは、立法権の国民代表府への一元的帰属を頑ななまでに強調し、国と自治体との間の立法権分有の可能性を一切認めない「単一国家」と、連邦政府と州政府との間で憲法上明確に立法権が分割され、両者による立法権の分有が保障されている連邦国家との間で、今日、多様な形を採って広がり続ける第3の国家の型を

---

45) 樋口陽一は、準拠国の問題についてこれを「国家像」と表現しつつ、フランス型の国家像を、集権国家による中間団体の否認と個人及び人権観念の創出とを特徴とする「ルソー=ジャコバン型」、アメリカ型のそれを、中間団体を残し、多元的な権力観の下で個人と人権の観念を認める「トクヴィル=アメリカ型」として示し、両者を論理的に対置する（樋口陽一『近代国民国家の憲法構造』〔東京大学出版会、1994年〕33-97頁）。この視点からは、両「国家像」の収斂や統合化は理論的な誤りと見なされるかもしれない。もっとも樋口の場合は、個人主義の析出のための論理の探究という出発点から見て、いかなる「国家像」が選択されるべきかという見地からの分析である。したがって、異なる問題関心から出発する本書の場合には、樋口憲法理論に依拠したとしても、両「国家像」の収斂・統合化は必ずしも理論的に間違いとはいえないであろう。

意味する[46]。日本国憲法が規定する地方自治の法規範も、もし分権化の世界的潮流という現代的な文脈を踏まえた再解釈を経るならば、曖昧ながらも憲法上、国と自治体とで立法権を分有することまでも認めるものであることが分かるはずである。したがって日本は、比較憲法学的に見て、そのような分権化と地方自治の保障を憲法上義務づけられている第3の型の国家に分類できると思われる。そして「分権国家」の憲法理論とは、このように不明確で曖昧ではあるが、それゆえに逆に発展性を持つ立法権分有の法理を根拠づける憲法の原理論と、この原理論から導き出される立法権分有の具体的内容を明らかにし、その発展を促す規範理論なのである。

ところでフランスでも2003年の憲法改正以降は、実際に「分権国家（État décentralisé）」という用語が実定憲法上で採用されている。しかしその意味するところは、本書が示そうとする「分権国家」とはかなり違っている。むしろフランス憲法学は、「分権国家」の概念を「単一国家」の枠内での分権化を意味するものとして示そうとする傾向が強い。しかし本書が明らかにするように、そのようなフランスですら、現在では「単一国家」の枠には収まらない分権化状況が、自覚されないままに密かに進行しつつある。そこで本書は、フランス憲法学がなお克服しきれていない「単一国家」の原理論的枠組みからの脱却を目指して、その近・現代の歴史に分け入り、フランス地方自治に関する多様な憲法構想と憲法理論の中から「分権国家」に通じる原理や論理を見出すことを試みたのである。加えて、そのようなフランスの憲法理論でなお克服しきれない部分については、前述のようにアメリカをはじめその他の国々の垂直的権力分立の判例理論や多元主義の政治理論から必要な論理を調達し、これをフランスの精緻な国民主権原理に可能な限り移植することを試みている。そのように試みた時に見えてくる新たな地方自治の憲法理論こそ、「対話型立法権分有」の法理なのである。したがって本書は、こうした「対話型立法権分有」の法理を、憲法原理上、何らかの意味で含む可能性を持つ国家のことを、広く包括して「分権国家」と呼ぶことにする。これに対してフランスで一般に「分権国家」と呼んでいるものは、特にそれが他国との差別化の原因となるフランスに独特の観念である「単一国家」主義の意味を含む場

---

46) 本書では、とりあえず以上のように仮に「分権国家」の定義をしたうえで、本研究の歴史的・原理的分析をも踏まえたうえで、再度、「分権国家」の憲法原理的な定義を第2部第4章第3節で行うことにする。

合には、フランス型「分権国家」と呼ぶことにする。

　ここで、本書の分析・検討の際に用いるいくつかの憲法概念も予め明確にしておきたい。まず憲法原理とは、すでに述べてきたように、現実の個別の実定憲法における現れ方を超えて、立憲主義の歴史的流れの中で普遍的・体系的・論理的でありつつ深化を続ける根本規範を意味する。なお本書で用いる憲法原理の概念には、基本的人権保障の原理や国民主権の原理のような社会契約の論理の中核をなすものと、連邦制原理や国民代表制原理のように、実際の国家構造のあり方と結びつくがゆえに特殊性を帯びざるをえないにもかかわらず、普遍性を志向してこの中核原理から直接演繹される2次的なものとが包含される。なお、「principe」という言葉は、通例、原理とも原則とも訳され、両者の区別がなされない場合も多い。それは、フランスにおいてこの語を用いている論者の意図においても同様である。しかし本書では、立憲主義上の根本規範として憲法原理という表現を用いるため、単なる立法原則や解釈原則に過ぎないものと各国の憲法規定の違いを超えて普遍的に妥当すべき（憲法）原理とを区別する必要がある。ところが本書でのちに見るように、例えば「自由行政」の「principe」も補完性の「principe」も、それぞれがフランスとドイツにおける特殊な「原則」に留まりうるものでありながら、それぞれの国の憲法学上の問題関心から普遍的（なものとなるべきと観念される）原理であることを主張するため、用語上の混乱が生じやすい。そこで本書では、普遍的な憲法原理であることを理論上目指すものでは、その観念に特殊性が混在していても原理と表現し、それ以外を原則と表現する。但し区別が不明な場合には、日本語の通例の語感によって使い分けることにする。

　次に現実の各国の実定憲法規定を解釈する際に、こうした第1次的ないし第2次的な憲法原理に依拠することで、一定の普遍性と可塑性とを獲得する規範理論を法理と呼ぶ。例えば本研究が追求する「対話型立法権分有」の法理という概念は、普遍的な憲法原理に支えられた場合のアメリカ地方自治の憲法判例の規範理論や日本国憲法92条の「地方自治の本旨」規定の解釈から導かれる憲法規範理論を意味する[47]。以上の2つの主要な概念以外に、憲法原理たることを目指しながらも十分な論理的体系性を得るには至っていないものを含む各論者の憲法原理をめぐる主張を憲法論あるいは憲法構想と呼ぶ（たとえば民衆運動指導者の「人民主権」論や対抗的地方自治の憲法構想など）。また、より具体的な実定法規範の解釈体系は憲法解釈ないし憲法（又は公法）学説と呼ぶことにする。そして以上の全てを包

括する一般概念として、憲法理論という用語を使うことにする。

　なお、現実の政治論議の中では、連邦制も「単一国家（制）」も、必ずしも憲法原理としてそうした表現がなされているわけではない場合がある。それは、本書の意味での憲法原理との関わりを持ちつつも、より広い思想や国家像を示している。そこでこのような場合、本書では連邦主義や「単一国家」主義というように、より広い概念であることが分かる表現を採る。そして連邦主義と連合主義とが区別されないまま主張されている場合には、「フェデラリスム」と表現することにしたい。

　以上の問題関心と方法論を踏まえて、本書は以下のような構成を採る。まず、国民主権の地域的行使の原理の成立可能性と困難性を、国民主権原理とこれに規定される国民代表制原理を最も精緻な形で理論化したフランスの近代憲法史に分け入って探究する（第1部第1章、第2章）。具体的には、まずフランス革命期における「単一国家」原理とこれに基づく地方自治論の誕生を、「人民主権」に基づく対抗的地方自治論との相克を通じて確認する（第1章）。その後に、19世紀の対抗的地方自治論の展開を踏まえたうえで、フランス近代地方自治制度確立期である第3共和制における「単一国家」型地方自治の憲法原理の成立経緯を確認し、その比較憲法史的な意味を解明する（第2章）。

　その後に本書は、近・現代のフランスにおける「分権国家」の法原理の成立とその展開のあり様を分析する。具体的には第3章で、第3共和制期の代表的な4人の憲法学者の学説を分析することで、フランス型「分権国家」概念の基礎に横たわる「単一国家」原理の法学的理論構成を解明する。この分析は、他方でこうした「単一国家」原理を克服しうる憲法理論的な芽生えもそこに生じていたことを明らかにするであろう。そして第4章では、現代立憲主義における「分権国家」原理の成立と、それが立法権分有法理をも含むものに変容していく可能性を原理論的に分析する。具体的にはまず、現代フランス型「分権国家」原理の確立の有り様を分析し、そこに潜む「対話型立法権分有」法理への展開を可能とする要素

---

47) 他方で連邦制の場合、本来は連邦と州とで原則として立法権の対象が峻別されており、その意味で「対話」のない「峻別型立法権分有」の法理が妥当することになる。もっとも現実の連邦制は、「協働型連邦制（fédéralisme coopératif）」という表現に見られるように、立法権どうしの融合と「対話」が生じつつある。「協働型連邦制」については、Maurice CROISAT, *Le fédéralisme dans les démocraties contemporaines*, 2ᵉ éd., Montchrestien, 1995, pp.89-129 を参照されたい。

を発見する。次に前述したような他の諸国の憲法理論との対話を通じ、フランス型「分権国家」原理がさらに変容し「対話型立法権分有」法理を含むものに変わるための憲法原理的な道筋を明らかにする。

　こうした作業を通じ、本書は、垂直的権力分立と両立しうるような、さらにはこれと収斂しうるような国民主権原理の再構成を実現する。それは、フランス型「分権国家」の限界を乗り越える本来の意味の「分権国家」の概念を、憲法原理論から導き出すことを可能にするであろう。さらには、この作業が、「分権国家」の憲法原理から導かれる憲法解釈理論としての「対話型立法権分有」法理の成立をも促す。これこそが本書の主要な目標である。

　もっとも本書は出発点において、日本国憲法の解釈論上で「地方自治の本旨」をめぐる憲法原理論的な解明の不足から来る問題点を強調していたはずである。この問題関心から言えば、原理論的な解明だけで本書を終えるわけにはいかない。もちろん紙幅の関係もあり、本格的な「分権国家」の憲法解釈論は別の機会に譲らざるをえない。それでも、可能な限りで最低限の解釈論とその展開方向は示しておく必要がある。

　そこで本書は終章で、若干の日本国憲法の解釈論を提示する。ここでは、まずこれまで展開されてきた「地方自治の本旨」に関する解釈論と「分権国家」の憲法理論との距離を測定したのちに、「分権国家」の憲法原理とその下での「対話型立法権分有」の法理が、現在の日本国憲法における地方自治の解釈論にいかなる新たな意味を与えうるのかを若干なりとも明らかにしたい。

　具体的な解釈論上の諸テーマについては、近いうちに別の研究書を公刊し、そこで「分権国家の憲法解釈」を展開する予定である。もっとも、このようにして展開される「分権国家」の憲法理論は、それが説得力を持ち、現実に適用され、かつ訴訟実務でも一定の通用性を持つようにならなければ、絵に描いた餅に過ぎない。本書はそのためのささやかな1つの試みに過ぎないが、筆者はこの試みが、より民主的で公正な社会の中で、地域に根ざし、人間的な共同性・協働性を保ちつつ自由に生きたいと思う現代の市民たちに、1つの有益な憲法理論を提示しうるものであることを確信している。

第1部　「分権国家」の歴史的基底

第1章　フランス革命期における「単一国家」

第1節　革命期における「単一国家」原理の誕生

1　近代市民革命における国家と自治体

　近・現代憲法史の中で、その内部に原理的な対立を孕みつつ発展し深化していく普遍的な地方自治の憲法原理を発見することを目指すならば、当然ながらその原初的形態として、近代市民革命期のそれを確認することが重要である。そこで、まずその前提作業として、まさにフランスにおいて最も明瞭な国民主権の憲法原理が生み出され、かつその結果として「単一国家」型の地方自治原理も生み出されることとなった社会経済的な背景について、ここで簡単に確認しておきたい。

(1)　近代的な統一的公権力確立の契機

　近代資本主義国家は、資本主義的「世界体制」内の自己の位置に規定されつつ、政治階級として自立していくブルジョワジー（新興中産階級）が、「国民」的政治・経済圏を形成するために、自己に有利な方向で公権力を編成しこれを行使するところに成立する。それまで共同体生活を自立的に営んできた民衆世界は、「国民」的経済圏に組み込まれざるをえなくなる。この過程で、ローカルな民衆世界から抵抗と共同体的な再結集の動きが強まる。そしてこの動きを、ブルジョワジー側が変容させつつ、彼ら自身のための政治・行政制度の中に統合していく過程にこそ、近代的な地方自治の成立の契機がある[1]。

　旧体制下のフランス社会は、小商品生産の展開と農民層の封建的隷属関係から

---

1)　資本主義「世界体制」という視点やその下での新興中産階級と民衆層の対抗関係という視点については、I・ウォーラーステイン（川北稔訳）『近代世界システムI・II』（岩波書店、1981年）〔Immanuel WALLERSTEIN, *The Modern World-System, Capitalist Argiculter and the Origins of the European World-Economy in the Sixteenth Century*, Academic Press, 1974〕、同（川北訳）『史的システムとしての資本主義』（岩波書店、1985年）〔*Ibid*., *Historical Capitalism*, Verso, 1983〕、柴田三千雄『近代世界と民衆運動』（岩波書店、1983年）を参照。

の一定の解放を果たしつつも、イギリスを中心とする資本主義「世界体制」の中で相対的に遅れ続け、伝統的・封建的な諸原理を部分的に復活・修正しながら、近代化＝資本主義化に対応していた[2]。資本主義的「国民」経済圏の構築に不可欠な公権力の統一化は、売官制（vénalité）や地主化を通じたブルジョワジーの身分制秩序への組み込みと、村落共同体などの慣習的・共同体的な手段を媒介とする民衆支配という形で進められなければならなかった[3]。官職保有者（officiers）を通じた集権化は、彼らが土地貴族となり地方的集団的利益と結びつくがゆえに、常に限界を持つ。彼らによって国庫は浸食され、そのために売官制に依存するという悪循環が生まれる[4]。

「絶対王政」[5]の象徴ともいえる直轄委任官僚（commissaires）、とりわけ裁判・警察・財政に関わる全権力を委ねられた地方長官（intendants）にしても、その採用源は請願書審理官（maîtres des requêtes）などの一部の官職保有者に限られ、しかも彼らが次第に世襲化・土着化していったため、同様の限界があった。R・ムーニエ（Roland Mousnier）が述べるように、地方長官の中央集権的志向は、あくまでも彼らが、国王に忠誠を誓う者たちの中から国王によって選ばれたという点にかかっているに過ぎない[6]。しかしながら、地方長官が諸々の地方団体の自治的特権をかなり大幅に奪ったのも事実である[7]。

---

2) ウォーラーステイン・前掲『近代世界システムⅡ』175-176頁。
3) 柴田・前掲書242-243頁、Roland Mousnier, *Les institutions de la France, sous la monarchie absolue*, t.1, PUF, 1974, pp.428-431.
4) ウォーラーステイン・前掲『近代世界システムⅠ』207頁。
5) 統治の体制を表現する「régime」や「gouvernement」、その他のフランス語の訳語として「政」と「制」のいずれを用いるべきかは悩ましいところである。日本の歴史学や政治学では、伝統的に革命前の統治体制を絶対王政、1814年の体制転換を王政復古、1830年以降の体制を7月王政と呼んできた。他方で憲法学では、王政や共和政という表現は主として執行権力の所在に関わる統治形態の表現に過ぎず、主権の所在や社会契約の形態そのものに関わる表現としては不適切と考え、後者の意味が含まれうると考える場合には、一般に民主制、君主制（王制）、帝制、共和制の訳語を用い、その文脈で時代区分にも第3共和制といった表現を用いてきた。とりわけフランスでは、「République」という言葉そのものが、特別な社会契約の結果としての政治共同体＝国家を示す傾向が強いため、このフランス語の訳語としては共和政より共和制の方が適切である。しかし絶対王政などの表現はすでに歴史用語として定着しており、絶対王制と表現するのも違和感が強い。そこで本書では、用語の統一性は犠牲にして、歴史用語としては共和制の場合を除き「政」の訳語をカッコつきで用い、憲法理論上の用語としては「制」をあてることにした。
6) Mousnier, *op.cit.*, t.2, 1980, pp.532-536.
7) Adhémar Esmein, *Cours élémentaire d'histoire du droit français*, 6ᵉ éd., Recueil Sirey, 1905, pp.595-597, 604-605, 615-617.

イギリスに対し相対的後進性を持つフランスでは、国家権力による産業保護・育成政策が重要な意味を持つ。この点で、コルベール主義と地方長官制に代表される「絶対王政」の政治のあり方は、大都市の政商的な特権商人や集中マニュファクチュア企業家たち（特権大ブルジョワジー）への極端な保護政策であり、真の新興中産階級である中間層ブルジョワジーたちの要求を十分に汲み取るものではなかった。富農や大借地農（grand fermiers）による萌芽的な資本主義的農業経営、あるいは分散マニュファクチュアの形態を通じて萌芽的な産業資本家への道を歩み始めた商人＝製造業者（marchand-fabricants）の経済活動が本格化してくる18世紀後半には、こうした中間層は、彼らを体制内化してきた特権付与によるエリートシステムの閉塞化に直面して、新たに政治階級としてのブルジョワジーに凝集し、もはや身分制を必要としない統一的公権力の確立に突き進む[8]。政治階級としてのブルジョワジーとは、経済階級としての新興中産階級に属する者たちのうちで、中央の議会に選出された者あるいはその支持者が、全国的な視点で新たな法制度の構築を目指す中で自らの利害を自覚し凝集したことによって形成される。その意味で、本書では新体制を目指す政治エリート集団のことを「議会ブルジョワジー」と呼ぶ。

(2) 民衆世界と地域共同体

一方、民衆世界は、未だに身分制秩序を前提とした小生産者による全員参加型の共同体生活が中心であった。農村における共同地利用や耕地強制、共同放牧などの共同体的諸権利＝諸規制の慣行、あるいは都市におけるギルド的な規制＝保護の慣行がこれを示す。

だが、旧体制下で小生産者層の分解が進むにつれ、共同体的諸権利＝規制は次第に失われ、近代所有権の考え方に基づく資本主義市場経済に次第に組み込まれることで、民衆の生活は悪化する[9]。「領主的反動」と呼ばれる現象も、資本主義と封建制の絡まりあいから生まれたものである[10]。その結果、フランス革命時には、中小・零細農民や都市民衆層による共同体的諸権利＝規制の回復運動が出てくる。領主の封建的諸特権と大ブルジョワジーの近代所有権観念が混在する中

---

8) 柴田・前掲書243-249頁。
9) 農村についてはM・ブロック（河野健二・飯沼二郎訳）『フランス農村史の基本性格』（創文社、1959年）295-311頁、ギルド解体については、井上幸治「18世紀におけるノール県の織物工業」井上編『ヨーロッパ近代工業の成立』（東洋経済新報社、1961年）168-181頁を参照。

で、所有権や契約の不可侵の考え方を強化する方向で両者を統一しようとした布告に反して、農村では共同地や共同放牧の権利が奪回され、都市でも穀物取引の厳格な規制や民衆にとっての適正な価格設定の措置が、直接民主主義的な傾向を帯びる民衆運動の圧力の下、時には自治体当局の手で、時にはその黙認の下で民衆自身によって実行に移された[11]。

　共同体生活の再生と共に、民衆的自治の伝統も復活する。元来、農村共同体では、共同財産の利用・賃貸・譲渡を中心とする共同体行政は、全員参加型の住民総会の決定に基づいており、選出される総代（syndic）にしても、あくまで住民の代理人の性格しか持たなかった[12]。都市でも、農村とは異なって常設の代表機関と行政機関を必要とするがゆえに、伝統的には重要事項に関する住民総会の決定と住民総会に対する自治体当局の恒常的な従属という形で、直接民主主義の制度化が見られた[13]。その後の小生産者層の分解により、全員参加・決定の直接民主主義的伝統は有力者の寡頭支配体制にとって代わられた。したがってこうした直接民主主義的伝統は、次に見るフランス革命期初期の「自治体革命（révolution municipale）」の中に現れたように、身分制社会の伝統ではなく、新たに社会契約論と結合することによって再生するのである。

　もっとも「自治体革命」時には、すでに民衆層自体が一定の分裂を始めており、その上部層は次第に地域レベルの新興中産階級としての意識を持ち始めていた点には注意を払わなければならない。大都市、特にパリではそのような民衆上部層＝新興中産階級下層部に位置し、政治階級化する者が見られる。本書はこれを「地域ブルジョワジー」と呼ぶことにする。一定の政治的素養と経済的余裕のある彼

---

10) 自己の土地財産管理に一層の関心を持つようになったブルジョワ出身の貴族や、逆に資本主義の進展の中で貧困化の危機にさらされつつあった地方の貴族は、18世紀後半になると、農民に対する領主的諸権利から、今まで以上に最大限の利益を引き出そうとするようになる。また彼らは、こうした封建制の活用の動きと同時に、近代的な所有権概念を用いて、中小農民から彼らの共同体的諸権利を奪うことも試みていた。以上につき、A・ソブール（山崎耕一訳）『大革命前夜のフランス』（法政大学出版局、1982年）148-150頁を参照。

11) G・ルフェーヴル（高橋幸八郎・柴田三千雄・遅塚忠躬訳）『1789年――フランス革命序論』（岩波書店、1975年）〔Georges LEFEBRE, *Quatre-vingt-neuf*, 1939 (Éditions Sociale, 1970)〕143-146、167-168、201-204頁等。

12) MOUSNIER, *op.cit.*, t.1, pp.431-432.

13) ESMEIN, *op.cit.*, pp.303-310 ; Alexis DE TOCQUEVILLE, *L'ancien régime et la Révolution*, 1856, [Éditions Gallimard, 1967] pp.113-116 ; Fr. OLIVIER-MARTIN, *Histoire du droit français, des orgines à la Révolution*, 1948 [Éditions CNRS, 1984] pp.406-407.

らこそが、「自治体革命」を主導した。

2 「自治体革命」における地方自治権論
(1) 「自治体革命」における直接民主主義と自然権的な傾向

1789年春には、州（provinces）段階からコミューン（communes＝市町村）段階[14)]に至るまで、従来の地方制度は崩壊していた。多くの地域で、新たな行政組織は正規の国王の命令もないままに形成された[15)]。7月から1か月に及ぶ各都市の「自治体革命」は、公選制の自治体当局と共に、住民総会（大都市では地区集会）という直接民主主義を保障する制度を生み出した。例えばパリでは、全国三部会（États généraux）選挙のために4月13日の国王規則が設けた60の地区（districts）が、第三身分部会議員の選挙後も常設の地区集会の単位となり、この地区集会が地区の内部行政を自ら行うと共に、自らが選出したパリ市議会議員の監視を続けていた[16)]。確かに地区集会参加者資格が最低6リーヴルの人頭税納税者に限られ、職人層が排除されていたことからすれば、地区集会は民衆のものではなかった[17)]。だが新エリート層末端に位置する「地域ブルジョワジー」は、民衆運動の圧力を常に身近に感じており、少なくとも革命当初は民衆的心性を自らも色濃く残していたと思われる。

1789年7月のフランス革命勃発後、各都市では臨時のコミューン代表の議会が形成され、これが臨時に自治体行政を行う一方で、自主的に自治体基本法制定を進めていた。市民自身による自治体形成権の不可譲性の主張は、たとえば7月21日のパリのフィユ・サン・トマ地区集会におけるJ-P・ブリッソ（Jacques-Pierre

---

14) provincesもcommunesも革命前の旧体制下の地方行政単位である。前者は、旧公爵領や伯爵領などの封建的支配単位を広域行政区画としたものであり、国王任命の地方長官が支配していた。後者は、ブルジョワジーや民衆層が形成する自然的地域的な基礎的共同体であり、一定の自治が認められていた。後者は革命後も存続する。本書では、文脈に応じてコミューンまたは市町村と表現する。

15) Gabriel LEPOINTE, *Histoire des institutions du droit public français au XIX^esiècle, 1789-1914*, Éditions Domat Montchrestein, 1953, pp.223-224.

16) Albert SOBOUL, *Les sans-culottes parisiens en l'an II, mouvement populaire et gouvernement révolutionnaire, 2 juin 1793-9 themidor an II*, Librairie Clavreil, 1958（その抄訳として、A・ソブール（井上幸治監訳）『フランス革命と民衆』〔新評論、1983年〕）, p.582.

17) Paul ROBIQUET, *Le personnel municipal de Paris, pendant la Révolution*, 1890 ［Éditions AMS, 1974］pp.9-10. 同書によれば、有権者2万5000人に対し、排除されたパリジャンは15万人という。

Brissot）の演説の中に見られる。彼によれば、シテ（cité＝団体としての都市）に集う人間は、自己の財産保護のために自ら自治体（municipalité）を形成する権利を持つ。したがって自治体組織計画（plan miunicipal）の合法性は、地区集会の人民がこれを承認すれば足りる。逆に、国民議会による自治体組織計画の完成を待つのは、「自らの手で自らを設立するシテの不可譲の権利」を放棄するものである。もっとも、自治体組織計画も自由と平等という一般的基礎に従わねばならない以上、完成された組織計画は国民議会と国家執行府の承認を受ける必要がある。しかしあくまでも「人民が自己のものを与えたときには何の承認もいらない」以上、国からの承認は絶対不可欠ではない[18]。

　彼は8月15日の国民議会議員 H–G–V R・ミラボー（Honoré-Gabriel-Victor Riqueti [comte de] Mirabeau）への手紙の中でも、自治体組織計画に対する人民の明示的な承認は、代理も委任もなされえない絶対条件であると主張している。さらに立法府（すなわち国民議会）の承認は、シテの全国的な連合体（association générale）の中に統合され登録されるために必要であるに過ぎず、立法府による審査も、全国レベルの憲法の諸原則に対する違反の有無の確認に限られ、自治体の条例（règlements）に干渉することはできないとも述べている[19]。

　1789年11月3日にクレルモン＝フェラン市の市民総会で採択された「自治体基本法（Constitution minicipale）が基づくべき原則と権利の宣言」[20]は、ブリッソ以上に、市民の自治体自主形成権の自然権的性格と市民総会の最高権威性を強く表現している。これは次の12項目からなる。

①自治体基本法は、同一の市町村共同体に生活し、自然的、市民的そして道徳的な不断の関係を持つ同一性質の人々の間に存在する、自然的で不可欠な結合に由来する。

②この自然的結合は前国家的なものであり、国家はこれを強化し維持するためにのみ存在する。

③あらゆる政治体が内部に自己保存の原理と手段を持つように、あらゆる都市と町村も自治体政府（gouvernement municipale）を持つ権利を有する。

---

18) Sigismond Lacroix, *Actes de la Communes de Paris, pendant la Révolution*, *1ʳᵉ série, 1789–1790*, t.1, 1894 [Éditions AMS, 1974], pp.292–293.
19) *Ibid*., t.1, p.293.
20) *Ibid*., t.3, 1895 [Éditions AMS, 1974], pp.611–612.

④あらゆるフランス人は自由かつ権利において平等であり、あらゆる権力は人民に由来するので、自治体政府は各市町村の市民総会において設立されるべきである。

⑤この制度は全市民の生命・財産・自由を保障し、保護することを目的とする。

⑥国民衛兵の設立は、フランス国民の昔からの権利である。

⑦国民衛兵を有する各自治体は自己防衛権を持つ。これ以外の軍隊の立ち入りは、自治体当局の何らかの同意が必要である。

⑧武官部局は文民部局に従属する。

⑨自治体基本法によって決められた職務を遂行する文民部局及び武官部局の部局長たちを任命する権利は市民総会が持ち、部局長はその職務につき市民総会に報告したうえで責任を問われる。

⑩部局長職は全て期限付きで交代する。

⑪文民当局は立法部局と行政部局に区分される。

⑫都市と農村の間や諸州どうしの統一は、フランス国家の諸自治体の機関（l'organe des municipalités de l'État français）によって形成され、かつ日常的連絡によって維持されなければならない。この統一は、国民議会によって承認されなければならない。

この宣言には、のちに見るJ-J・ルソー（Jean-Jacques Rousseau）の『社会契約論』を地方自治レベルで実現させようとする姿勢が見出せる。このように新生自治体の担い手の中には、直接民主制と自然権的な自治体形成権を結びつけ、自治体の政府形態の選択を市民総会の決定に委ね、国民代表府たる国民議会によるその承認も国家的統一に必要な最小限の原則の審査に限ろうとする傾向が見られた。しかしのちに見るように、こうした傾向は、国民議会が確立しようとしていた憲法原理と真っ向から対立するものであった。

いかなる政治システムで自治体を運営するべきかという問題も、自治体がいかなる分野の公的な問題を扱えるのかという問題も、自治体の活動が当時の言い方で「私的・家庭内的行政」の枠を超えて国政と関わりを持つ可能性がある以上、自治体と国家との法的関係を明確にしないままでの自治体憲法の原則と権利の宣言は、単なる地方側の希望の表明に過ぎなくなる。こうした地方の希望の「宣言」だけでは、その実効性は担保されない[21]。

(2) 「地域ブルジョワジー」の矛盾と変節

　自治体内部と言えども、その担い手が民衆の共同体的な日常世界から離れ、市町村議会の中にその活動の場を移すにつれて、それだけ民衆的心性から解放され、逆に資本主義市場経済の展開に肯定的なブルジョワジーとしての自覚が強まることになる。新しいフランス国家の憲法原理を考えるようになると、直接民主制原理を否定し、国民議会による自治体政府形態を画一的に決定する方向を肯定する傾向が強まらざるをえなくなるのである。

　例えば前述のブリッソ自身、パリ市コミューン[22]議会議員選出後に、彼が理論的支柱としてその作成に参加したとされる「パリ市の自治体組織計画草案」(8月12日にコミューン代表議会に提出) においては、直接民主制を否定する傾向を示している。この案では、地区集会の常設（恒常的開催）を廃止すると共に、コミューン議会の代表者はコミューン全体に帰属するものと見なし、地区集会による彼らの罷免を許さない制度が目指されていた[23]。もっともこの案はコミューン議会に権力を集中するものだったため、議会による統制から自由な集権的自治体行政権を欲したパリ市長 J-S・バイイ (Jean-Sylvain Bailly) の意にも反していたことから、地区集会と結んだバイイの動きによって潰されてしまった。結局、この案の一部を採用した臨時制度が設けられている。

　10月初めの扇動家の逮捕に対する釈放要求に端を発したコルドリエ地区集会とコミューン議会との対立においても、地区集会側が自己の選出した議員に対する統制と罷免の権利を主張したのに対し、逆に議会側は地区集会活動に対する統制権を主張することとなった[24]。この時点になるとブリッソは、直接民主制を求める地区集会の圧力から逃れるために、国民議会の権威にさらに積極的に依存する

---

21) 第[12]原則で示された「諸自治体の機関」は、自治体が自発的に連合を組んで作る機関なのか、地方自治を担当する国家の内部組織なのかは不明であるが、いずれにせよこの機関の活動も、国民代表府たる国民議会による統制を受けることが予定されていた。

22) フランス革命期や、後に検討する「パリ・コミューン」期には、「コミューン」の語は単なる自治体行政区画としての市町村の意味を超えて、不可分の市民の政治共同体の意味を併せ持つことがある。パリ市の「コミューン議会」という表現も、地区集会を超越した「不可分の共同体としてのパリ全体の議会」の意味が付加されていることが多い。そこで、これらの可能性のある文脈においては、「コミューン」、「コミューン議会」と表現する。

23) Henry E. Bourne, « Municipal politics in Paris in 1789 », *American Historical Review*, vol.11, January 1906, p.271 ; Eloise Ellery, *Brissot de Warville, a study in the history of the French Revolution*, 1916 [Éditions AMS, 1970], pp.99-100.

24) Bourne, *op.cit.*, pp.282-284.

ようになる。11月30日のコミューン議会に出された彼の動議は、パリ市の自治体基本法となるべき特別規則（règlement particulier）[25]の起草自体を国民議会内の特別委員会である憲法委員会に委ね、パリ市自身は、コミューン議会の選任した委員会がこの作業に参加するに留めることを、パリ市民に認めさせようとするものだった[26]。これはコミューン議会自体の決定権のみならず、何よりも地区集会の決定権を奪うことを狙っていた。彼が発行する新聞『フランスの愛国者』の1789年12月4日号は、「コミューンは独自にその自治体組織の規則を制定する権利を持つとは思うが、諸般の事情（convenances）は、コミューンにその権利の行使を犠牲にしろと命じていると思う」と述べる。ここではすでに、自治体自己組織権の不可譲性という考え方は消滅している[27]。

彼の動議そのものは、コミューン議会で承認されなかった。しかし12月2日の決定では、「コミューン代表者によって作られ地区集会の承認を受けた自治体組織計画が、一般立法を導く公共の秩序の大見地に背くものとして、国民議会と国王によって拒否される」事態を避けることが重視されている[28]。

ブリッソやコミューン議会のこうした態度の背景には、この時期に国民議会が一般法として、自治体や地方行政庁の組織に関する法律を完成させつつあったことと、この法律の示す諸原理が、直接民主制や自治体組織権の不可譲性を志向する旧来の主張と対立することが一層明白となっていたことが挙げられる。11月26日に国民議会は、パリの人口の多さを理由に、パリにだけ特別規則を与える決定を下した。だが同時にこの特別規則でも、あくまで他の自治体に与えられる一般規則と同一の原理と基礎に立つべきことが定められていた[29]。この決定に対し、

---

[25] フランスではフランス革命期から現在に至るまで、日本でいうところの自治体の「条例」は「règlement (local)」である。後述するようにフランスでは、自治体は「統治体」であることを否定された「行政体」と考えられ、条例も地方行政規則と考えられている。そのため、国の執行府が制定する国家規則（日本でいう政省令）としての「règlement」と自治体の条例を意味する「règlement」とが同一の概念で示されることになる。したがって、パリ市の自治体組織に関する「条例」を国民議会が国の「規則」として定めるべきと主張する際に、ブリッソが同じ「règlement」という言葉を用いているのは、地方自治体の条例を自治体「立法」と考える日本から見ると言葉遣いという点でも奇妙なのだが、国家「規則」の1つとしてパリ市のための特別「規則」を定めるというのであれば、フランス人の感覚では「règlement」という同一の用語を用いることに何も奇妙なところはない。

[26] LACROIX, op.cit., t.3, pp.82–83.
[27] Ibid., pp.89–90.
[28] Ibid., p.98.
[29] A.P., 1ère s., t.10, pp.260–261.

より急進的な新聞である『パリの革命』の1789年11月28日＝12月5日号は、「この特別規則は国全体の法律を決定することを通じて、自治体に関する法を〔自らが〕直接採択する権利をパリと共に保持するようにと、他のコミューンを促すことのできる影響力を有するパリのコミューンに対して、これを欺くための巧妙なやり方である」という鋭い批判を加えている[30]。

　以上概観してきたように、自治体内部では民衆的傾向とブルジョワ的傾向が混在し、多くの対立が生じていた。だが、自発的な自治体形成の体験と現実の自治的活動は、民衆的傾向を常に内在させ、時にそれを噴出させる危険性があることも事実である。これは「国民」的市場経済圏の確立のための諸方策を、中央からの一元的指令に厳格に従って遂行する統一的公権力の確立を欲する「議会ブルジョワジー」にとって、大きな脅威であり続けた。もちろん彼らにしても、「王国全域に出現したこの噴出する力を否定することは考えられなかった。ただこれを規律することだけは、やらなければならなかった」[31]。こうして、近代資本主義国家＝近代立憲主義国家にとって最も典型的となる国民主権、すなわち「ナシオン主権」の憲法原理とこれに適合的な「単一国家」型の地方自治の憲法原理が生み出される。その過程を、フランス革命初期の憲法制定国民議会（以下、〔制憲〕国民議会）の議論を中心にしながら、次に見ることにしよう。

3　国民代表制原理に基づく「単一国家」型の地方自治の成立
(1)　「連邦制」の否定と国民代表制

　「議会ブルジョワジー」も、旧体制と全面対決するという彼らの革命遂行形態の当然の結果として、少なくとも革命当初は、選挙制を通じた国と地方の政治・行政への市民の自発的参加を必要としていた。また現実の自治体の存在自体を否定できないことも認めていた。こうした事情を踏まえたうえで、なおかつ中央権力による決定の絶対的優越性を導き出す論理こそ、地域＝選挙区とその選出議員及び議会との法的拘束関係を切断する代表制政府論、とりわけその中核をなす国民代表制論のそれであった。

　まず、身分制議会である全国三部会のための選挙区（bailliage）から選出された「第三身分」の議員たちが、三部会から分離独立し、自ら制憲国民議会を名乗る

---

30)　LACROIX, *op.cit.*, t.3, p.91.
31)　Paul BASTID, *Sieyès et sa pensée*, Hachette, 1970, p.474.

ようになる過程で、国民議会の決定に対する個々の選挙区の拒否権が否定され、その結果、フランス国家を自治体の連合体として構想する可能性が消滅した。1789年6月17日の国民議会成立の決議は、選挙された代表者から構成される国民議会のみが「国民の一般意思を解釈し表明する」権限を持つと宣言する。加えて、「代表（représentation）は単一不可分であって、議員のうちのいかなる者も、その者を選んだ身分や階級がいかなるものであろうとも、この議会から分離してその職務を行う権利を持たない」と宣言することで、各議員を通じて行使される選挙区の主権的な決定権が否定された[32]。ここにフランスは、国民議会の多数決で一般意思を定める単一不可分の主権国家となったのである。

なお、今日の憲法学においては、連合制（confédération）の場合にはそれぞれの構成単位が主権ないし単独の離脱権を有するので主権国家を形成することはできないのに対して、連邦制（fédération）の場合には構成単位が主権的権力を放棄させられ、連邦国家と州自治体との間で立法権を中核とする統治権の分有が連邦憲法を通じ確保されるとの条件の下で単一不可分の主権が成立すると考えられている。この点で、国家連合（あるいは連合制国家）と連邦国家とは明確に区別される[33]。しかしフランス革命期には両者は未だ区別されておらず、そのため、少なくとも「議会ブルジョワジー」の間では、連合制と連邦制とが混同され、連邦制を自治体間の分裂による主権国家の否定と同一視する傾向が強かった。そこで以下の叙述では、論者の言葉遣いにかかわらず、その文脈に応じて連合と連邦とを訳し分ける。

国民議会の決定に対する選挙区の拒否権の否定は、7月7日と8日の命令委任（mandat impératif）に関する議論の中で確認された。Ch-M・ド・タレイラン・ペリゴール（Charles-Maurice DE TALLEYRAND-PÉRIGOURD）の発言と動議は、選挙区がその選出議員に対し命令委任により、①肯定・否定の形で特定の意見表明を命じること、②特定の場合に議決参加を禁ずること、③特定の意見が可決された場合に議員の辞職を命ずることを通じて、個々の選挙区が国民議会の議決の効力そのものまでも否定しようとすることを禁じたものだった。彼の示す根本原則によれば、

---

32) *A.P.*, 1ère s., t.8, p.127.この宣言の邦訳は、東京大学社会科学研究所編『1791年憲法の資料的研究』（東京大学社会科学研究所、1972年）82-83頁。但し、訳語は必ずしもこれを用いていない（以下、同様）。

33) 「fédération」と「confédération」の区別については、Bernard CHANTEBOUT, *Droit constitutionnel et science politique*, Armand Colin, 1982, pp.67-68 参照。

選挙区は「完全なる連合体（corps fédératif）におけるような、一定の関係でのみ他と結合するある種の国家などではなく、全体の一部、唯１つの国家の一部であり、参加するしないにかかわらず、本来一般意思に従属するもの」に過ぎない[34]。国民議会の大勢はこの主張を支持した。但しアベ・シェイエス（Abbé, Emmanuel-Joseph Sieyès）が、この意味での命令委任の禁止は本来６月17日の決議に含まれていることを指摘したため、結局この日は再確認の形の決議がなされた[35]。

しかし７月７日と８日の議論は、議員が最終的に議会の多数決に従うことを認めたうえで、つまり各選挙区の主権的な拒否権は放棄したうえで、議会での議論と表決に際して各選挙区が命令委任を用いて議員個々人を拘束することまで禁じたものではなかった[36]。したがって各自治体は、特に自治体区画と選挙区画とが重なっている場合には、この意味での命令委任を用いて自己の地域の選挙区から選出された議員を拘束し、その結果、制憲国民議会の多数を制することで、国の立法から不可侵の領域を自治体に保障するような憲法の制定を行わせる可能性をまだ残していた。つまり今日の憲法学における意味での連邦制の可能性が残っていたのである。だが制憲国民議会は、連邦制も、またこのような国家構造を自治体＝選挙区から押しつけられる危険性のある各議員拘束的な命令委任も、本来認めるつもりはなかったようである。前述のペリゴール発言自体、各議員拘束的な命令委任を認めながらも、この拘束を義務的なものとしてではなく、議員の良心に委ねられた任意の服従として理解しようとしていたことに注意を払うべきである[37]。

「連邦制」の否定についても、そのような志向は７月23日のミラボー発言に対する各議員の態度の中に半ば現れている。パリの自主的な自治体形成が問題となったこの日、ミラボーは、「３身分の融合、自由選挙、公職の任期による解任制」という「国民代表の大原則」が守られる限り、細部の諸規則は地方性（localités）に従わせるべきで、国民議会は命令すべきではないと主張した。その際彼は、各州が共和制を採り、連邦（confédération）の一部をなすという条件さえ満たせば、政府形態の選択は各州の自由に委ねられるというアメリカの例まで引いている。

---

34) De Talleyrand-Périgourd, *A.P.*, 1ère s., t.8, pp.200-203.
35) Abbé, Emmanuel-Joseph Sieyès, *A.P.*, 1ère s., t.8, p.207. 決議は *A.P.*, 1ère s., t.8, p.208.
36) 杉原泰雄『国民主権の研究』（岩波書店、1971年）264-268頁、注（33）参照。
37) De Talleyrand-Périgourd, *op.cit.*, p.202.

J-J・ムーニエ (Jean-Joseph Mounier) は、彼の発言に対し、「あらゆる自治体にそれぞれのやり方で自らを自治体化することを認めろと主張しているのか」との非難を加え、「国家内に複数の国家を作り出し、主権の数を増やす危険」を指摘した。そしてミラボー自身も、他の議員からの支持発言がなく、また彼自身、連邦制概念について曖昧だったこともあり、以後このような自治体の政府形態選択権の主張をしなくなる[38]。

各都市の自治体革命の進展が、国民議会の決定の至高性に基づく単一国家体制の形成を脅かすものであることが明らかとなるにつれて、新体制エリートであることを自覚する国民議会議員は、貴族身分を持つ者もそうでない者も、「国民」的統一の法理念をより強く打ち出すようになる。8月4日の封建的諸特権の放棄宣言の第10条が、地方自治的諸特権を廃止しているのも、こうした文脈において理解される[39]。

国民議会の法的独立性を完成させることによって、地域＝選挙区の要求に沿った「連邦制」実現の一切の可能性を取り除いたのは、9月7日のシェイエスの「国王拒否権についての発言」であった。この中で彼は、国民の意思と国民代表の意思とを区別する主張は、フランスを「無数の小民主制〔国家〕(petites démocraties)」に分断する危険なものであり、このようなものはアメリカ合衆国のように「全国的な連邦 (confédération générale)」の関係でしかまとまることができない、と非難する。彼は法形成に対する市民の参加のあり方について、直接自ら立法を行う方法と委任によるものに分け、前者を真の民主制 (veritable démocratie)、後者を代表制 (gouvernement représentatif) と呼ぶ。そして代表制の優位点を述べた後に、全議員は各地方から選ばれても全国民の代表に他ならないこと、彼らが国民議会で共同意思に到達するには自由討論と自由決定が不可欠であることを力説する。

---

38) Mirabeau et Mounier, *A.P.*, 1ᵉʳᵉ s., t.8, p.264. なお Bourne, *op.cit.*, pp.269–270 参照。
39) 「第10条 国民の憲法と公的自由は、州にとり、その若干のものが享受してきた特権よりも有益であり、この特権を犠牲にすることが帝国の全部分の緊密な統一に不可欠であるから、州、大公領、地方、カントン、都市及び農村共同体の特権は、金銭的なものであれ他のいかなる種類のものであれ、全てが永遠に廃止され、全フランス人の普通法 (droit commun) の中に解消されることを宣言する」。同宣言については、*Lois et actes du gouvernement*, De l'imprimerie impériale, 1806 (以下、*L.A.*), t.1, pp.3–4 参照。同宣言はのちに1789年8月11日＝11月3日の décret として成文化されている。このデクレの邦訳は東大社研・前掲書88–90頁。また、貴族身分議員が先導的役割を果たした経緯については、松平斉光「フランス革命と地方制度──革命初頭に制定された地方制度」『政経論叢』(明治大学) 31巻6号 (1964年) 5–8頁参照。

彼によれば、「……フランスは民主制ではないし、そうはなりえない。フランスは、何らかの政治的関係によって結び合わされた多数の共和国から構成される連邦国家（*État fédératif*）となってはならない。フランスは、その全部分において共通の立法と行政に従う唯1つの全体（*un seul tout*）であり、かつそうでなければならない」のである[40]。

　以上のようにシェイエスは、命令委任と民主制と連邦制とを結びつけることで、フランスの強力な国家的＝国民的統一を志向する国民議会議員たちに対して、連邦国家に進む危険性を除去するには国民代表制に基づく単一的な立法権と画一的な行政権の体制、すなわち「単一国家」体制を採る以外に道はないとする論理を示したのである。こうして、ここに各議員に対する命令委任自体も否定された。まさしくシェイエスの主張には、「ナシオン主権」原理と「単一国家」型地方自治原理との間の密接不可分な関係が明瞭に見出されるであろう。最後に彼は、この日の発言によって、「もし自治体が完全かつ独立した共和制に自らを組織するのをそのまま放置しておくならば、フランスを脅かすことになる危険を知らせることで、自分の義務と信じるものを果たした」と述べている[41]。ここには、フランスを「その全部分において共通の立法と行政に従う唯1つの全体」に統合しようという「議会ブルジョワジー」の要求を最も強く自覚していたシェイエスが、直接民主制に依拠して、自治体の自己組織形成権の不可譲性を国民議会に認めさせようとする地域＝選挙区の圧力を、命令委任自体の否定によって払い除けようと意図していたことが如実に現れている。

(2)　国民代表制原理に基づく国民的権力と地方行政の関係

　このように単一不可分の全国民の代表と称して、あらゆる外部からの法的拘束を断ち切った国民議会は、国民代表があらゆる公的事項を専断的に決定しこれを執行させる公権力制度と、その妨げとならないように組織や権限が画一的に定められた自治体制度の確立に突き進む。その際、理性と同一視された画一性への信仰が強く打ち出され、地理上や政治・行政上の多様性は、非合理なものとして可能な限り排除された。言語や生活領域にまで及ぶ画一化は、社会の「近代化」＝

---

40)　以上につき、Sieyès, *A.P.*, 1ère s., t.8, pp.592–597。引用箇所の傍点は、原文がイタリックである。なおシェイエスについては、浦田一郎『シエースの憲法思想』（勁草書房、1987年）も参照した。

41)　*Ibid.*, p.597.

規律化＝資本主義化に有利に働いた[42]。

こうした性格を持つ法制度は、すでに7月に作られたシェイエスの『パリ市に適用しうるいくつかの憲法理念』[43]という小冊子にかなり具体化されている。例えばシェイエスはここで、連邦制を否定する議論を展開した後に次のように述べている。「……全フランスには、共通かつ画一的な立法と行政が必要である。そして自治体には、特別事項 (affaires particulières) のために立法権と執行権に代わり、これを代表する評議会〔＝自治体議会〕と管理部〔＝執行機関〕が必要である。但しこれは、各シテやコミューンの自由で特別な基本法が、国家の全体憲法を侵害したり、全国民の立法と行政を妨げたりしない形態である場合に限られる」[44]。

国民議会でも、9月29日に憲法委員会を代表したJ-G・トゥーレ (Jacques-Guillaume THOURET) の報告[45]が、このシェイエスの構想を下敷きにしていた。その後の討論も基本的性格の変更に及ぶものはなく、その結果可決されたのが、1789年12月14日の「自治体の設立に関するデクレ」[46]と、同月22日の「第1次集会及び行政会の設立についてのデクレ」[47]である。以下、必要な限りで、国民議会でなされた議論と立法の特徴をまとめてみよう。

まず、全国を75から85の間で広域行政区画としての県 (départements) に分け、さらに県内を3以上8以下の下位区分である郡 (districts) に分けた。当時の立法者は、県と郡に設けられる行政機関 (行政庁〔administrations〕あるいは行政会〔assemplées administratives〕と呼ばれる) を国家の地方行政担当機関と考え、これを自治体とは見ていない[48]。県と郡の下にコミューン (市町村) が設けられ、これのみ

---

42) 画一性信仰については、Georges GUSDORF, *La conscience révolutionnaire, les idéologues*, Payot, 1978, pp.175-188 参照。

43) SIEYÈS, *Quelques idées de constitution applicable à la ville de Paris*, en juillet 1789, Bibliothèque Nationale, 8° Lb^{39} 2107.

44) *Ibid*., p.2.

45) THOURET, *Rapport sur les bases de la représentation propotionnelle et seconde partie du rapport …… relative à l'établissement des assemblées administratives et des municipalités*, 29 septembre 1789, *A.P*., t.9, pp.202-210.

46) Décret sur la constitution des municipalités, *L.A*., t.1, pp.24-34. 邦訳は東大社研・前掲書93-98頁。

47) Décret sur la constitution des assemblées primaires et des assemblées administratives, *L.A*., t.1, pp.52-66 ; J. B. DUVERGIER (*éd*.), *Collection complète des lois, décrets, ordonnances, règlements, avis du Conseil d'État*, Paris, S'Adresser au directeur de l'Administration, t.1, 1834, pp.73-188 ; *A.P*., 1ère s. t.11, p.191 et s. 邦訳は東大社研・同上書93-106頁。

が真の自治体と見なされていた。コミューンはフランス革命前からの村落共同体ないし都市共同体の区域が保たれており、3万6000以上存在していた。国民議会、県や郡の行政会 (assemblées administratives)、そして全てのコミューンに設置された自治体機関 (municipalités) のそれぞれの構成員の選任には選挙制が用いられた。また一定額以上の納税者であることを要件とする選挙・被選挙資格保持者を意味する「能動市民 (citoyens actifs)」と、被治者全員を意味する「受動市民 (citoyens passifs)」とを区別することで、政治・行政への参加を有産階級(ブルジョワジー)に限定した[49]。

　政府形態は代表制が採られている。国民議会や県、郡の行政会の議員は、それぞれ全国民、全県民、全郡民の代表者と見なされ、涜職罪で有罪の判決を受けない限り罷免されない。コミューンの自治体の場合にも直接民主制は採用されなかった。コミューンには評議会 (conseil) と市町村長 (maire) を含む執行部 (bureau) とから成る自治体議会が設置され議決権を持つ。また重要事項の決定の場合にも、自治体議会議員とやはり選挙された名士 (notables) とから成るコミューン総評議会に議決権が委ねられている[50]。

　国民議会の議員、並びに県と郡で国の行政会の議員の選出には間接選挙制が採られている。これらの議員は、全ての有権者(「能動市民」)が参加する第1次会で選出された選挙人によって選任される。これに対しコミューンでは、自治体議会議員と首長は能動市民が「能動市民会」に参加し直接選出する制度(直接選挙制)が採られている。

　第1次会も「能動市民会」も選挙しか行えず、選挙後、直ちに解散しなければならない。但し、コミューン総評議会による明示的な招集があれば新たな「能動市民会」を開くことができ、また一定数の「能動市民」が要求する場合にはその招集が義務づけられている。この規定が単なる請願のための集会を対象とするものでないことは、国、行政庁(行政会)、自治体当局に対する請願起草集会のための別の条文があることや、緊急時には共同体総会が必要ではないかという議論からこの規定が生まれたことから分かる[51]。したがって直接民主制は、国民議会と

---

48)　それゆえ本書では、フランス革命期に「municipalité」という言葉が使われたときには、「市町村自治体」と表現するだけでなく、市町村を明示する必要がない場合には単に「自治体」と表現するに留めたのである。
49)　1789年12月14日法1〜25条、同22日法前文7条、1節、2節。
50)　1789年12月14日法38、54条、同22日法前文8〜11条。

行政会に関しては完全に排除されているものの、自治体に関しては発動の可能性が残されていたと考えられる。但し、自治体当局が市民会の決定に拘束される旨を規定した条文はないから、直接民主制の発動はあくまで現実の力関係に委ねられているに過ぎない[52]。

　県と郡に設置される行政庁（行政会）の性格は、あくまでも国家行政の地方執行機関であったから、州の特別意識（provincialisme）を消滅させるために、県と郡の区画自体、均等面積割りの画一的区分が採用されている。その活動も、租税に関しては立法府（国民議会）の検査とデクレに、諸々の行政活動については「国民および王国の一般行政の最高の長としての国王の権威と検査」に従属する。王国の一般行政制度に関わる全事項、新規の事業、特別な土木工事の場合は、国王の承認がなければ県行政会の議決は執行させられない。このように広域の地方制度である行政庁（行政会）は、あくまでも「国民」的統一に不可欠な手段と見なされ、国民代表を頂点とする国民的権力（pouvoirs nationaux）の従属部分に他ならなかった[53]。この点については、1789年9月29日のトゥーレ報告も、一般〔＝国全体の〕行政の長（すなわち国王）に対する行政会の直接的な従属がなくなれば、「国民が確認したばかりである君主制（gouvernement monarchique＝国民代表制に基づく立憲君主制）は、州の内部では民主制に転落してしまう」と述べている[54]。ここでは「民主制」という言葉が直接民主制を志向する政治体制を意味すると同時に、地域が国の中央政府の立法と行政から一定の独立を保障される制度、当時の政治議論の用語で示すなら「連邦制」をも意味している。

　もっとも1789年12月22日法3節5条後段は、国王の承認済みの議決の個別的執行のみならず「特別事項（affaires particulières）」についても、国王の特別許可は不要としている。この「特別事項」とは、地方の利害にのみ関わるもので、かつ立法によって具体化されるべきものであることが、その立法過程から推測される[55]。そののちの立法措置を見て、L・オコック（Léon Aucoc）は、国民議会が

---

51) 緊急時の共同体総会に関する議論については、1789年12月1日のPrieurやDuportの発言（*A.P.*, 1ère s., t.10, pp.345-346）を参照のこと。
52) 以上については、1789年12月14日法24条、62条、同22日法1節35条などの規定を中心にして、その内容をまとめた。
53) 1789年12月22日法3節1〜5条。
54) Thouret, *A.P.*, 1ère s., t.9, p.206.この時点では、広域地方制度を県と郡とする考え方は確立されておらず、そのためトゥーレは州という表現を用いていた。

県にも自治体としての法人格を認めていたと解釈している[56]。

(3) 「自治体権力」の本質

前掲の1789年12月14日法（デクレ）は、自治体の職務として、「自治体権力に固有の職務（fonctions propres au pouvoir minicipal）」と、本来は「国家の一般行政に固有の職務」でありながら、この一般行政から「委任された職務」という2種類の職務を区別して定めている。前者は、県及び郡の行政会の監督と検査の下で自治体によって行使され、後者は県及び郡の行政会に完全に従属するものとされている[57]。固有職務と委任職務の区別は、前者に関する自治権を自治体に認める可能性を秘めている。しかし固有職務の根拠となる「自治体権力」の性格を分析しない限り、その法的意味は明らかにならない。

実際には「自治体権力」の性格についても、その前国家的出自そのものを全否定はしないものの、国民議会の一方的判断に従って、国民的権力の妨げとなりそうなあらゆる自治体の活動を制限できるように、その独自で自発的な権力を画一的な枠の中に押し込める法概念が作り出されていた。この点に関わって、旧来の市町村毎に自治体の設立を認める「小コミューン制」が採用された事実から、国民議会多数派が固有自治権の考え方につながるような伝統的地域共同体を存続させようとする住民感情に譲歩したとする主張[58]、並びにのちにドイツの国法学者G・イェリネック（Georg JELLINEK）やJ・ハチェック（Julius HATSCHEK）が「自治体（Gemeinde）の独自の活動範囲という考え方」の起源としての「1789年の理念」を見出したことで有名な「自治体権力（pouvoir municipal）」という概念を1789年11月9日にトゥーレが述べたこと[59]が問題となる。そこで、「議会ブルジョワジー」がこの2つの事実の背後で見出しつつあった自治体についての萌芽的な法概念ないし法原理の本質を、当時の国民議会における「自治体権力」をめぐる議論の中で検討してみよう。

まず自治体の区画に関して、立法改革を主導した国民議会内の憲法委員会の方

---

55) LANJUINAIS, *A.P.*, 1ère s., t.10, p.226 ; POPULUS, *A.P.*, 1ère s., t.10, p.227 ; D'AILLY, *A.P.*, 1ère s., t.10, p.248 ; Le comte DE CRILLON, *A.P.*, 1ère s., t.10, p.248 ; DÉMEUNIER, *A.P.*, 1ère s., t.10, p.248 など。

56) Léon AUCOC,« Les controverses sur la décentralisation administratives », *Revue politique et parlementaire*, avril 1895, p.30.

57) 1789年12月14日法49～55条。

58) LEPOINTE, *op.cit.*, p.232.

は、均等面積割りによる720の広域自治体に市町村を強制合併させる「大コミューン制」構想を唱えていた。これに対してミラボーらは、従来の３万6000を超える多様な市町村区画を維持する「小コミューン制」構想を掲げて対立していた。そして結局、11月12日に後者が勝利したことは事実である[60]。しかし本書の視角からすれば、両構想とも代表制原理を前提とし、細部にわたって国の立法府が定めた自治体組織を全自治体に押しつけている点で同一であることこそが重要である。

また、「小コミューン制」が採用された結果、自治体に対する行政会の統制の必要性が明確になったことも重要である。当初憲法委員会は、委員会案を自治体の統制方法が不明で危険とする11月５日のP-J・バンジー・ド・ピュイヴァレー（Phillipe-Jacques BENGY DE PUYVALLÉE）の批判[61]に対する同月11日のG-J-B・タルジェ（Guy-Jean-Baptiste TARGET）の反論のように、自治体は公行政とは性質を異にする「家庭内的行政（administration domestique）」であるから、公行政の従属部分ではなく、これに関わらない限り独立すべきとしていた。そして上級庁の監督がなくとも、地方的な圧力から自由で合理的な自治体運営を可能にするために、自治体枠の拡大を狙っていたのだった[62]。

だが、従来の共同体生活に対する住民の愛着の強さを考慮して「小コミューン

---

59) 「市町村（Gemeinde）の独自な活動領域という考え方は、L. v. シュタインとギールケが賞賛しつつ強調したようにオーストリアで生まれたものではなく、おそらく『1789年の理念（Ideen von 1789)』に属するものである。フランスの憲法制定者たちが最初にこれを述べたのであった。……1789年９月29日の憲法委員会報告において、トゥーレは次のように説明している。それによると、市町村（die Communen）はあたかもその私的事事を包括するその固有の領域を持っており、したがって市町村はこの分野においては、自分の私的行為に関する場合の諸個人と同様にして、国家と向かい合っているというのである。この固有事務（engenen Angelegenheiten）は、立法的性質も執行的性質も持っており、その両方が市町村機関によってのみ行使されるというのである」（Georg JELLINEK, *System der subjectiven öffentlichen Recht*, 1 Aufl., Akademische Verlagsbuchhandlung von J.C.B. Mohr, 1892, S.264-265. 同旨、Julius HATSCHEK, *Die Selbstverwaltung in politischer und juristischer Bedeutung*, Duncker und Humbolt, 1898, S.56)。イェリネックは、コミューンに個人と同様の固有事項を認める考え方が９月29日のトゥーレ報告において現れたと述べているが、実際にはこのような考え方は、自治体権力概念に言及した11月９日のトゥーレ発言の中に見出される。

60) 「大コミューン制」構想は、前述のシェイエスの『パリ市……』案や９月29日のトゥーレ報告に示されている。「小コミューン制」は、11月３日のミラボー発言と彼の案（*A.P.*, 1ère s., t.9, pp.659-663）をはじめ多数ある。11日の決定は、*A.P.*, 1ère s., t.10, p.7 を参照。

61) BENGY DE PUYVALLÉE, *A.P.*, 1ère s., t.9, p.683.

62) TARGET, *A.P.*, 1ère s., t.9, p.747.

第1章　フランス革命期における「単一国家」　45

制」が選択された後には、憲法委員会自身が、公行政に関わるものと観念しつつ国から自治体に委任された職務だけでなく、「自治体権力」に固有の職務についても、行政会が自治体を統制する制度を提案するようになる[63]。その結果、自治体は委任職務に関し行政会の権威（autorité）の下に置かれ、これに完全に従属するだけでなく、固有職務についても行政会の検査と監督に服することなった。またコミューン総評議会[64]の招集が必要な重要事項については、行政会又はその執行部の検査と確認が義務づけられた。さらに個人的法益に対する行政上の不服申し立て制度と、自治体吏員の権力濫用によるコミューン全体の利益の侵害について個人が告発する手続きの中に、行政庁又はその執行部を介在させる「行政上の罪」の制度も実定法化された[65]。

　次にのちの法学議論の中で、とりわけドイツ公法学において、自然権的固有自治権思想の起源とも評されてきた「自治体権力」[66]に関する1789年11月9日のトゥーレ発言を検討しよう。この日トゥーレは次のように述べた[67]。

　「さらに我が憲法を強固にし、完全なものとするために、異なるあらゆる種類の権力（pouvoirs）を注意深く定義し分類することが望まれているのではないか。そこで、固有の本質と独自の対象を持つ自治体権力（pouvoir municipal）と、立法府及び一般行政〔体〕によって行使される国民的権力（pouvoirs nationaux）とを混

---

[63]　9月27日のトゥーレ報告には、国王による行政会の統制制度はあっても、行政会による自治体の統制制度は存在しなかった。後者に対する具体的な提案は、11月25日から開始される（*A. P*., 1ère s., t.10, p.252 et s.）。

[64]　前述したように、自治体評議会議員や首長等の自治体役員と、市民代表として「能動市民集会」で選任される「名士（notables）」とで構成され、自治体の重要事項を決定する。

[65]　1789年12月14日法49～51、54～57、60、61条参照。

[66]　河合義和『近代憲法の成立と自治権思想』（勁草書房、1989年）は、「pouvoir municipal」概念をめぐるフランス制憲国民議会と19世紀から現代にいたるまでのフランスの政治議論や公法学説を扱っただけでなく、ベルギー憲法の「第4権としての市町村権」概念やドイツ3月革命期の政治議論、そしてイェリネック、ハチェックの学説まで網羅的、資料実証的かつ詳細に分析したものである。河合はこの研究書で、イェリネックやハチェックが自然権的固有自治権の原点として論じているフランス革命期のトゥーレの上記の発言は、実際にはそのような趣旨は含んでおらず、せいぜいのところ「固有事務を認める伏線的意図のもとに行われた」ものに過ぎないと解されること、その後のベルギー憲法31条の規定もトゥーレ発言の影響を跡付けることはできず、立法、行政、司法と並ぶ「第4権」として自治権を認めたものではないこと、したがってトゥーレ発言がベルギー憲法を介してドイツ・フランクフルト憲法184条と185条に流れ込んだという定説は間違いであり、イェリネックやハチェックのこうした誤解は「ドイツの思想史的伝統に深く根差した『特産物』」と見るしかないと結論づけている（同書、537-563頁参照）。

[67]　Thouret, *A.P*., 1ère s., t.9, pp.726-727.

同しないように注意しよう。国民的権力は、国民全体の共通の利益と必要性のために存在し、かつ行使されるものである。これに対して自治体権力は、自治体化された区域それぞれの私的利益と特別の必要性にしか関わらないものである。いかなる国も初歩的な小集合体から始まり、これが統合されて国民と呼ばれる、より強力でより広い社会が形成された。この小集合体はそれぞれ、それが本来持っていた権力全体の中から全体の政府 (gouvernement général) を形成するうえで共同化することが必要だった一部の権力を切り離したのである。しかしこの小集合体は、偉大なる国民的行政と無関係な、そしてその内部的で家庭内的な事務 (ses affaires intérieures, domestiques et étrangères à la grande administration nationale) の行政を行ううえで、それにとって不可欠なものを留保せざるをえなかった。それゆえ、自治体と国家との関係は、まさしく自治体とその一部をなす家族との関係と同じなのである。それぞれは、それにとって特別な利益、権利、手段を持っている。またそれぞれは、たとえ公権力がこの家庭内的権威〔＝当局〕(autorité domestique) を信用できなくても、この権威〔＝当局〕は、それが一般的な〔＝全体レベルの〕次元に関わることを何もしない限りは、自己の収入を用いてその内部を維持し、配慮し、整備し、そのあらゆる必要を満たすのである」[68]。

確かにトゥーレはここで、国民全体の共同利益に関わる国民的権力 (pouvoirs nationaux) と私的・家庭内的な特別利益に関わる「自治体権力 (pouvoir municipal)」とを区別し、後者の基礎を、国家が成立する前から存在する小集合体が、全国政府の樹立にとって必要としない権力を自らに留保したところに求め、さらに公権力に自治体が従属しなければならない理由も、個人や家族のそれと同じであるかのような発言をしている。しかしこの発言が、国民代表の決定によっても侵しえない自然権的な固有の自治権を自治体に認めたものと見ることはできない。それは、彼がこの発言の前後で次のように述べていることから分かる。

彼はこの日、国民的権力と「自治体権力」とを区別することで、「立法府のための選挙人集会であれ、行政体 (corps administratifs〔＝行政会〕) であれ、自治体をその構成要素とはしない」こと、「〔立法府と行政体の選挙の構成要素である〕第1次集会の区画と自治体のそれとを混同してはならない」ことを論証しようとしていた[69]。というのは、対立するミラボー案が「小コミューン制」を採り、伝統的

---

68) *Ibid.*, pp.726-727.
69) *Ibid.*, p.727.

なコミューン（市町村）区画と自治体区画を一致させたうえで、立法府と県〔行政〕会の選挙区画をも市町村＝自治体のそれと一致させていたからである。また11月10日にもミラボーは、「自治体権力」と国民的権力の区別が無用であり、両権力は同一の基礎を持つべきであると主張していた[70]。このように、自治体を国民的権力の選挙の基礎単位とする考え方は、「市町村選挙集会＝自治体」→「中間選挙人集会＝行政会」→「中央議会」という選挙の連続的上昇過程を採る考え方に通じるものである。これは、とりわけ革命直前期の M–É・チュルゴー（Michel-Étienne Turgot）と P・S・デュポン・ド・ヌムール（Pierre Samuel Dupont de Nemours）による『自治体に関する覚え書』[71]の中にその明確な例を見出せるもので、当時としてはむしろ伝統的な選挙観であったと思われる。

「地域（伝統的地域共同体）＝自治体」を基礎単位とする国民的権力の選挙体系は、「選挙区＝地域」と国民議会や行政会の議員との結びつきの感情を強める。したがって、法的にも事実のうえでも、地方的圧力から完全に独立した国民代表制を確立することを最大の課題とする憲法委員会とすれば、命令委任という法的拘束を否定するだけでなく、地域からも議員自身からも、地域に由来する要求を国民議会に反映させることを正当化するあらゆる論拠を奪う必要があった。また、前述のように自治体には、「能動市民会」の形で、直接民主制を発動させる可能性を認めざるをえなかったことも、直接民主制的な圧力が自治体以外には及ばないようにするために、両権力の区別を促した事情の１つとして考えることができる。確かにトゥーレ発言は、否定できない自治体の独自性という現実を前提としていた。だが両権力の区別の真意は、「地域＝自治体＝選挙区」の圧力を遮断して、あくまで国民的権力の独立性を保障することに付随する消極的な意味しかなかった[72]。

---

70) Mirabeau, *A.P.*, 1ᵉʳᵉ s., t.9, p.733.
71) 「郡会（élection）は、その区域内に含まれる第１段階の各自治体（municipalités）の議員から構成されることになろう。都市も村落も同様に、それぞれ唯１人の議員のみを派遣することになろう。というのは、各都市は各村落と同様に、唯１つの共同体しか構成しないからである」（Dupont de Nemours, *Mémoire sur les Municipalités*, 1775.なお本研究は1788年版〔*Des Administrations provinciales, Mémoire présenté au Roi, par feu Turgot*, Lausanne〕を参照した (p.70)。この版のオリジナル版（1787年）には、ミラボーの関与の可能性が指摘されている。この点につき、渡部恭彦「フランス革命前夜における自治的行政機構確立の試み――デュポン・ド・ヌムール『自治体に関する覚え書』（1775年）を中心として」『商学論集』（福島大学）41巻5号〔1973年〕18–30頁参照）。

国民議会が「自治体権力」に与えた「私的・家庭内的行政」という性格規定が、このように消極的な意味合いしかないとするならば、その保障範囲は、国民代表が国民的権力の安全にとって必要と判断しさえすれば、いくらでも削減可能なものに過ぎない。両権力の区別の後、直接民主制を目指す自治体側の更なる圧力に直面した国民議会は、「自治体権力」の消極的性格を強調し、それが国民的権力に従属すべきことを一層明確にしていく。

(4) 直接民主制の排除と「単一国家」原理に基づく地方自治

1790年初頭から春にかけてのパリでは、コミューン議会による直接民主制否定型の自治体基本法作りに対抗して、各地区集会とその受託者から構成される大司教区（archevêché）単位の集会が、直接民主制を維持するための地区集会常設化（すなわち一定の要件を満たした場合に何時でも地区集会を招集できる制度）を盛り込んだ基本法の起草と、この採択のための国民議会への請願を行っていた[73]。1790年3月18日のパリ市のショセ・ダン・タン地区集会は、「その〔地区〕内部の制度のためであれ、自治体の侵害行為（entreprises）に反対するためであれ、正当で道理にかなったいかなる理由のためであれ、自由に集会する自分たちの時効にかからない権利」を主張した[74]。

これに対し1790年4月27日に、国民議会で憲法委員会を代表して「パリ市に適した自治体組織案」を報告したJ-N・デムウニエ（Jean-Nicolas Démeunier）は、コミューンが自己の中に政府組織形成権の根拠を見るのは、制憲権力と立法権の大原則を自らに誤って適用した結果であると批判した。彼によれば、フランス国民は「代表制政府（gouvernement représentatif）」しか持ちえず、国民の要求や紛争の解決は全て国民代表府である立法府に委ねられるという同一の原則がフランスを支配しなければならない。これに対しパリのコミューンは、「自治体権力」に留まらず、国民の主権的権威と立法府の権威にまで及ぶような規則〔条例〕制定権と統治権までも要求している。しかしデムウニエの言い方によるならば、フランスが解体しないままで「連邦制政府（gouvernement fédératif）」になることはない、というのである[75]。

---

72) 河合・前掲書は、本書のように国民的権力の選挙要素から「地域＝自治体」を排除する意図を指摘してはいないものの、このトゥーレ発言の中に、やはり相対的・従属的・部分的な意味しかない自治保障の性格を見ている。

73) Lacroix, *op.cit*., t.4, 1896 [Éditions AMS, 1974], pp.404-407 ; *A.P.*, 1ère s., t.12, pp.333-334.

74) Soboul, *Les sans-culottes parisiens...*, *op.cit*., p.531.

1790年5月3日のバンジー・ド・ピュイヴァレー発言は、「自治体権力」の消極的性格をさらに強調する。まず彼は、パリも国民議会も「自治体権力」を家庭内の「父権的統治（gouvernement paternel）」のイメージで捉えていることに触れ、自治体が家族と同様に国家の行政権に従属する点に類似性は認められるものの、それ以外は異質と見るべきであると述べる。彼によれば、家庭内の父親の絶対的支配権は自然に由来するが、「自治体権力」はあくまでも法律によって与えられたものに過ぎない。

次に彼は、国民代表制に基づく「ナシオン主権」論を用いて、「自治体権力」の従属性を論証する。彼によれば、フランス国民は国民議会のデクレによって、フランスが君主制を採ることと、君主制下の権力は国民の代表者が国王と共同で行使する立法権と国王の執行権とに二分されることを定めた。ところでパリのコミューンは、〔上述の意味での〕君主制原理と連邦の州（États）の内部制度〔の原理〕とを混同している。前者は、国民がその主権〔的意思〕の全てを共同化するため、国民は全て同一の法と行政に従い、独立性を持つのは主権〔的意思〕を表現する立法権と国民の名においてこれを執行する執行権に限られるのに対し、後者は自治体が主権の一部を留保するため、政府が解体する危険がある。したがって国民代表制に基づく君主制では、「自治体権力」は立法権や執行権に比肩する第3権とはなりえず、常にこれら一般権力が設けた2次的な権力として一般権力に従属する。さらに国民はその代表者に対して自治体を組織する積極的委任を与えており、国民意思を解釈する機関である立法府がすでに画一的な自治体基本法を定めた以上、「自治体権力」としてこれに対抗できるものは何もない[76]。

こうして地区集会常設化の要求や自治体政府形態の選択権の不可譲性の主張を支えうるあらゆる法的論拠は失われた。1790年5月21日の「パリ自治体組織に関するデクレ」[77]は、1789年12月14日法及び同22日法と同一の性格しか持たない。

なおここにいう君主制とは、当時の「議会ブルジョワジー」の大多数が依然として維持したいと考えていた執行権の国王への帰属という政府形態を意味し、それはフランス革命後の最初の憲法である1791年9月3日＝14日憲法[78]に具現化されている。しかし彼らが観念していた君主制は、あくまでも国民代表制原理に基

---

75) Démeunier, *Rapport sur le plan de municipalité convenable à la ville de Paris*, A.P., 1ère s., t.15, pp.305–307.
76) 以上は Bengy de Puyvallée, *A.P.*, t.15., pp.374–380をまとめたもの。

づく「ナシオン主権」の下での統治形態であるから、これまで見てきたように、フランスの国民代表制原理自体が立法権の単一性とその全国画一的な執行を必須としていたところからすれば、国民代表府の立法の全国画一的な執行を保障する政府形態を「国王」という単一の人格で具現化させていたと考えるべきである。それは後に見るように、やがてフランス革命が急進化し、統治形態としての君主制が廃止され共和制が採用されるようになった後も、単一立法権に従属しその全国画一的執行を可能にする統治の型の憲法原理として残り続けるのである。このような統治の型の憲法原理こそ、のちに「共和国の不可分性」の憲法原理、並びに国・地方関係におけるその言い換えである「単一国家」の憲法原理と観念されるものなのである。

1791年憲法はその3編 (titre)「公権力について」で、「主権は単一、不可分、不可譲で時効によって消滅することがない。主権は国民 (Nation) に帰属し、人民のいかなる部分もいかなる個人も、その行使権を配分されることはできない」(同1条) と定める。さらに「国民はあらゆる権力を発する唯一の源であるが、委任によらなければこれらの権力を行使できない。フランス憲法は代表制を採る。代表者は立法府と国王である」(同2条) と定める。ここに「単一国家」と国民代表制の原初的な結合の形態が明瞭に現れている。

次に同憲法は3編4章2節「国内行政について」の項目で、「各県に上級行政庁を、各郡 (district) に従属的行政庁を設置する」(1条) と定める。またこれらの地方行政庁については、「行政官はいかなる代表の性格も持たない。彼らは、

---

77) Décret relatif à l'organisation de la municipalité de Paris, 21 mai-27 juin 1790, in J. B. DUVERGIER, *op.cit.*, t.1, 1834, pp.179-190. このデクレ (法律) は、従来の60の地区 (districts) を48のセクション (sections) に変更し、各セクションに選挙のための第1次会を設けている (1章6、8条)。能動市民は、選挙後には一定の条件を満たす場合を除き、自治体当局が招集を命じない限り、新たにコミューン全体の集会を開くことが禁止された (1章19条)。この条件とは、少なくとも100人以上の能動市民からなるセクション集会で、コミューン全体集会を開くことに過半数が賛成すること、そしてこのようなセクション集会が8つ、コミューン全体集会の招集を要求することである。他方、各セクション集会の招集要件は、50人以上の能動市民による要求が必要とされた (4章1条)。その他にも、請願集会の制度化 (1章60条) やセクション行政のためのセクション委員会の制度が設けられていた。この委員会は、法文上は自治体当局とコミューン総評議会の権威の下にあるものとされ、独自の自治体としての性格は否定されていた (4章3〜7条)。

78) « Constitution du 3 septembre 1791 » in Jacques GODECHOT (présentation par), *Les constitutions de la France depuis 1789*, GF-Flammarion, 1995, pp.35-67. 東大社研・前掲書24-81頁。

国王の監視と権威の下で行政職務を行使するために、人民により期限つきで選出された役人（agents）である」と規定する（同2条）。当時のフランス憲法の考え方では、「代表」の性格は選挙によって与えられるものではなく、「国民のための意思作用」を行うこと、すなわち立法権を行使することから発生するものであった。だからこそ、上述のように国王は立法府と並んで「（国民）代表」の性格を与えられ、逆に立法権に対するいかなる関与も許されない地方行政官は、いくら住民の選挙で選ばれていても、いかなる意味でも（つまり国民にとっても住民にとっても）代表者の性格を持たないと見なされたのである。この点は、地方行政官は、「立法権の行使に干渉し、又は法律の執行を停止することもできない……」（同3条）と定めるところにも表れている。

　他方でコミューンについては、1791年憲法は2編「王国の区分と市民の地位について」の項目で次のように定める。「フランス市民は、都市や田舎地域の一定の区分における彼らの結合から生まれる地方的な関係の点から考えた場合に、コミューンを形成する。立法府は各コミューンの区域の広さを定めることができる」（同8条。傍点は原文がイタリック。以下同様）。「各コミューンを構成する市民は、法律が定める形式に従って、自分たちの中から期限つきで自治体吏員（*Officiers minicipaux*）という名称の者を選出する権利を有する。自治体吏員は、コミューンの特別事項（affaires particulières）を管理する任務を負う。市町村吏員には、国家の一般利益に関わるいくつかの職務を委任することができる」（同9条）。「市町村吏員が、市町村の職務についても、一般利益のために委任されることになる職務についても、これらを行使する際に従わなければならない規範については、法律がこれを定める」（同10条）。ここで地方自治の憲法原理と呼びうるものは「コミューンの特別事項」という概念である。しかしそれが「私的・家庭内的行政」に限定されるものであり、立法権が「一般利益」に属すると主張して介入する場合には、何らこれに対抗できないものであることはすでに述べた通りである。ここには固有事務と委任事務の原初的な区別も見られるが、固有事務の概念自体は積極的な憲法保障の意味を持つものではなかった。こうして県行政体についても、コミューンの自治体についても、それが「単一国家」の枠内で構想されたものであることがより明確になった。

　以上から次の結論を導き出すことができる。まず、経済圏と公権力の「国民」的統一のために「議会ブルジョワジー」が用いた論理こそ、国民代表制に基づく

「ナシオン主権」の原理であり、これと両立しうるような「自治体権力」の法概念であった。この論理によれば、自治体は公的性質を否定される限りで一定の特別で自律的な活動領域を保障されるものの、国民代表により公的な性質があると認定された領域では常に公権力に従属する。したがって自治体の権限領域は常に国民代表の判断に応じてその範囲が限定され、あるいは廃止されることを拒みえない。さらに自治体は公権力、とりわけ国民代表の最高性と独立性を脅かす恐れのある能力を全て否定される。このように国民代表の意思に対する不可侵性保障の論理を欠く「自治体権力に固有の職務 (fonctions propres)」(1789年12月14日法49条) という概念は、上記のように1791年憲法で「コミューンの特別事項 (affaires particulières)」という概念に変わってしまうのも当然のことと言えよう[79]。1791年憲法の制定者たちは、県の行政官も自治体の吏員も全て選挙で選ばれ、その結果、常に地域からの影響を受ける危険性があることを認識したからこそ、「国民的権力」の末端を占める県行政官についてはその「(国民)代表者性」を否定することで、自治体吏員については「自治体権力」の性格を「私的・家庭内的行政」=「特別事項の行政」という消極的なものに限定することで、いずれも「国民主権に由来する権力の行使に関与すること」を禁止する法論理を確立したのだった(1791年憲法3編4章2節2条及び3条)。もちろんこの法論理の中核こそ、「国民主権に由来する権力の行使」を国民代表に独占させることを可能にする国民代表制原理であることは、すでに繰り返し指摘したところである[80]。

「議会ブルジョワジー」主流派は、フランスが資本主義「世界体制」の「中心」

---

79) F・ビュルドーも次のように述べる。「だが、特別事項の観念に自治体権力の保障を根拠づけながらも、制憲〔国民〕議会は、この権威を限られた範囲内に限定することを望んでいた」(François BURDEAU, « Affaires locales et décentralisation, évolution d'un couple de la fin de l'Ancien Régime à la Restauration », in *Mélanges offerts à Georges Burdeau*, L.G.D.J., 1977, p.772)。

80) R・デバシュによれば、「国家のユニテ(統一性＝単一性)」の原理を探し求めたフランスでは、絶対王政の「君主制的ユニテ」の遺産である「国家のユニテ」を基礎にして、1789年の革命から1791年の憲法制定に至る過程で立憲君主制の形態を採った国民主権に転換する中で、まず「国民的ユニテ」の原理が成立したと言う。そしてこの「国民的ユニテ」は、「主権は単一で、その唯一かつ絶対的な所有者である国民 (nation) はこれを行使できない」とする国民代表制論を不可欠の要素とする国民主権の採用によって実現したとする。デバシュによれば、その理由は、「代表制こそが〔近代国家フランスにとり〕考えうる唯一のシステムであるだけでなく、国民全体のユニテを最も良く具現化するシステムでもある」からであった (Roland DEBBASCH, *Le principe révolutionnaire d'unité et d'indivisibilité de la République*, Economica, 1988, pp.25-81)。

にいるイギリスに伍し続けるために、「国家による国民統一」あるいは「国家による社会の近代化＝均一化」を目指し、「単一国家」原理に固執した[81]。この原理は、政治的最高決定権者としての国民代表＝立法府が、自ら「公的視点から見て規律が必要」と判断するあらゆる対象を、他のあらゆるものから独立して「全国民のために」自由に決定できる制度を必要とする。彼らは、「地域ブルジョワジー」主導で試みられつつあったコミューンの直接民主主義の制度化や自治体政府の自主的組織化の動きの中に命令委任と連邦制に親和的な傾向を見てとり、その全面否定を目論んだ。選出母体を含めてあらゆる権力や団体・集団から独立した議員が国民代表として、理念の世界にしか存在しない「全国民」の意思を自由に解釈して立法を行い、国民代表に従属する中央と地方の執行府を通じ、最高の権威を持ってこの立法をあらゆる対象に強制することを正当化する国民代表制原理はこうして成立する。「単一的国民」と画一的地方制度を創出するために、国民代表制原理は欠かせないものであった。

　原理的なレベルからなされる直接民主制の否定は、市民総会によりこれを実施する場であるコミューンの自治機関（自治体）の役割の縮減と結びつく。上述のように、「私的・家庭内的行政」の意味に限定された「自治体権力」の概念は、一方では国家権力に従属しつつも、国家（すなわち国民代表）が放任している「私的」領域の管理権をその限りで自治体に保障する意味を持つけれども、他方では国家の「政治的」決定過程に対しては「地域＝自治体」がいかなる形であれ介入できないことを明確化し正当化するという意味を併せ持つ。地区集会を利用したパリの直接民主主義的な政治運動は1789年12月の２つの立法の後もなお継続し、時に過激化していたが、だからこそ1791年５月18日＝22日法は、自治体の権限が「純粋に行政的な」性格を持つに過ぎないものであることを確認し、市民総会が政治的な議決を行うことを禁止したのである[82]。

　「地域ブルジョワジー」については、彼らが主張する直接民主制に基づく「連邦制」的な自治要求の限界性を指摘しなければならない。彼らは自然権的な論理から自主的な自治体基本条例を制定する権利を有すると主張しながらも、同時に国民代表による憲法適合性の審査を求め、あるいは国民代表の最終的な決定に対

---

[81]　「単一的国民」は自生的な社会の産物などではなく、「強い国家」がこれを作り出したという視点につき、J・ヘイワード（Jack HAYWARD）（川﨑信文・岩本美砂子・古川都・田口福治訳）『フランス政治百科（上）』（勁草書房、1986年）35頁。

する完全な従属を誓う傾向がある[83]。しかし、「地域＝自治体＝選挙区」の国民代表に対する法的拘束を認める主権論がない限り、彼らの不可譲の自治権という主張は、「特権に満ち溢れ、民主的運動に敵対的な議会の前で温情（grâce）を求めるもの」[84]に過ぎない。ここには、地域共同体生活に足場を持つがゆえに民衆的心性を残しつつ、新体制エリートの末端を形成する「地域ブルジョワジー」の矛盾が露呈している[85]。

しかしそれなら、ブルジョワジーと利害を異にすることを自覚し、直接民主主義を志向しつつ政治主体として目覚めた民衆運動側の憲法構想、あるいは民衆運動の素朴な政治志向をある程度精緻な「人民主権」の憲法原理にまで高めた「議会ブルジョワジー」左派の憲法構想であれば、こうした矛盾は克服できるのであろうか。そこで次に、フランス革命期における「人民主権」の要素を何らかの意味で含む憲法構想を分析することで、国民主権ないし「人民主権」に由来する権力と自治体との関係を検討することにしよう。

---

82) Loi relative aux Assemblées de commune et aux Pétitions, 18＝22 mai 1791, in *L.A.*, t.3, pp.210-213. この法律は、まず1条で、請願権の行使を個人に限定し、選挙人団や行政庁、あるいは自治体やセクション集会などあらゆる公的団体・機関による請願権の行使を禁止した。次にこの法律は2条以下で、コミューン総会やセクション集会に対する制限を設けている。特にその目的を明瞭に示しているのが2条であるが、そこでは次のように規定していた。「コミューン〔総〕会は、コミューンの固有の利益に関わる自治体の純粋に行政的な事項についてでなければ、組織され、招集され、許可されえない。その他の事項についてのコミューン〔総会〕及びセクション〔集会〕の招集及び議決は、無効かつ違憲である」（傍点は引用者）。なお同法は、東大社研・前掲書では187-188頁に掲載されている。

83) 1790年3月23日にパリ市長のバイイは、直接民主制の実現にとり不可欠の条件である地区集会の常設制を盛り込んだパリのコミューンに関する自治体組織案の承認を求めて、国民議会で請願書を読み上げている。しかし議事録を読む限り、バイイによる地区集会常設化の主張は、諸地区がこれを要求していることと、パリ市の膨大な人口にはこの制度が適していることの2点を根拠にして述べられているに過ぎない。その後の発言では、もっぱら国民議会がパリ市に対していかなるデクレを定めようとも、パリ市民はこれを尊重し、これに服従するという弁明に費やされている。バイイによれば、国民議会は「国民を代表して法を制定する」のだから、パリ市民は国民議会の命令に常に従わなくてはならないというのである。以上につき、*A.P.*, 1ère s., t.12, pp.333-334参照。

84) SOBOUL, *Les sans-culottes parisiens...*, op.cit., p.532.

85) 柴田三千雄『パリのフランス革命』（東京大学出版会、1988年）は、1790年6月の新市制で生まれた新しい自治単位であるセクションにおけるローカル・エリートたちの立場について、次のように述べている。「カルティエのエリート層は警察委員、民事委員あるいは県や市の役員という役職につき、この役職に伴う行政的な社会結合関係を絆にして民衆の世界から離脱する」（224頁）。

第2節 「人民主権」論における対抗的地方自治の論理の萌芽

1 「人民主権」原理と対抗的地方自治についての基本視座

　杉原泰雄は、民衆層をブルジョワジーと根本的に利害が対立する社会階級と見たうえで、1791年憲法を制定した国民議会のブルジョワジーのみならず、フランス革命が急進化し、普通選挙制と共和制を実現し、一部直接民主制までも採り入れた1793年憲法を生み出した国民公会のブルジョワジーであってもなお提起できないような独自の憲法構想を、民衆運動側、とりわけ「アンラジェ（enragés＝過激派）」と呼ばれる民衆運動指導者の憲法案の中に見出している。杉原がこのような徹底した民衆利益適合型の主権原理である「人民主権」を提示し、これをブルジョワジーが絶対に放棄しようとしなかった「ナシオン主権」と対置して見せたのは、日本の憲法科学上、重要な功績と言える[86]。

　杉原はこうした「ナシオン主権」と「人民主権」の対置を地方自治の憲法理論にも応用し、「人民主権」原理に立脚する地方自治を「充実した地方自治」の名で描き出そうとしている[87]。しかし、少なくとも筆者の現時点までの比較憲法史研究の知見の限りでは、近・現代の国民主権国家の枠内で、主権論の分野におけるのと同程度に鮮明かつ原理的な対立を地方自治論の分野で見出すことはできなかった。19世紀前半の王政復古期の立憲君主制やナポレオン・ボナパルト（Napoléon BONAPARTE）と甥のルイ・ナポレオン（Charles Louis Napoléon BONAPARTE）による2度の帝政は近代国民主権国家の体制ではないので考慮の外に置くとして、確かに第3共和制以降の近・現代立憲主義国家のフランスでは、19世紀後半から20世紀に及ぶ長期間の中央集権体制、すなわち画一的な地方制度の下で中央任命制の県知事による中央集権制が極めて強度であった状態から、20世紀末以降のより「分権国家」化した状態への変化が見られる。しかしこうした変化を、「人民主権」原理に基づく新しい立憲主義の体系への移行の一環として見ることは困難である。なぜならば、フランスでは現在に至るまで、右翼（保守）側のみならず

---

[86]　杉原泰雄の民衆型憲法構想と「人民主権」原理の分析については、同『人民主権の史的展開』（岩波書店、1978年）、同『民衆の国家構想』（日本評論社、1992年）を参照。

[87]　杉原泰雄「地方自治権の本質・3完」『法律時報』48巻4号（1976年）133-140頁。同・前掲『地方自治の憲法論』63-72頁。

左翼の側も、常に「共和国の不可分性」原理をその国民主権原理の必然的帰結と考え、そのうえで「共和国の不可分性」原理に立つ限り、本書が追及するような国と自治体との間の立法権分有を志向する憲法構想は絶対に不可能と考えてきたからである。フランスのように主権と国民代表制をめぐって鮮明な対抗原理どうしの論争が続けられてきた国においては、主権の単一・不可分・最高独立性は、国（中央政府）の国民代表のそれ、もしくは人民自身のそれとして現れ、立法権分有のある種イデオロギー的な言い換えである「連邦制」は、「主権のまさしくその本質に反する」[88]ことになる。

　現時点での筆者の憲法科学認識では、近・現代立憲主義とは、長い歴史の中で一定程度その弊害が除去・緩和されたにせよ、なお資本主義の展開に適合的な「ナシオン主権」原理の本質を保持し、その枠内で一定の変容を示してきたものに他ならない。現在でも、グローバルな資本主義市場経済以外の世界経済体制に移行する展望は見出されえないし、どれほど民主化と人権保障の充実を求める市民の運動が展開されても、少数者支配の鉄則や一定程度の経済格差は残り続けるものと考えざるをえない。こうした常に矛盾を孕んだ人間の社会的営みにおいて、それでも人権保障や民主主義の理念がより一層実質化することを求める多様な運動・試みを通じて、立憲主義の内実が深化していくのである。

　このように考えたとき、「人民主権」原理の歴史的本質は、本来的に欺瞞的な要素を含む「ナシオン主権」原理が展開していく過程で生み出される、むしろ「鬼っ子」的な自己批判・内省的な原理であり、この「鬼っ子」的な「人民主権」が時宜に応じて「ナシオン主権」と原理論のレベルで対抗し、「ナシオン主権」の欺瞞性を暴き、その弊害に対する反省を促し、その結果「ナシオン主権」自体が国民を主権者と呼びうる実質的要素をより多く含むものへと変化する手助けをするという、「ナシオン主権」原理のいわば派生的・補助的な憲法原理であったことが分かる。このように見た方が憲法史を合理的に説明できる。そしてこうした思考枠組みにおいては、資本主義の憲法原理としての根源性と体系性を持つ「ナシオン主権」の場合には、この主権原理に基づく地方自治の憲法原理も1つの体系性を持ったものとして確認できるけれども（フランスではそれこそが「単一国家」型地方自治原理である）、対抗原理としての「もう1つの地方自治」については、十

---

88) Léon DUGUIT, *Traité de droit constitutionnel*, t.2, 3ᵉ éd., Ancienne librairie Fontemoing & Cie, E de Boccard, 1928, p.120.

分な根源性・体系性をもってこれを示すことができない。にもかかわらず、「ナシオン主権」原理に基づく地方自治の憲法原理が、民衆ないし市民の地域生活にとって障害物として現れるたびに、一定の傾向を持った対抗的な地方自治の理論や構想が現れることも必然である。この対抗的な地方自治の理論・構想が時に憲法原理と呼びうるに近いレベルにまで高まり、これによる挑戦を受けることで、支配的な地方自治原理も一定程度変容し、「よりまし」なものに深化していくのである。しかしこのようにして認識できる対抗的な地方自治の理論は、一定の体系性を示しえた「人民主権」の原理とは異なり、そのような体系性のある対抗原理として示しうるものではない。せいぜいのところそれは、「人民主権」原理に基づき地区集会に集合する市民による直接的な主権の行使（すなわち直接民主制）を志向することと、市町村自治体の存在とその権限の自然的な性格を強調することで、「ナシオン主権」に基づく地方自治原理が志向する国・地方制度の近代化、合理化に抵抗する点で共通性を持つ一群の批判的地方自治構想にすぎない。それでも本書は、こうした一群の批判的地方自治構想との対抗と相互作用の関係こそが、「ナシオン主権」原理に基づく地方自治の憲法原理を深化させ、「分権国家」原理にまで変容させることを明らかにし、特にそれが日本国憲法の地方自治の規定の解釈に反映される場合には、「対話型立法権分有」の法理にまで至ることを論証するものである。

　以下では、「人民主権」原理の理論的支柱であるルソーの政治理論、民衆運動指導者の憲法構想、「議会ブルジョワジー」のうちで「人民主権」に好意的であった左派議員の憲法構想等を概観することで、「人民主権」に基づく対抗的な地方自治構想の輪郭を浮かび上がらせることにしたい。この作業は、対抗的な地方自治の構想が「ナシオン主権」原理に基づく地方自治原理にいかなる意味で対抗的な要素を示したのかを明らかにするだけでなく、実はこの対抗的な地方自治構想自体が「人民主権」原理に依拠するがゆえに常に孕んでしまう自己矛盾と限界をも明らかにするであろう。

2　ルソーの「人民主権」論と「連邦制」論
(1)　「人民主権」論
　アンシャン・レジーム末期に至り、封建的支配と絡み合った形で浸透しつつあった資本主義市場経済により、民衆の地域共同体に依拠した生活が悪化しつつ

あったことはすでに述べた。私有財産制による民衆生活の圧迫と堕落を感じ取ったルソーは、『人間不平等起源論』の中で、次のように喝破していた。「要するに、一方では競争と対抗心、他方では利害の対立、そして常に他人を犠牲にして自分の利益を得ようという密かな欲望。これらの全ての悪は、私有財産制の最初の効果であり、生まれたばかりの不平等と切り離すことのできない結果なのである」[89]。ルソーは、国家権力の正統性の根拠を問い直すことを通じて、このような人間社会の悪を解消しようと試みた。『社会契約論』には、人民のための権力原理として、直接民主制に基づく「人民主権」が構想されている。

　ルソーの「人民主権」論によれば、まず「政治体 (Corps politique)」、すなわち国家は、社会契約参加者が、自己の自然権の全てをそこに譲渡することにより成立し、こうして主権が発生する (「全部譲渡説」)。しかし各人は、こうすることで「政治体を構成する限り、各構成員〔としての権利〕を不可分の全体の一部として受け取る」のである[90]。こうして成立した主権は、単一不可分性を属性とし、人民全体に帰属するとされる。

　ルソーにとり、主権とは「国民の意思力」すなわち「一般意思を表明する権利」を意味する。その中核はもちろん立法権である。ルソーによれば、「主権は本質的に一般意思の中にあって、しかも一般意思は決して代表されえない」。したがって、人民集会における直接民主制に基づく決定こそが原則となる。もちろん広大な国家においては、直接民主制に代わる代議制が不可欠となることはルソーも認める。しかしこの場合も、「人民の代議士はその代表者ではなく、また代表者にはなりえない。彼らは人民の代理人 (commissaires) に過ぎず、何1つ最終的に決定することもできない。人民自らが承認したものでない法律はすべて無効であり、断じて法律ではない」。つまり人民による事前あるいは事後の承認制度が不可欠と考えられていたのである[91]。

　この主権の行使には、「……その本質におけると同様に、その対象においても一般的でなければならない」という条件が付く。ルソーの考える主権は、絶対不

---

89) Jean-Jacques ROUSSEAU, *Sur l'origine et les fondements de l'inégalité parmi les hommes*, 1775, in C.E.VAUGHAN (*éd.*), *The political Wrighting of J.-J. Rousseau*, vol.1, Cambridge, 1915, p.179.

90) Jean-Jacques ROUSSEAU, *Du contrat social, ou principes du droit politique*, 1762, liv.1, chap.6, in C.E. VAUGHAN, *op.cit*., vol.2, p.33.なお『社会契約論』の訳については、平岡昇編『ルソー』(世界の名著34巻、中央公論社、1978年) を参考にした。

可侵であるにもかかわらず、あくまでも「一般的合意（conventions générales）」の限界を超えることのできないものとして観念されている。そしてこの原則から、「あらゆる人間は、その財産とその自由のうちで、この合意が各人に残しておいたものを自由に処分できる」という主権対象外事項についての自己決定の原則が導かれる[92]。

したがってここで確認すべきは、ルソーは「一般的合意」に抵抗しうる何者をも認めなかったけれども、他方で「一般的合意」の形成方法を、頻繁な実施が難しい直接民主制の手続きに限ることで、実際には「一般的合意」が過度に締結され、過度に個人の自由を侵害することがないように注意していたとも読み取れる点である。つまり主権の形式的制約である「合意の一般性」は、合意形成手続きの厳格さを不可欠の要素としていたと解されるのである。

次にルソーは、人民が主権者であることから、人民を「公権力全体」の最終的な帰属主体と見なし、公権力担当者が形成する政府を組織し統制する権利が人民にあることを主張する。ルソーは「政府について」（第3編第1章）で、政府のことを、被治者と主権者の間で相互連絡や法の執行や社会的政治的自由の維持を担当する中間団体と位置づけ、こう続ける。「統治者（gouverneurs）」は「……主権者の単なる代行として、主権者が彼らに委託した権力を主権者の代理として行使するのであり、主権者はこの権力を好きな時に制限し、変更し、取り戻すことができる。このような権利を譲渡することは、社会体の本質と相容れないうえに、結合の目的に反する」[93]。

以上の2つの意味において主権者としての権利を持つ人民は、一方で立法権帰属主体として立法権の行使に参加し、他方で公権力全体の最終的帰属者として、公権力を日常的に担当する統治者を任免しコントロールする。この意味において、各市民は「主権の1万分の1を分有する」のである[94]。このイメージは、市民全員が日常的に集会で議決し、統治者を任免し統制できる都市国家（cité）ないし

---

91) 以上につき、*Ibid*., liv.3, chap.15, p.96. なおカレ・ド・マルベールは、ルソーの「人民主権」には、必ず事後投票制が必要というわけではなく、人民の異議申し立てがあった場合に人民投票を行う制度（「人民拒否」制）があればよいと見ている（Raymond CARRÉ DE MALBERG, *La loi, expression de la volonté générale*, Sirey, 1931［Economica, 1984］, p.217）。また杉原・前掲書『国民主権の研究』154-155頁も参照。
92) ROUSSEAU, *Du contrat social, op.cit.*, liv.2, chap.4, pp.44-46.
93) *Ibid*., liv.3, chap.1, p.65.
94) *Ibid*., liv.3, chap.1, p.66.

コミューン国家の市民のあり方と重なり合う。しかし国家が拡大し、代議制度が不可欠となるだけでなく、コミューン、さらには州のような広域自治体までも具備しなければならないような国家の場合には、どの程度までこの「人民主権」原理が貫き通せるのであろうか。ルソーは次のようにも述べている。「唯一絶対の統治の構造（constitution）など存在しない。国家の大きさが異なれば、それだけ違った性質の統治もありうる……」[95]。そこで、小国の統治理論であった『社会契約論』の大国への適用例として、『ポーランド統治論』を読んでみよう。

(2) 『ポーランド統治論』と連邦制

周囲の強大で専制的な諸国家による侵略の脅威にあえぐポーランドは、それ自体、広大な領土と巨大な人口を持ち、しかも政治的混乱と王権の弱体化の下で事実上の無政府状態にあった。この状況を前にしてルソーが試みたものこそ、「1つの大王国の国制（constitution）に、1つの小共和国の国制が持つ強固さと活力を与えようという企て」[96]であった。

ルソーの理想とする国家は、全市民が互いに知り合いであり、議員や統治者の行使を直接監視できるような小国家である。それに対して、「己の総量に押しつぶされた全ての巨大国民は、諸君〔＝ポーランド国民〕のように無政府状態の下で苦しむか、あるいは必然的推移によって国王が無理やり国民に与えた下級抑圧者の下で苦しんでいる」[97]。だからといってルソーは、ポーランドの無政府状態の原因である伝統的制度、すなわち「自由拒否権（liberum veto）」[98]に基づく地方権力の分立を全て否定し、強大な中央集権国家を打ち立てる方向は採らない。ルソーは繰り返し述べている。「勇敢なるポーランド人よ、気をつけ給え。あまりによくなりすぎることを望んだがために、あなた方の状況を一層悪くしないように気をつけ給え。得たいものを夢見ることで、失う可能性のあるものを忘れてはなら

---

95) *Ibid*., liv.3, chap.1, p.67.
96) Jean-Jacques ROUSSEAU, *Considérations sur le gouvernement de Pologne et sur sa réformation projetée, 1771*, in C.E. VAUGHAN, *op.cit*., vol.2, p.442. 訳文については、永見文雄訳『ルソー全集』（5巻、白水社、1979年）を参考にした。なおヴォーンは、『ポーランド統治論』の発表時期を、ルソー自身の原稿への書き込みから1772年としたが（*ibid*., p.425)、永見によれば1771年の方が正確である（同訳書、504頁）。
97) *Ibid*., chap.5, p.442.
98) *Ibid*., chap.7, p.449.「自由拒否権」はポーランドに固有の制度の1つであり、その起源は17世紀中葉に遡る。それは、国会の構成員の1人でも反対すると議決は無効となるというものであった。以上につき、永見・前掲訳書467頁注（50）。

ない。できることなら、諸君の国制の悪弊を正すがよい。しかし、諸君を今ある状態にしたその国制を軽んじてはならない」99)。忌むべき巨大な専制国家とならずに無政府状態から脱出する方法。ルソーはそれを、ポーランドの州への分割100)と連邦制101)による国家統合の中に求めようとした。

　ルソーは、連邦制への移行の条件として、ポーランドの悪弊の根源でありその自由の根源でもあった「自由拒否権」の修正を考えた。まず、自由意思に基づく社会契約の手段としては、「自由拒否権」を生かすべきとする。ルソーは述べる。「社会の自然の権利からして、政治体の形成とその存在とに密接に結びついている基本法のためには、全員一致が要求される」。また、「この法律の制定のために要求される全員一致は、その廃止にあたっても同じく必要である」。もっとも基本法として制定されるべき諸点は、吟味された必要なものに限られなければならない102)。そのうえで、その他の場合には「自由拒否権」は廃止されなければならない。但し、国会の専横を抑さえるために、「自由拒否権」の代わりに国会の頻繁な開催と命令委任（mandat impératif）が必要になる103)、というのである。

　命令委任については、実はルソー自身がここでこの用語を使っているわけではない。しかし次に見るように、その考え方はまさしく命令委任である。ルソーによれば、代議制を市民の奴隷化の道具に変えないための「第2の方法は、代表者を彼らの創設者〔＝選挙人〕の指示に従わせ、国会における彼らの行動を彼らの創設者に厳密に報告させるよう強いることである」。ルソーはここで州議会の重要性を強調した後、多数決で州議会の中から選ばれる委員会が「議員（Nonces〔＝本来の意味は教皇の使者〕）に対する指示」を作成することと、この議員による「報告のための州議会（Diétines de relation）」を開くことを提案している。「報告のための州議会」では、議員は彼らの国会での行動について、この指示に基づいて報

---

99)　Ibid., chap.1, p.426.
100)　ルソーは、できることなら既存の州（Palatinats）をそのまま残すことを望んでいたが、実現可能な案としては3州への統合を提案している（ibid., chap.5, p.443）。
101)　前述したように、18世紀には「confédération」と「fédération」の区別はなかった。ルソーは、『ポーランド統治論』の中で、外国に対抗するためのポーランド貴族の同盟を「confédération」と呼び、州制度を持つ国家形態のことを「forme fédérative」と呼んでいるが、国家形態として「confédération」と「fédération」を明確に区別していたとは考え難い。しかしルソーはここで、「自由拒否権」の制度を否定して、多数決に少数派も従うことを義務づける国家制度を想定している以上、彼の「forme fédérative」は連邦制と訳す方が適切であると考える。
102)　ROUSSEAU, Considérations...., op.cit., chap.9, p.468.
103)　Ibid., chap.7, pp.449-450.

告しなければならない。そして州議会は、この報告に基づいて議員の再任や罷免を決めるのである[104]。

ルソーにとって、命令委任は連邦制と密接に結びついている。両者の結びつきを示す証拠の１つは、前述したように、それが何者からも独立するような国会の決定権という考え方を否定し、選出母体による国会議員の統制を可能にするところに見いだされる。もちろんそこには、直接民主制を基本とする「人民主権」のイメージが投影されている。

もう１つは、ルソーが命令委任を国会と州議会との間の権限紛争をなくすための手段として考えていたことである。この点は、地方自治の観点から考えるときに特に重要である。ルソーは言う。「しかしまた、これらの予防措置〔＝頻繁な国会の開催と命令委任〕が採られるならば、国会と州議会との間の権限紛争は決して生じるはずがないのである。正規の国会において法律が定められたときには、私は抗議の権利を認めない。〔国会に派遣した〕自分たちの議員が義務を怠ったときには、州議会はその者を罰するがよい。必要ならその者の首を刎ねさせるがよい。しかし常に例外なく、州議会は抗議せずに〔この法律に〕従わなければならない。〔州議会は〕自分たちの悪しき選択の罰を立派に背負うがよい。但しそうするのが適切だと判断するならば、次の国会で好きなだけ強硬な抗議を行うことは、例外として認められるけれども」[105]。

命令委任は、国会における多数決を認める制度である。この点で、全員一致を原則とする「自由拒否権」の弊害は克服されている。さらに「人民主権」の論理に従うならば、直接民主制の代替物として命令委任による拘束を受けた国会議員たちが多数決で行う立法は一般意思の表明と見なされるから、個別意思を持つに過ぎない州議会が、一般意思たる国会の立法の実施に対して抵抗することは許されるはずもない。しかし州議会は、命令委任を通じ、事前にそれぞれの選出議員を厳格に拘束するので、州議会の自由を侵すような立法は極力減らすことが可能となる。ここにこそ、地方自治保障の要請と一般意思の最高性保障の要請とを同時に満たす論理が見出せるのである。この考え方は、もし命令委任が頻繁に行われ、また命令委任が厳格に守られるような運用がなされるならば、国会の一般意思解釈権の独占原則、換言すれば主権の単一不可分性の原則を崩すことなく、し

---

104) *Ibid*., chap.7, pp.450-451.
105) *Ibid*., chap.7, p.452.

かも実質的にはかなり豊かな自治の内容を手続上保障することができるものといえよう。

　見方を変えるならば、ルソーにとり連邦制と命令委任の2つの制度は、人民集会を通じて統治できる都市国家以外の全ての大国家に「人民主権」原理を適用しうるほとんど唯一の方法だったと思われる。ルソーは言う。「国家の大きさ、あるいはむしろ広大さに付随する諸々の悪弊をできる限り排除するには、その統治構造を連邦制（forme fédérative）に転換させることがポーランドにとり重要であることを、見逃さないようにしよう」[106]。

　大国家における連邦制と命令委任の両制度の不可欠性は、ルソーの人民概念を考えればなお分かりやすい。『社会契約論』の中でルソーは、「人民主権」にとって不可欠な人民集会を保障する方法を考察する部分で、特に国家内に多数の都市がある場合を論じている。その中で彼は、主権を各都市に分配することも、唯1つの都市に集中させて他の全ての都市をこれに従属させることも、主権の単一不可分性からして、あるいは服従と自由の一致を求める政治体の本質からして、いずれも認めがたいと述べている。ルソーはこの問題に明確な解答を与えることを逡巡し、国家の規模を適当な限界内に留めておくことができない場合の唯一の解決手段は、首都の存在の否定と人口の分散化であるとだけ述べている[107]。

　しかし『社会契約論』の第1草稿である『ジュネーヴ草稿』の第2編第3章「創設すべき人民について（Du peuple à constituer）」では、政治社会すなわち人民の範囲の基準を、全構成員が容易に集会を持ちうるところに見ている。そしてこれに続けて、次のように断言しているのである。「なぜなら、後に見るように、代議士の派遣（députation）で作られる議会は、政治体を代表することもできず、主権者として政治体の名において立法を行う（statuer）ための十分な権限を政治体から受け取ることもできないからである。したがって国家は、せいぜいのところ唯1つの都市に限定されるべきである。多くの都市国家が存在する場合には、首都は事実上常に主権を持ち、他の都市は従属することになろう。この種の国制では、専制と権利濫用は不可避である」[108]。「人民主権」原理を純粋な形で貫徹し

---

106) *Ibid.*, chap.7, pp.457-458.
107) Rousseau, *Du contrat social, op.cit.*, liv.3, chap.13, pp.93-94.
108) Jean-Jacques Rousseau, *Du contrat social, ou essai sur la forme de la République*, (Manuscrit de Genève), in C.E. Vaughan, *op.cit.*, vol.1, p.487.

ようとすれば、「『唯一つの都市』を範囲とする主権国家——まさにコミューン」[109] の世界に到達せざるをえないのである。

都市国家への限定までは、『社会契約論』決定稿には述べられていない[110]。しかしここで重要なことは、本来ルソーの「人民主権」論とは、都市国家を別にすれば、連邦制と命令委任の制度、あるいは少なくともこれに類する制度を欠いては成り立たないものだったということである。

なお『ポーランド統治論』は、現実のポーランドへの適用可能性への配慮からか、貴族制度の容認や一部公選職の世襲ないし終身制を認めている[111]。州知事にあたる州行政長官（Palatin）についても、州議会による選任が提案されながら、いったん選出された後は州長官の終身制を認めている[112]。他方で、君主については世襲が禁止され、一代限りで選出される終身職とされている[113]。これらの妥協論には、「人民主権」に基づく地方自治の憲法理論を追求する観点からは、注目すべきものはない。

(3) ルソーにとっての地方自治の意味

それでは、ルソーにおける主権と地方自治とは、原理上いかなる関係にあるのだろうか。この問いについては、そもそもルソーに地方自治論が存在するのかという論点がある。この点では、C・E・ヴォーン（Charles Edwyn VAUGHAN）によるルソーの『ポーランド統治論』の解説が興味深い。ヴォーンは、市民による政治統制の容易さや良好な秩序という小国の長所を、ポーランドのような大国家の外形上の強大さと結びつけるためにルソーが想定した手段を次のように解説している。「それは連邦制（Confédération）である。あるいは現代の論争においてより馴染み深い言葉を用いるならば、それは地方自治（Home Rule）である」[114]。

---

109) 樋口謹一「ルソーのパトリオチスム」桑原武夫編『ルソー全集』（岩波書店、1970年）188頁。
110) もっとも以下のように、決定稿にもそれに近い叙述は残っている。「すべてをつぶさに検討した結果、都市（cité）がごく狭小でない限り、主権者が我々の間でその権利を行使し続けていくことは、今後は不可能になるであろうと私には思われる」（ROUSSEAU, *Du contrat social*, ..., 1762, *op.cit.*, liv.3, chap.15, p.98）。
111) ルソーは貴族に対して、貴族以上であれ、人間であれと求めている（*Considérations* ......, *op.cit.*, chap.6, p.445）。ここには、旧制度が持つ自由主義の伝統を存続させる役割を貴族たちに期待するとともに、徐々に都市市民を貴族に類する地位に昇格させること、農奴を解放し、彼らの代表選出権を認めるようにとのルソーの希望が込められている。特に後者の点につき、*Ibid.*, chap.7, pp.456-457 et chap.13, pp.499-500参照。
112) *Ibid.*, chap.7, p.457 et chap.8, p.462.
113) *Ibid.*, chap.8, pp.461-466.

他方で樋口謹一は、このヴォーンの解釈に対して、次のように疑問を呈している。「……しかし、この問題を常に"主権"と関わらせているルソーの立場を考えるとき、ヴォーンのこの解釈は、穏当とはいえルソーの真意をついているとは思われない」[115]。

　確かにルソーの連邦制論は、あくまでも直接民主制の代替物としての命令委任型の代議制を論ずることと深く結びついている。そしてルソーが想定するような命令委任制が完全な形で実現する場合には、大国家においても『社会契約論』の「人民主権」原理が貫徹するはずと考えた方が、論理整合的であろう。その場合には、命令委任に基づき国会で可決された法律は「一般性」を持ち、全ての州にそれが画一的に適用されることが当然視され、各州にその画一的な遵守を強制することも社会契約の論理自体から正当と見なされる[116]。したがってルソーの「人民主権」論には、現代の地方自治の憲法理論が追い求めるような、国会の立法にも抵抗しうるような「固有自治権」を認める論理も、あるいは国と自治体との間の立法権分有の可能性を認める論理も存在しない。立法権が帰属するのはあくまで人民全体か、あるいは命令委任で拘束される場合の国会だけである。そしてルソーが考える「地方の自由」とは、この最高・絶対の立法権が放任している領域での自由、つまり「個人・家族の自由」と同一の論理において認められる「私的・家庭内的領域での自由」に留まることになる。

　しかしここで再度注意を払うべきは、ルソーの「人民主権」論はあくまでも都市国家を理想とし、その統治のあり方から主権原理を抽出したものであった点である。都市国家の場合には当然に地方自治は必要ない。またルソーの「人民主権」論は、最も純粋な民主主義の理想形として「人民主権」原理を描き出し、これを用いて既存の封建国家やイギリス流の国民代表制型の国家を批判する目的を持っていた点にも注意しなければならない。のちの市民革命期においては、その本質まで受け入れる気があったか否かは別にして、革命家の間でも民衆層の中でも、

---

114)　C. E. VAUGHAN, *op.cit*., vol.2, p.385. なお、本書の他の箇所では、Charles の略語は Ch であるが、ヴォーンについては本人の表現を尊重し、C としてある。
115)　樋口謹一・前掲論文185頁。
116)　『ポーランド統治論』でも、国家の法律の画一性を語っている箇所がある。「我々はそこに国家の法律以外の権威を認めるべきではない。そして国家の法律は、訴訟の原因を根絶やしにするためにも、全ての州において画一的であるべきである」(*Considérations* ……, *op.cit*., chap.10, p.473)。

ルソーと「人民主権」の名は共に絶大な人気を持つようになった。革命期に革命の理論として観念される「人民主権」とは、新たに樹立される「人民主権」国家における立法に主権者の一般意思の表明のイメージを与え、その絶対・最高・独立性を保障する憲法原理となる。このようにして一般意思として無謬性を認められた「人民主権」に基づく国の立法には、地方の立法意思がたとえ部分的であれ抵触・抵抗する余地を認める理屈は生まれようもなかった。この点を、さらに革命激化期のフランスの政治議論に見ることにしよう。

3 民衆運動の憲法構想における「人民主権」と地方自治の関係

(1) サン＝キュロットの「セクション自治」

フランス革命直後の「自治体革命」を主導したのは、本書で「地域ブルジョワジー」と呼ぶところの地域の中小レベルの新興中産階級であった。その後の直接民主主義的運動は、多数の零細・貧困小生産者からなる民衆層から未だに分離できないままで、「地域ブルジョワジー」の最下層をも構成する急進的な法曹・僧侶・知識人グループと、彼らの指導の下で政治主体化する一般民衆層に受け継がれていく。パリにおけるこの複合的な政治主体こそ、サン＝キュロットと呼ばれる者たちである。

彼らは、1791年憲法制定後の立法議会（1791年10月1日発足）内部におけるブルジョワ諸党派の争いを横目に見つつ[117]、議会外で次第に独自の政治勢力に成長した。彼らの活動の場は主にセクション (section) である。セクションとは、1790年5月21日の「パリ自治体組織に関するデクレ」で制度化されたパリ市の新しい地区区分であり、選挙集会の区画であると同時に、基礎レベルの自治の単位ともなっていた[118]。1791年末のパリ市会議員選挙における急進的革命勢力の勝利、1792年初頭からの対外戦争の開始とその相次ぐ敗北による危機状況、さらに生活状態への不満などを背景にして、一定額の納税要件を満たすことができないパリの多数の零細小生産者や無産者が、法令上は「能動市民」のみに参加資格を限定していたセクション集会に強引に参入するようになる。その結果、市民を「能

---

117) 立法議会における諸党派の対立、国王への対応、戦争への対応については、A・ソブール（小場瀬卓三・渡辺淳訳）『フランス革命――1789-1799年（上）』（岩波書店、1953年）161-184頁を参照。

118) 本章第1節3(4)の注77）を参照のこと。

動市民」と「受動市民」に分けていた制限選挙制自体が、1792年8月11日の立法議会のデクレによって廃止されることとなった[119]。また彼らは同年7月になると、それまで違法とされてきたセクション集会の常設制さえも事実上確立させてしまった。そしてこれも、同年7月25日には公認されたのである[120]。

　サン＝キュロットの運動理念は、「議会ブルジョワジー」最左派のジャコバン＝モンタニャールと同盟を結びつつも、自分たち地域レベルの小生産者の共同体生活を守るために、財産の規模の制限と財産権行使の制限を強く主張していた[121]。そして、こうした経済要求を実現するための政治理念が直接民主制であった。リューデによれば、この直接民主制理念とは、「……彼らのセクションや人民結社で『恒久的に』会合を持つ権利、代議員を意のままにリコールする権利、時勢が彼らを動かしたときには議会の前で武装パレードをする権利、さらにはもし政府が人民への義務を果たさなかった場合、各セクションを反乱に立ち上がらせる権利」[122]からなるものである。

　彼らの直接民主制理念は、国民代表の独立性の否定にすら及びうるものであった。こうしてサン＝キュロットは、1792年8月10日の人民蜂起（「蜂起のコミューン」）により、国家体制全体の転換の原因となった。この蜂起で、各セクションから派遣された委員たちがパリ市当局にとって代わった。こうして生まれた新しい民衆的権力の圧力は、立法議会においても、「議会ブルジョワジー」の中の左派議員の主導による君主制の完全廃止と国民公会の設立（1792年9月21日）をもたらした[123]。

---

119) 「能動市民と受動市民の区別を撤廃することは、1792年7月27日にテアトル・フランセ・セクションにおいて決定され、間もなくパリの全セクションで模倣された。それは〔セクション〕集会の性質を変えることになった。つまり集会は、真に人民主権の機関となったのである。立法議会は、25歳〔以上〕で1年以上パリに住んでいる全市民に、治安判事（juges de paix）の改選の投票を行うことを認める8月10日のデクレを出すことで、すでになされていた実態を承認した。そして同様に翌日には、立法府は次のような決定を下したのである。『フランス人を能動市民と受動市民に区別することを廃止する』」（SOUBOUL, *Les sans-culottes parisiens ……, op.cit.*, pp.582–583）。

120) *Ibid.*, pp.533–535. ソブールは、地区集会の常設化を次のように評している。「常設はその時から、〔サン＝キュロットの〕戦闘分子たちが混乱しつつも基礎づけよとしていた民衆の政治制度及びその直接統治の基礎の1つとなった」（*ibid.*, p.535）。

121) ジョージ・リューデ（古賀秀男・前間良爾・志垣嘉夫・古賀邦子訳）『イデオロギーと民衆抗議——近代民衆運動の歩み』（法律文化社、1984年）140頁。

122) 同上、141頁。

123) ソブール・前掲『フランス革命（上）』185-187頁、『同（下）』5-15頁。

しかしこの8月10日蜂起後になっても、新しい国家体制を構築するイニシアティヴは「議会ブルジョワジー」の側にあった。新体制の成立直後の議会（国民公会）では、共和制は認めつつも、財産権と経済的自由を守るために、今後は民衆運動による圧力を制限し抑止したいと考えるジロンド派が優勢であった。

他方、パリのサン＝キュロットは、1792年10月以来、セクションの受任者からなる中央委員会をパリのシテ島の大司教館で度々開催するようになっていた。R・B・ローズ（Robert Barrie ROSE）によれば、この中央委員会の構成原理は、サン＝キュロットの指導者である「アンラジェ」のJ-F・ヴァルレ（Jean-François VARLET）が構想した民主主義体系の諸条件を完全に満たすものであったという。なぜならば、派遣委員はセクション集会の受任者の性格しか持たず、セクション集会によって任意に罷免され、かつ彼らの決定には住民総会による批准を必要としたからである[124]。

彼らは、こうした命令委任型の「人民主権」の実現を地方自治の場に限定しなかった。経済状況の一層の悪化と戦争の拡大、Ch-F・デュムーリエ（Charles-François DUMOURIEZ）将軍の裏切りなどの危機的状況を前にして、国民公会に代わる新たな民衆的権力の創設に向かう動きが現れたのである。有名な例では、ヴァルレが書記を務めるドロワ・ド・ロム・セクションにおいて1793年3月26日の議論の後に発せられた呼びかけに呼応して、パリの少なくとも27のセクションが賛同して形成されかけた新政府の構想、すなわち「人民の保護の下で諸県と連絡する公安中央委員会（Comité centrale de salut public, correspondant avec des départements sous la sauvegarde du peuple）」の構想がある[125]。この構想は、井上すずによれば次のように評価される。「ここではたんにパリのセクション連合としての中央委員会であるに留まらず、全国的規模に目標が拡大され、水平的関係で諸県と連合することによって成り立つ権力、民衆的フェデラリスムの志向が明瞭に現れている」[126]。

しかしこのような「民衆的フェデラリスム」は、後の時代の1つの解釈であっ

---

124) R.B. ROSE, *The Enragés, socialists of the French Revolution*？, Melbourne U.P., 1965, pp.18–19.
125) ROSE, *ibid.*, p.21；Étienne CHARVAY, *Assemblée électorale de Paris*, Maison Quantin, 1905 [Édition AMS, 1974], t.3, pp.464–467；杉原泰雄・前掲『人民主権の史的展開』88–89頁。
126) 井上すず『ジャコバン独裁の政治構造』（お茶の水書房、1972年）153頁。

て、実際のサン゠キュロットの日常生活はあくまでも彼らの地域的世界を中心にしたものであった。ソブールの言葉を借りるなら、「サン゠キュロットの活動家たちは、全国的な政治よりも、地方政治に対してより一層の関心を持っていたように見える。だからこそ彼らは、政治生活の基礎となる諸組織を重視したのである。それはコミューン議会であり、そしてそれ以上にセクション集会や〔民衆〕協会であった」[127]。

したがってサン゠キュロットの政治的主張の中に、明確かつ体系的な国家構想や対抗的憲法原理としての地方自治論を求めるのは無理な要求というべきであろう。彼らは革命が激化する中で、主権者として国と地域の両レベルで人民の主権を行使することを求めたが、それは国の立法権と自治体の政治的決定権すなわち自治体立法権との関係を当然に問題とせずにはいられないはずである。しかしこの難問を1つの体系立てられた憲法構想にまとめることは、サン゠キュロット運動に参加した一般民衆層には不可能であったし、彼らの政治的指導者である「アンラジェ」であってもやはり困難なことであった。この点を、「アンラジェ」のうちの最も優れた理論家の1人であるヴァルレの憲法構想を通して確認してみよう。

(2) ヴァルレの「人民主権」と地方自治の構想

ヴァルレの憲法構想には、「特別の命令委任に関する草案」[128]（1792年12月9日国民公会送付。以下「命令委任案」と略す）と「社会状態における人権の厳粛な宣言」[129]（1793年。以下「人権厳粛宣言」と略す）が知られている。そこでこの2つの文書を用いて、ヴァルレの主権論と地方自治権論の関係について分析してみる。

まず彼の「命令委任案」では、国民公会議員に対して、「代表者ではなく、我々の受任者であり、我々の機関であるべき」と主張する。そして、「人民の受任者」に対する「罷免可能性」の確認が行われ、また刑罰を通じた統制が構想されてい

---

127) SOBOUL, *Les sans-culottes parisiens……, op.cit.*, p.530.「地区（section）自治」の具体的な姿は、ソブールの同書、並びに初期の地区活動に限られるが、柴田三千雄『パリのフランス革命』（東京大学出版会、1988年）187-225頁が参考になる。

128) Jean-François VARLET, « Projet d'un mandat spécial impératif aux mandataires du peuple à la Convention nationale », in *A.P.*, 1ère s., t.54, pp.719-722.

129) J-F. VARLET, « Déclaration solennelle des droits de l'homme dans l'état social », 1793. この「人権厳粛宣言」については、フランス語の原文には当たれなかった。本書では、辻村みよ子『フランス革命の憲法原理――近代憲法とジャコバン主義』（日本評論社、1989年）420-424頁に掲載された邦訳に依拠している。

る。こうした命令委任型の「人民主権」論は、当然にセクション集会における市民の主権行使参加という観念に結びつく。彼は言う。「第1次会に集まる自由人からなるセクションの市民たちは、自分たちが主権者の一部をなすと考え、この資格で意思を表明する権利を持つ……」[130]。

　この視点は「人権厳粛宣言」ではなお強くなる。その24条は次のように規定する。「法律は一般意思の表明である。この意思は、主権者集会に集合した市民が、セクションごとに表明した部分的な願望を収集し、比較し、検討することによってのみ知られるものである」。この観点から、「人権厳粛宣言」10条は、「諸国民」（＝人民）による主権行使のあり方を、全ての公職の選出権、立法府の受任者（＝議員）に命令委任を通じて個別の願望を提示し、結果的には全体としての人民の「意思」を提示することで、法律の制定に参加する権利、委任者の利益を裏切る受任者を召喚し処罰する権利、公務員の活動に関し情報の公開を請求する権利、立法府の受任者が作成し提示した法律案（décrets）を否認若しくは裁可する権利（いわゆる人民裁可制）、社会契約（すなわち憲法）の改正権を挙げている。辻村は、このような「人民主権」行使の構想を「セクション中心主義」と特徴づけている[131]。

　しかし、このようなセクション集会による「人民の受任者」への命令委任や「人民裁可」制を通じた立法（一般意思の表明）への人民参加の構想は、1つの大きな矛盾を持っていた。この点を辻村は次のように述べている。「……ルソーのように、国家の諸権力が一般意思によって指導される場合を前提にする場合には、『主権の具体的行使をセクション単位で実施すること』と、『各セクションの意思は何ら一般意思ではありえないこと』との間に存在する不可避的な矛盾を自覚しなければならな」[132]い。本書の視点からすれば、この矛盾は、地方自治の側面を含む人民の各部分のセクション集会における活動を主権行使への参加と見て、その原理的な（すなわち社会契約論上の）不可侵性を主張する視点と、人民全体によって一切の異論なく決定される一般意思の至高性を保障する原理である「主権の単一不可分性」という主張とを両立させるという難問に直面したところに現れる[133]。

　ヴァルレは、「人権厳粛宣言」前文で「単一不可分の共和政府」を主張している。それは彼が、人権保障のためには「全権力の単一不可分性」が必要であると

---
130) Varlet, « Projet …… », *op.cit.*, p.720.
131) 辻村・前掲書367頁。
132) 同上、368頁。

考えていたからである（同宣言8条）。もちろん彼の真意は、主権者人民にのみ始源的権力すなわち主権が帰属し、その他の公権力は全てこの主権に由来し、これに従属することを強調するところにあった[134]。他方で彼は、主権の行使については「すべての諸国民に帰属する」（同宣言8条）としたうえで、具体的には「主権者集会に集合した市民が、セクションごとに表明した部分的願望」から「一般意思の表明」としての法律が作られるとも述べていた（同宣言24条）。

確かに、セクション集会を通じた人民の各部分による主権行使への参加は、国全体の意思（すなわち一般意思）を形成する途中のプロセスのみを考える場合には、最終的には国全体の立法府で必ず「一般意思の単一不可分性」が実現されるので、「セクション中心主義」と「共和政府の単一不可分性」の両原理には本来的な矛盾はなくなる。しかし当時のセクション集会は、市民の一般意思形成への参加の場であると同時に地方自治の場でもあった。そうであるならば、セクション集会に集った市民たちにとってみれば、セクションにおける地方自治の活動も、必要なときには国民公会に圧力をかける活動も、全て同じ人民の主権行使の一環として理解されていたはずである。つまりヴァルレがそう意図したと否とにかかわらず、セクション集会における市民の主権行使を強調するだけで、市民の主権行使の場として、人民全体を包括する全国レベルの政府（フランス政府）以外に、セクションレベルの「政府」の存在をも承認させる可能性を浮上させてしまうので

---

133) 辻村の見方では、この矛盾は「実践上の問題点」あるいは「敗因」として処理される。ここにいう問題点とは、第1にセクション間の「足並みの不統一」である。第2は「セクションの自治と、主権行使への努力が、逆に、全セクションによる一般意思形成あるいは共通利益追求を軽視させる方向に作用したこと」である。そして第3の問題点は、セクションによる新たな下からの連合組織づくりが、「既存のコミューン組織」と対立し、またそれと「パリ以外の地方組織との関係」が不明なままに留まったことである。そして第4は、「強大な中央主権化」が求められる当時の政治状況に適合しなかったことである（同上、369頁）。確かに当時の政治状況との関係で「実践上の問題点」があったことは認められよう。しかしそれだけに留まらず、憲法理論上の根本的な矛盾があったことを指摘しないわけにはいかない。

134)「社会状態における人権の維持に唯一適している、単一にして不可分の共和政府に組織されることを決定したフランス国内の主権者人民は……」（「人権厳粛宣言」前文。下線部は辻村・前掲書の訳文のままであり、原文では大文字であることを示す。辻村・前掲書の訳文については以下も同様）。「主権の行使は、全ての諸国民（les Nations）に帰属する。全権力は、本来的に、国民のうちにのみ存在する。それは、単一、不可分、不可譲で時効によって消滅しえず、委任状によって委任されることができるが、決して代表されることはない。全ての国家に、ただ1つの権力が存在する。それは、主権者たる諸国民の権力である。創設された諸機関は、そこから由来したものであり、常にそれに従属する」（同宣言8条）。

ある。

　だが、このような「部分社会」を主権主体たる人民の内部に認めることは、あるいは「部分社会」の活動を主権行使概念の中に位置づけることは、ルソーの『社会契約論』を信奉するヴァルレにとって許し難いことだったであろう。もちろん前述したように、ルソーの本来の「社会契約論」構想は、地方自治を必要としない都市国家を前提としたものだった。だからこそ、市民集会を通じた主権行使への参加は、その全ての市民を規律する一般意思形成への参加と考えることが可能になり、意思形成に参加した者がその全体の決定に完全に従属することも当然であると考えることができた[135]。しかしヴァルレの場合には、まさに革命の中でフランスという巨大な近代国家を対象にした憲法構想が語られており、その意味で、ルソーと同じように「主権の単一不可分性」を直ちに「政府の単一不可分性」と同一視することはできなかったはずである。

　他方でルソーは、すでに見たように『ポーランド統治論』の中では、大国家の場合には連邦制の形態を持った国家の基本法の制定が必要であることを、曖昧ながらも主張していたはずである。こうした国家形態と併せて、命令委任に基づく「人民主権」が主張されていた。しかしヴァルレには、大国家であるフランスに「人民主権」原理を応用するために、国家形態を考え直すという視点はない[136]。

　それどころか、実際にはヴァルレが地方自治に関して述べた部分は、地域の行政という意味ですら極めて少なかった。「人権厳粛宣言」には、セクション（集会）に関する記述以外には、地域的な区分の単位に言及した部分はない。他方で、その前年に出された「命令委任案」においても、守るべき憲法原則に関して、「83県にフランスを区分すること」が主張され、また公務員に対する統制の部分で、「県、郡及び全市町村の行政官たちが、それぞれの居住地の公共の場所で、自己の記録簿（registres）の写しを開示する義務を負う」ことを主張し、このようにしていわば当局の活動の「情報公開制度」を構想する部分で、地域的な単位への言及がなされているに過ぎない。「83県への区分」にしても、「我々は、この区分の中にこそ、自由なフランスの全部分を国民の統一の中で維持することを、そし

---

135) なぜなら、全体の決定に参加しながら意に沿わないその決定を拒否することは、政治共同体の形成という社会契約の目的そのものに反するからである。

136) もちろん国家形態の修正には、連邦制を採る以外にも、国家規模を縮小する方法もあり、ルソーが理想としたのは後者であったと思われることはすでに述べた通りである。

て大国家に活気を与えるあらゆる活動を共通の活動の1つの中心に常に帰着させることを最も可能にするような手段を見出す」と述べた箇所でのことであり、その主要な関心はあくまでも国全体の権力の編成のあり方にあった[137]。

　以上の分析に鑑みるに、結局ヴァルレには、全国レベルの権力（国の政府）と自治体との関係を主権行使に関わる重要問題として考え、これを新しい1つの憲法原理にまとめ上げて示そうとする意識がなかったと言わざるをえない。その主張は、いわばルソーの『社会契約論』における「人民主権」を、本来それが小国家の憲法原理であったことを無視して、いかなる連邦制的な修正も加えることなく巨大な近代国家であるフランスに適用して、その完全実現を目指そうとしたものと評価しなければならない。しかしそれでは、パリのサン＝キュロットと異なる要求を持ち、多様な暮らし方をしている各地の住民たちには、容易に受け入れてもらえないものだったといえる。

　なお他の地域・地方との関係については、ヴァルレは「命令委任案」の冒頭で次のように述べている。「我々の委任状を起草する際には、このやり方が自由なフランスの全地区（toutes les sections）によって追従してもらえるか否かについて、我々は何の心配もしていない。我々は、我々がそのような権利を有することを知るだけで十分である」[138]。このような楽観的な見方はルソーにも通じるところである。この点につき、現代の著名な「討議民主主義（deliberative democracy）」論者の1人であるM・サンデル（Michael SANDEL）は、ルソーがその「人民主権」論の不可欠の要素とする「偉大な立法者」論において、前提としている「人民」像は均一な市民の集合体であり、そもそも「人民」構成員間の利害の不一致は想定されていないことを指摘している[139]。

　周知のようにこうしたヴァルレの構想には、国（中央政府）の独自の権限を否定し、構成単位からの委任権限しか認めない「連合主義」の国家構想であるのか、それとも中央政府（国）に一定の独自の権限とこの分野に関する主導的決定権を

---
137)　VARLET, « Projet ...... », *op.cit.*, p.721. その他には、兼職の禁止を述べたところにも、地方行政官への言及が見られる。
138)　*Ibid.*, p.719.
139)　「市民が一種の言論抜きの透明性を持つ関係〔＝話もせずに互いに分かり合える関係〕あるいは互いに直接相対する関係に立つように、人間同士の間の距離を押しつぶすことを追求するのがルソーの共和制理念である」（Michael J. SANDEL, *Democracy's Discontent*, The Belknap Press of Harvard UP, 1996, p.320）。

認める「連邦主義」の国家構想であるのかという2つの対立する評価がある[140]。本書の視点から言えば、彼のセクション集会重視の考え方と下からの連合による国家形成の理論は、人民による命令委任制を通じた中央政府、特にその立法機関に対する厳格な統制の原理が守られる限りは、セクション集会が日常的に関わる地域の自治体が自由に規律できる領域を広く放任する可能性を秘めていたことが認められる。しかしこのような構想が、中央政府の独自の権限やイニシアティヴを認めるものであったかについては、ヴァルレは十分に答えていないというしかない[141]。

---

140) 杉原泰雄は、井上すず・前掲『ジャコバン独裁の政治構造』におけるヴァルレ構想の解釈について、これを「『セクション自治』を中核とした『セクション連合』（民衆的フェデラリズム）を構想するものであって、いかなる集団的統一ももたらさない民衆の抵抗の原理を示すもの」（杉原・前掲『人民主権の史的展開』54頁）、あるいは「各セクションが自律的主権的法人格として、それ自体いわば1つの『国家』として、あらゆる公務につき、その意思を最終的に決定できる……1つの『国家連合 confédération』（『連邦 fédération』ではない）」であって、「統一的国家意思形成機能を欠く」もの（同上、58-59頁）と整理する。これに対して杉原自身は、ヴァルレの「命令委任案」では、主権は全体としての人民に帰属し、各セクションの市民集会は「主権者の一部」を構成するに過ぎないと考えられていたことを指摘する。そして、このような「人民主権」の構想の下では、「各セクションに固有のものとして留保されている公務を別にして、その意思の形成が人民の構成部分の多数決によることは当然」（同上、59頁）であったと見ている。さらに命令委任の採用は、各セクション集会の拒否権とは異なること、「ルソー以来、『人民主権』は、命令的委任の制度と結合して、個別的・具体的意思から普遍的な一般意思を帰結するための原理として把握されている」こと、限界を課しつつも、議会のリーダーシップを相当程度認めていたと推測できることなどを挙げて、ヴァルレ構想は、あくまでも一般意思の形成を可能とする、したがって人民の受託者の集合体（国の政府）に一定の公務についてのリーダーシップ性を認める1つの国家構想であると主張している（同上、58-59頁）。本書の視点からは、この杉原の分析で最大の問題となる点は、「各セクションに固有のものとして留保されている公務」という固有自治権的な観念の成立可能性である。当時の左翼政治家たちがどれほど自治体の自然権的な固有権とその範囲について語ろうとも、固有自治権の具体的な範囲が永遠に不変であるというのは、当時の社会常識に囚われた限りでの信念に過ぎないのであり、実際には社会や人々の意識の変化に応じて、自治体に適切と考えられる権限の範囲が変化することは避けがたいからである。

141) 辻村・前掲書は、「『主権の具体的行使をセクション単位で実施すること』と『各セクションの意思は何ら一般意思ではありえないこと』との間に存在する不可避的な矛盾」、特にヴァルレのように前者を強調する結果として「一般意思の統一」がますます困難になることを指摘したうえで、ヴァルレらの「実践上の問題点あるいは『敗因』」を、①当時のセクション間の不平等性、②セクション自治を通じた主権行使の努力の結果としての一般意思形成を追求することの軽視、③セクション連合機関としての中央委員会機構と既存のパリ市及び他の地方組織との関係の不明確さ、④危機状況下での中央集権化の必要性の4点にまとめている（368-369頁）。しかし「人民主権」原理は、それが厳格に遵守されない限りイデオロギー（虚偽表象）に転化すると考える本書の視点からは、それは単なる「実践上の問題点」に留まるものではなく、「人民主権」原理の本質的な矛盾として理解されることになる。

他方でこの構想が示す、セクション集会の「部分意思」が受任者への命令委任を通じて一般意思を生み出すという手続きにおいて、ルソーを分析する際に述べたような「厳格さ」が、実際の統治の必要性や革命の危機的状況を理由にして曖昧にされる場合には、逆に、後の「ジャコバン独裁」における「恐怖政治」の下で多くのセクション集会が「沈黙」を余儀なくされたように、権力者を支持する一部のセクション集会による意思表明のみで、人民全体が自分たちの決定を「事後承諾」してくれたものと見なす独裁的な中央政府の出現を止めることができなくなる。この意味では、ヴァルレの構想は、「連合主義」のみならず、中央集権国家への転換につながる論理すら有していたことも確認しなければならない[142]。もちろんこうした憲法理論上の弱点は、ヴァルレよりも、むしろ次に見る「議会ブルジョワジー」左派の憲法構想の中にこそ、より明確に現れることになろう。

第3節 「革命激化期」議会の憲法構想における対抗的地方自治の隘路と可能性

1 「議会ブルジョワジー」の憲法構想における「人民主権」の採用の意味

国民公会期には、さらに革命が激化する中で、「議会ブルジョワジー」の中からも「人民主権」原理に基づく、あるいはその要素を部分的に含んだ憲法構想が現れてくる。従来、そのようなものとして挙げられてきた代表的な構想こそ、「ジロンド憲法草案」[143] (1793年2月15＝16日国民公会提出)、「ジャコバン憲法」[144] (1793年6月24日制定)、あるいは最左派の議員であるM・ロベスピエール (Maximilien

---

[142] 井上すず・前掲書は、ヴァルレの構想を極めて厳格な命令委任の手続きを求めていたと理解したうえで (129頁)、個別意思を共通意思に転換するには抽象化が必要で、それには代表者の介在が必要になるにもかかわらず、ヴァルレの構想ではそれは不可能であったと分析する。加えて民衆の統一性の欠如、リーダーシップの欠如ないし拒否の心性、運動の無責任性などを指摘することで、ヴァルレが構想する民主制の矛盾を確認し (131頁)、こうした論理連関において「民衆的フェデラリスム」が結局は「ジャコバン独裁」と結びつく契機を秘めていたと分析している。

[143] « Projet de Déclaration des droit naturels, civils et politiques des hommes » et « Projet de Constitution française », présentés à la Convention nationale, les 15 et 16 février 1793, l'an II de la République, A.P., 1ᵉʳᵉs., t.58, pp.601-609, 616-624.「人権宣言案」の部分については、辻村・前掲書403-406頁の邦訳も参照。

[144] « Constitution du 24 juin 1793 », in DUVERGIER éd., Collection......, op.cit., pp.70-80 ; J. GODECHOT, op.cit, pp.79-92. なお辻村・前掲書406-416頁に1793年憲法の全訳が掲載されている。

ROBESPIERRE)の人権宣言案[145)]（1793年4月24日に国民公会に提出）と彼の憲法素案[146)]（20か条からなる憲法原則に関する素案で1793年5月10日に国民公会に提出されたもの）、ロベスピエールの片腕であるL・サン＝ジュスト（Louis SAINT-JUST）の憲法草案[147)]（1793年4月24日国民公会提出）などであった。いずれも成年男子普通選挙制を採用しており、この点では財産・納税額に基づく制限選挙制を採用していた1791年憲法体制との違いは鮮明である。

「ジャコバン憲法」やロベスピエール、サン＝ジュストの憲法構想については、「人民主権」原理に立つものと考える点で学説はほぼ一致しているように見える。「ジロンド憲法草案」については、法律の制定・改廃に関して人民発案制を採用している点や憲法の制定・改廃について人民投票制を定めている点で、「ジャコバン憲法」に勝るとも劣らない直接民主制型の憲法構想のように見えるにもかかわらず、立法府の議決のみによる法律制定が認められていることや、人民投票にあたって人民の側からの発案権行使が実際上無力あるいは運用不可能に近いものとなっていること、執行権に対する人民の監視権が欠如していることなどを根拠にして、この憲法草案を「人民主権」原理の憲法構想に含めることに否定的な見解がある[148)]。他方で、制度の不十分さは「ジロンド憲法草案」のみならず「ジャコバン憲法」にも見出されるとして、ある程度の運用上の困難さや具体的制度の欠如は不問に付して、人民発案に基づく「人民拒否」（「人民審査」[149)]）の制度の存在や、人民と議会による執行監督手続きの存在などを根拠に、「ジロンド憲法草案」も「ジャコバン憲法」と同様に、「人民主権」原理に立つ憲法構想と見る見解も有力に主張されている[150)]。

実は以上の2つの見解のいずれもが、「人民主権」原理を「ナシオン主権」原理と本質的に対立し、いずれは前者が後者にとって代わらざるをえなくなるよう

---

145) ロベスピエールの人権宣言案とその報告については、*Discours et rapports à la Convention par Robespierre*, Union générale d'Éditions, 1965, pp.117–128. その原文は、*A.P.*, 1ère s. t.63, pp.197–200. なおこの人権宣言案については、辻村・前掲書417–419頁に邦訳がある。

146) ロベスピエールの憲法素案については、*Ibid.*（*Discours et rapports à la Convention*）, pp.154–157を参照。

147) SAINT-JUST, « Dispositions fondamentales » et « Essai de Constitution pour la France », *A.P.*, 1ère s. t.63, pp.204–215.

148) 杉原・前掲『国民主権の研究』290–294頁。

149) なお筆者は、本書第1部第1章第3節2(2)で示すように、「ジロンド憲法草案」の「人民審査」は「人民拒否」とまでは呼べないと解している。

150) 辻村・前掲書178–179頁。

な根源的で独立した対抗原理と考える立場からの分析である。両者は、「ナシオン主権」原理と「人民主権」原理とが1つの憲法構造の中に絶対に並存しえないことを前提としたうえで、「人民主権」であることを判別する基準の相違から見解を異にしていたに過ぎない[151]。本書の視点は、すでに述べたようにこれとは異なっている。当時のフランスは、その客観的な資本主義「世界体制」内の位置づけからして、近代市民憲法＝資本主義憲法の基本原理である「ナシオン主権」以外のものを採用する道はなかったのであり、だからこそ資本主義の展開の中で没落を余儀なくされる零細小商品生産者層＝民衆層からの激しい反発があり、その結果として、こうした民衆運動の論理とルソーの『社会契約論』とに依拠したヴァルレの憲法構想のような、いくつかの「人民主権」の憲法構想が現れたのである。これらは、「ナシオン主権」を深化させるための対抗原理として、当時の状況下において最も徹底した批判原理となりうるような内容を持っていた。その具体例こそが、広大な国家における命令委任制の厳格な適用を主張するルソーの構想や、広大な国家という条件を無視して命令委任を適用するヴァルレの構想であった。

　これに対して、その出身階層から見れば支配層に属する「議会ブルジョワジー」の議員の場合には、以下の3つの理由から、少なくとも当時の状況下においては、「人民主権」の要素となりうる法制度を部分的に受け入れる素地があったことに着目すべきである。その第1は、議会内の極左派にとっては直接民主制を志向する議会外の民衆運動の圧力を利用することでしか、議会内少数派である自分たち

---

151) 「ジロンド憲法草案」を「ナシオン主権」の憲法構想と見る立場は、実際に「人民による最終決定」が可能となる法制度であるのか否かを厳しく問う傾向が強いのに対して、同草案を「人民主権」の憲法構想と見る立場は、現実の運用の容易さをも考慮に入れて、「人民主権」を実現する法制度の実効性については若干の不備を許容する傾向があるように見える。たとえば後者の見解に立つ辻村みよ子は、「人民による意思決定の保障、その手段としての普通選挙制度及び人民投票制もしくは命令委任制の採用」と「人民による執行監督の保障、その手段としての人民による公務員の責任追及、罷免制度及び議会による執行権統制制度の採用」の2原則が満たされることを「人民主権」成立の判断基準とし、その実際の運用上の不備は容認している（辻村・前掲書232頁など）。「ジロンド憲法草案」を「ナシオン主権」の憲法構想に属するものと見る杉原の場合には、単に上述の判断基準の結果としてこのような識別を行っただけでなく、ジロンド派議員の多くが地方の豊かな大ブルジョワジー出身であったという、出身階層からの推定にも依拠していると思われる。この点について辻村は、同草案がジロンド派の総意を示すものというよりも、むしろコンドルセ個人の憲法思想の集大成としてこれを理解することで、論者の出身階層に基づく性格規定から距離をとろうとする（辻村・同上、141頁以下）。

が権力を獲得しうる道がなかったという政治的理由である[152]。その第2は、第1の理由と絡むものであるが、彼らの中には、「議会ブルジョワジー」主流派とは異なり、自らの出身階層の経済的利害と直結する考え方からはある程度離れて、むしろ彼らの多くが法曹や知識人であったがゆえの職業上の思考方法に縛られて、ルソーの『社会契約論』に基づく新しい共和制憲法の体制を純理論的に追求する要求にかられた者が一定数いたことである。その結果、彼らは、実際にその憲法構想を実施に移しその矛盾に直面するまでは、ブルジョワジーとしての自らの利害に部分的に反する要素をも受け入れる可能性があったのである。さらに第3に、後に見るように「ジロンド憲法草案」、特にその主要な起草者たるN・コンドルセ（Nicolas de Caritat, Marquis DE CONDORCET）の憲法理論については、民衆運動から急進的で根源的な「人民主権」の憲法構想を突き付けられた「議会ブルジョワジー」主流派の一部が、必ずしも左派とは言えない者も含めて[153]、当時の原始的で単純な「ナシオン主権」原理のあからさまな欺瞞性を一定程度克服する必要を認識するようになり、他方で「人民主権」原理の完全なる実現をも回避しようとした結果、まさに両主権原理の折衷となる憲法構想を生み出したものと考えることができるのである。本書の視点では、「ナシオン主権」の基本要素（国民代表による自由で独立した決定の原則＝自由委任の原則）を放棄しない「ジロンド憲法草案」は、「議会ブルジョワジー」主流派が民衆運動やジャコバン派の憲法構想と相対し、これらによる「対抗的分業」を受けた結果として図らずも生み出してしまった憲法構想であり、それは当時の歴史条件では、「議会ブルジョワジー」の利害からはとうてい実現不可能な「ナシオン主権」原理の1つの進化形と見るのが正しいと思われる[154]。以上のような要因から、革命激化期の一部の「議会ブルジョワジー」は、「人民主権」としては不十分な、しかしながら当時の「ナシオン主

---

152) 民衆運動とジャコバン派を含む（議会）ブルジョワジーとの主権行使をめぐる本質的な対立にもかかわらず、特にジャコバン派が前者を利用したことについては、A. SOBOUL, *Comprendre la Révolution, problèmes politiques de la révolution française* (*1789-1797*), François Mespero, 1981, pp.55-69（Chapitre 3 Aspects politiques de la démocratie populaire en l'an II）, 特に pp.61-63, 69. 並びに杉原・前掲『人民主権の史的展開』9-13頁を参照。
153) 「ジロンド憲法草案」は、その基本部分はコンドルセの憲法構想であるが、少なくともその起草委員会の中には「議会ブルジョワジー」主流派＝保守派の代表格であるシェイエスも名を連ねていた（*A.P.*, 1^{ère}s., t.58, p.624, *précit.*）。シェイエスは、ジャコバンが優勢だった時期を別にすれば、革命激化期も常にできる限りその時点での主流派に加わり続けようと努め、また1794年の「テルミドールの反動」後に再び保守的な憲法（1795年憲法）を制定する際にはその中心を担うなど、「革命のもぐら」と呼ばれた人物である（浦田一郎・前掲書203頁参照）。

権」の限界をはるかに乗り越えるような憲法構想を作り出してしまったのである。

　他方で、「ジロンド憲法草案」も「ジャコバン憲法」もロベスピエールやサン＝ジュストの憲法構想も、全国的な視野と体系的な憲法への問題関心が強い「議会ブルジョワジー」の憲法構想であり、ヴァルレの憲法構想に比べて、より理論的で体系性の高いものを追求している点は重要である。そうであるからこそ、彼らの憲法構想を分析することで、「人民主権」の原理に基づく対抗的な地方自治の憲法構想が持つ可能性と問題点とがより明確に示されうるはずである。さらにコンドルセの見解の分析は、「ナシオン主権」の憲法構想が部分的に「人民主権」の要素を取り入れることでいかなる矛盾を抱え込むことになるのか、そしてこうした矛盾こそが、「ナシオン主権」に基づく地方自治原理にいかなる深化の可能性をもたらすのかをも、明らかにするであろう。

2 「ジロンド憲法草案」における不完全な「人民主権」と地方自治との関連性

(1) 「ジロンド憲法草案」における地方自治制度と「大コミューン制」

「ジロンド憲法草案」では、「共和国は単一不可分」としたうえで（1編1条）、地方制度は県——コミューン——基礎自治区（sections municipales）に区分されていた。ここでいうコミューンは、従来の自然的共同体をそのまま自治体化したコミューンではなく、画一的な面積で区画分けされた人為的な自治体区分（フランスではこの制度を「大コミューン」制と呼ぶのが通例）である[155]（1編4条・5条）。県には「行政評議会(un conseil administratif)」とも呼ばれる行政庁を置き、各コミューンにはこの県行政庁に従属する「コミューン自治体行政庁（une administration de commune ou municipalité）」を、基礎自治区にはその支所（agence secondaire）を置いた（4編1節1条）。

---

154) したがって本書においては、杉原とは異なる理由において、「ジロンド憲法草案」を（深化した）「ナシオン主権」の憲法構想として位置づけることになろう。なお、全体的な社会・統治システムは当該時代の当該社会においては1つしかありえず、対抗運動が示す政治理念や憲法原理はこの全体システムを深化させるための「対抗的分業」の役割を果たすことでしか存在しえない点については、すでに拙稿「フランス憲法史と公法解釈学説における『単一国家』型の地方自治原理の成立（2）」『法政理論』（新潟大学）27巻1号（1994年）57-65頁とその注で論じている。

155) 「各県は大コミューンに、大コミューンは地方区と第1次会に区分される」（1編4条）。「各県の領域の大コミューンへのこうした区割りは、コミューンの中心地から最も遠い地点の住民でも2里半を超えないように区分される」（同5条）。

各県の行政庁（すなわち県行政評議会）は18人からなり、そのうち4人が執行部（directoire）を構成する（4篇1節2条）。各県の行政庁の行政官（administrateurs）については、第1次会に集合した各県の市民が直接これを選挙する。また県行政庁のメンバーの半数は、国の立法府の選挙後3か月以内に改選されることとし、各選挙の上位2名は必ず執行部に入ることとされていた。県行政官の主な職務は、その管轄地域内での税金の割り当て、国の歳入資金の管理、コミューンの行政報告の検査、そして「その県の利益に関する実施可能な要求について議決すること」である（4編2節1条、3条、4条、10条）。

　コミューン自治体行政庁は12名のメンバーとその議長となる市長（maire）から構成される。基礎自治区に設置される支所は市民1人に委ねられるが、補佐を置くことができる。各基礎自治区の担当者全員と〔コミューン〕自治体行政庁の全メンバーは集合して「コミューン総評議会（conseil général de la commune）」を構成する。これらコミューン自治体の行政庁は県行政庁に従属する。コミューン自治体とその基礎自治区の支所の組織、そこに割り当てられる「特別職務（fonctions particulières）」、並びに基礎自治区を単位として集合する市民がこれらの組織の行政官を選挙する際の方法は「本憲法とは別に特別の法律によって定められる」（4編1節4～8条）。但し次のような規定もあり、1789年12月14日法49条と1791年憲法2編9条及び10条がコミューン自治体に関して明示的に定めていた委任事務と固有事務の区別を再現しているものと思われる。「共和国の全ての地区（quartiers）にいる行政官は、法律の執行と一般行政に関わる全ての事項については国の政府の代理人（délégués）と見なされ、地方的で特殊な利益にのみ関わる全ての事項については国土内に暮らす市民たちの一部の特別な役人（agents particuliers）と見なされる」。前者の場合には「行政官は国の執行府の命令と監督に服する」[156]（4編1節11条、12条）。

　行政官の職務規範は国の立法府がこれに関する特別法を定める。但し行政機関の審議の公開制は憲法上明示されている（4編1節16条）。次の規定も特に県行政庁とコミューン自治体行政庁の区別を設けずに規定されているように見える。「行政官は、いかなる場合にも、法律の執行を停止し、修正し、あるいは新規定により補充することができない……」（4編1節19条）。これも、行政官が「立法権の

156）　辻村・前掲書192-193頁は、この組織を「フェデラリスムというよりもむしろ中央集権的な統治機構」と見ている。

行使に干渉し、又は法律の執行を停止する」ことを禁じた1791年憲法3編4章2節3条の規定を繰り返したものである[157]。

　以上のような制度は、県行政官や立法府議員を含む全ての選挙に適用される男子普通・直接選挙制[158]と「大コミューン」制を除けば、1789年12月の2つの立法で作られ、1791年憲法で確定したフランスの近代憲法原理と近代地方行政制度の枠組みを受け継ぐもののように見える。県行政庁とコミューン自治体行政庁は、双方ともその意思決定権者が「行政官（administrateurs）」と見なされる点で、同一の法的地位を持つ方向に近づいている。もちろんコミューンについては、もしその「自然的存在」としての性格が認められる場合には、これを根拠にして、なお国の立法から自由な領域を確保する可能性を考えることができる。しかしこの点についても、人為的な「大コミューン制」を採用した「ジロンド憲法草案」ではこのように考える余地はなくなる。

　ところで「大コミューン制」をめぐる議論は、とりわけジロンド派が「連邦主義」を志向したのかという問いに解答を与えてくれる。1793年5月24日の国民公会では、「ジロンド憲法草案」の審議の一環として、コミューンに人口の上限を設けるべきか否か、そしてこの上限を超える人口を持つ都市は複数の自治体に分割されるべきか否かが議論されている。特にここで問題となっているのは、巨大なコミューンであるパリ市の分割の可否であり、その背景には、勢いを増しつつあるパリの民衆運動に対する「議会ブルジョワジー」の間での評価の違いが存在していた。

　この討論で、ジロンド派のJ-D・ランジュイネ（Jean-Denis LANJUINAIS）は、まず自分たちの憲法原則を再確認することから始める。その原則とは、「同一クラスの全ての部分にとっての権利の平等」、「共和国の全部分にとっての法律の画一

---

157) 本章第1節(3)(4)を参照されたい。
158) 国民公会で憲法委員会を代表して「ジロンド憲法草案」を報告していたコンドルセに代わって、途中から同報告を続けたB・バレール（Bertrand BARÈRE）は、1790年以来の制度である間接選挙制（市民は第1次会で選挙人を選び、選挙人会が国会議員や地方行政会議員等の公選職を選ぶ制度）を止めて、第1次会に集合した市民が直接各公選職を選ぶ直接選挙制に変えることを提案している（*A.P.*, 1ère s, p.596 et s.）。直接選挙制は、県行政官のみならず、立法府議員、執行府構成員（7名の大臣と1名の官房長官）、司法府構成員（裁判官や陪審員）、国庫委員、会計検査委員の選任にも採用されており、辻村はこうした広範な直接普通選挙の原則の適用について、「運用上の問題を別にすれば、次に見る1793年憲法よりも民主的な内容をもっており、人民主権原理に適合的であった」と述べている（辻村・前掲書、183-186頁）。

性」、「コミューンの住民に対する自治体当局の直接的即時的な権力」、「行政の公開性」そして「行政官の有責性」である。そしてランジュイネは、「極めて大きなコミューンの存在は、これらの原則の全てを破壊する」と主張するのである。なぜなら、彼によれば、一部のコミューンが強力になることが許されるとするならば、弱いコミューンも均衡を保つために必ず同盟を組むようになるからである。「それは、最終的には社会の統一性を破壊してしまうような連邦主義の制度 (un système de fédéralisme) を生み出すだろう」というのが彼の意見である。ここには、反連邦制の主張が自治体制度の均一性・画一性の主張と結びついているのが見て取れる。

　さらに彼は、小規模のコミューンでは住民の統治が容易であるのに対して、巨大コミューンでは正規の自治体吏員による行政が不十分にならざるをえず、そのことが「自治体吏員ではない者たちによって、セクションによって、〔さらに言えば〕恒常的に議決を行うセクション委員会によって」、自治体の重要職務が遂行される事態を生み出していると批判する。彼によれば、「これらの者は、個人の自由も、財産権も尊重しない」。

　加えて、こうしたパリの民衆運動が国の政府に対して圧力をかけていることも、パリを分割しその力を殺ぐための理由に挙げられている。彼は、パリの民衆蜂起の主張に見られる「力ずくの社会という観念」に恐れおののき、「もしフランスに、秘密の連邦主義の原理が存在するとするならば、それはこのような考えの中に見出される」と述べる。そして最後にこうまとめる。「大きすぎるコミューン、とりわけパリのコミューンは分割すべきである。さもなければ、共和国は消滅してしまう」[159]。

　ジロンド派はよく「連邦主義者」のレッテルが貼られる。特にここで紹介したような議論の直後、1793年5月31日と6月2日にパリで実際に民衆蜂起が発生し、その圧力によってジロンド派が国民公会の主導権を失い、地方に逃れたジロンド派の残党に指揮されて各地で反乱が起こるが、これは「連邦主義者の反乱」と呼ばれている[160]。しかしすでに見たように、実際の彼らの主張は「反連邦主義」であり、むしろ「単一不可分の共和国」を強力に主張していたのである。ソブールの見方では、彼らの立場はせいぜいのところ「県中心主義 (départementalisme)」

---

159) 以上のランジュイネの議論は、*A.P.*, 1ère s., t.65, pp.272-276.
160) F. B\ufeffURDEAU, « L'État jacobin …… », *op.cit.*, p.638.

に過ぎず、それは自分たちが拠点にしている地方の県行政庁を中央の過度の干渉から解放することで、パリに抵抗しようとしたに過ぎないものであった[161]。

(2) 「民主主義の相互行為的プロセス」の視点の萌芽

それでは、「ジロンド憲法草案」における「人民主権」原理と地方自治とはいかなる関係を持っていたのか。まず、主権行使のためのコミューン内の基礎単位とされた第1次会については、同じくコミューンの下位区分である基礎自治区とは異なる区域設定がなされている（1編6条）。このように地方自治の単位と主権行使の単位を異なるものとすることには、自治体を主権行使の要素から排除しようとする意図が存在したことが伺われる。また、「自らの基礎自治区に集合した各コミューンの市民は、特に自らの基礎自治区とコミューンに関わる対象以外には、それについての議決を行うことはできない。彼らは、いかなる場合であれ、自ら行政を行うことはできない」（4編1節9条）という規定も、直接民主制を否定し、自治体権力と国民的権力とを区別しようとする「議会ブルジョワジー」の伝統的な姿勢を示すものである。

しかしジロンド派議員、特に「ジロンド憲法草案」の主要な起草者であるコンドルセは、当時の政治状況において、パリのサン＝キュロット運動が掲げ、かつ最大のライバルであるジャコバン派議員たちがこれを利用する目的で強調していた「人民主権」原理を全て排除することは不可能であり、さらには適切でもないことを理解していた。そこで、コミューン自治体における市民集会の単位となる基礎自治区とは区別されたもう1つの市民集会の単位である第1次会で、市民が「主権者の構成員としての権利 (droits de membres du souverain) を行使する」制度を設けることにしたのである[162]。この視点から「ジロンド憲法草案」は、男子普通選挙制の下、第1次会に集合した全ての市民が、選挙権を行使する他、憲法の制定や改廃を決める場合、〔憲法案作成のための〕国民公会の招集を要求する場合、共和国全体に関する問題について立法府が全市民の意見を聞こうとする場

---

161) ソブールによれば、ジロンド派は「県の行政庁に、憲法上、細部の内部行政〔権〕を分配し、中央には監督〔権〕のみを残すにとどめなければならない」と主張していたという。こうした県行政庁中心の反パリの反乱は、郡行政庁や自治体当局では概ね拒否されたという。以上につき、A.Soboul, « De l'Ancien Régime à la Révolution, Ploblème régional et réalités sociales », in Christian Gras et Georges Livet (sous la dir.), Régions et régionalisme en France, du 18e siècle à nos jours, PUF, 1977, pp.42-46.

162) Condorcet, A.P., 1ère s., t.58, p.586.

合、あるいは立法府にある問題について考慮するよう求めたり、国民代表の行為に対し「人民審査（censure du peuple）」を行ったりする場合という４つの「共和国の一般利益に関する問題」について、審議し議決することを定めている（3編2節1～2条）。

　具体的には、まず憲法の制定・改廃への参加手続きがある。立法府の発案であれ、1県の第1次会の投票人の多数が要請する場合であれ、第1次会の議決を通じた全市民の過半数の賛成を条件として新憲法案作成のための国民公会が開催されることと、そこで作成された憲法改正案は第1次会の議決に付されることが定められており、憲法改正の発案と最終決定の両局面で直接民主制が導入されている（「ジロンド憲法草案」9編[163]）。

　次に法律の制定と改廃については、第1次会における請願を発端とする複雑かつ手間のかかる手続きを定めているが、最終的にはコミューンと県における全ての第1次会の過半数が賛成した場合にこうした人民発案による法律の制定改廃の提案が立法府に出され、審議されることが定められている。この人民発案は立法府の議決を拘束するものではないが、立法府が否決した場合の理由の開示制度や個々の立法府議員による賛否を明確にするための記名投票制が定められている。また、「人民審査（censure du peuple）」と呼ばれる制度、すなわちこの人民発案に対する立法府の賛否の議決結果に対して他の県の第1次会から再審議の要請があった場合に、全国で全ての第1次会を招集してこの立法府議決の再審議の要否を問い、過半数が再審議に賛成の場合には立法府が改選（解散・総選挙）され、改選後の新立法府による再審議の手続きに付される制度が導入されたことも極めて重要である。「人民審査」後の新たな立法府の新議決についても同様の手続きが繰り返される旨も定められていた。しかもこの立法府の改選の際には、全国の第1次会の審査により否定された当該議決に賛成していた議員は一定期間立候補を禁止されるという制裁を伴っていた。加えて、人民発案立法の場合に留まらず、立法、ないし立法行為が憲法に反する場合は全てこの「人民審査」にかけられることも規定されていた（「ジロンド憲法草案」8編[164]）。その他にも、第1次会は立法府からの諮問に対する審議を行うなど、主権行使に関与する制度が盛り込まれ

---

[163] 「ジロンド憲法草案」前文の人権宣言33条前段も、次のように憲法制定改廃に関する直接民主制の導入を根拠づけている。「人民は自らの憲法を見直し、改革し、変更する権利を常に有する」。

ていた。

　辻村はこうした「ジロンド憲法草案」における部分的な直接民主制の導入を「人民の発案権、拒否権、諮問的レフェレンダムによる人民の立法への介入と憲法改廃についての直接的手続き、および第8篇で確立された人民の代表に対する審査の手続き」とまとめたうえで、これを「今日の憲法学でいう『半代表制』もしくは狭義の『半直接制』」と解している。そしてこの憲法構想を「人民主権」の憲法に属するものとしながら、その手続き的な不備、限界を指摘している[165]。「ジロンド憲法草案」を「人民主権」と見るか否かは、前述したように「ナシオン主権」と「人民主権」の原理的・根源的な対立を前提とした場合に限られ、しかもその基準の設け方次第で答えの変わる問題に過ぎない。本書の視点から見れば、むしろ「ジロンド憲法草案」やコンドルセが国民代表制原理を維持しつつ、これと根本的に矛盾しない範囲で直接民主制を部分導入している点こそが重要である。人民に最終的決定権が保障される憲法の制定改廃の場合は別にして、立法への人民参加については、人民意思の反映を保障する手段である「人民審査」は、それが発動されている最中でも、立法府自身が当該法律を廃止する決定を下さない限り、その法律は常に「暫定的な執行」が保障されている（8編29条）。その意味では、第1次会における人民の意思と立法府の意思との不一致状態が継続することと、その場合の立法府意思の暫定的優越が認められていた。つまり「ジロンド憲法草案」は国民代表の意思に対する人民の意思の優越ではなく、前者の意思の暫定的な優越の下での両者の「対話」を追求するところに特徴があるといえるのである。

　「ジロンド憲法草案」の報告を行った際のコンドルセの議論を見ると、まず彼は、「フランスは単一不可分の共和国を形成する」こと、「共和国の広さは代表制憲法（Constitution représentative）を提案することしか許さない」ことを力説する。この文脈で、「受任者が自分たちの委任の中に表明された個別の意思に従って一

164）「ジロンド憲法草案」の複雑な立法に関する人民発案と再審議要求の制度や憲法改正発案制度について、詳しくは辻村・前掲書186-190頁を参照されたい。但し立法に関する「censure du peuple」について「人民の審査」という訳語を用いているにもかかわらず、その一部である「droit de censure」に辻村があえて「拒否権」の訳語を当てていること（同上、199頁注（13））には、1793年憲法の「人民拒否」との違いを認めていることからして、誤解を与えかねない点で疑問が残る。

165）同上、190-191頁。

般意思を形成するような憲法は実施不可能」と述べることで、彼は命令委任を明確に否定している[166]。

しかし彼が命令委任あるいはセクションの人民の意思に国民代表を完全に拘束させる制度を否定した真の理由は、当時、パリの一部の戦闘的なセクションが実定法上の根拠もないままに、「人民主権」の名において国民公会に直接に政治的圧力をかける事態に歯止めをかけ、市民の権利と人民の主権を守り、政治程影響力の点で共和国の全部分の平等を確保させるところにあった[167]。彼は言う。「部分的で自発的な異議申し立て（réclamations）や任意の私的な集会は、法律に基づかずに、好き勝手に公的な性格を得てきたけれども、〔このような〕自治体やセクションにおける集会を第1次会に変えること。これこそが、正規の合法的な主張（réclamations）や、法律の名により招集され、合法的に定められた形式に従って、明確で確定された職務を遂行する集会〔を設けること〕によって、取り替え〔て実現し〕たかったものなのである」。もっともコンドルセの場合にも、「各集会〔＝第1次会〕は主権的ではなく、主権は人民全体（l'universalité du peuple）にしか帰属しえない」という立場を採っていたことは確認しなければならない[168]。

以上のコンドルセの議論と「ジロンド憲法草案」は、一見すると主権行使の要素から自治体を排除し、第1次会についてもこれを法定された事項と手続きで縛り付けることで、「人民主権」を合法性の枠の中に封じ込めようとした構想のように思える。しかしもしL・ジョーム（Lucien JAUME）に従って、彼の憲法構想、特に人民発案と「人民審査」の構想を、立法権力と「人民による一部の主権行使」との間の「未知の満足のいく関係」を探し求めた結果と見る場合には、主権原理と地方自治との関係についてももっと積極的な視点が見出されることを見落とすべきではない。ジョームの解釈によれば、コンドルセは「主権と代表者との間、『純粋』民主制と『代表』民主制との間の紛争を未然に防ぎ」、「『人民』と『代表者』との間のこうした敵対関係を矯正する」ために、「一般意思」の再定義を試

---

166) CONDORCET, *A.P.*, 1ᵉʳᵉ s., t.58, p.584.
167) 「これらの不正規の異議申し立ては、市民の間で、市民の権利の本質や人民の主権の本質や法律が設けた様々な権力の本質に対する危険な過ちが続けられるという不都合ももたらす。……その結果として、共和国の様々な部分の間に現実の不平等が生じる。実際、不正規の異議申し立てとそれに引き続く蜂起や諸々の運動は、その発生場所が全国的権力の所在地〔＝パリ〕である場合には、より大きな力を持つことになる……」（*ibid.*, p.587）。
168) 以上、*Ibid.*, p.586.

みたというのである。この見方によれば、「一般意思」とは、「すでに形成済みでありながら隠れており、それを発現させることが重要であるような実体」などではなく、「有権者と代表者との間の不断の生きた相互行為的なプロセス (un processus interrompu, vivant, d'interaction entre les électeurs et les représentants)」として考えられるべきものとされる[169]。

　この「有権者と代表者との間の不断の生きた相互行為的なプロセス」は、立法過程で必ずしも有権者の意思を優越させるわけではないけれども、代表者が有権者の意思を無視することも許されないような「人民審査」つきの人民発案制の中で実現される。この「人民審査」つきの人民発案制では、結局は国民代表府＝立法府が有権者の多数派の意思を受け入れない限りは、暫定的に国民代表のみで可決した法律の効力が存続する。しかしながら、有権者からの異議申し立てが正規の手続きに従って認められる限りは、有権者の意思に反する立法行為を行った立法府は解散総選挙を余儀なくされ、しかも有権者意思に逆らった議員は一定期間立候補を禁じられることになる以上、有権者の国民代表に対する事実上の圧力は相当なものとなる。さらに国民代表が引き続き有権者の意思に逆らい続ける限り、何度でも解散総選挙が繰り返される。彼は、このようにして有権者と国民代表との間で不断の「対話」が繰り返されることを通じて、暫定的効力しか持たなかった不十分な立法がより妥当性の強い確定的な立法へと変化するところに、動態的な「一般意思」の成立を見るのである。

　この視点は、もし自治体立法権が実定憲法上で保障されていると解しうる場合で、しかも主権者人民の意思が部分的であれ自治体立法に現れるという理論構成を採ることができる場合には、自治体立法意思と国民代表の立法意思との間の「不

---

169) Lucien JAUME, « La souveraineté montagnarde : République, peuple et territoire », in J. BART, J.-J. CLÈRE, Cl. COURVOISIER et M. VERPEAUX (éd.), *La Constitution du 24 juin 1793, L'utopie dans le droit public français* ?, Éditions Universitaires de Dijon, 1997, pp.116-117. ジョームによれば、「人民の代表者の意思も、一部の市民の意思も、いずれも一般意思の支配を免れることはできない」(*A.P.*, 1ère s., t.58, p.587) というコンドルセの報告にその趣旨が示されているとする (JAUME, *op.cit*, p.117)。この視点からジョームも、コンドルセが1792年8月10日にパリのいくつかのセクションが示した「前衛主義」に反対し、「市民の側からの要求に関して、『共和国の様々な部分』間における厳格な平等を確立することに関心を抱いた」ことを指摘し、また「ジロンド憲法草案」における人民発案制についても、その真の目的は「有権者団の間の平等」と「すべての個人が持つ抵抗権」を保障するところにあり、ほんの少人数に過ぎない「市民の能動的部分が人民全体として現れることを止めさせる」ことに主眼があったと見る (*ibid*., pp.117-118)。

断の相互行為的プロセス」ないしは「不断の対話」という視点も導き出すことが可能である。もちろん革命期においては、とりわけ「連邦主義者」のレッテルが反革命と同義で用いられた時代にあっては、たとえジロンド派の一部に連邦主義的な考え方を示す者がいたとしても、彼らも現実の政治に携わるものである以上、当時のフランスにおいて「国家の単一的性格を維持することの必要性」は十分に自覚されていたはずであるから[170]、「連邦主義者」のレッテルを張られかねない、こうした国の立法権と一定程度であれ競合しうる自治体立法権の理論を主張する者は存在しようもなかった。だが、そうではあっても、次に示すジャコバン派の憲法構想が「人民主権」原理と立法権分有型の地方自治論とを両立しえなかったことに鑑みると、今日の深化した「ナシオン主権」の一形態である「半直接制」を採る現代立憲主義憲法の解釈としては、コンドルセ流の「不断の相互行為的プロセス」の視点から国の立法意思と自治体立法意思との間の「対話」を考えることの意義は明らかである。

　この点を確かめるために、次にジャコバン派の憲法構想を、「ジャコバン憲法」並びにジャコバン派の思想的かつ実践的指導者であったロベスピエールとサン＝ジュストの憲法構想の中で分析してみよう。

3　ジャコバンの憲法構想における「人民主権」に基づく地方自治の特質と限界
(1)　「ジャコバン憲法」

　ジロンド派の「大コミューン制」に反対し、旧来の市町村区画を維持するよう（すなわち「小コミューン制」を）主張したのが、パリの民衆運動による国民公会に対する圧力にまだ政治的利用価値を認めていた段階のジャコバン派であった。ジャコバン派のサン＝ジュストは、1793年5月24日に国民公会において、市町村自治体の性格を「政治的なもの」でも、「人間を管理する」ものでもなく、「事物を管理するもの」と主張し、それゆえ「市町村行政〔庁〕は自然的な評議会を作る」こと、したがって「その人口がどうであろうと、都市には唯1つの自治体のみが、あるいは唯1つの共同体評議会のみが存在することを求める」と力説した[171]。

---

170)　R. Debbasch, *op.cit.*, pp.242-246 ; *id*., « L'accusation de fédéralisme dans le processus politique de 1793 » in *La Constitution du 24 juin 1793, op.cit.*, pp.19-43.

171)　*A.P.*, 1ère s., t.65, pp.271-272.

パリの民衆蜂起の結果、国民公会の主導権を手に入れたジャコバン派は、さっそく1793年憲法（「ジャコバン憲法」）を制定する。この憲法草案を同年6月10日に提案したエロー・ド・セシェル（Hérault de Séchelles）は、その報告の中で、「自治体を切断する考えは貴族政治〔支持派〕の論者にしか想起できないものだが、それこそが保守派（modérés）が思い浮かべていたものだった」と述べて、「大コミューン制」を退けた[172]。

　「ジャコバン憲法」における国・地方関係を概観するならば、まず2章「人民の区分」で、フランス人民を「主権行使のため」の区分であるカントンの第1次会と、「行政及び裁判のため」の区分である県、郡（districts）、市町村自治体（municipalités）とに分けている（2、3条）。ここには、「ジロンド憲法草案」と同様に、自治体を主権行使の要素から切り離そうとする意図が見受けられる。次に15章「行政庁（corps administratifs）と自治体」では、上述のように「小コミューン制」が採用された結果、「共和国の各コミューン〔＝旧来の市町村〕には1つの自治体行政庁（administration minicipale）を置く」こととなった。また各県には「中央行政庁」が、各郡には「中間行政庁」が置かれた（78条）。市町村吏員はコミューンの有権者集会（Assemblées de commune）によって選出され、県や郡の行政官は間接選挙制、すなわち県や郡の選挙人会（Assemblées électorales de département et de district）によって選出される（79、80条）。つまり県や郡の行政官には間接選挙制、市町村自治体の吏員にのみ直接選挙制という1789年12月法の選挙方式を「ジャコバン憲法」も維持したことになる[173]。自治体〔行政庁〕も県や郡の行政庁も毎年半数のメンバーが改選される（81条）。

　「ジャコバン憲法」の場合も、県や郡の行政庁にも自治体行政庁にも、中央（国）の立法府の決定や立法に対抗したり抵触したりする自由を認めるものではなかった。同憲法は82条で、「〔地方〕行政官も自治体吏員も代表の性格を持たない。彼らは、いかなる場合も立法府の行為を変更したり、その執行を停止したりすることができない」と規定している。また同83条は、自治体吏員と地方行政官の職務、その服務規定、彼らが受ける懲罰規範の制定権を国の立法府に与えており、この点でも自治体の自主組織権の考え方は見られない。また両者とも、その合議機関の審議には公開が義務づけられている（84条）。

---

　172)　*A.P.*, 1ère s., t.66, p.259.

もちろん、こうした国の行政機構への地方公務員の組み込みは、一方では地方で抵抗するジロンド派その他の「反革命勢力」を鎮圧するために国による統制の強化が必要だったという政治状況に由来する側面は否定できない[174]。しかしそれだけでなく、たとえ平時であっても、彼らの「人民主権」論そのものに由来する欠点があったと思われる。「ジャコバン憲法」は、その「人権宣言」で「単一不可分で、時効により消滅することのない不可譲の主権」が「人民に存する」とし（人権宣言26条）、各市民ないしその集合体である人民に、憲法改正や立法への参加権と、立法担当者である人民の代理人（mandataires）や行政担当者である役人（agents）の選任への参加を保障する（人権宣言28条及び29条）。また主権の単一不可分性を前提とする以上、「人民のいかなる部分も、人民全体の権力を行使することはできない。しかしながら集会に集まった主権者の各部分は、完全な自由を持ってその意思を表明する権利を保障されなければならない」と定める（人権

---

173) 辻村・前掲書は、市町村自治体吏員の公選制を定める79条について、「市町村の議会」が選出すると翻訳しつつ、民主的正当性を持つ国民代表と、市町村吏員のみならず県行政官や裁判官などその他の公選職とが質的に区別されていた証拠として、直接選挙制と間接選挙制の区別を指摘する（236頁及び248頁）。しかし憲法の原文は「Assemblées de commune」であり、「Assemblées」が複数形であることに鑑みるならば、これは「コミューンの議会」ではなく、「第1次会」や「選挙人会」（これらにも複数形の「Assemblées」が用いられている）のような、1つの commune ないしその他の地域区分の中に複数存在する選挙のための市民集会を意味すると見るべきである。この点は、自治体責任者の合議体は「municipalité」としか表現されておらず（例えば「municipalité」の審議の公開制を定める84条）、当時のフランスの自治体の観念では「議会」と呼ばれる合議機関が想定されていなかったことからも裏付けられる。そのうえで、自治体吏員の選定には第1次会に集合した有権者自身による直接選挙制と、有権者が第1次会で選ぶ選挙人が選挙人会に集合して選ぶ間接選挙制のどちらが採られていたかを考えると、これまで見てきたように1789年12月14日法以来、市町村自治体吏員はコミューンの有権者の集会による直接選挙であったことや、県や郡の行政官や裁判官の場合には明示的に「選挙人会」による選挙が規定されていることが想起される。これらの事実に鑑みると、「Assemblées de commune」はコミューン内の有権者集会が想定されていたと考える方が合理的である。憲法がこれを「Assemblées primaires」と表現しなかったのは、市町村自治体を自然的存在と考えて、主権行使の基礎単位である第1次会と表現することに躊躇したからであると考えられる。なお1793年憲法においては、県と郡の行政官には間接選挙制が採られたのに対し、市町村吏員については1791年憲法のモデルを維持して直接選挙制を採用していたことは、M・ヴェルポーも確認している（Michel VERPEAUX, « Des corps administratifs et municipaux: l'apparente continuité », in J. BART et al. (éd.), *La Constitution du 24 juin 1793, op.cit*, pp.273-274)。
174) 辻村は、「ジャコバン憲法」における地方制度の性格を以下のように見る。「地方公務員は、完全に中央行政府に属するものとして中央の立法府を頂点とする集権構造の中に位置づけられたが、このことは、とくに1793年のようにフェデラリスムの問題が顕在化した過程で、革命当初のような地方の自治権を縮小し、中央政府に対して反対しえないような制度が要請されていたことを示している」（前掲書249頁）。

宣言26条)。憲法本文でも、「主権者としての人民はフランス市民の総体 (l'universalité)」と述べつつ、議員については人民がこれを直接選挙し、〔地方〕行政官や裁判官等については人民がその選出を選挙人に委任し、あるいは人民が「法律について議決する」ことを定めている（4章「人民主権」7～10条）。

　人民による法律の議決の具体的な制度は、立法府が可決し「提案された法律」という名称を与えられた法律案が全コミューンに送付された後、40日以内に過半数の県において正規に形成された第1次会の10分の1が異議を申し立てた場合に、立法府が全ての第1次会を招集し、当該立法の可否を問うという「人民拒否」制が採用されている。すでに見たヴァルレの憲法構想では、議員に命令委任を課したうえで、さらに立法府が可決した全ての法律（案）は市民が集合するセクションによる承認がなければ効力を発揮しないという「人民裁可」制を採用していたが、これに比べると「ジャコバン憲法」の場合には、命令委任は認められておらず、しかも一定期間内に一定数の第1次会が異議を申し立てなければ法律に効力が発生してしまう点で、主権者人民自身による立法という「人民主権」の厳格さがかなり薄らいでいることは確認しなければなるまい。

　さらに憲法改正については、過半数の県において正規に形成された県内の第1次会の過半数がそれを要求した場合に、憲法改正のための「国民公会」を招集するか否かを問うための全国全ての第1次会の招集の手続きが定められているだけである。「国民公会」自体は立法府の場合と同一の手続きで形成され、かつ立法府の権限をも併せ持つと定められている（23章「国民公会」115、116条）。したがって有権者には憲法発議権しか保障されていないことになる[175]。

　これらは実際の適用を考えた結果としての「人民主権」原理の修正と見ることもできる。辻村は「ジャコバン憲法」が、「人民主権」原理を「きわめて限界の多い不十分なもの」ではありつつも「一応」採用したと見たうえで、人民の具体的な意思決定手続きとしては「半直接制」を採用した憲法であると評価している[176]。しかし前述したように、ルソーやヴァルレは、「人民主権」原理の厳格な適用以外は「人民主権」の本質が失われると考えていたのではなかったか。本書

---

175) この点につき辻村は、憲法に定めはないものの、国民公会が定めた憲法改正案の場合も1つの法律として、立法に関する「人民拒否」制が適用されるはずと解し、主権者人民に、「黙示的には、憲法改正案についての拒否権（消極的レフェレンダム）も帰属するものと解される」とする。もっとも辻村も、この解釈には異論があることを認めている（同上、242-243頁）。

176) 同上、243-246頁。

は、「ナシオン主権」と「人民主権」とが一応の原理的な対立は見せるものの、そこに本質的・絶対的な意味で両立不能であるような対立を見ない。したがって、「ジャコバン憲法」や「ジロンド憲法草案」を「人民主権」原理に基づく憲法に分類するか否かに興味はない。むしろ、両者ともが「ナシオン主権」原理に基づく憲法の初期的な純粋形から逸脱しており、純粋形が排除する「半直接制」を採用していることを確認するだけで十分である。

いずれにせよ、「ジャコバン憲法」においては、その「人民主権」は、現実の適用可能性への配慮による修正を受けていたとはいえ、地方自治の要素と結びつく可能性は全く見出せない。その第1次会における市民の主権行使への参加は、単にそれが地方自治とは無関係なものとして構想されただけでなく、「人民主権」の名において第1次会を通じた立法参加が制度化されているがゆえに、第1次会からの異議がなかったことによる国の立法の自動的な発効の場合を含めて、国の立法がいったん一般意思の権威を持って施行された場合にはその至高性・絶対性が際立つこととなり、この国の立法意思に自治体が部分的であれ抵抗することを合法化する論理は一切失われる。コンドルセを分析した際には、国民代表による国の立法意思の「暫定性」を認めつつ、主権主体の構成要素との「対話」の繰り返しを認める論理から、おぼろげながらも国民代表の立法意思と地域的な立法意思を含むその他の立法意思との無限の「対話」をも論証しうる視点を抽出したのとは対照的に、「ジャコバン憲法」にはこうした国の立法意思の「暫定性」や「対話」の要素は見出されえない。しかしジャコバン派の中でも、最もルソーの社会契約論に近い急進的な立場を採る者の場合にも、事情は同じであろうか。そこで次に、「ジャコバン憲法」に比べてヴァルレの憲法構想により近いとされるロベスピエールの憲法構想、並びに彼の側近者であるサン＝ジュストの議論を検討してみよう[177]。

(2) ロベスピエールの「主権の部分的行使」論と地方自治

「議会ブルジョワジー」最左派であるジャコバン派の指導者ロベスピエールは、まだ議会で保守派が多数を占めていた1791年8月10日の演説の中で、市民が日常的に参集する各セクションに対して、「自己に部分的に関わることにつき主権的

---

[177] 辻村は、ロベスピエールの憲法構想を、「人民主権実現のための2つの型、すなわち、1793年憲法の人民拒否ないしレフェレンダム型と、ヴァルレの命令委任型の中間的な型に属する」と見ている（同上、303頁）。

第 1 章　フランス革命期における「単一国家」

行為（un acte de la souveraineté）を行う」権利を認めよと主張していた[178]。この主張は、1791年憲法制定の過程で、国王に国民の「代表者性」を認めるべきか否かが論争の的となっていた時に、そもそも「国民代表」を選挙民（有権者）から独立した存在と見る議論自体がおかしいとする文脈の中でなされたものだった。したがって、この主張の真の目的は保守派に対して過激な反論を行うところにあったのであるが、当時のパリ市制においてセクションは基礎自治単位でもあったところから、それは結果的に、人民の主権行使が地域的な基礎自治単位への参加を通じて実現されるべきことを強調する内容となった。そしてそれは、彼の真意は別のところにあったにせよ、国民議会における全国レベルの政治決定への参加だけでなく、地域的基礎自治単位における自己決定までも「主権的行為」に含まれるかのような表現を生んでしまったのである。

　しかし1792年 8 月10日のパリの民衆蜂起により「議会ブルジョワジー」の内の保守派が追放され、あるいは沈黙を余儀なくされるようになった国民公会期になると、議会内最左派としても現実的な憲法構想を提示しなければならなくなったがゆえに、ロベスピエールの憲法論もより精緻なものとなる代わりに、「主権の部分的行使」という表現を放棄してしまう。1793年 4 月24日に国民公会に提出された彼の人権宣言案[179]の20条では、「いかなる人民の部分も、人民の権力を行使できない。但し人民の一部が表明する要望（vœu）は、一般意思の形成に協力すべき人民の部分的要望として尊重されなければならない。主権者の各セクションは、集会を行った時に、完全な自由を持ってその意思を表明する権利を保障されなければならない。各セクションは、憲法で制定されたあらゆる権力から本質的に独立し、その〔内部〕警察とその議決を自由に行う」と述べられていた。この考え方では、すでに主権の行使は立法権を与えられた議会（国民公会）のみの権限となり、人民の部分としての各地域的基礎自治単位に認められるのは、市民的自由としての集会の自由と政治的意見表明の自由に限られてしまったのである[180]。

　確かにロベスピエールは、この人権宣言案の中で、公権力担当者を人民の受任

---

178)　Maximilien ROBESPIERRE, *A.P.*, 1ᵉʳᵉ s., t.29, pp.326-327.
179)　*A.P.*, 1ᵉʳᵉ s., t.63, pp.198-200, *précit*.
180)　この人権宣言案20条は、「ジャコバン憲法」の人権宣言26条並びに憲法本文15条に具体化されている。

者とし、人民に受任者の選任権や解任権を認めるだけでなく、受任者には人民に活動報告する義務と「人民の審判に尊敬をもって従う」義務を課しているので (14、22、34条)、ルソーやヴァルレのように命令委任制を認めているように見える。同年5月10日に自らの憲法素案[181]を国民公会に提出した際に行った趣旨説明でも、「人民によって任命された全ての公務員については、人民が自らの受任者を罷免するというその時効にかからない権利が自らにあることのみを根拠にして、これらの公務員をその職務につけた手続きによって罷免することができる」とし、「立法府の議員や執行府の役人や大臣は、その任期終了後に彼らの委任者たちによる厳粛なる審判に付される」べきことを主張している[182]。しかし辻村みよ子やP・ダンデュラン (Pierre Dandurand) も指摘するように、「ロベスピエールの構想は、立法行為自体について、選挙民が一定の強制的な訓令を提示し、議員がこれに拘束されて行動するという」厳格な命令委任制を求めたルソーやヴァルレの構想とは異なり、「選挙民に対する議員の責任ではなく、人民全体に対する議員の責任が問題となっている」に過ぎなかった[183]。それゆえ彼は、その後の国民公会における発言の中では、議員の報告義務と人民の審査についての当初の構想を実現困難として改めている[184]。したがって、地域の住民でもある有権者が国会議員を命令委任で厳格に拘束し、地域の自律的な生活に不利な法律の成立を実現困難にすることで、結果的に全自治体の自治権を政治的に保障するという、ルソーを分析した際に指摘した視点は、彼の構想に見出すことはできないと言わざるをえない。

ところでロベスピエールには、1793年5月10日に上述の憲法素案を国民公会に提出する際に行った有名な演説がある。それは次の通りである。「過度に統治したがるという古来からの政府の悪弊から逃れようではないか。個々人に、家族に、他人を害しないことを行う権利を委ねようではないか。コミューンに、共和国の一般行政に本来まったく関わらない全てのことについて、自らに固有の事務を自主的に規律する権力 (le pouvoir de régler elles-mêmes leurs propres affaires) を委ねようではないか。一言で言って、公権力に属しない全てのものを個人の自由に任

---

181) *Discours et rapports à la Convention*, pp.154-157, *précit*.
182) *A.P.*, 1ère s. T.64, p.432.
183) Pierre Dandurand, *Le mandat impératif*, Faculté de droit de Bordeaux, 1896, p.78.
184) 辻村・前掲書300-301頁。

せようではないか。〔そうすれば〕諸君は、野望と恣意に囚われることがそれだけ少なくなるであろう」[185]。こうした考えに基づき、彼はその憲法案の中でも、「憲法は、コミューンに対し、共和国の一般行政に関わらない事項について自らの事務を規律する権利を委ねる」（憲法素案12条）と定めている。

　しかしロベスピエールが市町村自治体を自然人と同一に扱い、その視点から「固有事務の自己規律権」を保障していたとしても、だからといって国の立法権から保障される自治権や自治体立法権までも認めていたと解することはできない。その論理から言えることは、「固有事務の自己規律権」はあくまでも共和国の「一般行政」あるいは「公権力」に本質的に属さないものに限られているということである。次のサン゠ジュストにも言えることだが、とりわけ人工的なコミューン区分に作り変えようとするジロンド派と対決していた時期のジャコバン派は、コミューンの自然的性格を強調し、そこから市町村自治体の「固有事務の自己規律権」に自然権的な保障を与えようとする傾向が強かった。しかし現代に生きる我々の認識では、国と自治体との間の事務配分に関して、ある時代の認識で地域や自治体にとって本質的と思われていたものが、永遠に変わらないなどということは想定し難い。しかも何が「一般行政」や「公権力」に属するかということ自体、人民の一般意思の発見を担当する唯一の機関である立法府（国民公会）が自治体の意思から独立して決定できるのであるから、従来の自治体の事務を剥奪ないし修正する立法がなされた場合に、自治体が「固有事務の自己規律権」を根拠にしてその適用を拒否することや一定の修正を加えたうえで受け入れることを正当化する論理は、そこには存在しないのである。

　確かにロベスピエールは、全ての立法について人民の明示的な承認を求めるかのような発言もしている（例えば1793年6月16日の国民公会での発言[186]）。ヴァルレばりのこの「人民裁可」制を前提とすれば、立法府は自治体意思からは独立しえても、有権者意思の総体からは独立しえないことになる。しかし彼の憲法素案やその他の構想のどこを見ても、その具体的な制度は示されていない。したがって、現実の必要性に押されて「人民裁可」の構想がより緩やかなものでかまわないとの立場に移行したときには、自治体の「固有事務の自己規律権」を政治的に保障することもやはり不可能になってしまうのである。

---

185)　*A.P.*, 1ère s., t.64, p.431.
186)　「法律は、人民が正式に承認した場合にのみ法律の資格を持つ」（*A.P.*, 1ère s., t.66, p.578）。

(3) サン＝ジュストの「コミューン主権」論と地方自治

　サン＝ジュストは、1793年4月24日に国民公会に提出した憲法草案（以下、サン＝ジュスト草案）[187]の中で体系的な統治機構の姿を描き出した。そこには地方自治に関する規定も見出され、とりわけ「国民の主権はコミューンに存する」と規定しているところには注目しなければならない。以下、彼の憲法草案を少し詳しく見てみよう。

　a) サン＝ジュストの主権行使の構想　サン＝ジュスト草案も「共和国は単一不可分」（1部1章2条）とする点では他と変わらない。しかし彼が、「フランスは共和国である。その憲法は代表制を採る（sa Constitution est représentative）。国民代表は領土の区分にも、人口の諸部分のバラバラの意見（vœu）にも決して由来しない。それは一般意思から明示的に発せられる」（1部1章1条）と述べるとき、そこにはサン＝ジュストなりに突き詰めて考えた結果としての「人民主権」に基づく「代表」観念と有権者集団の単位のあり方が示されている。

　まずサン＝ジュスト草案は、「フランスの区分」を定める1部2章において、「国家の区分は決して領域（territoire）に存しない。その区分は人口に存する。それは、人民の権利行使のため、政府〔権力〕の行使と統一のために設けられる」と規定する（2条）。フランスの人口はまず県に区分され、次に各県ごとに3つの郡（arrondissements）に区分され、最後に郡内部で有権者（votants）600人から800人毎に「コミューン」に区別される（1部2章3〜5条）。そのうえで「国民の主権はコミューンに存する」（1部2章6条）と規定しているのである。したがってサン＝ジュストの「コミューン」は、少なくともこの主権行使のレベルでは地理的区分に基づく自治体ではなく、有権者集団の単位、あるいは従来の言葉を使うなら「第1次会」や「セクション」に当たるものである。

　この「コミューン」は選挙単位となり、2年に1回、5月1日に有権者集会を開き国民議会議員の改選を行う（1部5章5条）。国民議会が人民を「代表」し、立法を行うのに対して、政府を委ねられ、法律を執行するのは共和国評議会（conseil〔de la République〕）である（1部1章4、5条）。大臣たちは共和国評議会の下に位置づけられ、評議会により選ばれ、共和国評議会の議決に従って執行〔行政〕を行う（1部12章1、2条）。共和国評議会のメンバーも大臣も「代表者（représentants）」

---

187)　*A.P.*, 1ᵉʳᵉ s. t.63, pp.201-215, *précit*.

ではなく、「受任者 (mandataires)」とされる (1部1章8条)。そして「人民の代表者は人民によって直接選挙される。人民の受任者は、憲法の定める形式に従って、第2次会がこれを任命する」と規定されている (1部1章9条)。以上のように、国民議会議員は人民の「代表者」として「コミューン」(の有権者集会) が直接選挙するのに対して、共和国評議会のメンバーは、「コミューン」(の有権者集会) が「代表者」の選挙後に、この選挙と同一の形式で、「コミューン」内で200人に1人の割合で選挙人を選び (50人を超えた端数は切り上げ)、この選挙人が、国民議会の招集に基づき県の中心地に集合して「第2次会」を構成し、これが共和国評議会のメンバーとその代理者を選出するという間接選挙制を採用している (1部8章1、2条)。つまり「コミューン」による直接選挙の有無で「代表者」と「受任者」が区別されているのである。

「コミューン主権」は、「代表者」の直接選挙制だけでなく、憲法改正、法律の裁可、意見表明の場面でも意味を持つ。サン゠ジュスト草案は、憲法改正の源を「コミューン」に置く (1部14章2条)。「立法府の一時的な行為、あるいは事件や公行政に必要な〔国民議会の〕行為については人民の裁可の対象とならない」(1部14章1条) けれども、過半数の「コミューン」が「人民に付託されたデクレ」を是認したり、「立法がなされている途中で」その修正を要求した場合には、「国民議会はこのデクレやこの修正に関する特別大会 (convention spéciale) を招集しなければならない」(1部14章3条)。この特別大会は国民議会の代表者と同数の者によって構成され、上記のデクレと修正についてのみ判断する (1部14章4条)。「特別会議は、コミューンの意見を再度審査し、法律を起草し、これを集会に集まった人民の裁可に委ねる」(1部14章5条)。また、「もし人民の代表者や評議会のメンバーが国民に背き、その信任を失った場合には、コミューンは集会を開いてそれを宣言する権利を有する」(1部14章7条)。

以上の規定からは、憲法改正と立法の修正に関する人民発案と人民裁可、並びにリコール制が定められているように見える。さらにそうした構想の背後には、「国民の主権」の存する「コミューン」(すなわち主権者人民) から独立して代表者が立法を行うことや、大臣会議 (内閣) がこの代表者に必ずしも従属せずに自立的に決定を行うことを認めない「人民主権」の原理を見出すことができる[188]。しかし、だからと言ってこの段階までのサン゠ジュストの「コミューン」は、その他の「人民主権」論者のいうセクションの言い換えに過ぎず、目新しさはない

と言うべきであろう。本書の視点からは、この「コミューン」が地方自治の単位といかなる関係を持つのかという点こそが重要である。そこで次に彼の「地方行政」についての構想を見ることにする。

　b）サン=ジュストの地方行政構想　　この点については、サン=ジュスト草案では、その冒頭部分で「地方行政〔権〕は、〔共和国〕評議会の監視の下で、理事会（directoire）によって行使され、また理事会の監視の下で共同体評議会（conseils de communautés）によって行使される」（1部1章7条）と定める。県には行政機関の設置は想定されておらず、その下位区分の郡に理事会が設置される。理事会は8人のメンバーと1人の特別代訴人（procureur syndic）で構成される。彼らは全て、郡単位で招集される「第2次会」により絶対多数の票決で「任命（nommés）」される（1部15章1条1項）。理事会は、郡の「政治的行政（administration politique）」を担当し、共和国評議会の監督の下で一般〔＝国家〕警察権を行使し、共和国評議会の指示書（mandements）に基づき兵隊募集事務も扱う。他方、理事会は次に述べる共同体間の紛争や市民間の紛争に対する裁決権を持たない（1部15章6、7条）。

　郡の下位区分となるコミューンについては、農村と都市とで扱いが異なっている。農村の場合には、「農村の各コミューン毎に1つの共同体評議会を設置する」（1部16章1条）。農村地域のコミューンの場合には、1つのコミューンの中に複数の村落共同体（communautés）があることを想定しており、「この評議会のメンバーは、共同体ごとに1人の割合で、それぞれの共同体の住民が任命（nommés）する」（1部16章2条）と規定されている。この評議会は、農村地帯のコミューンの中心の村落に集合する。評議会は議長と書記1人を評議会メンバー以外から選

---

188)　サン=ジュストは、1793年4月24日の国民公会において、自らの憲法草案を発表する前に次のように発言している。「以下がその〔「ジロンド派の提出した」〕案である。法律を作るのは連邦制的な代表（représentation *fédérative*）であり、これを執行するのが連邦制的な評議会（conseil *fédératif*）である。各県のそれぞれの特別代表から構成される一般代表は、もはや〔真の意味での〕代表ではなく〔米国のような〕国会（congrès）に過ぎない。法律を執行する大臣たちは決して〔真の意味での〕評議会にはならない。この〔大臣たちの〕評議会は〔評議会の〕本質に反する。大臣たちは、特に自分たちが共同で審議したものを執行するので、不断に妥協する。この〔大臣たちの〕評議会は自らの固有の意思を持つ大臣なのである。自分自身に対する警戒など幻想である」（*A.P.*, 1ᵉʳᵉ s. t.63, p.202）。「人民によって直接選ばれたのではない者は人民を代表しない。私が人民の代表について語るときには、人民の主権が代表されることなど決して意味しないのである。それらの者たちは単に人民の代わりに審議をするだけであって、拒否したり受け入れたりするのは人民なのである」（*ibid.*, p.204）。

ぶ。議長は郡理事会と連絡をとり、〔共和国評議会から〕指示書を受け取り、評議会を招集する。評議会は、「コミューン内における直接税の割り当て、道路の補修と造成、公共事業の管理、兵隊募集業務、並びに〔郡〕理事会がそれに委ねたその他の行政事項」を担当する。特別代訴人は、共同体評議会の審議に参加し、「法律と共和国理事会の指示書の執行を強く要請する」任務を負う（1部16章3〜6条、同15章3条）。

　都市の場合は人口が多いため、1つの都市に複数のコミューンが存在し、パリなどの大都市の場合には複数の郡すら包含してしまうことになる。すでに見たようにジャコバン派は、均一の人口を基準に小農村には合併を、大都市には分割を求めるジロンド派の「大コミューン制」に反対して従来の地域共同体を維持する「小コミューン制」を主張していた。「小コミューン制」は、大都市については逆に巨大な人口の都市共同体を維持することを意味する。この視点からサン＝ジュスト草案は、まず郡行政については、「複数の郡を集めた都市の場合も、1つの理事会のみを設置する。この理事会は、郡〔単位で招集される〕第2次会が任命する各郡8名のメンバーと県〔単位で招集される〕第2次会が任命する1人の特別代理官から構成される」（1部15章1条2項）と規定していた。同様に、従来の市町村自治体に当たる共同体評議会についても、「都市の場合には、その人口がどうであれ、1つの共同体評議会のみを設ける」とし、その都市内部に複数存在することになるコミューンは、それぞれが「共同体評議会のメンバー1人を選出（élit）する」。この都市の共同体評議会も、農村の共同体評議会と同じように1人の議長と1人の書記を選出し、理事会と連絡をとり、農村の共同体評議会と同じ職務しか行うことができないとされる（1部16章7条）。他方で、都市近郊の農村の場合の規定であろうが、「都市のコミューンに含まれる農村共同体は、個別の評議会を持つ」と共に、「都市の共同体の一部」として、都市の「共同体評議会」にも1人のメンバーを選出（élisent）する（1部16章8条）とされている。

　なお、サン＝ジュスト草案では司法・裁判・治安などを規定する第2部で、「都市や農村の各共同体は、1人の市町村長（maire）と1人の共同体代訴人（procureur de la communauté）を選出（élit）する。彼らは毎年、共同体評議会と同時期に改選される」（2部2章1条）。そして「市町村長のみが、公衆衛生、公式行事、興業、有害動物予防、流行病に関して命令を下す」権限を与えられていた（2部2章4条）。

c）サン＝ジュストの憲法構想における主権と地方自治　前述した1部1章8条は、国民の受託者（mandataires）として共和国評議会メンバー、大臣と並べて行政官（administrateurs）も列挙し、「彼らは決して国民を代表しない」と規定していた。郡の理事会のメンバーが行政官に含まれることは明白であるが、共同体評議会メンバーについては微妙である。少なくとも共同体評議会メンバーが「国民（又は人民）の代表者」と見なされないことは確かであり、当時の法観念では国民代表以外に「代表者」の性格を観念できなかったことも確かであろうから、共同体評議会メンバーは「代表者」とは考えられなかったであろう。しかしサン＝ジュスト草案では、彼らは住民が直接「任命」ないし「選出」すると定められていた点で上述の「受任者」の定義にも外れると言わざるをえない。おそらくこれは、サン＝ジュストが「コミューン」に一方では主権行使とは無関係の私的・自然的行政の本質を見ながら、他方ではこれを主権行使単位として構成しようとしたところに原因がある。

　ジョームの分析に依拠するならば、サン＝ジュストは、シェイエスら「議会ブルジョワジー」保守派が1789年に確立させた地方自治の限定的な性格、すなわちコミューンを「選挙された『行政官』に委ねられた、私的で政治には至らない段階の（pré-politique）利益の管理」に限定する考え方に対抗して、コミューンにこうした「行政的性格」に加えて「政治的性格」をも認めようとする意図から、「国民の主権はコミューンに存する」と主張した[189]。確かにそれは、1つにはサン＝ジュストが、「〔「人民主権」の言い換えである〕一般意思が尊重されるためには、選挙（それは主権的行為となる）の際に一般意思が表明されると同時に、法律に対する〔人民の〕判定……の際にも一般意思の表明がなされなければならない」と考えており[190]、そのために国民（人民）代表を市民が直接選挙する点でも、立法などに対する人民裁可を発動するためにも、主権行使の場として政治的性格を付与された「コミューン」を認める必要があったからである。もう1つには、すでに何度も述べているように、パリの分割をもくろむジロンド派との対立の中で、パリを含む全ての市町村（自然的伝統的な意味でのコミューン）の区画とそれぞれの単一の自治体組織を守る必要から、コミューンに自然的ないし前国家的な性格を認め、自然権になぞらえてその不可侵性・不分割性を主張する必要があったから

---

189)　L. JAUME, *op.cit.*, p.127.
190)　*Ibid.*, p.121.

である。だからこそ、すでに一度言及したように、1793年5月24日には、国民公会でサン=ジュストは次のように主張しなければならなかった。「市町村自治体の管轄権（juridiction municipale）は決して政治的なものではない。それは事物を管理する（administre les choses）のであって人間を管理するものではない。これこそが原理・原則である。それゆえ諸君は、その市町村自治体行政（son administration municipale）との関係において都市の住民を分割することはできない。それは社会を分割してしまうことになるからだ。諸君が都市の住民を分割できるのは、選挙権行使の場合に限られる。1つ〔＝単一〕の共和国においては、本質的に見て行政上の分割〔区分〕など決して存在しないのだ」[191]。

このような矛盾する「コミューン」の二面性を両立させる工夫こそ、「コミューン」とは別に「共同体評議会」を考え、しかも実際にはこれと「コミューン」とを深く結びつける構想であった。このようにして「コミューン」は、一方では主権行使の場としての政治的性格を認められ、他方では自然的「共同体」の観念を利用しつつ、選挙以外の場面では「コミューン」は「共同体」として現れると主張することで、既存のコミューン（市町村）の分割を否定しようとしたのである。このようなサン=ジュストの構想を、ジョームは次のように鋭く批判している。「市町村自治体行政の政治化（politisation）は、このようにして奨励されると同時に直ちに否定されている。コミューンにおける主権者人民の政治的な側面は、兄弟的な人民という家庭内的で牧歌的な側面に縫い付けられている」[192]。

ジョームによれば、こうしたサン=ジュスト及びジャコバンの構想の根源にあるものこそ、たとえ外見上、主権者人民を主権行使の場面において「第1次会」や「コミューン」に分割したとしても、結局のところその人民は一般意思と同一視されるところの「神秘的な身体を持った全員一致的な魂」であって、それゆえ各市民は選挙においてただ1回限り、唯1つの名前で、唯1つの選挙区で投票するものと観念する思考様式なのである[193]。それは主権行使の単位についても、「コミューン」という地域的な単位のイメージを残したものから容易に離脱して、地域的要素のない「部族（tribus）」という表現に変わる原因にもなった。1793年5月15日の国民公会において、サン=ジュストは力説する。「もし区分が領域と結

---

191) SAINT-JUST, *A.P.*, 1ère s. t.65, p.271, *précit*.
192) L. JAUME, *op.cit*., p.129.
193) *Ibid*., p.122.

びつく場合には、人民が分割され、政府の力を収集させ、バラバラの主権者が互いに近づくことは困難になる。もし区分が部族によってであれ、コミューンによってであれ、人民と結びつく場合には、この区分は選挙権と一般意思の行使しか目的にしない以上、主権者が形成され、主権者に圧縮され、真に共和国が成立するのである」[194]。

以上のサン＝ジュストの憲法構想は、「人民主権」原理に基づく対抗的地方自治論の特質と限界をよく示すものである。第1にそれは、「議会ブルジョワジー」多数派＝保守派の「国民代表制」原理に基づく地方自治原理が主権の行使と地方自治とを本質的に峻別し、自治体に政治的性格を認めなかったことを批判して、人民の基礎的な区分として「コミューン」＝「地域的共同体」の二重の観念を用いることで、人民の基礎的単位における市民の直接参加による主権の行使を可能にしつつ、地方行政への市民参加と自治をも保障しようとした。

しかし第2に、あくまでも「人民主権」原理の国政レベルでの完全な実現を目指すその主張は、国の立法は国民（人民）代表に対する命令委任やリコール制、あるいは最終的な人民裁可制の実現を求める原理に帰結する以上、そのような制度があることを前提として可決成立した国の立法に対しては、それが「一般意思」の表明そのものと観念されてしまうために、いかなる自治体も、「人民の部分」もこれに抵触・抵抗することは許されなくなる。そこには、国の立法による侵害から地方自治を保障する論理は存在しえない。この隘路を解決する方法こそ、市町村自治体を自然的存在と観念し、その権限を「私的・家庭内的行政」と観念することであった。市町村自治体を「私的・家庭内的行政」と見なす伝統的な考え方は、すでに見たように当時の「議会ブルジョワジー」主流派＝保守派も左派も等しく共有していた。ジロンド派の「大コミューン制」論についてのみ、そのような思考様式からの逸脱が見られるが、だからこそジャコバン派は、これと対抗するためにより一層その自然的な性格を強調していた。

しかし問題はここにある。「自然的・私的・家庭内的性格」という自治体のイメージは、伝統的で安定的な社会が維持されている限りでしか万人に共有されえない。近代以降、資本主義「世界体制」に可能な限り有利な立場でフランスを組

---

194) SAINT-JUST, *A.P.*, 1ère s. t.64, p.698. サン＝ジュストは「君主制〔における国家〕の区分はその領域に存する」が、「共和制〔＝共和国〕においては、これとは反対に区分は部族（tribus）に存する。領域という尺度は人民の区分とは別のものである」とも主張する（*ibid*., p.698）。

み込もうとする「議会ブルジョワジー」らの体制エリートが、時代の必要に応じて公的領域を拡大し、伝統的な自治体の領域を浸食し続ける立法を重ねることは必然である。社会が変化すればそれだけ、自治体の自然的な性格や本来的とされてきた権限についての一致が見られなくなる。そのような流れの中では、「人民主権」原理に基づく地方自治論であっても、主権者による「一般意思」の表明としての立法がそれを命じた場合には、自治体の「自然的な性格」や「固有の権限」領域を限りなく縮小させることを拒めなくなるのである。

したがって第3に指摘すべきは、もし「人民主権」原理に基づく地方自治論が目指そうとしたような対抗的地方自治の構想を、「人民主権」の論理そのものが持つ隘路を克服しつつ追求しようとするのであれば、地域単位における主権行使の可能性を、国レベルにおける立法の至高性と無謬性に直結させるのではなく、コンドルセの憲法構想における1つの論理的可能性を示した際に述べたように、国レベルの立法に常に付きまとう主権者人民の意思表明の不十分性の確認を通じて、主権行使自体を多元的に構想する方向を模索する方が有望だということである。国の立法の至高性を一定程度相対化し主権行使の多元化を許す論理を構築しない限り、サン=ジュストが最後に陥ったように、一般意思の無謬性に対する信仰じみた信念は、やがては主権者人民自身の内部的な利害対立の要素を一切無視して、単一で全員一致的な主権者像（すなわち「一般意思」）に行きつくであろう。

4　フランス革命期の地方自治の変転と「単一国家」原理の極端化

いずれにせよ革命期のフランスは、「ジロンド憲法草案」のみならず、正規の手続きにより制定されたはずの「ジャコバン憲法」も、結局は1793年10月10日の革命政府の決定によって平和の到来までその施行が延期され、その後一度も実施されることはなかった。公安委員会に集うロベスピエールやサン=ジュストら一部の者に権力を集中させた「ジャコバン独裁」と「恐怖政治」、彼らから権力を剥奪した「テルミドールの反動」（1794年7月27日）、そして1791年憲法を共和制の統治形態の中で再生するとともに、国家権力間の極端な抑制・均衡を目指した1795年憲法（1795年8月22日の「共和暦3年憲法」[195]）の下での総裁政府の統治、その失敗による「帝政」の出現、そして「王政復古」と1848年の2月革命、そし

---

195) « Constitution du 5 Fructidor an III（22 août 1795）», in J.Godechot, op.cit., pp.101-141.

て再度の「帝政」という第3共和制までのフランス憲法体制の度重なる激変については、現代地方自治の憲法原理の探求を主目的とする本書では詳しくは扱わない。但し、国によるコミューンや県に対する統制制度については、革命初期から「ジャコバン独裁」に至る前までのシステムと、その後、1982年の地方分権改革まで継続することになった中央集権体制との違いを確認しておかねばならない。

すでに見たように、ジャコバン独裁に至るまでの国の統制制度はかなり自由主義的であった。1791年憲法も「ジャコバン憲法」も、県行政官と市町村吏員の双方に、直接選挙・間接選挙の別はあれ、常に地域の有権者による公選制を採用していた。国による統制については、前述の1789年12月の2つの法律は、県を国家の地方行政機関と位置づけて、法文上は国の執行府への完全な従属を求めていた。「私的・家庭内的行政」としての「自治体権力」と「国から委任された権力」の両方を行使するコミューンに対しても、後者の「委任職務」については完全な従属を求め、前者の「固有職務」については事後の検査・監督を原則としつつ、財政上の重要事項についての事前承認制を定めていた。統制制度の具体化のために出された1790年8月12＝20日法[196]や、1791年3月15＝27日法[197]、そして1791年憲法は、権限逸脱や統制手続違反の場合に、コミューンや県の議決機関や執行機関の議決の取消し、その職務の一時停止、解散・罷免、臨時代行者の任命等を定めていた。そしてコミューンに対する国の統制システムでは、県がその1段階をなしていた[198]。

しかし、地方機関による法律の執行を監視し、その懈怠の告発と中央との連絡の任務を負っていた代訴人（procureur）は、コミューンでも県でも直接ないし間接に地域の有権者により選出されていた。施行されずに終わった「ジャコバン憲法」では、コミューンを県行政庁と同列に扱って国家行政に組み込む方向が強まり、またそれ以前の体制と同様にコミューンや県の法律逸脱・停止などの違法行為を強く禁じていたものの、国による地方統制を保障する特別制度についての憲法上の定めはなく、後の立法に委ねていた。そして「ジャコバン憲法」の制定をめぐる議論の際に提案されたサン＝ジュストの憲法草案が、県の特別代訴人につ

---

196) *A.P.*, 1ère s., t.18, pp.7–24.
197) *L.A.*, t.3, pp.38–48.
198) 実際には、地方機関に対する職務停止や罷免が実行されることは稀であり、地方と中央との間の対立は真に解決されることなく残り続けたという（Gérard SAUTEL, *Histoire des institutions publiques depuis la Révolution Française*, 5ème éd., Dalloz, 1982, p.116）。

いても共同体の特別代訴人についても公選制を維持していたように、ジャコバン派も公安委員会に集結して独裁政治を始めるまでは、代訴人の公選制にこだわっていた。この時期に中央との連絡や法律遵守を任務とする「国民委員 (commissaire national)」を県行政会の中に設け、その選任に中央執行府が介在する制度を設けようとしたのは「ジロンド憲法草案」であったが、これも公選制の県行政会メンバーのうち、執行部 (directoire) メンバー以外の者から中央執行府が選任する制度に留まり、「国民委員」は県行政会メンバーの地位を失ったときにはその職務を解かれるとされており、完全な中央任命の機関とまでは言えなかった (同草案4編1節15条)。

その結果、当時の政治状況下では、国と地方との間の連絡や国の法律・命令の執行が十分に確保できない事態が頻発することになった。このような歴史的条件に鑑みて、後の歴史家や法制史家は、地方のブルジョワ層も民衆層も十分に統合することができなかった当時のフランスでは、地方行政機関を統制するための中央連絡機関を国が任命する制度が不可欠であったと結論づけるのが常である[199]。したがって、「ジャコバン独裁」期と総裁政府期になると代訴人の制度は廃止され、国家を代表する者が県に派遣され常駐するようになるが、それは当時の歴史的条件の下では避けがたかったと評されている。さらに対外戦争の危機と相次ぐ政治的混乱は、最終的には一切の公選制を廃止して皇帝が独裁を行うナポレオン帝政と、国が任命する県知事を「県における皇帝」として地方に常駐させ、地方を支配させる「絶対的中央集権制」を生み出してしまう。その経緯を簡単に示せば以下の通りである。

ジロンド派に勝利したジャコバン派の主導で、国民公会が1793年10月10日に「ジャコバン憲法」の実施凍結を宣言した後に、「ジャコバン独裁」を国・地方関係において確立する目的をもって制定されたのが共和暦2年フリメール14日 (1793年12月4日) 法である。前述のようにジロンド派は地方の県行政会を拠点としており、権力闘争に敗れた後は西部、南西部、南東部の諸県で反乱を起こしていたことに鑑みて、この法律は県行政機関を抑圧する狙いが込められていた。同法以前から、反乱を起こした県やその疑いのある県については、罷免された地方

---

199) P. Schltz, *La décentralisation administrative dans le département du Nord (1790-1793)*, P.U. de Lille, 1982, p.69 ; L. Aucoc, « Les controverses sur la décentralisation administrative », *Revue politique et parlementaire*, t.4, avril 1895, pp.30-33.

行政官の後任を選挙で選ぶのではなく、中央が任命するようになっていたが、同法により県行政会自体が廃止され、執行部 (directoire) のみで県行政の意思決定を担うことになった。執行部メンバーの選任についても、臨時的と称しながら事実上恒常的に選挙制が停止され、その補充や改選の際には中央から派遣された特任代表者 (représentants en mission) がこれに充てられることとなった。また県の権限も租税割り当てや公共土木に限定され、統治ないし政治的権限を持たないことが明確化された。さらに同法は、県、郡、コミューンの全てのレベルで公選制の代訴人制度を全て廃止し、その役割を中央政府が任命し指揮監督をする「国の役人 (agents nationaux)」に担わせることにした。但し実際には、中央政府は「国の役人」の大部分を旧代訴人の中から任命したとされる[200]。

「テルミドールの反動」により「ジャコバン独裁」が崩壊した後の1795年（共和暦3年）憲法の下でも、中央（総裁政府）任命の「国の役人」による地方の監視・統制システムへの流れは変わらなかった。制限選挙制や県行政会 (administration départementale) 制度の復活などの点では1791年憲法体制への復帰も見られる。しかしこの時期になると、県行政会と市町村行政会 (administration municipale) に性質上の区別はなくなる[201]。中央政府と連絡をとり、地方における法律の執行を監督し要求する任務は、各県行政会と各市町村行政会に置かれる政府委員 (commissaire) がこれを担うことになり、これらの委員は総裁政府が当該地域の住民の中から任命し任意に罷免できるとされていた（同憲法191条）。政府委員は次第に法律執行についての監督という本来の任務を超えて、自ら直接に地方行政に関与するようになっていった[202]。こうして「議会ブルジョワジー」主流派は、次第に地方行政官に対する選挙制に否定的となり、中央による任命制の方を支持す

---

200) G. SAUTEL, *op.cit.*, pp.121-127 ; Gabriel LEPOINTE, H*istoire des institutions du droits public français au XIX*ᵉ *siècle, 1789-1914*, Domat Montchrestien, 1953, pp.256-260.
201) 市町村行政会が県や郡の行政会と同性質の地方行政体と見なされる場合には、「municipalité」を「（市町村）自治体」と呼んで他の段階の地方行政体と区別するこれまでの用語法は差し控えなければならない（以後、フランスについては同様）。両者の差異の実質的な消滅については、Léon MICHOUD, « De la responsabilité des communes », *RDP*, t.7, 1897, p.51も指摘する。実は、この時期のコミューンは郡 (canton) 毎にまとめられたいわゆる「大コミューン制」となっていた。県行政会も市町村行政会も、そのメンバー（県は5名、市町村は人口に応じて5～15名。但し人口5千人未満の場合は村吏1名と助役1名のみ。また10万人以上のコミューンは3つの市行政会に分かれる）の選任には選挙制が採られていたものの、改選は毎年部分的にしかなされなくなった。県行政官の改選時までに生じた欠員については、中央の総裁政府が旧行政官の中から代わりの者を任命した（1795年憲法177～179, 182～188, 198条）。

第1章　フランス革命期における「単一国家」

るようになる[203]。

　地方行政機関の構成員や法律の地方における確実な執行の監督者を中央権力が任命する流れは、地方行政の国家行政内への位階制的な（hiérarchique）組み込み、すなわち完全な上命下服型の統制システムの採用と相まって、不可避的にナポレオンの「絶対的中央集権制」に到達する。この体制下では、県からコミューンまでの全ての行政機関において、知事（préfet）や市町村長（maire）といった執行機関も県評議会（conseil général）や市町村評議会（conseil municipal）といった協議・議決機関も、その構成員の全てが中央の任命を受けることとなった。また、全ての地方行政権が原理上は中央任命の知事に集中され、こうしてそれ以降のフランス地方制度を特徴づける巨大な国家役人制、すなわち県知事制が確立した[204]。

　「絶対的中央集権制」は、コミューン行政機関の公選制の廃止を含む、国による地方の完全な支配体制であり、これは国民主権とは相容れない行き過ぎた集権

---

202) G. SAUTEL, op.cit., pp.275-281. その後のナポレオン帝政では、ナポレオンの地位はもはや名目的にも国民の意思に基づくものではなく神の意思に基づくために、その権力は絶対的なものとなる。

203) 1795年11月14日に議会においてデュポン・ド・ヌムールは誰にも異議を申し立てられることなく次のように述べることができたという。「彼ら〔＝地方行政官〕が人民に選任されるならば、必ずや社会と共和国の諸原理が転覆させられることとなろう」。以上につき、F. BURDEAU, « L'État jacobin ...... », op.cit., p.770参照。

204) 実質的にナポレオン独裁への道を開いた「共和暦8年憲法」（« Constitution du 22 frimaire an VIII », 13 décembre 1799, in J.GODECHOT, op.cit, pp.151-162）の下では、県の権限は知事、県評議会、県参事会（conseil de préfecture）の3機関に配分されると規定されていたものの、実際には第1統領（ナポレオン）が任命する国の役人である知事にほとんどすべての権限が集中していた。共和暦8年プリュヴィオーズ28日法3条によれば、「知事は唯一の行政責任者である」。
　県評議会の権限は、県の財源であるサンティーム付加税の税額の決定と、内務大臣への県政に関する意見の具申権に限られていた。県評議会議員は、中央政府が、推薦に基づき、知事と相談しつつこれを任命する。県参事会は行政裁判所であり、やはり中央政府が、推薦に基づいてその構成員を任命する。市町村制は、旧来の区分に戻された（「小コミューン制」）。市町村長は、市町村評議会議員の中から、人口5000人未満のコミューンの場合は知事が、それを超える人口のコミューンの場合は第1統領が任命する。市町村評議会は、人口5000人以上のコミューンの場合には官撰候補者名簿（liste de confiance）に基づいて（「共和暦8年憲法」7条）、あるいは選挙人会による当選者の2倍数の候補者推薦に基づいて（「共和暦10年憲法」〔« Constitution de l'an X, Sénatus-consultes des 14 et 16 termidor an X », 2 et 4 août 1802, in J. GODECHOT, op.cit., pp.167-177〕のちのテルミドール16日憲法10、11条）、知事がこれを選任する。人口5000人未満のコミューンの場合には、推薦によらずに知事が直接に市町村評議会議員を選任している。市町村評議会の主要な権限も財政問題に留まる。以上につき、G. SAUTEL, op. cit., pp.290-298, 306-308を参照。

体制である。もしこれも「単一国家」の1形態と呼ばなければならないとするならば、国民主権とは相容れない「独裁型単一国家」として別分類すべきである。しかし少なくとも、画一的な県制度を全国に張り巡らせたうえで、国家の利益の尊重と法律の執行を担当する中央政府任命の国家代表を県に常駐させ、これに県行政とコミューンの監督の任務を担わせるシステムとしての県知事制自体は、革命期以来のフランス地方分権制の「論理的帰結」であった[205]。こうして「ナシオン主権」原理を最も原始的な形で具体化する純粋な国民代表制原理（のちにこれは「純粋代表制」と呼ばれるようになる）に基づき、立法権（すなわち一般意思の解釈・表明権）を独占する国の国民代表府（議会など）が自由に定めた画一的な県制度と、県に常駐し、国家利益の最大限の確保を目的とする地方行政の監督と地方への画一的な法律の執行を担当する国家機関の存在は、「単一国家」フランスの地方自治原理の本質的要素の1つとなったのである。

最後にここで、革命期フランスの憲法議論から導かれる「単一国家」型の地方自治の憲法原理を簡単に確認しておこう。フランス革命期の「ナシオン主権」原理に基づく地方自治原理と、「人民主権」原理の基本要素を部分的であれ取り入れた憲法構想における対抗的な地方自治論との間の対立は、当時の状況では「ナシオン主権」型の地方自治原理をより分権化と民主化の方向へ変容ないし「深化」させる結果を生み出さなかった。むしろ「議会ブルジョワジー」主流派は、自らの主権原理と「人民主権」原理との違いを明確にする必要性を痛感し、民衆層を政治から排除する制限選挙制と、民意から完全に独立する純粋形の国民代表制とを正当化する論理を明確にし[206]、その下で「私的・家庭内的行政」としてしか存在を許されない地方自治の憲法原理を成立させたのである。19世紀後半に成立する第3共和制は、こうした原始的な「ナシオン主権」と純粋形の国民代表制と極めて限定的な地方自治とで構成される憲法原理にいかなる変容を加えることが

---

205) Alfred COBBAN, « Local government during the French Revolution », *The English Historical Review*, vol.58, 1943, p.30.
206)「テルミドールの反動」によりロベスピエールらが失脚した後、ランベール（通称。正式にはJ-L・タリアン〔Jean-Lambert TALLIEN〕）は、1794年10月3日に公安委員会（ジャコバン独裁期に国民公会から全権力を委ねられていた少人数の委員たちで構成される合議機関）において次のように発言している。「真の主権が存するのは、集合体として理解されるところの人民だけである。ここから帰結されることは、主権とはほんらい単一不可分であって、純粋に形而上学的な存在、すなわち一般意思の表明に他ならないということである」(*cité* in A. SOBOUL, *Les sans-culottes parisiens......, op.cit.*, p.516)。

できたのか。そこに最終的な「単一国家」の憲法原理の完成形を見ることはできるのか。次章では、これらのテーマに取り組むことにしたい。

第2章　フランス近代地方自治制度確立期における「単一国家」

第1節　19世紀フランスにおける地方制度の変遷

　1814年の「王政復古」による君主制、1830年の7月革命後の君主制と民主制の妥協を図った「7月王政」、1848年の2月革命による第2共和制、そして2月革命後の政治的混乱に乗じ1851年にクーデタを起こし、翌年の人民投票（レファレンダム）を通じて再び成立した独裁体制が1870年まで続いた「第2帝政」[1]という、第3共和制に至るまでの各時代の地方制度についてはここでは詳しくは扱わない。19世紀のフランスは、資本主義世界体制の「中心」の一角を占めるべく野

---

1) 「第2帝政」については、フランス革命後のナポレオン・ボナパルトによる「第1帝政」と2月革命後のルイ・ナポレオンによる「第2帝政」という類似の政治プロセスが存在することに鑑みて、「すべて世界史上の大事件と大人物はいわば2度現れる……1度は悲劇として、2度目は茶番として」という有名な言葉を残したカール・マルクス（Karl Marx, *Der 18 Brumaire des Louis Bonaparte*, 1852〔1869〕〔村田陽一訳『ルイ・ナポレオンのブリューメル18日』（大月書店、1971年）17頁〕）の分析に言及しないわけにはいかない。彼の分析に依拠して、「ボナパルティズム」はブルジョワジー（資本家階級）とプロレタリアート（労働者階級）間の階級対立の結果として、前者が一時的に支配権力を失い、後者が未だに「未熟」なために支配能力に欠けているという一種の権力の空白状態の中で生じた特異な政治形態と見なす分析が示されている（同書229頁〔村田解説〕）。マルクスはこうした分析から、労働者階級が革命のイニシアティヴをとることの重要性とそのために政治階級として成熟・自立することの必要性を主張する。しかし本書の視点からは、フランス革命であれ2月革命であれ、民衆運動の突き上げに直面したブルジョワジーが、民衆運動側の対抗的な憲法原理・憲法構想を可能な限り採り入れてその資本主義憲法体制を「深化」させることができずに、逆にこれを弾圧する状態に陥った時に生ずる現象として「ボナパルティズム」を理解することが重要である。フランス近代史の特徴は、こうした階級間の対立が調整不能状態に陥った時に、秩序の安定のために採用される「ボナパルティズム」の下で、中央権力による地方機関の任命制と任命制県知事による地方支配の体制、本書でいうところの「絶対主義的中央集権制」が生まれることである。したがって「絶対主義的中央集権制」は一時的な現象であるが、資本主義憲法体制の維持のために追求されるその憲法原理の「深化」が歴史的に見て不十分な場合には、国家による地方支配の根幹的な制度である任命制の県知事が残り続けることになる。

蛮な自由競争中心の経済システムを確立していくが、そこでの社会・政治エリートの中心は、なお保守的な地方の地主層、いわゆる名望家たち（notables）であり、地方政治の主体も彼らであった[2]。以下では、第3共和制期の近代地方自治原理の確立を分析するための予備作業として、これに至るまでの地方制度について、地方機関構成員の選任制度を中心に概観するに留める。

「7月王政」下では、その前の時代からの中央による地方支配の制度、すなわち中央政府の任命する県知事が、国の利益の確保と地方における法律の執行、コミューン行政の監督、並びに県行政権の執行という複数の役割を担う制度が続いていた。さらにコミューンにおいても、市町村長と助役が中央から任命される制度がなお続いていた。しかしこの時代から、市町村評議会議員と県評議会議員については、制限選挙制ではあるものの選挙制が導入されるようになった（1831年3月21日の市町村組織法と1833年6月22日の県組織法[3]）。「7月王政」末期になると、権限配分に若干の進展も見られた。すなわち1837年7月18日の市町村法により、市町村評議会の決定がそれだけで確定的執行力を持ち、取消宣告などの事後的統制しか受けない事項と、中央政府の認可があって初めてその決定に執行力が与えられる事項とを区別することで、前者の事項が分権化された。また1838年5月10日の県と郡に関する法律により、革命期から一貫して国の地方行政機関の性格しか認められてこなかった県と郡に対し、国と区別される県や郡の独自財産が帰

---

2) 19世紀フランスの名望家支配については、André-Jean TUDESQ, *Les grands notables en France*(*1840-1848*)：*Études histrique d'une psychologie sociale*, 2 tomes, PUF, 1964； *ibid*., *Les conseilleurs généraux en France au temps de Guizot, 1840-1848*, Armand Colin, 1967を参照。

3) 1830年8月14日の憲章（「7月王政」憲法〔Charte constitutionnelle du 14 août 1830, in Jacques GODECHOT (présentation par), *Les constitutions de la France depuis 1789*, GF Flammarion, 1970, pp.246-252〕）の69条は、個別の法律によりできる限り早急に実現されるべき事項を挙げる中で、「選挙制に基づく県及び市町村の制度」を挙げていた（7項）。この規定に基づき、市町村評議会の選挙制が1831年3月21日法（Loi sur l'organisation municipale, 21 mars 1831, *Bulletin des lois*, Paul Dupont, IXe série. t.2, N°25, n°91, pp.47-62）の10条以下で、また県評議会の選挙制が1833年6月22日法（Loi sur l'organisation des conseils généraux de département et des conseils d'arrondissement, 22 juin 1833, *Bulletin des lois*, IXe s. t.5, N° 104, n°235, pp.207-222）の3条以下で認められた。他方、市町村長を市町村評議会議員の中から国王あるいは国王の代理人として知事が任命する制度についても、1831年3月21日法3条がこれを規定している。以上については、A.-J. TUDESQ, *Les conseillers généraux en France……*, p.22； *ibid*., « De la Monarchie à la République : le maire, petit ou grand notable », *Pouvoir*, n°24, PUF, 1983, p.8； Gérard SAUTEL, *Histoire des institutions publiques depuis la Révolution Française*, 5ème éd., Dalloz, 1982, pp.487-490 等を参照。

属することが認められ、国と別個の「私法上の人格性（une personnalité civile）」が認められることとなった[4]。

　国民公会期以来の男子普通選挙制を再び採用した第2共和制は、実際には3～4年しか続かなかった。2月革命直後、臨時政府は全ての県知事とほとんど全ての副知事を罷免し、そのポストに新たに任命した臨時政府の派遣委員（commissaires）と副派遣委員を配置して、地方への革命の伝播を試みた。1848年7月3日の法律は普通選挙を用いて、市町村評議会、郡評議会、県評議会の議員を改選することを命じた。市町村長と助役については、人口6000人以上のコミューンや県都、郡都のコミューンでは政府派遣委員を通じた中央政府による任命制が維持され、それ未満の人口の小さなコミューンに限り、市町村評議会による選任制を認めた。しかし、市町村長や助役の多くが2月革命勃発とともに職務を放棄したにもかかわらず、ほとんどの場合、その後任も旧支配層である地方名望家層から任命ないし選任されていたのが実情であった。1850年の内務大臣調査によれば、2月革命前に就任していた市町村長や助役の50％が、7月から8月にかけて再びその地位に就いていた[5]。1848年11月4日制定の第2共和制憲法も、その7章78条において、「県評議会、郡評議会、市町村評議会の構成と権限、並びに市町村長と助役の任命形式については、法律がこれを定める」としか規定していなかった[6]。

　「第2帝政」では、再び「絶対的中央集権制」の方向が強まった。ルイ・ナポレオンのクーデタ後に出された1852年3月25日のデクレは、復活させた中央任命の県知事に、全国行政の実施と地方行政の監督に関する幅広い権限を付与した。このデクレは「行政上の地方分権（décentralisation administrative）に関するデクレ」の名称を付与されていたにもかかわらず、実際には大臣の許可なしに県知事が決裁できる包括的な権限を格段に増やしたものに過ぎなかった[7]。県知事は国政選挙と地方選挙に介入して官撰候補者の当選を助け、警察権を行使し、さらに公共事業、運河、市場などに関する広大な経済行政分野の権力を握っていた。県評議

---

4) G. Sautel, *op. cit.*, pp.490-494.
5) A.-J. Tudesq, « De la Monarchie à la République...... », *op.cit.*, pp.13-14 ; G. Sautel, *op. cit.*, pp.495-497.
6) « Constitution républicaine du 4 novembre 1848 », J. Godechot, *op.cit*, pp.262-277.
7) Décret sur la décentralisation administrative, 25 mars 1852, *Bulletin des lois*, Xe s., t.9, N° 508, n°3855, pp.821-829.

会と市町村評議会の議員の選挙制は維持されたものの、その権限は弱く、特定の事項に限られていた。他方で、市町村長の選任については、1852年1月14日制定の憲法[8]57条が次のように定めていた。「市町村組織については後に法律でこれを定める。市町村長は〔中央〕執行権によって任命され、市町村評議会の外部からこれを採用することもできる」。市町村評議会議員以外の者を中央政府が市町村長に任命できる制度は、市町村長から住民の代表者性の要素を完全に奪い去ることになるので、これはまさに「第1帝政」期の「絶対的中央集権制」の復活である[9]。

　その後のフランスは、「第2帝政」の権威主義的体制の下で一定の社会的安定を得て、これを背景に産業革命を成し遂げる。その結果、旧来の保守的名望家層とは異なる共和派ブルジョワジーという新しい社会エリートも増えてくる。第2帝政末期になると、名望家支配が続く農村は別にして、多くの都市では政府に対して野党的立場を採る議員が市評議会の多数派を形成するようになり、政府が任命する市長と対立する事例が増えてくる。一部には、従来の名望家出身の市長から共和派ブルジョワジーの市長への交代すら見られるようになる[10]。こうした変化に押されて、制度上も一定の改革がなされる。県に関する1866年7月18日法[11]と市町村に関する1867年7月24日法[12]は、特に財政面において県や市町村の地方評議会の権限を拡大した。また、1870年7月22日には市町村長と助役を市町村評議会内部から政府が任命する法律が可決され[13]、同じく7月23日には県評議会においても議長と書記を内部選出する制度を定める法律が可決されている[14]。だがこれらは、名望家支配の国家体制自体を崩すものではなかった。

　現実の名望家支配の国家体制の終焉は、1870年の普仏戦争により、「第2帝政」

---

8)　« Constitution du 14 janvier 1852 », faite en vertu des pouvoirs délégués par le peuple français à Louis-Napoléon Bonaparte par le vote des 20 et 21 décembre 1851, J. GODECHOT, op.cit, pp.292-297.

9)　G. SAUTEL, op.cit., pp.501-504.

10)　A.-J. TUDESQ, « De la Monarchie à la République...... », op.cit., pp.15-16.

11)　Loi sur les conseils généraux, 18 juillet 1866, Bulletin des lois, XIe série, t.28, N°1409, n° 14438, pp.109-113.

12)　Loi sur les conseils municipaux, 24 juillet 1867, Bulletin des lois, XIe série, t.30, N°1513, n°15323, pp.89-94.

13)　Loi elative à la nomination des maires et des adjoints, 22 = 23 juillet 1870, Collection complète des lois, t.70, Année 1870, pp.211-215.

14)　Loi portant la modification de diverses dispositions relatives aux conseils généraux et aux conseils d'arrondissement, 23 = 26 juillet 1870, Collection complète des lois, t.70, Année 1870, pp.217-219.

が突然の崩壊を見せた後に、「パリ・コミューン」において復活した民衆側の対抗運動、特にそこに再び示された「人民主権」原理と対抗的な地方自治論とに対する強い民衆の愛着に直面し、これを流血をもって退けたフランスのブルジョワジーが、国家をより近代化するために第3共和制を確立するまで待つしかなかった。したがって、第3共和制期における近代地方自治の憲法原理の確立過程を分析するには、まずこの再編を余儀なくさせたもう一つの要因である19世紀中期から後期にかけての民衆運動の対抗的な憲法構想を、近代地方自治原理の確立との関係で必要な限りで概観しなければならない。

第2節　19世紀民衆運動の自治理念における連合主義と「人民主権」

1　19世紀の民衆運動と政治革命の関係

　19世紀半ばまでのフランス民衆世界、とりわけ都市の労働者社会においては、産業革命が緩慢にしか進展していなかったために、依然として位階制に基づくギルド的伝統を持つ職人組合（compagnonnage）の共同体生活が存続していた。この職人組合とは、谷川稔の言葉を借りるなら、「その互換性の少ない熟練技能をよりどころとして、労働力供給を規制し、職場慣行の強力な集団的維持を実現した組織」であり、「未だに労働組合が存在しない段階において実質的な労働組合機能を果たしたもの」であり、加えて「協同組合機能や相互扶助機能をもあわせもった共同体」でもあった[15]。高度の熟練技能性に依拠した保護と規制の共同体は、産業化の進展とその結果としての不熟練労働者の増加の中で次第に解体していく。また、前貸し制度や買占めを通じて商業資本家（marchant-fabricant＝製造業に乗り出しつつある商人層）が、手工業作業場の「経営者」であった親方層を次第に従属的な賃労働者の地位に押し下げる動きも進行していた。

　職人組合の衰退に伴い、これに代わって形成されるようになったものがアソシアシオン（association）であった。これは、協同組合と相互扶助機能を併せ持つ組織であり、職人組合に比べてより平等主義的であり、かつ政治への参加の傾向も強く、2月革命前夜には「社会的共和制」という政治理念を掲げるまでに成長し

---

[15]　谷川稔『フランス社会運動史——アソシアシオンとサンディカリスム』（山川出版社、1983年）11頁。

ていた。しかし谷川によれば、この当時のアソシアシオンにはまだ労働組合的な機能が弱く、経済界で自立的に自己の利益を守る労働者とその組合という理念が欠けていた。そのため、ルイ・ブラン (Louis BLANC) に代表されるような「ジャコバン的人民主権原理にのっとった民主的社会的共和国」による労働と産業の組織化を目指す政治路線中心主義の傾向が強く、結果的には中央集権的な国家によるフランス近代化の路線に包摂されることとなった[16]。

　国家中心の政治革命に傾斜する「人民主権」論は、民主的な共和国による中央集権の主張と容易に結びつき、したがって国の立法権から自立ないし独立する自治体立法権を認めうるような地方自治権論は容易に排除されてしまう。こうした傾向に対する過剰な反発こそが、政治権力への依存、とりわけ国家権力への依存を拒否し、自立的な労働者間、そのアソシアシオン間、あるいは自律的な地域どうしの自発的な契約に基づく結合、すなわち連合主義 (fédéralisme)[17] の思想を生み出すことになる。連合主義の思想は、国家中心主義への批判の点で「人民主権論と対立しつつも、自発的結合を目指す民衆運動の対抗原理という点で通底するので、検討に値する。ここでは19世紀フランスにおけるその代表的思想家である

---

16) 2月革命前のルイ・ナポレオンは、その著書『貧困の絶滅 (L'extinction du paupérisme)』(1844年)で、政党・議会の媒介を排除し、人民の普通選挙による直接支持に基づく強力な国家体制の確立を通じて、フランスの産業発展と農業コロニーの建設を推進することを主張していた。また、第2帝政下のサン=シモン主義の官僚たちが、産業ナショナリズムの担い手となったことも想起すべきである。以上の点につき、谷川・前掲書11、98-102頁、阪上孝『フランス社会主義』(新評論、1981年) 12-14、27-86頁。阪上の要約によれば、ルイ・ブランの国家社会主義とは、「普通選挙にもとづく共和制国家の実現」を通じて「国家をその原点に立ち還らせて人民の守護者たらしめる」ことを目指すものであり、国家から自立した「社会の自己統治」という展望を認めない国家主導型の社会改革構想であった。以上につき、阪上・前掲書130-131頁。

17) 「fédéralisme」、「fédératif」という言葉は、19世紀フランスの民衆=労働者の対抗運動上の指導理念としては、とりわけその1潮流の理論的指導者であったプルードンの理論の中のそれについては、通常は「連合主義」、「連合的」と訳されている (例えば、プルードン〔江口幹訳〕『連合の原理』〔三一書房、1971年〕等)。それは、彼の思想の中に国家権力ないし中央権力を否定する無政府主義の傾向が見られるからである。純粋に個人間の実定的契約、自治体間の実定的契約のみで成り立つ全国的なシステムを考えた場合、法的に見れば主権も連邦国家も成立しえず、「諸個人の自由な連合」や「自治体連合」が成立するに過ぎない。しかし本書で後に彼のスイス憲法の理解を分析する中で示すように、プルードンは、現代の用語法では明らかに主権を有する連邦国家をも彼の言う「連合」 (fédération) と捉えている部分がある (その場合の形容詞形は「fédéral」であって「fédératif」ではないことが多いが)。そこで本書では、プルードンがこの言葉を用いる場合は可能な限り「連合」とするものの、現実の連邦国家を示す場合は「連邦」という表現を、両者が不分明な場合は「連合(連邦?)」というような二重の表現、あるいは「フェデラリズム」という包括的な表現を用いることを予めお断りしておく。

P-J・プルードン（Pierre-Joseph Proudhon）を採り上げる。

2 プルードンの連合主義における対抗的地方自治の要素
(1) 連合主義の意味

近代資本主義社会の諸矛盾やそれが生み出す貧困に関して、一方で「所有は盗みである」と批判しながら、他方で「所有は自由である」とも主張するプルードンは[18]、小所有者でありかつ小生産者でもある自由な個人が「相互性」(mutualité)に基づく規制を受けつつ自由に競争する社会を構想した。このような社会の実現は、政治革命だけでは無理であり、集権的な「労働の組織化」でも実現できない。それは、小規模で自主的な中間団体に集う小作業場の職人的労働者が「信用と流通の組織化」を行うことで実現される[19]。つまり「可能な限り小さく相互に独立した諸グループによるアソシアシオンの分割」が不可欠なのである。にもかかわらずフランス革命とその後の歴史は、国家と個人との間から中間団体を排除してしまった。その結果、無力な個人は強大な国家に依存してしまい、自律性を喪失した。個人が自律的存在でいるには中間団体が欠かせない。プルードンの主眼は経済革命にあり、小生産者の協同組合の結成と強化に力点があるものの、政治システムの改革も必要である。政治分野での中間団体こそ地域的共同体であり、こうして地方分権あるいは連合主義の思想が生まれることになる[20]。

プルードンによれば、「政治秩序は、基本的には2つの相反する原理、すなわ

---

18) プルードンは『所有とは何か』(1840年)〔Qu'est-ce que la propriété〕の中では「所有は盗みである」と主張し、『経済的諸矛盾の体系あるいは貧困の哲学』(2巻、1846年)〔Système des contradictions économiques ou philosophie de la misère〕では「所有は自由である」とも主張する。この矛盾の解決方向は、所有者自身による競争とこの競争の条件を保障するための諸制度の中に見出される。後者の諸制度については、『所有の理論』(1866年)〔Théorie de la propriété〕の中で、「保障の体系」として、国家権力の分立や租税制度、流通と信用の銀行、農工業の組合化などと並べて、地方分権化が挙げられている。以上につき、河野健二「プルードン主義の背景」河野編『プルードン研究』(岩波書店、1974年) 19頁。

19) 自由な諸個人で構成される集団間の競争を重視するプルードンにとって、競争を社会化し規律する原理としての「相互性」は鍵概念である。「相互性」は互換＝流通に関わる原理であるから、「労働の組織化」ではなく「信用と流通の組織化」によって実現される。実際の制度としては、農民に対しては「土地銀行」を設け貧農を援助することで、不在地主的土地所有を農民的所有に変えること、職人的小工業に対しては「交換銀行」による低利の融資によって小事業主が容易に資金を調達できることを提案する。また独占的大工業に対しては私的所有を否定し、労働者アソシアシオンによる自主管理型経営を目指していた。以上につき、阪上・前掲書143-166、171-177頁参照。

ち権威と自由に基づいている」[21]。彼の主著『連合の原理（Du principe fédératif）』（1863年）は、この互いに相手を欠いては存在しえないにもかかわらず、果てしなく対立し合う2つの原理に均衡を保たせるところに、連合を含むあらゆる政治体制の存在理由を見る[22]。そのうえで彼は、権力の不分割を特徴とする権威主義体制を、「唯一人による全員の統治」としての君主制と「全員による全員の統治」としての全体主義ないし共産主義とに区分し、権力の分割を特徴とする自由の体制を、「各人による全員の統治」としての民主制と「各人による各人の統治」としての無政府状態（anarchie）ないし自治（self-government）とに区別する[23]。無政府状態においては、各人は自分自身の独裁者であるが、プルードンにとっても、それはあくまで「永遠の希望事項（desirata）に留まらざるをえない」[24]。4種類の原理はそれぞれ純粋な形では存在できず、現実の政治は互いに他を借用し、他に妥協して営まれざるをえない[25]。アナーキズムの元祖といわれるプルードンであるが、彼の政治理論は実際には無政府状態の完全実現ではなく、権威と自由との間に最善の均衡点を見出すことを目指すものである。この均衡点として彼が示した制度こそ、憲法と地方分権と連合であった[26]。

プルードンの連合主義は、民法の契約概念を用いることで、社会契約の思想を国家権力の正当化の根拠としてではなく、その制限のために生かそうとする志向

---

20) 阪上・前掲書158、161-166頁。C・ブグレ（Célestin. BOUGLÉ）によれば、「プルードンの政治的連合主義は、経済全体の抑制を、すなわち産業圏の無限の拡大よりもむしろ収縮を基礎としていたようである」（C. BOUGLÉ, « Proudhon fédéraliste », in GUY-GRAND et al., *Proudhon et notre temps*, Éditions et Libraire, 1920, pp.243-244）。それは、今日的な視点ではエコロジー思想に通じるものと言えるかもしれない。

21) P.-J. PROUDHON, *Du principe fédératif et de la nécessité de reconstituer le parti de la révolution*, E. Dentu, 1863, 1ère partie, chap.I, p.21.傍点部分は原文がイタリック。また次の彼の著作集も参照した。J.-P. PROUDHON, *Œuvres complètes*, nouvelle édition sous la direction de C. BOUGLÉ et H. MOYSSET, t.15, Slatkine, 1982, pp.253-551.なお邦訳については、前掲・江口幹訳『連合の原理』を参考にした。

22) *Ibid.*, 1ère partie, chap.I, (E. Dentu, 1963) pp.21-23.

23) *Ibid.*, 1ère partie, chap.II, (E. Dentu, 1963) p.25

24) *Ibid.*, (E. Dentu, 1963) 1ère partie, chap.II, p.29.

25) *Ibid.*, 1ère partie, chap.IV, (E. Dentu, 1963) p.42

26) プルードンによれば、歴史的には権威と自由の2つの原理は論理的かつ年代順的に連結した形で現れる。国家の人口が増えればそれだけ権威主義的な体制よりも自由の体制の方が理想に近づき有効性が増すとする。後者の場合、「最初に至る所で要求されるのは憲法である。次にそれは地方分権となるであろう。さらに待つならば、連合の思想が現れるのを見るであろう」（*ibid.*, 1ère partie, chap.VI, [E. Dentu, 1963] pp.60-61）（傍点部分は原文がイタリック）。

に貫かれている。彼によれば、民法の契約と同様に政治契約（contrat politique）も双務的（synallagmatique）で置換可能（commutatif）なものでなければならず、さらにその目的についても一定の限界内に留められていなければならない。プルードンは述べる。「……市民がアソシアシオンに参加する際には、①彼が国家に捧げるのと同じだけ国家から受け取ることと、②契約締結の目的であり国家が保障するよう求められている特別の対象に関わるものでない限り、市民は自らの全ての自由、主権、発案権を保持することが必要である。このように整理し理解された政治契約こそ、私が連合と呼ぶものなのである」。プルードンは、自らが「連合契約（contrat fédératif）」と呼ぶものは、「ロベスピエールとジャコバン派のもの」と同一視されるJ-J・ルソー（Jean-Jacques ROUSSEAU）の社会契約とは異なる。彼によれば、ルソーの社会契約は「国家の形成や政府と個人との関係を根拠づけるために考案された法学者の擬制」に過ぎないのに対して、「連合的なシステムにおける社会契約は擬制以上のものである。それは実定的かつ実効性を持った協約（pacte）であり、実際に提案され、討議され、票決され、採択されたものであり、契約当事者の意のままに、規約に従って修正されるものである」。したがって、社会を設立するには単なる理念の表明だけでなく、法律文書（acte juridique）を作成し、真の契約を結ぶ必要がある[27]。ここに成文憲法主義を見出すことは容易であろう。

彼の理論では、「連合契約は、常に国家よりも市民により多く〔の権利や発案権〕を留保すること、中央当局よりも市町村や州の当局により多く留保することをその本質とする」[28]。したがって、「連合の権限は、数の上でも実態の点でも、決してコミューンや州の当局の権限を越えることができないのであり、同様にこれらコミューンや州の当局の権限も、人および市民の権利と特権を超えることはできない」[29]。この観点から彼は、従来の憲法制定国民議会が国家の諸権限の区別と分離にのみ没頭し、国家の役割や権限それ自体を限定することに関心を払わなかったことを批判する。そして連合主義に適合的な憲法の原理を次の３つの命題に要約する。それは、「①それぞれに主権的なほどほどの規模の（médiocre）集団

---

27) 以上、*ibid*., 1ère partie, chap.VII, (E. Dentu, 1963) pp.64-68, y compris note (1) [pp.67-68].なお傍点部分は原文がイタリック。
28) *Ibid*., 1ère partie, chap.VIII, (E. Dentu, 1963) p.77.
29) *Ibid*., 1ère partie, chap.VIII, (E. Dentu, 1963) p.76.

を形成し、これらの集団を連合契約によって結合すること。②各連合構成国家（chaque État fédéré）の中に、諸機関分離の法則に基づき政府を組織すること……〔権力の分離と異なる人物への分配、あるいは公行政に公開と統制のあらゆる条件を課すことも提案している〕……。③諸々の連合構成国家や州及び市町村の当局を中央当局の中に吸収させる代わりに、中央当局の権限を単なる一般的な発案と相互保障と監督の役割に縮減すること」である[30]。

このようにプルードンの連合主義は、個人や自治体により多くの自由を残すために、成文憲法を用いて中央当局の権限を可能な限り徹底的に限定する思想である。この場合、連合は主権国家たりうるであろうか。『連合の原理』には次のように明言した箇所がある。「連合は、ある場合には国家と名付けられもするが、それを構成する諸集団こそそれ自身国家なのであり、完全な主権を持ち、それ自身の固有の法に従って自らを統治し、自らを裁き、自らの行政を行う」[31]。もし彼の説明の通りに連合は主権国家ではなく、連合構成単位に主権があるとするならば、近代憲法学の用語法では、前者は国際法上の存在に過ぎない単なる国家連合に、後者こそが主権国家となり、固有の権限を有する連合の中央当局など存在できないことになる。そこには連邦国家も、連邦国家と連邦構成「州」との間の連邦制的関係も成立せず、国家と自治体との間の地方自治的関係も成立しなくなる。もしそうなら、本書でプルードンの連合主義を分析すること自体が不適切となってしまうのではないか。

（2） プルードンの連邦国家論

こうした疑問を解明するには、スイス憲法についての彼の評価を分析することが有益である。彼によれば、スイス連邦（Confédération hélvétique）は「主権国家（États souverains）」である25のカントン又は準カントンから構成され、25の〔カントン〕憲法と1つの連邦憲法によって統御されている。これら25のカントン憲法はフランスの1791年憲法及びそれ以降の諸憲法に近いものであるが、連邦憲法はフランスではこれに匹敵するものはない。そして後者の憲法の精神こそがこれまで述べてきたこと、すなわち「連合」の原理に適合的なものなのである。彼はこの観点からスイス憲法2条、3条、5条に言及したうえで、「したがって〔スイス〕連邦は正確には国家ではない。それは主権的かつ独立した諸国家の集合体

---

30) *Ibid.*, 1ère partie, chap.VIII, （E. Dentu, 1963） p.77 et p.82.
31) *Ibid.*, Conclusion, （E. Dentu, 1963） p.315.

であり、相互に保障し合う協定によって結びついているものである。……それは同盟（ligue）の条件、すなわち諸国家の相互的な権利と義務を含んだ協定なのである」と述べている32)。

しかしながら彼が紹介したスイス憲法は、1848年にスイスがそれまでの主権を有するカントンの連合体から連邦国家に移行した際のそれであった。この憲法は各カントンに「主権」を認めていたが、それは「連邦憲法によってその主権が制限されていない限り」（3条）のものに過ぎなかった33)。主権は単一不可分で最高独立のものとするフランスの主権概念によるならば、カントンに残された「主権」は本来の意味での主権ではない。どんなに各カントンの自治権が広汎であろうとも、法理論的に言えば主権は総（綜）体としての連邦に存し、カントンに「残された」と称するものは「綜体憲法」としての連邦憲法が包括的（いわば「全権限性」的）に配分したカントンの統治権限に過ぎない。

この点を少し詳述するならば、連邦国家においては、それが国家連合ではなく主権を持つ1つの国家である限りは、連邦政府もカントン政府も連邦憲法によって規律され、根本規範としての連邦憲法からその権限を授権されていると考えなければならない。ただカントン政府は、連邦憲法によりカントン憲法の制定権を含む広範な統治権がその自治に任された結果として、自ら定めたカントン憲法による規律も受けるに過ぎない。より論理的に言うならば、連邦国家の憲法秩序とは、のちにH・ケルゼン（Hans Kelsen）がこれについて的確に述べているように、連邦政府を規律する憲法とカントン政府を規律する憲法の全ての法領域を包括し規律する上位法たる「綜体憲法」が存在すると考えるべきである。この「綜体憲法」は、通常は連邦政府を規律する連邦憲法の中に埋もれているために、連邦憲法と「綜体憲法」とは容易には判別できなかったに過ぎない。この見方によれば、実は「綜体憲法」こそが「固有の意味の連邦」そのものであり、連邦国家におけ

---

32) *Ibid*., 1ère partie, chap.VII, (E. Dentu, 1963) pp.70–71, note (1).
33) プルードン自身が引用している(*ibid*., 1ère partie, chap.VII, [E. Dentu, 1963] p.70, note(1))スイス憲法の諸条文は以下の通りである。「2条 連邦は、外国に対する祖国の独立を保障し、国内の静穏と秩序を維持し、連邦構成体（confédérés）の自由と権利を保護し、その共通の繁栄を増大させることを目的とする。／3条 諸カントンは、連邦憲法によってその主権が制限されない限り主権的である。そしてそのようなものとして、諸カントンは連邦権力に委任しなかったあらゆる権利を行使する。／5条 連邦は諸カントンに対し、その領土、3条が定めた限界内でのその主権、その憲法、人民の自由と権利、市民の憲法上の権利、同様に人民が諸当局に委託した（conférés）権利や権限を保障する」。

る本来の意味での主権もこの「綜体憲法」に存することになる[34]。

　未だに連邦国家における主権の所在についての法学的な解明が調っていなかった当時、しかも「単一国家」のみを主権国家と見なすフランスの憲法理論に強く支配されていた状況では、プルードンのようにスイス連邦をカントン連合体と誤解してしまうことはやむを得なかったのかもしれない。フランス革命期のアベ・シェイエス（Abbé Sieyès）の議論に見るように、連邦国家を主権国家の解体と同一視したうえで、主権国家の概念を常に中央集権的な「単一国家」主義と結びつけて理解してきたフランスの政治論及び憲法論の伝統を思い起こすならば、プルードンの誤解は十分に了解できる。そして、プルードンは、こうした「単一国家」主義の伝統に反発し、中央当局の介入できない自治体固有の統治的権限が存在することを強調するために、自治体に主権があるという誇張した表現を用いてしまったとも考えられるのである。

　この点で興味深いのは、プルードンが連合契約の説明の中で、「国民を、独立的、主権的あるいは少なくとも自らから自己の行政を行い、十分な力と発案権と影響力とを自由に行使しうる諸州（provences）に区分すること」と述べた部分に、彼自身が付けた注である。それは1848年のスイス憲法6条であるが、その内容は以下の通りである。「（6条）連邦（conféeration）の保障は、各カントンの憲法が、(a)連邦憲法の諸条項に反するものをなにも含まない限り、(b)共和主義的、代表制的、民主制的な形態に従って政治的権利の行使を保障する限り、(c)人民によって承認され、かつ市民の絶対多数が要求した時に改正されうる限り、各カントンの憲法に対して与えられる」[35]。もしプルードンが、このスイス憲法6条の内容を彼の言う連合主義に完全に適合するものと考えていたとすれば、それは今日の法理論ではすでにカントン連合制ではなく連邦制に他ならない。そして少なくとも彼の連合主義は、諸州の分離権問題を別にすれば、法理論的に言って主権国家としての連邦国家をも含むものだったと考えるべきなのである[36]。

(3)　プルードンの連合主義と「人民主権」論との距離

　以上に見たように、プルードンもルソーと同じようにスイスをモデルとしてい

---

34)　ハンス・ケルゼン（清宮四郎訳）『一般国家学』（岩波書店、1971年〔改版、2004年〕）332-325頁〔Hans Kelsen, *Allegemaine Staatslehre*, 1925〕。「綜体」という表現は清宮の訳語に従った。

35)　Proudhon, *Du principe fédératif...*, *op.cit*, 1ere partie, chap.X, (E. Dentu, 1963) p.105, note (1). なお、E. Dentu版（1963年）の原文では連邦はcon-édérationとなっているが、*Œuvres complètes* 版（1982年）ではconfédérationに直してあるので、前者の表記は脱字と見られる。

たことが分かる。ブグレによれば、ルソーはジュネーブの都市国家（cité）の精神から着想を得ているのに対して、プルードンはスイスの連邦憲法を考察の対象としているという違いがあるに過ぎない。「憲法も都市国家も、溶解させられることなく憲法を通じて連合したカントンに最大限の自治を与えるものである以上、もはや虚しい擬制ではなく、明確で実定的で実効性のある契約を通じて、〔中央＝連邦〕政府の行動を制限することを可能にしてくれる」点で同じである[37]。プルードンは、「諸国家〔＝カントン〕の代表者から構成される」連邦議会（Assemblée fédérale）を構想し、この議会に中央権力を委ねるならば、「これらの代表者たちは多くの場合、それぞれの〔カントン〕政府の構成員でもあるから、連邦議会に対して、それだけ油断なく厳重に監視することができ」るので、中央権力はより一層従属的になりうると主張している[38]が、これはルソーの「人民主権」論を分析した際に明らかにしたように、命令委任を通じて連邦議会議員を選出母体の有権者が厳格に拘束することで、地方により多くの自由・自治領域を残そうとする考え方と類似しているように見える。しかしながらプルードンが、ルソーの「人民主権」論を強く批判しているのも事実である。その理由は、彼の『19世紀における革命の一般理念（Idée générale de la Révolution aux XIXᵉ siècle, 1851）』[39]を分析することで明らかになる。

---

36) プルードンは、連合主義の場合に各州に分離権を認めることの可否についても論じている。彼によれば、「もしそれ〔＝利害関係の対立〕が、連邦（連合？）協約（pacte fédéral）の外に残されたままの州の主権問題に関わる場合には、分離は十分な正当性を持つ」。実際のスイスでは、1846年に分離権を主張する少数派が「南部同盟（*Sunderbund*）」を形成したために、この動きを封じる目的から、「多数派は連邦（連合？）協約から〔分離を主張する〕南部同盟に対抗する自らの権利を引き出す」主張を行うようになったという。もっとも、彼はこれには納得できないとする。その結果こそ1848年の「連邦憲法の改正」であったが、彼によれば少数派の不満が戦争を引き起こす危険すらあるとしている（*Ibid.*, 1ᵉʳᵉ partie, chap.VII, [E. Dentu, 1963] pp.72-74, note（1））。彼の主張にはなお不明瞭な部分があるが、各州の分離権を認めない連邦憲法は連合主義から見れば不完全である旨を主張していると思われる。しかし理想と現実の妥協をその理論の柱の1つに据えるプルードンの場合、分離権を認めない1848年スイス憲法をなお彼の連合主義に適合的な事例とする限りで、分離権を認めない連邦（連合？）制、すなわち主権国家としての連邦国家をも論理的には否定していないことになる。

37) BOUGLÉ, *op.cit.*, p.242.

38) PROUDHON, *Du principe fédératif...*, *op.cit*, 1ᵉʳᵉ partie, chap.X, (E. Dentu, 1963) p.99.

39) PROUDHON, *Idée générale de la Révolution aux XIXᵉ siècle*, 1851 in J.-P. PROUDHON, *Œuvres complètes*, *op.cit*. (nouvelle édition sous la direction de C. BOUGLÉ et H. MOYSSET), t.2, 1982, pp.97-351.なお邦訳としては、プルードン（陸井四郎・本田烈共訳）『19世紀における革命の一般理念』（三一書房、1971年）を参考にした。

プルードンは同書で、ルソーから1793年憲法〔の基本理由〕、そして第2共和制で臨時政府内務大臣を務めたA・ルドリュ＝ロラン（Alexanadre LEDRU-ROLLIN）に至るまで繰り返し主張されてきた「直接統治（Gouvernement directe）」の主張を、結局のところそれは、必要悪としての政府を認め、かつ政府による秩序化を認める思想であると批判する。この「直接統治」とは、直接立法（Législation directe）、簡易政府（Gouvernement simplifié）、人民政府（gouvernement populaire）あるいは人民主権（souvernaineté populaire）等とも呼び換えられている。またそこには、公務員のリコール制や命令委任の考え方が存在することも示されている[40]。したがって、プルードンが批判している対象は、まさしくルソーの「人民主権」論であることが分かる。

プルードンの「人民主権」論批判の中心点は、現実の「人民主権」論が政治革命のみを目指すことで経済革命の重要性を無視してきたという主張[41]と、このような政治革命は結局のところ、同じく個人の自由に対する抑圧に他ならない別の統治体制を生むだけであるという主張[42]に尽きる。政治革命中心主義を批判して経済革命の重要性を説く点は、19世紀中葉における社会主義運動の興隆に鑑みれば十分に了解できる。しかし政治革命抜きで経済革命を行うことはできるのであろうか。またプルードンの『連合の理論』には連邦制型の国家構想も見出せたはずであり、それは主権原理の明確化を通じた政治革命が必要なのではないか。

この点では、プルードンは極めてニヒリスティックなように見える。彼は述べる。「実際、経験の示すところでは、至る所でそして常に政府というものは、その発生時にはどれほど民衆的であったにせよ、〔結局は〕最も知識のある最も裕福な階級に味方し、最も貧困で数の多い階級に敵対するようになるものである。また政府というのは、しばらくは自由主義的であったとしても、少しずつ例外的で

---

40) 直接統治、直接立法、簡易政府という表現は繰り返し出てくる。例えば、*ibid.*, IVe Étude, p.181. また彼は次のようにも述べる。「……人民政府あるいは直接統治は、結局のところ、各人が全員の利益のために行わなければならない自由の譲渡から生まれる」（*ibid.*, IVe Étude, p.193）（傍点部分は原文がイタリック）。

41) フランス革命以降の政治革命の限界については、例えば *ibid.*, IIe Étude, I, pp.126-128.

42) 「……代表制、委任制または統治作用がどのように構成されていようとも、統治者と被治者との間には必然的に市民の自由と財産の一部の譲渡が存在する」（*ibid.*, IVe Étude, I, p.188）。そこでプルードンは次のように述べる。「恐れずに結論しよう。革命の定式化はもはや直接立法でも直接統治でも簡易政府でもない。『もう統治はたくさんだ』というのがそれである」（*ibid.*, IVe Étude, I, p.199）。

排他的となり、その後は結局のところ、万人に対する自由と平等を維持する代わりに、特権へと向かうその本質的傾向により執拗に自由と平等を破壊することに努めてきたのである」[43]。政治権力に対する根深い不信感を抱き、「契約という観念は統治という観念と相容れない」と主張するプルードンは、契約による相互性に基づく社会の組織化のみに希望を見ている[44]。それゆえ、すでに見たように彼は、ルソーの社会契約論を統治の正当化のための法学者の擬制に過ぎないと揶揄したうえで、「社会契約は、それに参加する全ての市民により自由に論議され、ここに承認され、自らの手で署名されるべきである」と主張するのである[45]。

しかし各人がそれぞれ完全な拒否権を持ったうえで、万人が常に締結行為に参加する現実の契約だけで現代国家を構想するのは不可能である。プルードンは理想と現実との間の妥協と調整を認める理論家である。そうであるならば、どれほど「人民主権」原理が実現しえたとしても、なおも常に残り続けるその虚偽性や自由抑圧の危険性に鑑みて、彼が希望を見出す連合（連邦？）制の国家構造の中で自由と統治との間の調整を図るべきではなかったか。

この点では、中央集権的な独裁体制である「第２帝政」下では、その原型である「第１帝政」を含めて、このような独裁体制が人民投票によって生み出されてしまったという負の記憶にも支えられて、上記のような柔軟な統治構造を構想できるはずもなかったという歴史的な限界を指摘しなければならない。加えてプルードンは、フランス民衆層の中にも根強く見出される国民的統一への信仰じみた熱情に対して、不信感を抱いていた。『連合の原理』の中で彼は次のように述べている。「民衆は、自らを無数の抗い難い莫大なものと感じれば感じるほど、分割を、分裂を、少数派に恐れを抱く。民衆の理想、民衆の最も快い夢は統一であり、一致であり、画一性であり、集中である。民衆は、自らの主権（Majesté）を侵害するものとして、自己の中に多様性、複数性、相違を生み出しうる一切のものを呪う」[46]。

彼によれば、このように単一不可分なものとしてイメージされる人民像は、普通選挙の示す内容自体の不分割性を生み、さらには「唯一人の人物のように審議

---

43) *Ibid.*, IVe Étude, I, pp.183-184.
44) *Ibid.*, IVe Étude, I, pp.187-188.
45) *Ibid.*, IVe Étude, I, p.189.
46) PROUDHON, *Du principe fédératif...*, *op.cit*, 1ère partie, chap.X, (E. Dentu, 1963) p.95.

し立法を行う不分割の議会」を生じさせることになる。議会が多数派と少数派とに分かれても、今度は多数派が国民的統一を代表する。その結果、不分割の政府が生まれ、この政府は、「分割されない国民の諸権力を保持するから、地方精神や郷土心を持つことなく、集団的に不分割なままで統治と行政を行うことが求められることになる」。そして中央集権が生まれるというのである[47]。

　以上のようなプルードンの連合主義構想には、フランス革命期の「人民主権」原理に基づく憲法構想のように、市民やコミューンが自発的かつ部分的に主権を行使できるように国民主権概念を再構成する方向を見出すことはできない。したがって、彼の連合主義構想に憲法理論としての対抗的地方自治論を見出すことはできないと言わざるをえない。にもかかわらず、彼の連合主義についての分析からはいくつかの重要な視点が見つかることも事実である。第１にそれは、現実の実定的な契約による社会の形成という考え方、換言すれば現実の各市民による具体的でその都度明示的になされる同意の総和に基づく政治権力の形成とその実際の運営方針の決定という連合の原理から見るならば、「人民主権」原理といえども、常に各人の自由を抑圧する要素が残らざるをえず、その点で「人民主権」原理の民主性も「法学者による擬制」に留まることを自覚すべきであるとする点である。第２には、確かにプルードンが革命理論を展開する際には確かにアナーキズムに接近する傾向を見せることを留保しなければならないが、それでも連邦国家論など『連合の原理』において政治権力の編成のあり方を構想する際には、理想としての自由ないしアナーキズムと現実としての少数の代表者による統治の不可避性との均衡点、調和点を追い求めていた点である。残念ながら、それは彼の理論の中では具体的には示されていない。しかしこれらの視点は、民主主義がより柔軟で多様性を含むものに変容する現代において、「討議民主主義」論や「対抗民主主義論」の中でそれと通底するものが再生していることを、本書はのちに示すであろう。

　むしろ現実は、未だ野蛮な資本主義国家に留まっていた19世紀フランスにおいて、「人民主権」の実現を目指すジャコバン的な政治革命派とプルードン流の連合主義の中でより徹底した自由を求める協同組合運動派と社会主義革命を目指す共産主義者とが、突然の「第２帝政」の崩壊とパリからの政府関係者の逃亡の結

---

47) *Ibid*., 1ère partie, chap.X,（E. Dentu, 1963）p.96.

果、図らずも連合を組むことになった1871年の「パリ・コミューン」の中で、「人民主権」と連合主義とが未整理な状態で結合して現れることになる。「パリ・コミューン」という民衆による対抗運動は、結局のところ実を結ばなかったし、憲法構想自体も急ごしらえのため、自治体政府としての構想と地方自治を含んだ国家統治の構想との区別も十分になされずに終わった。それでも「パリ・コミューン」の激しい対抗運動こそが、その後のフランス第3共和制の憲法体制をより民主化し、地方自治についてもそれまでに比べてより柔軟で地方により多くの自由を認めるものに変える原動力の1つになった。それゆえ、ここで「パリ・コミューン」の憲法構想における地方自治の姿を概観しておくことには意味がある。

3 「パリ・コミューン」の憲法構想における国家と地方自治

(1) 「パリ・コミューン」の歴史的性格

　第2帝政下では、産業革命の進展の結果、次第に自立的な労働運動が成長を見せ、政治的な発言力も高まってきた。プルードンの『労働者階級の統治能力（De la capacité politique des classes ouvrières）』[48]（1865年）も、こうした労働者の自立的な政治能力の高まりを背景に書かれたものである。彼はこの本の中で、ルソーや1793年の「抽象化された人民の主権」に代えて、商業会議所、手工業同業組合、労働組合、労働取引所などの自発的な組織、選挙で招集された人々（les convocations électrales）、国会、国民軍などを通じた「支配し統治する労働者大衆の実効性のある主権」を提起した[49]。この「実効性ある主権」という考え方の中にはコミューンの「主権」も含まれていた。彼は述べる。「コミューンは本質的に、人間のように、家族のように、若しくは知的、道徳的で自由なあらゆる個人と集団のように、1つの主権的な存在である。この性質によってコミューンは、自ら自己を統治し、自己の行政を行い、自らに課税し、その所有物と収入を自由に処理し、青少年のために学校を設け、そこに教師を配置し、その警察を行い、憲兵や市民軍を持ち、裁判官を任命し、その新聞、組合（union）、特別協会、倉庫、

---

48) J.-P. PROUDHON, *De la capacité politique des classes ouvrières*, 1865, in *Œuvres complètes*, *op.cit.* (nouvelle édition sous la direction de C. BOUGLÉ et H. MOYSSET), t.3, 1982. なお邦訳としては、三浦精一訳『プルードンII――労働者階級の政治的能力』（三一書房、1972年）を参考にした。なおプルードンは1865年1月19日に死亡した。この本は前年に書き進められていたが、その12月に最終章を書き上げる際には、口述筆記に頼らねばならなかった。

49) *Ibid.*, IIe partie, chap.XV, p.216.

第2章　フランス近代地方自治制度確立期における「単一国家」

銀行などを持つ権利を有する。コミューンが自ら立法する (se donner des lois) ところまで行くようになることを、いったい誰が妨げることができようか」[50]。したがってプルードンの晩年の連合主義構想においては、労働組合などの経済分野に留まらず、コミューンの自治の点では政治に関する領域をも、連合主義を実現するための重要な場として考えていたことが分かる。そしてコミューンの自治権の中に、立法権や司法権、警察権や市民軍組織権まで認めていたことに注目すべきである[51]。

　この本の巻末に付録として掲載されている資料が、有名な「セーヌ県の60人の労働者の宣言」[52]である。この宣言の意義は、60名のパリの労働者の署名をもって、議会に労働者の代表を送るべきことを主張し、政治の場における労働者の独自で自立的な行動の必要性を宣言したところにある。そこでは「人民主権」が宣言されたうえで、「市町村の自主権 (les franchises municipales)」の保障も掲げられていた[53]。

　「パリ・コミューン」自体は、帝制の権威回復策として普仏戦争の暴挙に出たナポレオン三世（ルイ・ナポレオン）が、1870年9月2日にスダンでプロイセン軍の捕虜となり、降伏した結果として、政府が突然崩壊してしまったという特殊状況から生まれたものであった。しかしすでにこのスダンの敗戦前から、各地のコミューンで帝制に反対する運動や民衆による市庁舎の一時占拠の動きが始まっていた。さらに「パリ・コミューン」の成立に先行して、マルセイユを中心とする「南仏同盟」が独自の対独〔＝プロイセンとドイツ諸邦の連合軍〕防衛のために結成されたり（1870年10月3日に13県の代表をもって正式発足）、あるいは9月28日のリヨンから12月5日のルーアンに至るまで、革命派によって市政奪取が試みられるなどの動きが見られた。この動きはいずれも失敗に終わったが、1871年3月18日の

---

50) *Ibid*., IIIe partie, chap.IV, p.285.
51) したがって彼の半政治革命的な立場は、反国家権力ではあっても、反自治体権力とは言えないものである。
52) « Manifeste des Soixante ouvriers de la Seine », *L'Opinion Nationale*, 17 février 1864 ; *Le temps*, 18 février 1864, in Proudhon, *De la capacité politique*..., *op.cit*., Annexes, pp.409-417. この宣言については、杉原泰雄『人民主権の史的展開』（岩波書店、1978年）352-353頁、谷川・前掲書117-119頁も参照した。
53) Proudhon, *De la capacité politique*..., *op.cit*., Annexes, p.412 et p.414. ここでの「人民主権」という言葉は普通選挙と同義語のようにも見える。しかし平等を実現するため、労働者が自発的に参加できる様々な場を設けるべきことも要求されており、この「人民主権」の要求には、単なる国民代表府に政治的決定を自由委任するものとは異なる含意があるように見える。

「パリの蜂起」に連動して、リヨン（3月22日〜25日）、マルセイユ（3月23日〜4月4日）などで一時的ながら革命的コミューンが宣言されている。

「パリ・コミューン」は、1871年3月18日の「パリの蜂起」によってフランスの臨時国防政府をヴェルサイユに追い払い、国民衛兵中央委員会がパリの支配権を掌握することで事実上成立する。3月28日には、市庁舎において「パリ・コミューン」を宣言し、市民が自発的に形成した自治体であると同時に新しいフランス共和国の原初形態であることも自認する「政府」が正式に発足した[54]。パリ市議会や共和主義者中央委員会などに集う活動家には、フランス革命以来のジャコバン主義者、より一層民衆運動の側に立とうとする「ネオ・ジャコバン派」、革命の前衛となる少数者による革命独裁を目指す「ブランキ派」、プルードン思想における協同組合運動や自立的な労働運動を重視する視点を持ちつつも「下からの労働の組織化」と生産手段の社会的所有という共産主義の視点をも併せ持つ「第1インターナショナル・パリ支部」のメンバーなど様々な政治潮流が存在した[55]。したがって「パリ・コミューン」の評価自体も多様なものとならざるをえないが、ここでは柴田三千雄の見解に依拠したい。

柴田によれば、上述の諸集団にとっても「パリ・コミューン」は新しい現実であり、民衆運動の坩堝の中で既存理論はいったん溶解したと見るべきである。そして、民衆運動の盛り上がりの中でコミューン議会が採択した1871年4月19日の「フランス人民に対する宣言（Déclaration au peuple français）」[56]の内容と起草者を

---

54) 「パリ・コミューン」については以下の文献を参考にした。柴田三千雄『パリ・コミューン』（中央公論社、1973年）、桂圭男『パリ・コミューン』（岩波書店、1971年）、杉原・前掲『人民主権の史的展開』365-425頁、同『民衆の国家構想』（日本評論社、1992年）59-141頁、アンリ・ルフェーヴル（河野健二・柴田朝子訳）『パリ・コミューン（上）・（下）』（岩波書店、1967年、1968年）〔Henri Lefebre, *La proclamation de la Commune, 26 Mars 1871*, Gallimard, 1965〕、ジョルジュ・ブルジャン（上村正訳）『パリ・コミューン』（白水社、1961年）〔Georges Bourgin, *La Commune*, P.U.F., 1953〕、Charles Rihs, *La Commune de Paris, 1871, sa structure et ses doctrines*, Seuil, 1973、Jean Bruhat, Jean Dautry et Émile Tersen（sous la direction de）, *La Commune de 1871*, Éditions Sociales, 2ᵉ éd., 1970.

55) 諸党派については、柴田・同上27-41頁を参照。またH・ルフェーブル・前掲書（上）156-233頁は、単なる政治イデオロギーに限られない多様な諸傾向、諸側面の存在を明らかにしてくれる。

56) La Commune de Paris, « Déclaration au peuple français », 19 avril 1871, *Répulique française*, nº 170, in Ch. Rihs, *op.cit.*, pp.163-165. またJ. Bruhat et al., *op.cit.*, p.200 には、同宣言原文の写真が掲載されている。さらに主要部分の紹介と翻訳については、杉原・前掲書『人民主権の史的展開』376-379頁を参考にした。

見るならば、そこにはコミューン議会内のあらゆる集団が3月18日の「パリの蜂起」以来、民衆の間にみなぎっていた「自由なパリ」の開放感を共有していたことが分かるという。そこにおぼろげに示される「コミューン国家」の輪郭は、「自由なパリ」の開放感を全国に拡大していく方向、すなわち連合主義的な下からの解放の積み重ねを通じて統一的な新生フランスを構築していく方向において構想されているというのである[57]。そこで、4月19日の宣言の内容と特徴を地方自治に関わる諸特徴を中心に概観することで、「パリ・コミューン」運動が示そうとした「人民主権」と連合主義との結合の可能性、あるいは主権原理と地方自治との新たな結合の可能性を分析してみたい。

(2) 地方自治保障の視点から見た「パリ・コミューン」の諸特徴

その第1の特徴は、他のどの時代よりも明瞭に、「パリ・コミューン」が地方自治を重視し、これを統治原理の不可欠の要素としていたことである。同宣言は、「フランスの全ての地方 (localités) に及び、そのそれぞれに対してその諸権利の全体を保障し、かつ全てのフランス人に対しては、人、市民、労働者としてのその能力とその素質の十全な行使を保障する、コミューンの絶対的自治 (autonomie absolue)」を要求している (第7段落)。

第2に、この「コミューンの絶対的自治」とは、国家権力全体に及ぶものではなく、一定の「固有の権利」とされるものにのみ及ぶと考えられている。それは以下のようなものである。①「コミューンの収支予算の議決。租税の確定と割当て。地方役務の管理 (direction des services locaux)。その司法部、内部警察、教育の組織。コミューンに帰属する財産の管理」(第10段落)。②「全ての段階のコミューンの司法官や公務員を選挙又は競争試験を通じて責任を持って選任することと、彼らを統制し罷免する恒常的な権利」(第11段落)。③「個人的自由、良心の自由及び労働の自由の絶対的保障」(第12段落)。④「自己の意見の自由な表明や自己の利益の自由な擁護を通じた、コミューンの事務に対する市民の恒常的な参加。並びに集会と宣伝の権利の自由で正当な行使を監視し保障すべき唯一の責任者であるコミューンにより、これらの意見表明に対して与えられる保障」(第13段落)。⑤「市の防衛と国民衛兵の組織。この場合、国民衛兵はその指揮官を選出し、かつそれのみが市内の秩序維持の任にあたる」(第14段落)。

---

57) 柴田・前掲書153-158頁。

以上の主張に続いて、次の1節がある。「パリは、地方的保障（garanties locales）としてこれ以上のものは何も望んでいない。但し、もちろんそれには、連合を構成するコミューン（communes fédérées）の代理機関（délégation）である大中央行政府（grande administration centrale）においても、同一の諸原理が実現され実行されることが条件となる」（第15段落）。ここには、コミューンはあくまでも地方自治体の性格しか持たず、純粋なコミューン国家の設立を目指すものではないことが示されている。フランス革命期の1790年の連盟祭に言及する箇所（第18段落）に見るように、フランスの統一を「パリ・コミューン」も望んでいるとの記述もある。このようにコミューンを自治体としての枠に留めつつ、にもかかわらず「行政上及び経済上の諸改革を自由に行う」ことまでも可能にする最大限の自治を確保しようとした、というのがその第3の特徴である[58]。

この点に関連して、同宣言は次のように主張している。「コミューンの自治の限界は、契約に加わる他のコミューンのための平等な自治権〔の保障〕以外にはありえないであろう。契約に基づく結合（association）こそが、フランスの統一を保障するはずである」（第8段落）。この主張は、1789年フランス人権宣言4条前段が、「自由とは、他人を害しない全てのことをなしうることにある。したがって、各人の自然的諸権利の行使は、社会の他の構成員にこれらと同一の権利の享受を確保すること以外の限界を持たない」と述べて、自然権の特質としての「内在的制約」原理を示したことを想起させる。すなわちここには、コミューンの固有自治権を個人の自然権になぞらえ、その限界についても同様の「内在的制約」原理によって示そうとする姿勢を垣間見ることもできるのである。

---

[58] 「パリ・コミューン」は、それを主導した活動家たちが19世紀社会主義思想の影響を受けていた結果として、政治革命のみならず社会革命への視点も持っていた。しかもそれを地方自治の枠内で実現しようとしていたことも特徴的である。同宣言は、前述した「地方的保障しか望まない」という文章に続いて、次のように述べている。「しかし、パリはその自治のおかげで、そしてまたその行動の自由を利用することによって、パリにおいて、その住民が要求する行政上及び経済上の諸改革を自由に行う権利を留保する。そしてまた、教育、生産、交換及び信用を発展し普及させ、当面の必要、利害関係者の要求及び経験から得られたものに従って、権力と財産とを万人のものとする（universaliser）権利を留保する」（第16段落）。これは、全国政府（大中央行政府）においても適用されるべき基本原則として一定の内容を持つ「コミューンの絶対的自治の保障」と統治の基本原理としての「人民主権」を採用することの不可欠性を示した後で述べられたものである。したがって「パリ・コミューン」は、経済的社会的改革についてはあくまでも各自治体における自発的な選択に委ね、コミューン自治の中で実現していくことを考えていたことが分かるのである。

第4に指摘すべきは「パリ・コミューン」の国家構想では、フランスの国家として の統一が人民による恒常的な政府統制という「人民主権」の原理と、各コ ミューンが下から自発的に契約を締結することを通じて国家的統一が果たされる とする連合主義の原理の2つを併置している点である。この問題は、「パリ・コ ミューン」が国民主権原理と地方自治との関係をどのように考えていたのかを知 るうえでも重要な論点を含んでいるので、詳述したい。

(3)　「パリ・コミューン」における「人民主権」と「絶対的な自治」との関係

　前者については、すでに見たように、コミューンの「固有の権利」の内容を述 べる際に、公務員に対する市民の恒常的な統制と罷免の権利や公共事務に対する 市民の恒常的な参加権、すなわち「人民主権」の原理が、コミューンレベルのみ ならず全国的なレベルでも採用されることを要求するところに示されている。加 えて、「パリ・コミューン」運動に参加した活動家たちの政治文書に留まるもの であるが、1871年4月19日の「パリ・コミューン」の宣言に先立つ同年3月27日 の20区共和主義者中央委員会の宣言には、「コミューンの理念は、政治形態とし ては自由及び人民主権 (la souveraineté populaire) と両立しうる唯一のものである 共和制を条件とする」という主張や、「受任者の有責性、したがって恒常的な罷 免可能性。命令的委任、つまり受任者の権限と任務を明確にしかつ限定する委任」 という主張が見られるところからしても、「パリ・コミューン」がコミューンの みならず国全体の統治原理についても「人民主権」の採用を目指していたことは 明らかであろう[59]。ここでは、フランス革命期以来、ブルジョワジーたちが常に 維持し続けてきた統治原理、すなわち「ナシオン主権」原理に基づき、結局は「全 国民」を代表する国民代表府（議会）が自由委任の原則に基づき、上（中央）か ら一方的に立法の形で全ての政治的決定を行うことを通じた国家統一、という道 を明確に否定している。

　他方で後者についても、4月19日の「フランス人民に対する宣言」は、上述の 「契約に基づく結合」（第8段落）の主張に加えて、次のような明瞭な主張を行っ ている。「帝制、君主制、議会制 (parlementarisme) によって今日まで我々に押し 付けられてきたような統一は、専制的で、知性がなく、恣意的あるいは負担の 大きい中央集権に過ぎない。〔改行〕パリの望んでいるような政治的統一は、あら

---

[59]　3月27日宣言については、杉原・前掲『人民主権の史的展開』369-372頁を参照。

ゆる地方的なイニシアティヴの自発的な結合 (association volontaire de toutes les initiatives locales) であり、万人の福祉、自由、安全といった共通の目的に向けた、あらゆる個々のエネルギーの自発的で自由な結合である」(第19段落、第20段落)。こうした下からの自発的な「契約に基づく結合」の主張は、単に民衆運動の自発的な運動を賛美するための誇張的表現という意味を超えて、彼らが実際にコミューン連合による新たな国家形成を目指していたことを示している。しかし、統一国家の統治原理である「人民主権」と、主権を有する統一国家の存在を否定する連合主義とは両立しうるのであろうか。

　自治体間の自発的な契約のみに基づく関係では、各自治体に最終的な決定権、言い換えれば「主権」が残されており、そこには少数派になったときの拒否権や連合離脱権も含まれるのであるから、主権を有する統一国家は成立しえなくなる。すでに見たように、確かにプルードンの理論では、契約に基づく連合の具体例としてスイス連邦を挙げ、この連邦をカントンの連合体と誤解ないし曲解しつつ、「主権」は連邦国家ではなく連邦を構成するカントンに残ると主張しており、その論理をそのまま受け取るならば、「パリ・コミューン」の構想では主権国家は成立しえない。これに対して杉原泰雄は、「パリ・コミューン」が目指す新生フランスを「国家連合的コミューン連合」と解するのは誤りであると主張する。彼によれば、「パリ・コミューンの想定する『国家』」とは、「コミューンで処理できる『地方的事務』をコミューンの完全な自治に委ねつつも」、「外交、国防、度量衡、通貨、全国的・全人民的観点からの調整を不可欠とする食糧その他の生活必需品の生産と分配など、少なくともその主要部分」からなる「全国レベルの事務を当然に中央政府に委ねる統一国家」に他ならないという。そのうえで彼は、「各コミューンに固有の事務が留保されているところからすれば、その新生国家が連邦制的構造を持つことになる」はずとの解釈を示すのである[60]。

　プルードンもルソーもスイスを１つのモデルとしていた。前者はその連邦制という国家形態に、後者は「人民主権」というその統治原理に着目した。前者は当時のスイスが主権国家としてなお曖昧さを残していたことにこだわって、連邦を「主権」を持つ州の連合体と見た。それゆえ「パリ・コミューン」に参加したプルードン主義者の中には、主権国家が解体する危険を冒してでも、コミューンが

---

60) 杉原・前掲『民衆の国家構想』87-93頁。

第2章　フランス近代地方自治制度確立期における「単一国家」　133

下から契約を通じて積み上げた関係だけで「国家」を形成しようとする実験を夢見ていた者がいたことは否定できないであろう。しかし、1848年のスイス連邦憲法はスイスを主権国家化するために作られたという事実、あるいは「パリ・コミューン」に参加した活動家の大部分がフランスの統一を望み、コミューンの権力を自治体としてのそれに留めようとする傾向が強かったという事実[61]も併せて考えるならば、「パリ・コミューン」の主流派は、主権国家としてのフランスを維持しつつ、連邦国家化を目指したとする杉原の解釈の方が妥当である。

　だが、もしそのように解する場合には、今度は逆に、杉原の解釈に潜む難点を指摘せざるをえなくなる。杉原は、「人民主権」と連邦制を採用する憲法があれば、コミューンの「絶対的な自治」と主権国家の維持との両立は可能と考えている。しかし国全体において命令委任型の「人民主権」が完全な形で採用された場合には、国会（連邦議会）の決定は主権者人民の決定そのものとなり、他のいかなるものもそれには逆らえないことになる。もちろん連邦憲法中に連邦に専属する権限や自治体（連邦構成体）に固有の権限を明示することで、「絶対的な自治権」は保障可能とする反論もあろうが、この場合でも、「人民主権」の発動としての憲法改正による「絶対的な自治権」の変更や部分的な剥奪には抗しえない[62]。さらに通常の連邦立法の場合でも、近・現代国家では、社会的需要の増大と多様化に応じて国家活動の不断の拡張が必要であることに鑑みれば、連邦憲法中に、連邦権限を拡張させる解釈を可能にする概括的・包括的規定を設けずにはいられないはずであるから、「人民主権」の具現者としての連邦立法府が、従来は「絶対的な自治権」であったものが連邦も関心を持つべきものに変化したことを認定し、これを連邦の概括的・包括的権限に含まれると判断した場合には、やはりこれに逆らって「絶対的な自治権」を守り通す憲法の論理は存在しないのである[63]。

---

61) 例えば1871年3月18日の「パリの蜂起」を主導した国民衛兵中央委員会が、その勢いに乗って、ヴェルサイユに逃亡した臨時国防政府を追撃して全国的な革命を目指そうとはせず、あくまでもパリの防衛と治安維持に自らの任務を留めていたという事実に関して、柴田三千雄は、「衛兵中央委は反乱も社会革命も意図しておらず、ただパリの権利を擁護するだけである。そのかぎりでは、主観的には自治権の要求に留まっている」と評している（前掲『パリ・コミューン』96-119頁）。

62) もちろん「人民主権」原理に地方自治保障が内在するという論理がある限り、憲法改正によっても地方自治を完全に廃止し、地方団体から自治権を全て奪い去ることは論理的には不可能であるが（もしあえてそのような憲法改正を行った場合は、もはやそれは「人民主権」ではない）、だからと言って具体的な固有自治領域を手つかずに保障する論理はそこには含まれていない。

この点では、ルソーの「人民主権」論を分析した際に述べたように、命令委任の手続きを厳格に遵守させることで、通常立法が極めて困難になることを通じて[64]、実際上、相当程度広い自治権を保障する方向と、自治体どうしの実定的契約締結行為を通じた連合（連邦？）権限の確定と変更という手続きを義務づけることで、実際上、連合（連邦？）にほとんど権限を移譲できない状態を継続させることになるプルードンの連合主義の方向との間には、事実上ほとんど差はなくなる。しかしフランスが近隣の近代国家に負けない国力を持つことを放念できない「愛国主義者」でもある「パリ・コミューン」活動家の主流派が、効率的な近代国家の運営の必要性を無視するとは考え難く、したがって命令委任の手続をこのようにあまりにも厳格な形で遵守することまで求めていたとも考え難い。それは杉原の「人民主権」に基づく「パリ・コミューン」の憲法構想に対する理解においても同様であろう[65]。おそらく、「パリ・コミューン」の憲法構想が「人民主権」と「絶対的な自治権」保障とを両立させることができたと考えるためには、コミューンの「固有の権利」の具体的内容は自明なものであり、それは永遠に変化せざる本質を持つとするある種の信念ないし「信仰」を、「パリ・コミューン」のみならずフランスの国全体で、少なくとも「人民主権」の具現者としての中央立法府の中で全員が共有していることが必要であろう。確かに「パリ・コミューン」では、すでに見たように、個人の自然権になぞらえてコミューンの自然権的固有権の主張がなされているところからも分かるように、当時もなお多くの者が伝統的な共同体社会に愛着を抱きつつ、そのような信念ないし「信仰」を共有していたことも想像できる。しかし全国的なレベルを考えた場合には、近隣資本主

---

63) まして、「パリ・コミューン」では市町村自治体の「絶対的な自治権」を主張している点に鑑みるならば、本来は州レベルの「絶対的な自治権」を守るために憲法上で連邦と州の立法領域を明示的に分割して示す制度であった連邦制を、無数の多様な存在である市町村自治体の自治権にまでそのまま適用できるかは疑問である。本書は、憲法上に国と州と市町村自治体のそれぞれの固有の立法領域を明示して固定化するという意味での連邦制は、とりわけ市町村自治体の自治権にまでこれを適用することは無理だと考える。そして国家の役割が増大する福祉国家理念をも踏まえるならば、憲法上でそれぞれの権限を明示するのではなく、自治体の「全権限性」を認めつつ、国の立法権との間で当然に起こる権限紛争に対しては「実質的な対話」による解決を義務づける一般的な憲法規定を設ける方が現実的であり、むしろ有効ですらあると考えている。この立場では、自治権の内容は常に可変的となり、中央立法府からの「絶対的な自治」は保障されえない。

64) なぜなら選挙区民が自治体住民として自らの自治体に不利益となる立法には容易に妥協しないため、選挙区民の訓令に厳格に拘束される国会議員の間で妥協が成立しにくいからである。

義諸国との現実の競争を自覚する大小のブルジョワジーが多数存在することに鑑みるならば、そのような信念ないし「信仰」は容易には共有されえないことが分かるであろう。まして現実社会のその後の激しい変化は、時代を下ればそれだけますます、このような共通の信念ないし「信仰」を容易に打ち砕いてしまう。

「パリ・コミューン」そのものは、1871年5月21日から始まったヴェルサイユの臨時国防政府軍による「血の（1）週間（la semaine sanglante）」の結果、3万人以上の死者と共に潰え去る。その後にブルジョワジーによって再建された近代資本主義国家である第3共和制の下では、19世紀の伝統的な職人たちを中心とする民衆世界が賃労働者中心の世界に変化した結果として、「人民主権」実現の要求やコミューンの「絶対的な自治」の要求は、変質しつつ労働組合運動や社会主義運動に受け継がれるようになる[66]。他方で農村地帯の民衆運動は、20世紀に入ると次第に名望家支配から脱却し始めて、新たな社会運動としての地域主義（régionalisme）運動の形をとり始める[67]。ここではその詳細を述べる余裕も必要もないが、「ナシオン主権」とこれに基づく近代地方自治原理がようやく第3共和制下で安定的な形で確立するにあたって、フランス革命期及び「パリ・コミューン」において出現した「人民主権」と、これと多様な連関を示しつつ連動して提起されてきた対抗的な地方自治論とに直面した結果として、ある種の柔軟な「単一国家」主義を生み出したことは確認しなければならない。この「単一国家」型の地方自治原理がいかなるものであるのかを、次節で検討することにしよう。

65）加えて、「パリ・コミューン」が一種の革命を目指していながら、「パリは、その意思とその至高性を国民の残りの部分に押し付け、かつ他のコミューンの独立性と主権のまさしく侵害となるような独裁を行うことを望んでいる」との敵の批判を中傷に過ぎないとして否定し、各地からの自発的な革命の結集を望んでいると主張していること（1871年4月19日「フランス人民への宣言」第17段落）に鑑みるならば、「人民主権」に基づく多数決による中央議会（連邦議会）の決定で革命を遂行すれば、それはパリの独裁による革命とは見なされないはずと考えていたことが推測されるはずである。この点で杉原は、「『人民主権』は、他の主権原理と同様に国家意思の形成と執行の原理として、国家の原理ではありえても、国家連合の原理ではありえない」と述べ、かつ「選挙人の命令的委任に拘束される」代議員がその決定を担うこととなる「中央政府にはなお少数の、だが重要な機能が残るであろう」とのマルクスの『フランスにおける内乱』における指摘に同意を示していることも、あまりに厳格な命令委任の手続きに縛られて、中央政府が動けなくなることまでは認めていないはずとする、杉原の「パリ・コミューン」の理解を物語るものである。この点については、杉原・前掲『人民主権の史的展開』398-405頁（引用文中、傍点は省略した）。なおK・マルクス（村田陽一訳）『フランスにおける内乱』（大月書店、1970年）も参照。

66)「パリ・コミューン」の残党を中心に1891年に結成された「革命的社会主義者労働者党」（略称 P.O.S.R.）は、その立法議会綱領の中では大統領と上院の廃止、命令委任の法制化、立法に対する人民の批准制度などを掲げ、その自治体綱領の中ではコミューンの中で社会主義を準備するための「自治体社会主義（socialisme municipale）」を掲げていた。1891年の中部地区連合大会で提起された自治体改革プランでは、「自治体社会主義」の具体化として、①市町村自治体による自治体産業の確立、②市町村長による労働問題の調停、③労働時間の制限と最低賃金制の確立、④自治体によるパン屋、市場、水道、交通運輸事業などの公共事業の実施、⑤それらを実現するためのデモ、スト、ゼネストの実施などが掲げられていた。以上につき、谷川・前掲書185-190頁参照。P.O.S.R.を含むフランス社会主義の諸潮流は1905年に「統一社会党」（略称 S.F.I.O.）を組織するが、プルードン主義を受け継ぎ、政治運動よりも組合運動を重視するP.O.S.R.の一部は、社会主義政党から独立した「革命的労働組合主義（syandicalisme révolutionnaire）」の立場を採り、1895年創設の「労働総同盟」（略称 C.G.T.）に流れ込んでいく。以上につき、G・ルフラン（谷川稔訳）『フランス労働組合運動史』（白水社、1974年）39-57頁、谷川・前掲書191-211頁、Jean DEFRASNE, *La Gauche en France, de 1789 à nos jours*（Que sais-je？ n°1464), PUF, 1975, pp.77-78.、喜安朗『革命的サンディカリズム』（新版、五月社、1982年）などを参照。

67) 19世紀前半までの復古主義的・特権擁護的な地域主義は、19世紀半ば以降の社会の産業化・近代化の進展で行き詰まる。その後の地域主義運動は、よりソフトな近代化を目指す地方エリートの運動と、伝統的共同体生活の危機の深化に直面した農民層による民衆共同体の再生を志向する運動とが、時に混合し時に対立して並存することになる。前者については1900年のフランス・地域主義者同盟（Fédération régionaliste française, F.R.F.）の創設等がある。同連盟が1901年に出した地域主義者宣言の中では、前文でフランス国内の人種、気質、文化、経済資源などの多様性を尊重することを通じた統一を主張したうえで、県に代えて、より広域で均一面積の地方公共団体であるレジオン（régions）の採用や、コミューン及びレジオンにはそれぞれの事務の管理権の保障などを述べている。以上につき、Thiébaut FLORY, *Le mouvement régionaliste français, sources et développements*, PUF, 1966を参照。F.R.F.の1901年宣言も、*ibid*., Annexe I (pp.111-112) に掲載されている。後者については、地主などの地方名望家層に操られることも多かったが、共同体生活の危機が激化した時には、地方名望家層の保守的地域主義の枠を超えて、直接民主主義的な「暴動」に至ることもあった。例えば、1907年の南仏（Midi）のブドウ農家の反乱が有名である。これは、流通機構の近代化によって、次第にワイン販売競争に遅れをとりつつあった南仏農民が、自分たちの経済危機の主要因は北仏の資本家による安価な人工ワインの製造と販売にあると見て、この「不正業者」を取り締まる立法措置を要求した運動であった。時の政府が動かないことに業を煮やした農民たちは、南仏4県の市町村自治体の大部分に辞職を強要するまでに至った。この運動の過程では、南仏ラングドック文化の固有性の再確認が見られ、また19世紀民衆反乱の特徴である代表民主制不信の傾向も強く見られた。最終的には政府によってこの反乱は武力弾圧された。この反乱については、Jean SAGNES, « Le mouvement de 1907 en Languedoc-Roussillon ; de la révolute viticole à la révolte régionale », *Mouvement Social*, n° 104, 1978, pp.3-30. 並びに、榎原茂『1907年の南部ぶどう栽培者の反乱』『西洋史学報』（広島大学）復刊9号（1982年）33-50頁などを参照した。

第2章　フランス近代地方自治制度確立期における「単一国家」　137

第3節　第3共和制における「単一国家」型地方自治原理の確立

1　「第2帝政」下の改革案

　圧政を敷いた「第2帝政」も、その末期になると様々な自由主義的な改革構想が出されるようになった。地方制度改革の構想も当然そこに含まれる。

　1865年に北部の都市ナンシーで発表された有名な「ナンシー・プログラム」(正式名称は『地方分権案』[68])は、これに署名した19名の出身が伝統的な名望家層であったために妥協的な部分を残すものの、来るべき第3共和制期の地方制度改革を一定程度先取りするものだった。すなわち「ナンシー・プログラム」は、第1に市町村長の選任について、その任命権自体は国に残しながらも、市町村評議会[69]の中からこれを選出することを提案していた。第2に、県評議会の決定の執行権を国が任命する知事から常設の委員会に移し、県の権限を「政治的なもの」すなわち「政府との関係に関わるもの」に限定していた。第3に、コミューンに対する後見監督[70] (tutelle) 権を知事から県評議会や郡評議会などの公選制地方機関に移していた。この案の特徴は、限定的かつ慎重で、現実主義的なものであった。つまり帝政政府の関心を引き、政府自身の手で立法化がなされることを期待しう

---

68) « Un projet de décentralisation », Bibliothèque municipale de Nancy, recueil factice de brochures, n°3776. 原文は参照できなかったが、この案の内容とその背景については、次の論文が詳しく説明してくれる。Odette VOILLIARD, « Autour du programme de Nancy (1865)», in Christian GRAS et Georges LIVET, op.cit., pp.287-302. また、G. SAUTEL, op.cit., pp.504-505、L. AUCOC, « Les controverces sur la décentralisation administrative », Revue politique et parlementaire, t.4, 1895, p.239 も参照。

69) 第3共和制期に確立するフランスの地方自治制度は、市町村会を「conseil municipal」、県会を「conseil général」と呼ぶことが一般的である。本研究で示すようにフランス公法学では、公選制地方合議体である「conseil」には立法権ではなく行政権しか帰属しないと観念され、また市町村では（1982年の地方分権改革以降は県においても）「conseil」内部から自治体執行府の首長を選任する点に鑑みても、「conseil」を「議会」と呼ぶことには正確さの点で問題が残る。本書では、フランス革命以降の地方自治の制度史や憲法構想の分析の際にも、「conseil」の語を必要に応じて「評議会」と訳してきた。より近代的な地方自治制度が確立される第3共和制期及びそれ以降も、現代に至るまで、フランスにおける「conseil」の概念は基本的には変わっていない。そこで本節以降も、特別な自治体統制機関である「conseils de préfecture」などを除き、「市町村評議会」や「県評議会」という訳語を用い続けることにする。

70) 後見監督とは、国による市町村自治体に対する事前の政策レベルにまで及ぶ監督・統制制度のことを言う。フランスは、1982年の地方分権改革まで、後見監督制を残し続けた。「後見」の用語は、特に市町村を未成年者と見る観念に由来するフランス公法に伝統的なものである。

るような内容に限定されていたのである[71]。

1870年に入ると、一層の地方分権改革を求める世論に押されて、皇帝政府はO・バロー（Odilon Barrot）を議長とする委員会を議会の外に設置し、これに地方分権案の起草を委託するようになる。バローは上述の「ナンシー・プログラム」の起草者の1人でもあった。メンバーは54人中、現職か元職かを問わず、また重複を問わなければ、23人が国会議員、26人が県評議会議員、5人が大臣、10人が中央官庁の重要ポストの担当者、22人がコンセイユ・デタ（Conseil d'État〔国務院〕[72]）のメンバー、4人が外交官の経歴を持っている。政治的傾向は帝政の枠内の改革派に留まる。むしろ選定面で重視されたのは、出身のコミューンの大きさやそれが所在する地域の多様性、並びに地方行政への知識や経験だった[73]。委員会は1870年3月から作業に着手し、部会ごとに議論を進めていたが、同年9月に普仏戦争のスダン戦の敗北により突然帝制が崩壊したため、作業は完成しなかった。しかし県評議会と郡評議会に関する立法、市町村法の改正、県庁参事会（conseils de préfecture, 後の地方行政裁判所）に関する立法のそれぞれについて、4つの原案がすでに形を成していた[74]。そこで、これを分析したB・バスドヴァン=ゴドメ（Briditte Basdevant-Gaudemet）に依拠して、この構想をまとめておく。

まずコミューンの市町村長と助役の選任形式については、国の任命制を支持する立場と市町村評議会による選挙制を支持する立場とが激しく対立した。この争いは、いったんは25対24の僅差で選挙制支持派が勝利したが、政府、特に内務大臣の反対に遭い、結局、「ナンシー・プログラム」提案にもあったような、国が市町村評議会議員の中から市町村長を任命する法案を政府自身が作成し、議会にかけて可決させてしまった。これが前述の1870年7月22日法である。他方で市町村評議会議員の選挙に普通選挙制を導入する件については、委員会全員の一致をみた。したがってその後のコミューン改革案の方向は、任命制の枠を逃れられない市町村長から、公選制による民意に支えられた市町村評議会にどれだけ多くの権限を移すことができるかに向けられることになった。

---

71) O. Voilliard, *op.cit.*, p.292.
72) 法律の起草を主要な任務とする「第2帝政」の特別政治機関。のちの第3共和制下では最高行政裁判所と政府の立法諮問機関となり、特に前者の役割が強くなって現代に至る。
73) Brigitte Basdevant-Gaudemet, *La commission de décentralisation de 1870, contribution à l'étude de la décentralisation en France au XIXᵉ siècle*, PUF, 1973, pp.40-47.
74) *Ibid.*, pp.53-54.

第2章　フランス近代地方自治制度確立期における「単一国家」　139

　県については、それまでの国任命の知事が地方における国の執行権の代表者であると同時に地方行政の執行者でもあるという「職務の二重性」をどうするかが争われた。知事を国の執行権の代表者の役割に限定する主張も見られたが、部会はこの二重性を持った知事の制度を温存させたうえで、知事とは別に県評議会が選出する県委員会（commission départementale）を設け、この県委員会に県の事務の全てを知事と共同で管理させることで、知事の権限を抑制する方向を選択した。この選択の背景には、知事の権限を純粋に地方的な権限と国の執行権の代表者の権限とに峻別することは困難との認識があった。それゆえ県の権限自体は従来と大きな変化はなかったが、県評議会の権限は拡大され、事前の許可がなくとも県評議会が決定できる事項が増やされた。知事は、裁判の際には県を代表し、県の役務を指揮監督し、重要な警察権限を持つものの、その権限を行使する際には県評議会と県委員会の統制下に置かれることになっていた[75]。

　国がコミューンを統制するうえで後見監督の制度が不可欠である点については、委員会内に一致があった。委員会のメンバーであったL・オコック（Léon Aucoc）は、1895年の彼の論文「行政的地方分権に関する論争」の中で、後見監督の必要性を次のようにまとめている。「これらの注意を正当化するものは、とりわけ次のような恐れである。すなわち、これらの権力〔＝市町村自治体〕がその権力を濫用しないかという恐れ、それが、その活動を制限し少数者に保護を与えるために設けられた法律を侵すのではないかという恐れ、それが、納税者の財源を吸い尽くすことで国（pays）の一般利益を害し、かつ地方（localité）の将来を過度に拘束するのではないかという恐れである」[76]。ここには、地方的利益を保護するための介入が国の一般利益の保護にもつながるという考え方が見られ、そのために単なる適法性（légalité）の統制のみならず、合目的性（opportunité）、すなわち政策判断にまで及ぶ後見監督の制度が正当化されている。こうした主張は、のちに見る第3共和制期の地方制度改革をめぐる議会の議論の中で、繰り返し出会うことになろう。

---

75)　*Ibid*., pp.56-65, 80-90.
76)　L. Aucoc, *op.cit*., p.232.

2 第3共和制前半期第1期の諸改革
(1) 1871年県評議会法制定前の状況

第3共和制前半期の政治史は、「パリ・コミューン」崩壊後から1879年までの第1期、1898年までの第2期、第1次世界大戦までの第3期に時期区分できる。第1期は未だ共和制が未確立の状態にあり、共和制そのものに反対する王党派と保守的な性格を残す共和派との対立の中で、徐々に共和制が確立していく時期にあたる[77]。この時期の諸改革は多くの紆余曲折を見せる。

「第2帝政」の崩壊による既存制度の消滅と「パリ・コミューン」の挑戦的試みという二重の困難に直面したベルサイユの臨時政府は、1871年に地方制度に関する2つの臨時立法を行った。1つは3月29日の県評議会の選挙に関する法律[78]である。この法律によって、臨時に設けられていた県委員会は廃止され（1条後段）、公選制の県評議会が再確立する[79]（2条）。もう1つは4月14日の「市町村選挙に関する法律」[80]である。この法律により、全てのコミューンにおける市町村評議会の公選制が再確認された（2条）。また、国が市町村評議会議員の中から任命していた市町村長と助役も、市町村評議会自身の手でその内部から選任するようになった。しかしこれには広い例外があり、人口2万人以上の都市と、人口に関わりなく県都と郡都の場合には、政府のデクレによる任命制が維持されていた。さらに選挙で選ばれた市町村長と助役についても、政府のデクレによって罷免できることが定められていた（9条）。この規定については、委員会を代

---

77) 時期区分については、高橋和之「フランス憲法学説史研究序説（1）——伝統的国家理論と社会学的国家理論」『国家学会雑誌』85巻1・2号（1972年）24-25頁参照。

78) 正式名称は「県評議会と郡評議会の解散並びに県委員会の設立に関する、1870年12月25日のボルドー代表団のデクレの2条を廃止する1871年3月29日の法律（Loi qui abroge l'article 2 du décret de la Délégation de Bordeaux, du 25 décembre 1870, sur la dissolution des Conseils généraux et d'arrondissement et l'institution des Commisions départementales, 29 mars 1871, in *Bulletin des lois de la République Française*〔以下、*Bulletin des lois*〕, XIIe série, t.2, N° 49, n° 350, pp.85-86）」である。

79) 1870年12月25日 法（Décret sur la dissolution des Conseils généraux et d'arrondissement et l'institution de Commissions départementales, in A.-A. Carette (*éd.*), *Lois annotées ou lois, décrets, ordonnances, avis du Conseil d'État, etc., avec notes histriques, de concordance et de jurisprudence, 1871-1875*,〔以下、*Lois annotées*〕7e série, p.18）は、県評議会と郡評議会、そして既存の県委員会を解散させたうえで（1条）、その代わりに、知事の提案に基づき政府によって設立される県委員会を設置していた（2条）。

80) Loi relative aux Élection municipales, 14 avril 1871, in *Bulletin des lois*, XIIe série, t.2, N° 50, n° 363, pp.97-101.

表して同法を国民議会に提案したA・バトビー（Anselme Batbie）が、「小さなコミューンの市町村長は主に市町村的な性格を持っている」のに対して、多くの人口を持つ「都市の市長は、何よりも法律を執行するための〔国の〕政府の役人である」とする考え方が背景にあったと述べている。但し彼は、「この区別は臨時の性格しか持たない」こと、しかもそれは、「権限配分を修正する新たな法律によって、市町村長の選挙が全コミューンに区別なく適用できるようになる」という見通しがあって初めて許されるに過ぎないとも述べていた[81]。

4月14日法は、特に「パリ・コミューン」への対応という性格が強い。パリは20区に分けられ、それぞれが市評議会のメンバーを4人ずつ選出する（10条）。パリには市長を置かず、任命制のセーヌ県知事と警視総監（Préfet de police）が市評議会に参加する（13条）。各区には区長（maire）と4人の助役が置かれるが、彼らは「共和国執行権の長」[82]、つまり国によって選ばれる（16条）。また市評議会の権限についても、「市町村の権限に関する現行法が定めているような、市町村行政上の事項しか処理できない。これに違反する場合には、その議決は〔国の〕執行権の長のデクレにより取り消しを宣告される」（14条）という限定がついていた。

(2) 1871年県評議会法の制定過程

この時期の地方制度にとって最重要の法律が1871年8月10日の「県評議会に関する法律」[83]である。その制定過程では、広域的地方公共団体の枠組み、任命制知事の存続、そして市町村自治体に対する統制のあり方が問題となった。

まず1871年の時点で、革命前に存在していた州（provinces）、あるいはその現代的な修正としての広域地方区分であるレジオン（régions）を県に代わる地方公共団体にしようという主張は、ごく一部に留まっていた。正統王朝派のC-M・ロード（Claude-Marie Raudot）が提案した24の州制度は、協議・議決機関のみな

---

81) Cf. *Lois annotées*, 7ᵉ série, pp.32-33, note (12).
82) 「第2帝政」崩壊後、執行権の長はまず臨時国防政府「議長」のL・J・トロシュ（Louis Jules Trochu）であった。その後を継いでA・ティエール（Adolphe Thiers）が「共和国執行権の長」を名乗り、臨時に執行権を担っていた。1871年8月になり、国民議会は国家行政の執行を担当するための内閣（conseil des ministres）と、この内閣を指揮し、かつ国家元首として最高執行権を担う共和国大統領のポストを正式に設け、ティエールが大統領となった。以上、G. Sautel, *op.cit.*, pp.393-394。
83) Loi relative aux Conseils généraux, 10 août 1871, in *Bulltin des lois*, XIIᵉ série, t.2, Nº 61, nº 484, pp.93-111.

らず執行機関についても公選制を採用していた。しかしこの案は、世論が望む改革に全く応えていない、あるいは「国民的統一にとっての脅威」であるとの批判を浴び、県評議会法の審議の冒頭で一瞬のうちに否定されている[84]。

県制度の維持が前提条件である以上、大きな争点となるのは国が任命する知事制度の存続、あるいは知事の役割であった。前者については、1871年7月7日に国民議会でD・ウィルソン（Daniel WILSON）議員が、県評議会内に設けた県委員会（commission départementale）が「その内部から知事を選出する。知事は無期限で選出されるが、県評議会はこれを罷免できる」とする法案を提出していた。この提案を正当化するために、ウィルソンは「地域による地域の統治（gouvernement du pays par le pays）」の原則を掲げていた。彼によれば、「地域が、その代表者を通じて議決を行っても虚しい場合がある。すなわち、もし執行〔権〕が、地域の代表者ではない役人に委ねられている場合には、地域が自ら自己の行政を行うと述べることは正当とはいえなくなる」。ウィルソンによれば、その提案に対する唯一の反論は、知事の持つ国の役人としての性格が選挙制の知事では保障されえないところにある。しかし知事の職務を二分し、選挙制の県行政官と任命制の中央権力の代表者という2人の役人を設けることについては、両者の紛争が激化するので避けるべきであるとし、選挙制の知事が、両方の職務を果たすべきであるとする。そしてこの知事が政府の命令に逆らった場合の知事に対する統制制度としては「行政的制裁」に代えて「裁判的制裁（sanction juridique）」を設ければよく、このようにして中央集権は地方分権に変わると述べるのである[85]。

この提案は、国民議会の大勢には受け入れられなかった。国民議会が設置した地方分権委員会のメンバーで、1871年6月14日に国民議会でこれを代表して委員会案を報告したW・H・ワダントン（William Henry WADDINGTON）議員は、ウィル

---

84) ロード案の概略とこれに対する批判については、1871年6月14日に国民議会におけるワダントン（WADDINGTON）の地方分権委員会案に関する以下の報告における同案への言及に依拠している。Rapport fait au nom de la commission de décentralisation chargée d'examiner les propositions de la loi relative à l'organisation et aux attributions des conseils généraux, (......) par Waddinton, 14 juin 1871, *J.O.*, 1871, Annexe n° 320, pp.1685-1687, 1ᵉʳ juillet 1871 et pp.1700-1704, 2 juillet 1871. ロード案については、特に *ibid*., p.1686. なお地域主義との関連で以下も参照。Maurice BOURJOL, *Les institutions régionales de 1789 à nos jours*, Berger-Levrault, 1969, pp.114, 163-166.

85) WILSON, Séance du 7 juillet 1871, *J.O.*, 8 juillet 1871, p.1830. A・J・ラングロワ（Amédée Jérôme LANGLOIS）も同様に、県評議会による知事の選挙制を主張している（Séance du 7 juillet 1871, *J.O.*, 8 juillet 1871, pp.1830-1831）。

ソンの地方分権的な考え方には賛同するものの、その改革案は行き過ぎであると批判する。彼によれば、「本質的に実現可能な (pratique) 法律、すなわち行政組織を解体させないような法律を提案」すべきであり、ウィルソン案では「あらゆる県における組織に崩壊と混乱を引き起こす」というのである[86]。結局、国民議会は同案を否決している[87]。

　市町村自治体に対する統制のあり方については、特にコミューンに対する統制権を知事に認めるべきか否かをめぐって、国民議会内に争いが見られた。地方分権委員会が国民議会に提出した当初案では、コミューンの権限逸脱や法定の手続違反についてはこれを取り消すための適法性統制権を知事に与え、さらに行政執行は単独でなされるのが適切という理由から、県の権限の執行権（県行政権）までも知事に与えながら、財政事項に関する政策上の適切性、すなわち合目的性の観点からの統制権は、県評議会がその内部から選出する県委員会 (commission départementale) に委ねていた。ワダントン報告によれば、「現在の〔住民の〕利益の点から将来の世代を犠牲にする」ようなコミューン財源の浪費や無計画な支出に対して、「行政的後見監督 (tutelle administrative)」を行う制度は必要である。しかし従来行われてきたような任命制知事による後見監督は、中央権力の政治的影響力の支配下にコミューンを置くことになって危険なので、県評議会または県委員会にこれを委ねるべきである。なぜなら、「いったん一般命題として、地域自身による地域の統治 (gouvernement du pays par lui-même) を認める以上、下級の公選制機関の統制は上級段階の別の公選制機関がこれを行う以外にはない」からである[88]。

　これに対して国民議会の多数派は、帝政が倒され、普通選挙に基づく国民議会が政治権力を握っており、知事もこの国民議会に責任を負う政府の指揮監督下にあることを重視すべきであるとする立場を採った。例えばL・ラ・カーズ (Louis La Case) 議員は、次のように主張している。「もはや普通選挙をわが国の政治秩序の基礎と考えるだけでなく……、これを行政秩序の基礎としても考えること、そして現場で国民 (pays) のあらゆる利益を直接管理することが普通選挙に特有

---

86) WADDINGTON, Séance du 7 juillet 1871, *J.O.*, 8 juillet 1871, p.1831.
87) Séance du 7 juillet 1871, *J.O.*, 8 juillet 1871, p.1831.
88) Rapport fait au nom de la commission (……) par Waddinton, 14 juin 1871, *op.cit.*, *J.O.*, 1871, Annexe n° 320, pp.1685–1687, 1700–1704, 1714–1721.

のものであると考えることが重要である。自由政府が実現し、国民（pays）の最深部そのものから自由に生じた議会に根拠を置くときには、……我々が代表する全国民の意思（volonté nationale）の名において、至る所で我々が行使しうるこの油断のない後見監督の活動を自ら放棄してしまうことは、自由政府の本質そのものを無視するものである」[89]。フランスにおいては、「pays」という言葉は「地域」の意味でも「国民」の意味でも使われ、両者は概念的に区別されていない。これは、フランス革命期における「ナシオン主権」論において「全国民（nation）」を、将来世代を含む抽象的・観念的存在として観念していたことと関連性を持っている。すなわち実在する具体的な存在としての有権者国民総体あるいはその部分集団としての有権者住民総体とは異なる存在として「全国民」や「全住民」を考える限り、「全国民」は「国」そのもの、「全住民」は「地域」そのものと同視され、さらに「全国民」と「全住民」の区別も、「国」と「地域」の区別も曖昧になり、後者は前者に吸収され、同一視されやすいのである。

　コミューンの後見監督権を県委員会に与える構想については、コミューン自治を重視する左派議員の反対も強かった。例えば当時国民議会議員でもあった前述の社会主義者ルイ・ブラン議員は、まず「地方生活の真の拠点が市町村自治体（municipalité）であるのか、それとも県であるのかを決定すること」が重要であると主張する。彼によれば、「市町村という団体（association municipale）」は「利益の同一性、関係の継続性、慣習の類似性、これら全てに対する愛着心……にその力の淵源を有する自然的で実感しうる」ものであるのに対して、県は「本質的に人口的な集合体（être collectif）」に過ぎない。したがって委員会案のようにコミューンの後見監督権を県に与える構想は、「事物の本質それ自体に根拠を持つ実体である集合体の自治を、全くの契約（convention）的な存在に過ぎない集合体の自治に予め（par anticipation）従属させる」ものである。

　このようにルイ・ブランは、真の地方自治をコミューンに見出す。しかしコミューンの自治を重視する真の理由は、地方生活の固有性を尊重するためというよりも、むしろそれが、彼の推奨する政治的中央集権に適合するものと考えるところにある。彼によれば、「中央集権は、それが全体として調和的に一般利益、すなわち国民全体（toute une nation）に共通の利益を指導する権力に過ぎないと

---

89) Louis LA CASE, *J.O.*, 1871, p.1836.

きには1つの善」となる。市町村の自治と完全に両立するのは、「2つの至高の利益、すなわち領土の独立と国民の統一という2つの利益にかなう政治的中央集権」である。他方で、連邦国家を想定した表現である「州国家（État-provence）」は、市町村の自治と結びつかない。ルイ・ブランは、ワダントンの報告を聞き、「あたかも国（pays）における主権が本質的に1つでないとでもいうような、あたかも1つの国（pays）の中に異なるレベルの複数の主権があるとでもいうような」印象を受けたとまで述べて、県委員会による後見監督制を強く非難している。

このように、国民代表府たる国の立法府に全ての政治的決定権を集中させ、その決定を地方で国任命の県知事に忠実かつ画一的に実施させるだけでなく、地方的利益の管理の適切性までもこれに委ねることを正当化する論理こそ、普通選挙制に基づく「単一国家」主義と結びついた国民主権原理であった。この原理が、すでに1871年の時点で、とりわけ2月革命時に「人民主権」を主張していた左翼の側から強く主張されていることは興味深い。ルイ・ブランは、最後に彼の発言を次のように結んでいる。「諸君が憲法に、執行権は立法権に従属すると書き込んだ日に、その日にこそ知事は個人的権力の手先であることを止めて、国民的権力の代理人（agents）となるのであり、そしてこの国民的権力とは〔国民〕議会のことであるから、この代理人を過度に弱体化させることは、〔国民〕議会それ自体を弱体化させることになる点に、十分に注意すべきである」。彼の発言には、特に左翼議員の席から賛同の声が上がっている[90]。

しかし地方的利益と国全体の利益とを峻別し、後者は国の代表者たる知事に委ねるにせよ、前者については、その管理の適切性（合目的性）の統制権を地方公選制機関に委ねる可能性はまだ残されていたはずである。Ch・サヴァリィ（Charles SAVARY）議員の主張はこのような観点に基づくものであった。サヴァリィは、地方分権委員会案が県委員会に与えようとした「行政的後見監督」を、「立法者が地方的要素の限界として自ら判断したものを確定した後に、そしてこのようにして市町村評議会の権限に限界を設けた後に」、市町村評議会に委ねられた地方的利益に対して、それでもなお市町村評議会が知識や経験不足、その時々の住民

---

90) ルイ・ブランの発言及び左翼議員の反応については、Séance du 31 juillet 1871, *J.O.*, 1er août 1871, pp.2351-2353を参照。なおJ-M・ポンティエも、「1871年に、国家の諸特権の維持に最も敬意を示し、そして県に関する地方分権に敵意を示していたのは左翼の方であった」と述べている（Jean-Marie. PONTIER, *L'État et les collectivités locales, la répartition des compétences*, L.G.D.J., 1978, p.104, note（164））。

感情に流されやすい傾向を持つことに鑑みて課せられる統制と捉えた。サヴァリィによれば、このような統制を委ねられるべきものこそ、公選制という点で市町村評議会と「普通選挙の中にその起源を持つ同一性質の権力」であり、コミューンにより近い地方的性質を持ち、地方への責任の自覚も強い県委員会なのである[91]。

しかしコミューンを「未成年者 (mineurs)」と見る点では、当時の国民議会議員はほぼ全てが一致していた。地方分権委員会案を支持する者も、「現在の〔世代の〕利益」が優先された結果、「将来の世代の利益」が犠牲にならないようにするという見地から、市町村評議会の政策選択（合目的性）レベルにまで及ぶ後見監督制を根拠づけていた点に変わりはない[92]。そしてこうした「コミューン＝未成年者」観と抽象的な「将来の世代の利益」の観念を採る限り、県知事に後見監督権を委ねる方向は否定し難くなる。なぜならば、現実に自治体の財政破綻に直面しているわけではないにもかかわらず、「将来の世代の利益」が害されることを常に心配するというのは、実のところ実体のない抽象的な「将来の世代の利益」の保護を想定しているに過ぎないからである。このような抽象的な「将来世代の利益」の存在を肯定し、その保護を後見監督制の根拠とする限り、そしてこうした「将来の世代の利益」の保護を国家代表としての知事であれ県委員会であれ、当該自治体の住民以外の機関に委ねる考え方を採る限り、コミューンの「将来の世代の利益」と国全体の利益とは容易に同一視される。

この点で興味深いのは、1871年7月25日に国民議会第2読会において、当初の地方分権委員会案より対象を狭めながら一定の範囲でコミューンへの後見監督権を県委員会に認める修正案がいったんは可決されたところ、これに不安を覚えて、「〔国民〕議会の主権は絶対に完全なまま残っている」ことの再確認を求めたP・ベトモン (Paul BETHMONT) 議員の提案に対する国民議会の反応である。彼の提案に対し、国民議会議長は「国民議会の主権」は自明のことと述べ、この提案を採択する代わりに、「あらゆる主権は不可譲であり、我々のそれ〔＝国民議会の主権〕を介して始まらなければならない」ことを宣言している[93]。ここからは、「国民

---

91) SAVARY, Séance du 25 juillet 1871, *J.O.*, 26 juillet 1871, p.2242.
92) Cf. SAVARY, Séance du 25 juillet 1871, *J.O.*, 26 juillet 1871, p.2242, et WADDINGTON, Séance du 25 juillet 1871, *J.O.*, 27 juillet 1871, p.2243.
93) Séance du 25 juillet 1871, *J.O.*, 26 juillet 1871, p.2244.

議会の主権」を正当化する国民代表制原理に基づく限り、コミューンの「将来世代の利益」は、結局のところ国民全体の利益と区別できずにこれに包含されるものと観念され、したがって国民主権の唯一の発現の場である国民議会とその統制下にある国の政府の役人としての知事こそが、その適切性（合目的性）を判断する主体としてふさわしいとの論理が成立することが分かる。以上のような経緯から、最終的には地方分権委員会も県委員会の後見監督制を法案から削除することに同意し、知事の後見監督制を含む県評議会法が成立した[94]。その概要は以下の通りである。

(3) 1871年県評議会法の概要

まず各県に県評議会が設置されている。県評議会議員は、各コミューンにおいて市町村評議会議員選挙のために調製される有権者名簿に基づいて普通選挙で選出される（1編1条、2編4条、5条）。次に各県には、国の執行権の代表者であると同時に県行政の執行者でもあるという、伝統的な職務の二重性を持った知事が置かれている（1編3条[95]）。知事は国により任命される国の役人であることが当然の前提となっている。

さらに、「県の管理の独立性を強化するためのものであり、1871年8月10日法の最も独自の産物」[96]と言われる県委員会が設置されている。県委員会は、県評議会がその内部から選出するが（1編2条）、完全に常設のものではなく、最低限1か月に1回の招集が義務づけられているにすぎなかった。それは、主に県評議会の毎年の会期の間をつなぐ役割を持つものであった（6編69条）。県委員会は、県評議会によって委任された事項を決定し、また法律が付与したあらゆる事項につき議決を行い、さらに法律が県委員会に委ねたあらゆる問題並びに県委員会が県の利益に関わって注意が払われるべきと考えたあらゆる問題につき知事に意見を述べる（6編77条）。加えて県予算の執行に関し知事から報告を受け（6編78条）、あるいは補助金の分配、県の土木事業の優先順位の決定、債務の償還期間や方法の決定などを行う権限も与えられていた（6編81条など）。しかしここに見られる

---

94) Séance du 10 août 1871, *J.O.*, 11 août 1871, pp.2603-2604.
95) この条文は次のように規定している。「知事は県における執行権の代表者である。〔改行〕加えて知事は、本法律の諸条項に従って、県に関わる事務につき事前に指示を与える任務、並びに県評議会と県委員会の決定を執行する任務を持つ」。
96) G. SAUTEL, *op.cit.*, p.515.

のは、県行政の執行全体に県委員会を関与させることで、任命制の知事を選挙制の地方機関に従属させるという考え方ではない。県行政の執行機関の性格の大部分は知事に残されていた[97]。さらにコミューンに対する後見監督の権限も、すでに法案審議の過程で見たように知事に残されており、県委員会には移されなかった。

県評議会自身の権限は拡充されている。同法4編46条は、一部の例外を除く県財産の取得・譲渡・交換やその管理方法などある程度広い対象について、具体的に対象事項を列挙しながら、これらの事項は県評議会が終局的な決定を下す旨を規定する。同47条によれば、この県評議会の議決は、会期終了後20日以内に越権（excès de pouvoir）あるいは法令違反（violation d'une disposition de la loi ou d'un règlement d'administration publique[98]）を理由として、知事が行政裁判所に取消（annulation）請求をしない限り執行力を有し、また取消請求の告知後2か月たっても取消宣告がなされない場合にも執行力を持つ。それゆえ1871年県評議会法は、県評議会が上級庁の事前認可を受けずに決定する原則を一般化したと評されている[99]。

また同48条は1項から4項までで、知事庁舎や普通学校などに充てられる県財産の取得・譲渡・交換又はその使途の変更、あるいは県に関わる土木事業でありながら国によって執行されるものについての県出資分、市町村税の新設や更新に関する市町村評議会の要求などの事項を列挙し、さらに5項で「法律と〔国の〕命令により県評議会が議決することを求められているその他のあらゆる事項、並びに一般的に言って、知事の提案または県評議会議員の発案に基づき、県評議会に審議を付託された県の利益に属する全ての事項」も挙げたうえで、県評議会がこれらの事項についても議決を行うとした。この48条規定事項、特にその5項の概括的な権限の規定については、県評議会に広い裁量的な権限を認めたとの解釈も成り立つ。もっとも同49条では、「会期終了後3か月以内に理由を付した〔政府の〕デクレによってその執行を停止されない限りで執行力を持つ」旨が規定さ

---

97) *Ibid*., p.515.
98) ここに言う réglement d'administration publique とは、「中央権力によって発せられるあらゆる命令」を指し、最広義のものである。この点につき、Raymond CARRÉ DE MALBERG, *Contribution à la théorie générale de l'État*, t.1, Recueil Sirey, 1920 [réimprimé par CNRS, 1962], p.639, note（1）.
99) G. SAUTEL, *op.cit*., p.513.

れている。G・ソーテル（Gérard SAUTEL）は、これらの事項に関する県評議会の議決に対する知事の統制についても、単なる適法性に留まらず合目的性にまで及ぶことが予定されていたと見る[100]。なおこの48条5項については、それがフランス的な意味での「全権限性」を保障する条項、つまり「一般権限」条項にあたるものであったか否かが後に大きな争点となる[101]。

最後に、県評議会に対する例外的で強力な統制制度として、国による県評議会の解散権も規定されていた。県評議会の解散は国の執行権の長がその必要性を判断して宣告する。国民議会は、開会中はその報告を受けるが、国民議会閉会中でも理由を付したデクレがあれば、県評議会は解散させられた（3篇35条、36条）。

(4) 市町村自治体の制度改革の遅延と第3共和制憲法

前述した1871年4月14日法による一部コミューンの市町村長に対する選挙制の導入は、1874年1月20日法によっていったん撤回され、「市町村組織法が可決されるまで」、国の執行権や知事が全コミューンの市町村長と助役を任命する制度が復活した[102]。この法律自体は、公布後2か月以内に国民議会が市町村組織法の法案審議に入る予定であることを自ら認めていた（4条）。しかしこの時期は、王制の復活か共和制の確立かをめぐる争いが激化していたため、その約束は反故にされ、決着は1875年の第3共和制憲法の採択による共和制の確定後に持ち越されてしまった[103]。

第3共和制憲法は3つの憲法的法律、すなわち1875年2月25日の「公権力の組織に関する法律」[104]、同年2月24日の「元老院の組織に関する法律」[105]、同年7

---

100) ここでは一般利益と関わる事項あるいは一般利益と地方利益との混合事項が想定されており、したがって同46条の純粋な地方的利益事項とは異なる統制が予定されていた。この点につき、*Ibid.*, pp.513-154.

101) 本条項については、憲法規範性を持つ「憲法ブロック」の構成要素たる「共和国の諸法律によって承認された基本的諸原則（PFRLR）」の1つと見なすことが可能かという論点が、2010年の「地方改革法」の議論の際に提起されることになる。この点については、本書第2部第4章第2節3を参照のこと。

102) Loi sur les maires et les attributions de police municipale, 20=22 janvier 1874, in J.B. DUVERGIER(*éd.*), *Collection complète des lois, décrets, ordonnances, règlements et avis du Conseil d'État*, S'Adresser au directeur de l'Administration, t.74, 1874, pp.2-4.

103) B. BASDEVANT-GAUDEMET, *op.cit.*, p.98. またこの時期の体制選択をめぐる争いについては、René RÉMOND, *La vie politique en France depuis 1789*, t.2, (1848-1879), Armand Colin, 1969, pp.301-304 参照。

104) Loi relative à l'organisation des pouvoirs publics, 25 février 1875, *Bulletin des lois*, XIIe série, t.10, N° 246, n° 3953, pp.165-166.

月16日の「公権力の関係についての憲法的法律」106)からなっていた。2月25日の憲法的法律2条は、「国民議会に会合した元老院と代議院」が共和国大統領を選出すると定めることで共和制を採用していた。しかしこの規定は王党派と共和派の妥協の産物に過ぎなかった。大統領は元老院の同意を条件として行使できる解散権（2月25日法5条）や法律の発案権と拒否権（同法3条1項）など、議会を統制し立法に参与する強大な権限を有しており、「7月王政」的な君主制の要素を保持していた107)。しかしこの体制は、1876年総選挙において共和派の勝利により代議院で共和派が優位するようになり、王党派のP・マク・マオン（Patrice DE MAC MAHON）大統領と代議院との対立が激化した結果、変質を遂げることとなる。すなわち対立の解消のために1877年5月16日に大統領が代議院を解散したところ（「セーズ・メ事件」）、総選挙で再び共和派が大勝してしまったのである。さらに1879年1月5日の元老院選挙においても共和派が明確な勝利を収めたため、結局、同年1月30日にマク・マオン大統領が辞任してしまったのである。その結果、代議院解散権を始めとする議会に対抗するための大統領の権限が形骸化し、ここに普通選挙制に基づく議会中心主義の共和制が確立した108)。

第3共和制憲法の制定に連動した地方制度改革は、1876年8月12日法である。この法律は、臨時に市町村評議会がその内部から市町村長と助役を選任する制度を復活させている。しかし同法は、県都と郡都の市長と助役については市町村評議会の中から共和国大統領のデクレで任命するという例外を設けており、前述した1871年4月14日法をほぼ再生させたものに他ならなかった109)。市町村長の完全な市町村評議会選任制を実現するには、第3共和制前半期第2期を待たなければならない。なお、第3共和制憲法を構成する前述の3つの憲法的法律には、いかなる地方自治の規定も存在していなかった。その背景としては、この憲法の過渡的な成立事情があっただけでなく、地方自治の保障を憲法規範とする意義が国

---

105) Loi relative à l'organisation du Sénat, 24 février 1875, *Bulletin des lois*, XIIe série, t.10, N° 246, n° 3954, pp.167-168.
106) Loi constitutionnelle sur les rapports des pouvoirs publics, 16 juillet 1875, *Bulletin des lois*, XIIe série, t.11, N° 260, n° 4270, pp.1-3.
107)「1875年の大統領は、1830年の修正憲章の国王である」(R. RÉMOND, *op.cit.*, p.317)。
108) Jean-Marie MAYEUR, *Les débats de la IIIe République, 1871-1898*, Seuil, 1973, pp.41-48 ; R. RÉMOND, *op.cit.*, pp.337-346. 杉原・前掲書『国民主権の史的展開』191-193頁。
109) Loi relative à la nomination des maires et adjoints, 12 août 1876, *Bulletin des lois*, XIIe série, t.13, N° 320, n° 5518, p.458. G. SAUTEL, *op.cit.*, p.517も参照。

会議員のほとんどに意識されていなかったことが挙げられよう。したがって、のちに見るように第3共和制期の公法学説が地方自治を実定憲法の解釈としてでなく、憲法原理上の問題として論じたのは、まさしく第3共和制憲法の規定自体にもその原因があったのである。

3 第3共和制前半期第2期の諸改革
(1) 1884年市町村組織法制定の背景

1879年のマク・マオン大統領の辞任をもって始まる第3共和制前半期第2期は、共和派内部の保守派と急進派の対立によって特徴づけられる。L・ガンベッタ (Léon GAMBETTA) らの急進派 (radicaux) 旧世代を含む保守共和派が「日和見主義の共和制」路線を採ったのに対して、社会主義者と組んだG・クレマンソー (Georges CLEMENCEAU) ら急進派新世代が急進社会主義グループを形成してこれに対抗した時期である。後者は1894年の「ドレフュス事件」によって権力に到達する[110]。この第2期に、現在まで続くフランス市町村制の基礎が確立した。

市町村長や助役を市町村評議会がその内部から選任する制度（フランスではこれを「公選制 (élection)」と呼ぶ）を全コミューンに拡大させたのは1882年3月28日法であった[111]。そしてこの完全「公選制」を組み込みつつ、市町村組織全体の制度化を行ったものこそ、1884年4月5日の「市町村組織に関する法律」[112]であった。この法律は2編14条1項で「市町村評議会は普通直接選挙で選ばれる」と定めたうえで、3編76条1項で「市町村評議会は、秘密投票かつ絶対多数により、その構成員の中から市町村長と助役を選出する」と定めている。但しパリだけは、この法律の適用を否定されたために（7編168条2項28号）、前述の1871年4月14日法の特別制度の下に留まり続けた[113]。以下、1884年法の制定過程を、特にコミュー

---

110) この時期には旧大ブルジョワジー（名望家層）と新興産業ブルジョワジーとの癒着が進行する。これを背景として「日和見主義の共和制」が成立するのである。この大ブルジョワジー主導の体制に対抗して、「新しい社会層」すなわち中間層の利益をより積極的に代弁しようとした者たちこそ急進社会主義グループであった。以上につき、柴田三千雄『近代世界と民衆運動』（岩波書店、1983年）380-383頁。

111) Loi qui abroge le dernier paragraphe de l'article 2 de la loi du 12 août 1876, relative à la nomination des maires et adjoints, 28 mars 1882, *Bulletin des lois*, XIIe série, t.24, N° 696, n° 11840, p.637.

112) Loi sur l'organisation municipale, 5 avril 1884, *Bulletin des lois*, XIIe série, t.28, N° 835, n° 14221, pp.369-407.

ンに対する後見監督制とその基礎となる国民主権論ないし代表制統治論に即して概観する。

(2) 国民代表制原理に基づく後見監督制

国民が直接選挙する議員からなる代議院（下院）において、1882年12月19日に議会内の市町村法検討委員会を代表して報告（第1次報告）を行い、法案を提出したのはÉ・ド・マルセル（Émile DE MARCÈRE）議員であった[114]。同法案では、1871年県評議会の枠組みに沿って、適法性統制のみならず、市町村財政に関する合目的性の観点からの統制権も、任命制の県知事に与えていた。

委員会案の出発点として、彼はまず、「あらゆる権力、並びに組織された権力の作品である法律は、人民に由来する」と宣言し、普通選挙権〔＝普通選挙制〕と「公選制」とが民主的共和国にとって固有の原理であることを確認する[115]。そのうえで彼は、一方でコミューンの起源には歴史的必然性があることを認めながら、他の自然人や法人と同じ意味で「コミューンは被治者（sujettes）であり、このようなものとして公権力の監視を受ける」と述べて、国の一般法律への従属とこの法律の執行者である知事による適法性統制を正当化する。次に彼は、コミューン内の住民の「本来の意味での市民的権利」がコミューンによって侵害された場合には「通常の司法権で十分に対応しうる」と述べながら、「市町村住民の極めて複雑な生活の中には、必ずしも〔住民個人の〕権利から生じたものとはいえない利益、そして法廷では十分な保護が受けられない利益もある」と述べ、さらに行政に関する紛争の場合には迅速な処理が必要であることも理由に挙げて、「上級当局が介入できなければならない」とする。したがって彼はここで、適法性の観点からの司法権による介入だけでなく、市町村利益の分野におけるコミューンの活動に対する合目的性の観点からの後見監督をも正当化していることが分かるのである[116]。

県知事による合目的性統制が必要であるとするド・マルセルの主張は、他の多

---

113) G. SAUTEL, *op.cit*., pp.518-519； Gabriel LEPOINTE, *Histoire des institutions du droit public français au XIXᵉ siècle（1789-1914）*, Éditions Domat-Montchrestien, 1953, p.334.

114) Rapport fait au nom de la commission chargée d'examiner les propositions de la loi municipale, par M. DE MARCÈRE, et Projet de loi, Séance du 19 décembre 1882, *J.O., Chambre D., Doc. Parl.*, 1883, Annexe N° 1547, pp.2657-2669.

115) *Ibid*., Iʳᵉ partie, II, p.2657.

116) *Ibid*., Iʳᵉ partie, III et IV, p.2658.

くの議員の発言と同様に、コミューンの行財政面での「未成年者」性に基づいていた。しかしここに言う「未成年者」性とは、決して市町村評議会議員や市町村職員の行政能力や知識の未熟さを意味するものではない。なぜなら彼は、次に見るように、コミューンの「未成年者」性をコミューン内の「将来の世代の利益」保護の必要性の意味で用いていたからである。彼は述べる。「こうしたコミューンの未成年者性（minorité des communes）は法的擬制ではない。というのは、成人よりも劣った住民を含まない住民団体など存在しないからであり、未成年者は共同体の成員として、成人と同等の権利を共同財産に対して持っているからである」。つまりコミューンは、「継続的な交代（substitution perpétuelle）」を義務づけられた「特殊な性格の法人」であり、だからこそ「コミューンは未成年と見なされる。コミューンの共同財産の処分の観点から、コミューンが一定の規範に従うことは国家が専制を行った結果というわけではない。コミューンは将来の世代の利益（l'intérêt des générations futures）のために、その権力の一部を奪われざるを得なかった」というのである[117]。このようにして、「一般利益の尊重、集団の利益に対立する個人の利益の保護、現在の世代の経験不足による拙劣と浪費に対して将来の世代を守るための保障」の全てを包括する「政府の後見監督（tutelle gouvernementale）」が必要とされたのだった[118]。

　本法案審議時に、委員会案が提案した知事による後見監督制に対抗して、県評議会が内部から選任する県委員会に合目的性の統制権を付与する構想、すなわち1871年県評議会法の当初の地方分権委員会法案と同様の構想を述べたのは、内務大臣を務めたこともあるR・ゴブレ（René GOBLET）議員であった。ゴブレによれば、「国民は代表制評議会（conseils représentatifs）によって全段階で自ら自己の統治を行う」べきであり、したがってコミューンの将来世代の利益保護のための後見監督も「市民の代表者たち」に委ねられねばならない。ゴブレは、後見監督の対象となるのは「コミューンの共有財産（patrimoine）」の管理の合目的性であり、これは「純粋にコミューン的なもの」であると述べて、国家利益とコミューン利益との区別を試みる。この観点からすると、コミューンに対する後見監督の担当機関は国家の役人ではなく、公選制の「上級権力」がふさわしいことになる。

---

117)　*Ibid.*, Ière partie, IV, p.2658.
118)　*Ibid.*, Ière partie, VI, p.2659.

それは「県評議会又はこれが欠けているときはこれを代表する県委員会」だというのである。ゴブレはこの考え方の根拠を、「地方分権は、利害関係者自身以上にその利益を保護できる者は誰もいないことを前提とし、だからこそ市民の代表者にこそ市民に帰属する利益の管理〔権〕を与えるべきことを前提としている」ところに求めている[119]。

だがすでに見たように、フランスで明確化した「ナシオン主権」原理に基づく国民代表制論では、抽象的な全国民の利益あるいは一般意思の解釈権を全国を代表する国民代表府が独占し、この国民代表府が法律の形で表明した一般意思からはいかなる部分集団の利益も意思も逃れられないとする理論であった[120]。したがって、コミューンの地方的利益についても、いくらそれを「コミューンの共有財産」の管理を基礎とする「純粋にコミューン的なもの」と観念することで、これを全国民的利益から区別する理屈を立てたとしても、のちに見るF・ドレフュス (Ferdinand F. DREYFUS) 議員の発言にも明らかなように、地方納税者が全国納税者の部分集合であり、地方財政の不良な運営が全国的財政運営にも影響を及ぼす点で全国的な利益と関わりがあるという論理を受け入れる限りは、結局のところ、国民代表府が全国民的利益保護のために必要と認定するときには常に地方的利益の管理に介入できるという意味で、やはり地方的利益は全国的利益の一部であり、後者に従属すると解されざるをえなくなるのである。ゴブレも、地方的利益が全国的利益から独立することを認めない点では変わりはない。したがってこうした「ナシオン主権」原理に基づく国民代表制論を前提とする限り、全国民の代表機関である国の立法府の信任する政府から任命された県知事が有する「代表制的権威」に比べて、県評議会という県の代表機関がコミューン利益の保護者としてより高い「代表制的権威」を持つという論理は出てこない。そのためか、結局はゴブレ自身も最後には上記の委員会案の賛成に回っている[121]。

(3) 「人民の直接統治」論における主権原理と住民投票

1871年の県評議会法の際にもすでに現れていた「地域＝国民 (pays) による地域＝国民自身の統治」の理念は、普通選挙制を前提としながらも、「ナシオン主

---

119) René GOBLET, *J.O., Chambre D., Déb. Parl.*,1883, p.244, pp.246-247 et p.249 ; Projet de loi relatif aux attributions des conseils municipaux, par René GOBLET, *J.O., Chambre D., Doc. Parl.*, 1882, Annexe n° 657, pp.1017-1018.

120) 本書第1章第1節**3**、特に51-53頁を参照のこと。

121) R. GOBLET, *op.cit.*, p.249.

権」原理に基づく（国民）代表制原理に依拠する限り、結局は国民代表府（立法府）と、議院内閣制に基づきこれに従属する政府、さらにこの政府が任命する県における国の役人たる知事が、市町村自治体に対する介入・監督権を持つことが当然とする考えに帰着する。このような帰結を拒んで、より民主的な自治体統制の原理を構築するには、（国民）代表制原理そのものに対する批判とその大胆な組み換えが不可欠である。1884年の市町村組織法制定時に、この困難な課題に取り組んだのが、A・J-L・ド・ラネサン（Antoine Jean-Louis DE LANESSAN）議員であった[122]。

　ド・ラネサンは、全国レベルで「人民主権」を実現することには懐疑的であった。彼によれば、人口が多いフランスでは、「人民主権は、……それ自体はほとんどあらゆる統制から免れている委任（délégation）を介する以外には実行されえない……」。人民は、選挙の時以外には公的生活に関わることはできない。他方で受任者は、選挙の後は自分たちに与えられた委任を回避し、あるいは侵害し、公約を破ってしまうのが常である。さらに、人民の受任者〔＝国会議員〕は自ら直接に全ての公権力を行使できるわけではないので、必然的に執行権に権力を委任しなければならなくなる。「こうして委任から委任へと移る中で、国民の活力の全ては最終的には執行権を握る数人の手に集中してしまい」、結局は「帝制的中央集権（centralisation impériale）」に移行してしまうというのである[123]。

　この危険に対する予防措置として彼が重視するものこそ、コミューンの自治とそこにおける市民の直接参加の制度であった。彼は言う。「思うに、実際、我が国のような広大な国では、コミューンの自治（l'autonomie communale）を実施することによってのみ、市民は公務の管理に直接参加できるようになるし、また全ての市民に、その主権の全てではないにしろ、少なくともそのできる限り大きな部分を継続的に行使できることを保障するのである」[124]。彼には、命令委任を用いて全国レベルで「人民主権」を厳格な形で実現させるという考えはない。そのため、全国レベルでの「人民主権」の実現の困難性を自覚しつつ、その部分的な実現の重要性を強調することで、かえって地方自治の重視とそこでの市民の直接

---

122) Proposition de loi municioale, par DE LANESSAN, *J.O., Chambre D., Doc. Parl.*, 1883, Annexe n° 1687, pp.409 -422 ; DE LANESSAN, *J.O., Chambre D., Déb.Parl.*, 1883, pp.1504-1513.
123) *Ibid*. (Proposition), p.409.
124) *Ibid*. (Proposition), p.409.

参加による主権の部分的継続的な行使の保障を論証できたのである。この発想には、すでに見たように、フランス革命期のジロンド派の憲法草案、特にN・コンドルセ (Nicolas de caritat, Marguis DE CONDORCET) のそれに近いものがあるといえよう。

ド・ラネサンは、小規模自治体に行財政能力を持たせるために農村の小コミューンを郡レベルで合併させることや、初等教育とコミューン警察における自治体権限の拡大、コミューン財政に関する自由な管理処分権、議決機関（市町村評議会）と執行機関（市町村長を含むコミューン委員会）の分離と後者の前者への従属の徹底化、一定の事項に関する市町村評議会の「主権的な議決」権の保障などの内容を持った地方自治組織法案を提出している[125]。加えて、この地方自治に関する基本法を、憲法的法律の1つと見なすべきことも提案している[126]。中でも特徴的なのが、コミューン財政に関する住民投票の制度化であった。

彼の構想によれば、市町村の財政運営に関しても「市町村会は主権的に議決を行う」とされるものの、この議決が執行力を持つのは、議決の公示後15日以内に、県知事の異議の申立て、あるいは有権者住民の20分の1による異議申立てがなかった場合に限られる。異議申立てがあった場合、市町村評議会は再議が義務づけられる。再議の結果、同一議決が繰り返されると、知事の異議申立ての場合には、事案が最高行政裁判所としてのコンセイユ・デタに送付される。そこで違法

---

125) Projet d'organisation communale, par DE LANESSAN, (in Proposition, *op.cit.*, Annexe n° 1687.), pp.416–422. コミューンの議決権は普通選挙で選ばれる市町村評議会に与えられる。その数は人口に応じて定められている。コミューンの執行権はコミューン委員会(comité communal) とコミューン代理人 (délégués communaux) に与えられる。コミューン委員会は1人の市町村長と複数の行政官たち（その数は市町村評議会で決定する）とで構成される。コミューン委員会の全てのメンバーは市町村評議会の総選挙の後、この市町村評議会によって、市町村評議会の内部あるいは外部から選ばれる。このコミューン委員会選挙の際に最高票を獲得した者が市町村長となり、残りが行政官となる。市町村代理人は、コミューンの中心地以外の地区の事務の担当者であり、同じく市町村評議会がコミューン内の地区ごとに選出する（以上、63～151条）。なお、市町村評議会は、市町村長と市町村委員会のその他のメンバーとコミューン代理人の全てを統制する（122条）。そして国家による統制もなく、有権者への訴えもなく、法定された諸事項につき「主権的に議決を行う」（121条）。

126) DE LANESSAN, *op.cit.* (*Déb.Parl.*), p.1504. ド・ラネサンは、彼が望むような地方自治保障のためには「本当は憲法改正が必要」としつつ、諸般の事情でそれが不可能なので、このような立法による実現を目指したとも述べている DE LANESSAN, *op.cit.* (Proposition), p.409。すでに見たように、第3共和制憲法は実際には3つの憲法的法律に過ぎなかったので、解釈次第ではこのような提案も不可能ではない。

判断が下された場合には、共和国大統領のデクレがこの議決を取り消すことになる。住民の異議申立て後の再議決の場合には住民投票が組織され、住民が自ら当該議決の適切性を判断する（ド・ラネサン提出法案104～106条）。さらに増税を伴う予算その他の特別支出の場合[127]には、市町村評議会が行った議決が執行に移される前に、住民投票による承認が義務づけられている。（同112～120条）。

　ド・ラネサンは、こうした直接民主制的な考え方を「人民の人民による直接統治 (le gouvernement direct du peuple par le peuple)」と呼ぶ。彼によれば、本法案の中心的な目的は、「市民が、地方権力によって中央権力から保護され、そして地方権力からは、彼らが地方権力に対して行う直接行動 (action directe) によって保護されるように、十分に地方分権化された民主的統治 (un gouvernement démocratique) を実現する」ことである[128]。反対に、市町村評議会が一切の統制を受けない制度は、議会の全能性を導くので許されないことが力説されている。彼によれば、普通選挙制度があれば、再選を気にする議員心理により、市町村評議会は住民の委任から離脱しないはずという考え方もあるが、「より強い別の利益や関心による極めて強力な競合を受けることがあり、受任者は行ってはならないような行為をやりかねない」[129]から、こうした考えは間違っている。

　県評議会や県委員会によるコミューン統制の構想については、ド・ラネサンは、県の利益とコミューンの利益とが対立する場合に、一方の機関を裁判官とするのは不当であること、また県全体の有権者はコミューンの有権者とは異なるから、「県評議会を任命する有権者が、彼ら自身持っていない市町村評議会に対する権威を県会に与えることはできない」ことなどを論拠として、これを否定している。他方で、国家による統制についても、まず立法議会 (Assemblés législatives〔＝代議院と元老院からなる第3共和制の2院制議会〕) による統制の場合には、国民が立法議会に与えた委任は無限定ではなく、特定の都市の起債が妥当かどうかを判断するような権限は立法議会には与えられていないとして批判する。彼によれば、「国民が諸君〔＝立法議会議員〕に委任できる唯一の権利は、この巨大な団体〔＝国家〕

---

[127] 市町村組織法律規定の義務的支出の場合や前年比で税の全体や支出の全体が増加しない場合、及び新税の創設や旧税の増額を生じさせない場合は、国による認可も有権者の承認も必要とせずに、市町村評議会の議決は直ちに執行力を持つ（ド・ラネサン提出法案108条）。彼は、住民投票による承認を「有権者への上訴 (appel aux électeurs)」とも呼んでいる。

[128] DE LANESSAN, *op.cit.* (Proposition), p.413.

[129] DE LANESSAN, *op.cit.* (Déb.Parl.), p.1505.

の中の諸集団の権力に限界を設けることだけである」。したがって、「市町村自治体権力（pouvoir municipal）が法定の限界内に留まる限りは、立法権〔＝立法議会〕はこの権力の行為を統制するための十分な権威を有してはいない」のである。最後に執行権〔＝大統領と内閣からなる「政府」〕による統制の場合にも、「執行権の〔権威の〕源泉は〔立法〕議会である。執行権に権力を与えた者がそれ自体持っていない権威を、執行権がどうして持つことなどできようか」との批判を加えている[130]。

(4) （国民）代表制原理の選択による市町村組織法の決着

ド・ラネサンの「人民の直接統治」の構想は、議会多数派から激しく批判された。委員会報告も担当した前述のド・マルセルは、ド・ラネサンが立法議会の決定権の中に「多数者の全能性」を見出して批判していたにもかかわらず、住民投票制度を設けて、「人民が自ら自由であり、自ら統治を行うことができ、自分たちのもの以外の法律を受け入れることはできない」という原理を採用すること自体が、結局は「多数者支配の法則（loi des majorités）」を受け入れていることになるとの批判を加えた。ド・マルセルによれば、こうした考え方は誤りであり、「人民自身にも優越する我々各人の主権的な権利が存在する」と考えなければならない[131]。

ここでド・マルセルは、多数者の圧制から少数者を保護することを論拠としているように見える。しかしここにいう少数者の保護とは、自治体の違法行為による権利侵害から個人を保護することを指すものではない。なぜならド・ラネサン案では、その95条で市町村評議会の違法な議決による個人の利益侵害は所轄の行政裁判所に訴えることができるようになっていたからである。反対にここで問題となっていたのは、市町村財政の政策決定に対する統制のあり方であった。したがってド・マルセルが意図していたものは、実は個人の利益とは区別される自治体の共同利益、共同財産の管理の問題であった。

委員会の考え方は、同じくそのメンバーであったドレフュス議員の次の発言によく表れている。「コミューンは、自らに委ねられたコミューンの公金の処理に際し、国民の租税負担能力を節約する義務を負う。というのは、要するに財政と

---

130) *Ibid.* (*Déb.Parl.*), pp.1505–1506.
131) DE MARCÈRE, *J.O., Chambre D., Déb.Parl.*, 1883, p.1520.

予算は様々なものが存在するけれども、財源は1つ、すなわち納税者の財源しかないからである」[132]。

ド・マルセルによる先の委員会報告では、コミューンには国とは別の法人格があることを認めていた[133]。さらにドレフュスは、「コミューンがその固有の事務を処理する能力を欠くことを意味する」コミューンの「未成年者（mineures）」性という言い方を止めることや、「後見監督（tutelle）」という言葉に代えて「行政統制（contrôle administratif）」という言葉を用いることを提案していた[134]。

しかし、ここでいったんは国（全国民）の利益とは区別されたはずのコミューンの利益という概念は、国民の租税負担能力の確保という論理を介して、結局は全国民の利益の一部に再統合されているのである。抽象的な利益概念を持ち出して、全国民の利益から地方利益が独立しえないことを論じる点で、実はドレフュスもド・マルセルも大差はない。ド・マルセルは次のように述べていた。「コミューンに課される唯一の規範は、国民という家族の全構成員に対するものと同じである。つまりコミューンは、国全体の法律から逃れることも、国内で混乱の発生源となることも、一般利益に対する危険の発生源となることも、将来世代の利益のためにも公共のためにも大事にすべき財源を浪費することもできない」[135]。

このように見てくると、住民の「将来世代の利益」も住民の「租税負担能力」も、両者とも抽象的な利益であり、その内容は全国民の利益と密接不可分なものとして国民代表のみが判断できるものという意味では同一の概念であることが分かる。それがコミューン利益に関わる政策判断の問題ですら、国民代表が抽象化された将来世代あるいは全国民の利益の保護に必要と判断する場合には、いつでも国家による統制が及ぼされるべきことが、ここで主張されているのである。

このような立場に立つ限り、ド・ラネサン案のようにたとえ政策選択レベルであれ、地方自治の場面に直接民主制を導入することは、国民代表が独占的に全国民の利益とその意思内容を決定し、これを全国隅々にまで強制する国民代表制の原理と対立することになる。なぜならば、「人民の意思の表明は、それと代表者たちの意思の間に食い違いがあることを露わにする危険がある……」[136]からであ

---

132) Ferdinand DREYFUS, *J.O., Chambre D., Déb.Parl.*, 1883, p.251.
133) Rapport, par DE MARCÈRE, *op.cit.* (*J.O., Chambre D., Doc. Parl*)., 1883, p.2658.
134) F. DREYFUS, *op.cit.*, (*J.O., Chambre D., Déb.Parl*)., 1883, p.250.
135) Rapport supplémentaire, par DE MARCÈRE, *J.O., Chambre D., Doc. Parl.*, 1883, p.518.

る。特にレフェレンダムを自治体レベルで導入する場合には、住民投票に示された地域の人民の意思と県知事による自治体統制の中に示された中央の国民代表の意思との食い違いを露わにする。つまり代表制原理に基づく国民代表の意思を頂点とする一元的な公的意思のヒエラルキーに、住民の実在する具体的意思の直接的な表明が部分的な穴をあけてしまうのである。だからこそ、ド・ラネサン自身は自らの構想が連邦主義でも無政府主義でもないと述べているにもかかわらず、普通選挙制に基づく「議会中心主義」の立場に立つ立法議会多数派にとっては、彼の構想はやはりそのような危険性を孕むものと見なされたのであった[137]。

　国民代表の公的意思の一元的ヒエラルキーに穴をあける危険性という論点は、ド・ラネサンがコミューンを「我が国の政治組織の基礎ともなるもの」[138]にしようと提案したことに関わって提起されている。実際の彼の法案の中では、政治問題あるいは国の一般利益に関わる問題について市町村評議会が請願や意見表明する権利、そしてこの意見表明のために他の市町村評議会と連絡をとり、共同で建白書などを公表する権利に過ぎなかった（ド・ラネサン提出法案97～99条）。しかしこの程度の「政治性」でさえ、フランスで主流となった地方自治の法理論、すなわち国民代表制原理に基づく「単一国家」型地方自治論は認めてこなかった。例えばド・ラネサンの法案趣旨説明中にもあるように、パリ市組織法の制定時の1880年11月6日にパリ市議会が、コミューンの利益に関しては市議会に絶対的自由を与える構想を提案する議決を行ったところ、県知事から取消命令を受けたという[139]。このように地方自治に関わる問題につき、国の立法府を法的に拘束するわけでもない単なる請願のための議決を行うことですら、国民代表が独占すべき政治的権能、すなわち政治的意思決定権に干渉するものとして、否定されてきたのであった。

　ド・ラネサン自身は、「パリ市評議会が、これに委任する役割のみを持つ有権者からも、その傍らで主権的に活動する中央権力からも同時に独立した一種の〔国

---

136) J.-M. DENQUIN, « Référendums consultatifs », *Pouvoirs*, n° 77, Seuil, 1996, p.80.
137) ド・ラネサンは、自分の構想に反対する者たちが、その構想を「中央集権を一種のコミューン連合（fédération communale）に取り換えるもの」であり、「連邦主義（fédéralisme）あるいは無政府主義（anarchieme）として非難するだろう」と述べた後で、これを考慮のいらない「雑言（gros mots）」に過ぎないと述べている（DE LANESSAN, *op.cit.* (Proposition), p.409）。
138) DE LANESSAN, *op.cit.* (*Déb.Parl.*), p.1507.
139) DE LANESSAN, *op.cit.* (Proposition), p.412.

民〕公会となる」ことには否定的であった。だからこそ「人民の直接統治」として一定の重要事項に関する住民投票制度の導入を条件としたうえで、「中央権力の後見監督」から「独立した政治機関としての性格をコミューンに与える」ことを提案したのである[140]。しかしド・マルセルは、このようなド・ラネサン案を「政治的無政府主義（anarchie politique）」と非難することを止めなかった。なぜならば、国民代表制原理の言い換えであるフランスの「議会制理論（théorie parlementaire）」によれば、「単一国家の中に並立する複数の政治体を設けることはできない」からであり、「政治体は唯1つ、それは国民議会（Parlement）」だからである[141]。

　以上の対立をより憲法理論的にまとめ直すならば、ド・ラネサンの場合は、「人民主権」と「人民の直接統治」の部分的実現を目指して、部分的な具体的主権者である有権者住民が住民投票を通じて自治体代表機関（市町村評議会）を統制することを条件として、自治体代表機関の政策選択レベルの決定を県知事から完全に独立させようとしたのであり、その流れの中で自治体に政治的性格まで認めたのである。これに対して、ド・マルセルら議会主流派の方は、「ナシオン主権」に依拠した国民代表制原理では「単一国家」の形態しか採りえないことを強調した。後者の場合には、公的意思（＝国民意思）を代表する政治的性格も国の立法府＝国民代表府以外には認めることはできず、自治体代表機関はこれを否定される。したがって公的意思（＝国民意思）を立法や対政府コントロールの形で示す国民代表府と、それに従属しつつ行政を行う国の執行権及びその地方における役人たる県知事が、公的利益の観点から必要に応じていくらでも地方利益の管理に介入できる制度が不可欠となる。それゆえ、代表者と選挙を通じてこれに公的意思の表明を委任する有権者との間で意思に食い違いが生ずる法制度を採用することは、憲法原理上も許されない。つまり住民投票のような直接民主制の導入は、国レベルであれ地方レベルであれ、代表者と有権者との意思の食い違いを前提とするので国民代表制原理では許されないこととなるのである。結局、立法議会では、自治体に政治的性格を与えることや住民投票制度の導入を含めて、ド・ラネサン案の全てが退けられ、県知事によるコミューンの後見監督制が確立されたのだった[142]。

---

140)　*Ibid*.（Proposition），pp.412-413.
141)　DE MARCÈRE, *J.O., Chambre D., Déb.Parl.*, 1883, p.1519 et p.1526..

(5) 1884年市町村組織法の概要

前述のように1884年市町村組織法は、男子普通選挙制で選出される市町村評議会が、その構成員の中から市町村長と助役を選出する完全公選制を採用している（2編1章14条1項、3編76条1項）。パリ市のみ適用除外されたことは前述した。

市町村自治体に対する統制については、多くの制度が定められている。講学上、後見監督は人あるいは機関に対するものと行為に対するものに類別される[143]。前者は、市町村長や助役、市町村評議会に対して課される職務停止・解散・罷免などの強力な統制を指す。まず市町村評議会は、内閣が作成した理由を付した大統領令（décret）によって解散させられ、また緊急の場合には理由を付した県知事の命令（arrêté）による職務停止の臨時措置を受ける。解散やメンバー全員の辞職の場合には、大統領令により任命された特別派遣団がその職務を代行する。但しその任務は通常の事務処理に限定され、2か月以内に市町村評議会選挙を行うことが義務づけられている（2編1章43〜45条）。市町村長や助役も知事の命令により1か月以内の職務停止を受けた。これは内務大臣によって3か月にまで広げることが可能であった。また大統領令があれば罷免することも可能だった（3編86条）。

人に対する後見監督は例外的な制度と考えられていた。しかし罷免、解散や職務停止の発動要件は、手続的要件を除けば何ら明示されていない。それは、G・メルレイ（Guy MELLERAY）によれば、「市町村長や助役の職務停止や罷免の場合と同様に、立法者は、市町村評議会の解散を根拠づけることのできる過失（fautes）の内容を明確化させることで、中央権力の行動を麻痺させることを望まなかった」[144]からである。

もちろん20世紀に入ると、コンセイユ・デタによる裁判的保護が次第に発達してくる。例えば市町村評議会の解散については、制裁発動事由が法文上限定され

---

142) 自治体の政治的性格を規定したとされるド・ラネサン案1条を否定した1883年6月30日の下院（代議院）の議決（*J.O., Chambre D., Déb.Parl.*, 1883, p.1526）等を参照のこと。同条は次のように規定していた。「コミューンは、地域的、行政的及び政治的区画であり、その住民は共通の利益を有している。コミューンは法人として認められ、自らそのあらゆる利益を管理し、自己の行政を行い、その地域の住民の身体と財産を保護する」。

143) Maurice HAURIOU, *Étude dur la décentralisation*, Imprimerie Paul Dupont, 1892, p.42 ; Charles DEBBASCH, *Institutions et droit administratifs*, t.1, *les structures administratives*, PUF, 1982, pp.235-239.

144) Guy MELLERAY, *La tutelle de l'État sur les communes*, Sirey, 1981, p.270.

ていないことを理由にして、当初の行政判例では手続的要件を除けば政府の自由裁量処分性を認めていたが、1902年以降になると、判例も法文上の規定の不十分さを認めるようになり、やがて「市町村評議会の活動を確保する必要性」がある場合以外には解散を取消すようになる。だが、このような基準は未だ不明確で広い裁量の余地を残している。加えて、政治的配慮による市町村長の罷免が許されたうえに、この市町村長の罷免に市町村評議会が抵抗し続けた場合には、市町村評議会自体の解散まで認められていた点も重大である。さらにこれらの制裁処分に裁判手続きで対抗するには、時間がかかり過ぎて実効性が乏しかったことも指摘されている。そのため、この分野に対する裁判的保障は、現行憲法である第5共和制憲法下の1981年時点でも、なお不十分と評価されていた[145]。

次に市町村自治体の行為に対する統制について検討する。この問題では、何よりもまず、法律による自治体権限の定め方が重要である。この点では同法は、2編3章61条で「市町村評議会はその議決によりコミューンの事務(affaires dela commune)を規律する」と定め、18年を超える賃貸借契約の条件やコミューン財産の移譲及び交換等の2編3章68条に列挙された13事項を除き、その議決に県知事の承認を要さない即時の執行力を認めていた。これが後に、前述の1871年県評議会法の48条と共に、いわゆる「一般権限条項」と呼ばれることになる。このように法律上、権限外であることが明白な事項を除き、市町村自治体が自ら「コミューンの事務」と観念する全てについて、市町村自治体の一般権限を認めたうえで、同法は、2編3章68条列挙事項については、上級当局の事前承認を要し、「所管大臣、県評議会、県委員会、デクレや法律のいずれかの事前承認が法令に規定されている場合を除き、県知事の事前承認があって初めて執行力を有する」(2編3章69条)と規定して、行為に対する事前統制を定めていた[146]。

市町村評議会が義務的支出のための十分な予算額を計上しなかった場合も、大統領令あるいは県知事命令による職権的予算計上手続きが認められている(4編

---

145) *Ibid.*, pp.262-278. メルレイによれば、制裁に対する理由の付記義務も、市町村機関に対してほとんど有効な保護を与えるものではなかった。というのは、付される理由がほとんど形式的で型通りのもので許されていたからである。なお市町村評議会議員個人に対する県知事の罷免権については、被選挙資格の欠格事由に当たる場合や兼任禁止職務についていた場合、市町村評議会への欠席が度重なる場合、法定の義務違反の場合に限って行使される(*ibid.*, pp.256-261)。

146) 事前承認(認可)については、亘理格「フランスにおける国、地方、住民(2)——1884年《コミューン組織法》制定前後」『自治研究』59巻8号(1983年)95-97頁参照。

3章2節149条)。さらに適法な手続きにより計上された予算の支出を命じることを市町村長が拒んだ場合には、県知事が市町村長に代位して予算の支出を命じることも定められていた（4編4章152条2項)。

　市町村評議会の議決に対する事後的統制は、2種類の制度が定められていた。まず権限外事項に対する議決や違法な招集による議決、あるいは法令に違反する議決は「当然に無効（nulles de plein droit)」とされ、「当然無効」は県庁内の評議に基づき県知事が宣告する。知事の宣告も利害関係者による異議申立てと抗弁も無期限に行うことができる（2編3章63条、65条)。他方で、議決対象案件の利害関係者が参加してなされた議決については、「取消可能（annuables)」とされた。この取消しも、やはり県庁内の評議に基づき県知事が宣告する。知事の職権による取消しは30日以内になされなければならない。他方で利害関係者やコミューンのあらゆる納税者もこの取消しを求めることができ、この取消請求に対して県知事は1か月以内に裁定を下さなければならない（2編3章64条、66条)。この2種類のいずれの場合も、市町村評議会やその他のあらゆる利害関係者は、知事命令をコンセイユ・デタに訴えることができ、この訴えは越権訴訟(recours pour excés de pouvoir)で争われる（2編3章67条[147])。

　市町村長の行為に対する後見監督については、まず市町村長の職務の性格から論じる必要がある。1884年市町村組織法は、前述したフランス革命期の1789年12月14日法における「自治体権力に固有の職務」と「国の一般行政に固有のもので、一般行政によって自治体に委任された職務」という伝統的な事務区分を受け継いでいた。前者については1884年市町村組織法3編90条が次のように規定していた。「市町村長は、市町村評議会の統制と上級行政庁の監視の下で、以下の事項を遂行する」。その対象となるものは、コミューン財産の使用・取得・処分やコミューンが事業主体となって行う土木工事、予算の準備・提案や支出の命令等であり、最後に「一般に市町村評議会の決定を執行すること」と規定されていた。後者については、3編92条が次のように規定していた。「市町村長は、上級行政庁の権威の下で、以下の事項を遂行する任務を負う」。その対象とされたのは、法令の公布と執行、国全体の安全（sûreté générale）に関する諸措置の執行、法律によって市町村長に委ねられた特別職務の3つである。後の公法学説では、3編

---

147) 1884年市町村組織法における取消し争訟の制度についても、同上、98-100頁を参照。

92条の統制は自治体に対する統制である後見監督とは異なる、むしろ国家組織内部の上命下服型の「位階制的統制（contrôle hiérarchique）」[148]として分類されるものである[149]。

　しかしこの区別は、市町村長の発する命令（arrêtés）に対する上級庁の統制が問題となる場合には曖昧となる。市町村長の命令は、①「法律により、市町村長の監視とその権威に委ねられた対象につき、地方的処分を命じる」場合、並びに②「警察に関する法令を新たに知らしめ、市民にその遵守を求める」場合に発せられる（3編94条）。ここに言う命令は、市町村長が国の役人として委任職務を行う際にも、コミューンの執行担当責任者としての固有職務を行う際にも、どちらでも用いられる執行手段である。そしてこの命令は、県知事やその部下たる郡長に直ちに提出させられ、県知事による取消しや執行停止の処分を受け、さらに県知事や郡長による明示的な認可、あるいは1か月間の沈黙という黙示的承認がなければ、執行力を有しない（3編95条）。

　取消しや執行停止の要件は明示されていない。メルレイによれば、取消しの対象は違法な命令に限られるものではなく、「良好な行政の正当な利益」に対する侵害というような合目的性に反する命令も取消しを受けるという[150]。M・オーリウ（Maurice HAURIOU）は、ここに言う市町村長の警察命令を、「決まった理由なくして職権で取り消すことのできる行為」の中に分類している[151]。また市町村長が、法定の義務的行為の遂行を拒否あるいは懈怠した場合には、県知事や郡長が督促の後に代執行を行うことも定められている（3編85条）。これも行為に対する後見監督に分類されている[152]。

　市町村長に委ねられた警察権の性格を考える時には、後見監督と「位階制的統制」との区別はますます怪しくなる。市町村長は、前述したように3編92条2号

---

148) リヴェロ（J. RIVERO）によれば、「位階制的統制」とは、この権力を自己に帰属させる法律がなくとも、上級庁としての資格そのものに根拠を持つ包括的な規律権をいう。この場合上級庁は、訓令権や命令権を行使し、自治体の活動が違法な場合のみならず合目的性（政策レベルの適切性）に反する場合にも、従属者の行為を変更したり取消すことができる。以上、Jean RIVERO, *Droit administratif*, 10ᵉ éd., Dalloz, 1983, p.323. 但し、後見監督にも合目的性からの統制が含まれており、この点では両者の区別は不明確である。
149) G. SAUTEL, *op.cit*., p.518 ; G. MELLERAY, *op.cit*., p.189；亘理・前掲論文（2）59巻8号89頁。
150) G. MELLERAY, *op.cit.*, p.518.
151) Maurice HAURIOU, *Précis élémentaire de droit administratif*, Recueil Sirey, 1926, p.37.
152) M. HAURIOU, *Étude sur la décentralisation, op.cit.*, p.50.

によって国全体の安全に関わる警察権を委ねられるほかに、3編91条や同97条によって地方警察権も与えられている。この地方警察権を行使する場合の市町村長は、3編91条によれば「上級行政庁の監視の下に」置かれるに過ぎない。ところが3編99条の規定によれば、公共の衛生、安全及び平穏の維持に関して市町村当局が適切な措置を採らなかった場合には、3編91条が市町村長に帰属せしめた権限を妨げてでも、必要なあらゆる措置を採ることが県知事に認められているのである[153]。立法過程を見るならば地方警察権とは、純粋にコミューンに固有の権限というよりも、むしろ国の権限との「混合的性格 (un caractère mixte)」を持つものと考えられていたことが分かる[154]。

このように1884年市町村組織法の制定時には、コミューンに固有の権限と委任された権限の区別は一応あったものの、市町村自治体の執行機関に対する統制と国の機関としての市町村長に対する統制との質的区別は未だ曖昧だった。それは、すでに同法の審議過程の分析で見たように、後見監督の根拠となる保護法益自体が、国全体の利益と切り離せない性格のものだったためと考えられる。もちろん第3共和制前半期第3期に入ると、市町村長の命令に対する県知事の取消権も決して無制約ではないことが、行政判例上で確立してくる。特に、当初は「混合的性格」とされた地方警察権についても、一定の自治領域が保障されるようになった事実が注目される。1902年4月18日判決は、地方警察権が上級行政庁の「権威の下」ではなく、単なる「監視の下」にあると規定されていることを根拠として、特別の法律が国の専管事項としていない限り、県知事の警察命令より厳しい規制内容を持つ市町村長の警察命令の制定権を市町村長に認め、これに対する県知事の取消宣告権を制限している[155]。

(6) 裁判的統制による「外見的な直接統治」と1884年市町村組織法

フランス地方自治法制の特徴の1つは、納税者あるいは住民に越権訴訟の提訴権が認められているところにある。しかし1884年法自体は、前述の「取消可能」

---

153) オーリウによれば、この必要な措置とは、具体的には県知事による地方警察の代執行を指すという (*ibid*., p.50)。

154) Rapport (....),par M. D<small>E</small> M<small>ARCÈRE</small>, Séance du 19 décembre 1882, *J.O., Chambre D., Doc. Parl.*,1883, Annexe N° 1547, *op.cit*., p.2662. Cf. Léon M<small>ICHOU</small>, « De la responsabilité des communes, à raison des fautes de leurs agents », *RDP*, t.7, 1897, p.72.

155) C.E., 18 avril 1902, Commune de Néris-les-Bains, *Recueil des arrêts du Conseil d'État*, Collection Macarel et Lebon (以下、*Recueil Lebon* と略す), t.72, 2ᵉ série, 1902, pp.275-276. この事件の詳細な内容については、亘理・前掲論文（2）59巻8号93-94頁を参照のこと。

の訴訟類型の場合（2編3章64条、同66条）にしか納税者（住民）による越権訴訟を認めていなかった。より一般的に市町村評議会の議決を統制できる「当然無効」の訴訟類型の場合（2編3章63条、65条）は、「直接的な個人的利益」を有する利害関係人にしか提訴権を認めていなかった。

この点で第3共和制前半期第3期における行政判例の展開は、大きな革新を示す。すなわち1901年3月29日の「カザノヴァ氏等事件」判決[156]において、「直接的な個人的利益」要件が緩和され、納税者も利害関係者に含めて考えられるようになり、まさに納税者訴訟として客観訴訟たる住民訴訟が広く認められるようになったのである。なぜなら、同判決は、次のように述べていたからである。「コミューンの納税者は、この資格において、コミューン予算への支出の計上を目的とする市町村評議会の議決を無効と宣告させる利益を有し、かくて彼らは、1884年4月5日法の65条の意味における利害関係者である」[157]。

この判例上の新展開を「裁判過程に依る直接民主主義の導入」と評する見解がある。この観点から村上順は、同判決を、「間接代表民主主義のイデオロギーに定礎された訴の利益の制約原理であった『国民（住民）』代表制の理論が廃棄される端緒」として高く評価している[158]。しかしここに言う「直接民主主義」とは、国家による自治体統制を排除し、これと対置される主権者住民による直接統治という意味での直接民主制とは異なるものである。客観訴訟たる住民訴訟は、たとえ住民からのイニシアティヴを基礎にするとはいえ、なお国家権力の1つである裁判所を通じた国家による自治体統制の1つである点は見落とすべきでない。納税者訴訟の確立を「直接民主主義の導入」と呼ぶのは、ド・ラネサンによる住民の直接統治論の意義を曖昧にする危険性がある。

実は、ド・ラネサンとの論争の中で、ド・マルセルら議会主流派の方も、ある種の直接民主主義の導入に賛成するようになったという事実がある。それは、具体的には地方評議会の議員数の増大、会議の公開制とそれによる住民の市町村評議会に対する不断の統制の確保、そして「住民が……市町村評議会の議決に対し

---

156) C.E., 29 mars 1901, Casanova, Canazzi et autres, *Recueil Lebon*, 2ᵉ série, t.71, 1901, pp.333-334.
157) *Ibid*., p.73.
158) 村上順「越権訴訟の訴の利益に関する一考察──フランスにおける『国民（住民）代表制の原則』le principe de représentation と納税者、地域住民の原告適格」『神奈川法学』12巻1号（1977年）20頁。

て不服申立て（réclamation）を提起できるようにすること」であった。ド・マルセルは、こうした「可能な限りのコミューン住民による参加」の制度化を、自治体に政治的性格を付与することを認めないという条件付きで提案した159)。そしてこのような限定つきの住民参加を、「一種の外見的な直接統治（une apparence de gouvernement directe)」と呼んだのだった160)。亘理によれば、このド・マルセルの議論の中には、すでに納税者・住民による越権訴訟制度の端緒となる考え方があった161)。したがって、もし納税者訴訟制度化の底流にド・マルセルらの考え方、すなわち「一種の外見的な直接統治」の意図を見出すならば、納税者訴訟は「間接代表制民主主義」の克服としてではなく、むしろド・ラネサンの地方自治における部分的な「人民主権」（「人民の人民による直接統治」）実現の構想を排除する趣旨から提案されたものと考える方が、憲法史の流れに沿った解釈となる。つまりそれは新たに合理化された「間接代表制民主主義」、本書の概念では合理化された（国民）代表制原理に基づく国家の自治体統制手段の１つであった162)。

　第３共和制は、普通選挙制を足場にして共和派が議会で覇権を握り、やがて議会が全ての政治的決定権を独占する「議会中心主義」を確立して、議会制の黄金期を迎える時代であった。それは、有権者と国民代表との関係について、命令委任とリコール制の禁止のように法的意味における自由委任を要求するだけでなく、事実上も理念上も国民代表が有権者意思から完全に独立すべきことを要求する「古典的代表制」すなわち「純粋代表制（gouvernement représentatif pur)」が正当性を失い、国民代表の法的独立性はなお維持されるべきとしつつも、事実上も理念上も国民代表が有権者意思ないし民意に拘束されるべきことを要求する「半代表制（gouvernement semi-représentatif)」に変質する時期であった。20世紀初頭の

---

159) Rapport supplémentaire, par DE MARCÈRE, op.cit. (J.O., Chambre D., Doc. Parl., 1883), p.517.
160) DE MARCÈRE, J.O., Chambre D., Déb.Parl., 1883, p.1520.
161) 亘理は、委員会の考えに沿って制定された1884年市町村組織法67条（「市町村評議会及び評議会外のあらゆる利害関係人は、知事の決定に対してコンセイユ・デタに訴訟を提起することができる。この訴えは越権訴訟の形式で受理され、判断される。」）を、「『あらゆる利害関係人』の手に確保された訴訟手段」とする納税者訴訟の端緒と見たうえで、その制度化の理由については、「直接民主制的改革要求に対して委員会が示したある種の譲歩」として、あるいは「かかる要求をかわす為に用いられた便法」として、すなわち「論争の妥協的な副産物」と見ている（同・前掲論文（４）59巻10号〔1983年〕88-89頁）。
162) 同上（５・完）59巻12号〔1983年〕89-90頁も、裁判的統制制度の中に国家統制の要素を見出す。

フランス代表制は、「半代表制」に基づき、普通選挙制で選出される国民代表は主権者国民の意思を事実上表現しているはずと観念することで、国民代表府の立法意思を至高とする理念を正当化することができたのである。

　この時期に、フランスの「単一国家」型地方自治原理も代表制原理の転換にあわせて質的転換を遂げる。その1つは、これまで議会の論戦の中に垣間見られたように、普通選挙制と「半代表制」の理念に支えられて、国の役人である県知事による自治体統制制度が正当化されたことである。2つ目は、にもかかわらず自治体決定への住民の参加が限定的ながらも正当と見なされるようになったことである。やがてこの部分的な住民参加の理念は、納税者訴訟（住民訴訟）へと発展していくことになる。そして3つ目は、こうして住民の直接統制をあくまでも拒否するための妥協策として着目された「裁判的統制」が（フランスでは行政裁判所による統制であるが）、やがては県知事の後見監督に代わって自治体統制の主流となる予兆が現れていることである。「裁判的統制」が主流となるのは、第4章で検討する1982年のミッテラン大統領による第1次分権改革まで待たなければならない。しかし完全な直接民主制は排除しつつ、代表制原理が「半代表制」へと変質したこと自体が、自治体統制の「裁判的統制」への純化と結びつく可能性を持っていたことは、すでに第3共和制前半期の経緯から確認してよいであろう。

　次章では第3共和制期の公法学説が、代表制原理の「半代表制」への変質を受けて、憲法原理論を深める中で確立させていった「地方分権」の本質と限界の法概念を分析する。そしてその後に、それが現代フランス憲法学における「単一国家」型の地方自治、すなわち「自由行政」原理と結びついた「分権国家」の憲法原理にいかにして結びついていったのかを検討することにしたい。それはまた、「単一国家」型の「分権国家」原理の限界とその克服方向をも示唆してくれるであろう。

第 2 部　「分権国家」の憲法原理

第3章 フランス近代公法学説における「単一国家」型地方自治原理の成立

　以上のような第3共和制前半期におけるフランス地方自治制度の確立を踏まえて、世紀末から第3共和制後半期にかけて確立したフランス近代公法学説は、これを「単一国家」型地方自治の憲法原理として定式化する。例えばL・デュギー (Léon Duguit) は、次のように述べている。「主権の不可分性から別の原理、すなわち単一不可分の共和国という原理が導かれ……、同様に主権と共和国の不可分性から、いかなる団体も主権の分け前を与えられないこと、並びに主権のまさしくその本質に反する連邦制は、フランス公法の基本原理に反することが導かれる」[1]。

　第3共和制が深化し、とりわけ20世紀に入ると、大衆政治現象や福祉国家化への認識が高まり、それを法科学として理論化することへの関心も強くなる。その結果、公法学者の間では単なる注釈学派からの離脱と法科学への傾斜が見られるようになる。一方ではドイツ国法学の成果を取り入れるなどして、機関理論の枠組みに依拠した法実証主義を極めることで国法科学を追究する者が現れる。他方では、観察可能な現実に即してこのような社会や政治の変化を科学的・実証的に分析しようとする者も現れる[2]。

　彼らこそが、フランス近代公法学で伝統的なものとなる「単一国家」型地方自治原理の基礎を提供する。しかし表面上の「単一国家」主義の限界を超えて、理論的可能性としては多元主義的な憲法原理論に接近する視角を持つ者も出てくる[3]。

---

1) Léon Duguit, *Traité de droit constitutionnel*, t.2, La théorie général de l'État, E. de Boccard, 3ᵉ éd., 1928, p.120. 傍点部分は原文ではイタリック。

2) その代表格がデュギーである。参照、深瀬忠一「L・デュギィの行政法論と福祉国家 (b)——フランス現代憲法学の形成 (2)」『北大法学論集』16巻4号 (1966年) 85-86頁。

3) 後述のように、M・オーリゥ (Maurice Hauriou) にその可能性が見出せる。

こうした「単一国家」型地方自治原理に枠づけられ、根本において規定されながらも、それを乗り越えようとする多元主義的な傾向を併せ持った憲法原理こそ、本書が見出そうとする「分権国家」原理のフランス的なあり方なのである。そこで以下では、フランス流の「分権国家」原理の原型を確認するために、第3共和制期の主要な4人の憲法・公法学者の憲法理論を検討することにしたい。

第1節 エスマン——地方自治論の欠如と「古典的代表制」論

1 エスマンの憲法論における地方自治権論の欠如

　法制史家としても有名なA・エスマン（Adhémar Esmein）は、1895年に初版を公刊した『フランス及び比較の憲法要綱』[4]により、憲法学者としての名声を確立した。この『要綱』は、「フランス現代憲法学形成期の基礎を築いた、正統的憲法学最大の業績」とまで評されている[5]。

　しかしエスマンの地方自治論ないし「地方分権」論という問題関心から考察する場合、この『要綱』にはそれが欠落していることこそが重要である。その理由は、彼の憲法概念自体に関わっている。エスマンにとって憲法の「本質的かつ不可欠の要素」とは、①国家の形態、②統治の形態と機関、③国家の権利の限界、あるいは個人の権利の承認と保障の3つを確定するところにある。エスマンは「憲法に本来的に含まれるものでこれ以外のものは何も見出しえない」として、『要綱』でも予めこの3領域に考察を限定すると述べている[6]。

　もちろんエスマンも、憲法の対象領域が必ずしもこの3領域に留まらないことを認める。エスマンによれば、その原因は第1に、憲法には通常の法律よりも大きな力と安定性とが認められるため、「本質的には憲法に属するものではなく……行政法に属する命令事項（réglementations）が成文憲法の枠内に含まれることがしばしば起きる」からである。命令事項は、憲法上に規定される限りで憲法的

---

[4] Adhémar Esmein, *Éléments de droit constitutionnel français et comparé*, 1ère éd., 1895.『要綱』は彼の生前に5版を重ね、死後も1927年までにバルテルミィ（J. Barthélemy）やネザール（H. Nézard）により第8版まで出されている。それぞれには増補改訂が施されている。本書は、エスマンの死後の最初の版（6e éd., par Joseph Barthélemy, Recueil Sirey, 1914）を用いている。

[5] 深瀬忠一「A・エスマンの憲法学——フランス現代憲法学の形成（1）」『北大法学論集』15巻2号（1964年）312頁。

[6] A. Esmein, *Éléments...*, *op.cit.* (6e éd., 1914), p.30.

効力が与えられる。原因の第2は、憲法学者自身が「国民が生活を送る政治体制を全てありのままに示す」目的から、「本質においても立法上〔＝法文の形式上〕でも行政法の一部をなす事項を、一国の憲法についての概説書の中で意識的に紹介する」からである。エスマンはこの試みを「法的見地からは誤り」と批判する。そしてこのような試みの例としてエスマンが挙げるものこそ、地方自治であった[7]。

エスマンの憲法理論枠組みの中では、地方自治の問題は次のように考えられていた。「地方的な、市町村あるいは州の利益を管理することは、確かに憲法に属する問題ではない。しかし、この管理が〔国の〕執行権による任命と指揮監督を受ける役人の手に委ねられる場合と、それが地方自治（self-government）の方法で、各行政区内で自由に選ばれた吏員や集団によって運営され、そして執行権は彼らに対して監視しか行わない場合とでは、この違いに応じて人民の精神と政治的能力が全く異なってくることは分かる。それ〔＝地方自治〕には、賢者と政治家に対する有益かつ教育的な接近方法がある」[8]。すなわちエスマンは地方自治の中に、「地方自治＝民主主義の小学校」論に通じるような人民への教育的効果しか、憲法的な価値を認めていないのである。

『要綱』はこの部分を除けば、地方自治についての理論的言及を一切欠落させている。またエスマンの全著作リストの表題を見る限り、やはり地方自治や「地方分権」を論じている可能性のある著作も皆無である[9]。したがってエスマンの憲法学における地方自治ないし「地方分権」の意味については、その欠落の理由を探ることこそが重要であろう。

もっともエスマンの憲法論には体系性が乏しいことが指摘されている[10]。したがってエスマンの憲法論の基本原理そのものから論理内在的に地方自治の欠落ないし無視を説明することは困難である。しかし、のちに示す3人の憲法学者が「地方分権」をその憲法論の本質的ないし主要な構成要素の1つと見なしていることに鑑みれば、彼らの憲法理論との対比においてエスマン憲法理論の特質となるものを抽出することで、エスマン憲法理論における地方自治論ないし「地方分権」

---

7) *Ibid.*, pp.30-31.
8) *Ibid.*, p.31.
9) エスマンの著作リストについては、深瀬・前掲論文100-101頁参照。
10) 高橋和之「フランス憲法学説史研究序説（2）——伝統的国家理論と社会学的国家理論」85巻3・4号『国家学会雑誌』（1972年）68頁。

論の欠落の意味を明らかにすることは可能であろう。他の3人とエスマンとの最大の違いは何か。それは普通選挙制の確立の下で政治に対する事実上の影響力を明確に示し始めていた「民意」ないし社会的諸権力に肯定的な態度を持ちえたか否かであった。以下、この点に絞ってさらに検討を加えよう。

2 エスマンの法学的国家論と国民主権概念

　エスマンの方法論は憲法学と社会学（現代の用語法で言えば社会科学）との区別を基礎とする。すなわち社会学は自然科学（science naturelle）の1つとして、「人間関係が形成され、組織され、発展し、そして分解する際に従う自然法則を発見し、導き出すこと」を目的とするのに対して、法学（science juridique）の1つである憲法学は、「慣習や立法によって固定され、一定の形態を持つに至った国家と政府とを把握して、その精神と根本原理とを抽出し、そこから諸々の結論を引出し、このようにしてその論理的かつ法的な体系を構成する」ことを目的とする[11]。このように既存の国家と法制度とを所与の前提として、その正当化のための法的諸原理の体系化、整合化を目指すことが彼の憲法学方法論である。

　この観点からエスマンは、主権の帰属主体としては「国民を構成する個々人の総体とは区別された……擬制的な人格」以外にはありえないとしたうえで、これを国家と同視する。すなわち、「国家とは国民を法人格化したもの（personnification juridique d'une nation）」である。国家＝国民は擬制的存在であるから、国民のために意思表明し行動する自然人が必要になる。こうして主権は「継続的擬制的な保持者」の他に、「現実的かつ行動的な別の」保持者を必要とする。彼は後者を「主権者」と呼び、それがいかなるものかによって国家形態が定まるとする[12]。

　エスマンの国家形態論は異なる2つのレベルを包含する。1つは主権帰属主体が単一か複数かによる区別であり、前者は「単純国家（État simple）」、後者は「複合国家（État mixte）」と呼ばれる。前者の例が君主制や共和制であり、後者の例が立憲君主制とされる。もう1つの国家形態論は主権分割の有無による分類であり、この分類で「単一国家（État unitaire）」と連邦国家とが区別される。前者では、「主権の主体が複数になることはあり得ても、主権は唯1つしか存在しない。この場合に主権は単一であり、主権はあらゆる点で全ての被治者ないし市民に命

---
11) ESMEIN, *Éléments...*, *op.cit*., p.31.
12) *Ibid*., pp.1-4.

令を下す」。これに対して後者は主権が分割されており、「複数の個別国家から構成される」国家である。「個別国家のそれぞれは、原則としてその内部主権、その固有の法律及びその政府を保持する。しかし国民全体は、これらの個別国家の総和した人口を含み、これらの個別国家を抽象化したものであるから、それは全体として1つの国家、あるいは連邦国家を形成する」と観念されることになる。連邦国家はそれが規律する対象については一般法を制定し、個別国家の特別法を排除できる[13]。

ところでエスマンには、連邦国家を国家連合（Confédération d'États）から区別する視点もある。後者は「主権の全てを保持している」独立国家の恒常的な結合あるいは同盟と定義される[14]。したがってエスマンが連邦国家において個別国家が保持するとされる「内部主権」とは、主権分割が認められる限りでの概念である。しかもフランスにおいて主権は単一不可分と観念されるので、フランスでは本来ありえない国家形態であることがその国家形態論の所与の前提となっている。こうすることで「単一国家」では、主権の「現実的・行動的な保持者」が全ての公的事項につき立法しこれを全国画一的に適用することが「主権不分割」を理由に正当化されることになる。このようにしてエスマンの国家形態論では、不可分の主権国家の場合、国とその構成単位（自治体）とで立法権を分有する可能性が理論的に排除されることになる。

こうした法学的国家論の枠組みにおいては、憲法から直接授権されるという意味で第1次的権能である立法権（始源的立法権）を国（具体的にはその立法府である国会）と分有することを認められていないフランスの自治体（具体的にはコミューンと県の評議会）は、確かにその憲法学の本来的な分析対象から除かれることになる。しかし、第3共和制はすでにそれ以前の時代とは異なり、国の立法府による立法権独占という憲法原理自体が一定の変容を遂げていたはずである。エスマンは、この点をどのように考えていたのであろうか。

3 「2つの統治形態」における「古典的代表制」擁護の意味

エスマンが「フランス革命が宣言した諸原理の中で最も重要なもの」と述べる国民主権の原理は、「ある人民内における主権は国民全体に存し、それ以外には

---

[13] *Ibid*., pp.4-7. 傍点は本文がイタリック。
[14] *Ibid*., pp.7-8.

存しえない」ことを本質とする。実証主義が支配する19世紀末にあっては、もはや社会契約を国民主権の根拠とすることはできない。そこでエスマンは「良識 (bon sens)」と「争う余地なき社会的事実の正確かつ適切な唯一の法的解釈」をその根拠に据える。前者は「公権力とそれを行使する政府とが、国民をなす全構成員の利益のため以外には存在しない」こと、したがって「万人の利益のために設立されるものは利害関係者により、かつ一般意思により規律されるべきである」という考え方である。後者は、持続的な市民の服従を得るには政治が世論に支えられていることが不可欠という事実を意味する。エスマンはこれを世論の支配という「事実上の主権」と「法的主権」との調和・一致という形で示そうとする[15]。

もちろんエスマンにおける世論の「事実上の主権」という考え方は、有権者に立法府議員の罷免権まで認めるものではなく、議員の任期満了後の選挙を通じた、立法府に対する世論の事実上の影響力の強まりを指摘したものに留まる[16]。しかもエスマンは、選挙以外の手段を通じた世論の影響力の行使については否定的である。それはエスマンが、協同組合運動や労働組合運動などの社会的諸勢力の政治への影響を重視するP-J・プルードン (Pierre-Joseph Proudhon) の連合主義や、「サンディカリスム (syandicalisme)」論の中で一定程度それを法学的に正当化したデュギーの社会学的国家論に対して行った激しい批判の中に見出される。エスマンにとり「サンディカリスム」は、小規模の人間集団内における、とりわけ直接民主主義的な組織運営を通じた抑圧的な多数者の支配を意味する。逆に、小規模の集団内で孤立し抑圧された諸個人の権利・自由を保護する存在として、「万人に優越しかつ共通する公権力」による支配が何よりも重要とされる[17]。エスマ

---

15) *Ibid*., pp.272, 280-281, 286, 288. エスマンの法実証主義については、高橋・前掲「フランス憲法学説史研究序説 (3)」82頁を、「良識」の意味については、深瀬・前掲論文320-321頁を参照。

16) Esmein, *ibid*., pp.297, 438-439. エスマンによれば、有権者に立法府議員の罷免権を認めることは「代表統治の否定そのもの」である。なぜなら「代表統治は、立法府議員の決定と討議の完全な自由を前提としているからである。同じくそれは国民主権の原理にも反する。国民主権の原理は、各議員を国民全体の代表者とするからである」(*ibid*., p.441)。

17) *Ibid*., pp.47-57. エスマンはデュギーへの批判の中で、「連合主義の組織」を称揚するM・ルロアの主張を紹介したうえで、これを無政府主義であると同時に多数者による個人の抑圧でもあるとして批判する。ルロアによれば、「連合主義の組織」とは、あらゆる発意が基礎単位組合から発し、この単位組合の議決は受任者 (mandataires) を通じて連合の大会に伝達され、大会の決定も「レファレンダム」の方法でしか行われえないとしたが (Maxime Leroy, *La transformation de la puissance publique*, p.272, 〔Esmein, Éléments..., *op.cit*., p.53からの引用〕)、これはまさに直接民主主義である。

ンのこうした小規模集団の自治に対する懸念は、「主権的なコミューン」自治への懸念にも通じるであろう。

　以上のようなエスマンの主張は彼の思想的立場と密接に結びついている。それはフランス革命期にアベ・シェイエス (Abbé, Emmanuel-Joseph SIEYÈS) らが展開した古典的な代表制こそ正しい統治形態なのだとする19世紀的保守自由主義の立場である。エスマンは、第3共和制で確立した普通選挙制に基づく大衆政治状況に気づき、これを1つの憲法原理に定式化した憲法学者として有名であるが、この立場は金字塔的論文である1894年の「2つの統治形態 (Deux formes de gouvernement)」[18]にも明瞭に現れている。

　エスマンはこの論文の中で「古典的代表制 (gouvernement représentatif classique)」と「半代表制 (gouvernement semi-représentatif)」とを対置した。これらはそれぞれ、『要綱』では「真の代表統治 (véritable gouvernement représentatif)」と「外見的な代表統治 (apparence d'un gouvernement représentatif)」と呼ばれている[19]。「古典的代表制」の特徴は、①主権者自身による主権の諸属性（すなわち始源的・第1次的な権能）の行使の否定、並びに国民の名において代表者が自由に自己評価し活動することの保障、②代表者の任期中の無答責性、罷免不可能性の原則、③「直接統治」の代用品ではなく、それより優れた統治制度としての「代表統治」の理念の3つである。その結果、国民代表の権威が絶対的となる恐れが生ずるが、権力分立、2院制、執行権についての大臣責任制、司法権における陪審制などの諸対抗手段で矯正がなされうるとエスマンは主張する[20]。

　そのうえでエスマンは、当時のフランスでも諸外国においても、こうした古典的形態がいくつかの点で変化しつつあることを指摘する。それは1院制化の傾向、命令委任禁止原則の緩和、レファレンダムの導入、マイノリティーが議会において法的に代表される制度〔＝議席割当て制〕の実現などの動きである。エスマンは、これらの動きがルソーの理論すなわち「人民主権」論に通ずるものであり、「代表統治」を「直接統治」の代替物と見なす考え方が背後にあると見て、これを「半代表制」と名づけたのだった。エスマンによれば、「半代表制は唯1つの目的を追求する。それは、有権者の多数により表明された国民の現実の意思を、可能な

---

18) A. ESMEIN, « Deux formes de gouvernement », *RDP.*, t.1, 1894, pp.15–41.
19) ESMEIN, *Éléments...*, *op.cit.*, pp.24–25.
20) ESMEIN, « Deux formes de gouvernement », *op.cit.*, pp.15–17.

限り正確に表現し執行することである」[21]。エスマンによれば、「半代表制」も人民の意思の実現を口実に、1院制議会のほぼ無限の独裁を招く危険がある。したがって「半代表制」についてもその対抗手段が必要となる。エスマンはそれを立法府議員選挙における比例代表制の導入を通じたマイノリティーの代表可能性の確保、受任者に対する命令委任と彼らの罷免可能性、レファレンダムなどに見る[22]。

このように2つの統治形態を区別するのと並行して、エスマンは「半代表制」に対する原理的な批判を行う。とりわけエスマンは、「半代表制」を1つの体系として完成させるうえで不可欠な対抗手段について、それに内在する問題点を強調する。すなわち命令委任と罷免制について、これを「全国民の代表者」の原理の放棄と結びつくものであり、コミューンや各選挙区の「文字通りの個別主義的な代表の考え方」に行きつくものとして否定するのである。またレファレンダムについても、エスマンはそれが「国民の進歩にとって最も有益な最も優れた法律」を「軽率な民衆の偏見」によって阻止してしまう点で、やはり認め難いとする[23]。

エスマンの「半代表制」概念は、次節に示すR・カレ・ド・マルベール（Reymond CARRÉ DE MALBERG）のそれとは異なる。カレ・ド・マルベールにとっての「半代表制」は、「直接統治」と原理的に区別されるもので、「純粋代表制」（エスマンの用語では「古典的代表制」）の一定の変容形態に留まり、法制度的にはなお命令委任を否定し、自由委任の原則の枠内に留まるものであった。そしてこの概念の方が、有権者＝民意が立法府議員を法的に拘束するわけではない第3共和制の統治形態を正しく把握するものである[24]。

これに対して、エスマンのそれは「直接統治」に通じる概念とされる。にもかかわらずそれは、立法府議員が有権者意思に法的拘束を受けることを絶対条件としているわけではない[25]。エスマンの「半代表制」概念は、第3共和制期の政治の現実に鑑み、有権者意思が立法府を事実上ある程度拘束するに至った状態を確認したうえで、それが命令委任などを伴った「直接統治」に進む危険があり、彼が最も正しい統治形態と考える「古典的代表制」を掘り崩す危険な傾向であることを示すための法概念であり、こうすることで「半代表制」の拒否を正当化する

---

21) 以上、*Ibid.*, pp.18-25.
22) *Ibid.*, pp.35-41.
23) *Ibid.*, pp.38-40.
24) 本章第2節4(1)を参照のこと。
25) 高橋和之「現代フランス代表民主政論の源流（1）」『法学志林』79巻4号（1982年）9頁。

ところに意味があったのである[26]。

新たな大衆政治状況を警戒するエスマンにとり、国民代表による一般意思の一元的解釈としての立法と国の執行権によるその全国画一的な適用から社会的諸勢力が一定程度独立し、それが地方自治の場で別の立法意思を示すことや、このようにして自治体が地方的必要から、国の立法府の定立する一般意思の貫徹を何らかの意味で阻害し、妨害する可能性を認める憲法理論など認められようもなかった。主権の行使ないし「主権の属性」たる第1次的権能の帰属問題のみを考察の対象とする憲法概念に立つ限り、地方自治をその憲法理論の本質的要素と見ることができなかったのも当然である。逆に、第3共和制期の大衆政治状況を是認する立場からは、地方自治を主権の行使と無関係の原理とする「地方分権」概念を用いることで、憲法理論の主要な要素の一つとして地方自治を位置づけることができるはずである。そこで同じく法学的国家論を採りながらも、「地方分権」の憲法理論を肯定的に展開したカレ・ド・マルベールの分析を通じてこのことを論証しよう。

第2節　カレ・ド・マルベール──法学的国家論における「自己行政」論

1　カレ・ド・マルベールの法学的国家論と国家の法人格理論

ドイツ国法学から多大の影響を受けたカレ・ド・マルベールは、ドイツ流の法

---

[26]　なお、このエスマンの「半代表制」概念を手掛かりにして、第3共和制における普通選挙制の採用と「民意を尊重する政治」の理念の確立だけで、J-J・ルソー（Jean-Jacques ROUSSEAU）が提唱し、1793年憲法時にジャコバン派が実行しかけた「直接統治」の憲法原理、すなわち「人民主権」の再出現とその定着を主張する樋口陽一の比較憲法論も、「半代表制」の肯定と否定の別はあるものの、「半代表制」の本質を「人民主権」と見る点で、エスマンと同じ過ちを犯している。樋口の国民主権概念は、権力の正当性のみから組み立てられており、権力行使の制度化のレベル（権力性）を問題にしない。そのため、「半代表制」も権力の正当性の論理という点で「人民主権」と見なされることになる（樋口陽一『近代立憲主義と現代国家』〔勁草書房、1973年〕243-246、287-304頁）。これに対して権力性中心に主権論を考える杉原は、「『純粋代表制』から『半代表制』への展開を『国民〔ナシオン〕主権』から『人民主権』への展開として把握する」ことは、本質的にはなお「ナシオン主権」に留まる憲法規範の下で「憲法上存在しない……人民に対する議会の従属義務と人民主権……を憲法上実在するものであるかのごとくみせかける……体制イデオロギーとしての機能を果た」すものとして痛烈に批判している（杉原泰雄「いわゆる『半代表制』（le gouvernement semi-représentatif）の構造について」『一橋論叢』65巻1号〔1971年〕50-65頁）。

学的国家論、特に国家の法人格理論（国家法人説）の理論枠組みを用いつつ、第３共和制期のフランス憲法を論理的かつ緻密に分析した[27]。ここでは、彼の主著『国家の一般理論への寄与』[28]（第１巻1920年、第２巻1922年。以下『寄与』と略す）を中心に分析を加え、彼の連邦制論との関わりで1914年の『公法雑誌』掲載論文である「ドイツ帝国におけるアルザス＝ロレーヌの法的地位」[29]を、彼の「半代表制」論との関わりで『一般意思の表明としての法律』[30]（1931年。以下『法律』と略す）と同じく1931年の『公法雑誌』掲載論文である「議会主義とレファレンダムの結合の問題に関する理論的考察」[31]（以下「理論的考察」と略す）を必要な範囲で採り上げる。

(1) 法学方法論

まずカレ・ド・マルベールは法学の考察対象から、政治学や社会学にとっての重要なテーマである市民の日常的「協働（collaboration）」現象を排除し、「協働を拒否した場合のその構成員に対して国家の権力がどこまで及ぶのかという極端な点を追究すること」に考察を限定する。このような「例外状況」で強制しうる「国家という団体に固有の権力」の探求こそが彼の憲法論の中核をなす[32]。したがって、国家による地方自治の実際の尊重や自治体による国家への事実上の影響力の行使といった相互作用的要素は、その法的考察から除外されることになる。

彼は国家の本質をその統一性（unité）に見る。しかも「この本質的事実を考慮に入れない、あるいは説明しない国家の理論は、全て事実〔＝社会科学〕の側に留まる」と述べるので、国家の統一性は法学の世界では疑う余地のない所与と観念される[33]。この国家の統一性観念は、国家を１つの法人格（une personne ju-

---

27) 高橋和之「フランス憲法学説史研究序説（３）――伝統的国家理論と社会学的国家理論」『国家学会雑誌』85巻５・６号（1972年）79頁。René CAPITANT, « L'œvre juridique de Raymond Carré de Malberg », in Archives de philosophie du droit et de sociologie juridique, Sirey, 1937, pp.85-87.

28) Raymond CARRÉ DE MALBERG, Contribution à la théorie générale de l'État, t.1, 1920, t.2, 1922〔C.N.R.S., 1962〕. 以下、Contribution と略す。

29) R. CARRÉ DE MALBERG, « La condition juridique de l'Alsace-Lorraine dans l'Empire allemande », RDP, 1914, pp.5-47. 以下、« Alsace »と略す。

30) R. CARRÉ DE MALBERG, Loi, expression de la volonté générale, 1931 [Economica, 1984]. 以下、Loi と略す。

31) R. CARRÉ DE MALBERG, « Considérations théoriques de la combinaison du referendum avec le parlementarisme », RDP., 1931, pp.225-244. 以下、« Considérations » と略す。

32) Contribution, op.cit., t.1, Avant-propos, pp.xiv-xv.

ridique）として理解し、説明する方法と容易に結び付く[34]。なぜなら、彼によれば、国家を一つの法人格として見ない限り、国家の統一性を説明できないからである[35]。法学にとっての所与の前提という意味で、彼はこの国家統一性の不可侵性を「法的事実（réalités juridfiques）」と呼んでいる[36]。

彼の法学方法論は次の主張にもよく表れている。「……法学は、それ自体としては歴史的社会的視点から制度の基礎を追究する必要など全くなく、政治哲学的な観点からその正当化を行うことも、なおさら必要ない」[37]。「……国家について法律家が構築すべき一般理論とは、理性的あるいはアプリオリな諸概念ではなく、現行の公法によって与えられた実定的与件に依拠するものである」[38]。歴史的社会的視点からの現状分析や実定法を超えた価値体系からの批判的分析を排除し、実定法のみに対象を絞り、国家の統一性を所与の前提としつつ実定法を整合的に解釈しようとする場合には、それは否応なく既存の法体系を正当化する限界を持つ。

もちろん彼は、法の歴史性や規範としての自然法や道徳の重要性についても認識しており、単なる実定法の解釈論にしか関心を示さない注釈学派に留まる学者ではなかった。しかし国家権力に裏打ちされた実定法のみに分析を限る法実証主義に留まっていたため、歴史上実定法化されなかった様々な対抗原理を十分に視野に入れることができず、むしろ一時期の歴史的産物に過ぎない実定法体系が指し示す法原理を、そのまま法と国家の一般理論と考えてしまう限界があった[39]。こうした限界を抱えたままで、彼が国家の統一性を論証しえない理論は法学ではないと述べるとき、それは必然的に、既存の国家秩序を統一的に説明することができない別系列の国家理論、あるいはこの既存の国家秩序を危険にさらしかねない国家理論を、法学の対象外の理論として直ちに排除することになる。後に見る社会契約論の否定は、彼の法学方法論の当然の帰結であった。

33) *Ibid.*, t.1, Les éléments constitutifs de l'État, Chap.1er, Théorie de la personnalité de l'État, § I, p.30.
34) *Ibid.*, t.1, Les éléments ……, Préliminaires, pp.8-9.
35) 「国家の統一性という否定しがたい重要なこの事実は、人格性（personnalité）の観念を援用しない限り、法学による説明を不可能とする」(*ibid.*, t.1, Les éléments ……, Chap.1er, § I, p.40)。
36) *Ibid.*, t.1, Les éléments ……, Chap.1er, § I, p.30.
37) *Ibid.*, t.2, Les origines de l'État, Pléliminaires, p.144.
38) *Ibid.*, t.1, Les éléments ……, Préliminaires, pp.1-2, note（1）.
39) 高橋・前掲論文「フランス憲法学説史研究序説（3）」87-88頁も同旨。

(2) 国家の法人格理論

　カレ・ド・マルベールの国家法人格理論によれば、国家とは、「個々人からなる単なる社団（société）」に還元されるものではなく、「その不可分の全体として、唯1つの（unique）権利主体を、したがって1つの法人格を形成する」[40]。人格という観念は、その中に複数の主体を含むことを拒絶する。諸個人やその集合体は国家の法的構成要素ではない。こうして、個人やその集合体と区別される新たな1つの不可分の統一体としての「国民（nation）」が想定されることになる。この意味の「国民」を組織化し、法的主体としたものが国家なのである[41]。

　ここに言う「国民」とは、当然のことながらルソーが述べるようなその時々の有権者総体、すなわち人民を指すものではない。カレ・ド・マルベールによれば、各時期の諸個人と「国民」との間にももちろん関係はあるけれども、「国民」は将来の世代をも含む存在であり、しかも個々の市民に還元して考えることのできない不変の（immuable）、永続的な（permanent）、不滅の（perpétuel）存在である[42]。つまり「……現在および将来の諸々の国民〔＝諸個人〕を統合した団体としての国民は1つの抽象的人格なのである」[43]。

　抽象的人格としての「国民」は組織化を必要とする。組織化とは、一定数の自然人の集団が、「国民」の機関としての資格を与えられて活動することを意味する。したがって国家の法人格理論は必然的に機関理論と結びつく[44]。国家の法人格理論は、論理的には実定憲法で国民意思代表機関として有権者団（有権者総体）を規定する場合には直接民主制を肯定するので、必ずしもシェイエス流の「代表統治」論と結びつくものではない。しかし国会を国民代表府として規定する実定憲法の下では、「人民主権」論のように有権者総体が国民意思を直接表明することも、あるいは国会議員を各選挙区の「受任者」として命令委任で法的に拘束することも、その法学的国家論の論理には一切含まれていない。

---

40) *Contribution, op.cit*., t.1, Les éléments ……, Chap.1ᵉʳ, § I, p.40.
41) *Ibid*., t.1, Les éléments ……, Chap.1ᵉʳ, § I, pp.14-15, pp.47-48. 石崎学「共和国・主権と自由の狭間で——カレ・ド・マルベールの法的国家論についての1考察」『亜細亜法学』33巻2号（1998年）29頁は、「カレ・ド・マルベールの国家法人説は、国家の統一性の法的内在的論理の説明であるだけでなく、実は、国家によって人格化された国民の生成＝国民の統一化の論理でもある」と指摘する。
42) *Ibid*., t.1, Les éléments ……, Chap.1ᵉʳ, § I, p.48
43) *Ibid*., t.2, Les organes de l'État, Chap.2ᵉᵐᵉ, § III, p.284.
44) *Ibid*., t.2, Les organes de l'État, Préliminaires, pp.143-144.

そもそも彼は「人民主権」論の前提である社会契約論自体を否定する。彼によれば、人間集団の結合形態には個々人が契約を結んで成立する「社団的結合」と、全員で定款に基づき不可分の共同体ないし法人という新しい法的実体を創出する「定款的結合」の２種類がある。「社団的結合」こそ社会契約の論理であるが、これでは参加者間の権利義務関係と区別される別個の権利主体を成立させられない。なぜなら主権国家は一般意思に対する市民の絶対的服従を前提とするのであり、そうだとすれば、たとえ国家の成立時に全員一致の根本契約があったと仮定してみても、契約の論理では国家成立後の政治決定において少数派が多数派に服従することを法的に説明できないからである。反対に「定款的結合」の場合には、個々の構成員から独立した一個の法人格が生まれ、定款によりその資格を付与された単一的意思形成機関が国家の意思作用を行い、こうして初めて「意思と権力の統一性」が生まれる[45]。

2　カレ・ド・マルベールの連邦制論
(1)　主権の消極的概念と国家の指標

次に、カレ・ド・マルベールの連邦制概念を考察する。それは、連邦国家における州の自治権とそれ以外の国（通常は「単一国家」）における自治体の自治権とを質的に区別する彼の思考枠組みの法学的な論理を明確にしたいからである。

まずカレ・ド・マルベールは、主権の意味を限定する。彼も主権の歴史的用法としては、国家権力の最高性、国家の諸権力の総体、国家の最高機関が持つ権力の３つがあったことを認める。しかしこの３つのうちで、第２の意味は「国家権力」と呼ぶべきであり、第３の意味についても、絶対・独立・最高の権力が認められるのは法人としての国家のみであり、国家の最高機関の権力は主権ではないから、これも認め難い。16世紀に主権概念を生み出したフランスの理論家たちが、この概念で国王の権力を、国の内外の他の権力による妨害やこれらへの従属から解放することを狙っていたことに鑑みれば、結局、「主権の純粋な理念には、消極的な要素しか含まれない。主権という言葉は、本来的に権力の内実を全く示さない」。つまり彼は、主権とは権力の最高性の意味しか持たないとしたのである[46]。

もし主権を消極的な概念、すなわち他のいかなるものにも従属しない最高独立

---

45)　*Ibid*., t.1, Les éléments ……, Chap.1ᵉʳ, § I, pp.31-34.
46)　*Ibid*., t.1, Les éléments ……, Chap.2ᵉᵐᵉ, § I, pp.76-88.

の権力という意味に限定する場合には、主権は国家の本質的要素ではなくなってしまう。彼によれば、そもそも主権を国家の本質的要素と考える主権国家論は、16世紀フランスにおける「単一国家」を前提として形成されたものだった。これに対して彼の時代になると、1つの領土内で「連邦国家」の権力とその「連邦構成国（États confédérés, États membres）」の権力とが衝突し競合する連邦国家の出現により、主権国家論はもはや普遍的妥当性を失った。それゆえ連邦国家を法的に説明する道は、主権以外の国家の指標を見出すか、連邦国家内の「連邦構成国」の国家性を否定するかのいずれかしかなくなる。当時は(実は現在でも暗黙の裡に？)ドイツでもフランスでも、「単一国家」の市町村や県の自治権と「連邦構成国」の自治権とが本質的に異なることは、法学者の間では疑う余地のないものだった。そのため彼も当時の常識に基づき、直ちに後者の発想しか採りえないと決めつけて、主権を国家の指標とすることを否定したのである[47]。

(2) 国家連合との対比から見た連邦国家の本質

それでは二重の国家から構成される連邦国家の法構造はどのように説明されるのか。彼はこれを国家連合（Confédération d'États）と対比しつつ説明する。

彼によれば、国家連合の特徴は以下の通りである。①それは主権を持つ諸国家の単なる連合関係であり、国際条約による純粋に契約的な秩序しか形成しない。②連合の議会は、連合協約が共同化した事項につき、全会一致原則あるいは少なくとも個別国家間の平等の投票による多数決原則に基づいて決定を行う。この決定は、個別意思を集合した結果に過ぎず、国家的統一性を生み出さない。③連合は固有の国家権力を持たない。連合の決定は、国家権力を持つ個別国家の決定を介して初めてそれぞれの国の領土と人民に対する強制力を持つ。④連合を構成する個別国家のみが主権を完全な形で持つ。連合協約の修正は、個別国家間の全会一致、あるいは分離独立権を留保したうえでの多数決による場合以外は許されない。

これに対して連邦国家の特徴は以下のようになる。①「連邦構成国」と区別され、これらに優越する国家が形成される。それはもはや契約に基づくものではな

---

47) *Ibid.*, t.1, Les éléments ......, Chap.2eme, § II, pp.90-92. カレ・ド・マルベールもドイツの法学者も、連邦国家と「単一国家」の本質的相違を所与の前提としていたことについては、*Ibid.*, t.1, Les éléments ......, Chap.2eme, § II, pp.123-147参照。なお本書第2部第4章第3節1(1)も参照のこと。

く、連邦憲法の存在自体に根拠を置く。②連邦の意思は、その形成に際して、一方で「連邦構成国」による一定の参加を必要とし、その限りでこれら「連邦構成国」に一定の従属をするが、他方でこれらの国家の個別意思の集合とは区別され、これらの国家に優越する意思である。したがって「連邦構成国」とは無関係な機関も当然に連邦意思形成に参加できる。「連邦構成国」による連邦意思形成への参加自体、契約に基づく社団参加者としての行為ではなく、定款たる連邦憲法がこれらの国家を連邦の機関の1つと規定しているからに過ぎない。③連邦国家の権力は、「連邦構成国」の領土と人民に対し、直接無媒介に命令を下すことができる。したがって連邦国家では、同じ1つの領土と諸個人に対し、それが所属する国家と連邦国家という2つの国家権力が競合的に及ぶことになる。④連邦国家のみが主権を持つ。連邦国家は、それ自体の憲法制定機関の手で連邦憲法を修正し、その権限を拡大しうる。その際、全ての「連邦構成国」の同意は必要でない[48]。

以上の対比に加えて、彼は連邦国家の本質を、「その憲法の点から見て、それが単一国家原理と〔国家〕連合原理 (un principe unitaire et un principe fédératif) とに同時に属する」ところに見る。連邦国家の「単一国家」の要素とは次の通りである。①連邦権能の行使に際しては、この権能の範囲内にある限り連邦国家は、単一かつ直接的な権力に従属する単一の領土と国民を持つ。②連邦国家の権能事項においては、「連邦構成国」は国家であることを止め、「単一国家」の州と同様の下位団体として連邦国家権力に従属する。③「単一国家」と同じ性格を持つ中央機関を持つ。④連邦国家は「単一国家主義 (l'unitarisme)」へ、中央集権主義へと進む傾向がある。

これに対し「連合」原理の要素については、彼はこれを「連邦構成国家」による連邦意思形成への参加に見る。この参加は、「連邦構成国」ごとに選出される議員からなる「第2院」と憲法改正時の「連邦構成国」による発案権や批准の制度に見出される。もっとも「第2院」はあくまで連邦国家の固有機関に留まるため、それは「間接的参加」の意味しかない。「連邦構成国」の固有機関による連邦意思形成への参加は、上述の憲法改正の場面でしか認められない[49]。

(3) 「連邦構成国」の自治権の本質

それでは連邦憲法上、「連邦構成国」の自治権はどのようにして説明されるの

---

48) *Ibid.*, t.1, Les éléments ......, Chap.2ème, § II, pp.92-95.
49) *Ibid.*, t.1, Les éléments ......, Chap.2ème, § II, pp.96, 102, 106-117.

か。カレ・ド・マルベールはこれを、あくまでも「連邦構成国」が「国家」性を持つところに見出す[50]。なぜなら彼は、連邦国家が成立するためには、連邦国家を構成する「団体が、連邦憲法からではなく、自己の固有の意思と権力とからこれらの団体に帰属する権利や権限を持つ、換言すればこれらの団体が独力で、連邦国家と別個に国家となることを意味する権利を持つ」ことが必要と述べるからである。さらには、その構成団体が独自の国家的性格を持つからこそ、連邦国家における「連合」原理の必須条件とされる構成団体による連邦意思形成への参加権が認められるとも述べている[51]。

　彼によれば、連邦国家においては連邦憲法の改正手続きによって「連邦構成国」からその「国家」性を奪うことも可能である。にもかかわらず彼は、連邦国家を構成する「個別国家は、連邦国家に対して真の独立した地位を持ち、連邦国家に対抗しうる権利を持つ」と主張する。なぜなら彼によれば、「これらの権利の諸々の点において、連邦国家の権力を制限し、個別国家の保障となる法規範が存在する」からである。つまり「連邦国家と連邦構成国との間には連邦憲法があり、この憲法は後者に対して、自ら自由に自己の権能を決定できる一定の範囲を残している。さらにこの憲法は、一定の明確な条件の下で、かつ連邦構成国の一定の協力を介してしか変更されえない」。彼は、こうした連邦権力に対抗しうる自己権能の決定権（始源的立法権）と憲法改正手続きへの参加権が連邦憲法によって「連邦構成国」に保障されるところに、連邦国家の「法的に制限された権力」の本質を見るのである[52]。地方団体への国家の介入についての法的制限の有無は、のちに見るように連邦国家における「連邦構成国」と「単一国家」における自治体との自治権の本質的相違の議論と結びついていく。

　「連邦構成国」の「国家」性と始源的立法権の連邦憲法による保障という命題は、彼のもう一つの命題、すなわち「連邦構成国」はその「国家」性と始源的立法権とを、連邦憲法からではなく「自己の固有の意思と権力」から獲得するとい

---

50) 国家性の具体的基準としては、①自治的意思に基礎を置く自治組織であること、②自らに固有のものとして帰属する最高機関が存在すること、③それぞれ制約はあれ、特に立法権を中核とする3権全てに及ぶ、国家権力に本来的に含まれる全作用を所有することの3点が挙げられている（*ibid*., t.1, Les éléments ……, Chap.2ème, § III, pp.164-166〔p.166, note（12）の国家権力概念における立法権の中核的性格の指摘を含む〕）。
51) *Ibid*., t.1, Les éléments ……, Chap.2ème, § II, pp.122-123.
52) *Ibid*., t.1, Les éléments ……, Chap.2ème, § III, pp.161-162.

う命題と矛盾しないのであろうか。もっとも「連邦構成国」と対比して「単一国家」の自治体（コミューンや州）の性質を説明することが主な目的である限りは、この２命題の間の一貫性は重要ではなかった。そのために、彼にはこの２命題が矛盾するものとは意識されなかったと思われる。

　実際彼は、「単一国家」の説明の中で、「コミューンや州は、それらが自らの意のままに自らの権能を決定しうるような固有の領域を何も持っていない。というのは、あらゆる領域においてこれらの権能は、コミューンや州が従属する国家の法律から与えられたものだからである」と述べ、さらに「国家がそれらからこうした権能や権利を奪回する無制限の権力を持っている」ので「法的保障」が何もないと述べていた[53]。この点では、憲法が条例制定権をはじめとする諸権能を自治体に直接授権し、国の立法による剥奪から一定の保護を与えているか否かに、「連邦構成国」と単なる自治体との違いの基準を彼が見出そうとしていたように見える。普仏戦争の結果としてドイツに併合されていた第３共和制前半期のアルザス＝ロレーヌ地方が当時のドイツ帝国内でいかなる法的地位を占めていたかについて彼が論じた際に、この地方がドイツ帝国議会〔＝連邦議会〕に地域代表を派遣する権利を認められた根拠が1911年５月31日の帝国〔＝連邦〕立法に過ぎなかった点で、なお他のラントのような「連邦構成国」と見ることはできないと述べていた事実についても[54]、論理的に言えば、それなら帝国〔＝連邦〕憲法による保障であったなら結論が変わることを彼も認めていたはずとの推論が導けよう。

　しかし、他方で彼は次のようにも述べている。「ある地域的団体が国家となるためには、それが、それ自身の憲法により、すなわちそれ自身の自己組織権により、国家権力の全作用を所有し行使することが必要十分条件である」[55]。「逆に、もしある団体が、それを支配する国家からその〔自らの〕憲法を受け取る場合には、そしてもしこの団体が、この国家の許可がなければこの憲法を改正できない場合には……それはもはや国家ではなく、単なる邦（pays）、州あるいはコミューンに過ぎない。〔それは〕……国家の単なる下位区分ないし地域的属領に他ならない」[56]。「正しくは、これらの団体の国家としての地位があってこそ、これらの団

---

53)　*Ibid.*, t.1, Les éléments ......, Chap.2ème, § III, p.162.
54)　« Alsace », *op.cit.*, pp.38–39, note (I).
55)　*Contribution, op.cit.*, t.1, Les éléments ......, Chap.2ème, § III, p.171.
56)　*Ibid.*, t.1, Les éléments ......, Chap.2ème, § III, p.159.

体は連邦憲法によって、連邦国家の機関として連邦国家権力〔＝連邦意思形成〕に参加するよう求められるのである」[57]。これらの主張からは、連邦憲法が始源的立法権や国家意思形成参加権を認める場合に自治体は「連邦構成国」となるという論理ではなく、当該地域団体が紛れもなく「国家」であるからこそ、連邦憲法がその地位を認め、その結果として始源的立法権も連邦意思形成参加権も当然に認められるとの転倒した論理が見出される。

　こうした２命題間の矛盾に対する無自覚は、1848年のスイス連邦や1787年のアメリカ合衆国の成立時と同様に、とりわけ1871年のドイツ帝国成立以来、ヨーロッパの法学者が盛んに論じてきた仮説、すなわち連邦国家では連邦成立以降もその形成に参加した諸国家がその「国家」性を残し続けるという誤った観念に縛られていたことに原因が求められよう[58]。加えてもう一つの原因も考えられる。すなわち今日では、連邦国家ではないと自認する国の多くが、法律による改廃からも保護されるものとして憲法で自治体の存在や一定の自治体立法の権限を明示的に保障している。しかし20世紀初頭当時の主要国にあっては、どの国を見ても、連邦制原理が介在する場面以外で自治権を明示的に保障する憲法は存在しなかった。したがって当時の法学者の目からは、自治立法権を含む自治権の憲法的保障は連邦国家の場合以外には考えることができなかったという事情である。こうして、連邦憲法の成立に先行する「連邦構成国」の「国家」性の法的承認という命題と連邦憲法によるその「国家」性の保障という命題とが、両者間の論理的な矛盾には無自覚なままで安易に結合されることとなったのである。

3　カレ・ド・マルベールの地方自治論
(1)　「自己行政」としての地方自治

　以上のように「単一国家」の自治体の自治原理を、連邦国家の「連邦構成国」のそれと根本的に異質なものと観念する場合、前者はどのように説明されるべきであろうか。フランスの法学者は従来、前者の原理を「行政的地方分権（décentra

---

57)　*Ibid*., t.1, Les éléments ……, Chap.2ème, § II, p.123.
58)　「ドイツ帝国の諸構成国は、帝国成立後も国家としての性質を維持し続けており、単なる帝国の行政区域に転落したわけではない、という見解が一般的であった」（林知更「連邦と憲法理論——ワイマール憲法理論における連邦国家論の学説史的意義をめぐって（上）」『法律時報』84巻5号〔2012年〕102頁）。ビスマルク帝国期のドイツ国法学、とりわけイェリネックの議論がカレ・ド・マルベールに大きな影響を与えている。

-lisation administrative)」と呼んできた。しかしカレ・ド・マルベールはこの用語よりも、ドイツの市町村自治を意味する法概念である「自己行政(Selbstverwaltung)」の方が最適とし、このドイツ語を用いて「単一国家」の地方自治原理を説明しようとした。

彼によれば、「自治 (autonomie)」とは「連邦構成国」の自治のみを指す。この場合、個別国家は「連邦国家の法律や許可によって自己の行政を行っているのではなく、自らに固有の権力と意思に基礎を置いている」。これに対して「自己行政」とは、「団体が上部団体に従属しつつ自主的に自己の行政を行うことであり、しかもそれ自身の手段を用いてその行政を行うことも可能」な原理である。「換言すれば、自己行政とは決してこれを行使する下級団体の固有権力に基づくものではなく、この行使を許可する上級団体から発せられた委譲 (concession) に基づくところの行政能力のことをいう」。従来「行政的地方分権」と呼ばれ、彼が「自己行政」と呼ぶものは、以上の前提の下で、「その団体が自ら任命したものであり、かつ国家の意思ではなくその団体の固有の意思を表明する固有機関によって自己の行政を行う能力を持つ」ことを意味するとされる[59]。

(2) コミューンの「自己行政」権の法的本質

カレ・ド・マルベールは、典型的な「自己行政」の場としてコミューン（市町村）を採り上げつつ、「自己行政」の法的本質を解明しようとした。なぜなら当時のフランスでは、県の行政権は、中央行政府が任命しその「上命下服」型の統制に服する県駐在の国の役人である県知事に委ねられていたからである。

彼はコミューンの性格を以下の3つにまとめる。第1に、その事務の管理を担当する権限が市町村評議会や市町村長にある点で、「固有の行政権を持つ」。このように「自己行政」権の「固有性」とは、その管理者が中央行政府の役人ではなく「コミューンの一員」である点に求められる。但し、当時の県知事中央任命制という限界から来るものであろうが、彼はこの「コミューン代表機関の固有性」

---

59) *Contribution, op.cit.*, t.1, Les éléments ......, Chap.2ème, § III, pp.169-172 (note (14) を含む).
カレ・ド・マルベールは、他のフランスの公法学者が、中央行政府の任命した国家の地方機関に権限を移譲し自主的に管理させる「地方事務分散 (déconcentration)」と、地方公共団体自身の任命した固有機関が地方事務をその地方公共団体の名において管理する「地方分権 (décentralisation)」とを区別するのに対して、言葉の本来の用法として両者は区別できないと考える。それゆえ後者の意味を示す用語として Selbstverwaltung を用いようとした。もっとも、後のフランス公法学では、カレ・ド・マルベールの懸念にもかかわらず、「地方事務分散」と「地方分権」を2つの対立する原理として扱うことになる。

を、必ずしもその選任における選挙制まで義務づける意味を持つものではないとする60)。抽選制や任命制を含む何らかの手続きによって選任されたコミューンの一員が、国ではなくコミューンの固有の利益を代表していさえすれば、それで十分なのである。第2に、コミューンは「組織化」によって、換言すればその固有の機関を持つことによって、法的意思表明能力を得ることで法人となる。第3に、コミューンは共同財産上の権利（droits patrimoniaux）〔＝非権力行政的権限〕のみならず、支配権力（pouvoirs de domination）に属する公法上の諸権限も持つ。この支配権力にあたるものとして、市町村長がコミューンのために行使する警察権や、コミューン税についての市町村評議会の税率決定権などが挙げられている61)。

彼は、コミューンが自己の領域と所属民を持ち、自己の機関によって自己の意思を表明し「自主行政（auto-administration）」を行い、さらには支配権力まで行使している点で、「連邦国家の構成国に似ている」ことを認める。しかし前述したように、彼にとっても「単一国家」におけるコミューンその他の地方公共団体は決して「国家」であってはならない。そこで彼は、何とかしてコミューンの「非国家性」を論証しようと苦しい努力を続けることになる62)。

彼によれば、コミューンと「連邦構成国」との相違点は3つある。第1の相違点は、コミューンの場合には「自主的な自己組織権」を一切持たず、「自主的に自己の権能を決定すること」も一切できない。これらは全て、コミューンが従属する国家の立法によって定められる。この視点は立法権の欠如をも帰結する。彼は言う。「地方分権化されたコミューンは、その組織と権能が、その属する国家の法律に基づく点で非主権国家と区別されるだけでなく、それが立法権を全く持たない点でも非主権国家と区別される。連邦国家が、連邦構成国の多様な法律によって特徴づけられるのに対して、分権制単一国家（État unitaire décentralisé）では、単一の法律（une loi unique）しか存在しない。この国家が包含するコミューンや地域団体は、もちろん行政上の独立性を持ち、自己行政権（pouvoir de self-administration）も持っているけれども、それは立法〔権の帰属の〕視点からは決して自治団体（collectivités autonomes）とはならない」63)。

---

60) 但し彼も、現実には次第に選挙制が一般化しつつあることを認める。
61) *Contribution*, *op.cit*., t.1, Les éléments ……, Chap.2ème, § III, pp.178-179.
62) *Ibid*., t.1, Les éléments ……, Chap.2ème, § III, p.179.
63) *Ibid*., t.1, Les éléments ……, Chap.2ème, § III, p.189.

彼の定義によれば、国家の立法は「始源的で自由な権力によって作られる優越的な定款」定立作用であるのに対して、コミューンの条例制定権（pouvoir réglementaire）は本質的に「国家の法律の執行」すなわち行政作用に過ぎず、したがって法律に劣位し、法律による授権（habilitation législative）を必要とする[64]。もちろんこの定義では、国会の制定法と憲法制定権力が制定する定款としての憲法との本質的な区別がなされていない。それは、国会が「絶対的でほぼ主権的な性格」の立法権を独占し、実質的には憲法改正権すら行使しうる「議会中心主義」を特徴とする第3共和制期の法学説であるがゆえに帯びざるをえない時代的制約に由来する[65]。しかし、こうした時代的制約から生まれた「コミューンの条例制定＝国家の法律の執行作用」という観念が、その後のフランス公法をいつまでも支配し続けることを、後に我々は見るであろう。

　コミューンと「連邦構成国」との第2の相違点は、国家の場合には固有の支配権力を持ち、その固有の強制手段によって自己の命令の実効性を確保できるのに対して、コミューンの場合には、この支配権力を始源的な資格において持たないところにある。すでに述べたように、コミューンも権力行政としての警察命令権や徴税権を持つ。しかしそれは、国家が法律によってコミューンに「委任」した限りでのことである。「単一国家」では「支配権力（imperium）」は国家が独占する[66]。

　第3の相違点は、コミューンの権利については、たとえそれが「固有権」と呼ばれるものであろうとも、その本質は国家の法律による承認、あるいは法律による強制力（すなわち「支配権力」）の保障に基づく2次的な権限に過ぎない。したがって国会が、従来「固有権」と観念されてきた権限を保障する法律を改正してこれをコミューンから奪い取ることは自由である。さらにコミューンの存在自体も国家の意思に従属しているので、国家は自由にコミューンを創出し、また廃止できる。もちろん「連邦構成国」の場合にも、連邦憲法の改正があればその存在を消滅させることは可能である。しかし「連邦構成国」の場合には、連邦憲法の

---

64) *Ibid*., t.1, Les éléments ......, Chap.2ème, § III, pp.189–190.
65) 本書第1部第2章第3節2・3を参照のこと。なおカレ・ド・マルベール自身、前掲の『一般意思の表明としての法律』において、フランス革命期以来の国民代表制の伝統的観念では、とりわけ第3共和制憲法では、「一般意思を代表する国会」が主権的地位を持つことを詳しく論証している。
66) *Contribution, op.cit*., t.1, Les éléments ......, Chap.2ème, § III, pp.190–191.

改正意思を形成する際に「連邦構成国」自身がこれに直接参加することが憲法上認められており、この意味で (連邦) 国家意思作用には法的制限が課されている[67]。

(3) コミューンの「固有権」の本質

第3共和制期においても、コミューンは国家から委任された権力以外に「固有権」を持つと観念されていた。しかし上述のように国の立法による改廃に一切抵抗できないものを「固有権」と呼ぶことに、どれほどの意味があるのだろうか。カレ・ド・マルベールはこの疑問に次のように答えている。

まず第1に、「自己行政」としての「地方分権」は、国家がコミューンの自然的能力を公認した (consacrer) 結果として成立すると考えることが重要である。彼によれば、「国家がコミューンの〔法〕人格性を公認するということは、まさにそのことによって国家は、コミューンの中に地方的特性 (localité) のある住民集団という事実から生ずる一定の能力を、すなわち……国家の法律によって公認されかつ制裁の裏づけを与えられたコミューン団体に固有の権利として現れる能力を、コミューンの機関が自主的に行使する素質 (l'aptitude) を認めたのである。したがってこの意味で、コミューンの固有の職務と権利とが存在するのである」[68]。

国家法が住民集団に内在する自治の自然的能力を「公認」することの意味は、具体的にはコミューンに法人格性を付与するところに現れる。コミューンに法人格性が認められることの法的な意味は、コミューンが固有の意思機関すなわち代表機関を持ち、このコミューン代表機関が「始源的意思 (volonté initiale)」を持つことを認めるところにある。そしてコミューン代表機関に「始源的意思」を認めるということは、事前に存在する国家意思をその淵源とすることも、また国家から発意 (impulsion) を受けることもないような地方的意思を自由に形成し表明しうること、このようにしてコミューンが「地方的意思の中心」となることを意味する。つまりコミューンの「固有権」の意味は、最終的にはコミューンの事務に関しコミューン代表機関が発する地方的意思の自発性を承認することに収斂するのである。では、地方的意思の自発性の承認とは何を意味するのか。それは結局のところ、上級庁によるコミューンに対する統制面に現れる。すなわち、「コミューンは、その固有の意思に従って行使される諸権限については、中央当局の統制 (contrôle) と監視 (surveillance) しか受けず、中央当局はなされた処分に対

---

67) *Ibid*., t.1, Les éléments ……, Chap.2ᵉᵐᵉ, § III, p.191.
68) *Ibid*., t.1, Les éléments ……, Chap.2ᵉᵐᵉ, § III, p.184, note (23)..

しその認可を拒むことはできるけれども、なすべき処分を命ずることはできない」というのが彼の答えであった[69]。

　第2に、今度は自発的な地方的意思に対して、なぜ上級庁の統制が課されるのかが問題となる。彼の説明によれば、何よりもまずフランス革命直後の「1789年の制憲者たち」が、コミューンの「家庭内的権力」という性格に囚われすぎて、市町村自治体〔＝コミューン〕が中央当局の統制から完全に独立する地方自治制度を設けてしまったために「無政府状態」が生じたことに鑑みて、「国家の統一性」を守るためには、たとえそれがコミューンに「固有の職務」の行使であろうとも、「国家の優越的な規律（réglementation）と監視（surveillasnce）」を必要とすることがフランス憲法史の常識となったところに見出される。コミューンの「固有の権利」を法律で「公認」すること自体が、「国家の統一性」の観点からの統制を根拠づけるのである。彼はこの意味で、「市町村自治体〔＝コミューン〕の多くの権利の行使は国全体の一般行政と関わりを持つ」と述べている[70]。

　しかしそれだけではない。彼によれば、コミューンの発した条例や命令に強制力と執行力を持たせるには、とりわけ警察力を行使するには、コミューンの「固有の権利」や法人格を「公認」するのとは別に、この「固有権」に基づく「固有の職務」に実効性を持たせるための「支配権力」の行使を新たに国家から認めてもらうことが必要だというのである。なぜなら、「単一国家」では「支配権力」は国家が独占しており、それがコミューンの「固有権」に含まれることは決してないからである。「支配権力」は国家が法律を通じコミューンに委任しない限り、コミューンがこれを用いることは許されない。このようにして彼は、コミューンの「固有権」の実効性確保のための「支配権力」の委任という論理の中に、コミューンに対する国家の規律と監視のさらなる理由を見るのである[71]。

　他の公法学者と同様に、フランス実定法の歴史と現状とに鑑みて、彼もコミューンの職務を「固有事務」と「委任事務」とに分けている。もっとも彼は、この事務の違いに応じた国家統制の違いについて、フランス公法学の通説的な用語である「後見監督統制」と「位階制的統制」を用いて説明してはいない。しかし前者については、「国家の委任によりコミューンに帰属する権利ではなく、その固有

---

69) *Ibid.*, t.1, Les éléments ……, Chap.1ᵉʳ, §Ⅰ, pp.44-47, note (38) et Chap.2ᵉᵐᵉ, §Ⅲ, p.182.
70) *Ibid.*, t.1, Les éléments ……, Chap.2ᵉᵐᵉ, §Ⅲ, pp.186-188.
71) *Ibid.*, t.1, Les éléments ……, Chap.2ᵉᵐᵉ, §Ⅲ, p.185-191 (note (27) 含む)。

第3章　フランス近代公法学説における「単一国家」型地方自治原理の成立　195

の利益と事務の管理運営に対応する権利」なので、コミューンが「始源的意思」を持ちうるような統制しか加えることができないことを明言する。また反対に後者については、国の省庁の役人と同様に、国家（すなわち中央政府の執行権）のみが「意思」作用を行い、その他の全ての公的機関はこの「意思」に裁量の余地なく従属することを旨とする、つまり行政行為実施上の「決定」作用に留まるような統制を受けることを示唆する[72]。したがって彼の理論枠組では、コミューンの職務は「固有事務」であれ「委任事務」であれ、国家による規律が不可欠であるけれども、事務を実施する際の発意の自発性保障の有無で区別がなされていたことになろう。

4　「半代表制」と「半直接制」における地方自治の憲法理論
(1)　国会による立法権独占と「半代表制」の下での地方自治の憲法原理の両立

周知のように、カレ・ド・マルベールの国民主権論は、国会を「最高機関」とする国家法人格理論であった。「国家の統一性」を究極価値とする法人格理論において、「支配権力」は単一不可分なものでしかありえない。したがって権力分立の観念は間違いであり、「権力の段階化」において最高機関が単一の意思を表明することで「支配権力」の単一不可分性が確保されることになる。彼によれば、「フランスでは国会が最高機関となるよう求められており」、それゆえ「国会のみが、既存の法律の行政的執行に還元されない始源的措置を採ることができ、国家的決定に法律の効力を、特に定款的な効力を与えることができる」のである[73]。R・カピタン（René CAPITANT）は「国会主権（la souveraineté du Parlement）」をフランス公法の支配理論とする。それは伝統理論の中で権力分立論等によって見えなくなっていた。カピタンはカレ・ド・マルベールの学説を、従来の擬制を暴き、第3共和制下における「議会主権」を明確化したものと位置づけている[74]。

「権力の段階化」においては、立法権を独占する国会が国の執行権〔＝大統領と内閣〕のみならず自治体に対しても全面的に優位する。こうした観点からカレ・ド・マルベールは、国会以外の機関による法規範の定立を全て法律の執行作用と

---

72)　*Ibid.*, t.1, Les éléments ……, Chap.1er, § I, pp.46-47.
73)　*Ibid.*, t.2, Les fonctions ……, Chap.4ème, § I, pp.22-24, 28, et § II, pp.58-60（note (36) を含む）, 113-114, 120-121.
74)　René CAPITANT, « L'œuvre de Carré de Malberg », *op.cit.*, pp.89-90.

しての「命令 (réglement)」の制定と見る。そしてこの「命令」の具体例として彼が示すものこそ、コミューン当局による市町村警察 (police municipale) 権の行使であった。彼によれば、コミューン内の「良好な秩序、公共の安全と公衆衛生の確保」という一般的な権力行政に関する権限をコミューン当局に与えたに過ぎない1884年4月5日法97条こそが、「固有権」としての市町村警察権を法的に公認し、公権力の裏づけを与え、かつそれを理由として国による規律を正当化する「委任」規定であった[75]。

このようにカレ・ド・マルベールには、国会の立法権に対抗しうるような地方自治権の憲法的保障の考え方もなければ、国会の立法権と競合しうるような憲法からの直接授権による自治体立法権という考え方も見出す余地がない。にもかかわらず、前述のエスマンと比べたときには、その法学的国家論の中にかなりの分量で地方自治について言及し、それを理論化しようとしていることを見落とすべきでない。その理由の1つは、とりわけドイツ国法学との関わりで法学的国家論を論じようとする彼にとって、連邦国家と「単一国家」の区別が極めて重要であり、その一環として「単一国家」における地方自治の法的本質を論じる必要性があったことにある。しかしそれだけでなく、彼の国民代表制論ないし議会制論には、第3共和制期における現実の政治状況の変化を前にして、エスマンとは異なり、これに一定の肯定的評価を与えようとする姿勢があったことも挙げられよう。

すでに述べたように、第3共和制期には普通選挙制の完全な定着と政党政治の進展により初めて本格的な大衆政治状況が現れていた。「新しい社会層 (la nouvelle couche sociale)」と呼ばれる政治意識の高い新中間層が国政のみならず地方政治にも進出し、その結果、選挙を通じた有権者の事実上の影響力の強まりが誰の目にも明らかになりつつあった[76]。彼の「議会主義 (parlementarisme)」論ないし「議会制 (régime parlementaire)」論はこうした現実を肯定し、かつこの傾向をさらに促進するための国会における会議と表決の公開制・公表制や解散制度の採用を求めるものであった。それは、国会が有権者から法的にも理念的にも完全に独立することを要求していた旧来の法原理 (彼はこれを「革命期の (古典的) 国民代表制システム」あるいはエスマンの用語を用いて「純粋代表制」と呼ぶ) から、有権者の意思

---

75) *Contribution, op.cit.*, t.1, Les fonctions ......, Chap.1er, 1er sect., § III, pp.345, 351, 361, et Chap.2ème, pp.503–510.

76) J.-M. MAYEUR, *Les débuts de la IIIe République*, 1871–1898, Seuil, 1973, p.51.

と国会の意思との可能な限りの一致を要求する法原理へと変化したことを確認するものである。彼はこの法原理をエスマンに倣って「半代表制」とも呼んでいる。

しかしながら彼の「半代表制」は、エスマンのように「人民主権」ないし直接民主制を本質とする法原理ではないことを見逃してはならない。なぜなら彼の「半代表制」は、有権者団（人民）が直接国家意思を決定する制度やそれに代わるものとしての国会議員を有権者が拘束する命令委任制を求めるものではなかったからである。むしろ彼の「半代表制」は、「世論による統治」、すなわち「有権者が自ら選んだ者達に訓令を与えるのではなく、〔有権者というよりももっと漠然とした国全体という意味での〕国民（pays）が選挙で示す諸傾向を通じて、国政の大方針を自ら決める」制度であった。換言すれば、それは「選挙による影響を通じて、国民（pays）自身ではなく、少なくともそれが選出した者達を通じて自ら統治する可能性を国民に与えること、せめてこの選出した者たちから国民の意思に反するような統治を受けないこと」を本質とするものであり、まさに「議会制と古典的代表制の結合から生まれる混合システム」であった[77]。

本書の視点からすれば、彼の「半代表制」概念が、「人民主権」（または「直接民主制」）に至らない改良型の穏健な統治システムを意味し、依然として法的な意味では国会議員に「自由委任」原則を保障し続ける点で、「ナシオン主権」の本質部分を維持しようと望む者たちにとって安心できるものだったことが重要である。カピタンも言うように、カレ・ド・マルベールの政治的立場は「穏健派（modéré）」であった[78]。「保守派」のエスマンは、高まりゆく選挙による国政への影響力に脅威を感じて、「純粋代表制」（「古典的代表制」）からの変質傾向を示す全てのものを「人民主権」（「ないし「直接民主制」）に通じるものとしての「半代表制」として一括りにしたうえでこれを否定したのに対して、「穏健派」のカレ・ド・マルベールは、選挙の国政への影響力が間接的なそれに留まる限りは、新しい大衆政治状況におけるより良い統治を実現しうるものとしてこれを肯定しえたがゆえに、「人民主権」や「直接民主制」と区別された「半代表制」の概念を構築しえたのである[79]。

---

77) *Contribution, op.cit.*, t.2, Les organes ……, Chap.2ème, § IV, pp.361-377, 384, note（17）.
78) R. CAPITANT, *op.cit.*, p.88.
79) 杉原泰雄『憲法と国家論』（有斐閣、2006年）103-107頁。高橋・前掲「フランス憲法学説史研究序説（3）」125-129頁もこの見方に近い。

さらに彼の「半代表制」概念は、国家の憲法理論における地方自治原理の積極的導入の姿勢とも当然に結びつくものである。有権者団よりももっと漠然とした「pays（国民）」の概念を使いつつ、その選挙を通じた事実上の影響力を「議会制」として積極的に理論化する立場は、国政に対する多様な影響力を、それが法的に国民代表を拘束しない限りで肯定することに通じる。連邦国家における連邦の決定に対する「連邦構成国」の法的な関与や対抗権力に類するものは「単一国家」フランスの自治体に認めることはできないにせよ、大衆政治状況における自治体の自主的な行政を通じた国政の一種の多様化は、「民意」の国政への許容しうる影響の一部として意識することが十分に可能だったのである。

(2)　「半直接制」概念への変容と地方自治の憲法理論の不変性との関係

ところでカレ・ド・マルベールは、1931年の論文「理論的考察」になると、「議会制」に一部「直接民主制」を取り入れることを提唱するようになる。ここでは、1789年のフランス人権宣言6条の「法律は一般意思の表明である。全ての市民は、自ら又はその代表者によって、その形成に参加する権利を持つ」の規定を発端として、それ以降のフランスの国民代表制の憲法史においても、さらには第3共和制憲法の「議会制」においても、「市民の総体」の直接参加による法形成ぬきに一般意思としての立法は実現されえないとの理念が存続し続けることが強調され、レファレンダムの導入を通じて、「真の主権者は、最終的に決裁を下す法的手段を装備した人民」とする民主制原理が国民代表制を基礎とする議会制原理と両立・並存しうるとの主張が展開されている[80]。彼はこのようにして、第3共和制憲法を改正してレファレンダムを導入することで、いわゆる現代憲法学に言う「半直接制」を実現しようとするのである。

このカレ・ド・マルベールの「半直接制」提案については、杉原泰雄がその原理論的矛盾を指摘する。すなわち前述の『寄与』ではフランス革命期から第3共和制期に至るまでフランスで確立してきた国民代表制は「ナシオン主権」を基礎にし、それは直接民主制を中核要素とする「人民主権」を原理的に排除するとの「科学的・認識論的分析」を加えてきたのに対して、こうした国民代表制を基礎とする第3共和制の「議会制」を根本から覆すことなく、「人民主権」への原理的転換を象徴するレファレンダムを導入することを可能とするのは矛盾だという

---

80)　« Considérations » *op.cit.*, p.229.

のである。この矛盾に対する杉原の答えは、カレ・ド・マルベールが1931年に行ったのは「科学的・認識論的分析」ではなくて「解釈論」だったということである。杉原によれば、カレ・ド・マルベールは「第1次大戦後の憲法状況を踏まえて、直接民主制の導入を図ることが不可避的な状況にあることを自覚し、そのための正当化論を、議会制の優位のために学界・政界で一般的に用いられている観念を利用しつつ、展開しようとした」というのである[81]。このような杉原の理解は、彼が「ナシオン主権」から「人民主権」への転換を歴史的必然と見たうえで、カレ・ド・マルベールも彼なりにこうした歴史的転換の必然性を理解し、この転換現象を先取りしようとしたとの解釈に基づいていよう。

　もし杉原の理解が正しければ、「人民主権」原理を採用するに至ったカレ・ド・マルベールの憲法論は地方自治論についても質的な変化を起こしているはずである。すでに見たように、本書は彼の「半代表制」論が地方自治の憲法理論の積極的な展開を導いたとの認識を指摘している。したがって「半直接制」への変化がより根本的原理的なものであるなら、それが彼の地方自治の憲法理論にいかなる影響も与えなかったというのは想定し難いからである。しかし彼の1931年頃の著作を見ても、1920年～1922年の『寄与』における地方自治論以上の主張は一切見出せない[82]。

　この点で、本書の理解は杉原のそれとは異なる。カレ・ド・マルベールが「理

---

81) 杉原・前掲『憲法と国家論』115-121頁。
82) 全ての論点を扱うわけではない論文なので仕方ないとも言えようが、「理論的考察」においては、地方自治の問題は一切取り上げられていない。また同じく1931年に公刊され、より詳細に「議会主義」における国会の主権的地位やそのために生ずる国会による独裁の危険に対する治癒策としてレファレンダムが論じられている『法律』においても、彼は「連邦国家の構成団体」には本来の意味での立法権が帰属するのに対して、「下級地域団体」に過ぎないコミューンの自治体当局が持つ「条例（règlements）」制定権の本質がこれとは異なることについて、次のように簡潔に説明している。「それ〔＝条例〕が国家の法律と異なるのは、何よりもそれを制定するコミューンの権力が、全ての面で国家権力から純粋にかつ単純に発したものとまでは言わないにせよ、少なくともその承認とその保障と、さらにはその実効性を保障する強制力（forces）とを法律から受け取った権力であるところに見出される。しかも国家は、この法律を通じてそのコミューンを規律するのである。この意味において、コミューンの権力は国の立法に基づき創出される権力である。したがってコミューンで制定される法規範は、コミューンという公共団体の自治的意思のみに基づく始原的規範ではなく、それに先立つ第1次的な法規範の力によって生ずる派生的な規範（règle dérivée）である。前者の規範がコミューンの条例に国の立法の資格を与えてきたのである」（Loi, op.cit., p.75）。ここからは、本書がこれまで行ってきた彼の地方自治の憲法理論の変化は全く見出せない。

論的考察」であれ、同年の『法律』であれ、統治機構の改革案としてレファレンダムの導入を提唱した目的は、決して「ナシオン主権」から「人民主権」への原理的転換に掉さすところにあったわけではない。むしろ彼は、第3共和制における「議会制」が「議会絶対制（parlementalisme absolu)」すなわち「議会主権」と化してしまい、執行権との抑制均衡のバランスが完全に崩れ去ってしまっていることを問題視し、とりわけこのような「議会制」を通じて政党間の争いが国民の意思形成に過度に影響を及ぼすことを危惧した結果として[83]、「国会と政府の上に、実際の活動的な——少なくとも常に活動可能な状態にある——人民の主権を設けることから始めない限り、議会の権力と政府の権力とが両立し、かつ独立して活動することは想定しえない」[84] と考えたところに彼の真意を見るべきである。『法律』の中では、彼は国会と政府の二元性の確保策を探求し、政府の権能の強化では両権力間の争いを増大させるだけとしたうえで、今日、執行府の機能障害を取り除き、国会の全能性に終止符を打つような制約を国会に課すとの問題意識から、「大統領の普通選挙制」（つまり大統領直接公選制）や「解散制度の拡大」と並べて、「立法レファレンダム」のような人民（市民総体）が両権力の上位に立ってその紛争に最終的に決着をつける制度が必要であり、そのようにしてこそ国家権力の統一性が保たれると力説している[85]。「理論的考察」においても、いくら彼が「人民」ないし「市民総体」の最終的決定権を強調し、人民を主権者と見なすかのような記述があろうとも、その真意はやはり「議会制」が、「人民の介入可能性から帰結される制約の下でそれが機能するというやり方を通じて修正され再生される」こと、「この条件の下で執行権の権能は増大させることが許され、かつ国会の権能もこれらの条件によって新たな制約要素を受け取る」ことにある[86]。また彼の言うレファレンダムは、かつてのサン＝キュロット運動指導者のJ-F・ヴァルレ（Jean-françois VARLET）のような議会立法に常時義務づけられる人民投票ではなく、あくまでも任意的なものであり、「稀で例外的なものに留まる」とされている。せいぜいのところそれは、ジャコバン憲法の任意型人民投票制（「人民拒否制」）またはジロンド憲法草案のような任意型「人民発案制」に留まるもの

---

83) 政党の影響の増大への危惧については、「理論的考察」の最後でかなりの分量を割いて論じている（« Considérations », *op.cit*., pp.242-244)。

84) *Loi, op.cit*., p.213.

85) *Ibid*., pp.202-204. この直後に彼は実例としてワイマール憲法を紹介する。

86) « Considérations », *op.cit*., p.230 et p.240.

と思われる。したがって彼は「理論的考察」においても、「レファレンダムは国会の代表の役割も権力も廃止するものではない。国会はなお代表機関に留まり続ける」ことを指摘しているのである[87]。

　このように見てくると、カレ・ド・マルベールが1931年に「ナシオン主権」原理をなお捨てきれない国民代表制ないし「議会制」とレファレンダム等の直接民主制の両立可能性を主張したのは、杉原が言うように「科学的・認識論的分析」からは不可能な両者の結合を「解釈論」の観点から無理やり結合・両立させたのではなかろう。むしろそれは、フランス憲法史上確立された憲法原理としての「ナシオン主権」の発展形として第3共和制期に顕著となった修正型国民代表制と、これと本質的な矛盾のない範囲での直接民主制との結合可能性を、換言すれば国民代表に保障される自由委任原則や立法府と執行府との間の権力バランスを中心とする権力分立原理の基本は変えないままで、国家権力どうしが機能不全に陥った際の例外措置として、人民の介入と部分的な最終決定可能性を取り込むような憲法原理が成り立ちうると彼が考えていたからだ、と理解すべきである。もちろん杉原はこうした憲法原理の成立可能性を「非科学的」ないし原理的に無理なものとして否定するので、上記のようにこれを「解釈論」レベルでの説明と解することになるのであるが、すでに述べたように「人民主権」は「ナシオン主権」を成長発展させるための影の憲法原理として対置され続ける存在であり、結局のところ「半直接制」も「ナシオン主権」及び国民代表制の現代的な多元化現象の一つと見る本書の立場からすれば、カレ・ド・マルベールのような「議会制」と直接民主制の両立論も憲法原理的に成立しうるのである。

　カレ・ド・マルベール自身は、国家の法人格理論こそが法学的国家論における「科学」理論と信じたうえで、実定憲法が最高機関と規定するものにこの憲法が規定する範囲内で最高決定権を付与できるとする憲法論を採っている。したがって国家の法人格理論では、実定憲法の規定次第では人民（市民総体）を最高機関とすることもできる。「一般意思の表明としての法律」は市民総体の参加による立法の趣旨を含むという観念に依拠できる点で、同じ国家の法人格理論を採用しながら「ナシオン主権」にすら到達しえなかった19世紀ドイツ（プロイセン）とは異なり、カレ・ド・マルベールは同じ理論を用いつつ、「ナシオン主権」の発

---

87)　*Ibid.*, p.229.

展形としての「半直接制」までをも論理的に正当化できたのである。それがイデオロギー（虚偽表象）に留まるものか否かは、「ナシオン主権」と「人民主権」とが本質的に対立し、前者から後者への転換が歴史的必然であると観念できるか否かに関わる。もしこの両原理の本質的な対立を疑問視する場合には、フランス憲法史の分析から得られる「科学的・認識論」的結論と「解釈論」的なそれとの区別はそれほど絶対的なものではない[88]。

　実際には、フランスでの「半直接制」はその萌芽的な形態が1946年から始まる第4共和制で実際に生まれ、本格的には1958年からの第5共和制で実現する。後に見るように、第5共和制における地方自治の憲法理論は、確かに国会の立法権の絶対的優位という原理を緩和し、地方自治権の憲法保障論も一定程度発展する。しかし、その「単一国家」型地方自治原理の本質はなお変化していない。それは、「半直接制」現象が「ナシオン主権」と国民代表制の原理をなお否定するものではないことを前提として、つまり「人民主権」への質的転換がなお見られないことを前提として、主権原理も地方自治原理も第3共和制期に確立した憲法原理の修正・変容形として第5共和制下で展開されているとの理解に導く。その意味では、カレ・ド・マルベールが第3共和制期に、「ナシオン主権」の変容の枠内で「半代表制」現象を踏まえて地方自治の憲法理論を確立しえたことにこそ憲法理論的意義を見出すべきである。そして、「半直接制」への変容までも予言した彼の憲法論の中に、従来とは質的に異なる地方自治の憲法理論がなかったことについても、「半直接制」がなお「ナシオン主権」の枠内の「半代表制」の更

---

[88]　G・バコ（Guillaume Bacot）は、カレ・ド・マルベールが革命期の分析から導き出した「ナシオン主権」と「人民主権」の原理的な対置図式を誤解に過ぎないとしたうえで、こうした対置図式が生まれたのは19世紀の「7月王政」期における反革命派の言説によるものであったとする。そしてカレ・ド・マルベールの『寄与』に価値があるのは第3共和制の法学的分析の部分に限られるとする（Guillaume Bacot, *Carré de Malberg et l'origine de la distinction entre souveraineté su peuple et souveraineté nationale*, Éditions du CNRS, 1985, notamment pp.175-183）。しかしバコの批判にもかかわらず、本書の分析でも、確かにフランス革命期に「ナシオン主権」と「人民主権」の対立があったことは認められる。問題はそれを、原理上非和解的な2つの憲法原理と見るべきか否かという点である。バコの分析は『寄与』中心になされており、カレ・ド・マルベールが後に『法律』において、「ナシオン主権原理がもはや第3共和制憲法の実定法に属するものではないことを認めている」点については、若干の指摘をし、その方法論的逸脱を述べるに留まる（*ibid*., p.183）。しかし、2つの主権原理が一方を既存の法秩序の基礎となる表の原理、他方を裏で対抗し批判することで前者を変容させる原理と捉えたうえで、後者の要素が次第に前者に浸透するという理解を採る場合には、『法律』や『理論的考察』を『寄与』と結びつけて理解することも不可能ではない。

なる発展形に留まるとの理解を採る限りは、そこに理論的な矛盾はないのである。

しかし20世紀に至りフランス社会の成熟と変質に伴い、「単一国家」フランスも一定の多元化傾向を示すはずである。確かにカレ・ド・マルベールは、国家の法人格理論を中核とするその法学的国家論を極限まで展開させることで、「半代表制」や「半直接制」現象も、「地方分権」の憲法理論も、その憲法理論に含みこむことができた。しかしそれはなお「単一国家」の限界を持っている。それでは、より積極的に社会と国家の多元化傾向を取り入れた憲法理論の場合には、「単一国家」はどのように理解されるであろうか。次節ではこの立場を検討しよう。

第3節　デュギー——社会学的国家論における「分権型代理人」論

1　デュギーの法学方法論と国家論

デュギーは、自然法に基づく国家論にも機関理論に基づく法学的国家論にも反対する。彼の関心は、あくまでも経験的事実に基づいて、法と国家の概念を構成することにあった。恒藤武二らによれば、彼が見出した事実は次の3点であった。「それは第1に意思能力と行為能力とを備えた個人の存在、第2に統治者と被治者の分裂及び統治者の権限の強化、第3に社会において必要な法的規制を生ずる連帯によって、両者が結び付けられているということである」。この事実を基礎として構成される彼の国家論は、「第1に国家主権の否定、第2に集団の人格及び法人格概念の否定、第3に個人若しくは集団の主観的権利の否定」を3大特徴とした[89]。R・ボナール（Roger BONNARD）によれば、デュギーはこのように国家を経験的事実にそくして定義することを通じて、国家が法的に制限されることを論証しようとしたのである[90]。以下では、ボナールの分析に依拠して簡略に説明する。

その主著『憲法概論』[91]の中で、デュギーはまず、国家に先行し外在する法としての「客観法（droit objectuf）」の存在の認識から出発する。「客観法」の基礎

---

89) 恒藤武二・海原裕昭「フランスの法社会学」『季刊法律学』26号（1958年）71頁。

90) Roger BONNARD, « La doctrine de Duguit sur le droit et l'État », *Revue internationale de la théorie du droit*, 1927〔以下、BONNAR, *R.I.T.D.*と略す〕, p.19.

91) L. DUGUIT, *Traité de droit constitutionnel*, 2 éd., 5vols, t.1, 1921, t.2, 1923, t.3, 1923, t.4, 1924 et t.5, 1925 ; *ibid*., 3éd., De Boccard, t.1, 1927, t.2, 1928, t.3, 1930. 本書は3éd., De Boccard 版を使用した。以下、DUGUIT, *Traité* と略す。

は人間社会の中に必然的に存在する社会規範である。そして社会規範の根源は、人間の社会的相互依存から生まれる「類似性による連帯」と「分業による連帯」という社会的事実を維持し発展させるところに求められる[92]。彼は社会規範を、意識ある存在としての人間個人が持つ目的と結びつけて理解し、「目的の法 (loi de but)」と呼ぶ。それは、「社会集団を形成する諸個人の調整を規律し、彼らの行動を制限し、彼らに一定の行為を強いるものであるが、にもかかわらず彼らの意思の実質をそのままにしておく」ものと理解される[93]。そして社会規範が法規範となる論理についても、国家に外在する法の実在性を信ずるデュギーは、法規範の根拠を国家による規範の強制にではなく、社会的有用性と正義の感覚に基づいて、個々人の意識が社会規範を法規範に変えることを望み、当該規範に対する違反には社会的に組織された反作用が必要と諸個人が意識するところに見出す[94]。

　次にデュギーは主観的権利 (droit subjectif) 観念の否定に進む。なぜならば主観的権利の観念は、国家の主権とその人格性の観念に結びつくからであり、それはまた法による国家の制限という観念と矛盾するからである。個人の意思の平等を前提とする主観的権利の観念においては、既存の法律状態の変更は契約などの双務的方法 (voie bilatérale) による諸個人の意思の一致を必要とする。しかし国家はその法的活動を双務的方法だけで行うことはできず、ほとんどの場合、一方的方法 (voie unilatérale) でそれを行わざるをえない。それゆえ、もし主観的権利観念を維持したままで、国家の意思がそれだけで、かつ被治者の同意なしに強制されうることを認めるのであれば、被治者の意思よりも優越した価値を、つまり最高独立の命令権としての主権を国家の意思に認めざるをえなくなる、とデュギーは考える。また、こうして主権上の権利という観念が成立するからこそ、この権利の帰属主体として、諸個人と区別される法主体たる国家の法人格を想定することも必要になる、と批判するのである[95]。

　こうして主観的権利の観念が必然的に主権観念を導き出すことを確認した後、デュギーは後者を批判することで前者も否定しようとする。彼によれば主権という観念は、第1に優越的な権力の起源が不明であること、第2に主権の保持者と

---

92) 恒藤・海原・前掲論文71-72頁。BONNARD, *R.I.T.D.*, pp.20-22.
93) DUGUIT, *Traité*, t.1, pp.70, 80.
94) BONNARD, *R.I.T.D.*, p.26.
95) *Ibid.*, pp.26-28.

しての国家がどのようにして法人格化されるのかが不明であること、第3に連邦国家の主権問題に明らかなように、様々な説明上の困難を生ずること、といった観念それ自体に内在する欠陥がある。加えてそれは、法による国家の制限の要請とも矛盾する。なぜなら、国家が制限を受けるなら主権は存在せず、主権が維持されるならもはや国家には制限が存在しなくなるから、と言うのである[96]。

　主権と法人格の観念から離脱したデュギーは、国家を構成する諸個人の事実上の力関係の観点から新たな国家の法理論を構想しようとした。ここで想定される諸個人は意識的存在である。したがって前述の「客観法」の定義によれば、諸個人は当然に「客観法」が与えた法状態に従わざるをえないことになる。個人の国家への従属を、社会規範を意識する個人による「客観法」への従属として構成する彼の法理論においては、平等で自律的な個人の意思の観念と結びつく主観的権利観念を採った場合に浮かび上がるような、いかにして国家の優越的一方的な意思行為が正当化されるのかという問題自体が消滅するのである[97]。

　「観察可能な事実に目を向け、それを具体的定式で表現すること」に自らを限定し、「現実主義的な国家の概念」を追究するデュギーにとり、国家とは、一定の領土に定着する国民と呼ばれる団体を構成する諸個人の間に生ずる「分化（différenciation）」の現象と見なされる。国家という現象において、諸個人は統治者（gouvernants）と被治者（gouvernés）に「分化」する。統治者とは、その決定を尊重させるための保障手段として用いられる物理力がその団体内で最強であるような者をいう。最強の力という事実こそが、国家を他の社会集団から区別する特徴となる。しかし被治者が統治者に服従するのは、統治者に命令の主観的権利が与えられ、それが優越的意思となっているからではない。あくまでも「それが、その対象と目的とによって、想定される団体の『客観法』に適合するからなのである」。このように説明することで、デュギーの国家論にあっては、国家意思はもはや抽象的な存在の意思などではなく、統治者を構成する個々人の現実の意思となる。しかし彼の「客観法」の定義は、それ自体が統治者をも含めた全ての個人を当然に強制し義務づける法規範である。したがって統治者の最強の力と（客観）法による国家権力の制限とは、定義上両立することになる[98]。

---

96) *Ibid.*, pp.28-29.
97) *Ibid.*, pp.29-35.
98) *Ibid.*, pp.35-37 ; DUGUIT, *Traité*, t.1, pp.672-674.

以上のような（客観）法の拘束性を前提としたうえで、デュギーはより具体的な国家の法的構成を1903年の『国家、統治者と代理人』[99]で行っている（以下、『国家』と略す）。まずここで彼は、有権者と議会の関係を、法人格を持つ2つの主体間の主権的権利の委任と受任の関係と見ることを拒否する。彼によれば、民主制国家であれ君主制国家であれ、「事実上、ある社会において他者よりも強い個人」は全て第1次統治者である。第1次統治者の巨大な力は社会状態の必然的帰結であり、したがって委任の対象となるような主権的権利など存在しない。政治的社会的発展の結果、第1次統治者は第2次統治者を任命するようになる。後者は代表統治者（gouvernants par représentation）とも呼ばれ、彼らは「政治権力が……第1次統治者によって実現されるよりもいっそう完全かつ有益に実現されるように組織される」ことが予定される。この第2次統治者こそ議員たちであり、その集合体としての国会である。第1次統治者と第2次統治者は委任関係にはない。両者は、第1に「共通の必要性と同一の願望」という「類似性による連帯」、第2に選挙と議会に対する連帯とを通じて第1次統治者が提供する「最大の力」と、これに支えられた議会による国家作用の履行という「分業による連帯」とで結ばれるとされる[100]。

次に第1次統治者及び代表統治者は、全ての責務を自ら実行しえないという事実から、統治者の代理人（agents des gouvernants）を任命する。後者は前者の権威と統制と監視の下で、後者に課されている一定の責務を履行する。統治者と代理人との違いは、前者が一般的抽象的法規範としての法律の制定権を独占するのに対して、後者は自己の全ての権限をこの法律のみから引き出すことと、この作用を通じて個人の主観的権利領域に介入するところにある。この区別の結果、個人は、統治者が定立する法規範の一般的性格によって統治者から保護され、統治者による代理人の統制と、代理人どうしを結合する位階制的関係とによって代理人から保護される[101]。

代理人はさらに上級代理人（agent fonctionnaire）と下級代理人（agent employé）

---

99) L. DUGUIT, *L'État, les gouvernants et les agents*, (*Études de droit public*, t.2), A. Fontemoing, 1903. 以下、DUGUIT, *L'État* と略す。
100) *Ibid.*, pp.216-219, 361.
101) *Ibid.*, pp.362-367. 本書は「agents」の訳語として、これまで原則として「役人」を充てていた。しかしデュギーの場合には、日本語の語感としてこの語では狭すぎる。そこで「代理人」の用語をあてることにした。

とに区別される。前者は誰もが国家の強制的任務と認めるような公役務に一定期間関与し、原則として統治者から直接に任命される。しかし任命を統治者の主観的権利と考えてはならない。あくまで任命とは、「客観法」の具体化である職務に関する法律の1つの適用条件に過ぎない。この論理によれば、のちに見る「分権制代理人」論に還元される彼の地方自治・「地方分権」論において、自治体の意思決定担当者も、統治者による直接ないし間接的な任命がなくとも上級代理人としての性格を持つことが可能になる。コミューンの上級代理人が国家の代理人によって任命されることは、このようにして正当化された[102]。

　団体の法人格性を否定するデュギーの場合、地方自治は分権化された代理人集団の問題として現れる。したがって、以上のように統治者と代理人を区別する国家論の場合、自治体の条例（réglements）制定権を立法権概念に含めることができなくなる。デュギーは法律を一般的抽象的法規範と定義する[103]。そして一般的抽象的法規範の定立権は統治者のみの権限とする。その結果彼は、条例制定権を国の行政府による命令制定権と同視し、厳格に範囲を限定された国の委任立法に基づく委任命令の1つと理解することになる。実際には、1884年4月5日法の97条と98条に見るように、条例制定権は広く一般的な包括的な授権がなされているので、デュギーはこの矛盾を説明できないはずである。彼はこの点について、「それは、それでもなお全く例外的なものである」と弁明するに過ぎない[104]。

2　デュギーにおける連邦制と分権制の憲法原理
(1)　『国家』における「非中央集権制代理人」の憲法理論

　では、分権化された代理人（「分権制代理人」）の組織化として理解されるデュギーの地方自治・「地方分権」論の本質はいかなるものとなるのか。まずデュギーは、「国家の単一不可分な団体人格性（personnalité collective une et indivisible de l'État）」の立場に立つ伝統理論では、単なる「地方分権」制も連邦制も、あらゆる地方自治が説明できなくなると主張する。彼によれば、この団体人格理論を採る限り、「あらゆる代理人は1つの団体人格の受任者あるいは機関であり、代理人の行使

---

102)　*Ibid.*, pp.413-433.
103)　*Ibid.*, p.724.
104)　*Ibid.*, pp.376-377. 条例制定権は、「法律がこの権限を明示的に割り当てた代理人にしか認めることができない。しかもそれは、法律が厳格に定めた制限の範囲内に留まるものでなければならない」（*ibid.*, p.377）。

する権利はこの団体人格のものに他ならない」。にもかかわらず、フランスを最高の典型例とする「単一国家」の「地方分権」制においてさえ、唯一の団体人格である国家以外に、「国家の内部に、公的権利を与えられた別の団体人格が存在し、「分権制代理人」はこの別の団体人格の受任者あるいは機関でもあるということになる」。デュギーは、「同一の領土上に、国家以外に、公権力の一部を行使するとさえ言いうるような団体が存在する」という状態を「公権力の統一性と不可分性の原理」と真っ向から矛盾すると見ている。また彼は、国家から「分権制代理人」団体に委任される公権力上の権利を主権の分割と移譲とみるのではなく、単なる「主権の行使」の委任と説明するのも間違いとする。なぜなら、「このような委任は、実際には主権の一部の譲渡であり割譲」に他ならないからである[105]。

　さらにデュギーは、伝統理論の側が主張する様々な連邦制の法的説明についても分析を加え、半ば強引ともいえる形でそれぞれを批判していく。細かな説明は省くが、デュギーによる批判の根源は、全ての伝統理論を、国家人格と公権力の単一不可分性の理論に単純化したうえで、連邦制がこれと両立し難いと主張するところにある。こうした批判を積み重ねたうえで、彼は次のように結論づける。「……最もよく知られ、最も深い洞察力を持つ法学者たちでさえも、国家の人格性と国家主権という考え方を、満足のいくようには分権制や連邦制と調和させることができず、また連邦の部分国家と単一国家の分権制団体との間に真の区別を設けることもできなかった……」。このように伝統理論を批判したうえで、彼は、「分権制や連邦制が何らかの形で存在するいかなる国にも常に同一に存在する、極めて単純かつ一般的な事実」から地方自治の法理論を組み立てるべきであると主張する[106]。その手順は、まず単なる分権制と連邦制の共通要素を確認し、次に両者の相違点を確認することで、現実主義的な地方自治論が提示されることになる。

---

105) *Ibid.*, pp.654-663.
106) *Ibid.*, pp.673-691.『憲法概論』でも次のように述べている。「フランスのコミューンは、今日ほぼ一致して認められている見解によれば、公権力上の権利を持つ。しかしこの権利は国民主権から分離された部分に他ならないのであり、これは主権の不可分性の原則に反している。これらの権利は国家が譲渡したもので、国家は常にこの譲渡を撤回しうるということはできる。しかしこの譲渡がある限りは、主権が分割されていることは確かである。……要するに、主権が同一領域上で論理的に不可分である以上、ただ1人しか公権力上の権利を持つことはできないのであり、それは国家であるし、国家以外にはありえない」(DUGUIT, *Traité*, t.2, pp.120-121)。

彼は、単一国家の「地方分権」制と連邦国家の連邦制とを合わせた地方自治概念として「非中央集権制代理人 (agents non-centralisés)」という考え方を設定し、その法的本質を「中央集権制代理人」と対比しつつ説明する。彼によれば、前者は、「同一の統合的権威に従属する領土の一部に対する権能を持つ代理人の叙任 (institution) が、統治者の直接的あるいは間接的な関与なしで実現される」ところに見出される。デュギーの法理論では、この「統治者の関与のない叙任」とは、必ずしも当該自治体の住人による選挙があることを意味しない。選挙は単に、今日の一般的特徴がそうであるというに留まる[107]。彼によれば、「……選挙は1つの任命形式に過ぎず、それ以外の何ものでもない。すなわち代理人の任命は、決して代理人に帰属する権能の発生原因とはならないのである。この原因は法律の中にのみ見出される。そして任命は、その形態が選挙であれ別のものであれ、いかなるものであろうとも、権能〔に関する〕法律を個人に適用するための単なる条件に過ぎない」[108]。もちろんこの権能〔に関する〕法律は、デュギーが言うところの「客観法」が実定法として確認されたものに過ぎず、立法者ないし代表統治者の恣意的な決定によるものではない[109]。しかし重要な点は、デュギーにとり地方自治の問題は、地方住民のいかなる自治の意思とも結びつかないものであったという点である。

のちに見る M・オーリゥ (Maurice Hauriou) とデュギーはこの点で大いに対立する。オーリゥは、主権者人民の選挙と「地方分権」との必然的結びつきを認め、かつ地方選挙に、それで選ばれた自治体代表者の権能の根拠を求めるかのような主張を展開した[110]。これに対してデュギーは、主権者に対応する彼の概念である統治者それ自体の論理を用いて、選挙を通じた住民から分権制代理人への権能の帰属という考え方を否定したのである。彼によれば、統治者とはあくまでも一国内において最大の力を持つ者と定義され、民主制の国においては、それは国全体の有権者集団以外にはありえない。一定の地方区画の有権者集団は統治者では

---

107) Duguit, *L'État*, pp.692-695. 後にデュギーは『憲法概論』の中で、「単一国家」の「分権制代理人」の「地方分権」的な性格の必要条件として、「地域との特別な結びつき (attaches particilières)」を挙げている。しかしこの概念も、やはり必ずしも選挙と結びつくものではない。以上につき、Duguit, *Traité*, t.3, pp.81-81.
108) Duguit, *L'État*, p.703.
109) 「この規範は、統治者によって作られたものではない。統治者はこの規範を確認する (constatuer) に過ぎない」(*ibid*., p.721)。
110) 本章第4節3(3)a) 及びb) を参照のこと。

ないから、地方住民が代理人を選挙で選んだとしても、そのことは地方住民自身の統治権力の発露とは決して見なされないというのである[111]。

こうして次の点が確認される。「彼ら〔=「非中央集権制代理人〕」は、彼らの職務〔に関する〕法律によって確定された客観的権限を持つ。すなわち彼らは、一定の事物を意思表明でき、そして彼らが彼らの職務の目的に従い、あるいは彼らの職務法律に生気を吹き込んだ目的に従って、これらの事物を意思表明する時に、法的効果のある意思表明を行うことができるのである」。アメリカ、スイス、ドイツ等の連邦国家の場合には、「客観法」が諸州の代理人に課税や法規範定立の権能を与えている。しかし「権能の観点から見るならば、彼らの地位は中央集権制役人の地位と何ら変わるところはない。両者とも、客観的規範の範囲内で意思表明する権限を持つ」だけだからである。「この〔客観的〕規範は統治者によって作られるのではない」。「ある法律が、もし仮に強制力を持つとするならば、それはこの法律がその適用を受ける国民（pays）の社会状態に適しているからである。この場合、代理人は権能〔に関する〕法律をこの代理人自身に当てはめる条件を形成する事実によって叙任される……」。以上が「非中央集権制国家」共通の特色とされるのである[112]。

叙任形式の特殊性以外に、「非中央集権制」の特徴としてデュギーが認めるものは、統制上の特徴だけである。「非中央集権制」という性格は、「本来、連邦制代理人と分権制代理人が、統治者の権力にまで上昇する代理人の位階制の中に含まれていないこところにある」。「位階制」統制とは、「位階制の上位者が、下位者の決定を取り消すことができるだけでなく、この決定を改め、それを自らの決定と取り換えることができるもの」すなわち「改正権力」を意味する。これに対して「連邦制代理人」と「分権制代理人」の場合にも、彼らは中央の代理人から適法性統制のみならず合目的性統制をも受けるにせよ、それでも中央の代理人の介入の中に見出される「統治者の意思から直接あるいは間接的に伝来するあらゆる発意・指令から免れている」ことがその特徴となる[113]。

(2) 『国家』における「分権制代理人」の憲法理論

それでは「連邦制代理人」と「分権制代理人」の相違はどこにあるのか。デュ

---

111) DUGUIT, *L'État,* pp.695–696.
112) *Ibid.,* pp.720–721.
113) *Ibid.,* pp.731–732.

ギーによれば、それは権限の広さや職務の種類によるものではない。また地方団体の意思の強制力が、その団体が持つ支配権（impérium）から生ずるものであるか否かでもない。両者を区別する指標として彼が示したのは、「統治者の側に恒常的な自治の状態を作り出す意図があった」か否かであった。

　前述したように彼の「客観法」理論においては、統治者を含む全ての人間が、意識的存在としてある法状態を創出する目的を持ってそれを意思表明した場合に、それだけでその意思表明者には、その目的に応じた法的義務が課せられる。したがって連邦制の場合には、統治者が「この自治を創出することで、あるいはこの自治を承認することで、彼らは全員が尊重するよう強制する法的状態を創出するという意思表明をした」がゆえに、「統治者に尊重を強いる」性質の自治権が発生するという論理になる。他方で「単一国家」における分権制の場合には、統治者の側に恒常的な自治を維持しようという意図・目的が全くなかったとされる。この場合にも、統治者が創出した分権制は、それを創出したのと同一の手続きによらなければ変更できないという形式的保障は与えられる。つまり通常法律が創出した分権制は通常の法改正手続きが、憲法的法律の場合には憲法的法律の改正手続きが必要になる。

　この論理に基づく限り、「単一国家」の場合には、「政府は、分権制の状態を変更し、あるいは廃止したとしても、政府に課された法的状態を全く侵害していない。というのは、政府の側に、いずれの時点でも、義務的な法的状態を創出する意図が全くなかったからである」と説明されることになる。他方でアメリカを例として説明されている連邦制の場合には、憲法の条文と憲法制定時の事情の2つから、統治者の恒常的な自治制維持の意図を確認する。もちろん統治者は憲法が定めた手続きに従えば、州自治権の範囲を自由に制限できる。しかし連邦制の場合には、統治者がこの自治を完全に廃止し、あらゆる分権的職務を消滅させてしまったとすれば、それはクーデターであり革命だと言うのである[114]。

　この論理は、連邦制の場合には「代表統治者」である国会のみならず「第一次統治者」である有権者全体も、連邦制型の自治権保障を認める義務を負う点で興味深い。しかし他方では、このようにして連邦制と区別された「典型的な単一国家」であるフランスの場合には、「代表統治者」たる国会が通常立法によって、

114）　*Ibid*., pp.763-766. 彼は連邦制の場合には統治者に「特殊な義務」が課せられているとする（*ibid*., p.756）。

分権制としての地方自治をいくらでも変更し、廃止することすら可能となってしまう。なぜなら、統治者の意図・目的とは、フランスの当該社会で確立された支配的な国家観念からしか導き出されないからであり、第3共和制期のフランスにおいてそれは「単一国家」型の地方分権制以外には考えられなかったからである。

(3) 『憲法概論』における「連邦制代理人」と「分権制代理人」の区別

『国家』における議論の体系的完成を目指した『憲法概論』では、彼の連邦制概念がより明確化されている。それによれば、連邦制の特徴の第1は、「同一領土内に2つの統治者集団が存在する」ところにある。中央の統治者は連邦国家に対応し、地方の統治者は部分国家〔すなわち支邦〕に対応する。デュギーにとり、統治権力は決して単一不可分ではなく、「ある領土に対してある人間集団が行使することのできる諸特権の総体」に過ぎない。したがって、一方の統治者集団が自発的に他方の統治者集団にこれらの特権の一部を譲渡することは何ら不可能ではない。「自己を義務づける意図を持って一方的な意思表明がなされる」だけで十分なのである[115]。

連邦制の第2の特徴は、こうした統治権力あるいは諸特権の地域的配分が、「それに同意した者にとり義務的となる」ことであり、そしてまたそれは、「2つの統治者集団の同意によらない限り、修正できない」ことである。「法的には、統治上の諸特権の分配は、義務を創出する意図を持った〔統治者集団による〕自発的な放棄の結果であり、協定（convention）によらない限り、修正できないものである」。『国家』では「客観法」による拘束性の意味でのみ理解されていた恒久的自治の維持に対する統治者の法的義務づけの論理が、『憲法概論』では、連邦全体と支邦の2つの統治者集団間の同意という手続きの義務づけを含むものに修正されていることが注目される[116]。

連邦制の第3の特徴は、地方〔部分国家〕の統治者集団は、その権能範囲内にあるものに関しては、中央〔連邦国家〕の統治者集団のあらゆる統制から免れていることである。デュギーは、現実にはこのような統制が時に起こりうることを認め、次のように評している。「しかし、このような統制が行われる場合には、

---

115) DUGUIT, *Traité*, t.3, pp.73-74.
116) *Ibid*., t.3, pp.74-75. フロガイティス（FLOGAÏTIS）は、この第2の特徴を次のように解している。「この分配は、共存する2つの統治者集団の同意によろうとも、また憲法的法律によろうとも、修正できないものである」(Spyridon FLOGAÏTIS, *La notion de décentralisation en France, en Allemagne et en Italie*, L.G.D.J., 1979, p.46)。

地方当局は統治者であることを止めてしまう。そしておそらくいくつかの連邦制の国では、分権化された単一国制の国になりつつあると言ってよかろう」。『国家』では、中央統制の有無は連邦制と「単一国制」（分権制）を区別する指標ではなかった。したがってこの特徴の明確化は重要な変化である。しかしデュギーのこの特徴に関する議論は、実は「単一国家」の分権制には中央統制が不可欠であるという議論の中で、これを明らかにするために行われていたものに過ぎない[117]。すなわちデュギーの『憲法概論』における連邦制概念の明確化あるいは一部修正は、この連邦制と対置される「単一国家」の分権制における地方自治保障の消極性を際立たせるための議論だったのである。

以上のような連邦制の分析結果から、連邦制と対比された分権制の特徴は次の3点にまとめられる。第1点目は、「分権制代理人」が統治者集団の権威下ではなく単なる統制下に置かれることである。統制の特徴は、『国家』で述べたのと同様に「役務の指揮の自発性を持つこと」にある。統制の特徴に関する若干の変化は、『憲法概論』では、「分権制代理人」による行為を取消すのは、適法性違反に限られ、合目的性統制違反は理由にしえないと述べられているところにある[118]。行政判例の発展により、後見監督統制権の行使が次第に適法性統制に限定される傾向が出てきたことを、デュギーも認識したものと思われる。

第2点目は、「地方分権」の場合には[119]、上級代理人が一定の地域と結びついており、彼らの権限がこの地域に限定されていることである。この結びつきが必ずしも選挙を必要としない点は、『国家』の場合と同様である[120]。『国家』で「分権制代理人」の第1の特徴として強調された、統治者による直接あるいは間接の叙任という基準は、このような形に言い直され、もはやあまり強調されていない。

第3点は、「理論上、不可欠とまでは言えない」が、「それが存在して初めて、分権制代理人は現実の活動が行える」条件とされるものである。具体的にはそれは、「当該分権制代理人が属する地域の公役務に充てられる自治的共同財産（patrimoine autonome）」の存在である[121]。『国家』においても、フランスの分権制の具

---

117) DUGUIT, *Traité*, t.3, pp.75-76.
118) *Ibid.*, pp.80-81.
119) デュギーの分権制とは、通常は役務分権（décentralisation par services）と地方分権（décentralisation par région）を合わせた概念である。したがって地方単位の分権（フランス型地方自治）のみを意味するときに限って「地方分権」と訳す。
120) DUGUIT, *Traité*, t.3, pp.81-82.

体的な姿を分析する箇所では、デュギーはこの共同財産を管理するところに、市町村長の「分権制代理人」としての本質的特徴を見出すかのような議論を行っていた。他方で、公権力上の行為を行う際の市町村長は、「中央集権制代理人」と見なされ、位階制の中に置かれるという叙述もなされていた[122]。デュギーは、「連邦制代理人」と「分権制代理人」のそれぞれに帰属する権限の違いは重要ではないとしていたはずであったが、すでにここでは論理の一貫性が綻びつつあるように見える。

3　デュギーの「分権制代理人」論の本質と限界

　以上のデュギーの理論を本書の関心からまとめ直せば、次のように要約できよう。第1に、国家にせよ地方団体にせよ、その構成員から切り離された権利主体（法人格）を想定することを止めたことで、主権にせよ公権力にせよ、その単一不可分性の観念が常に提起せずにはおかなかったところの、連邦制や分権制の法理論的成立の困難性の問題が消滅したことである。それはまた、連邦国家の自治制と「単一国家」の分権制の区別をある程度は相対化する効果をももたらした。

　第2に、このようにデュギーの理論が地方自治の問題を地方団体の構成員の問題に還元するものであったにせよ、その理論が、住民の自治権ないし主権の地域的行使権の自治体への委任という考え方を否定する理論である限りは、結局は地方自治の問題を、その団体の代理人の特殊な独立性の問題に還元することになってしまうという点である。そのため、「分権制代理人」に対する住民の選挙制の不可欠性は論証できず、またなぜ彼らが国からの位階制統制に服するのではなく、単なる統制（すなわちいずれは適法性統制に純化される後見監督統制）にしか服さないのかの説明も行うことができないのである。

　第3に、「現実主義法学」を唱えるデュギーには望むべくもないのであるが、住民の自治権から本来あるべき地方自治の憲法論を構築するものではなく、既存のフランス「単一国家」の地方分権制を所与のものとしていたことである。そのために、フランスで伝統的に受け継がれてきた連邦国家の自治制と「単一国家」の分権制の本質的な違いを当然視する考え方が、両者の共通性を論じた部分もあるにせよ、結局のところデュギーの法理論にも色濃く残ってしまった。連邦制の

---

121)　*Ibid*., p.82.
122)　DUGUIT, *L'État*, pp.712, 740.

変更不可能性と2重の統治者集団の存在、連邦と地方団体（支邦）の双方の同意を欠く自治形態の変更の禁止、そして後者の権限の範囲内における前者の後者に対する統制の禁止といったあらゆる連邦制的な自治の要素は、デュギーにおいても、その全てが「単一国家」フランスでは受け入れ難い異質の自治の要素と見なされてしまうのである。

以上の分析から分かることは、デュギーもまた「単一国家」型地方自治論の限界を持つ論者であったということである。デュギーとオーリウの法思想を合わせて分析したM・ワリーヌ（Marcel WALINE）は[123]、デュギーの「現実主義法学」を事実への一元主義と見て、オーリウの多元主義と対比している[124]。彼の一元主義が既存の事実のみを確認するものである限り、過去のフランス憲法史で幾度となく提起されてきた民衆型自治論も、多元主義的な国民主権と地方自治の構想も、全てその分析の視座から排除されてしまうのも当然といえよう。

もちろんデュギーは、現実の政治に関しては第3共和制前半期に確立した「半代表制」現象を自覚しており、それが「第1次統治者」と「代表統治者」の関係をめぐる議論にも反映している。しかし彼にとっては、この事実から何らかの法規範的な意味が演繹されるわけではない。彼は言う。「実際、国民の主権と国民の意思を語ることは、各国において次第に多数者となっている人々に、こうした決定権あるいは選挙権が認められていると語ることなのである。この場合は次のような1つの事実を確認できる。それは、最大多数の同意に基づく政治的権威のみが正当であるという意味における正当な事実など、誰もそこには認めていないということである。というのは、事実の正当性は論じることのできないものだからである。事実は存在するかしないかしかない。あらゆる文明国で、政治権力は次第に最大多数に帰属する傾向はある。……政治権力は事実上、最大多数者に帰属する。国民の意思、国民の主権とは、多数者の最大の権力という事実を表現する単なる形而上学的表現なのである」。法律家の任務は、こうした事実確認をしたうえで、「多数者とその代理人によって、国家に課された諸々の義務が可能な限りより良く達成されることを保障するような制度」を準備することである[125]。

---

123) Marcel WALINE, « Les idées maîtresses de deux grands publisistes français : Léon Duguit et Maurice Hauriou », *L'Année politique française et étrangère*, I^{ème} partie (Léon Duguit), 1929, pp.385-409 et IIème partie (Maurice Hauriou), 1930, pp.39-63（以下、WALINE, *A.P.F.E.*, 1929又は1930）。

124) WALINE, *A.P.F.E.*, 1930, pp.39-44.

「全ては代表を、すなわち代表される第1次統治者集団と代表者の集団との間に存在すべき類似性と役務交換の連帯を確保するための最良の手段が何であるかを実際に理解する点にかかっている」。「……政治的代表は、議会と有権者団との間の不可欠の連帯に基づくものである以上、政治技術は、こうした連帯が常に存在するような手段を講じ、保障を組織しなければならない」[126]。

このような代表制論は、一方で有権者の意思を可能な限り、様々な手段を用いて国会の意思に反映させることを要求する理論にもなりうる。しかし他方で、国家の最終的な意思決定をあくまでも国会の「代表統治者」の自由意思に委ねることを容認する理論でもある。彼は有権者（「第1次統治者」）と国会（「代表統治者」）との間の連帯を保障するための様々な制度を提案し、その中にはレファレンダムと解散制度も含まれていた。しかしデュギーはすでに見たように委任の概念を否定し、さらに有権者の個別問題への決定能力についても否定的評価をしていた。したがって命令委任やリコール制は絶対に認められないとも主張する。まさしくデュギーの理論は、「半代表制」論の代わりに連帯と類似性の理論を用いて、有権者の傾向と国会の傾向とがある程度の対応関係を示すことを正当化し、またそれを確保できるような若干の制度を議会中心主義に補足する理論だった[127]。

もちろんフランス革命期の議論の分析の中ですでに見たように、有権者総体たる人民に完全な政治的決定権を認め、命令委任やリコール制を完備した完全な「人民主権」を採る場合には、かえって国と自治体との間の立法権の多元化は困難になる。他方で、N・コンドルセ（Nicolas de caritat, Marqui DE CONDORCET）やA・J・L・ド・ラネサン（Antoine Jean-Louis DE LANESSAN）の議論のように、不完全な「人民主権」ないし「ナシオン主権」の変質の中で、有権者の政治的影響力の行使と国民代表との無限の「対話」を考えることの方が、立法権分有にまで通じる地方自治保障の可能性を秘めている。そしてデュギーの議論にも、確かに「半代表制」的な有権者と国民代表との間の不断の相互交流の論理は見出せた。したがって、もしデュギーの理論が「単一国家」の分権制においても連邦制のように「第1次統治者」の複数性を認め、自治体住民をその1つと認めるならば、彼の連帯理論

---

125) DUGUIT, *L'État*, p.56.
126) 以上、*ibid*., pp.227-228.
127) *Ibid*., pp.228-233, 164-169. 高橋和之「現代フランス代表民主政論の源流（2）」『法学志林』80巻1号（1982年）13-15頁。

を用いて自治体の自治権を国全体の統治者から一定程度保障する理論を構築することも不可能ではなかったに違いない。だがデュギーにおいても、「単一国家」の場合には「第1次統治者」も「代表統治者」も全国レベル以外には想定されえないものであった。そのため地方自治の問題は、結局は「分権制代理人」の特殊な統制問題に縮減されてしまう。彼の分権制論の限界は、彼の「現実主義法学」の国家論では、主権論を放逐してしまった結果として、逆に主権主体と主権行使の多元性が説明できなくなったところに見出されよう[128]。

第4節　オーリゥ——制度理論と国民主権の多段階的代表論における「地方分権」の位置

1　オーリゥの法学方法論

オーリゥも当時の人文・社会科学的諸潮流から多大の影響を受け、第3共和制期の新たな現実を法理論することを目指していた[129]。彼は、デュギーのように一元的な決定論の視点で現実の政治経済関係をありのまま理論化するのではなく、形而上学であるトマス哲学から発想と諸概念を得つつ、現実の諸力の動態的かつ持続的関係として、しかも複眼的な視点から国家の法理論を構築しようとした[130]。

ワリーヌも、オーリゥの法理論の第1の特徴について、それが現実を複雑で多数の対抗諸力の紛争と、これらの間の暫定的な均衡を認識し、その理論化に努めたところに見た。実定法は一定の時期にこれらの均衡を法認したものに過ぎず、いわば妥協の産物である。彼にとって法とは美しい水の流れのようなものであり、

---

128) デュギーにとっては、分権制における一般大衆の政治的影響力の行使は、地方自治の場においてである以上に労働組合運動においてであり、技術的専門性と独立性を保障された役務分権の代理人（役人）の役割の中にこそ見出される。『憲法概論』における役務分権論については、DUGUIT, *Traité*, t.3, pp.90-94. 役務分権の一環として公務員労働組合を考える視点については、DUGUIT, « Les syndicats de fonctionnaires » *RDP*, t.48 (1906), pp.472-493. またFLOGAÏTIS, *op.cit.*, p.49も参照。
129) 恒藤・海原・前掲論文73-74頁。
130) オーリゥ理論のトマス主義的な解釈については、水波朗『トマス主義の憲法学』（九州大学出版会、1987年）11-54頁を参照。齊藤芳浩「国家・法・同意（1）（2・完）——モーリス・オーリゥの制度理論とその検討」『法学論叢』131巻5号〔1992年〕25-56頁、133巻4号〔1993年〕70-89頁）におけるオーリゥの「イデー」概念の分析（同論文（1）32-35頁）も参照。斎藤は、デュギーが立脚した社会学的方法論は「単線的決定論」であるのに対して、オーリゥのそれは「持続的な社会的法とともに個人の自発性をも承認する」「複線的決定論」であったとの分析を示す（同論文（1）40-41頁、注⑪）。

対抗諸力の対立と妥協の運動の中でしかその実体を観念できないものである[131]。

　彼の第2の特徴である制度（instituion）理論も、「イデー」と呼ばれる一定の国家目的の実現をめぐる諸力の対抗的運動による法と国家の生成という視点と結びついている。私見では、この「イデー」とは、主観性と自発性を有する人間が織りなす共同社会に内在する目的論的な客観法則のトマス哲学的な表現である[132]。彼の制度理論の問題関心は、現在の諸力が「イデー」の実現に寄与する暫定的な均衡に到達するために、その国の諸制度がどのようにして継続的な権力分立を実現してきたのかを分析するところにある。全ては均衡の視点で理解される。国内に限ってみても、諸個人の権力と統治者の権力、少数者的・貴族的な統治の権力と多数者的・民主的な統制の権力、中央権力と地方権力、協議・議決権力（pouvoir délibérant）[133]と執行権力と選挙権力等、これら諸力の様々な対立と均衡の視点から国家論が組み立てられることになる[134]。

　彼の制度理論は、こうした諸力の対立・均衡関係を背景にして、制度の中に命令する側の権威の正当化を見出し、逆にこのような制度化の中に命令者への拘束をも見出すものである。なぜなら、「一定の目的を追求することを決心した複数の人々が、そのために継続的な形で自己組織化する時に制度が生まれる」と考えるからである[135]。例えばオーリゥは1912年の『国民主権』において、世論の「支持（adésion）」の不可欠性に言及する中で、制度化と正当化との不可分な関係を

---

131) WALINE, *A.P.F.E.*, 1930, pp.39, 54-55.
132) オーリゥの制度理論は、社会組織が「持続可能（durable）となる、すなわちそれに含まれる人的資源が継続的に更新されるにもかかわらずその特定の形態を保ち続ける」には「制度化される」ことが必要と見たうえで、制度を「1つのイデー（une idée）をめぐる権力の均衡と同意の体系」と理解することから出発する（Maurice HAURIOU, *Précis de droit constitutionnel*, Recueil Sirey, 2ème éd., 1929 [CNRS, 1965], p.73）。この制度化の過程を分析する全体的理論枠組みが制度理論である。そこでキーワードとなる「イデー」とは、齊藤芳浩によれば現実の事物に組み入れられ形相ともなっている「真の実在」である。それは客観的な存在でありながら、「自己の保持と自己の本質の完成」という目的を自律的・自発的に追求する存在である人間が、主観的かつ不完全に繰り返す発見によってしか把握できない。強制と同意に基づく国家の形成と変動も、全てこの国家の「イデー」を発見し実現しようとする過程として理解される。そしてオーリゥは、この「イデー」を主観的に概念化する役割を統治者に見るのである（齊藤・前掲論文（1）30-44頁参照）。
133) オーリゥの協議・議決権力は立法権力より広い概念である。なぜなら、彼の理論の中では自治体には国家と並ぶ立法権の分有主体性を、すなわち立法権力を認めないにもかかわらず、自治体内部で協議・議決機関（協議・議決権力）と執行機関（執行権力）の区別を論じているからである。協議・議決機関と執行機関の区別については、本節2(3)を参照のこと。
134) WALINE, *A.P.F.E.*, 1930, pp.55-56.

次のように論じている。「一般意思の支持は、事実上の政治組織を制度に変化させてきた大きな力であり、したがってそれは力によって設立された政府を正当化してきた力でもある」[136]。

彼によれば、制度は第1にその構成員と区別され、第2に近隣の諸制度と区別される1個の実体を持ち、その作用に関して自律性（aoutonomie）を持つ。また制度は内部組織を持ち、その中では支配力は抵抗力によって抑制される。また制度の中には、最小限の位階制と内部的な法規範が成立する。国家自体が最も明瞭な制度である。オーリゥによれば、国家とは秩序と均衡のある制度に国民を整理し、法人格化したものなのである[137]。

オーリゥ理論の第3の特徴は、以上の対立と均衡の視点からも分かるように、その分析視角が常に多元主義的なことである。彼は一元主義的視角、とりわけ三段論法的な一元的演繹法を強く批判する[138]。のちに見るように、彼の多元主義は主権論を国民主権論と国家主権論とに区別し、少数者の立法・執行権力と多数者の選挙権力との二元論を想定する形を採る。それは本書の視角から言えば、彼以外の法学者における一元主義的な国民主権論では主権の構成要素から排除せざるをえなかった有権者の選挙権力を主権論の中に位置づけ、あるいはこの選挙権力と結びついた分権[139]の原理を、国民主権の一内容として示すことを可能にした。

2 オーリゥの複眼的分権論
(1) 分権の政治的定義

その制度理論が、現実の法への転化を媒介する考え方であったことからも分か

---

135) *Ibid.*, 1930, pp.46-48. 制度が持つ権力に対する客観的拘束性は次のように説明される。「……オーリュウは、法の基本問題が事実の態様の法の態様への転嫁にあると考えていた。彼によれば、その転化は、正義なる客観的理念の介在によって制度の中に生起するものであった。彼は、法現象を概念的抽象においてよりも、自生的かつ具体的現実態として擬視したが、法体系の真に客観的な要素は、何としても制度であることを見出して、デュギーの言う意味における法的規制が、実は制度の本質の中に求められることを解明したのである。」（恒藤・海原・前掲論文73頁）。

136) Maurice HAURIOU, *La souveraineté nationale*, Sirey (E. Privat), 1912（以下、HAURIOU, *La souveraineté nationale*), p.17. なお彼の「一般意思」は世論の意味に近く、しかも有権者意思とは区別される「受動的な国民意思」と観念されている点については後に述べる。

137) WALINE, *A.P.F.E.*, 1930, pp.48-50.

138) *Ibid.*, 1930, pp.39-41. ワリーヌは、彼のこうした多元主義が、自律性を持った固有の法領域としての行政法研究を可能にしたと述べている（*ibid.*, p.57）。

るように、オーリゥの地方自治論を含む（広義の）分権論は、政治的視点と法的視点とを連結させたものである。彼は1892年に発表した『分権に関する研究』の中で、まず以下のように分権の政治的定義を行う。「分権とは、地方行政と特別利益行政に関する国家のあり方を意味する」。「それは、これら２種類の行政が有権者団によって、すなわち主権者によって直接に任命される地方当局あるいは特別〔行政〕当局に委ねられているところにある」[140]。

オーリゥによれば分権の政治的定義には５つの意味が含まれている。第１に、一定の面積あるいは複雑性を持つに至った国家における地方行政と特別利益行政の不可欠性の承認である。地方的必要性に十分に対応するためにも、国全体の必要性の十分な実現のためにも、中央当局以外に地方当局が必要である。また行政の複雑化と権力の増大とに鑑みて、政党間の紛争に巻き込まれずに安定的継続的な運営を行うためには、公施設法人（établissements publics）のような特別〔行政〕当局が必要になる。第２は、分権や中央集権はあくまでも国家のあり方の問題だということである。したがって分割民営化や国有化は分権や集権の問題と区別しなければならない。第３に、分権はあくまでも行政レベルの問題に限られる。この主張は、後に見るように分権制と連邦制の区別に結びつく。第４は、分権は有権者団による地方当局あるいは特別〔行政〕当局の直接の任命を必要とすることである。彼によれば、「分権とは本来、地方当局や特別〔行政〕当局の任命に対する主権者の直接的参加として特徴づけられる」[141]。そして第５の意味は、分権には程度差がありうるということである。住民が選挙する機関の範囲、権限の広さ、中央当局による後見監督のあり方などには多様なものがありうる。他方でオーリゥは、分権がいかに進もうとも、それはあくまでも国家の行政に留まらねばならないとも考えている。したがって分権制当局に対する国家の後見監督は必ず存在しなければならず、それは分権の１つの限界をなしている[142]。

---

139) オーリゥの分権（décentralisation）概念は、デュギーのそれに比べれば、地方分権（フランス型地方自治）を中心に組み立てられている。しかしそれでもやはり、フランス的伝統に従って役務分権概念をも含んだものであるため、本研究ではデュギー同様、可能な限り分権（制）の訳語を用い、特に地方自治の意味を強調しなければならない場合に限り「地方分権」と訳すことにする。

140) Maurice HAURIOU, *Étude sur la décentralisation*, P. Dupont, 1892（以下、HAURIOU, *Étude sur la décentralisation*), p.4.

141) *Ibid*., p.5.

142) 以上、*ibid*., pp.5-16.

(2) 分権制と連邦制の区別

　オーリゥは分権制と連邦制を、それぞれレベルの異なる問題と見る。彼によれば、分権制とはあくまでも行政上の問題であるから、どんなに大幅な分権化がなされようともその国家は単一である。これに対して連邦制とは、連邦国家とこれを構成する諸国家のそれぞれにおける分権化の問題とされる。つまり連邦国家では、連邦政府の役務はほとんど絶対的に中央集権化されており、他方で連邦構成国家内部の分権化は、それぞれの国の憲法次第とされるのである。しかしオーリゥが行った分権制と連邦制の区別は、これに留まるものではない。それは何よりも、法律のユニテ（単一性＝統一性）と多様性の違いとして理解されなければならない。彼は言う。「国家のユニテをなすものは、法律及び法律を制定する者としての主権者のユニテである。連邦制をなすものは、法律の多様性並びに一定数の対象に限定された共通の主権の下での複数の2次的な主権の存在である。それは憲法あるいは国際公法と関わるものであり、行政法と関わるものではない」[143]。

　他方でオーリゥは、単なる公役務すなわち行政のあり方に過ぎない分権制が、現実には連邦制に転ずる可能性があることも認める。それは、行政作用に過ぎないはずの条例制定権により、地方的法律が制定されるに至った場合である。彼にとって、このような分権制から連邦制への移行は「蜂起」あるいは「革命」と理解されることになる。こうしてオーリゥにおいても、立法権の単一性と多様性（多元性）は、分権制と連邦制とを本質的に区別するための試金石となっている[144]。

　しかしここで1つの疑問が生ずる。すでに見たようにオーリゥにとっての分権の政治的定義では、「分権とは本来、地方当局や特別〔行政〕当局の任命に対する主権者の直接的参加」であった。同様に彼は、分権を「国民主権の民主的原理の発展であり、その論理的帰結」とすら述べている[145]。そうだとすれば、主権者の意思表明としての立法権が国と自治体とで多元的に分有されるという論理が、その国民主権論に含まれていても不思議ではないはずである。しかし実際には、彼は法律ないし立法権の多元性と単一性を連邦制と単なる分権制とを分ける指標とするので、その政治的定義と矛盾するのではないかと思われるからである。

---

143) 以上、*ibid.*, p.9.
144) *Ibid.*, p.9. オーリゥは、その行政法基本書である *Précis élémentaire de droit administratif*, Sirey, 1925, p.31でも、連邦制と単なる行政的分権制と分ける指標が、立法権のユニテの有無であることを確認している。
145) Hauriou, *Étude sur la décentralisation*, p.10.

この点については、のちに示すように、実はオーリゥの国民主権論は決して有権者団を主権者とするのではなく、有権者団の選挙権力と国会の立法権力、そして大統領と内閣が持つ執行権力の3者による抑制と均衡の中で、統一的な「命令的国民意思」すなわち主権的意思が形成されることを本質としていたという視点こそ、その疑問を解くカギとなる[146]。彼の国民主権論が、その分権についての議論の中でいかに有権者を主権者と同視するかのような説明をしようとも、その意味は、有権者が選挙権力として自治体当局を直接に任命すること、あるいは諸権力の均衡のための1要素となることに限られていた。このようにオーリゥの国民主権論自体には、一見すると国・自治体間における立法権の多元的分有の弁証という本書の問題関心にかなう要素が見当たらないように見える。にもかかわらず本書は、彼の理論には立法権分有に通じる理論的可能性が含まれていると考える。この点も後に詳述する。

(3) 分権の政治的価値

それでは、有権者の選挙権力が発揮される場の1つ、あるいは諸権力の抑制均衡保障の場の1つとして分権を捉え、これと国民主権との結合を考えるオーリゥの政治的分権概念は、抽象論としては理解できるにせよ、憲法論としては具体的には何を意味するのであろうか。この点まず、彼が分権の政治的価値を論じた部分を検討してみよう。すでに見たように彼の理論では、分権は「行政に対する主権者人民のより直接的な支配（mainmise）」と観念される。彼によれば、民主国家の主権者人民は、国会による統制を通じて行政を頂点から支配している。しかし国会は、地方行政の無数の細部にまで統制を及ぼすにはあまりにも高い所に位置し過ぎる。こうして「分権は、統制を主権者の一部に近づけ、それを彼らにとって直接的なものとする手段であり、したがって統制を強める手段である」[147]。

この主権者による行政の直接統制は、あくまでも選挙を通じてのものに留まる。しかも地方当局の全ての担当者の任命に選挙制を採ることが不可欠とまでは述べておらず、地方行政の執行機関が選挙で選ばれずとも、協議・議決機関が選挙で選ばれさえすればそれだけで分権の不可欠の条件は満たされる。但しいかなる場合でも、地方当局に一定の地方的利益が帰属することと、この利益に対する主要な決定権が地方協議・議決機関に帰属することの2つが絶対条件であるとされ

---

146) *Ibid.*, p.45.
147) *Ibid.*, pp.9-10.

る[148]。

　地方選挙を分権の中核要素とするところから、次の2つの分権の政治的価値が導かれる。第1の価値は分権の絶対的価値と呼ばれる。それは、分権の意義を「公的生活の増大を、したがって自由の増大を実現する」ところに見出す。なぜなら、分権は例えば40万人の市町村評議会議員と1千万人の有権者を生み出し、その結果、「公的事務を管理する」人数を増大させるからである。加えて分権は地方行政内に協議・議決機関と執行機関との間の権力分立を生み出す。これは、至る所で権力の均衡と穏健化をもたらし、諸機関の協力や競争を生み出すことになる。これら全てが公的生活の増大を生み出すことこそが、分権の絶対的価値なのである。

　公的生活の増大は、それが均衡を保障するものである限り、オーリゥにとっては絶対的な価値となる。なるほど分権には、しばしば地方当局の権力をめぐる政党間の紛争、選挙上の策略や財政上の浪費、さらには公務員に対する攻撃などを生む危険性がある。また、より有効な地方役務の管理運営という点でも、分権が必ずしも有効とは言えないことを彼も認める。しかしそれでもなお、「国全体のための〔公的〕生活の増大」はオーリゥにとり最大の価値の1つである。分権の様々な欠点も、分権自体による公的生活の活発化を通じて自ずと矯正されていくと彼は主張するのである[149]。

　第2の価値は相対的なものとされる。彼によれば、分権は「中央権力が民主的に組織されている」国に不可欠な制度であり、その意味で分権は議会制の「論理必然的な補足物」、「不可欠の補完物」である。彼が「議会制の補完物」として分権制を見るのは、第1に地方選挙を通じて有権者に選挙に対する情熱を与え、第2に議員に公的事務運営の経験を積ませる意味があるからである。つまりここでの分権の価値は、「自由の小学校」、「諸力の貯蔵庫」として示されるものである[150]。

(4) 分権の法的意味

　以上のような分権の絶対的及び相対的な価値の議論は、彼の憲法理論、とりわけ主権論とどのように結びつくのであろうか。彼は分権の政治的分析に引き続い

---

148) *Ibid.*, pp.11-13. なお特殊利益行政としての公施設法人による分権も、この法人の頂点に設置された当局が、たとえその一部であれ、有権者によって選出されていることが不可欠の条件とされている (*ibid.*, pp.10-11, 34-36)。
149) *Ibid.*, pp.22-27.
150) *Ibid.*, pp.27-28.

て法的分析を行っている。それによれば、法的視点から見た分権は以下のように定義される。「それは、国家が一定数の行政人格（personnes administratives）に変えられ、これらの行政人格が分権上の権利を享受し、かつこれらの権利を行使することで、公役務の運営を確保することである」。「これらの行政人格は、全てが国家の構成員であり、あるいはむしろ国家の多様な現実である」[151]。

すでに見た分権の政治的定義とこの法的定義とは次のようにして結び付けられる。「……２次的行政人格である県やコミューン、植民地や公施設法人は、人格化された地方当局あるいは特別〔行政〕当局である。そしてこれらの人格が分権化されていることの意味は、すなわちこれらの人格が主権者により直接に任命されていることの意味は、これらの人格が公権力上の権利を持つところにある」。これとは反対に中央集権の場合には、県やコミューンは同様に法人格を与えられるものの、これらの人格が有するのは私法上の権利に留まり、公権力上の権利を持つものではない[152]。

以上の法的定義からは３つの帰結が生ずる。第１に、これらの行政人格には行政を担当する義務が課されることである。第２には、これらの行政人格が分担金（contingent）と補助金を用いて、同一の役務の実現のために協力し合うことである。そして第３に、国家を除く全ての〔法〕人格主体に後見監督が課されることである[153]。

彼は行政的後見監督を、「後見監督を受ける人格の諸利益を保護すると同時に、行政における良好な秩序を維持するために、ある行政人格が別のある行政人格に対して行使する統制権」と定義する。彼は、地方当局による地方役務の不良管理にせよ、協力することを義務づけられた国全体の役務の不良管理にせよ、いずれも国全体に悪影響を及ぼすものと考える。そしてこの点に、中央権力による監視の根拠を見出している[154]。

後見監督の権力と位階制の権力は、オーリゥにおいても明確に区別されている。後見監督権は執行停止権や取消権はあっても修正の権利（droit de réformation）を含まない。位階制の下で、この権力に基づいて上級当局が下級当局の行為を修正

---

151) *Ibid*., p.37.
152) *Ibid*., pp.37-38.
153) *Ibid*., pp.38-41.
154) *Ibid*., p.21.

できるのは、そこで問題となっているものが国家の意思表明そのものであり、上級当局も下級当局と同様に国家を代表するからである。これに対して分権制における地方当局の行為は県やコミューン自身の意思の表明であり、国家の意思とは取り替えることのできないものである。したがって意思の交代を意味する決定の修正は、後見監督の権力には含まれないことになる[155]。

　オーリゥの後見監督論が興味を引くのは、それが裁判的統制論に変化する要素を有しているからである。彼はまず行政的後見監督が本質的には行政行為であるとする。しかし他方でそれは、「裁判官の行為に変化する本質的傾向を持っている」とし、「したがって行政的後見監督は、一定の部分に関してはゆっくりとした発展を通じて、裁判的後見監督 (tutelle juridictionnelle) に到達しうるであろう」とも述べているのである[156]。

　後見監督の裁判的なものへの変化という指摘は、地方行政を規律する法律の発展への期待と結びついている。彼によれば、「裁判官の主要な任務は法律違反を理由にして取消しを行うこと」である。しかるに現実のフランスの地方自治法制は、地方当局の行為を上級当局が「決まった理由もなく職権により取消したり執行停止にしたりする行為」までも後見監督の概念に含まれることを認めるものだった。つまり違法性あるいは越権を理由にするに留まらず、単なる政策論レベルの合目的性の見地からの取消しや執行停止も認められていたのである。そこでオーリゥは、それぞれの分権制地方当局の自治の範囲を明確にするために、「県やコミューンの行政の細部にわたる法律を制定しなければならない」と主張するのである[157]。

　分権を進め、分権制地方当局に対する統制と保障の両方を上級権力ないし中央権力にではなく、公正で中立的な判定者である（行政）裁判官に委ねようとしたオーリゥの主張は、中央当局による政治的かつ恣意的な理由に基づく市町村評議

---

155)　*Ibid*., pp.45-46.
156)　*Ibid*., pp.32, 51-52. 但しこの「裁判的後見監督」は司法による (juridique) 監督とは異なることには注意を払わなければならない。オーリゥによれば、後見監督権は行政裁判所に帰属するものであって、司法裁判所に帰属するものではない。権力分立の原則がこれを許さないのである (*ibid*., p.52, note (1))。ここには、フランス法ないし大陸法における二元的裁判権観念が色濃く投影されていることが分かるであろう。
157)　*Ibid*., pp.47-48, 54, 59. オーリゥの細部にわたる立法の必要性の議論は、分権の法的価値の1つとして、それが法律の発展を招き、公権力の法規範への従属化を促すことを確認する中でなされている。

会の解散やその決定の取消しなどの制度が残存する当時のフランスの場合には、大いに積極的な意味を持つであろう。もちろん立法化による細部にわたる地方自治行政の規律化と、裁判所による厳格な適法性統制の実現という考え方は、国の立法権に対抗しうる地方自治権保障の理論までもたらすものではない。しかし前述したように彼の制度理論は、制度自体に自律性を認め、支配力と抵抗力の均衡と分業の中で国家の「イデー」の実現を図るものである。この法的思考に基づけば、判例の蓄積を通じてフランス公法学が、国の立法権を事実上拘束する自治権保障の論理を見出すことも、決して不可能とは言えない。それは実際には、その後のフランス行政判例の発展、さらには違憲審査制の確立を前提とする憲法判例の蓄積の中で実現するであろう。

　本書の視点から重要なことは、憲法上明示的に立法権分有制が定められていなくとも、憲法の根本原理である国民主権の原理からそれが要求されることを弁証するような法的論理がその憲法理論の中に存在するか否かである。この点では、オーリゥは分権制を国民主権の不可欠の要素としながら、なお立法権分有制につながる議論を展開していない。しかしそれは、彼が当時の社会常識や学問水準の低さに阻まれて、立法権分有制の主張に到達できなかっただけのことであり、もし現代的視点から彼の理論を再解釈するならば、立法権分有制に通じる一定の論理が見出せるのではないか。この点を明らかにするために、次に彼の国民主権論における分権論の位置づけを分析しよう。

3　オーリゥの国民主権論における分権論の位置

(1)　国民主権の複合的性質

　オーリゥの1912年の『国民主権』は、まず国民主権と国家の主権を区別する必要性から出発する。前者は後者に先行し後者を準備する。「国民主権は、一つの組織体（un organisme）の内部でその形成と分配の観点から検討されるところのこの組織体の力」である。それは、「国民の一般意思の力を伴った様々な統治権力の力が複合した（composition des forces）結果」であり、「ユニテを破壊することなく複数の代表機関の間で配分可能なもの」である。これに対して「法人格としての国家の主権」は、「〔国家以外の〕他者に対して、すなわち国家と区別される人格を持つ国家の被治者（sujets）あるいは外国に対して行使される支配の権利として考えられる主権」を意味する。もっとも、国家の主権論は国民主権論と

のつながりを欠いては成立しえない。このように考えることで、「法人格として
の国家の主権の不可分性」は「複合的な (composite) 国民主権を分有する様々な
権力がこの〔国家〕主権を管理すること」と矛盾しないことになる158)。

　両者は視点が異なる。国民主権論は、主権を「多様でありながら共通の目的に
向かう (convergents) 諸権力」、すなわち「諸々の統治権力や国民の一般意思の支
持 (adésion) の力」という「諸力の複合現象の結果として、複合的な1つのユニ
テが生まれる」ところに見る。それは「主権〔的意思〕の形成」レベルの問題で
ある。他方で国家の主権論の方は、「その起源の点でも発動の点でも単一的な権
力」として主権を見る。それは法人格主体としての国家による「主権の行使」を
問題とする。国家の主権論の視点からは、主権が国民にあるか政府にあるかはど
うでもよいことであり、そもそも国民と政府の区別自体にも意味がない。「中央
政府を備え組織化された国民は客観的な制度と見なされた国家にほかならず、国
家は国民の法人格化、すなわち諸権利の主体と見なされた国民に他ならない」159)。

　彼の理論では、国民主権は「執行権で武装した1つの意思」であり、「一塊と
なった場合には国民意思とも呼ばれる」。しかしそれは、「意思の諸要素」とこの
意思の「実現ないし執行の諸要素」からなる多様なもの (multiples) として現れ
ざるをえない。国民は統治者でも被治者でもある存在である。この2つの立場は
同時には両立しえないことに鑑みて、国民意思は、統治と命令を特徴とする能動
的国民意思と、「受容 (acceptante)」と「支持」を特徴とする受動的国民意思とに
区別される。彼の視点では、この受動的国民意思こそが一般意思 (volonté générale)
を意味する。他方で能動的国民意思とは、「それぞれが選挙制を基礎に据えつつ、
一般意思の代表を実現するという意味における複数の統治権力の総体」である。
この意思は、「それぞれが一般意思を固有に代表している複数の統治権力を、共
通の目的に向かわせる」という意味で、「複合的な1つの組織体」である160)。

(2) 一般意思の受動的性格と「支持」の力

　一般意思は、現実の選挙人団の意思を意味する選挙意思 (volonté électorale) と
区別されなければならない161)。「一般意思は支持の意思であって行動の意思では

---
158) HAURIOU, *La souveraineté nationale*, pp.10-11. 傍点部分はイタリック。
159) 以上、*ibid*., pp.147-149.また、高橋・前掲「現代フランス代表民主政論の源流（2）」16-17
頁も参照。
160) HAURIOU, *La souveraineté nationale*, pp.13-15.

ない。……一般意思が一般性や全員一致性（caractère de généralité ou d'unanimité）を保つことを可能にするには、それが行動しないままでいることが条件となる。……行動は、そのためにイニシアティヴをとらなければならないことを含めて、分裂の原因となる。単なる支持が前提とする半ば受動的な精神状態の中でこそ、大衆は全員一致の状態でいられる」[162]。彼は一般意思を「支配される者(gouvernée)としての国民」、「被治者（sujets)」あるいは「人民（peuple)」の共通意思にも置き換えている。それは、組織化されない一般大衆のイメージを伴いつつ、究極的にはその社会集団の根本「イデー」に導かれることを通じて、意思の全員一致状態が常に想定される存在と考えられている[163]。

オーリゥによれば、ルソーの理論は行動の意思の1つである選挙意思を一般意思と同視し、その結果、「選挙人団（corps électoral）が主権者国民にとって代わり、主権者になってしまう」点で誤っている。また、社会契約によって国家と一体化する主権者を生み出し、主権者によって生み出された一般意思の行使を主権と考えている点でも誤っている。「共通利益の観点から見て争う余地のない諸イデーの塊に適用されてこそ、一般意思は社会のきずな（lien social）であると同時に国民の主権的意思でもある」。社会と主権的意思との同一性は、この意味で認められるに過ぎない。受動的で全員一致性を持つ国民意思という意味での一般意思による服従と「支持」が、事実としての政治組織に正当性を与え、これを制度に変化させてきた。特にこの「支持」が日常的な統治にまで混入し、統治を主導するとまでは言わないもののこれを現実に統制している状態こそ、「立憲制（régime

---

161) *Ibid.*, p.15.
162) *Ibid.*, pp.38–39..
163) 1916年発行の『公法原理』（第2版）(M. HAURIOU, *Principes de droit public*, 2ème éd., Recueil Sirey, 1916〔以下、HAURIOU, *Principes de droit public*〕) では、ルソーの言う一般意思（国家を支配しうる被治者の意思）と区別するために共通意思（volonté commune）という表現が使われている。共通意思は「集団構成員全てにとって共通の意思」であり、「支配される立場の意思（volonté de sujétion）」として根本規約（憲法）のような「その集団が拠って立つ一定の根本イデーを支持する意思」である（*Ibid.*, pp.268-275）。なお齊藤・前掲論文（1）45頁及び52頁注③も参照。(ルソーの定義とは異なる) 一般意思や共通意思と人民や被治者の意思との同一視については、例えば『国民主権』において一般意思を「支配される者としての国民」と同一視してきたことを述べた箇所 (HAURIOU, *La souveraineté nationale*, p.56)、あるいは『公法原理』において選挙人団の意思と国民の共通意思との相違を述べる際に、「被治者の共通の意思」が代表されることを「被治的存在（sujétion）の主権」と呼び、あるいは選挙人団の願望と区別すべきものとして「人民の願望」を述べる箇所（HAURIOU, *Principes de droit public*, pp.707-708）等に明瞭に現れている。

constitutionnel)」とも呼ばれる民主制である[164]。一般意思は指揮権力でも命令権力でもなく、また統治〔権〕の淵源にもなりえず、ただ「支持」を与える力に過ぎないけれども、それでも「国家のいかなる行動権力もその支持なしにはすまされない」という意味で、一般意思はやはり「主権的（souveraine）」である、というのがオーリゥの国民主権論であった[165]。

このように一般意思が受動的な国民意思に留まるからこそ、一般意思と区別されるものとして能動的国民意思が必要になる。能動的国民意思は「組織的ユニテを有する命令的国民意思」とも呼び換えられている。彼はその構成要素として黙示的意思と明示的意思と執行的意思を想定し、それぞれに対応する主体として選挙権力（pouvoir électif）、協議・立法権力（pouvoir délibératif ou législatif）、執行権力（pouvoir exécutif）の3つの統治権力（pouvoirs de gouvernement）を考える。彼の言う統治権力とは、「国民の中における、一般意思を代表することを通じて、国民全体に対して行使すべき政治支配の視点から組織化された権能（compétence）であり、同時にユニテを有する国民的命令意思（volonté nationale commandante）の組織的な要素として現れるもの」でもある。国民主権の観念そのものが形成過程にある複合的なものを意味することから、これらの複数の統治権力が分立し互いに抑制・均衡することも、そのようにして多元的に一般意思を代表することも、国民主権のユニテの障害にはならない[166]。

一般意思が行動力を持つには組織化が必要である。そして「あらゆる組織化は直ちに一般意思を個別化（particulariser）する結果をもたらす」[167]。そのような作用こそオーリゥにとっての代表（représentation）である。「国民主権体制において代表統治は1つの必然である」[168]。ここに言う代表とは精神的意味の代表（représentations mentales）に過ぎない。それは、一方では代表者に自律性（autonomie）を保障し、他方では代表者に「叙任（investiture）」の付与を通じた統制を課するという意味を持つ。「叙任」は委任とは異なる概念であり、権力の移転を意味しない。立法権力も執行権力も、そして選挙権力ですら「国民の一般意思に対する代表機関」としての「叙任」を受けている。つまり「叙任」とは、代表機関自身

---

164) HAURIOU, *La souveraineté nationale*, p.17.
165) 以上の本段落全体につき、*ibid*., pp.16–40. 特にpp.39–40.
166) *Ibid*., pp.45, 149–152.
167) *Ibid*., p.39.
168) *Ibid*., p.89.

の名においてではなく、「国民、すなわち彼らの主人である一般意思の名において」活動することと、代表機関が一般意思からの自律性を保障されていることを条件としつつ、この代表機関を構成した手続きや代表機関どうしの間で行使される支配関係、さらに憲法の諸手続規範などを通じた統制が代表機関に加えられることを意味するのである[169]。

　思うに、ここに言う「叙任」とは、法治主義ないし立憲主義を前提とする代表委任ないし自由委任の観念とほぼ同じであろう。オーリゥは委任の言葉をルソーの法的委任ないし命令委任の意味でのみ解するため、「叙任」という用語が必要になったように思える。彼にとって選挙制は「叙任」の不可欠の条件ではない。しかし一般意思と立法権力・執行権力の2つの統治権力との間にある選挙権力の性格はなお曖昧である。選挙権力の本質及び立法権力との関係についてはさらに検討を加える必要がある。

(3) 選挙権力の本質と立法権力との関係

　a) **多数者権力としての選挙権力**　すでに見てきたように、オーリゥが選挙人団を選挙権力（pouvoir électif, pouvoir de suffrage）と呼ぶとき、それは被治者としての国民（人民）の共通意思ないし一般意思とは区別される、組織化された統治権力の1つであり、そのようなものとして選挙権力は彼の国民主権論に位置づけられることになる。にもかかわらず統治権力の中に置かれた選挙権力の概念は、立法権と執行権という他の2つの命令的統治権力たる少数者権力に対して命令的要素の乏しい多数者権力と見なされる。つまり選挙権力に国民に近い多数者のイメージを見る場合には、選挙権力は被治者としての国民のイメージにかなり接近することになる。少数者権力と対置されるものとして、被治者としての国民と選挙権力を重ね合わせてイメージするときに、国民主権の多数者権力という概念が現れる。

　1923年に第1版が出版された『憲法詳説』[170]の中では、オーリゥは、主権を「統治権力の所有権（propriété du pouvoir de gouvernement）」と見るところから出発する[171]。この統治権力は、その国に存在するあらゆる権力を中央政府の手に集中することで成立した。したがって統治権力は当初から中央集権的であり少数者権力（pouvoir minoritaire）の性格を持っていた。この国家（ないし政府）の少数者権

---

169)　*Ibid*., pp.109–111.

力的な性格は、国民主権の下でも不変である。彼によれば、「民主制が貴族制にとって代わり、国民主権がその姿を現した時にも、だからといって国家の少数者権力が消滅したわけではない。国家の少数者権力は旧体制の主要な遺産として、国家という法人格と統治制度の中に定着している。他方で国民主権の多数者権力 (pouvoir majoritaire de la souveraineté nationale) は人民ないし国民の中に、すなわち現実には政治を担う者 (personnel politique) の中に定着している」[172]。このように『憲法詳説』の中では、統治の少数者権力 (pouvoirs minoritaires de gouvernement)[173] と国民主権の多数者権力の両概念が対置して示されている。

この多数者権力の起源と正当性については次のように説明される。「我々は実際に、国家体制〔の形成〕に適するまでに成熟した人々の場合には（これには歴史的な長期間の準備が前提条件となる）、一定領域に住む自由な人々の側から政治的なコミュニケーション (communication) が生まれることを知っている。このコミュニケーション運動は、それが中央権力の形成後に、そして部分的には中央権力の活動の下で生まれてくることもありうるが、それでもなお中央権力それ自体と同等に重要な国家の要素である。したがって国家は、少数者の中央権力と、多数者権力の発生を準備する市民の政治的コミュニケーションとの二元主義 (dualisme) に基礎を置いている」[174]。ここでも、中央の少数者統治権力と市民のコミュニケーションによる多数者権力とが対置されている。こうした対置の認識は、ルソーのような多数者権力による少数者権力の完全なる支配・統制ではなく、あくまでも両権力の二元主義的均衡と結びつく[175]。つまり『国民主権』において確認された権力均衡論としての国民主権論の本質は、ここでも不変なのである。

『憲法詳説』は、権力均衡論としての国民主権論を、政治的自由を保障するための原理として示している。彼によれば、「政治的自由とは、人民あるいは市民

---

170) Maurice HAURIOU, *Précis de droit constitutionnel,* Recueil Sirey, 1923 ; *Id.*, 2ᵉᵐᵉ éd., 1929, *op.cit*. 第1版と第2版では構成が大幅に変わっている。内容も一部修正されており、区別を要する。そこで、以下ではHAURIOU, *Précis de droit constitutionnel,* 1ʳᵉ éd.又は——, 2ᵉᵐᵉ éd. と略すことにする。
171) HAURIOU, *Précis de droit constitutionnel,* 1ʳᵉ éd. pp.219-224.
172) *Ibid.*, pp.158-159.
173) Ex., *ibid.*, p.229.
174) *Ibid.*, p.172.
175) ここで意味されているのは、正確には少数者権力と多数者権力を準備する市民の政治的コミュニケーション運動との二元主義的均衡である。このコミュニケーション運動に権力的要素を加えた概念こそ、国民主権の多数者権力である。

が〔統治の〕全権力を持つことではなくて、この権力に参加することを意味する」。他方で統治制度の中の少数者権力、特に立法権と執行権は公務員と代表者というエリートによって確保されざるをえない[176]。オーリゥにとって重要なことは、統治の少数者権力と国民主権の多数者権力との間の対立と協力という二元主義を通じた政治的自由の保障であるから、多数者権力は、統治の少数者権力が自らを脅かさないようにこれに参加と統制を加えるだけで十分であり、さらに統治権力の自律性やイニシアティヴを否定するところまでの権利を持つことはできないのである。すなわち国民は主権を、抑制・均衡の権力としての多数者権力の形態でしか行使できず、統治のイニシアティヴは少数者権力に残されていなければならない。この意味において、国民主権は国民が統治の少数者権力を国民化(*nationalisation*)する原理である。それゆえ国民主権の下でも、少数者権力は国民から委任された権力とはなりえず、それは国民の独立的代表者、自律的な事務の管理者であり続けることが保障されると考えられている[177]。

このような統治の少数者権力への参加と統制、すなわち統治権力の国民化のために不可欠の制度とされるものこそ選挙制度である。そして、この選挙制度を国民主権下において不可欠のものとする論理こそ、彼の独特な「代表統治(gouvernement représentatif)」と単なる「代表制(régime représentatif)」の区別論なのである。ここでは彼は、単なる「代表制」を、自ら行使する支配力とそこから作り出される関係とを通じて、権力が決定する統治者と被治者の間の諸々の意思の統合と考えている。彼はこの立場から、代表者を受任者と考える「代表=〔命令〕委任」論を否定し、代表者の自発的な決定と自律性を認める。またこの立場からすれば、いかなる手続きや制度によって代表が生ずるかは権力が自由に定めうることになり、選挙という手続き・制度も不可欠なものではなくなる。彼によれば、「代表者の選挙を導くのは代表という理念ではなく、政治的自由と国民主権の理念である」[178]。

ここで言う政治的自由と国民主権とは、前述したように統治権力を国民化する原理であるが、彼はこの原理が適用された場合の「代表制」を「代表統治」と呼んでいる。したがって「代表制」と「代表統治」は次のように区別される。「前

---

176) HAURIOU, *Précis de droit constitutionnel*, 1ère éd., pp.180–181.
177) *Ibid*., p.224. 傍点は原文がイタリック。
178) 以上、*ibid*., pp.201, 206–207, 209.

者の場合には、統治者はそれがいかなるものであれ、国家と国民の代表者として自らを考え、かつ考えてもらえるようにする思考運動が生じたに過ぎない。他方、後者の場合には、代表の理念は選挙機関を生み出し、この機関を通じた保障と統制を考えるところから、国民は代表者に叙任を付与するのである」[179]。このような論理を辿ることによって、オーリゥは多くのフランス人公法学者が否定してきた代表制と選挙との必然的結びつきを認めることに成功した。

もちろん前述したように、代表制の本質それ自体から「代表＝〔命令〕委任」の関係が否定されている点は、ここでも変わりはない。「選挙の唯一の効果は、国民主権の名において被選出者に叙任を与え、〔そうすることで〕被選出者に固有のものであり、被選出者が政治的エリートに所属していることによって彼に与えられている統治の権能を、有権者の多数者権力の統制下に置くことである」。また彼は、代表議会が自らの立法作用を獲得するのも、国民の代表機関とされること自体も、その根拠が選挙にあるのではなく、憲法の規定等の別の正当化根拠に基づくと考える点でも、フランス公法学の伝統に留まっている[180]。

b）人民意思の代表機関としての選挙権力　　以上のように、国民の黙示的意思を代表する多数者権力として選挙権力を見る場合には、これと被治者としての国民の共通意思との区別が不明確になる。そこでオーリゥは、共通意思と区別される選挙権力の特質を次のように説明する。

彼によれば、選挙権力は「叙任」の本質を持つ選挙を通じた任命作用（opération élective de nomination）により、「日常的政治支配権（domination politique quotidienne）」を命令的国民意思である立法権力と執行権力に対して及ぼすもう１つの統治権力である。統治権力として選挙人団を見る限り、「選挙人は国民の最初の代表者であり、彼ら自身、自律的な権利によって（par droit d'autonomie）選出され任命された代表者」と考えなければならない[181]。被治者としての国民（人民ないし一般意思）も同じように政治的な願望（aspirations）を持ち、これを世論として命令的国民意思の権力に伝えている。しかし「選挙人団の要望（désir）の意思は、現実化の権力（pouvoir de réalisation）に統合されており、それは人民の単なる願望に

---

179)　Ibid., p.208.
180)　Ibid., pp.209-211. したがってこの論理によれば、国民の代表の性格が国会にのみ認められるということもない。
181)　HAURIOU, La souveraineté nationale, pp.54-59.

はないものである」。つまり「選挙人団によって表明される要望は、すでに政治的イデーのプログラムによって影響を受けた人民の願望であり、そこには代表作用が、すなわち代表機関の作業が介在している。それ〔＝この作用〕は人民の現実の願望を変形し、しばしば歪める特質を持っている」[182]。このような組織化された代表作用を行う点で、選挙意思は組織化されない受動的な被治者国民の共通意思とは異なるのである。

特に「代表統治」下における選挙権力の役割は、「選挙による任命作用（fonction élective de nomination）」を通じて、「国民の議会レベルでの代表（représentants parlementaires de la nation）」を形成するところに見出される。この任命作用はあくまでも「叙任」であるから、任命を通じて議会の各構成員は、国民代表機関として「国民の名において活動し、……国民の視点から国民を拘束する能力」を与えられる[183]。「叙任」の観念においては、理念と手続上の一定の義務を除き、国民意思を代表する権力には完全な自律性が認められていたから、立法権力である国会とその議員に対する選挙人の命令委任は当然に否定される[184]。

このように選挙権力は、一般意思との特別の特権的な結びつきを否定される代わりに、権力分立の中に位置づけ直されることになる。それは、立法権力や執行権力と互いに抑制・均衡・同調しながら、統一的な主権（的意思）の形成に参加するものである[185]。このような選挙権力の位置づけは、選挙人の選挙作用から主権行使権の委任としての性格を奪い去るフランス国民代表制論の原則を守りつつ、しかも選挙権力が「支持」の付与を通じて他の統治権力と抑制・均衡の関係を作り上げることを認める点で、「純粋代表制」が第３共和制期に「半代表制」に変質した現象を、彼なりに理論化するものであったことが分かるであろう[186]。

---

182) Hauriou, *Principes de droit public*, pp.707-708.
183) Hauriou, *La souveraineté nationale*, p.55. 傍点部分はイタリックである。
184) *Ibid*., p.95. 命令委任の禁止あるいは代表者の自律性の保障は、オーリゥにとり、国民主権の議論を始める時点ですでに所与の前提とされていた。彼は『国民主権』の序節の中で２つの公理（maximes）を確認している。そのうちの１つは、いかなる理論も現実に打ち勝つことはできないという公理である。彼はこの公理の具体例として次のように述べている。「だからこそ例えば、主権は代表されないというルソーの理論は、代表統治の現実に打ち勝つことができなかったのである。従って国民主権は、代表統治の現実と両立するように、そして代表者の自律性という現実と両立するように構成されなければならない」（*ibid*., p.5）。
185) オーリゥは「権力の緊密な連帯と相互的統制」の中にフランス議会制の本質を見ていた（Hauriou, *La souveraineté nationale*, pp.126-127）。高橋・前掲「現代フランス代表民主政論の源流（２）」30-31頁も参照。

c）選挙権力にとってのレファレンダムの意味　　オーリゥの時代は、フランスでは「半代表制」現象が現れていたに過ぎない。しかし他国ではすでに当時、部分的に国政や地方政治においてレファレンダムが採用される事例が増えつつあり、こうした「半直接制」に対する法学的関心も強まっていたはずである。オーリゥはこの点をどう理論化したのであろうか。

このテーマについて1912年の『国民主権』は、選挙権力論の末尾で「選挙権力の権能はそれが負う作用と相関関係にある」との説明に続いて、選挙権力が「法律の提案に基づく直接投票」としてのレファレンダムの権能を持つことはありうるとの指摘がなされている。しかし彼によれば、レファレンダムは議論抜きで、その提案を一括して受け入れるか拒否するかを選ぶだけの作用とされ、にもかかわらず「その投票は真剣に動機づけられなければならない」ことを理由に、「スイスの民主制のような極めて開明的で穏健中庸な民主制」でなければ無理であるとの簡単な論評がなされているに過ぎない[187]。1916年に第2版が出された『公法原理』も同様の簡単な論評しかしていない。唯一理論的な分析と言えるのは、議論抜きで提案の一括拒否か受け入れというその特徴に鑑みて、「それは……結局のところ、直観と感情と要望の問題」に過ぎないと述べている点である[188]。熟議（délibération）を通じ「イデー」に導かれて「理性化された意思（volonté raisonnée）」に到達することを立法という国民代表作用と解するオーリゥからすれば[189]、レファレンダムは選挙権力による本来の立法作用の実行とは見なされないであろう。

1923年に初版、1929年に第2版が出された『憲法詳説』では、やはり選挙権力論の枠内でもう少し詳しい分析がなされている。そこでは「代表統治」と「直接統治」の区別の後、後者には完全な「直接統治」と「半直接統治」（すなわち「半直接制」）があるとしたうえで、立法作用、執行作用、司法作用（司法直接統治の例として刑事陪審制が挙げられている）のそれぞれにおける選挙権力の直接参加が「直接統治」に含まれると述べている。さらにレファレンダムには諮問型と拒否型と裁可型、あるいは任意的なものと義務的なものがあることも述べられ、さらに「直

---

186)　同旨、高橋・同上31頁。
187)　HAURIOU, *La souveraineté nationale*, p.61.
188)　HAURIOU, *Principes de droit public*, p.708.
189)　*Ibid*., pp.709-710.

接統治」の実例として、ルソーの理論やフランス革命期の諸憲法上の制度、さらにはナポレオンのプレビシット独裁としての人民投票、イギリスの植民地やアメリカ合衆国諸州などにおける実例にも触れている。

にもかかわらず彼の結論は、「……代表制は完全な直接民主制よりも優れている」というものであった。その1つの理由は、「特に思慮深い気質」を持つスイス人の事例から分かるように、レファレンダムの実践が人民に思慮深い選択を可能にする能力を与える可能性は認められるものの、少なくともそのような制度が全くないフランスの場合には、人民の公民教育が不十分な現状では「直接統治」は危険だというところにある。しかし根本的な理由としては、「選挙人団は全国民を吸収する存在ではなく、その代表者に過ぎない」ところにある。したがって彼にとっては、「絶対的な直接統治」は論外であり、「ただ代表制あるいは半代表制〔の統治形態だけ〕」が正当なものとなると結論づけるのである[190]。このようにオーリゥは、外国における「直接制」あるいは「半直接制」の存在を認めながらも、選挙権力には国民の命令的意思権力（すなわち立法権と執行権）の代表者の任命（「叙任」）を通じて国民の黙示的意思を代表する役割に留めることこそ、「全国民」と区別される有権者団が有する本来の代表者的性格に合致すると考えていたのである[191]。

(4) 国民主権の多数者権力の分権的性格

a) 憲法的価値を持つ国民意思の制度と「地方分権」　　オーリゥは、「代表制 (regime représentatif) のイデー」が必然的に「統治の地方分権化 (décentraliastion du gouvernement)」を導くと考えていた。なぜなら、中央集権化された統治権力は自己のみを国民の代表者であると主張するがゆえに、「中央集権が与える絶対的な権力の陶酔」から免れることが重要だからである。また制度理論的な観点から言えば、「形ある外部的な制度 (institutions formelles et extérieures) の中に翻訳されることのない意見や精神状態はいかなる憲法的価値も持たない」ことに鑑みて、統治権力には「統治を分権化する代表制の諸制度」が不可欠だからである。

---

190) HAURIOU, *Précis de droit constitutionnel*, 1ère éd., pp.603-609； ― 2ème éd., pp.547-552.

191) なお興味深いことに、オーリゥは、「行政レファレンダム」の実例として、フランスの市町村評議会が、違法な諮問型レファレンダムの脅威にさらされているとし、市町村評議会の議決が住民の諮問型レファレンダムに付されたことを理由に、コンセイユ・デタにより違法として取消された事件を紹介している (HAURIOU, *Précis de droit constitutionnel*, 1ère éd., p.604； ― 2ème éd., p.548.)。

オーリゥによれば、統治の地方分権化を考える場合には、代表制を採る統治の諸制度は必ず選挙制と結びつく。こうした文脈の中でオーリゥは、地方の選挙人団のイメージを強く残す表現で国政の統治権力の選挙要素を表現しようとする。すなわち彼は、中央の統治機関、少なくともその一部が「中央の統治には属すものではない」、「より一層地方分権化された国民の諸要素 (élements de la nation plus décentralisés) であるところの選挙人」によって任命されるところに、制度化され憲法的価値を持つ国民意思の代表化を見ているのである[192]。

　b)「代表の滝」の観念　ところで、地方分権制と選挙制を不可欠の要素とする国民主権論は、各選挙区の固有の代表権という考え方を導くことになる。各選挙人自身は、まずその「始源的自由の革命的な権利(droit révolutionnaire de la liberté primitive)」に基づいて、「国民の個別的な代表者 (représentants individuels de la nation)」となっている。次にこの選挙人から構成される選挙集会すなわち選挙区も、やはりそれぞれが国民全体の自律的な代表者として、固有の代表権に基づき、国会議員の選挙を行うのである。この２段階の代表者に、さらに国会議員をも別の段階の代表者として加え、オーリゥはこの全体の繋がりを「代表の滝 (cascade de représentation)」と呼んでいる。そして彼は、立法府〔＝国会〕の議員が、自らを選んだ選挙区と個別的に結びついていると自覚することさえも、この「代表の滝」の論理に基づき当然と見なすのである。オーリゥは、このような議員と選挙区ないし選挙区民全体との意識上での結びつきを、単に政治的なものに留まらず法的なものであるとまで述べている。

　この国会議員の意識のうえでの選挙区代表性という観念は、すでに本書で見てきたように、フランス革命期以来のフランス憲法理論における国民代表制の観念からは大きくかけ離れたものである。「半代表制」現象に対する彼の積極的肯定の姿勢が、国民代表制観念の変質につながったものと見ることができる。以上の観点から、国民主権は次のように表現される。「国民主権は、国民全体に存し続けるものであるが、選挙人個人、選挙区の選挙人集会、そして最後に両代表議院 (les Chambres représentatives〔＝当時の国会〕) を次々に作動させる一連の代表によって、多数者権力として活動する」[193]。

　国民の多段階的な代表の観念は、こうしてオーリゥにより国民主権の中に明確

---

192) HAURIOU, *Principes de droit public*, pp.623-624.
193) 以上、HAURIOU, *Précis de droit constitutionnel*, 1ère éd., p.244.

な位置を与えられた。それは、前述したような選挙人団の「地方分権」的な本質に基づき、選挙権力の多段階的な発動を通じて初めて、国レベルでの国民意思の代表という国民主権の原理が現実化するというものである。

　c）権力均衡論的な代表制原理と「地方分権」の関係　　彼の多段階的な代表制による国民主権の実現という観念は、常に統治の少数者権力と国民主権の多数者権力との抑制・均衡を本質とする。したがって、それは必然的に中央集権的権力（pouvoir centralisateur）と「地方分権」的権力（pouvoir décentralisateur）との抑制・均衡の考え方に結びつく。彼によれば、「国民主権とは、それが本質的に分権的な社会複合体としての国民に還元される権力であるというまさにそのことによって、地方分権的な権力なのである」[194]。

　権力均衡の視点からは、国民主権の多数者権力の「地方分権」的性格は次のように説明される。「……もし民主主義国家が地方分権化されているとするならば、それは選挙人団の活動に、すなわち国民主権の多数者権力に、より多くの実効性を与えるからである」。その具体例としてオーリゥが挙げているものこそ、普通選挙制による住民の地方機関の選挙である。しかしすぐ後で見るように、国政選挙における地方の固有代表性というオーリゥの主張も、やはり多数者権力の分権的性格から導かれるものである。したがって彼によれば、地方選挙と国政選挙の両方における「地方分権」化の動きは、「中央政府の少数者権力に対する、国民主権がその多数者権力を用いて行う〔権力の〕奪回」を意味するのである[195]。

　この意味では、多数者権力の選挙権力が、多段階的な国民代表制度を動かして少数者権力を統制するところに、国民主権の「地方分権」的性格は現れる。この点は、彼が分権に関する２つの憲法原理について論じる中でより明瞭になる。

　第１の原理は、国民主権の多数者権力を国政において実現するために必要な国政選挙の区割りのあり方に関連して示される。彼はここで、地方行政区画と選挙区画の一致を主張する。すなわち県という区画が、重要な地方行政の場であると同時に、下院に対しても上院に対しても国民を政治的に代表する場でもあると主張する。この意味で、オーリゥは「国民主権は地方化される」と述べている[196]。

　第２の原理は、行政的分権に関わるものである。行政的分権は行政上の要請から来るものではない。オーリゥの考えでは、公正・安価で優れた行政は中央集権

---

194) *Ibid.*, p.245.
195) *Ibid.*, pp.245–246.

によってこそ実現される。にもかかわらず、地方に選挙と政治的な議会の設置を認めたのは、これらを通じて人民が統治に参加し、政治教育の体験を積むことができるという、政治的自由の要請を満たすからである。この政治的自由の観点から見て、彼は地方行政の場が、国全体の統治の場と同様に、国民主権の多数者権力を統治の少数者権力と対抗させるにふさわしいと考えていた[197]。

d）代表制原理の「地方分権」への適用　以上のようなオーリゥの国民主権の多数者権力論は、代表制原理の「地方分権」への適用と結びつくことになる。それは以下の2つの帰結を生む。

第1の帰結は、代表制を原則とする以上、住民総会やレファレンダムによる「直接統治」が禁じられ、いかなる小さなコミューンにも市町村評議会と市町村長という代表機関が必要になるということである。ここには、『国民主権』からオーリゥ理論の底を流れている「直接統治」に否定的な態度が滲み出ている。

第2の帰結は、「代表議会の全能性(toutepuissance des assemblées représentatives)」の理念が援用され、地方の統治（gouvernement du pays）に関する限り、ほとんど全ての事項の決定権が地方議会に認められることである。いわゆる「全権限性」である。県評議会も市町村評議会も、その代表的性格に基づき、イニシアティヴと条例制定権が認められている。もっともオーリゥにおいても、中央政府による後見監督はこのような代表制地方評議会の「全権限性」と矛盾しないとされている。彼によれば、後見監督は地方評議会によるイニシアティヴの発揮と条例制定の場面では後退させられるけれども、それが執行の場面に移った時には、常に後見監督統制が加えられなければならないとするのである[198]。

---

196)　*Ibid*., p.247. オーリゥによれば、県の政治的役割は「〔中央任命の〕知事とその県の政治家たちとの利益共同体（syndicat）」と呼ばれるような状況を作り出すところにある。なぜなら県においてこそ行政権力と選挙権力の同盟が成立し、その結果、国内政治は政府の内務大臣の手中に置かれるというよりも、むしろこうした「多元会議制（polysynodie〔＝顧問会議が摂政の代わりを務める制度〕）」の手中に置かれるからである（*ibid*., pp.247-248）。なお、中央任命の県知事の介入を通じた選挙権力と〔国家〕行政権力との連帯と抑制・均衡の関係は、前掲の『国民主権』の中でも指摘されている（HAURIOU, *La souveraineté nationale*, p.126）。

197)　HAURIOU, *Précis de droit constitutionnel*, 1ère éd. p.249； *ibid*., *Précis élémentaire de droit administratif, op.cit*., pp.31-32.

198)　HAURIOU, *Précis de droit constitutionnel*, 1ère éd., p.249； *ibid*., *La souveraineté nationale*, p.5. 分権制地方当局の作用をイニシアティヴ段階と執行段階に分け、後者にのみ統制を加える考え方はカレ・ド・マルベールにも見られる。

4　制度理論的憲法論を基底とする「地方分権」論の限界と可能性
(1)　選挙権力の国民代表的性格と地方住民代表的性格の関係
　a)「地方分権」化される選挙権力の国民代表性　　以上のようにオーリゥの国民主権論は、「代表の滝」という多段階的な代表の論理を用いることで、選挙権力（有権者団）が国政選挙において一般意思を第1次的に代表するという法観念の中に、「国民主権の地方分権化」の要素を組み込むことに成功している。ところでフランスの伝統的な国民代表制論においては、国政との関係に関する限り、分権制地方機関には代表の性格が否定されていたはずである。デュギーは、本書でもすでに言及した1791年憲法3編4章2節2条の「行政官はいかなる代表の性格も持たない」という規定に関わって、「県の行政官」と呼ばれる当時の県行政の責任機関が、住民の選挙で選ばれた公選職からなる評議会であったにもかかわらず、その代表性が否定されることを強調していた[199]。またS・フロガイティス（Spyridon FLOGAÏTIS）も、オーリゥによる分権制地方機関の代表性の主張について、「このような考え方が、全て伝統的な代表理論の外で作られていることは明白である」と述べている[200]。

　オーリゥがこのように分権制地方団体の区画とその機関に代表の性格を認めることができたのは、もちろん彼の国民代表観念が選挙権力を不可欠の要素とするものだったからである。しかもオーリゥの国民代表作用という観念は、「地方分権」的要素を含む選挙権力を一般意思の第1次的代表としつつ、それが立法権や執行権へと次々に連動する「代表の滝」の構造を採ることで、諸権力の抑制と均衡による相互行為・相互影響が恒常的に生ずる現象そのものを法的に表現したものである。したがって彼の「国民主権」論は、論理的に言えば地方選挙も国政選挙も、全て多様な形での選挙権力による国民代表作用と見ることができる。「代表の滝」という観念は、多段階的な国民代表の観念を通じて、本来は一切の代表性が否定されていたはずの分権制地方機関にまでも国民代表の性格を与え、さらには「代表の滝」の中では選挙権力の次に位置する国民代表権力が立法権力である以上、分権制地方機関である公選制地方評議会（市町村評議会や県評議会）をも立法権力として位置づけることが必然となるはずである。

　だからこそデュギーは、オーリゥのこの主張を批判するために、「1つの地方

---

199)　DUGUIT, *L'État*, p.697.
200)　FLOGAÏTIS, *op.cit.*, p.43.

区画の有権者団は、国の市民全体に対してその意思を強制することはできない」という言い方で、地方選挙には国民主権を代表する性格がないことを強調したのである[201]。確かに、分権制地方機関に代表的性格、それも国民代表的性格を認める彼の理論は、論理的に見れば、何らかの形で「立法権分有」となることまでも展望させるような、国会と同等の国民代表の性格を持つ地方評議会に立法権を帰属させる考え方を惹起させずにはおかない。しかしこの点では、『分権に関する研究』の分析の中ですでに見たように、オーリゥも連邦制と分権制の区別の指標として「立法権のユニテ」の有無を置いていたはずであり、したがって「地方分権」概念と「立法権分有」の結合は明瞭に否定されていた。この点は『憲法詳義』においても変わっていない。そこでも彼は、県が立法権を持つ場合には、それは連邦制になるという言い方で、「立法権分有」を否定している[202]。

b）**他の憲法学説との比較におけるオーリゥ理論の積極的意義**　このように「立法権分有」との関係ではなお限界を有していたものの、オーリゥの「地方分権」論は国民主権や代表性の法概念と結びつく点で、同時代の他の憲法学者と比べて革新的な意義を有していた。彼の国民主権論は、国政の場のみならず地方政治の場でも選挙権力の事実上の影響力が増大しつつあることを法学的に理論化したものである。それは、選挙権力の内容を明確化させることを通じて、国民主権原理が「地方分権」化されざるをえないことを明らかにした。

ところでエスマンは別にして、カレ・ド・マルベールもデュギーも、その国家論の中で第3共和制期における選挙権力の影響力増大の現象を積極的に評価していたはずである。また同時に、彼らも「地方分権」の憲法原理については、それなりに積極的に論じていた。しかし彼らの場合には、それぞれの展開する選挙権力論が理論的に直接それぞれの「地方分権」論と結びつくものではなかった。彼らの場合には、選挙権力の影響力の増大と「地方分権」の進展という2つの現象が同時進行する現実を背景にして、2つの理論も同時に展開されていたに過ぎない。

カレ・ド・マルベールにおける選挙権力論と「地方分権」論との理論的結合の欠如は、おそらくはその法実証主義的方法に災いされた結果であろう。すでに見たように、彼の方法論は実定法上で強制可能性を与えられた権力の所在の問題に

---

201) DUGUIT, *L'État*, p.697.
202) HAURIOU, *Précis de droit constitutionnel*, 1ère éd., p.248.

関心を集中させる。この観点から見る限り、当時の第3共和制憲法においては国会が主権的な地位ないし最高機関としての地位を持つことが前提となり、立法権もそこに集中される。「地方分権」はあくまでも立法権を扱う統治の問題ではなく「自己行政」の問題に矮小化されざるをえない。

これに対して「第1次統治者」の選挙権力を国家論の重要要素とし、しかも国家権力を法と社会連帯とで拘束しようとするデュギーの場合には、現実の変化をより理論化しやすいはずであった。しかし彼の場合も、統治者の権力論と「地方分権」論とが理論的に結びつかなかったのは、彼の「現実主義的法学」の方法論に原因があったと考えられる。当時の「単一国家」フランスの現実は、統治者の単一性を導き出しやすく、「分権制代理人」は単一の統治者に従属する存在としか見なされえない。その枠内で、「分権制代理人」は、特殊な任命形態と特殊な統制形態によって説明されるに過ぎないのである。

この2人に対してオーリゥは、トマス主義的・形而上学的な論理を国家の法理論に応用し、統治制度に内在する「イデー」が多様な統治権力の抑制と均衡を通じて「形相」として具現化されること[203]を「代表」と表現することで、選挙権力に内在する「地方分権」的性格の部分を「国民の代表化」作用の主要な1要素として、したがって国民主権の1要素として組み込むことが可能になったのである。つまりオーリゥの場合には、国民主権の原理と矛盾させることなく、それどころかむしろその論理的帰結として、本来第3共和制憲法下では「議会主権」的な最高・独立性を認められていたはずの国会の立法に対しても、それが統治制度に内在する「イデー」に反する場合には、これを「イデー」適合的に解釈し直す憲法理論を導くことが可能となるのである。これこそ、憲法改正を経ずに第3共和制憲法下で、司法裁判所や行政裁判所が「違憲立法審査権」を行使するに近い作用を営むことを肯定する彼の憲法理論なのである。

(2) オーリゥの制度理論的な「違憲審査」論の限界と矯正方向

a) 制度理論的な「違憲審査」制　　周知のように、オーリゥが採っていた政治的立場は、第3共和制期の政治文脈から見れば保守的なものであった。例えば、1901年7月1日法と1904年7月7日法は、宗教団体による私立学校の設立と教育に対する国家統制制度を従来の届出制から許可制に変更することで、修道会の

---

203) トマス主義における「形相」概念とオーリゥの制度理論との関係については、齊藤・前掲論文（1）32-36頁（注⑪を含む）を参照。

公教育関与によるカトリシズム保守思想の影響を排除する目的を持っていた。それは、当時の急進左派の側から見れば、「反教権主義」の立場から共和主義的改革を強力に推し進める意義があった。この２つの法律に対して、オーリゥは『公法原理』[204]や『憲法詳説』[205]の中で、自らの制度理論的憲法論に依拠しつつ批判を加えている。また、公務員に対するあらゆる懲戒処分に関する事前の告知という手続的保障を定めた1905年４月22日法65条を、ストライキに参加した公務員に対して下された罷免処分に適用することを否定したコンセイユ・デタの1921年３月１日「ティシ（Tichit）事件」[206]判決について、オーリゥが司法審査制的な理論を用いてこの判決を正当化する注釈を行っている点にも[207]、彼の政治的立場が透けて見える。

もちろんその政治的立場が保守的であったとしても、その結論を導くための法理論が通説の根源的問い直しを含んでおり、そのためかえって革新的なものとなる場合もある。この場合には、その法理論自体は、一定の現代的視点からの修正を施すことにより、現代の課題に十分応えうるものとなる。まさにオーリゥの制度理論的憲法論はそのような性格を持っている。この観点から、特に本書にとって関連性の高い「ティシ事件」判決評釈を、以下で検討してみよう。

この評釈の中でオーリゥは、先例の「ウィンケル事件（C.E., 7 aout 1909）」判決が、「公務員の特殊事情やこの特殊事情から彼らに与えられている特権とスト権との両立不可能性」を根拠に、公務員のストに対する1905年４月22日法65条の適用を排除する議論を展開していたのと対比して、「ティシ事件」判決の方が優れていることを論証しようとした。彼も、本判決の中に、普通法律（loi ordinaire）

---

204) Ex., HAURIOU, *Principes de droit public*, pp.530-532, 755-756. ここで教育の自由を危険にさらす制度として具体的な法律名は出てこないが、小島慎司『制度と自由──モーリス・オーリゥによる修道会教育規制法律批判をめぐって』（岩波書店、2013年）29-59頁が、ここでのオーリゥの批判対象が1901年７月１日法と1904年７月７日法を中心としていることを明らかにし、加えて両法律の内容や当時の政治的文脈も詳述している。

205) Ex., HAURIOU, *Précis de droit constitutionnel*, 2ème éd., p.291.

206) C.E., 1er mars 1912 (*Tichit*), Sirey 1913, IIIe part., p.137, cit., in Maurice HAURIOU (réunies et classées par André. HAURIOU), *Notes d'arrêts sur décisions du Conseil d'État et du tribunal des conflits, publiées au Recueil Sirey de 1892 à 1928*, t.3, Éditions La Mémoire du droit, 2000, p.175.

207) HAURIOU, *Principes de droit public*, pp.688-691. 齊藤・前掲論文（１）51頁及び53-54頁の注㉓も、本件を例に挙げて、オーリゥの「基本（的）法律」による違憲立法審査制の考え方を説明する。

と憲法的法律との間の区別を前提とする、アメリカ合衆国憲法におけるような法律の違憲審査原理が適用されているわけではないことは認めている。なぜなら、彼によればフランスの場合には、「議会の絶対的主権」が必要だと信じられたため、憲法〔＝第3共和制憲法（典）〕は極めて簡素であり、もっぱら公権力の関係を定めているに過ぎなかったからである。そのため、「公務員のストライキ権とは相いれないものと考えられうる諸々の公権力に関する組織法律」、すなわち「行政上の位階制」や「公務員制度」に関する法律も、現実には普通法律の形式で定められており、したがって公権力に関する組織法律に属する「行政的中央集権制を定めた根本法文」である「共和暦8年プリュヴィオーズ28日法」も、形式的に見れば、事前告知に関する1905年4月22日法65条と同じ部類の法律となってしまう。その結果この「公権力に関する組織法律」を憲法的法律と見て、形式的な最高法規性の区別からこれに反する法律の違憲審査を行うことができなくなってしまうというのである。

　しかし彼は、このような形式的違憲立法審査とは別に、フランスの裁判所が「実質的な違憲審査のメカニズム」として、「根本法律（lois fondamentales）」による普通法律に適法性統制を加えることができると主張する。彼によれば、「法律の違憲性はもっと広い意味で理解されるべきである。普通法律と同じ形式で採択されるのではない憲法的法律〔の形式〕を設け、それを通じてより高い威厳と価値を獲得させよういう形式的なイデーの背後には、諸々の法律の間に一定の位階制が存在し、普通法律は根本法律に従属すべきという実質的なイデーが存在する」からである。このような「規約的（statutaires）あるいは根本的な法律」とそうでない法律とを選り分ける「法律の差別化現象」こそ、「安定性という深遠なる要求」に応えるものである。したがって「日常的な立法が、国家が拠って立つ諸々の組織原則を突然（à l'improviste）修正してしまうことは許されないのである」。このような観点から見るならば、普通法律で新たな規範をいかに定めようとも、「根本法律」としての「行政の安定性」あるいは公務員のストライキ権に対する制約の法原理の方が優越するから、一般裁判所の裁判官により、「当該普通法律の規定は、当該根本法律と両立不可能であるとの仮説に基づき、当該事案には適用できないと宣言される」ことになるというのである[208]。

208）　以上、HAURIOU, *Notes d'arrêts sur décisions du Conseil d'État, op.cit.*, t.3, pp.174-181.

このオーリウの「規約法」ないし「根本法律」は、その形式はどうであれ、彼にとっての実質的な憲法である。彼によれば、実は形式的意味の憲法ですら、憲法制定権力が作り出すものではない。彼の制度理論では、その統治機関から切り離された場合の国民は憲法制定の権能を持っていないと観念され、したがって国民が憲法制定議会などの憲法制定を担当する統治権力にそれを委任すると考えることもできないからである。実際に憲法の制定や改正を行うのは通常の統治権力である。しかしこのようにして制定される憲法は、「団体生活と結びついた手続き」すなわち「集団の成員全員が公然と関心を持つようになる」手続的な意味を与えられて初めて、「憲法的法律の至高性」が得られ、「確立された法」となる。したがって規約法（憲法）の主権性は、それが以上のような手続的意味を有するところに見出されるに過ぎない[209]。齊藤は、憲法的法律が「確立された法」としての至高性を獲得していくこうしたプロセスの説明の中に、「『命令的国民意思』を持ち国家のイデーを主観的概念化してそれを活動に移行させる役割を持つ権力者……によってもたらされた憲法に対して共通意思に基づく同意〔＝支持〕を与えること」あるいは「手続による同調の形成」という意味を見出している[210]。

　b）神なき時代の「根本法律」適合性審査のあり方　　しかし神あるいは歴史を超越する理念（イデー）の実在性を信じることができない現代の視点からは、オーリゥの制度理論に基づく普通法律の「根本法律」適合性審査論には1つの大きな限界があることを認めないわけにはいかない。なるほど、自由権の不可侵性については、天賦人権論あるいは自然権思想に依拠せずとも、人々が国家の諸制度を構築してきた必要性ないし客観的目的を「イデー」として観念し、その実現を諸統治権力の「代表」作用に内在する相互抑制と均衡、及び被治者の「支持」の作用の究極の目的として説明することは、現代憲法学においても有意義であろう[211]。しかし人権論を離れて、公権力の組織問題にまで制度理論の適用を拡げる場合には、被治者がやむをえず従っているに過ぎない統治制度や行政制度に関する実定法に、国家や社会の継続性と安定性確保の名の下に通常の実定法を超える高次の

---

209)　HAURIOU, *Principes de droit public*, pp.683–684.
210)　齊藤・前掲論文（1）49頁、前掲論文（2）80頁。
211)　小島・前掲書におけるオーリゥの制度理論分析自体、個人の自由の1つとしての教育の自由を、「制度の目的という高次の理念に下支えされた公共的なもの」と観念することで、「議会万能の第三共和政期に、制定法律に反してまで保障される『人権』として……構成した」（287頁）ところにその意義を見出そうとしたものである。

法規範性を認める危険があることは見落とせない。既存の法制度には常に支配者（政治的社会的エリート層）にとってより都合のよい保守的な法観念や慣行がこびりついている。例えばオーリゥは、前掲のように「共和暦8年プリュヴィオーズ28日法」をフランス国家の「根本法律」の1つと見ようとしている。同法は、まさにナポレオンの「第1帝政」期に確立した県知事制を中核とするフランスの中央集権制を象徴する法律そのものである[212]。

　私たちは、フランスをはじめとする民主主義の確立と拡充に取り組んできた各国の憲法史において、支配者側に有利な旧弊を打ち破るために、民衆ないし市民の直接行動、あるいはマス・メディアからの批判や各種選挙による世論・民意の事実上の影響力の行使を通じて、被治者でもある多数の市民の自覚的な意思が新たな実定法の制定に結実してきたことを知っている。確かにオーリゥも言うように、現実の法秩序は、統治権力としての立法府が世論や選挙権力の批判と同調・支持にさらされつつ、最終的には自らの命令的意思によって作り出すものである。とりわけ第3共和制期におけるような実定憲法上、議会の万能性原理が支配する状況では、立法作用における民意や選挙権力の役割は、これを法概念としての立法作用そのものに組み込むには十分なものではなかった。また普遍的な真理として、実際の改革立法自体、その実施の際には旧来の悪弊をも含む慣行や反改革的な抵抗を前にして、その効力が減じられ適用範囲が狭められたりするなど、現実の力との相互関係に拘束されることは避け難い。それでも、旧弊を覆す最大の手段は、公選制の議会における熟議を通じた新たな実定法の制定以外にはありえない。

　民主主義の発展における改革立法の意義とその法的効力を守りつつ、反民主主義的な立法についてはその効力や適用範囲を限定しようという2つの要請に応えるにはどうすればよいか。解決策の1つは、実定憲法中に民主主義的な価値やそれを具現化する内容を予め定め、かつ違憲立法審査制を設けることで、裁判官に民主主義の発展に寄与する立法と反民主主義的な立法を仕分けさせ、後者のみを違憲無効とする方法である。しかし現実には民主主義的な価値が何かということ自体についても常に争いがあり、違憲立法審査機関が明確かつ客観的に民主的な価値の法律とそうでない法律とを仕分けできる分野は極めて限られている。

---

212)　同法（1800年2月17日法）については、本書第1部第1章第3節4の注204）でも触れている。詳しくは、G. SAUTEL, *op.cit.*, pp.281-286を参照。

しかもオーリゥも認めるように、当時のフランス第3共和制憲法のような抽象的違憲審査制を欠き、しかも公権力間の関係のみを定めたに過ぎない簡素な実定憲法しか持たない国の場合には、裁判官が具体的事件の中で、形式的には同格の制定法群の間で「根本法律」と普通法律とを自らの判断で仕分けするという困難を抱え込まざるを得なくなる。もし実定憲法が明確な判断基準を与えてくれることを期待できない場合には、そしてオーリゥと異なり、裁判官が正しい国家の根本「イデー」に導かれることを信じることのできない現代では、やはり選挙と熟議の手続きが制度化されている点で、公選制の議会の方が国家の根本「イデー」をより明確に知覚できるはずと考える方がより論理的である[213]。もしそうなら、同格の法律群の間では、「後法は前法を破る」、「特別法は一般法に優先する」という法の一般原則以外の仕分けは「裁判官政治」となり、許されないことになる。むしろこれらの法の一般原則こそ、オーリゥの言う「根本法律」と見るべきなのである。

　この第1の「根本法律」とは位相を異にする、もう1つの「根本法律」も想定できる。この視点こそ、地方議会にも国会と同質の立法権の帰属を認める論理を導き出す。それにはまず、民主主義的価値が何であるかは民主的な手続きを通じて暫定的に決めるしかないと考える視点である。そして次に、民主的な手続きとは、現代代表民主制においては何よりも公選制の議会における熟議・討論であるという視点が続く。このような視点から導かれるのは、もし国会以外にも、地方議会を国会と同様の選挙権力による「叙任」と議員間の熟議の制度化と見なしうるならば、地方議会の熟議により定められた法規範にも国会の法規範と同質の立法の性格が認められるべきだということである。そして、その結果起こりうる国会の立法と地方議会の立法との抵触・競合の際には、あるいはこのような地方議会の立法が有効に機能することを妨げる立法を国会が定めた際にも、両立法が可能な限り十全に機能するように、両者の調和的な、あるいは後述する意味での「対

---

213) 齊藤によれば、オーリゥも被治者諸個人が国家の「イデー」の主観的概念を持つことを認めるけれども、国家の統治には「ばらばらな主観的概念ではなく統一され秩序立てられた主観的概念」であり、「組織化」された存在が国家の統治「イデー」を最もよく形成すると主張していたという（齊藤・前掲論文（1）54-55頁）。しかし、共通意思（一般意思）による支持（齊藤の訳語では同意・同調）の得られる、本来の国家「イデー」により一層接近した主観的概念の形成（すなわち立法）を行いうるのは、単に制度化されるだけでは足りない。なぜなら本書ですでに見たように、オーリゥは選挙権力による立法権力（議会）の「叙任」を国民主権における代表の不可欠の要素としていたからである。

話」的な共存を保障する不文の法原則に照らして紛争を処理すべきことが帰結される。この「対話」的共存のための不文の法原則こそ、「根本法律」なのである。

こうして、「国民主権の地方分権化」の文脈で選挙権力を捉えようとしたオーリゥ理論は、その時代的制約から解放されるならば、論理的に考える限りでは、選挙権力の「叙任」対象として国会のみならず地方議会をも当然に予定し、しかも同質の「叙任」作用の結果として、国民主権の名において、国会のみならず地方議会にも立法権を分有させることが可能となるのである。またもし、両立法の「対話」的共存という本来は不文の法原則が、実定憲法典の規定中に一般原則として取り込まれる場合には、この「根本法律」はまさに憲法そのものの一部になる[214]。

c) 時代的制約からの解放に必要な視点としての「半直接制」の積極的理解　もちろん実際にオーリゥが、反民主的で保守的な立法を排除しながら、民主的で革新的な内容となる可能性を持つ立法のみに「根本法律」性を認めるための仕掛けとして、国会と地方議会との立法権の分有と両立法の相互作用を主張したという事実はない。むしろ、彼もまたフランスで極めて強固な憲法伝統になってしまった「単一国家」主義に囚われ、地方議会の議決を立法作用ではなく行政作用としての命令（行政立法）としか見ようとしなかった。だからこそ、彼を時代的制約から解放しなければならない。この場合、彼の国民主権論ないし代表制論のどの部分に修正を施すべきであろうか。それは「半直接制」の法的概念をより精緻化する中にある。

すでに見たように、国民代表概念の中に、選挙権力（すなわち有権者総体の意思）に対する国会（議員）の一定の独立性・自律性の観念や権力間の抑制・均衡の観念を含ませたオーリゥの理論は、有権者の役割を事実上の影響力の行使に限定する点でなお大きな欠点を有していた。つまり彼の選挙権力論も、せいぜいのところ「半代表制」的な抑制・均衡の要素を国民代表たる国会と有権者との間に認めるだけで、法制度的には「国会の万能性」状態が完全に残っているのである。その原因は、彼がその国民主権論における主権者国民を選挙権力の概念から切り離し、しかも後者は「叙任」作用に限って前者を代表するという理論を採っていたからである。

---

214) 本書は、このような不文の法原則の実定憲法典における具体化例の1つこそ、日本国憲法92条の「地方自治の本旨」規定であると考えている。

第3章　フランス近代公法学説における「単一国家」型地方自治原理の成立　249

　だが、有権者が部分的ながら直接に国家意思を決定する役割を認められるようになる「半直接制」段階に至ると、以下の3点で代表制の意味が変化するはずである。第1に、「半直接制」では選挙権力は命令的意思を担当する統治権力（特に国会）の構成員を「叙任」するだけでなく、主権者国民の一般意思の一部を自ら決定することが認められるようになるため、主権者国民と選挙権力とを同一視する傾向が一層強まるはずである。たとえ理論的・理念的には主権者国民は有権者総体を超える全国民と観念されるべきだとしても、人民投票その他の直接民主制的手続きで憲法改正や立法に決着をつける制度が実定憲法で採用される場合には、この選挙権力の意思の実現を阻止する他の権力は存在しないため、人民投票の手続面での統制を除き、選挙権力の意思がほぼ主権的（少なくとも人民投票の場面では完全に主権的）なものと観念され、したがって選挙権力自体がほぼ主権者国民と同視されるのは不可避だからである[215]。少なくとも「半直接制」下では、選挙権力の国民代表性は、他の国民代表機関とは比較にならないほどの特権的な結び付きを主権者たる全国民との間で認められることになる[216]。

　第2に、「半直接制」段階では、国会が立法権を独占することができなくなる。「半直接制」は違憲立法審査制の導入と相まって、国会の全能性を否定する。第5共和制憲法では、実質的意味の立法権は憲法上、国会のみならず、大統領（執行権力）と有権者総体としての人民（選挙権力）にも分有されている。憲法が規定しているという形式的根拠を別にすれば、国会が立法権を持っていることの実質

---

215)　「半直接制」が顕著な現在の第5共和制憲法においては、周知のように、人民投票の結果は主権的であって、違憲審査の対象外となる。例えば、憲法11条の通常立法のための人民投票手続きにより成立させた大統領直接公選制を実現する憲法改正法律を「人民投票の結果、人民によって承認された国民主権の直接の表明としてのそれ〔＝法律〕」と呼んで、憲法院の違憲審査対象から外した1962年11月6日の憲法院判決（Décision n°62-20 DC du 6 novembre 1962, *J.O.*, 7 novembre 1962, p.10778, considérant〔以下、cons.と略す〕2）、同じく1992年の国民投票にかけられたマーストリヒト批准法律の合憲性につき、同じように「国民主権の直接の表明として……人民投票の結果、フランス人民が承認したそれ〔＝法律〕」と呼んで違憲審査対象外とした1992年9月23日判決（「マーストリヒト第3判決」Décision n°92-313 DC du 23 septembre 1992, *J.O.*, 25 septembre 1992, p.13337, cons.2）などを参照。

216)　すでに見たように、有権者団を選挙権力として統治権力側に位置づける前の1892年の『分権に関する研究』の時点では、「分権とは、……〔地方行政と特別利益行政の〕2種類の行政が有権者団によって、すなわち主権者によって直接に任命される地方当局あるいは特別〔行政〕当局に委ねられているところにある」（HAURIOU, *Étude sur la décentralisation*, p.4）と述べていた。結局は彼の理論では、選挙権力と主権者国民とを事実上同一視する傾向は失われていない。

的な根拠は、それが合議機関として熟議による立法作用を通じて国民の意思を代表するところに求められてきた。しかし国会の立法権独占が否定され、主権者国民と選挙権力との事実上の同一視が強まれば強まるほど、国会が立法作用において国民を代表することの実質的な根拠は、熟議機関性に加えて、選挙権力からの「叙任」を受けているところに求められるようになる。つまり選挙と代表性とが直結するようになり、手続的正当化（公選制及び熟議）が作用面での正当化（立法を通じた国民の代表）の前提条件となる[217]。さらには、国会の立法権独占性と全能性の否定は、別の憲法原理からの説明がつきさえすれば、更なる別の国民代表機関にも立法権の分有的な帰属を認めることを容易にする。

　第3に、主権者国民と選挙権力との事実上の同一視は、選挙権力が国政と地方政治とで多元的に選挙作用を果たしていることに鑑みれば、国政選挙のみならず地方選挙をも同じ国民の代表作用として観念することを促す。選挙権力は、地方選挙では地方自治の実現を通じて国民の代表意思形成に参加するのである[218]。このように地方自治をも広義の国民代表作用の一部として理解するならば、そして前述のように公選制と熟議が立法作用を通じた国民代表の前提条件だとすれば、憲法上の明文規定がなくても、「半直接制」下で変質した国民主権＝国民代表制の憲法原理を根拠にして、地方議会も立法作用を通じた国民代表たりうることになる。

　以上の3点にわたる論理展開を経れば、憲法上で連邦制が採用されておらず、国と自治体との間の立法権の分有制も明示されていない国であっても、地方議会に国民代表の地位を認めたその結果として、立法権の部分的帰属を認めることが可能になる。もし憲法上、自治体に何らかの規範定立権限が規定されている場合には、さらに一層、その国民代表性からこの規範定立権を立法権として観念する

---

217) 選挙制と代表を結合させる視点については、「半直接制」に至って初めて生じたものではなく、選挙権力の立法権力に対する事実上の影響力の強まりを認める「半代表制」段階ですでに始まっている。オーリウ自身、すでに見たように「代表制」が国民主権と政治的自由の理念を介して「代表統治」に発展することの中に、両者の結合を見ていた（本書本章本節3(3)aを参照）。

218) 地方自治の存在理由の憲法論的弁証として、〈住民〉（＝地方有権者総体）が〈国民〉を代表することで「一般意思による決定量の増加」を生むという意義と、〈住民〉が〈国民〉を代表することに失敗した場合にも、彼らが示す特殊意思を素材として「より包摂的な一般意思を形成する」ことに資するという意義を指摘する木村草太「〈国民〉と〈住民〉──〈基礎的自治体〉の憲法論」『自治総研』2010年3月号49-72頁も、地方自治を国民の代表作用に見る点で、本書のオーリウ解釈に接近する。

ことを容易にしよう。オーリゥの国民主権論と制度理論には、このような立法権分有論に通じる論理的可能性が秘められている。それが顕在化できなかったのは、すでに見たように、彼が「半直接制」現象をまだ十分に理論化できなかったことに起因する。彼の国民主権論における「代表の滝」の概念は、選挙権力と主権者国民との事実上の同一視を通じて、国と自治体とに分岐する「代表の滝」となる。

(3) 持続性概念に基づく「一者」と「多者」の「対話」型相互作用

連邦制のような立法権分有制が実定憲法に規定されていない場合に、なおそれを認める憲法理論を展開するには、国民主権概念を組み直す必要がある。第3共和制期に確立したフランス憲法学説は、国民主権概念を厳格な「単一国家」主義と結びつく方向でのみ発展させてきた。オーリゥの国民主権論と選挙権力論は多元主義的な傾向を秘めており、その点で他の憲法学説より立法権分有制を根拠づける可能性を持つが、それでもその限界を突破できなかった。

国民主権論が、いや主権概念そのものが一元主義的な傾向を強く持っており、立法権分有制という多元主義と本質的に相いれないと見る論者もいるであろう。石川健治は、近代憲法学において「主権者」とは、本来、至高性を持つ絶対者である以上、「一者」でなければならず、国民主権が「多者」による統治を追求しようとして陥る矛盾は、国家法人説で解決する以外に（少なくとも現状では）法学的国家論としての解決策がないとする。石川によれば、現代の国家の法人格理論として展開可能な方向は、「法人擬制説にみられた客観法的な方向」の今日的な追究の道である「システム理論による補強」の方法か、あるいは「法人実在説に見られた主観法的な方向」の今日的な追究の道としての「討議理論によって補強する方法」のいずれかになるという。後者は、実体としてはあやふやな法人格の本質概念を、「デモクラシーによって強化する試み」である[219]。「一者」であるべき「主権者」が支配する近代国家の中で、国家の立法意思と併存、競合しうる「多者」である自治体の意思（そしてその基礎にある有権者住民意思の地域分立的な「多者」性）の存在を国民主権論によって論証することの困難性は、この国家意思の統一性と直結する「一者」の立法意思と「多者」である自治体の立法意思とを概念上両立させることが、従来の憲法学で使用可能な概念装置を用いる限り極めて困難であることと深く関わっている。

---

219) 石川健治「憲法学における一者と多者」『公法研究』65号（2003年）127-140頁。

オーリゥの制度理論に基づく国家論は明らかに「客観法的な方向」を志向している。だが彼の制度理論においては、「一者」の統治と「多者」による統治とが矛盾しない。それは彼が、「仮の法」と「確立した法」の二元論を用いつつ、「仮の法」に対する被治者の支持（齊藤の用語では同意）の獲得のプロセスに国家「イデー」のより正しい代表＝表象を見るからである。つまり被治者である「多者」は、「一者」の意思の強制である「仮の法」を暫定的に受け入れながらも、時間の経過とともに「多者」がそれを受け入れるに至るか、あるいは不服従と抵抗を続けた結果、「仮の法」が効力を失うかのいずれかの道を辿ることで、「一者」の意思と「多者」の意思は結果的に矛盾なく並存すると考えられているのである[220]。

　国家制度の単一性（unité）と多様性（multiplicité）という両立し難い２つの概念を両立させようとするオーリゥの制度理論は、より一般的な視点として、現代哲学による H-L・ベルクソン（Henri-Louis BERGSON）のラディカルな読解[221]と重ね合わせつつ分析することで理解可能となる。J・スミッツ（Julia SCHMITZ）によれば、オーリゥの制度理論は、「緊張感のある全体性の中で多様な単一性を考える」「生態学的熱力学的な新しい科学」の見方によって、「近代社会の制度的かつ規範的な真の多元主義」を考えることを可能にしたという。なぜなら、「空間によって代表される多様性」は「同時に存在する秩序の多様性」を想定するのに対して、「持続性の中の多様性」は「組織の継起と融合」を想定するからである。後者の多様化の概念のみが、「制度的かつ法的なシステムの錯綜状態を理解することを可能にし、かくして制度理論のアポリアを解くことを可能にする」[222]。

---

220) 齊藤・前掲論文（１）46-47頁における「仮の服従」と「服従の拒否」に関するオーリゥ理論の紹介、あるいは同論文（２）75-79頁における「仮の法」と「確立した法」に関する紹介を本書の視点から略述した。

221) ジル・ドゥルーズ（宇波彰訳）『ベルクソンの哲学』（法政大学出版局、1974年）〔Gilles DELEUZE, *Le Bergsonisme*, PUF, 1966〕によるベルクソン哲学分析の中で、オーリゥ理論に関わると思われる部分を簡略に引用すれば以下の通りである。直観と記憶と持続性により事物を捉えようとするベルクソンにおいて、「空間によってではなく、むしろ時間によって問題を提起し、解決する」ことが重要となる（第３の規則）（24頁）。「エラン＝ヴィタル」すなわち生命体の本質から事物を考えた時、「現実化されつつある潜在性」、「差異化されつつある単一性」、「分割されつつある全体性」を理解することができる（104-105頁）。持続は本質的に潜在的多様性であり、記憶はこの多様性・潜在性の中でのあらゆる差異の段階の共存として現れ、「エラン＝ヴィタルは、もろもろの段階に対応する差異化の線によってなされる、この潜在的なものの現実化を示している」（126頁）。

222) Julia SCHMITZ, *La théorie de l'institution du doyen Maurice Hauriou*, L'Harmattan, 2013, p.464.

この観点から中央集権と分権の関係を理解することもできる。スミッツによれば、オーリゥにとって分権とは、「国家と市民社会の間の対話と紛争の核心に、ある時には一方にまたある時には他方に傾くこうした不安定なバランスの核心に存するものである」。また中央権力それ自体が、その権力を拡げるために周縁の諸権力の中心を増加させ、それがまた諸々の対抗権力（contre-pouvoirs）を生み出す。

通時的な分析によれば、国家はまず初めに１つの均衡点において諸々の原始的な制度に対して超越的な地位を占め、最後には国家制度が優越化して行政制度が生み出される。しかし原始的な諸制度が完全に排除されてしまった後では、自らを維持するために「国家制度は自らの下で分権化を行い、それ自体の実態面において重複的な均衡を再び作り出さざるをえなくなる」。分権化の最初の動きは地方行政制度を承認する動きであるが、国家の優越性はこれらの地方行政制度が国家とまともに釣り合うことを許さない。そこで分権化の次の動きは、職能団体や社団による分権化運動となる。重複化のプロセスの最後には、国家は拡大しその権力を広げるために、連邦国家というより広い枠組みの中で新たな均衡を追求するようになる。「オーリゥにとって連邦主義とは、上からの権力分権化の１形態」であり、「中央集権と分権とは、それを通じて国民と政府とが対峙し釣り合いを保つような諸形式に過ぎない」。このように「相反するものの対立は動態的な均衡によってこそ解決される」。「国家権力の中央集権化には、国民に存する諸力の分権化という逆の運動が対立する」。「かくして中央集権と分権は、それを通じて国民と政府とが対峙し釣り合いを保つための諸形式に過ぎない」と解されることになる。オーリゥのこうした見方について、スミッツは「中心と周縁の対話型モデル（modèle dialogue du centre et de la périphérie）」と呼んでいる[223]。

この極めて哲学的な分析を本書の視角から構成し直すならば、オーリゥ理論は国民主権の中央集権的な性格が、分権化と「対抗権力」との「対話」なくしては持続的なものとして存在できないことに焦点を当てたものと言える。この視角を立法権分有制と結びつけるならば、国の立法意思と自治体のそれとの競合と抵触

---

[223] *Ibid.*, pp.462-464. 彼女は、オーリゥにおけるこうした制度化された側と制度化した側との間、あるいは中央集権的権力と分権的な遠心運動との間の対立と均衡の全体的包括的プロセスについて、ヘーゲル的な止揚の意味を含む「弁証法」というよりも、むしろ「対話」と表現したほうが適切であると述べている（p.462）。

は、それ自体が国民主権の内実を高めるものと考えられることになる。両立法間の紛争は、原則として国の立法の優位により仮に解決されることになるが（「仮の法」）、時に事案の性質に応じて自治体立法の方に優越性が認められることもあり、あるいは両者の妥協と調整によって、より高次の「確立した法」を生み出すことが可能になる。こうしたプロセスそのものが「対話的」「動態的」なものである。「一者」と「多者」の対立は、このように一時的には同一空間に並存して紛争を引き起こすものの、経時的・動態的視点から見るならば、「一者」の立法意思も「多者」の立法意思も矛盾なく並存しうることになる。

　おそらく本書のこうした見方は、石川の「一者」と「多者」の議論を借りるならば、「システム理論によって補強された客観法的見方」であるオーリゥの制度理論に、「対話型民主主義」という「主観法的な見方」を接ぎ木しようとするものであろう。すなわちそれは、たとえある一時期に限って国の立法と自治体立法との紛争を見るならば、必ずいずれか一方の勝利（多くの場合、国の立法の勝利）に終わることが論理的に帰結されるとしても、この問題を経時的・動態的に捉える場合には、両者の紛争は「対話的」相互作用を通じてより高次の立法に収斂することが展望でき、そうである以上、両立法は並存可能と考えられることを意味するのである。この視点でこそ国民主権原理も、国と地方の立法権分有の観念を排除するどころか、逆にこれを必要とする。そして、日本国憲法の「地方自治の本旨」再解釈の可能性もここにこそある。

第4章 現代憲法理論における「分権国家」原理の成立とその射程

第1節 現代フランスにおける「自由行政」原理と「単一国家」

1 フランス近代地方自治原理の残存と現代立憲主義としての第5共和制
(1) 現代立憲主義における憲法規定の変化と実態の継続

　第3共和制以降のフランス憲法史は、共和制憲法としての連続性を保ちつつ、第4共和制憲法から社会権保障（憲法前文第2段以降）と直接民主制の部分導入（憲法改正時の選択的人民投票制[1]）により現代立憲主義への傾斜を始めた。こうした傾向は1958年の第5共和制憲法[2]でさらに強められ、大統領の直接公選制（6条）と権限強化、国会の立法権の限定、委任立法の制度化、政府の規範定立権の強化（34、37、38条）等による「行政国家」化、違憲立法審査機関としての憲法院の設置（56条〜63条）による「裁判国家」化、さらには大統領発案による人民投票による立法制度（11条）と憲法改正時の選択的人民投票制（89条）等に見られる一層の直接民主制の拡大（「半直接制」化[3]）により、現代立憲主義への全面的変化

---

1) 同憲法90条は、国民議会が自ら作成した改正案を普通法律の通常の制定手続きによる多数決で可決したのちに、国民議会の第2読会における3分の2以上の特別多数の可決、あるいは両院の各々における5分の3以上の特別多数の可決の手続きがあれば、それだけで憲法改正を可能とする。そして、上記の特別多数が成立しなかった場合に限り、国民議会が議決した改正憲法法律案を人民投票にかけることを規定する。なお第4共和制憲法については、Jacues GOEDCHOT, *Les Constitutions de la France depuis 1789*, GF-Flammarion, 1995, pp.389-410 参照。
2) 第5共和制憲法は2008年7月23日の憲法改正までで24回の改正を受けている。1958年10月4日制定当初の憲法は次の文献を参照した。これも幾度かの改正を反映したものを成文としているが、同時に1958年時点のものを注で再録している。« Constitution du 4 octobre 1958 », in Maurice DUVERGER, *Constitutions et documents politiques*, PUF, 9ᵉ éd., 1981, pp.235-279.
3) 人民投票による立法制度は2008年憲法改正で「人民発案制」に近いものにまで拡大している。また憲法改正手続きについては、両議院が同一文言で可決した憲法改正案が、両院合同会議（Congrès）にかけられてその5分の3以上の特別多数により可決されるか、さもなくば人民投票で承認されるかのいずれかである。

を示すに至った[4]。なお、第5共和制の国会は、国民の直接選挙で選ばれる国民議会(下院)と、主に市町村評議会から選ばれる選挙人を選挙母体とし、間接選挙で選ばれる元老院(上院)の2つから構成される。そして元老院は憲法上、「地方公共団体の代表を保障する (assure la représentation des collectivités territoriales)」(24条)役割を負わされることになった。

しかし地方自治制度については、1982年以降のミッテラン社会党政権による地方分権改革及び2003年の憲法改正による「分権国家」化までは、第3共和制期のものが基本的には維持されていたと言わざるをえない。もちろん第4共和制憲法からはコミューン、県、海外領土の存在が憲法上明記され(第4共和制憲法85条、第5共和制憲法72条1項)、「地方公共団体 (les collectivités territoriales) は公選制評議会 (conseils élus) によって (法律の定める条件のもとで[5]) 自由に自己の行政を行う (s'administrent librement)」(第4共和制憲法85条2項、当初の第5共和制憲法72条2項、2003年改正後は同3項)といういわゆる「自由行政」の原理が明記され、しかも第5共和制憲法からは、のちに見るように憲法院が違憲立法審査権を行使するようになるので、この「公選制評議会」が実質的に機能しうる条件や「自由行政」原理を侵害する国の立法にある程度合憲性統制を及ぼすことが可能となった点で、第3共和制期の状況から大きな前進が見られることは確かである。また海外県(DOM)、海外領土(TOM)等の本土外の特別自治体制度が公認され、発達する点でも、一定の変化が見られる[6]。海外県や海外領土が提起するその特殊な法的地位を「単一国家」主義とどのように折り合いをつけるかは微妙な問題を孕む。この点で、現在のフランスを「自らがそうであることを知らない連邦制ではないか」との視点から論じる者もいた[7]。そこまで言わずとも、これらの特別自

---

4) なお、「半直接制」段階の第4、第5共和制憲法を「人民(プープル)主権」を採用したと見る者もいる(例えば辻村みよ子『フランス憲法と現代立憲主義の挑戦』〔有信堂、2010年〕62-72頁など)。他方で憲法科学的認識としては、両憲法における「半直接制」の採用を「人民主権」の体制と見ることはできず、なお「ナシオン主権」に立脚すると見る者もいる(例えば杉原泰雄『国民主権の史的展開』〔岩波書店、1985年〕292-304頁など)。このような見解の相違の背景には、それぞれの概念の定義の違いやその基礎にある憲法学方法論の違いがある。本書は、ルソーやサン=キュロットなどの民衆運動指導者が展開した「人民主権」論、すなわち徹底した直接民主制を志向し、体制擁護のイデオロギーとなりやすい「ナシオン主権」体制を批判し、後者の修正・発展を生み出すものを本来の意味の「人民主権」と見るので、第4、第5共和制憲法における「半直接制」の採用は、なお「ナシオン主権」の枠内での「人民主権」への一層の傾斜現象と理解している。

5) この括弧の部分は第4共和制憲法には存在せず、第5共和制憲法のみが規定する。

第4章 現代憲法理論における「分権国家」原理の成立とその射程   257

治体制度がフランスの地方分権改革にとって「自由行政〔原理〕の啓示者 (révélateur)」であることを強調する者もいた[8]。

しかし他方で、常にフランスの憲法では、「フランスは不可分の共和国 (une république indivisible) ……である」と規定することで、フランス国家の本質としての不可分性原理と、その地方制度面での帰結である「単一国家」主義を維持し続けている（第4共和制憲法1条、当初の第5共和制憲法2条、1995年改正から1条[9]）。その具体化として1982年分権改革までは、中央政府が任命しその指揮と監督を受ける国の役人である知事が県庁に常駐し、それが県行政権を行使しつつ市町村を後見監督する統制制度が依然として続いていた[10]。そして憲法自体が、「全国的な利益」と「行政統制」（と「法律の尊重」[11]）のために、「政府の代理人 (délégué du gouvernement)」として知事を県に常駐させることを根拠づける規定を設けていた（第4共和制憲法88条、当初の第5共和制憲法72条3項。2003年改正後は「地方公共

---

6) 2003年改正前の第5共和制憲法74条1項は海外領土が「その固有の利益」を持つことを認め、それを考慮した「特別の組織 (organisation particulière)」を持つことを認める。さらに同条2項と3項は、海外領土の地位が、「特にその固有の諸機関の権能を規定する組織法律」の定めを必要とすると規定することで、普通法律による修正からその特別地位と特別制度を保護する。海外領土の特別地位の修正には関係領土議会への諮問手続を要する。海外県についても、同73条が、「海外県の立法制度 (régime législatif) と行政組織は、その特別の状況に応じて必要となる適応の措置 (mesures d'adaptation) を受けることができる」と定め、一定範囲で本土内自治体とは異なる制度を設けることが許容されていた。

7) Thierry MICHALLON, « La République Française, une fédération qui s'ignore ? », *RDP*., 1982, pp.623-688.

8) Maurice BOURJOL, « Statut constitutionnel, Principe de la libre administration », in *Juris-Classeurs, Collectivités territoriales*, Éditions Techniques, 1994, fascicule 23, p.13.

9) もっとも1791年憲法は「王国は単一不可分 (Le Royaume est un et indivisible)」（2編1条）、同じく1793年憲法は「共和国は単一不可分 (La République est une et indivisible)」（本文1条）、1795年憲法1編1条も同文の定めであるところから分かるように、第4共和制憲法までは「単一不可分」であることが明瞭に示されていた。ミシャロンは、第4共和制以降の憲法では「単一性」の文言がより不明確な表現となっていることに触れつつ、海外県・海外領土の制度的多元性に鑑みた時、「画一性はおそらく、もはや立法に関して真実ではなく、さらには憲法に関しても真実ではない」と述べている (MICHALLON, *op.cit*, pp.625-642)。

10) 実は第4共和制憲法は、「地方公共団体は普通選挙制を採る公選制評議会により自由に自己の行政を行う」と規定する87条1項に続き、同条2項で「これらの評議会の決定の執行は、それらの〔＝評議会の〕市町村長もしくは議長によって確保される」と定めていた。これは県評議会議長が県行政権を持つべきことを規定しているようにも読めるものであった。しかし「この規定は、実のところ立法者により実施に移されることは全くなかった」(Jean-Bernard AUBY, Jean-François AUBY et Rozen NOGUELLOU, *Droit des collectivités locales*, 3ᵉ éd. refondue, PUF, 2004, p.11)。

11) 第4共和制憲法88条には、「法律の尊重」の文言は明示されていない。

団体において政府を代表する国家代表（représentant de l'État）」に名称変更したうえで72条6項）。そして制度上も、運用上も、公法理論上ですら、画一的な地方自治制度が本土内自治体に適用され、また1982年改革までは「適法性統制」に留まらず「合目的性統制」にまで及ぶ国の中央集権的な自治体統制が続いていた。

(2) **住民投票制に対する否定的態度の継続**

　直接民主制についてもフランスは、第4、第5共和制憲法が国政レベルで「半直接制」への変化を示したにもかかわらず、地方自治レベルにおいては、なお伝統的な直接民主制に否定的な姿勢を継続していた。例えば第3共和制期の1897年に、ある議員が行政レベルのあらゆる問題と市町村の将来の財政に関わる可能性がある事業に関して、市町村評議会が住民投票を組織することができる旨の内容を持つ法案を国会に提出したことがあった。しかし国会はこの法案を激しく拒絶し、その後20世紀初頭からは、国会では住民投票の制度化の構想は長く冬眠状態に置かれていたとされる。他方で、このような法制度上の反直接民主主義的傾向にもかかわらず、実際にはかなりの数の住民投票が自治体独自の判断で行われてきた。正確な数字はもちろんないが、ある評価によれば、19世紀末から1994年までの約100年間で、こうした「法定外」住民投票の事例は250弱ほど数えることができるという[12]。

　2003年の憲法改正により自治体独自の判断に基づく住民投票が憲法上で合法化されるまでは、行政判例はこうした「法定外」住民投票を、とりわけ住民投票結果に法的拘束力を持たせる決定型住民投票（référendum décisionnel）を厳しく排除してきた。例えば、1905年4月7日のコンセイユ・デタ判決は、自治体が独自に決定型住民投票を組織することを明確に違法と判断している[13]。J-M・ダンカン（Jean-Marie DENQUIN）は、本判決を「全国レベルで認められた原理を市町村レベルに移し替えて、代表制の純粋な原理の尊重を強制するものだった」と評価するが[14]、確かに「半代表制」段階に留まっていた第3共和制期当時に限定する限りでは、この評価は正しい。

　第5共和制期に至ると、1971年7月16日法が市町村合併の場合に限った住民投

---

12) 以上につき、Michèle GUILLAUME-HOFNUNG, « Référendum local », in *Juris-Classeurs, 1994, op.cit.*, fascicule 520, pp.6-7.
13) C.E., 7 avril 1905, *Commune d'Aigre, Recueil Lebon*, 2ᵉ série, t.75, 1905, p.345.
14) Jean-Marie DENQUIN, « Référendum consultatifs », *Pouvoirs*, n°77, Seuil, 1996, pp.90-91.

票の導入を行ったことで、フランスでも住民投票の制度化がようやく始まった。1980年代には、国会でも様々な住民投票の制度化の試みがなされ、それは1992年2月6日の地方行政基本法[15]と1995年2月4日の国土整備開発基本法[16]に結実した。しかしこれらが制度化したものは、あくまでも最終決定権を市町村評議会に残す諮問型の住民投票（référendum consultatif）に留まっていた。1992年法は一般的な形で、住民が「市町村の事務」に関する情報を知らされ、かつその決定に際して「諮問を求められる」権利を「地方民主主義の基本原理」と認めた（10条）。1995年法は、市町村の権限に属する地域開発事業に関して、有権者住民の5分の1以上が請求したときに、諮問型の住民投票を行うことを定めていた（85条）。1992年法に基づく住民投票は、施行から1995年1月20日までで41例が記録されている[17]。

　諮問型住民投票であっても、政治的には地方評議会を拘束する。特にテーマがあまりに政治的に危険な場合（例えば極右団体であるフロン・ナシオナルによる外国人移民排除目的の住民投票）や他の自治体や国家の権限と重複する場合（例えば高速道路建設の是非をめぐる住民投票）などは、「公的自由の本質的条件は全国一律であるべき」との理由、あるいはそれに加えて当該問題は当該市町村の権限範囲を超え、全国的な性格を持っているとの理由により、裁判所は違法判断を下すことが通例である[18]。「半直接制」に好意的な態度を示すようになっている国政の場合と、なお否定的な地方政治の場合との対比は、どのように考えるべきであろうか。おそらくその最大の理由は、国政の場合は国会又は大統領の関与があって初めて国民投票が実施される点で、国民代表制の核心にある代表機関が「生の民意を濾過」する作用を通じ、国民意思の一体性（これこそが一般意思の属性である）が守られるとの推定が働くのに対して、自治体独自の判断に基づく住民投票は、たとえ住民投票の組織化の際に地方評議会の判断による「生の住民意思の濾過」があったとしても、国民代表ではない地方評議会の関与では国民意思の一体性が保てるわけもなく、また自治体ポピュリズムに地方評議会が引きずられる危険性が高いところに見出されるであろう。国民意思の一体性とは、フランスの伝統的な国民代表

---

15)　*J.O., Lois et décrets*, n°33, 8 février 1992, pp.2064-2083.
16)　*J.O., Lois et décrets*, n°31, 5 février 1995, pp.1973-1991.
17)　Nicole BELLOUBET-FRIER, « Les référendum minicipaux », *Pouvoirs*, n°77, Seuil, 1996, p.168.
18)　*Ibid*., pp.165-168.

制においてはまさしく立法意思の単一不可分性、つまり立法権の中央国民代表府への独占的帰属を帰結する。この意味で、「単一国家」主義はなお根強く存在し続けることが分かるのである。

なお、この国民代表府による立法権独占の下で、にもかかわらずフランスは「一般権限条項」とそれに基づく自治体の独自の規範定立活動の展開を通じて、実質的に見れば「立法権分権化」が、すなわちフランス型「分権国家」化が進行する。それはすでに1982年の分権改革以前から展開するが、本書の構成上、このテーマは、本章第2節で論じることにする。

(3) **分権改革前までの第5共和制期の公法学説における「地方分権」概念**

第3共和制期の地方自治制度の基本を維持しつつ発展させ、憲法規定にまでそれを取り込んだ第4、第5共和制においては、少なくとも1982年の分権改革までは、第3共和制期の「単一国家」主義を前提とする地方自治の憲法理論もまた存続し続ける。例えばG・ヴデル (Georges VEDEL) は、地方自治を意味するフランス公法上の概念としての「地方分権」を、以下の3点の指標から定義づける。第1に、それは「制憲者又は立法者が、それ自体としては一般的であるが、しかし国家が任務としているものほどには一般性の大きくない一定の利益が自治的に存在するのを認めること」である。フランスでは法律が自治体の利益の存在を認める。第2に、このような自治的利益の管理権が、中央機関に対して一定の独立性を持った機関に与えられていることである。但しヴデルにとり、「選挙は、当該利益を管理する責任を負う機関の自治を保障する技術」に過ぎず、「地方分権」の不可欠の要素とまでは言えない。「重要なことは、分権制機関が、例え中央権力によって任命されていようとも、中央権力の位階制的権力に従わないことである」。分権制機関に対する中央機関の統制は「行政的後見監督 (tutelle administrative)」である。それは位階制的統制とは異なり、法律の定めた場合と形式に従ってしか行使できない。しかし適法性統制のみならず、法律が定める一定の場合には合目的性の観点からの統制も可能である。そして第3に、補充的な措置により、「地方分権」に実効性を持たせることが常に必要である[19]。

J・リヴェロ (Jean RIVERO) も同様の3要素プラスαから「地方分権」を定義している。彼によれば、第1に、全国的事項と区別された地方的事項の範疇が承

---

19) Georges VEDEL, *Droit administratif*, PUF, 6ᵉ éd., 1976, pp.640-641, 624-644.

認されなければならない。第2に、財政上の自治権の享有主体性を含んだ法人格が自治体に与えられていなければならない。そして第3に、地方的事項に責任を持つ機関の「起源」が自治体にあり、この機関が国家に対して一定の自治を持たなければならない。しかしリヴェロにとっても、公選制は絶対不可欠の条件ではない。以上に加えて、リヴェロもまた、位階制的統制ではなく後見監督の統制を不可欠の条件とする[20]。

1982年分権改革直前に『フランス、ドイツ、イタリアにおける地方分権の概念』を公刊したS・フロガイティス（Spyridon FLOGAÏTIS）も次の4点をフランスの「地方分権」概念の特徴として挙げている。第1に、地方的事項という観念が常に「地方分権」概念の中心に位置することである。第2に、国家が自治体を法人として認めることである。第3に、公法人の権限は、委任を通じて国家から伝来したものであり、このようにして公法人たる自治体は、「公権力の権利（droits de puissance publique）」を持ち、公役務の運営を確実なものとすることができる。第4に、公法人たる自治体は、その団体内部から任命された、あるいはその団体によって任命された当局によって運営されなければならない。但し、彼もまた公選制を「地方分権」の不可欠の条件とまでは見ていない。彼によれば、重要なことは、当該機関がその自治体だけを表現（すなわち代表）することである。彼は、中央権力が任命した場合であっても、当該機関が中央権力から一定程度独立し、その自治体あるいはその独自の利益を表現していきえすれば、選挙と同様の「地方分権」に適った任命方式になると考えている[21]。

以上の学説からは、フランスの地方自治の憲法理論は20世紀後半になっても、未だに日本の憲法学説に言うところの「国家伝来説」に留まっており、しかも公選制すら「地方分権」の必須の要素と見ていないことが分かる。Ch・オテクシエル（Christian AUTEXIER）は、フランスの「地方分権」概念においては、自治体の中に行政〔体〕的な性質のみを見て、自治体の研究を専ら行政法の分野に限定

---

20) Jean RIVERO, *Droit administratif*, Dalloz 10ᵉ éd., 1983, pp.320-324. この本は1982年分権改革直後の版である。その序によれば、リヴェロは、1981年の大統領選挙と立法府選挙の結果、行政分野でも多くの変化が生じ始めていることを認めつつ、まだ改革半ばであることを理由に、同書では「完成した建築物のイメージというよりもむしろ進行中の工事現場のそれ」を提示すると述べている（*ibid.*, p.3）。したがって、少なくとも彼の「地方分権」概念については、改革前の伝統的な考え方が根強く残っていると言わざるをえないであろう。

21) Spyridon FLOGAÏTIS, *La notion de décentralisation en France, en Allegmagne et en Italie*, L.G.D.J., 1979, *op.cit*., pp.18-20.

する傾向があったことを指摘している[22]。

こうした中央集権的で古い「単一国家」型の地方自治理論は、まさしくすでに見た第3共和制期の憲法学説が通俗化した結果と見てよいであろう。それは、彼らがフランスの「地方分権」制の限界を「連邦制」自治との対比で論じているところからも明白である。例えばリヴェロは、次のように述べている。「連邦国家では、それを構成する団体は連邦憲法からその権能を引き出す。このような団体は、自らその制度の形態を定める。分権国家（État décentralisé）においては、団体の規定の総体が通常の法律に由来している。この団体は、それに修正を加える権限を持っていない」[23]。同じくフロガイティスも、「分権制団体の『地方的事項』と連邦構成国の『留保された権能』との間」の「根本的区別」として、前者が「純粋に行政レベルのもの」であるのに対して、後者は「統治作用の行使としての……国家的権能」を連邦と「連邦構成国」とが分有していると述べている。そして「連邦構成国の権能は中央権力の委任に由来するのではなく、固有の資格で、かつ自治の権利として行使される」としたうえで、「連邦構成国」の権能は連邦憲法によって予め定められているのに対して、「地方分権」制における自治体の権能は通常の法律によって条件づけられ、かつ一時的な性格しか持たないという条件の下で認められる権限に過ぎない[24]。

以上のような通俗的「単一国家」型地方自治の憲法理論が存続し続けたのは、根本的にはフランス公法学説が、予めフランス型地方自治を「連邦制」型地方自治とは本質的に異なるものとして概念構成し、これを「単一国家」型地方自治として定式化していたからである。しかし「非連邦制」原理としての限界を持つに留まらず、それは日本から見ても地方自治の憲法保障の視点の極めて乏しい純粋「伝来説」に留まっていたことについては、さらに理由を追加しなければならない。この点ではまず何よりも、第5共和制期に至ってもなお中央政府任命の県知事が県庁に駐在して、地方における国家利益の保護及び法律の尊重並びに市町村

22) Christian Autexier, « L'ancrage constitutionnel des collectivités de la République », *RDP*., t.97, 1981, p.595.
23) Rivero, *op,cit.*, p.321.この観点からリヴェロは、「行政評議会」という名前で、法律に定められていない機関を設けた市町村〔評議会〕の議決を無効にしたコンセイユ・デタ判決（28 octobre 1932, *Lafitte, Recueil Dalloz*, 1923. III, p.65）や、市町村評議会の権限に属する問題について住民投票を組織した議決を無効にしたコンセイユ・デタ判決（7 avril 1905, *Commune d'Aigre, op.cit.*）を紹介する。
24) S. Flogaïtis, *op.cit.*, p.21-22.

に対する行政統制（後見監督統制を含む）を担当し続けるのみならず、県の行政権をも担っていたところにその原因が見出せる。既存の法制度を無批判に受け入れて、これを原理論上で正当化しがちな公法学説（特に行政法学説）では、県利益の代表制と公選制とを結びつけることができなかった。もう一つの理由は、憲法院の違憲立法審査が地方自治権の保障や分権改革の限界画定をめぐって本格化したのが1979年のある判決からだったことに求められよう。「単一国家」原理と「自由行政」原理の憲法規範上の意味の明確化は、現代のフランスでは違憲立法審査を通じてなされる。それゆえ、現代の「フランス型分権国家」原理を解明するためには、1982年以降のミッテラン地方分権改革と、そのころから本格化した地方自治分野の憲法判例を分析する作業を先行させなければならない。

2　ミッテラン地方分権改革の意義と限界

(1)　ミッテラン地方分権改革の概要

　1981年の大統領選挙で初めて左翼統一候補として勝利した社会党のF・ミッテラン（François MITTERRAND）は、従来の保守政治からの脱却を目指し多くの改革を試みた。のちに「地方分権改革第1幕（acte I）」と呼ばれる地方分権改革も、その一環であった。

　1982年3月2日に成立した「新地方分権法」[25]の革新点の1つは、県行政執行機関に対する中央政府の任命制を廃止したことである。すなわち国の役人である県知事（préfet）の職務のうちで、県行政の執行権を公選制の県評議会が内部的に選ぶ県評議会議長に移したのだった。伝統的な県知事制度が廃止されたことを明確にするため、県知事が有していた国家の自治体統制の任務は、新設の国の役人であり国家の地方における「代表」の地位を持つ「共和国委員（Commissaire de République）」に移された。もっとも、「共和国委員」の名称は、結局1988年に再び「知事（préfet）」に戻されている。

　また、中央政府による自治体に対する統制制度についても、この法律により抜本的な改善がなされた。すなわち技術的援助の場合を除けば、もはや自治体の決

25）　Loi n°82-213 du 2 mars 1982 relative aux droits et libertés des communes, des départements et des régions, *J.O., Lois et décrets*, 114 année n°52, p.630 et s. 同法については次の翻訳がある。磯部力「フランスの新地方分権法（上）・（下）」『自治研究』58巻5号40-67頁、7号23-41頁（いずれも1982年）。また、小早川光郎「フランス地方制度改革とその背景」『自治研究』57巻11号（1981年）3-11頁も参照。

定を執行する前に、その適法性のみならず政策の適切性を意味する合目的性までも知事が審査し統制することはやめて、当該決定が執行されたのちに初めて、知事が行政裁判所にその適法性の審査を求めて提訴し、違法な場合に限って取消しなどが命じられるという、いわゆる「裁判所による事後的統制」に整理されたのである。

第3に、それまでは地域開発などの国家の権限を地方事務分散（déconcentration）26)する際の受け皿に過ぎなかった広域行政単位のレジオン（régions）を、市町村（communes）や県（départements）と同格の完全自治体としての「地方公共団体」27)にした。したがって、レジオンにも公選制評議会が設けられ、その議長がレジオンの行政権を持ち、レジオン知事（当該レジオン内にある諸県の県知事のうちで、レジオン評議会が置かれる中心地の県知事が兼務する）から適法性統制を受けることになった。レジオンのような広域区画に正規の自治体の地位を認めることは、この広域自治体が連邦国家における州（伝統的な言い方では「連邦構成国」）に匹敵するような面積と人口を有しており、特に経済産業政策や地域開発の面で国家の権限と密接に関わる分野に介入し、かつその政治的影響力も大きくなるために、従来の政治議論の中では「連邦制」と対立するものとしての「単一国制」とは相いれないと考えられてきたものであった。

この1982年「新地方分権法」を受けて、1983年1月7日法、1983年7月22日法が国から市町村、県、並びにレジオンに対して、可能な限りブロック化した権限を一括して移譲すると共に、各レベルの自治体の権限全体を明確に区分することを試みた。また、都市計画と歴史遺産（patrimoine）の分野では1985年7月18日法が同様の権限移譲の実現を試みている28)。「地方分権改革第1幕」における各レベルの自治体に対するブロック化された権限の一括移譲と各権限の明確化につ

---

26) 「地方事務分散」とは、「国家が、中央当局（省庁）の決定権を国家が任命した地方当局（知事や大学区長〔recteurs〕等）に委任するが、にもかかわらず後者は省庁の位階制権力に従属し続けることをいう」（Louis FAVOREU, Patrick GAÏA, Richard GHEVONTIAN, Jean-Louis MESTRE, Otto PFERSMANN, André ROUX et Guy SCOFFONI, *Droit constitutionnel*, Dalloz, 13ᵉ éd., 2010, p.489)。

27) 本書では日本の憲法理論との接合可能性を考えて、引用上の問題がない限り、フランスの「collectivités locales」や「collectivités territoriales」に当たるものを自治体と表現している。しかし自治体の各カテゴリーの存在の憲法保障を論じる場合には、自治体のフランス実定憲法上の概念を用いないと、その意味が正確には伝わらない。そこで、そのように表記する方が適切な場合には、本文では括弧つきの「地方公共団体」の表現を、引用文中では括弧なしの地方公共団体の表現を用いる。

いては、フランスでは多くの論者が「この明示的な権限配分の手法の中に、地方的利益の客観的かつ排他的な〔法の〕源泉を見て、それゆえ〔権限〕一般条項の法的意味での消滅（すなわち廃止そのもの）あるいは実質的消滅（潜在的な意味でのそれ）と結論づけた」[29]ことがあった。ここに言う「一般権限条項」とは、地方公共団体一般法典中に、それぞれの地方利益に基づく自治体の一般的包括的権限を認める条項を設ける考え方を言う。すなわち法律レベルで認められた「全権限性」原則のことである。この意味での「一般権限条項」がこの時の改革で消滅したのか否かについては、2010年の地方公共団体構造改革法の分析の際に再度論じることにする[30]。

(2) 本改革の憲法原理上の意味と限界

本改革により、自治体の協議・議決機関（地方評議会）のみならず自治体執行機関についても、住民の直接選挙（前者）と間接選挙（後者）の別はあれ、例外なく公選制が採られることとなった。その結果、伝統的な公法学説における「地方分権」概念に常に付きまとっていた「任命制知事も、自治体の独自利益を代表する限りで地方分権原理に適合する」という考え方の実際上の根拠が消滅することになる。にもかかわらず、現在に至るまで、地方代表機関の公選制、特に地方評議会の内部的互選による首長の選出のような間接選挙をも含めた自治体執行機関の公選制を「地方分権」の定義の不可欠の要素としてはいないように見える。

例えば1987年公刊のJ・ブルドン（Jacques BOURDON）らの地方自治法の教科書では、海外県や海外領土について、公選制評議会が憲法上保障されることを確認した憲法院判決を紹介するが、それを超えて、「地方分権」概念そのもの、あるいは分権制地方団体という概念の不可欠の要素として、公選制を明確に打ち出してはいない[31]。分権改革直後の1983年に公刊されたJ-B・オービィ（Jean-Bernard AUBY）らの地方自治法の教科書では、「地方分権」と「自由行政」を同義に扱ったうえで、「自由行政の原理は、地方公共団体内部で重要な権力が公選制議会（as-

---

28) Jean-Bernard AUBY et al., *Droit des collectivités locales, op.cit.*, pp.14-15. 1983年の2つの法律については次の翻訳がある。磯部力・大山礼子「フランスの新権限配分法（1）〜（3・完）」『自治研究』60巻3号100-118頁、5号92-120頁、8号72-94頁（いずれも1984年）。
29) Bertrand FAURE, *Le pouvoir réglementaire des collectivités locales*, L.G.D.J., 1998, p.66.
30) 本章第2節3を参照のこと。
31) Jacques BOURDON, Jean-Marie PONTIER et Jean-Claude RICCI, *Droit des collectivités territoriales*, PUF, 1987, p.77.

semblées élues）に与えられるべきことを意味する」と述べ、さらに「したがって、地方当局（autiorités locales）は国家によって任命されてはならず、公選制議会によって指揮された諸構造のみが地方公共団体たりうる」と述べるものの、地方評議会のみならず地方執行機関までが完全な公選制を採るべきであることを明言していない[32]。同じく、同年に公刊されたF・リュシェール（François LUCHAIRE）とY・リュシェール（Yves LUCHAIRE）の地方自治法の教科書でも、「地方分権は……民主主義の原理を尊重しなければならない」と述べ、「地方議会（Assemblées locales）」の公選制が憲法上の要請であることを明言するにもかかわらず、地方執行機関の公選制については沈黙している[33]。さらに、後述する2003年の憲法改正後の版であるL・ファヴォルー（Louis FAVOREU）らの『憲法』（第13版、2010年）の「分権制単一国家（L'État unitaire décentralisé）」の項を見ても、「地方分権」については、「国家の決定権力を、公選制当局による行政がなされ、単なる適法性統制しか受けない公法上の他の法人に、主として地方公共団体に移譲すること」と定義したうえで、「地方分権」の現行憲法における表現である「自由行政」原理が成立するための「最低限必要な条件」として「地方公共団体の協議・議決機関の選挙制」を挙げるものの、地方執行機関については、1982年3月2日法により「あらゆる自治体機関（協議・議決議会も執行機関も）が公選制を採」ったことについては、「憲法の要求を超える」ものと見ている[34]。

このように見てくると、フランス公法学説が自治体代表機関の完全公選制を認めることに消極的な理由は、単に1982年分権改革まで県行政権の担当者が任命制県知事であったという歴史的理由だけに留まらないことが分かる。この点、F及びY・リュシェールは、地方公選職が元老院の選挙母体となることを通じ、元老院によりフランスの国会で「代表」される（当初の第5共和制憲法24条3項後段[35]）点を除き、フランスの自治体が「主権に参加するものではない」ことを力説していることに注目せざるをえない[36]。では、「主権への参加」の否定とは何を意味するのか。

---

32) J.-B. AUBY et al., *op.cit*., p.59.
33) François LUCHAIRE et Yves LUCHAIRE, *Le droit de la décentralisation*. PUF, 1983, p.80.
34) FAVOREU et al., *Droit constitutionnel, op.cit*., pp.490-491.
35) 「それ〔＝元老院〕は共和国の地方公共団体の代表を確保する」。なお、同条文は2003年改正後は24条4項となった。
36) F. LUCHAIRE et Y. LUCHAIRE, *op.cit*., p.81.

2003年に『フランス行政法における地方公共団体の観念に関する研究』を公刊したM・ドア（Mathien DOAT）によれば、オーリゥによる問題提起を含めて[37]、常に地方公選職が「誰を、そして何を」代表するのかが問題となってきたという。そして伝統的な分析では、過去の制憲者たちは自治体に「代表制度の欠如(carences du système représentatif)」を強調してきたことが分かるとする。この視点から発想するドアは、「もし公共団体〔＝自治体〕が真の代表の地位を持つのであれば、それは自らのレベルで立法を行う（légiférer）ことすらできることにもなりかねない。この場合、地方の行為は法律に対して過度に強力となってしまう危険があるといえよう」と述べ、「地方選挙は行政的性格の選挙（élection administrative）に留まる」ことを力説する[38]。つまりこの主張からも分かるように、立法権分有の完全否定としての「単一国家」主義こそが、地方自治と自治体の政治的ないし統治的性格を否定し、そのことが自治体とその協議・議決機関及び執行機関の「代表性」を曖昧にし、結局は政治的代表性の論理からは必然であるべき公権力担当者の（直接・間接のいずれかによる）公選制が不完全なものに留まっていることに疑問を抱かせない原因となっているのである。

　フランス公法学説の多くは、1982年分権改革後もなお連邦制の全否定としての「単一国制」の枠を堅持し続けている。例えば前掲のF及びY・リュシェールの共著でも、その「地方分権の限界」の項では、国家構造上の限界として、「フランス共和国は単一国家であり、連邦国家ではない」ことを強調している。この本では、1792年9月25日に国民公会が発した有名宣言、すなわち「フランス共和国は単一不可分（une et indivisible）である」という宣言がその後の諸憲法に受

---

[37] オーリゥの国民主権論において、「地方分権」化される選挙権力が地方代表的性格と同時に国民代表的性格をも併せ持つことについては本書でも検討を加えた（本書第2部第3章第4節4(1)a)）。

[38] Mathieu DOAT, *Recherche sur la notion de collectivité locale en droit administratif français*, L.G.D.J., 2003, p.189. M・ヴェルポー（Michel VERPEAUX）は、「長い間、地方選挙は純粋に行政的性格の選挙として考えられてきた。というのは、それが指名するのは行政官(administrateurs)であり、その訴訟が委ねられるのは行政裁判官だったからである」と述べたのちに、現在では、地方選挙で選ばれた地方公選職が元老院議員の選挙母体となることに鑑みて、「憲法院は、地方選挙を政治的性格の選挙と考えてきた」とも述べている。そして、EU加盟国の国籍を持ちフランスに定住する外国人に地方選挙権を付与するマーストリヒト条約を違憲とした憲法院判決（Décision n°92-308 DC du 9 avril 1992, *J.O.* du 11 avril 1992, p.5354）に言及している（M. VERPEAUX, *Les collectivités territoriales en France*, 2ᵉ éd., Dalloz, 2004, pp.69-70）。しかしヴェルポーは、なぜ伝統的に学説が地方選挙に行政的性格しか認めないのかを明らかにせず、記述的な説明に終始している。

け継がれたと述べつつ、「単一性 (l'unité) とは、もちろん連邦主義 (fédéralisme) の否定を意味する。それは、フランスが唯1つの国家から構成され、国家の中に諸国家があってはならないことを意味する」と述べている[39]。

同じく前掲のブルドンらの共著でも、「地方分権の観念」の項で「地方分権と連邦主義」が採り上げられている。そして、「伝統的な法学的分析では、単一国家と連邦国家を区別する。地方分権は前者に位置し、後者と対立する」ことを明言する。但し同書では、「単一国家」の自治体と連邦国家の「連邦構成国」との区別を、もはやその存立の法的根拠の違いに求めることができないことも認める。つまり「単一国家」の自治体の場合にも、地方自治の法的根拠が通常の法律上の規定に過ぎない場合だけでなく、憲法上に根拠規定がある実例も増えていることを認めるのである。その上で同書は、フランスにおける現実の地方自治の内容、とりわけその権限についてはあくまでも法律の定めによるものであり、憲法は立法指針を与えているに過ぎないと述べるのである。

同書において「連邦制」と「単一国制」とを区別するものは、それぞれの場合に自治体が持つ自治権の内容とその保障のあり方に求められている。すなわち「連邦構成国」の場合には、行政的自治の他に憲法的自治 (autonomie constitutionnelle) と裁判的自治 (autonomie juridictionnelle) が保障されるというのである。この場合、憲法的自治とは、政治的な制度も含むあらゆる制度を自治体（「連邦構成国」）自身の憲法によって自治体の中に作る可能性が認められていることを意味する。つまりここでは、自治体政府形態自主組織権の保障が語られている。また裁判的自治とは、各自治体に固有の裁判秩序があることを認め、法的多元性があることを認めたうえで、国（連邦）全体の法的統一は最高裁判所によって保障されることを意味する。これに対して「単一国制」では、「その名が示すように、何よりもまず法的ユニテ〔統一性＝単一性〕によって特徴づけられる」。

こうして「連邦制」と「単一国制」の伝統的な区別を確認しながらも、同書は、現代では両者の境界線が曖昧になってきていることも認める。それは特にイタリアなど、「連邦制」を明示的に採用していないいくつかの国で、一定の国家権力の分有までも認めるような州が創設されたことを無視できなかったためである[40]。

---

39) F. Luchaire et Y. Luchaire, *op.cit.*, pp.86-87.

第4章 現代憲法理論における「分権国家」原理の成立とその射程　269

(3) 憲法院の一部違憲判決の意味

　以上のように、ミッテラン地方分権改革期にも、かなり厳格な「単一国家」主義が残り続けていたことは疑いようもない。それではこの厳格な「単一国家」主義とミッテラン地方分権改革は両立しえたのであろうか。1982年3月2日にフランスの国会で前掲の「新地方分権法」、並びに本土自治体と同じ法制度が適用されてきたコルシカ島に一定の特別制度を付与する「コルシカ特別地位法」[41]の両法案が可決された時、両法案が示す改革を「単一国家」主義の憲法原理に反するのではないかと考える野党議員たちの手で、その合憲性に関する抽象的規範統制審査の訴えが憲法院に付託された。そこで、1982年2月25日に出された「新地方分権法」と「コルシカ特別地位法」に対する憲法院の2つの判決から、ミッテラン地方分権改革と「単一国家」主義の両立可能性を解明しよう。

　a)「新地方分権法」一部違憲判決　「新地方分権法」判決[42]では、前述のように第5共和制憲法72条3項（2003年改正前[43]）に、「県と〔海外〕領土において、政府の代理人（délégué du Gouvernement）は国全体の利益（intérêts nationaux）、行政統制（contrôle administratif）、並びに法律の尊重に関する任務を負う」との憲法規範があるにもかかわらず、「新地方分権法」には、地方評議会の議決その他の決定は、同法が県知事を廃止して新たに設けた県常駐の「共和国委員」にその内容を伝達する前に執行可能となるような統制制度しか設けていなかったことが、最大の論点となった。同法では、地方評議会の議決・決定は直ちに執行可能となり、その内容を伝達された「共和国委員」が、それを違法と判断し、行政裁判所に提訴して初めて当該議決・決定は執行停止となり、行政裁判所で違法判断が下された場合に取消されることになっていた（同法2〜4、45〜47、69、70条）。憲法院付託者たちは、これらの規定の結果、「地方当局の違法な議決や行為について、県やレジオンにおける政府の代表にこれらを行政裁判所に提訴する以外の権限を与えておらず、〔政府の代表は〕この訴えに完全な執行停止の効果を持たせることもないままに、〔判決が出るまでの間〕待たなければならない点で、憲法72条2項と3項に反しており、したがって政府の代表はもはや行政統制を行うことも、法律

---

40)　以上、J. BOURDON et al., *Droit des collectivités territoriales, op.cit.*, pp.8-11. イタリア等の「地域国家」概念は、本章第3節1(2)で触れることにする。
41)　Loi n°82-214 portant statut particulier de la région de Corse, *J.O.* du 3 mars 1982, p.748.
42)　Décision n°82-137 DC du 25 février 1982, *J.O.*, du 3 mars 1982, p.759.
43)　2003年改正では、若干の修正を加えられたうえで72条6項に移された。

の尊重を保障することも、市民の自由を保護することもできなくなるであろう」と主張したのである（cons. 1[44]）。ここに挙げられている憲法72条2項とは、すでに示したように、「地方公共団体は、公選制評議会によって法律の定める条件の下で自由に自己の行政を行う」との規定であり、地方評議会の議決・決定が「法律の定める条件」から離脱してしまうことも違憲の理由に挙げられていたのである。

　これに対する憲法院の判断は、「……憲法72条の諸条項から帰結されることは、法律は地方公共団体の自由行政の条件を定めることができるけれども、それはこの法律が同条3項に列挙された国家の特権の尊重を条件としていること、そしてこれらの特権は、たとえ一時的であっても、その効果を制限されることも奪われることもあってはならないこと、したがって立法者の介入は、憲法72条3項の定める行政統制によって法律の尊重が確保でき、より一般的に言って国益の保護が、さらにはこの目的のために締結される国際的取極めの履行と結びついた国益の保護も確保されるという条件に従うことである」（cons. 4）というものだった。この観点から本法律を検討した結果、本法律は「市町村当局、県当局、レジオン当局が可決したり行ったりした議決、決定、行為、契約で、国家代表〔「共和国委員」〕から見て違法と評価されるものを、国家代表が行政裁判所に提訴することを定めている。そしてこの統制が狙っているものは、……憲法72条3項に定められた目的の全てである。したがって国家代表に、問題となる行為の全てを裁判的統制にかける裁量権を与えることで、……〔本法律〕……は憲法72条3項の射程範囲を制約しなかった」（cons. 5）と評価されている。

　にもかかわらず、憲法院が一部違憲と判断したのは以下の点であった。「しかしながらこれらの行為が、国家代表に伝達される前に当然に執行可能となることで、すなわち国家代表がその内容を知らず、したがって場合によっては必要となる執行停止の請求を含む訴訟を行政裁判所に提起することができないときには、……〔本法律は〕……たとえ一時的でも憲法72条3項が国家代表に留保している特権の行使手段を国家代表から奪ってしまうことになる」（cons. 6）。確かに本改革前は、国家代表であった県知事が事前に全ての自治体の行為をチェックし、違法行為のみならず場合によっては不適切な行為（合目的性違反）についてすら執

　44）　以下、憲法院の各判決の理由づけについては、「considérant」で始まる各段落に順番をつけてこのように表現する。

行停止にしたうえで、行政裁判所の判断を仰ぐこともできたのに対して、本改革後は、国家代表（政府代表）たる「共和国委員」は自治体の違法行為を事後的に行政裁判所に提訴することでしか行政統制を行うことができなくなっていた。したがって自治体の「違法」行為は、行政裁判所で「共和国委員」の申立てに基づき執行停止が認められるまでは執行力を有し続けることになる。さらに本法律3条2項によれば、「共和国委員」が提訴すべきと判断しても、20日間の提訴予告期間中は行政裁判所に執行停止の申立てを行うことができない。つまり「共和国委員」は、自治体の行為の情報が伝達されるまでの期間と提訴予告期間の間は、彼がそれを「違法」と判断してもその執行力を停止できなかったのであり、これこそが違憲とされた点であった。

b）国民代表による「始源的立法権」独占原則の維持　すでに本書の「第1部　分権国家の歴史的基底」において詳しく分析したように、フランス憲法史で主流であり続けた「ナシオン主権」原理は、自治体であれ有権者であれ、いかなる実在する具体的な集団についても、彼らを「全国民にとっては部分集団」に過ぎないと見るところから、「部分集団」に「単一不可分の」国民の主権行使を認めることを拒否するものであった。そして、この意味でいかなる「部分集団」からも独立した国民の代表者が「単一不可分の」中央立法府を形成し、国民の一般意思を自由に解釈・表明することで立法を行い、この一般意思たる立法を地方における国家代表（政府代表＝知事＝共和国委員）を通じて全国に画一的に適用すべきことが、国民主権原理からの当然の帰結となっていた。したがってこの「ナシオン主権」原理は、主権の「単一不可分性」のコロラリーとして、統治機構の自主組織権や自己権限の自主的決定権を意味する「始源的立法権（pouvoir normatif initial）」及びこれを中核とする統治的権限を全て主権行使に関わる権限として観念し、自治体がこれを国家と分有することを否定する論理を当然に含んでいたのである。これこそが第3共和制期の公法学説（本書第2部第3章）で詳しく見た「単一国家」原理だったのである。

もちろん第5共和制では、海外県・海外領土の存在を公認し、また首都であるパリ市は1960年以来20の特別区を与えられるなどの特別制度が適用され、さらに今回の地方分権改革の一環として、1982年12月31日法（Lois n°82-1169 et 1170 du 31 décembre 1982）がリヨンとマルセイユにも直接公選の区評議会と区長を設ける大都市特別制度が実現されるなど、地方自治組織の画一主義は緩和されている。

さらに本判決と同時に出された「コルシカ特別地位法」判決[45]でも、コルシカのみを対象とする特別な地方公共団体のカテゴリーを国会の立法で新たに設けることも、市町村、県、海外領土以外の「その他の地方公共団体は全て法律によって創設される」と定める2003年改正前憲法72条1項後段を根拠に合憲とされていた。このように、1982年憲法院判決の頃には、フランスの「単一国家」原理はもはや自治体の形態、組織、権限についての厳密な画一性を含まないものになっていた。

にもかかわらず、「新地方分権法」判決がなおも「共和国の不可分性を宣言し、領土の一体性がそのまま存続し続けることを確認」（cons. 3）する憲法原理に触れたうえで、同法の規定では行政統制が不完全となってしまうことに着目して一部違憲判決を出したことは、単に「単一不可分の共和制」信仰に固執する保守派へのリップサービスという以上の意味があることに気づくべきである。憲法院が「共和国の不可分性」原理の名において憲法規範と認めた地方分権改革立法の限界、すなわち国家代表による適法性統制の監視から自治体の議決その他の行為が一瞬たりとも逃れられないという制度的限界を設けておくことは、（国家と同一視される中央政府に存在する）国民代表に始源的立法権を独占させておくための絶対条件なのである。つまり「共和国の不可分性」原理とは、国と自治体との関係においては始源的立法権の国家（すなわち国民代表）独占の原則、換言するなら「地方公共団体に固有の立法権を配分しないこと」[46]という原則を意味することが、本判決で確認されたのである。

「コルシカ特別地位法」合憲判決の場合も、単に憲法72条が新たな地方公共団体のカテゴリーの創設権限を国会に与えていることだけが根拠となるのではなく、一方で憲法上その存在が保障されている市町村、県、海外領土を除くその他の「地方公共団体」のカテゴリーの創設や廃止の始源的立法権が国民代表（すなわち国会）に独占され続け、他方で同法は「コルシカ議会」に国会の立法権から独立した始源的な自治立法領域を決して認めていない点で、依然として「共和国の不可分性」原理が遵守されていると考えるべきなのである。この判決に対して、憲法院の元メンバーでもあるF・リュシェールが『ルモンド』紙の解説記事に「フェ

---

45) Décision n°82-138 DC du 25 février 1982, *J.O.*, du 27 février 1982, p.696.
46) Louis FAVOREU et Loïc PHILIP (éd.), *Les grandes décisions du Conseil constitutionnel*, Dalloz, 3ᵉ éd., 1984, p.571.

デラリスムには非ず」[47]と表題をつけたこと、あるいは同紙が「コルシカ特別地位法」をめぐる国会審議の記事に「共和国の不可分性の中の特別主義」[48]という表題をつけたことも、地方分権改革の限界としての「共和国の不可分性」の意味が、すなわち「単一国家」原理の意味が、この2つの判決で明確になったことを示している。

「新地方分権法」判決後、1982年7月22日法が3月2日法のうちで違憲とされた箇所を修正・補足することになり、その他の部分は判決後直ちに施行された。

3 憲法判例における「自由行政」原理の成立
(1) フランスにおける「自治体憲法」論の成立

実定憲法上に地方自治の保障と制限に関する規定を持ち、かつ憲法院による違憲立法審査制を持つ第5共和制では、第3共和制期とは異なり、憲法判例を通じて地方自治に関する憲法理論が発達することになった。それは時に「自治体憲法 (droit constitutionnel local[49])」と呼ばれている[50]。「自治体憲法」論の中核をなす憲法原理こそ、憲法72条が規定する公選制評議会による「自由行政」である。

フランスの憲法判例において、初めて憲法72条2項（2003年改正後は3項）の「自由行政」原理に国会の立法権をも拘束する憲法規範性を認めたのは、1979年の「ニューカレドニア領土法」判決[51]であった。憲法院はここで、当時海外領土であったニューカレドニアにおける領土議会と（領土）政府評議会の解散を、本土政府の内閣の政令（デクレ）ではなく、国会の法律で行うことについて、次のように述べた。「……〔訴えのあった規定は、〕……権力分立原理も、又それを具体化し、あるいは地方公共団体の自由行政を保障する諸々の憲法規定をも、無視していない」(cons. 9)。その後、前述の1982年2月25日の2つの判決を経て、「地方公共団体に関する憲法 (droit constitutionnel des collectivités territoriales)」あるいは

---

47) *Le Monde*, 28 février - 1 mars 1982, p.1 et p.7.
48) *Le Monde*, 20 janvier 1982, p.10.
49) 例えば、André ROUX, *Droit constituionnel local*, Economica, 1995.
50) 日本でも「自治体憲法学」の用語がしばしば用いられる。その先駆けとなったのは針生誠吉『自治体憲法学』（学陽書房、1976年）である。その後も、山下健次・小林武『自治体憲法』（学陽書房、1991年）が現れている。特に後者は、憲法判例と憲法学説の分析に基づく、地方自治権保障の憲法理論としての「自治体憲法学」の存在を明確にした。
51) Décision 79-104 DC du 23 mai 1979, *J.O.* du 25 mai 1979, in *Recueil des décisions du Conseil constitutionnel*, Dalloz, 1979, p.27.

「自治体憲法」の出現が憲法学者に意識されるようになった[52]。以下では、2003年の憲法改正以前の「自治体憲法」の判例理論の状況を、主に1995年公刊のA・ルゥ（André Roux）の論考に依拠して概観する。

(2) 「地方公共団体」の地位の保障

2003年憲法改正前に憲法がその地位を明示的に保障していた「地方公共団体」は、市町村（communes）と県（départements）、及び海外領土（DOM）であった。したがって憲法改正によらなければ、これらのカテゴリーのいずれをも廃止することは許されない。

しかしそれは各カテゴリーの「地方公共団体」が固定されていることを意味しない。立法による新たな県の創出は可能であり、また市町村の設立や廃止も、法律の規定がある限りで国の行政当局の命令に委ねられている[53]。さらに立法府は、「地方公共団体」のカテゴリーを変更することもできる。例えば1976年7月19日法は、サン＝ピエール・エ・ミクロンを海外領土から海外県に変えた。そしてレジオンのように、憲法上にはない新たな「地方公共団体」のカテゴリーを創設することもできる[54]。

前述したように、1982年2月25日の憲法院判決（Décision n°82-138）は、その時までは画一性が支配すると考えられてきた本土内自治体の1つとして、県とコミューンについては他の地域と同一の形態を採らされていたコルシカ島に島全体を区域とするコルシカ・レジオンを設置した際に、そこに「レジオン評議会」ではなく「レジオン議会（assemblée de Corse）」の名称を持つ協議・議決機関を設置し、また「コルシカ経済社会評議会」という名称の他地域にはない諮問会議を設置するなどの特別な組織形態を持つコルシカ・レジオンの地位を与える「コルシカ特別地位法」を合憲とした。この法律は、コルシカ・レジオンを他のどのカテゴリーにも属さない単独の新たなカテゴリーの「地方公共団体」とした。すでに見たように、憲法院はそのような特殊な「地方公共団体」カテゴリーの創出を、憲法72条を根拠に立法裁量事項であるとしたわけである。しかしそのことは、あるカテゴリーに属する特定の「地方公共団体」を立法により別の新たなカテゴリー

---

52) Louis Favoreu, « Préface » à Constantinos Bacoyannis, *Le principe constitutionnel de libre administration des collectivités territoriales*, Econoica/PUAM, 1993, p.VII.

53) 例えば、当時の市町村法典112の19条と113の4条に基づくコンセイユ・デタのデクレ。

54) A. Roux, *Droit constitutionnel local, op.cit.*, pp.11-12.

の「地方公共団体」に変えることで、それまで他と同一の組織形態や権限を保障されていた自治体から、そのような憲法保障を奪うことになる。もちろんコルシカ・レジオンの場合は、独立運動が激しく、他の本土内自治体から差別化することなしには独立運動を鎮静化させることができないという地域自身の必要性に基づく変更であった。しかし判決の論理自体は、その地域が望まなくても、立法により新たなカテゴリーを創出して、当該自治体をその枠にはめ込み、従来の組織形態や権限を変更することを可能にするものである。

　1992年6月25日の憲法改正により、海外領土の地位を変更する場合には、単なる法律ではなく制定・改廃手続が若干難しくなる組織法律[55]によるべきこととなった。グルウ（C. GREWE）によればこの憲法改正は欧州統合との関わりがあった。なぜなら、この改正の狙いは、一方で海外領土の特殊性を保障しつつも、他方でこの特別地位に反するEC指令をこれらの領土に適用させないところにあったからである[56]。いずれにせよ、憲法改正により海外領土の地位を変更する立法にはより強い制限がかかり、また「海外領土議会への諮問」という手続的保障が加わったことは無視できない。

(3)　政治的な分野での地方自治権の保障

　すでに見たように、「フランス型地方分権」の法概念では、合議体の地方協議・議決機関である地方評議会が住民から直接選ばれるべきことはすでに憲法原理化していたけれども、間接的であれ地方執行機関も公選制を採るべきことは必須の要素とされていなかった。それは1982年の地方分権改革後の憲法判例においても変わっていない。例えば1985年1月18日判決は、自治体の公選制執行機関の代わりに、地方議会の議決を準備したり、執行したりする任務を負う役人を国家が任命すること自体は、憲法の「自由行政」原理に違反しないと述べている[57]。こ

---

55) 憲法46条は、組織法律の採択と修正について、政府提出法案（projet）又は議員提出法案（propositiion）の審議又は表決を法案寄託後15日以上の期間経過後とすべきことを義務づけ（2008年憲法改正前。改正後は同42条3項の定める期間経過後となり、また審議促進手続に関する規定も付加された）、両院合同委員会での一致が得られなかった場合は、国民議会最終読会における構成員の絶対多数を採択要件とすべきこと、元老院に関する組織法律は両議院の同一文言での表決を要すること（通常法律の場合は、両院不一致の場合の最終手段として国民議会のみの表決を認める）、また全ての組織法律を憲法院の合憲性審査に付すべきことを定める。

56) Constance GREWE, « La révision constitutionnelle en vue de la ratification du traité de Maastricht », *RFDC*, n°11, 1992, p.434.

57) Décision n°84-185 DC du 18 janvier 1985, *J.O.* du 20 janvier 1985, p.821.

うした憲法理論と判例理論を踏まえ、ルゥも「(実質的な権限配分を受けた〔doté d'attributions effectives〕) 公選制評議会の存在は、組織的な観点から見て、自由行政を保障するための最低限の必要条件」と述べるに留めている[58]。

より最近の判例には、県評議会の執行部 (bureaux) の任期の修正に関する法律の合憲性が争われたケースで、同法の規定でもこの執行部が「選挙で選ばれること」と規定してあることを根拠に、同法が憲法72条に違反しないとしたものがある[59]。ここには、地方評議会執行部も憲法にいう「評議会」に当たるとする、公選制の保障に関するいわば拡張的な解釈が見られるのである。

さらに重要な論点となったものが、1992年2月7日のマーストリヒト条約の批准に伴う、欧州連合加盟国出身の定住外国人 (「欧州市民」) のフランスにおける地方選挙権の導入 (条約8B条) の可否である。この問題で憲法院は、1992年4月9日の「第1次マーストリヒト」判決の中で、欧州連合加盟国に属する者がフランスの市町村選挙に参加することは、選挙権であれ被選挙権であれ、国民主権原理とそれに基づくフランス国民への選挙権保障を定めた憲法3条、並びに元老院による「地方公共団体の代表の保障」を定めた同24条、そして「自由行政」を保障する同72条に反するものと判断した[60]。特に国民主権との関連で、「欧州連合市民に市町村選挙への選挙権と被選挙権を与えることは、市町村選挙が元老院議員選挙と関わりがあるがゆえに、そのことだけで〔憲法〕3条4項に反する」[61]と判断されたのである。

憲法24条3項 (2008年改正後は4項) 後段の定める、元老院による「地方公共団体の代表の保障」とは、「自由行政〔原理〕の1つの補充的な制度的保障」と考えられている。実際には、主として市町村評議会の代表が元老院議員の選挙母体を構成するに過ぎないのだが、それでもなお、「元老院によるその代表を介することで、地方公共団体は集団的に、自分たちに関わりのある法律の採択に先立って、国会議員の討議の際に自分たちの視点と要望を表明できる」。それは、連邦国家において州が持つ参加権に似た外見を示す。「元老院による代表」は、「〔地方〕公共団体に、その自由行政を脅かす法律に対して身を守る可能性を与える」ので

---

58) A. ROUX, *Droit constitutionnel local, op.cit.*, p.18.
59) Décision n°90-280 DC du 6 décembre 1990, *J.O.* du 8 décembre 1990, p.15086.
60) Décision n°92-308 DC du 9 avril 1992, *J.O.* du 11 avril 1992, p.5354 (*op.cit.*).
61) Louis FAVOREU et Patrick GAÏA, « Les décisions du Conseil constitutionnel relatives au traité sur l'Union européenne », *RFDC*, n°11, 1992, p.395.

ある[62]。

しかしフランスの「自治体憲法」論における地方公共団体の国政での代表保障の意味は、それほど強いものではない。コルシカ・レジオンの特別地位に関する新たな法律（「新コルシカ特別地位法」）に関する1991年5月9日の憲法院判決は、県ごとの選挙人会の組織で足りるとして、コルシカ・レジオン自体が元老院議員選挙を通じて代表されることを保障しない制度を合憲とした。この判決の中で憲法院は、憲法24条が「地方公共団体」のそれぞれのカテゴリーごとに元老院議員選挙において固有の代表性を保障するわけではないことを明らかにした[63]。

(4) 自治体の事務に関する憲法保障の特徴

ルゥによれば、「地方行政に関する法律と〔政府の〕命令との間の権限配分は、立法府の基本的権能である。それは、〔国家の〕執行権が時に行う介入から自由行政を保護することで、地方自治の1つの保障となっている」。さらに憲法院は、立法府の権能を拡張的に解釈することで、「地方公共団体の自由行政の基本原理」をも拡張的に捉えてきたという[64]。

こうしたフランスの「自治体憲法」論の考え方からすれば、国会が立法によって地方自治を制限し、あるいは枠づけたとしても、必ずしも地方自治に対する重大な侵害とは理解されにくい。だからこそ財政自主権に関しても、「地方公共団体にとって、義務的性格を有する支出のカテゴリーを確定する」権能も、あるいは地方評議会が決定する税金の税率に枠を設ける権能も、それが常に立法府に帰属すべきことが強調されるのである。

しかし他方で憲法院は、こうした立法府の権能にも憲法上の限界があることを認めている。憲法院は、義務的支出のカテゴリーの決定権能が立法府にあることを確認したうえで、続けて次のように述べている。「しかしながら、このようにして地方公共団体に課せられる義務は、その対象とその範囲について明確に定められていなければならず、かつ地方公共団体の固有の権能を無視したり、その自由行政を妨げることはできないであろう」[65]。

同じく、地方税に枠を設ける権能が立法府にあるとした判決の中でも、憲法院

---

62) J. BOURDON et al., *Droit des collectivités territoriales, op.cit.*, pp.134-135.
63) Décision n°91-290 DC du 9 mai 1991, *J.O.* du 14 mai 1991, p.6350.
64) A. ROUX, *Droit constitutionnel local, op.cit.*, pp.14-15.
65) Décision n°90-274 DC du 29 mai 1990, *J.O.* du 1ᵉʳ juin 1990, p.6518 (cons.16).

は次のように述べている。「……立法者が定める規範は、地方公共団体の自由行政を妨げるほどにその税財源を拘束する効果を持つことはできない」[66]。こうした表現は、後述する日本の制度的保障説に近いものがある。

　もちろん実際には、憲法院の判決は、「そのような措置はそれ自体としては地方公共団体の自由行政〔の原理〕を侵害していない」とか、「立法者は……地方公共団体の自由行政〔の原理〕を侵害するほどに地方公共団体の財源を制限せずに当該規範を制定することができた……」というように[67]、当該立法の合憲性を是認する議論の一環として、このような地方自治保障の憲法論を展開している。そうした限界を持つ理論ではあるにしても、自治体への権限配分に関しては憲法34条に基づき、あたかも国の立法府（国会）が全能性を持っているかのごとき理解に比べれば、立法権に対抗しうる地方自治「保障」の憲法理論が出現していることは、それまでの憲法学の水準から見れば画期的であろう。

(5) 「自由行政」原理による具体的な自治事務権限の憲法保障の実例

　公選制評議会による地方公共団体の「自由行政」は、日本の「地方自治の本旨」に類似する抽象的な法概念である。これが自治権制約立法の合憲性を説明する文脈で、いわば消極的に引用されるのではなく、自治体の特定の自治事務権限を立法権から保障するために積極的意味で引用された初めての憲法院判決が、1984年1月20日のそれであった[68]。本判決では、地方公務員の任用などに関する自治体の自由を制限する規定を含む、地方公務員の身分に関する1984年法の規定の一部が違憲とされた（以下では、本法を「地方公務員任用法」と呼ぶ）。

　同判決では、その争点のうちで、常勤の地方公務員の採用に資格試験を義務付け、この資格試験合格者の採用を各自治体に提案する事務及びその他の身分保障に関する事務を、自治体からの選出者で構成される管理センターに委ねる規定（地方公務員任用法3条）と、一定の条件付きながら、各自治体にこの管理センターに参加することを義務づける規定（同法13条など）については、地方公務員全体に対する共通の身分保障を行う観点から、憲法72条の「自由行政」の侵害にはならないとされた。但し憲法院は、「自由行政」侵害にならない条件として、自治体が、①その地方公務員を採用したり取りやめたりする自由を保持すること、②地

---

66) Décision n°91-298 DC du 24 juillet 1991, *J.O.* du 26 juillet 1991, p.9920 (cons.38).
67) Décision n°94-358 DC du 26 janvier 1995, *J.O.* du 1ᵉʳ février 1995, p.1706 (cons.34 et 37).
68) Décision n°83-168 DC du 20 janvier 1984, *J.O.* du 21 janvier 1984, p.368.

方公務員の職位ごとの任命権を保持すること、③公務員に関する一般法が定める条件の範囲内での懲戒権や、職務遂行能力に欠ける者を法定手続きを経たうえで解雇する権利を保持すること、④管理センターの行政行為に対抗して出訴する手段を保持すること、⑤法定された範囲内で管理職や協力者〔＝嘱託〕を直接採用する権利を保持すること、等を例示している (cons. 5)。これらは、地方公務員の採用に留まらず、人事管理全般の内で「自由行政」原理によって保障される事務を明確にしたものとして評価されている[69]。

　管理センターによる地方公務員の一元的管理に関して違憲と判断された部分は、まずこのセンターの運営評議会の構成と選定手続をコンセイユ・デタの命令に委ねた規定（同法13条3項）である。この点では、管理センターの設立は公施設法人（établissements publics）の新たなカテゴリーの創設に当たり、憲法上、この分野の規範定立権限は立法府にあることが理由とされている (cons. 6～8)。

　次に「職員の欠員は管轄の管理センターに報告しなければならず、その手続きを欠く任命は無効である。この規範は管理センターに参加していない〔地方〕公共団体や〔公〕施設法人にも等しく適用される」と規定する同法23条2項が争われた。憲法院は、管理センターに参加することを義務づけられていない自治体にまで採用無効の制裁を伴った制限を加えることは、「憲法が保障する自由行政を侵害する」として同規定を違憲と判示した (cons.10)。

　さらに、管理センターから報告のあった欠員の人数分だけ資格試験合格者を出すという規定（同法45条）、並びに管理センターから提案される同試験合格者の採用を自治体が拒否した場合に、その候補者が他の自治体にも採用されないままで6か月が経過したのちに、管理センターがこれに給与を支払う制度に関わって、この給与の半分以上の額を一定期間負担するよう当該自治体に義務づける規定（同法97条3項）についても、その合憲性が争われた。憲法院はこの点でも、自治体が当該公務員のポストを削減ないし廃止する可能性もあるのに、そのような事情を一切考慮せずに、新たな採用人数が報告された欠員分に達するまでこのような過大な負担を自治体に負わせる点で、「72条と矛盾する制裁」であるとした (cons.11～15)。

　最後に、自治体がその執行部を形成するために自由に協力者を任用し、あるい

---

69) A. Roux, *Droit constitutionnel local, op.cit.*, p.56.

はこれを罷免できる制度を定めると共に、そのような協力者を任用できる市町村や公施設法人のカテゴリーをコンセイユ・デタの命令で定めるとした規定（同法110条）も争われた。憲法院は、立法府には市町村の任用に関する規範を定める権限があるにせよ、「……行政規律当局（autorité réglementaire〔＝コンセイユ・デタ〕）の判断で、例えそれが唯一人の場合までも、協力者を任用するには、行政規律当局がそのような任用を正当と判断するカテゴリーに当該市町村が属すよう強いることを可能にする」立法となっている点で違憲と判断した（cons.16〜19）。

(6) 制度的保障説との類似性

後述のように[70]、日本における旧通説である制度的保障説は、地方自治権の本質内容のギリギリに至らない限り、当該自治制約立法を日本国憲法92条の「地方自治の本旨」に違反し違憲とは言わないという限界を持つ[71]。憲法院判例に基礎を置くフランス「自治体憲法」論は、この制度的保障説との対比でいかに評価されるべきであろうか。

ルゥは、憲法72条の「自由行政」の原理は、本質的に「制度的ないし組織的な性質」のものであると断ったうえで、次のように述べている。「この原理の中に見るものは、公選制評議会の存在を帰結するような留保条件に過ぎない。したがって憲法の条文が保障するものは、『活動』の自由というより、むしろ『存在』する自由である」。しかし彼は、この議論に続けてすぐ、次のようにも述べている。「憲法判例は、自由行政の制度的保障を維持することに腐心しながらも、同時に地方公共団体の活動の自由を、実際には管理の自由を、憲法の保護下に置いてきた……。この点で興味深いことは、自由に自己の行政を行うためには、地方公共団体は、『条文に規定するのは法律の役目であるという条件の下で、実質的な権限を与えられた公選制評議会を持た』ねばならないという言い方が何度も用いられてきたことである。この言い方は、憲法72条1項に、それが含んでいなかった自由行政の1つの条件（実質的な権限）を付け加える」[72]。

日本の制度的保障説も、公選制の自治体代表機関（日本の場合は地方議会と自治体首長）を持つ地方自治制度の「存在」のみならず、実質的な自治事務が「存在」することまでも、立法による侵害を許さないものとして、憲法が保障する地方自

---

70) 本書終章第1節1(2)で述べる。
71) この点につき、杉原泰雄「地方自治権の本質　2」『法律時報』48巻3号（1976年）90頁。
72) A. Roux, *Droit constitutionnel local, op.cit.*, pp.51-52.

治権の本質的内容に含まれると主張する[73]。したがって、言葉遣いに若干の違いはあれ、ルゥが憲法院判例の中に見出した「自治制度の存在」の保障プラス「実質的な権限の存在」の保障という考え方は、立法に対する一定の自治の内容を保障するように見える点でも、あるいはその実際の効果については、地方自治の制度と実質的な権限の「存在」それ自体の否定にならない限り、既存の地方自治の内容を修正し削減する立法をほぼ常に合憲にする点でも、日本の制度的保障説と同じ本質を持つように見えるのである。

　但し、1995年の時点までの憲法判例を踏まえたルゥの「自治体憲法」論が示す「単一国家」型地方自治の原理が、フランス憲法において普遍的なものなのかは即断すべきでない。ましてや連邦制を明示していない憲法を採る国全てについて、それを「単一国家」原理を採用したものと見て、そのような場合には常に上述のような制度的保障説類似の地方自治保障原理しか成立しえないと即断することも正しくない。フランス自身、21世紀に移行する過程で、「分権国家」としての特徴をより明確化するに伴い、その地方自治の憲法理論も一定の変容を示す。それは次節3で見ることにして、本節では最後に、2003年憲法改正前の時点でのフランス「自治体憲法」論において整理された「単一国家」型地方自治の本質的な限界の理論を見ておきたい。

4　フランス「自治体憲法」論における「単一国家」型地方自治原理の限界

　日本では、国会の立法による地方自治の拡大が憲法上の限界に抵触するか否かを論ずることはほとんどない。この点では、「(単一)不可分の共和国」を根本的憲法原理とするフランスの「自治体憲法」論は大いに異なる地平に立つ。地方分権改革立法の限界に関して、ルゥは次のように説明する。「共和国の不可分性という憲法原理(憲法2条〔1995年改正後は1条〕)は、自由行政〔原理〕が乗り越えることのできない上位の限界を示している」。彼はこの限界を、要するに自由な規範定立(libre réglementation)にも自由な統治(libre gouvernement)にも到達することはできないこととする。それは換言すれば、「地方公共団体は行政の性格を持ち続け、憲法の現在の状態では、国家組織を何らかの意味で連邦制的形態に発展させることはできない」ことを意味する[74]。ルゥによれば、「共和国の不可分

---

[73]　成田頼明「地方自治権の保障」『日本国憲法体系5巻　統治の機構Ⅱ』(宮沢俊義先生還暦記念、有斐閣、1964年) 296–300頁。

性」の規範的意味は、「領土の不可分性」、「人民の不可分性」、「主権の不可分性」の3つの要素からなるという。

(1) 「領土の不可分性」

「領土の不可分性」は、さらに自治体による分離独立権の否定、領土の画一性、あるいは適用法の画一性といった派生原理を生む。もっとも分離独立の禁止については、1991年の「新コルシカ特別地位法」をめぐる憲法院判決の中でも示唆されているように[75]、海外領土のみならず海外県の人民ですら分離独立権がすでに容認されており、今では本土内自治体のみが分離独立権を否定されているに過ぎない。また領土の画一性については、L・ファヴォルーが述べるように、もはや制度の同一性の意味を喪失し、規範定立権の単一性の意味しかない[76]。さらに適用法の画一性についても、アルザス・ロレーヌ地域に特別な地方法（droit local）が適用されているように、立法府自身が立法の地域的適用範囲を明示的に指定したり、特別部分に限定したりする権限を持つことが認められた結果、もはや規範的意味を有しない[77]。

もっとも、法規範の地域的適用範囲を多様化することには、平等原則あるいは公的自由[78]の平等保障という別の憲法規範に由来する限界がある。この問題は、自治体による私学助成に関わって幾度か憲法院で採り上げられている。1985年の憲法院判決では、私学助成のために国家と私立小・中学校とが提携の契約を結ぶ際に、当該私立学校が位置する自治体の同意を義務づける法律を違憲とした。

---

74) A. ROUX, *Droit constitutionnel local, op.cit.*, p.8.
75) Décision n°91-290 DC du 9 mai 1991, *op.cit.* 同判決は「フランス人民」と「海外の諸人民」を区別している（cons.12）。
76) Louis FAVOREU, « La décision 'Statut de la Corse' du 9 mai 1991 », *RFDC*, 1991, n°6, pp.1625-1685.
77) アルザス・ロレーヌの「地方法」については、Jean-François FLAUSS, « Droit local alsacien -mosellan et Constitution », *RDP*, 1992, n°6, pp.1625-1685, 並びにPierre ECKLY, « Le statut constitutionnel contemporain du droit local d'Alsace-Moselle »『法政理論』（新潟大学法学会）31巻4号（1999年）480-460〔171-191〕頁、及びピエール・エクリ（大津浩概略訳・解説）「『アルザスの地方法』について」『法政理論』31巻4号（1999年）459-454（192-197）頁を参照のこと。
78) 公的自由（libertés publiques）とは、実定憲法上、公権力に対抗して保障される権利・自由についての伝統的なフランス公法学的表現（特に行政法学上の表現）である。近年では憲法判例の発達や外国の憲法理論の影響により、基本的自由（libertés fondamentales）あるいは人権（droits de l'homme）という用語に置き換えられることも多い。以上につき、Patrick WACHSMANN, *Libertés publiques*, 3ᵉ éd., Dalloz, 2000, pp.1-8 参照。

憲法院によれば、「地方公共団体の自由行政の原理は憲法上の価値を有するけれども、だからといってそれは、公的自由の行使を組織する法律の適用に関する重要な条件を地方公共団体の決定に従わせ、したがってこの条件がその地域全体で同一でなくなるようにするところにまで導くことはできない」というのである[79]。

同じく、後者の建設と維持に関する自治体からの私学助成の割合を拡大しようとする法律についても、憲法院は1994年の判決で違憲判断を下している。すなわち憲法院は、第1にそれが「同様の契約下にある私立学校間における平等の原則を尊重させるうえで不可欠な保障を含んでいない」点で、そして第2にそれが「私立学校を公立学校より有利な立場に置きかねないことを回避する十分な保障を含んでいない」点で違憲であると断じたのである[80]。このように憲法院の考え方は、全国に画一的な制度を厳格に適用することを強制するジャコバン主義的なフランスの伝統を「自由行政」の憲法原理によって緩和しながらも、公的自由の平等保障が問題となる場面では、とりわけフランスの共和主義的伝統と強いつながりを持つ公教育の機会均等原理の厳格な適用が問題となる場面では、なおも地方自治による地域的差異の発生に極めて否定的である。

(2) 「人民の不可分性」

「人民の不可分性」についてはすでに言及した1991年の「新コルシカ特別地位法」に対する判決[81]が示すように、それが平等原則と結びつくことで、フランス人民の内部に公的場面で区別が生ずることを一切禁止し、そうすることで「政治体の均一性とその代表の統一性」を保障する機能を果たしていることが確認されている。特に本書が注目するのは、同判決が国民主権の原理と命令委任の禁止の原則に言及しながら、人民の不可分性の議論を展開している点である[82]。

「新コルシカ特別地位法」は、まず執行機関について、普通法ではレジオン評議会議長が執行権を持つのに対して、「コルシカ議会」の内部選出による合議機関である「コルシカ執行評議会」にその執行権を与えるという特別制度を設けていた。加えて、「フランス人民の構成要素たるコルシカ人民 (peuple corse)」の存

---

79) Décision n°84-185 DC du 18 janvier 1985, *J.O.* du 20 janvier 1985, p.820 (cons.18).
80) Décision n°93-329 DC du 13 janvier 1994, *J.O.* du 15 janvier 1994, p.82 (cons.28〜31).
81) Décision n°91-290 DC du 9 mai 1991, *op.cit.*
82) A. Roux, *Droit constitutionnel local, op.cit.*, pp.108-109. また「政治体の統一性」については、L. Favoreu et P. Gaïa, « Les décisions du Conseil constitutionnel relatives au traité sur l'Union européenne », *op.cit.,* p.390も参照。

在を認め、「コルシカ人民」の文化的アイデンティティーを保持する権利等を認めていた（同法1条）。憲法院は、特別制度については問題としなかったが、「コルシカ人民」という表現を認めることについては、この表現が「フランス人民の単一性（unicité）を定めた1958年憲法前文、共和国の不可分性を保障する同憲法2条、国民主権の唯一の保持者として人民を名指しする同憲法3条に違反するという提訴者たちの主張」を考慮し、また「フランス人民という法概念は憲法的価値を持つ」ことにも鑑みて、同規定を「出自、人種、宗教の別なく全フランス市民によって構成されるフランス人民しか認めない憲法に反する」と判示した（cons. 7〜13）。

　この判決につき山元一は、「憲法院は、……国と市民の間に位置する地域的マイノリティというカテゴリーを憲法上否認して、政府のマイノリティ保護に対する否定的態度を正当化する憲法論を提供した」という批判を加えている[83]。確かに本判決にマイノリティ保護に否定的なフランス憲法理論の片鱗を見ることも可能である。しかし本書にとってより重要なことは、「コルシカ人民」の法概念が「ナシオン主権」原理によって排除され続けてきた命令委任の法原則を再生させる恐れがあることを、憲法院が敏感に感じ取っていた点である。

　すなわち同法は、コルシカに特別に適用される法案やデクレ案が中央政府で準備された場合には、26条1項で「コルシカ議会」に事前の諮問権を認め、2項で当該問題に関するフランス政府並びに「コルシカ議会」の意見がコルシカ選出の国会議員に伝達されるべきことを定め、さらに5項では「コルシカ議会」に、コルシカの行政組織やその経済・社会・文化的発展に関する国会の立法や政府の命令事項について首相に提案する権利を認め、6項ではこうした「コルシカ議会」から首相に対してなされた提案が、コルシカ選出の国会議員に伝達されるべきことを定めていた。憲法院はこのうちの2項と6項について、フランス憲法が「国民の主権は人民に属する」との規定や「いかなる命令委任も無効である」と規定していることを根拠に、国会議員は「人民の代表者の資格」を持つと考えるべきであるから、「一部の国会議員に、彼らが特定の選挙区から選出されたことを理由にして、法律の検討手続きの一環として特別の特権を享受させる」ことを憲法違反としたのだった（cons.45〜54）。このように「人民の不可分性」は、「ナシオ

---

[83] 山元一『現代フランス憲法理論』（信山社、2014年）39頁。

ン主権」原理に基づく国民代表制原理と深く結びついていることが分かるのである。

(3) 「主権の不可分性」

「主権の不可分性」は、他の2つの原理と比べて、「共和国の不可分性」とより密接に結びついており、後2者の原理を維持するための決定的な基準であるとさえ言われる。フランスにおいては、不可分性原理は、立法府が自治体に過度に発達した内部自治を有する地位を与えることを禁止する。これは「共和国の内部に連邦制的な型の関係に通じる道」を開くことを禁止する意味を持つ。換言すれば、「不可分性の原理は、国家の単一的な性格の保障として示される」のである。

ルゥによれば、「単一国家においては、領土全体に対して行使される主権の淵源は唯1つしか存在してはならない」。すなわち「主権の不可分性」の原理は、何よりも「国家の規範定立権力 (pouvoir normatif) の単一性」として示される。これはさらに「規範定立権力の中央集権主義 (centralisme normatif)」を導く。その意味するところは、「地方の自治的規範定立権の排除」である。「地方公共団体は、立法府の権限領域の外で自治的規範定立権を持たない」のである[84]。

「規範定立権力の単一性」は、自治体の規範定立権を国会の立法による授権の結果、すなわち委任命令と見る解釈を生む。C・バコヤニス (Constanitions BACOYANNIS) によれば、「自由行政は……立法の介入に従って機能するような自由であり、したがって……地方公共団体が、法律がそれに与えていない領域にまでその活動を拡大することを許すような自由な行政を確認していることの根拠にはなりえない。憲法72条2項〔2003年憲法改正前。現在は72条3項〕の規定は、始源的規範定立権 (pouvoir normatif initial) の根拠とはなりえず、また〔そのような〕権限推定を憲法上の要請と見なすこともできない」[85]。

こうした頑なな「単一国家」型の地方自治原理、特にその中核をなす「始源的規範定立権の単一性」原理は、永遠に不変なのであろうか。もしそうだとすれば、それは非連邦制型の憲法を持つ国家にとって普遍的な憲法原理なのであろうか。

その結論を出すにはまだ早い。20世紀末から21世紀に移り変わる中で、フランス憲法理論自体がかなりの変容を示している。それは2003年の憲法改正によって加速したが、その変化自体はすでに憲法院判例の中に潜んでいた。そこで次に、

---

84) 以上、A. ROUX, *Droit constitutionnel local*, *op.cit.*, pp.63-64.
85) C. BACOYANNIS, *Le principe ... de libre administration ...*, *op.cit.*, p.276.

20世紀末から現在に至るフランス地方自治の憲法理論と憲法原理の変容を見ることにしたい。

第2節 「単一国家」型地方自治原理の変容と「分権国家」原理

1 「分権国家」化のための憲法改正

2003年3月17日、フランスの元老院(上院)と国民議会(下院)の全議員で構成される両院合同会議(Congrès)は、地方自治拡充のための憲法改正案を可決した[86]。憲法89条3項は、両院合同会議による憲法改正の要件として有効投票総数の5分の3以上の賛成を求めるが、賛成は当時の政権与党である保守(UMP)・中道(UDF)派議員を中心に、67.7%に達した[87]。野党(社会党・共産党)はこの改正に反対の立場を採り、改正案可決直後の3月19日、元老院社会党グループが憲法院に本憲法改正の違憲審査を付託した。本改正の意義と憲法院判決についてはのちに述べることにし、ここではまず本憲法改正の背景と内容を略述する[88]。

(1) 憲法改正の背景と経緯

a) 1982年地方分権改革の行き詰まり 「単一国家」型憲法原理に基づいて展開されてきたフランス地方自治の実態は、社会の近代化・産業化による農村から都市への大規模な人口移動を通じて、いわゆる「パリとフランス砂漠」(J-F・グラヴィエ〔Jean-François GRAVIER〕[89])と呼ばれる国内産業の不均等発展を生んでいた。

---

86) 憲法院審査後の最終的な正文は、Loi constitutionnelle n°2003-276 du 28 mars 2003, *J.O.* n°75 du 29 mars 2003, p.5568.
87) Congrès du Parlement, Séance du 17 mars 2003, Scrutin public sur le projet de loi constitutionnelle relatif à la décentralisation ; http://www.assemblee-nationale.fr/12/congres/scrutins/scrutin-02.asp 以下特に日付の記載のない場合、第2節1における今回の憲法改正関係のWebサイト最終閲覧日は全て2014年1月31日である。
88) 本憲法改正とその後の立法改革については、山崎榮一『フランスの憲法改正と地方分権──ジロンダンの復権』(日本評論社、2006年)が詳しい。本書が使用した本憲法改正に関する文書や報告、討議に関する資料は、「Décentralisation」に関する上院の公式サイト http://www.senat.fr/dossier-legislatif/pjl02-024.html 並びに下院の同様のサイト http://www.assemblee-nationale.fr/12/dossiers/decentralisation.asp に掲載されている各資料リンク先を利用した。ルモンド紙は、http://www.lemonde.fr から関係箇所に入った。なお、pdf文書でないものは、参照頁を示すことができない。
89) Jean-François GRAVIER, *Paris et le désert français*, Le Portula, 1947 ; *Extrait* in Christel ALVERGNE et Pierre MUSSO (éd.), *Les grands textes de l'aménagement du territoire et de la décentralisation*, La Documentation française, 2003, pp.113-125.

地域間格差に対する批判は、20世紀後半になるとフランスの中央集権的な政治・行政機構と法文化を「ジャコバン国家」と呼んで、これに地方分権改革を対置する政治的潮流を右翼（保守派）、左翼を問わず生むことになる[90]。

すでに見たように、1982年「新地方分権法」以降ミッテラン政権の下で進められてきた地方分権改革は、県行政権を地方公選機関（県評議会議長）に移し、また国による自治体に対する統制を事後的な裁判所を通じた適法性統制中心にするなど、一定の革新性を持っていた。制度改革に引き続きなされた権限配分改革も、明確化された権限を領域毎にブロック化して国から自治体に完全移譲することを目指すもので、やはり野心的な試みであった。

しかしこれらの改革は全て通常立法による改革だったために、やがて現実の諸々の必要性から、その後の立法では国と自治体の間での権限の明確化と一括移譲の論理は見失われ、逆に、自治体が国家の権限に属する諸事務の財政支出に協力させられる「共同管理」が増大し、再中央集権化の傾向が現れてきた[91]。他方で、欧州統合の深化とグローバリゼーションの進展の下、福祉国家フランスの行財政の行き詰まりが顕著になり、国家の役割の簡素化や財政負担の軽減も迫られるようになってきた。

加えて国際的なレベルでフランスは、補完性原理を採用した欧州評議会（Conseil de l'Europe〔CE〕）の欧州地方自治憲章（1985年採択）の批准を迫られていた。また欧州統合をさらに深化させようとする場合、マーストリヒト条約（1992年採択）の批准に伴い基本法を改正したドイツが、基本法に新しく挿入した23条1項において、ドイツが今後受け入れうる深化した欧州連合には補完性原理が含まれるべきことを義務づけていたことも、フランスがこの原理を受け入れないままで欧州統合を進めることができるのかという、1つの憲法理論的な問題を提起していた。

b）エスニシティ問題を抱える自治体への特別地位付与の限界　　他方、国内レベルでも、旧植民地政策の遺物である海外県や海外領土への自治権拡大と特別地位の承認がいっそう切実な政治問題になっていた。例えば、1998年7月20日の憲法改

---

90) 例えば、François BURDEAU, « L'Etat jacobin et la culture politique française », *Projet*, n° 185-186, mai-juin 1984. 翻訳として、拙訳「ジャコバン国家とフランス政治文化」『法政理論』22巻4号（1990年）101-137頁。

91) Rapport n°27 (Sénat, 2002-2003) de M. René GARREC, fait au nom de la commission des lois, déposé le 23 octobre 2002, « Exposé général ». pp.10-12. http://www.senat.fr/rap/l02-027/l02-0271.pdf

正により、海外領土であったニューカレドニアに一層の自治権を認め、憲法と組織法律が定める一定事項（市民資格、選挙制度、雇用、慣習上の身分に関する諸規範等）については、領土議会に「邦法律（loi du pays）」という自治的法律の制定権を認めざるをえなくなっていた[92]。

地域の独自性を法認する動きは、伝統的に本土内自治体の1つと見なされ、海外県や海外領土のような特別地位を認められなかったコルシカに独自の地位と制度を認める動きにもつながっていった。それは、1982年の「コルシカ特別地位法」、1991年の「新コルシカ特別地位法」に一部具体化され、にもかかわらず後者については一部違憲判決が出されたことはすでに見たところである。さらに2002年1月17日の「新コルシカ法」に対する憲法院判決でも、新たな特別制度の付与を違憲とする判断が下されている[93]。すなわち同判決は、コルシカへの更なる特別な地位と権限の付与自体は合憲としたものの、その権限行使に関わって、コルシカの特殊性ゆえに法律の適用が困難であるとコルシカ議会が判断した場合に、「コルシカ議会は、国会が適切な法律の条文をのちに採択してくれることを目指して、必要な場合には現行の規範を逸脱することも含むいくつかの実験を行う可能性を立法府から与えられるよう、政府に要求することができる」と規定した部分（地方公共団体一般法典4424条の2第4項）を違憲と判断することで、自治体の実験への権利を否定したのである。こうして、本土内の自治体であっても地域の特殊性が認められる場合には、特別な立法制度を必要とすることが政治の世界では認められるようになってきたにもかかわらず、現行憲法の規定ではこれが認められないため、憲法の改正が急務となっていたのである。

c）今回の憲法改正の経緯　こうした内外の事情に迫られて[94]、2002年5月5日に再選されたJ・シラク（Jacques CHIRAC）大統領の指示の下、6月の国民議会

92）　ニューカレドニアに関する憲法改正と「邦法律」については、南野森「ニューカレドニアに関する特例措置の合憲性と地邦法律の審査」フランス憲法判例研究会編『フランスの憲法判例』（信山社、2002年）355-363頁を参照。

93）　Décision n°2001-454 DC du 17 janvier 2002, *J.O.* du 23 janvier 2002, p.1526.

94）　第1次シラク政権の際にも、国会議員超党派による「地方分権の未来」委員会が『地方の公的活動の基礎を築き直す』という報告書を2000年10月に首相に提出し、その中で12の提言を行っていた。その委員長を務めたのは1981年第1次ミッテラン政権下で首相を務め、また長年リール市長を兼任してきたP・モロワ（Pierre MAUROY）であった。*Rapport « Refonder l'action publique locale », Propositions de la commission pour l'avenir de la décentralisation, présidée par Pierre MAUROY, La Documentation française, décembre 2000, pp.7-13, in ALVERGNE et MUSSO* (éd.), *Les grands textes..., op.cit*., pp.338-344.

（下院）選挙で勝利を収めた中道右派のJ-P・ラファラン（Jean-Pierre RAFFARIN）首相は、かねてから国家改革の中心テーマの１つとして位置づけていた「地方分権改革第２幕（acte II）」を目指すことになる[95]。ラファラン内閣は、2002年10月16日に元老院立法委員会に「共和国の地方分権化された組織に関する憲法案」[96]を提出した。元老院立法委員会は、以前から出されていた元老院議員のいくつかの憲法改正案を踏まえ、また10月16日と17日に閣僚、政治家、学者などを招いて開いた公聴会での討議を踏まえて、10月23日に委員会報告を行い、いくつかの修正提案を行った[97]。これを基に元老院第１読会で論戦が繰り広げられ、11月６日に元老院で憲法改正案が可決された[98]。次に改正案が送付された国民議会では、11月13日に他の国民議会議員の提案も踏まえて立法委員会報告と修正提案が行われた[99]。国民議会第１読会でもいくつかの修正がなされ、12月４日にこの最終案が可決された[100]。こうして元老院第１読会の修正にさらに国民議会第１読会の修正を重ねた憲法改正最終案が元老院第２読会に送られたが、12月５日の元老院立法委員会報告では、もはや一切の修正は不要との結論であった[101]。元老院第２読会ではさらにいくつかの修正案が出されたが、全て否決され、国民議会第１読会の最終案が元老院第２読会でも可決された[102]。同時に、フランスの各レジオンでも地方公聴会が政府主催で26回開催された。改憲手続きは、当初は人民投票

---

95) 改革派実務者のラファランは、その著作『新たな統治のために』〔Jean-Pierre RAFFARIN, *Pour une nouvelle gouvernance*, L'Archipel, 2002〕の中で「共和国の近代化」、「民主主義の擁護」、「地方分権の再発進」等10の提言を行っている。

96) Projet de loi constitutionnelle relatif à l'organisation décentralisée de la République, n°24 rectifié（Sénat 2002-2003）, annexe au procès - verbal de la séance du 16 octobre 2002. http://www.senat.fr/leg/pjl02-024.html

97) Rapport n°27（Sénat 2002-2003）, *op.cit.* 本報告巻末に、2002年10月16日と17日の元老院公聴会記録も掲載されている（pp.193-242）。本研究の公聴会に関する注は、この資料によっている。

98) Texte adopté n°26（Sénat 2002-2003）, le 6 novembre 2002. http://www.senat.fr/leg/tas02-026.html

99) Rapport n°376（A.N. 2002-2003）de M. Pascal CLEMENT, fait au nom de la commission des lois, déposé le 13 nombre 2002. http://www.assemblee-nationale.fr/12/rapports/r0376.asp 前半部のみpdfで入手できる。

100) Texte adopté n°42（A.N. 2002-2003）, le 4 décembre 2002. http://www.assemblee-nationale.fr/12/ta/ta0042.asp

101) Rapport n°86（Sénat 2002-2003）de M. René GARREC, fait au nom de la commission des lois, déposé le 5 décembre 2002. http://www.senat.fr/rap/l02-086/l02-0861.pdf

102) Texte adopté n°36（Sénat 2002-2003）, le 11 décembre 2002. http://www.senat.fr/leg/tas02-036.html

にかけることも検討されたが、地方分権のテーマは一般市民の関心が薄いことを理由に両院合同会議による改憲手続きが選択され、2003年3月17日に上記最終案が無修正で可決されたのだった[103]。

d) 改憲後の立法改革と政治の争点　ラファラン首相や閣僚らは、改憲後直ちに必要な立法措置に着手すると宣言していた。2003年2月28日にルーアンで行われた最後の地方公聴会で彼らは、2003年末までに自治体の実験への権利、住民投票制度、「海外公共団体」、財政自治権に関する4つの組織法律を国会に提案するとしていた。国から自治体に移譲される権限に関しては、通常法律でこれを定め、2004年初頭から実際に自治体への権限移譲と自治体による地方的実験が始まることが目指されていた。

彼らの計画によれば、移譲される権限については、レジオンには「国全体の均一な発展と戦略性」に関する権限、県には住民の「身近な (de proximité) 施設の整備と連帯の政策」が重点的に割り当てられる。具体的には、教育・福祉関係では、レジオンに職業訓練や地域保健・医療の編成と病院整備の事務を、県には中学と高校の学区編成事務や施設整備事務、あるいは生活保護事務が移譲される。地域開発・観光・文化面でも、レジオンには企業支援や巨大インフラ整備、観光・文化行政の権限が、県には国道の管理と治水事業事務などが移譲される。これに伴い、学校の作業員や技術職、民生委員、職業指導員、学校医など11万人の国家公務員がレジオンと県に移管される。これらの国家公務員の地方移管の際には、自治体による実験の手法が活用される。こうした事務と人員の地方移譲に伴い、当時国が独占していた石油製品税（TIPP）からの収入250億ユーロのうち、150億ユーロが2004年以降、レジオンと県に移譲されることになっていた。

この政府の計画に対して、労働組合と左翼政党から激しい反発が起きた。特に教育分野での地方分権改革は、従来徹底した全国的画一性と平等が要求されてきた分野に、自由化と競争原理を持ち込むものであるとの批判が浴びせられ、退職者年金制度改革への反発と合わせて、全国でストライキが頻発した。

確かにラファラン政府は、今回の地方分権改革の基礎に補完性原理、特にその中核をなす近接性 (proximité) の原理を置いて、「公役務をその利用者——そして雇用市場——にできる限り『近接させること』」を力説していた。彼によれば、

---

103) Texte adopté par le Congrès, le 17 mars 2003 ; http://www.assemblee-nationale.fr/12/congres/ta/ta-02.asp

自治体こそ地域の経済状況と経済ネットワークと雇用市場をよりよく知ることができるので、教育・職業訓練事務等をこれに移譲すべきなのである。しかし反対派にとっては、「学校の任務は労働市場という狭い地方的必要性に対応するものでも」、「生徒を雇用市場に直ちに組み込むことでもなく、市民の育成に寄与するところにある」。したがって反対派は今回の地方分権改革を、国民教育などの公役務を「自由化の方向に変質させるもの」、経済競争に奉仕させるもの、地域間の不平等を放任するネオ・リベラリズムに基礎を置くものと見たのである[104]。改憲直後に反対派議員が憲法院に違憲審査の訴えを起こしたのも、その根底には、自由競争重視のグローバルな市場経済の進展に直面して福祉国家路線を後退させ、地域主体に競わせつつ自主的に対応させようとする政府の改革路線への批判があったことは確かである[105]。

(2) 憲法改正の主な特徴とその後の立法及び憲法判例

最終可決された改正憲法条項は、前述のラファラン提案の内容と基本的にはほぼ同じものである。H・ポルテリ（Hugues PORTELLI）はラファラン政府案の主な狙いを、①国家組織の「地方分権」的性格の確認、②補完性原理の承認、③財源保障の原則によって補充された「自由行政」原理、④直接民主制の要素の採用、⑤実験への権利の承認、⑥「海外公共団体」の地位の適切化を憲法上認めたところに見る。彼によれば、これらの改革点には、第1に財源保障や「自由行政」のように、これまで憲法上明示されていなかったり、不十分な規定に過ぎなかった

---

104) *Le Monde*, le 28 février 2003, « L'éditorial du Monde : La réforme Raffarin » ; « Décentralisation : dernière étape de la concertation avant les lois » ; « Décentralisation : M. Raffarin annonce une série de transferts de compétences »（2003年3月1日閲覧）; *ibid*., le 1ᵉʳ mars 2003, « À Rouen, M. Raffarin précise les compétences transférées aux régions et aux départements »（2003年3月4日閲覧）; *ibid*., le 5 mars 2003, « Les personnels de l'éducation nationale se mobilisent contre la décentralisation »（2003年3月5日閲覧）, etc.

105) 2003年憲法改正後の実際の国から自治体への権限移譲は2004年8月13日法（Loi n°2004-809〔第2次権限移譲法〕）によって実行された。その内容や、1982～86年の「地方分権改革第1幕」との比較を含めたその実態、さらに権限配分の違憲性をめぐる論点については、山崎・前掲『フランスの憲法改正と地方分権』233-264頁、同「フランスにおける地方自治体への権限移譲、財源補償、組織・職員の移管及び国の出先機関の再編——国道の県への移管を事例に（上）・（下）」『地方自治』772号19-49頁、773号13-33頁（いずれも2012年）、Gérard MARCOU, « Le bilan en demi-teinte de l'Acte II, Décentraliser plus ou décentraliser mieux ? », *RFDA*, mars-avril 2008, pp.295-315, notamment p.306 et s. ; Michel VERPEAUX, « La loi du 13 août 2004 : le demi-succès de l'acte II de la décentrlisation », *AJDA*, octobre 2004, pp.1960-1968, 等を参照。

立法原則で、憲法院が憲法的効力を持つものとして判例で認めてきたものに憲法上の効力を与えたもの、第2に自治体の地方的実験の権利のように、これまで立法府が設けようと試みながら、憲法院が違憲と判断したために憲法改正を必要としたもの、第3に補完性原理のように、ヨーロッパの諸条約や外国の憲法の中で認められている原則の3種類の規範が含まれている[106]。本研究の視点からは、以下の6点が重要である。憲法改正後の具体化立法と憲法判例を通じたその意味の具体化をも考慮に入れつつ、これらの諸点につき簡潔に説明しよう。

　a)「分権国家」化と補完性原理　　「地方分権」原理の憲法規範化は、「共和国の組織は地方分権化される」という文言を1条に付加することで具体化された。元老院第1読会では特に左翼の側から、共和国の不可分性や法の前の平等など共和国の基本原理が明示されている1条に「地方分権」原理を挿入することは、後者にも共和国の基本原理の性格を与えることになり、それは共和国の統一性（unité）を破壊しフランス憲法を連邦主義（fédéralisme）で汚染することになるという批判が展開された[107]。そのため一時は元老院立法委員会も、本条文を1条ではなく、国旗や言語、「自由・平等・博愛」のスローガンを述べる2条に挿入する修正案を提出するに至った。しかし元老院第1読会は、最終的にこの原理をあくまで1条に挿入し、共和国の不可分性と「地方分権」の両原理の両立を目指す道を選択したのである。こうして「単一国家」の枠内での「分権国家」というフランス型「分権国家」概念が成立した。

　補完性原理は、「地方公共団体は、各段階で最良の権限行使ができる当該諸権限全体について決定を下す責務（vocation）を有する」と定める新72条2項に見出される。補完性原理は、少なくとも今回の改革理念上では、単なる権限配分原理を超えた意味を与えられ、あるべき国家への改造方向を示す原理となっていた。10月16日のラファラン政府提案では、自治体の活動を通じて、より責任のある、より効率的な、より民主的な共和国の実現こそが今回の改革の狙いであるとしたうえで、より責任のある共和国とは、国全体のまとまり（cohérence）と市民への近接性（proximié）の両立を目指す国家を意味するとした。そのためには、国家

---

106) Hugues PORTELLI, « Vers un droit constitutionnel local », *Pouvoirs Locaux*, n°55, décembre 2002, p.13.

107) P・モロワの元老院公聴会での発言（Pierre MAUROY, Auditions de la Commission des lois du 17 octobre 2002, in Annexe 2 du Rapport n°27〔Sénat, 2002-2003〕, *op.cit*., pp.224-226.）に顕著である。

の役割を全国的な大原則の確定と評価の任務に限定し、自治体には大幅な管理の自治と能力を認めつつ市民の統制下に置き、そして実験への権利を保障することで、各公共政策に関する権限行使の最適のレベルを明らかにしなければならないとした。そして以上の諸点を合わせて初めて、補完性原理の実施条件が満たされると述べていた。さらに、この責任ある共和国は、地方分権化によって簡素化と経済性を市民に保障することでより効率的な共和国にもなり、また市民が常に意向を問われることでより民主的な国家にもなると論じていた[108]。

シラク大統領も、例えば2003年1月8日の政府高官への年頭訓示の中で、「効率性・近接性・簡潔性」という3つの指標を挙げ、「市民の多様な要求により適切に対処できる公的活動」を市民に提供するために地方分権化を行い、決定が「市民のより身近なところで」なされるために「近接性」を発展させる国家改革を目指さなければならないと述べている。そして1982年以降の地方分権改革は、国家が「一方の手で与えたものをもう一方の手で奪う」ような「品のない再集権化」に堕しており、こうした失敗を繰り返さないため、「国家と自治体との間の新たな責務の再配分を憲法によって保障すること」が必要であると論じている[109]。このように補完性原理は、特に近接性を重視しつつ効率性と簡潔性を追及する権限配分の憲法原理として理解されていた。

2003年憲法改正を「違憲」と主張する者は、この「分権国家」と補完性原理の採用を根拠としていた。この論点に関する憲法判例の内容と意味はのちに分析するが、違憲論者の真の意図は、行政の効率化と地域間競争の肯定というラファランらの新自由主義的政治傾向への強い警戒心を示すところにあった。他方でラファランは、もちろん多分に政治的なレトリックの要素が強いのではあるが、自らの立場を伝統的な「単一国家」主義を乗り越えようとするものと称していた。例えば2002年10月29日の元老院での討論の中で、彼は次のように述べていた。「地方分権主義者とジロンド派は人民の意見を聞くことを恐れない。地方分権とは人民を信頼することである。人民への信頼こそが、我が共和国を近代化する。我々の進め方はこの信頼の論理に則っている」[110]。

---

108) Texte n°24 rectifié (Sénat 2002-2003), *op.cit.*, « Exposé des motifs ».
109) *Le Monde*, le 8 janvier 2003, « Chirac appeelle à la réforme de l'État » (2003年1月11日閲覧).
110) Sénat, Compte rendu analytique de la séance du mardi 29 octobre 2002, http://www.senat.fr/cra/s20021029/s20021029H1.html (2003年3月16日閲覧)

b）地方的実験の権利の承認　　自治体の地方的実験の権利（drit à l'éxpérimentation）は、最適レベルでの公的権限の帰属と実施という補完性原理に実効性を与えるうえで重要である。それはすでに述べたように、2001年から2002年にかけて「新コルシカ法」の制定とその一部違憲判決が出された時に、大きな憲法上の争点となっていた。また自治体の地方的実験の権利そのものは、すでに2001年1月16日に国民議会でいったんは可決され元老院に送られた憲法改正案がこの権利の法認のみを目的とするものであったように、しばらく前からフランスで注目を集める憲法改革の柱の1つであった[111]。この改正案の原案ともなった2000年3月国民議会事務局提出の憲法改正案の中で、P・メエニュリィ（Pierre MÉHAIGNERIE）議員（UMP）は、フランスにとって制度と規範面の慣習に対して「知的革命」を行う必要があるとし、「現場の経験を考慮しない結果として、その場しのぎの憲法改正から絶え間ない改革を必要とする立法改革に移ることよりも、むしろ諸施策を立法で一般化する前にそれを試し、それを修正したり止めたりすることの方を提案する」と述べていた[112]。

今回の憲法改正の結果、憲法新37条の1と新72条4項、並びにこれを具体化する組織法律により、自治体とその広域連合体は、法令に定めがあるときに、「公的自由又は憲法上保障された権利行使の本質的条件」に関わらない限りで、「限定された対象と期間において、自己の権限行使を規律する法律又は命令の規定を実験的に逸脱する（déroger, à titre expérimental）ことができる」こととなった。地方的実験の権利を具体化するために2003年7月21日に可決成立した組織法律によると、実験の期間は5年である。法律事項は法律で、政府命令事項はコンセイユ・デタの命令で、どのような逸脱の実験を許可するかが定められることになっている。政府はこの期間が過ぎる前に、それぞれの実験の結果に対する評価を当該自治体の報告書を付して国会に提出する。次に国会自身が、政府による評価を踏まえて、まだ結果が不明確な場合にはさらに3年間実験を継続する決定を行い、あるいはその実験を無意味としてやめさせる決定を行う。当該実験の結果、法令を逸脱して自治体が独自に規律した事務の運営が極めて良好であり、市民にとっ

---

111)　Texte n°188（Sénat 2000-2001), annexe au procès-verbal de la séance du 16 janvier 2001, http://www.senat.fr/leg/pp100-188.html

112)　Proposition de loi constitutionnelle, n°2278, annexe au procès-verbal de la séance du 24 mars 2000, « Exposé des motifs », p.2, 3, *cit*. in Olivier GOHIN, « Quel nouveau droit constitutionnel des collectivités territoriales », *RDP*, n°1-2, 2002, p.452.

ても有益であったと国会が判断した場合には、今度は新たな立法によりそれを全国に一般化する。この場合には全ての自治体にその権限が移譲され、国はこれを規律しないことになる[113]。最終的には法令の地域的適用除外はなくなるので、同一カテゴリーの自治体に対する法令の画一的適用の原則は維持されると考えられている。

 c）条例制定権の憲法への記載　　自治体の「条例（règlements locaux）」制定権については、改正前は憲法上明文の根拠がなかった。そのため、条例制定権の根拠、並びにこれと国会の立法権との関係、あるいは政府（首相）が持つ命令（règlements nationaux）制定権との関係をめぐって学説上の対立が見られた。

 第1の立場を代表するのがM・ブルジョル（Maurice BOURJOL）であった。彼は、憲法72条の「自由行政」規定を根拠にして、法律の根拠がなくとも条例制定権が自治体に帰属することを主張していた[114]。ルゥは彼の主張の意味を次のようにまとめている。「……地方公共団体は、憲法から直接に授権され、既存の法律からは独立した条例制定権（pouvoir réglementaire）を地方的事務の範囲内で自由に用いることができ（そのこと自体が政府の命令制定権（pouvoir réglementaire gouvernemental）の介入を排除する）、地方公共団体は、法律が介入しない事項については自由に行動することが許される」[115]。

 この条例制定権の憲法直接授権説は、フランスの通説的立場から強く批判された。例えばファヴォルーは、共和国の不可分性を維持しうるか否かが地方分権化政策の限界であるとする前述の1982年「コルシカ特別地位法」憲法院判決を引用しつつ、「政治的決定権や規範定立の淵源を分割する」ところにまで地方分権を進めること、あるいは「自治的規範定立権の存在」を認めることは、フランスの「共和国の不可分性」原理に反して許されないと力説する[116]。またJ-M・オービィ（Jean-Marie AUBY）も、ファヴォルーを支持しブルジョルを批判する文脈の中で、「立法の規定が欠如する場合には、地方当局は条例制定権を与えられていない……」と述べている。彼によれば、「……〔自分は〕憲法72条が地方の条例制定権の存在を保障するという点で〔のみ〕ブルジョルに賛成する。この条文から

---

113) Loi organique n°2003-704 du 1ᵉʳ août 2003 relative au droit de l'expérimentation par les collectivités territoriales, *J.O.*, n°177 du 2 août 2003, p.13217.
114) M. BOURJOL, « Statut constitutionnel, … », *op.cit.*, F.23, p.15.
115) A. ROUX, *Droit constitutionnel local, op.cit.*, p.65.
116) Louis FAVOREU, « Décentralisation et constitution », *RDP*, 1982, n°5, p.1269 et p.1277.

言えることは、地方当局に条例制定権を配分するのは立法府の権限であるという、伝統的な解決策を憲法が認めていることである」[117]。

　条例制定権に関する第2の立場は、憲法21条により命令制定権を与えられている首相が全ての「règlements」制定権を独占するとの解釈に基づき、条例制定権を首相の命令制定権からの委任と考える。したがってあらゆる条例に首相の命令による委任の根拠を求めるものである。さらにこの立場は、ド・タンギィ（L. DE TINGUY）のように、国会の立法のみで新たな条例制定領域を創出すること自体が、首相の命令制定権を定める憲法規定に違反するという極論に至る[118]。

　2003年憲法改正前の著作での見解ではあるが、B・フォール（Bertrand FAURE）によれば、学界の通説的立場からは、上記2つの見解のいずれも「戯画的」である。彼によれば、「今日では、学説は条例制定権の〔憲法上の〕存在と、この条例に法律が授権することの必要性〔を認めること〕については一致している」としたうえで、「この条例制定権の範囲と国の命令制定権を〔条例で〕表現する可能性について、なお議論が分かれている」という。つまり国の法律との関係では、抽象的条例制定権は憲法上に根拠があるとしても、常に個別法ないし一般法による授権なくしては具体的条例制定権は認められない点で、条例は法律との競合可能性を否定されるものの、首相の命令との関係では一定の競合可能性が認められるというのが通説の立場なのである。通説であるこの第3の立場は、「国の命令権こそが主要なものとして、地方公共団体に対する法律の執行の責任を負う」ことを認めつつ、それは「国の命令では、立法による諸規定からすでに帰結される以外の制約を〔地方〕公共団体の自由行政に加えることはできない」という条件、あるいは「国の命令は立法者の明示的な権限付与に基づかない限り〔自治体の条例制定権に〕介入できない」という条件を付されることになるとされる[119]。

　本書の視点からは、まず第1に、以上のいずれの学説も国の法律と自治体の条例の競合可能性を認めるものではなく、したがって国と自治体との間の何らかの意味での立法権分有を認めるものではないことが重要である。その原因は、すでに繰り返し述べてきたようにフランスの「単一国家」型地方自治原理においては、

---

117) Jean-Marie AUBY, « Le pouvoir réglementaire des autorités des collectivités locales », *AJDA*, 1984, p.475.

118) B. FAURE, *Le pouvoir réglementaire des collectivités locales, op.cit.*, p.23. ド・タンギィの見解もフォールの引用によるが、特に出典は記載されていない。

119) *Ibid.*, p.23.

そして2003年の憲法改正によってより明確な姿を見せることになるが、この地方自治原理の第5共和制における表現としてのフランス型「分権国家」においても、地方自治はあくまでも「自由行政」と観念されていたところにある。それゆえフランスの条例は、行政府の規範定立作用である命令と同じ「règlement」と表現され、実際にもそのように観念されることになるので、日本の条例のように、国の政省令レベルの規範定立作用と本質的に区別される別種の法規範定立作用として観念されることを、本来的に不可能にするような法状況に置かれ続けてきたのである[120]。

フランスの通説的条例制定権の理論による限り、条例は、国会の立法による法規範定立権の自治体への授権を根拠とする2次的な法規範定立作用たる命令制定作用である。そのためフランス憲法学上の争点は、憲法21条が立法の執行作用としての命令制定権を首相に与えていることとの関係に置かれる。この点では、コンセイユ・デタの判例は次のような判例法理を形成してきた。すなわち、①法律で条例に授権している内容が明確な場合は、自治体は政府の命令による授権を介さずに、直接条例制定権を行使できる。②法律が一般的な形で政府の命令に法律の適用条件を定めるよう規定している場合は、条例は当該政府命令が規定していない残余の部分にしか関与できない。③法律が自治体にも政府にもその執行の任務を明示的に与えていない場合には、条例も政府命令も同一領域に関与できるけれども、常に条例は政府命令に劣位する、というものである[121]。

今回の改正により、これまで憲法の明文の根拠がなかった自治体の条例制定権を新72条3項で定めたことで、条例制定権の「存在」は憲法に直接由来することが明確になった。しかしそれは「自由行政」という地方自治の一般原理を根拠とするのではなく、首相に憲法で与えられている命令制定権とは別類型の特別な「命令」制定権の1つとして、その限りで認められたものにすぎない。日本の学説によれば、地方自治保障の一般原理を規定する憲法の条項に直接基礎づけられた条

---

[120] したがってフランスにおける自治体の法規範定立作用である「règlements locaux」という用語を「条例」と訳し、国のそれを「命令」と訳すのは原語のニュアンスを正確に示すという点では問題がある。それでも本書は、このフランス型「分権国家」概念の中にも立法権分有に通じる論理の芽があるとの立場を採るので、文脈上そのように訳すことが不可能な場合を除き、日本の自治体が定立する法規範の表現である「条例」を、あえてその訳語として用いることにする。

[121] FAVOREU et al., *Droit constitutionnel, op.cit.*, pp.496-497.

例制定権の場合には、その憲法による地方自治保障の範囲に応じて、内閣の命令制定権からも、場合によっては国会の立法権からも保護されるべき自治立法権としての条例制定権の領域を導き出すことができるはずである[122]。しかし2003年の憲法改正後も、通説的見解は「自由行政の原理は立法者の権限領域外において、地方当局のための自治的規範定立権の存在を決して含むものではない」という従来からの命題を変更していない。この通説的見解によれば、今でも自治体の条例制定権は、明示的あるいは黙示的に「立法者から付与される」ものに過ぎない。「自由行政」の憲法原理との関係及び首相の命令制定権との関係について言えば、「このようにして分権制地方当局に条例制定権を付与する法律は、自由行政の行使に不可欠な手段しか、この当局に帰属させない」のであり、「憲法21条が首相に帰属させている命令制定権の一部をこれに付与すると考えてはならない」[123]。

制憲過程を紐解くならば、元老院立法委員会は一時期、憲法21条を改正することで、自治体の条例制定権を首相の命令制定権から完全に独立させ、後者が条例制定権を一切拘束できないようにすることを狙う修正案に傾いた。しかし政府の命令制定権と自治体のそれとが重複する危険を避けることを望む政府の要請に従い、結局は21条の改正は見送られたため、条例制定権は首相の命令制定権の拘束を受け続けることが明らかになった[124]。したがって本条の意味は、従来から通説でさえ認めていた地方命令制定権の「存在」の憲法保障を、明文をもって確認したというに過ぎなくなった[125]。

d）**地方直接民主主義の憲法保障** 今回の改正の画期的な点の１つが、72条の１における住民による地方評議会の議事日程登載請願権と住民投票の制度化である。請願権については、ラファラン提案では「有権者は、……議決機関の議事日程に登載させることができる……」となっていた。しかし元老院立法委員会第１次報告における修正提案では、地方評議会を過度に拘束しないようにとの配慮から、「議事日程への登載を要求できる」という表現に改められ、その後の討論で

---

122) 日本国憲法の条例制定権の憲法直接授権性につき、憲法94条のみをその根拠とする学説に対して、92条の「地方自治の本旨」（又は92条と94条の両方）を根拠とする学説の方が、条例制定権の「全権限性」（つまり国の法令への対抗可能性）を認める論理を含んでいる点で優れていると思われるが、そのことは、ここに述べたフランスの学説の限界からも分かるであろう。
123) FAVOREU et al., *Droit constitutionnel, op.cit.*, p.495.
124) Rapport n°376（A.N. 2002-2003）, *op.cit.*, pp.20-21（1er partie, texte pdf）.
125) 但し本改正により、条例を行政裁判所の統制から解放する可能性が生まれたとの指摘もある（H. PORTELLI, *op.cit.*, p.13）。

もこの修正案は覆らなかったため、議事日程登載の裁量権が地方評議会に残された[126]。

住民投票については決定型（拘束型）住民投票制度が初めて認められ、また住民投票の実施レベルが県とレジオンにまで拡大された。前述したように、従来フランスでは諮問型を含めて住民投票には否定的であり、法律上の明文の根拠がないままに事実上実施されることもあったが、行政裁判所から違法判断を下され、住民投票結果に基づく自治体の決定が取消される事例も見られた。1982年の地方分権改革後でさえも、住民投票の制度化には多くの抵抗が示された。1992年の「共和国地方行政指針」法と1995年の「地域整備開発」法は市町村とその連合体に住民投票を認め、2004年の「地方の自由及び責任」法は県とレジオンにも住民投票を制度化したが、それは諮問型の住民投票に過ぎなかった[127]。

今回の改正では、自治体の権限に属する地方評議会の議決やその他の行為が住民投票にかけられ、自治体は投票結果に拘束される。住民投票手続きを採るか否かの裁量権は自治体代表機関（首長または地方評議会）にあり、住民は前項の議事日程登載請願権の行使を通じて住民発案による住民投票を請求することはできるものの、完全な住民発案に基づく決定型住民投票にはなっていない。他方で、高度な自治が認められる「海外公共団体」の制度変更、並びにそれに次ぐ自治を保障される海外県と海外レジオンの法的地位の変更や単一協議・議決機関への制度変更（県評議会とレジオン評議会の合体）を決定する場合には、72条の4第1項と73条7項により事前に住民の同意手続きを採ることが義務づけられており、ここにも決定型住民投票が制度化されている。しかし72条の1第3項が定める、本土内自治体に特別地位を付与する場合や自治体の境界変更の場合の住民投票は、その実施は自治体代表機関の裁量に委ねられ、しかも諮問的な性格に留められている[128]。本改正を受けて2003年7月24日に「地方レファレンダムに関する組織法律」が国会で可決され、憲法院に義務的付託がなされたが、2003年7月30日、憲

---

126) Rapport n°27 (Sénat, 2002-2003), *op.cit.*, pp.121-122 (Examen des article, Article 5, 3. La position de votre commision des Lois, Le droit de pétition).「実際、議事日程に自動的に登載させることは、普通選挙で選ばれた人民の代表者で構成された地方評議会の良好な運営を麻痺させる可能性があると思われる」(*ibid.*, p.122)。

127) フランスの住民投票制度については、福岡英明『現代フランス議会制の研究』(信山社、2001年) 271-302頁、並びに市川直子「住民投票の憲法原理」辻村みよ子編『フランスの憲法判例 II』(信山社、2013年) 266頁を参照。

128) Rapport n°376 (A.N. 2002-2003), *op.cit.*, (2eme partie) Examin des articles, article 5.

法院は合憲判決を下している[129]。

　この組織法律[130]の中では、直接民主制の発動にいくつかの重要な制約がかけられている。まず地方評議会解散後6か月間、あるいは国会の選挙や大統領選挙のときにも、住民投票の実施は禁止されている。次に、拘束力を持つ住民投票の成立要件として、各自治体の有権者名簿に登録されている有権者の過半数の参加と、有効投票数の過半数の賛成が義務づけられている。当初案では参加率（投票率）についての要件はなく、国会審議途中では3分の1とする妥協案も出されたが、与党が野党の反対を押し切って挿入したものである。さらに問題なのは、住民投票の発案権が自治体協議・議決機関である地方評議会に限って与えられている点である。住民自身が住民投票を発案できないことは国会でも問題となり、改正憲法72条の1第1項の「地方請願権」を用いれば可能ではないかという議論もなされている。住民が署名を集めて住民投票実施を地方評議会の議題にするよう請求し、それを地方評議会自身が受け入れれば住民投票が可能になるからである。しかしこの場合でさえ、地方評議会は必ず住民の発案を受け入れる義務はないので、完全な住民発案制はまだ認められていないと言うべきである。

　e）財政自主権の憲法保障　　財政自主権の保障も憲法に明示された。新72条の2は、法律の範囲内で自治体に課税自主権と支出の自主性を保障すると共に（1、2項）、国会は自治体財源全体の「決定的割合（part déterminante）」が自治体の固有財源となるよう組織法律を定めることが義務づけられる（3項）。さらに今後進められる国から自治体への権限移譲についても、移譲される権限にこれまで充てられてきた財源に匹敵する財源を自治体に配分することが義務づけられ（4項）、地方への負担の転嫁を招かない配慮がなされている。他方で、自治体間の財政不均衡に対する調整制度の存続も明示された（5項）。

　本改正に基づき、2004年7月29日に「地方公共団体財政の自主性に関する組織法律」が制定された。義務的付託を受けた2004年7月29日の憲法院判決では、一部違憲、一部解釈留保つき合憲の判断が下された。特に問題となったのは同法4条の規定の一部の不明確さであった。というのは、同条が規定する自主財源の「決定的割合」の定義は、「それに付与された権限を考慮したときに、当該カテゴリー

---

129) Décision n°2003-482 DC du 30 juiilet 2003, *J.O*.du 2 août 2003, p.13303.
130) Loi organique n°2003-705 du 1ᵉʳ août 2003 relative au référendum local, *J.O*. n°177 du 2 août 2003, p.13218.

に属する地方公共団体の自由行政が保障される場合に、〔それを〕憲法72条の2の意味における決定的〔という意味に解する〕」というものであったため、このような規定の仕方は同義反復的であり、憲法が要求する法律の「明確性」の原則と「正確性」の要請を満たしていないとされたのだった (cons.18)。他方で憲法院は、同条の中の「2003年度に確認された水準を下回ってはならない」という条件については明確性があるとして合憲判断を下した。そのためこの後者の条件のみが、「決定的割合」の下限としての憲法規範的意味を持つこととなった[131]。

　f）海外自治体の特別制度の整備と適正化　　今回の改正では、本土内外を問わず、レジオンを市町村や県と並ぶ憲法上の自治体として承認しただけでなく（新72条1項）、海外に位置する多様な特別自治体の法的地位の整備と適正化が図られた（新72条の3、新74条）。まず、海外県に重複して設置していた海外レジオンも憲法上の自治体として認められ、他方で旧海外領土は「海外公共団体」に名称変更された。さらに海外県・海外レジオンと「海外公共団体」の固有名詞が憲法上列挙され、フランス人民の内部に「海外住民 (les populations d'outre-mer) の存在」まで認められた。また、従来の海外県と海外領土に適用されてきた特別扱いや特別地位に関する憲法原則をより明確化させたうえで、それぞれ海外県・海外レジオンと「海外公共団体」に適用することにした。前述したように、1991年の「新コルシカ地位法」に関する憲法院判決は「フランス人民の構成要素としてのコルシカ人民」の存在を認めることを拒否したが、「人民」と「住民」は異なるという理屈で、事実上の多文化主義化が認められた[132]。

2　憲法改正の限界と補完性原理

　それでは「分権国家」化により、フランスの「単一国家」型地方自治原理は根本的に変容したのか。憲法改正の限界と補完性原理に焦点を当てつつ考察する。

(1) 憲法改正の限界と「共和政体」

a) 憲法院付託者たちの憲法改正「違憲」論　　元老院議員社会党グループによる

---

131)　Décision n°2004-500 DC du 29 juillet 2004, *J.O.* du 30 juillet 2004, p.13562. 同判決については、小沢隆一「自主財源保障における『決定的割合』の意味」前掲『フランスの憲法判例Ⅱ』257-260頁を参照。

132)　フランスにおいては、「人民」はあくまでも主権主体の意味で理解されるため、単一不可分性が求められるのである。詳しくは、拙稿「フランス憲法改正における補完性の原理と実験への権利」『自治総研』2003年5月号11-14頁を参照されたい。

審査付託理由書[133]によれば、本改正は、憲法89条5項の「共和政体(la forme république du gouvernement) は改正の対象とならない」とする規定に抵触するという。フランスでの通説は憲法改正無限界説を採るが、少なくとも憲法89条5項を廃止する規定を含まない憲法改正に留まる限り、適法な憲法改正は常に「共和政体」の枠内で行われなければならない[134]。

　提訴者たちによれば、「共和政体」とはフランスの憲法遺産であり、「体制の本質を変わりなく維持することを保障するための根本要素」である。それは「単に公権力の組織のあり方としての政府の共和制的形態」の維持を命ずる規範であるに留まらず、「1789年人権宣言、1875年の憲法的法律、1946年憲法とその前文、そして1958年憲法によって定義されてきた共和国の意味」でも理解されなければならない。具体的にはそれは、主権が「全国民的なもの」であることや、「一般意思の表明」としての法律には「全ての市民が……その形成に参加する権利を持つ」という規範的意味を含まなければならない。しかし以下の5点で本改正はこの憲法規範に反するというのである。

　第1に、憲法1条に「分権国家」の規定を挿入することは、今後の地方分権改革立法を憲法院が審査する際に、同じく1条に規定されている「共和国の不可分性」原理と法の前の平等の原則を適用するにあたって、これまでなされてきたような厳格な解釈を緩める効果を狙っている点で、「共和政体」侵害となる。第2に、地方的実験の権利の憲法による承認も、憲法院がこれまで認めてこなかったほどの大幅な法令逸脱を自治体に許すことになるので、平等原則を含むものとしての「共和政体」を侵害する。第3に、補完性原理についても、もしこれが憲法に挿入され、地方的実験の権利と共に用いられるようになると、「たとえ全体としての国民にとってのその重要性とその性質とその利益からして、国民の主権と、それを発現させる機関にしか帰属しえない権能領域にある権限」であっても、地方的実験の結果その有効性が立証された場合には、のちの立法により国から自治体に移譲すべきことが補完性原理から義務づけられることになる。それは、「人民の一部」に主権の全部ないし一部の行使を認める結果を生ずることになるので、

---

133) *Saisine par 60 sénateurs-2003-469 DC*, http://www.conseil-constitutionnel.fr/conseil-constitutionnel/francais/les-decisions/acces-par-date/decisions-depuis-1959/2003/2003-469-dc/saisine-par-60-senateurs.101124.html（2014年1月31日閲覧）

134) 憲法改正権の限界については山元一・前掲書382-384頁を参照。

やはり「共和政体」を侵害する。第4に、自治体の条例制定権を憲法上で認めることも、その結果、条例に政府命令を修正する効力まで認める可能性を生み、それは「国会の統制の下に執行府が行使する国民の主権を危うくする」がゆえに「共和政体」侵害となる。第5に、海外の特別公共団体の法的地位の変更の際に事前の住民投票を義務づけることも、関係住民の同意がなければ国会の立法権を行使できなくするのは、「人民の一部」に国民主権の行使機関である国会を従属させてしまう点で、やはり「共和政体」侵害である。

b）憲法改正に対する違憲審査の可否　以上の「違憲の憲法改正」の主張は、今回の改正によって、たとえ部分的にであれ何らかの形で国会と並んで自治体が立法権を始源的に分有する可能性が生じたことを捉えて、「共和国の不可分性」や主権主体としての「人民の単一性」を含むものとしての「共和政体」侵害になるとする主張に根拠を置くものである。しかしこの付託は、そもそも憲法院が憲法改正法律の「内容の違憲性」を審査できるのかという大きな論点を抱えていた。

この点、1962年11月6日の大統領直接公選制への憲法改正に関する憲法院判決と1992年9月23日の「マーストリヒト第3判決」において、人民投票を通じた主権者自身の憲法改正行為については、憲法院は違憲審査権を有しないことが確認されていた[135]。しかしD・モース（Didier Maus）も指摘するように、両院合同会議が自ら制定したその内部規則を違憲審査可能と判示した1963年12月20日の憲法院判決[136]に鑑みれば、両院合同会議による憲法改正行為についても、憲法院の違憲審査対象になるとの解釈を採ることも不可能ではなかった[137]。しかし2003年3月2日の憲法院判決は、前述の「マーストリヒト第3判決」第1段落（cons. 1）とほぼ同一の文言を繰り返すことで、両院合同会議が可決した憲法改正法律についても、憲法及び憲法の具体化としての組織法律に定められている憲法院の違憲審査対象にそれが明示されていないことを理由に、違憲審査の対象外となることを確認してしまった[138]。したがって「共和政体」違反の論点は未決着のままとなった。

---

135) Décision n°62-20 DC du 6 novembre 1962, *J.O.* du 7 novembre 1962, p.10775 ; Décision n°92-313 DC du 23 septembre 1992, *J.O.* du 25 septembre 1992, p.13337.
136) Décision n°63-24 DC du 20 sécembre 1963, *J.O.* du 21 décembre 1963, p.11415.
137) *Le Monde*, 19 mars 2003, « Décentralisation : recours de 60 sénateurs contre la révision constitutionnelle »（2003年3月20日閲覧）．
138) Décision n°2003-469 DC du 26 mars 2003, *J.O.* du 29 mars 2003, p.5570.

(2) 補完性原理と「不可分の共和国」の関係

a) 欧州地方自治憲章と補完性原理　1992年のマーストリヒト条約3B条は補完性原理を次のように規定する。「その排他的権能に属さない領域では、補完性原理に従って、対象となる活動の目的が加盟国では十分に実現されず、したがって対象となる活動の次元と効果から見て、〔欧州〕共同体のレベルでこそよりよく実現される場合には、その場合とその範囲に限り〔欧州〕共同体が介入する。〔欧州〕共同体の活動は、本条約が掲げる諸目的に達するために必要なものを超えてはならない」[139]。今日では、補完性原理は欧州統合における共同体機関と国家との関係を超えてその適用範囲を広げている。その最も顕著な適用の場こそ、地方自治の分野である。

地方自治分野における補完性原理の導入は、フランスから見れば、欧州評議会による1985年の欧州地方自治憲章[140]の採択から重要性を帯び始める。同憲章は、憲法ないし通常法律による地方自治の基本原則の承認を求め（2条）、地方自治権の実質的定義を行い（3条1項）、地方議会議員の直接・平等・普通・秘密選挙を保障し、この公選制議会に対する執行機関の責任の明確化と、住民投票やその他の住民直接参加によるその補完の可能性を規定する（3条2項）。また自治体の自主財源の保障（9条）や、国内・国際両レベルの自治体間協力と連合の権利の保障、地方自治の司法的救済の権利の保障（11条）等も定める。本稿の視点から特に重要なのは、地方自治の有効範囲（portée）という表題で自治体の権限・責務の一般原則を定めた4条である。

4条は、自治体の基本的権限と責務が憲法又は法律によって定められるべきこと（1項）、法律で除外されていない全事項に関する自主的決定権の保障（2項）、公的責務（responsabilités publiques）の自治体への優先配分の原則（3項）、自治体権限の包括性・排他性（4項）、国・上級団体からの委任事務に関する当該自治体の自主的対応の保障（5項）、自治体に直接関わる事項を国等が決定する際の

---

139) 欧州連合条約（1992年2月7日調印のマーストリヒト条約）G.5条で欧州共同体設立条約（1957年3月25日調印のローマ条約）1部3B条に挿入。原文は、Antonio TIZZANO et Daniel VIGNES, *Code de l'Union européenne*, Bruylant, 1996, p. 9参照。

140) Charte européenne de l'autonomie locale, 15 octobre 1985, entrée en vigueur 1 septembre 1998, *SET*-122 (*Série des traités européennes n°*122), Conseil de l'Europe（http://conventions.coe.int/Treaty/FR/CadreListTraites/htm〔2014年1月31日閲覧〕）また邦訳と解説は、廣田全男・糠塚康江「『ヨーロッパ地方自治憲章』『世界地方自治宣言』の意義」『法律時報』64巻12号（1994年）42-49頁も参照した。

諮問権の保障（6項）を定める。そしてこの3項こそが、補完性原理を示したものと考えられている。同条項は次のように定める。「公的責務は、一般に、市民に最も身近な当局が優先的にそれを実施する責任を負う。他の当局に責務を配分する場合には、その任務の範囲と性質、並びに効率性と経済性の観点からの要請を考慮に入れなければならない」。

同憲章では補完性原理という言葉を用いてはいない。しかしこの憲章に引き続いて欧州評議会が締結を目指している欧州地域自治憲章草案[141]では、基礎自治体レベルであれ広域自治体（州・レジョン）レベルであれ、補完性原理に従った権限配分がなされるべきことが明言されている。

b）憲法改正前のフランス公法学説における補完性原理 1985年10月15日に署名が開始され、1988年9月1日に発効した欧州地方自治憲章は、2003年憲法改正直前の2002年7月段階で37か国が批准していた。欧州評議会加盟国のうち署名のみの国は、2002年5月29日に署名したばかりのグルジアを除けば、フランスとベルギーだけであった。両国は1985年10月15日の署名開始時に署名しておきながら、そのまま店晒しにしていた。

すでに見たようにフランスの政治家には、補完性原理を国民主権と「共和国の不可分性」に反するとして否定する者が少なくなかった。公法学者の場合は、補完性原理を法規範性のない政治指針ないし一般的な法解釈原理と理解することで、すでにフランス公法もこれを採り入れているので欧州地方自治憲章との矛盾はないとする者もいた[142]。しかし真っ向から反するとする者も少なくなかった。

前述のように条例制定権につき憲法直接授権説を採るブルジョルも、補完性原理はフランス憲法原理そのものに反すると主張していた。彼によれば、社会契約に基づく主権の不可分性と不可譲性を本質とするフランスの国家概念の下では、自治体への権限配分の基準はその「権限の特殊性」しかありえない。したがって

---

141) Projet de Charte européenne de l'autonomie régionale, *Annexe de Recommandation* 34 de CPLRE（Congrès des pouvoirs locaux et régionaux de l'Europe , Conseil de l'Europe）, adoption le 15 juin 1997, 3ᵉ séance（voir *doc. CPR（4）4 révisé*, Recommandation présentée par M. P. Rabe, Rapporteur）. http://www.cvce.eu/content/publication/2003/10/21/78ae4dcf-6346-4aa8-8474-7535e4091bf7/publishable_fr.pdf（2014年1月31日閲覧）。邦訳と解説については、廣田全男「（資料）ヨーロッパ地域自治憲章案」『経済と貿易』（横浜市立大学経済学研究所）177号（1999年）53-64頁。

142) 例えば Jean-Marie PONTIER, « La subsidiarité en droit administratif », *RDP*, 1986, pp.1515-1537.

自治体の権限リストは常に国家や広域地域当局の権限と完全に峻別されたものが一括して割り当てられる他はない。これに対して彼の理解する補完性原理の場合には、自治体の権限と国家や広域地域当局のそれとの間に同質性と「権限の浸透性」が認められる。つまり両者の競合的権限（compétences concurrentes）の存在を認めたうえで、この分野の権限移譲を規律する原理が補完性なのである。彼は、こうした競合的権限や権限の浸透性を認め、結果的に下級当局から上級当局や国に権限移譲していく可能性を認める考え方こそがまさにドイツ的であって、フランスの概念とは両立しえないとする[143]。

実はブルジョルの補完性原理批判は、欧州統合の進展による国家主権＝国民主権の絶対性の揺らぎとドイツ的な公法原理のフランスへの浸透に対する反発、そしてそれがフランスに残る無数の弱小町村に合併を強いる危険性があるところに発想を置いていた[144]。その意味で法理論というより政治理論の色彩が強い。これに対してG・ドラゴ（Guillaume DRAGO）による補完性原理批判は、「共和国の不可分性」と「単一国家」主義に直接由来する点でより理論的、本質的である。

ドラゴは補完性原理を「立法であれ行政であれ、決定が、可能な限り最も底辺のレベルで、すなわちこれらの決定に関わりを持つ者たちに可能な限り最も身近なレベルで行われる原理」と定義する。この原理が「憲法に適用される場合には、連邦制の中にその直接的表現が見出されるような権限分配の原則、とりわけ憲法上の権限の分配様式」となる。したがって補完性原理は不可分性原理と両立不可能である。彼にとって、不可分性原理は「国家の規範定立権に関わるもの」である。それは「国家の諸当局が始源的立法権を保持すること」と定義される。そこから、「国家の下位当局は自己の固有権限を自ら単独では決定できないこと」、「国家の下位当局は国家当局が定めた規範に抵触できないこと」が導き出される。

彼によれば、「自由行政の原理は、憲法裁判機関の統制の下で、立法府の表決によってこの行政上の自由の範囲を決定する単一国家の枠内でしか理解されな

---

143) Maurice BOULJOL, *Intercommunalité et Union européenne*, L.G.D.J., 1994, pp.15-17. ピュイソッシェも同様の指摘をする。Jean-Pierre PUISSOCHET, « La Subsidiarité en droit Français », in Knut Wolfgang NÖRR und Thomas OPPERMANN (hrsg. von), *Subsidiarität : Idee und Wirklichkeit*, J.C.B. Mohr (Paul Siebeck), 1997, S.205-213.

144) M. BOULJOL, *ibid*., pp.18-22 et 165-168. 詳しくは拙稿「補完性原理とフランス地方自治権論」中村睦男・高橋和之・辻村みよ子編『欧州統合とフランス憲法の変容』（有斐閣、2003年）92-95頁。

い」。もし補完性が憲法で認められる場合には、自治体がその固有の権限を決定する権限（Kompetenz-Kompetenz）を憲法が保障することを意味する。「なぜなら、補完性とは国家の諸機関や自治体との間の単なる権限配分原則ではなく、これらの権限の原則そのものを〔立法による具体化を待たずに〕前もって確定するものであり、この点でこそ、補完性は憲法原理たりうるからである」。フランスの場合には、自治体の「自由行政」の原理をいくら憲法で宣言しても、また「地方的事務（affaires locales）」の概念を用いたとしても、この原理は立法による具体化を必要とする。したがって「自由行政」を「憲法原理としての補完性原理の表現」と見ることはできない。統制面でも、憲法院は補完性を保障する役割を果たすものではなく、むしろ国家の単一不可分性を厳格に守らせることに執着している。以上のように、フランスはその国家構造、憲法史、第 5 共和制創設者の意図、法学説、政治文化のいずれをとっても補完性を採用しておらず、その国家の本質として補完性原理を排除すると言うのである[145]。

(3) 憲法改正後の補完性原理と憲法院判決

　a）憲法改正後の補完性原理の憲法規範性　今回の憲法改正により新憲法72条 2 項が挿入されて、補完性原理に憲法上の根拠が与えられた。その結果、国の立法権が補完性原理に反する権限配分を行ったときには、憲法院が違憲判決を下してこれを阻止する可能性が出てきた[146]。実際、元老院立法委員会第 1 次報告は、同時期に補完性原理を憲法に挿入したばかりだったイタリアの経験を公聴会で語ったペルージャ（Pérouse = Perugia）大学教授 F ・メルローニ（Francesco MERLONI）の陳述を参考に、議論を行っていた。メルローニによれば、イタリアでは補完性原理は手続的な原理であるが、それでも補完性原理は「イタリア憲法118条と120条に従って、後に続く法律に一定の権限配分を強制する」。つまりイタリアの州は、補完性原理に違反する法律を憲法裁判所に訴えることができるし、このような憲法裁判所への提訴権を持たないその他の自治体の場合にも、通常裁判所で違憲性の抗弁がなされたときには、法律による補完性原理侵害の有無を先決問題と

---

145)　Guillaume DRAGO, « Le principe de subsidiarité comme principe de droit constitutionnel », *Revue Internationale de Droit Comparé*, 2-1994, pp.583-592. 詳しくは拙稿・同上95-97頁を参照されたい。

146)　H. PORTELLI, *op.cit*., p.14. ルゥも元老院公聴会で補完性原理の曖昧性が憲法訴訟を頻発させると述べた（Auditions de la Commission des lois du 17 octobre 2002〔André ROUX〕, in Rapport n°27〔Sénat 2002-2003〕, Annexe 2, *op.cit*., pp.233-234）。

して憲法裁判所に移送して審理させることができるのである[147]。

元老院立法委員会第1次報告は、改正憲法72条2項で補完性原理に近いものを規定しながらも、各段階の自治体で最も適切に実施しうる権限の全てについて決定を下す「責務（vocation）がある」という曖昧な表現を選んだ。報告者は、「『責務がある』という用語を使えば、この用語は国家にとっていかなる義務ももたらすものではないから、法的不安定性を生ずる危険を減らすことができる」とする。他方で彼は、このような表現でも、「いったん憲法に挿入されたならば、補完性原理は一定の規範的価値を持つ」と述べ、「憲法的価値を有する目標となる」とも述べている。そして法律の合憲性審査の一環として補完性原理を用いること自体は否定しなかった[148]。

b）補完性原理に関する憲法院判決の意義　この補完性原理の裁判規範性が実際に問われたのが2005年7月7日の「エネルギー政策進路計画法（Loi de programme faixant les orientations de la politique énergique）」判決であった[149]。憲法院付託者たちは、風力発電推進ゾーンの設定とその電気の強制購入を定めた同法の37条が、このゾーン設定権限を県知事に委ねたことで、「地方公共団体の自由行政の原理、並びに地方公共団体は自らの段階で最良の権限行使ができる当該権限全体について決定する責務を有するという原則を無視することになる」と主張した。

この時憲法院は、憲法72条2項の定めを、「制憲者が採用したこれらの用語〔＝責務など〕の一般性からの帰結として、立法者がある権限を地方公共団体ではなく国家に割り当てる選択をすることを、この条文を根拠に〔違憲性の〕問題としうるのは、当該権限の諸特徴と関連する諸利益に照らして、当該権限が地方公共団体によってこそより良く行使されることが明らかな場合に限られる」と述べた（cons.12）。そして本法律の制度が「上述の憲法72条2項の規定を明らかに無視したとまでは言えない」と述べて、合憲判決を下したのだった（cons.13）。

ここには、欧州評議会自身の補完性原理に関する解説書にあるような、補完性原理を裁判規範としてよりも、むしろ「できる限り市民を決定に近づけることを

---

147)　Auditions ... du 17 octobre 2002, *ibid*, p.230（Francesco MERLONI）.
148)　Rapport n°27（Sénat 2002-2003）, *op.cit*., pp.98-100, Examens des articles 4, « 2. L'introduction du principe de subsidiarité ».
149)　Décision n°2005-516 DC du 7 juillet 2005, *J.O.* du 14 juillet 2005, p.11589.詳しくは拙稿「補完性原理の裁判規範性」辻村みよ子編『フランスの憲法判例Ⅱ』（信山社、2013年）238-240頁、飯島淳子「地方分権・地方自治の法構造」『法学』73巻1号（2009年）1-33頁。

目指す……本質的に政治的な原理」[150]として解釈しようとする傾向が見て取れる。しかしそれでも本判決は、権限配分の適切性に関する「明白の過誤」の法理を用いながら、例外的ではあれ権限配分に関する立法府の裁量判断の憲法適合性を審査できるとしており、権限配分に関する立法府の全能性を建前としてきた伝統的な「単一国家」主義を一部であれ崩した点で画期的である[151]。結局、欧州地方自治憲章についても、改憲後の2007年1月17日にフランスも批准することとなった。

3 「一般権限条項」問題における「単一国家」原理の変容
(1) サルコジ政権による「分権改革の合理化」

2007年に大統領に就任したN・サルコジ（Nicolas SARKÖZY）は、これまでの地方分権改革が権限移譲に重点を置くものであり、自治体の構造自体には手をつけなかったため、結果的に行政主体間の権限輻輳と重複支出などの非効率性が目立つようになり、市民にも分かりづらい、重層的で複雑な地方自治制度になっていることを問題視した。そこでサルコジは権限移譲をいったん休止し、自治体の構造改革のため、2008年10月にE・バラデュール（Édouard BALLADUR）元首相を委員長とする委員会を設置した。同委員会が2009年3月に出した報告書を踏まえ、政府は同年10月に「地方公共団体改革法（loi de réforme des collectivités territoriales）」案を元老院に提出した。元老院と国民議会との間では対立が続いたが、最終的には両院協議会で作られた合意案を両院が可決し、同法は2010年11月17日に成立した[152]。

同法の主な内容は、(1)自治体制度の簡素化と明確化のため、①「レジオンと県」、「コミューンと広域連合体（établissements publics de coopération intercommunale, EPCI)」の2極への再編と、②コミューン合併の推進と県合併手続きの整備、(2)

---

150) Conseil de l'Europe, *Définition et limites du principe de subsidiarité*, Communes et régions d'Europe n°55, Rapport rédigé par Alein DELCAMP, Édition du Conseil de l'Europe, 1994, p.33.
151) すでに2004年の時点でも、新憲法72条2項につき、「明白の過誤」の法理に基づく例外的な違憲審査を可能とする学説が現れていた。Cf. Jean-Marie LEMOYNE DE FORGES, « Subsidialité et chef de file », in Y. GAUDEMET et O. GOHIN (sous la dir.), *La République décentralisée*, Éditions Panthéon-Assas, 2004, pp.49-50.
152) 本法案の背景と国会での議論等についての詳しい分析は、拙稿「『一般権限条項』と地方自治の憲法原理」『日仏法学』27号（2013年）51-59頁を参照されたい。

都市化社会への対応として圏域人口50万人以上の大都市圏広域連合体である「メトロポール」と同30万人以上の「大都市拠点圏」(pôles métroporitains) の創設、(3)全コミューンを何らかの広域連合体に強制的に加盟させるための期限つき計画策定権の知事への付与、(4)自治体間の権限の明確化と重複的な補助金等の整理の観点から、①地方公共団体一般法典に定められた自治体権限に関する「一般権限条項」(clause de compétence générale) のうち、県とレジオンに関する部分の廃止的改正、②州域における県とレジオン間の役割と部局の整理・委託・共同化計画の策定とそれに伴う補助金の整理である。

特に(1)①の「レジオンと県」の改革については、レジオンと県の間の補完性の構築や権限・財政支出の競合と重複の回避を名目として、「地域評議会議員 (conseillers territoriaux)」を創設した点で論議が巻き起こった。「地域議員」は1人の議員がレジオン評議会議員と県評議会議員を兼ねる制度であり、全てのレジオン評議会議員が必ずレジオン内のいずれかの県評議会議員を兼ねることになる。「地域議員」の選挙は新たに設けられたカントン毎に小選挙区単記2回投票方式で選ばれる。同法別表で定められるカントンの境界は国民議会議員の選挙区割を尊重して確定されるが、全国の「地域議員」の総数が法定され、かつ人口比例で定まる各レジオン評議会の議員数は概ね3000人台とされた。これをレジオン内の各県に割り振った「地域議員」数（すなわちカントン数）については人口比例を基本としつつも、各県は最低15名の議員を確保するとされたため、同一レジオン内で各県毎の1票の価値の較差が拡がる結果となった。

「コミューンと広域連合体」の改革については、広域連合体評議会議員の選出方法が、これまでの連合体を構成する各コミューン評議会による選挙から住民の直接選挙に変えられた点が重要である。選挙方式は別の法律で定められるが、共同選挙方式が予定されており、2回投票制の拘束名簿式比例代表選挙（1位名簿が過半数を得ることができるような特別加算つき）により、名簿上位の当選者がコミューン評議会議員と広域連合体評議会議員を兼任し、下位当選者はコミューン評議会議員の地位しか得られないことになる[153]。

---

153) 本改革については、植村哲也ほか「サルコジ大統領によるフランスの地方自治制度改革に関する動向（11）〜（14）」『地方自治』761号56-80頁、762号21-40頁、763号46-62頁、764号125-137頁（いずれも2011年）も参照のこと。

(2) 憲法院判決による一部違憲判決の意味

　以上の改革案のうち、可決手続きが違憲であるとの主張に加えて、特に「地域議員」の創設、その選挙方式、各県の議員定数配分並びに「一般権限条項」廃止等が憲法に違反するとして憲法院に付託がなされた。2010年12月9日の憲法院判決[154]では、「地域議員」制度の創設については、「地方公共団体が公選制評議会により自由に自らの行政を行うという原理は、あらゆる公共団体が実効的な権限を与えられた協議・議決合議体（assemblée délibérente）を有することを意味するけれども、それは単一の投票の際に選出された公選職が2つの地方公共団体に議席を占めることを禁止するものではない」として、憲法72条違反ではないとした（cons.21～24）。しかし同法別表による各県への「地域議員」数の配分については、憲法院は、一般利益に基づく人口以外の要素への考慮が許されるとしても、「本質的に人口的な基礎」（すなわち人口比例の原則）を基本とすべきこと、今回の改革前の選挙区数からの激変緩和措置というのは「正当化しうる一般的利益」とは見なしえないことを理由に挙げて[155]、5つの県で「地域議員数の定めが投票の前の平等（égalité devant le suffrage）原則を無視している」として違憲判断が下された（cons.35～41）。

　「一般権限条項」の「廃止的修正」を含め、その他の全ての論点については合憲判断が下された。その結果、一部違憲判決部分の修正を経て、2010年12月16日に「地方公共団体改革法」が成立した（以下、「地方改革法」と略す[156]）。

　だが、「地域議員」制度については、県とレジオンとを「地域議員」を通じて接近させることで、将来の県の廃止とレジオンへの一元化を可能にすることこそが政府の真の狙いであるとして、野党である左翼が国会においてのみならず、左翼側の自治体政権が多数を占める全仏レジオン連合会や全仏県連合会においても猛反対した[157]。結局、2012年の大統領選挙で「地域議員」制度の廃止を掲げた

---

154) Décision n°2010-618 DC du 9 décembre 2010, *J.O.* du 17 décembre 2010, p.22181. 同判決については拙稿「分権改革の合理化」前掲『フランスの憲法判例Ⅱ』250-255頁も参照されたい。

155) 選挙事情から来る激変緩和措置の要請が人口比例の原則を凌駕できないことは、日本を含む先進民主主義国の常識になりつつある。この点につき、拙稿「投票価値の平等と政策的配慮の限界」『国際人権』22号（2011年）153-154頁。

156) 憲法院の一部違憲判決を受けて修正後の本法律成文は次の通りである。Loi n°2010-1563 du 16 décembre 2010 de réforme des collectivités territoriales, *J.O.* n°292 du 17 décembre 2010, p.22154 ; recticatif, *J.O.* n°293 du 18 décembre 2010, p.22289.

社会党のF・オランド（François HOLLANDE）が勝利したことで、「地域議員」制度は実施に移されないまま廃止されることとなった。2013年5月18日法[158]は、県評議会と県評議会議員の名称を従来の「conseils généraux」、「conseillers généraux」から「conseils départementaux」、「conseilleurs départementaux」に変えると共に（1条）、2010年「地方改革法」のうちの「地域議員」に関する規定を廃止した（48条2項）。

本書が追究する立法権分有の論理の存否については、「一般権限条項」廃止の是非こそが重要である。「地域議員」制度を採る場合、同一の議員がレジオンの利益と県の利益を実際の議員活動の中で峻別することは困難であるとの指摘が有力になされていたことに鑑みれば[159]、今回の「一般権限条項」の廃止的修正には、レジオン評議会議員と県評議会議員の活動領域を予め限定し峻別することが必要との立法者の影の意図があったことが疑われた。したがって「地域議員」制度の撤回は、県とレジオンの「一般権限条項」の廃止的修正の撤回と連動しないわけにはいかなかった。確かにオランドは、2014年1月27日法[160]（通称マプタム法〔loi MAPTAM〕）によって「一般権限条項」を復活させている（1条）。しかし憲法理論上で重要なことは、現行憲法の地方自治保障の規定あるいはその根底にあるフランス地方自治の憲法原理が、果たして立法による「一般権限条項」の廃止を許すものであるか否かである。以下ではこの論点に絞って、フランス型「分権国家」の可能性と限界を検討する。

(3) 「一般権限条項」の意味と具体的な姿

すでに見てきたように、フランス型地方自治の憲法理論では自治体に国と並ぶ立法権の分有を認めない。つまり「単一国家」主義に基づくフランス型「分権国家」原理は、自治体が必要と考える全ての公的事項への規律可能性を認める「全権限性」の保障という意味での、条例制定権の憲法直接授権性を認めない。条例

---

157) Michel VERPEAUX, « Les ambiguïtés entretenues du droit constitutionnel des collectivités territoriales », *AJDA*, n°2, 2011, p.102. 植村ほか・前掲764号126-129頁。

158) Loi n°2013-403 du 17 mai 2013 relative à l'élection des conseillers départementaux, des conseillers municipaux et des conseillers communautaires, et modifiant le calendrier électral, *J.O.* n°0114 du 18 mai 2013, p.8242（texte n°2）.

159) Hélène PAULIAT et Clotilde DEFFIGIER, *La réforme des collectivités territoriales commentée*, Groupe Moniteur（Éditions du Moniteur), 2011, pp.15-17.

160) Loi n°2014-58 du 27 janvier 2014 de modernisation de l'action publique territoriale et d'affirmation des métropoles, *J.O.* n°0023 du 28 janvier 2014, p.1562.

制定を含め自治体がその権限を具体化して行使するには、何らかの国の法律の根拠が必要である。しかしその法律上の根拠が、個別具体的な法律の条項でなく、地方公共団体一般法典（日本で言えば地方自治法）の中にある一般的包括的な自治体権限の規定であり、しかもこのような「一般権限条項」の存在が憲法上保障されていると解する場合には、実質的には憲法解釈論上、自治体の「全権限性」の憲法による保障も条例の憲法直接授権性も認められているのと変わりないことになる。

　2010年「地方改革法」による改正前の地方公共団体一般法典は、憲法72条の「自由行政」の原理を受けて、L.1111条の1で「コミューン、県、レジオンは公選制評議会により自由に自己の行政を行う」としたうえで、L.1111条の2で「コミューン、県、レジオンはその議決によりその権限に属する事項を規律する」と定める。さらにコミューンについては、L.2121条の29第1項で「市町村評議会はその議決によりコミューンの事務を規律する」とする。ここまでは「地方改革法」による改正を受けても不変の部分である。しかし県については L.3211条の1（改正前）で、「〔1項〕県評議会はその議決により県の事務を規律する。〔2項〕県評議会は、法律と〔国の〕命令により議決することを求められているあらゆる事項、並びに一般的に言って、県評議会に審議を付託された県の利益に属する全ての事項について決定を下す」と定められていた。さらにレジオンについても L.4221条の1（改正前）で、「〔1項〕レジオン評議会はその議決によりレジオンの事務を規律する。〔2項〕レジオン評議会は、県とコミューンの〔それぞれの単位での〕一体性 (l'intégrité) と自治と諸権限を尊重しつつ、レジオンの経済、社会、衛生、文化、科学の発展とその地域の国土整備を促進し、その独自性の保存を確保するための権限を有する」と定めていた[161]。

　のちに見るようにレジオンについては若干の論争があったものの、一般にはこれらの条項がフランスにおいて「一般権限条項」と呼ばれるものであった。そして「地方改革法」73条1項と2項が、県とレジオンに関する上記 L.3211条の1第1項と L.4221条の1第1項の末尾にそれぞれ、「法律がそれ〔＝県やレジオンの評議会〕に割り当てた権限分野において」という限定的な語句を付加したことと、これに伴う関連条文（L.4433条の1）の修正（「地方改革法」73条3項）が、「一般権

---

161)　2010年改正前の条文については、*Code général des collectivités territoriales*, 8ᵉ éd., 2005, Dalloz を参照した。

限条項」を廃止する意味を持つとして議論の的となったのである。また同法73条4項で、「地方公共団体と国家の間の権限配分は、できる限り、国家が担当するものとコミューン、県、レジオンに帰属するものを区別しつつ、各分野の権限とこれに対応する財源とが、国家にもコミューンにも県にもレジオンにも、それぞれ一括して割り当てられるようにする」と定める上記一般法典L.1111条の4第1項の後に、「法律によって地方公共団体に配分した権限は排他的である」という規定や、「法律が1つのカテゴリーの地方公共団体に1つの排他的権限を配分した場合には、他のカテゴリーに属する地方公共団体はこの権限に属する分野のいかなる部分についても関与することはできない」という規定を付加したことも、「一般権限条項」の廃止と結びつけて理解された。

　これら「一般権限条項」のルーツは、第3共和制期の1871年8月10日の県評議会法48条と1884年4月5日の市町村組織法61条と言われる[162]。しかし後者は確かにコミューン評議会に関する現L.2121条の29第1項と同一内容の規定であるが、前者は県評議会の議決事項を具体的に4項目列挙したうえで、5項で現L.3211条の1第2項（改正前）とほぼ同一の内容を規定するに留まり[163]、「県評議会はその議決により県の事務を規律する」という現同条1項（改正前）の規定を欠落させている。この論点につきポンティエは、県に関する「一般権限条項」の起源を、1982年3月2日の「新地方分権法」[164]の23条により上記の1884年法61条が県にも移し替えられたところに見るべきとする。そしてレジオンについても、同様にそれまでの不完全な自治体たる公施設法人の地位から、コミューンや県と同じ完全自治体の地位に昇格させたこの「新地方分権法」の59条2項により、上記61条の「一般権限条項」がレジオンにも適用されたところに見るべきとするのである[165]。なお「新地方分権法」59条は、1項でレジオンに完全自治体の地位を与え、同3項は現L.4221条の1第2項（改正前）と同一内容を規定していた。

---

162) 1871年県評議会法については本書第1部第2章第3節2(3)で、1884年市町村組織法についても同第3節3(4)で、すでに「一般権限条項」問題に触れている。

163) 1871年法48条5項にあった「その他の」という文言と「知事の提案または県評議会議員の発案に基づき」という部分がL.321条の1第2項には欠落している。法典化にあたって若干の整理と省略がなされたものと思われる。

164) 「新地方分権法」については、本章第1節2(1)ですでに触れた。

165) Jean-Marie PONTIER, « Requiem pour une clause générale de compétence ? », *La Semaine juridique*, 2011, n° 2, (10 janvier 2011), p.49.

(4) 「一般権限条項」の憲法的価値をめぐる学説

「一般権限条項」に憲法的価値ないし憲法規範性があると主張する学者や政治家の主張は、主に3つの論拠に基づく。1つ目は、自治体の「自由行政」原理を定める憲法72条3項に「一般権限条項」の存在まで保障する意味を認めたうえで、コミューン、県、レジオンにこれが保障される根拠としては、これらを憲法上の地方公共団体として列挙する同条1項に求めるものである。たとえば、2010年12月9日憲法院判決の原因となった付託理由書[166]に同様の主張がある。学説においても、M・ヴェルポー（Michel VERPEAUX）は、「単一国家」の原理からフランスでは「権限付与権限」を持つのは国家（の立法府）のみであり、「一般権限条項」には「地方公共団体にあらゆることの実行を可能にさせ、国家に対抗することを可能にさせる」意味はないとしつつも、これを「地方公共団体にその活動に不可欠な柔軟さと、自由行政の核心そのものをなすそれぞれの自由を与えることを可能にする」原則と定義することで、「自由行政」と「一般権限条項」とが結びつくこと自体は承認している。そして特定分野の権限のみを与えられるに過ぎない不完全自治体たる公施設法人（établissements publics）と憲法上その地位を保障される「地方公共団体」とを区別する指標そのものが、「一般権限条項」の保障の有無にあることも認めるのである[167]。G・マルクー（Gérard MARCOU）も、「地方改革法」とこれに対する憲法院判決を踏まえた論文の中で、「たとえ〔「地方改革法」〕73条4項が行ったように、それが規定する例外を除き、地方公共団体に配分される権限の全てを排他的権限と同一視することで、多少なりともその行使を規律し制限できるにせよ、なおそれ〔＝「自由行政」原理〕は『一般権限条項』を十分に含んでいる」と述べている[168]。

---

166) 付託理由書については、以下のものを参照した(2014年1月31日閲覧)。http://www.conseil-constitutionnel.fr/conseil-constitutionnel/root/bank/download/cc2010618dc_saisinesenateurs.pdf（元老院議員）；http://www.conseil-constitutionnel.fr/conseil-constitutionnel/root/bank/download/cc2010618dc_saisinedeputes.pdf（国民議会議員）。なお両付託理由書の内容は同じである。

167) « Observations personnelles de M. Michel VERPEAUX » in Edouard BALLADUR, *Il est temps de décider, Rapport au Président de la République*, Fayard / La Documentation française, 2009, pp.250-251.

168) Gérard MARCOU, « Le Conseil constitutionnel et la réforme des collectivités territoriales », *AJDA*, n°7378, 2011, p.129 ; *Ibid*., « La réforme des collectivités territoriales : pourquoi ? », in *Les collectivités territoriales : trente ans de décennntralisation, Cahier français*, n°362, La Documentation française, 2011, p.35.

2つ目の論拠は、現行憲法前文を介して憲法規範性が認められる第四共和制憲法前文の「共和国の諸法律によって承認された基本的諸原則（PFRLR）」に、「一般権限条項」の保障が含まれるというものである。上記付託理由書は1871年8月10日の県評議会法48条が共和国の歴史に含まれるので、これがPFRLRに該当すると主張した。学説はこの県評議会法について、未だ共和制が確立したとは言えない時点での法律という点でも、また内容自体「一般権限条項」と呼ぶには不十分な点でも否定的であり、前述のポンティエのように1884年4月5日の市町村組織法61条こそが「一般権限条項」のルーツと見るのが一般的である。のちに見るように彼は、「一般権限条項」をPFRLRと見なすことを含め、これに憲法規範性を認めることに消極的である。他方でヴェルポーは、1884年法61条に由来する「一般権限条項」がPFRLRに該当するだけでなく、すでに「一般権限条項」がコミューンのみならず全ての地方公共団体に保障されている点でも学説はほぼ一致していると主張している[169]。

　本件に関する憲法院解説書（Cahier）は、これまでの判例分析を踏まえ、当該法律がPFRLRに該当するための要件を明らかにしている。それは、①「立法者がそれに絶対的性格ないし十分に一般的な性格を与えようと望んでいたこと」、②「その原則が〔第4共和制憲法が発効する〕1946年以前に共和体制と関わる1ないし複数の法律に法文上の根拠を持つこと」、③「それが共和国の法律によってこれまで1回も侵害されてこなかったこと」、④「憲法上の沈黙がその認知を必要としていること」、⑤「それが憲法と矛盾していないこと」の5つである[170]。この要件についてもヴェルポーは、1988年7月20日の「特赦法」憲法院判決[171]に依拠しつつ、「当該法律が1946年以前に存在し、十分に根本的な原理を含んでおり、……1946年憲法が発効するまでに一度も問題視されなかった」こととまとめ直したうえで、1884年法がこの要件に十分当てはまると主張している[172]。

　最後の論拠は、前述した憲法72条2項の補完性原理である。上記付託理由書は、

---

169) Michel VERPEAUX, « Quelle répartition des compétences entre les différentes collectivités ? », in *Les collectivités territoriales : trente ans de décentralisation, op.cit.*, p.42.

170) *Les Nouveaux cahiers du Conseil constitutionnel, Cahier* n°30, pp.29-30. http://www.conseil-constitutionnel.fr/conseil-constitutionnel/root/bank/download/2010618DCccc_618dc.pdf （2014年1月31日閲覧）

171) Décision n°88-244 DC du 20 juillet 1988, *J.O.* 21 juillet 1988, p.9448.

172) Michel VERPEAUX « Les ambiguïtés entretenues du droit constitutionnel des collectivités territoriales », *AJDA*, n°7378, janvier 2011, pp.105-106.

「レジオンと県からその一般権限を奪うことで、立法者は、憲法がこれらに対して与えた地方公益に属する分野に介入する可能性に明らかな侵害を加え、このようにして『憲法的性格を持つ要請の法的な保障』を奪った」と主張した。

(5) 「一般権限条項」廃止合憲論と憲法院判決

他方で与党議員からは合憲論が強力に主張された。例えば2008年10月8日の国民議会憲法・立法・一般行政委員会におけるJ-L・ワルスマン（Jean-Luc WARSMANN）委員長報告は、「一般権限条項」の廃止が「自由行政」原理を定める憲法72条3項に抵触しないとする理由を次のように述べている。すなわちフランスは、「固有の立法権と政府を持つ連邦構成国（États fédérés）を集めた」連邦国家とは異なり、自治体の法人格の「存在を認め組織化する権限を国民すなわち国家に帰属させる」「単一国家」に留まっている。したがって憲法上保障される自治体の自由といえども、「立法者によって枠づけされ、かつ共和国と主権の不可分性、フランス人民の単一性、法の前の市民の平等、国家による〔自治体に対する〕行政的及び裁判的統制の必要性といった他の憲法原理とも調和的に解されなければならない」。「自由行政」原理は確かに立法者が権限を国家に残し過ぎて、自治体から一定の権限を自由に行使する権利を奪うことを禁止しているが、「地方公共団体の自由と解きほぐせない状態で結びつき、そのため移譲の対象とはなりえないような権限の『中核部分』についてのアプリオリな定義は存在しない」。したがって自治体に「十分な権限の土台」を残しておきさえすれば、立法者はそれから一定の権限を奪ってもこの原理に反しない。同報告によれば、前述のマルクーも「この一般権限条項は、地方公共団体の自由行政原理とは逆に、それ自体としては憲法的価値を獲得してはいない」と述べているという。但し引用した文献を示す注はない。

さらに同報告は補完性原理（同報告では権限の「適切配分原理」）違反の問題についても、「フランスは国家を単一的に組織していることに鑑みるならば、『適切配分原理』も立法者に対し『一定の方向、到達目標』を示すためのもの」に過ぎず、「それ自体としては地方公共団体に何らかの権利を与え、立法者に何らかの義務を課するようなものではない」とする。この点でも同報告は、各地方公共団体がよりよく行使できる権限を確定することで、立法者を統制する権限を本条項が憲法院に与えたものではないとするマルクーの主張や、さらには「単一国家においては、法律こそが各レベルの行政の権限を重要な部分で定め」、「1958年憲法は各

レベルの行政における権限の具体的配分については何も語っていない」とするヴェルポーの主張を注付きで引用している173)。そして同報告を根拠とすることで前述のバラデュール報告も、学説上に見解の一致はなく、また憲法院判決でも不明であることに鑑みて、「どれほど少なかろうとも、地方公共団体が単なる公施設法人と同一視されない程度に十分に重要で多様な権限の総体を保持してさえいれば、一般権限条項の修正、さらにはその廃止も可能と考えるのが合理的」と主張するのである174)。

「一般権限条項」に修正を加えた「地方改革法」73条を合憲とした2010年12月9日の憲法院判決については、その理由づけの不十分さが目につく。まず同判決は、1871年県評議会法48条と PFRLR の関係について、「この規定は、県にその領域と関係のあるあらゆる事務を扱う権限を与える『一般条項』を生み出すような目的も効果もなく、したがってそうした権限を保障するような共和国の諸法律によって承認された基本原則を生み出すこともなかった」と述べ、「一般権限条項」の憲法的価値を否定する (cons.54)。これについては、すでに見たように学説の多くが1884年市町村組織法61条こそ PFRLR と見るべきであり、しかも61条は1982年「新地方分権法」で県にも移転されたと解していた。ヴェルポーは本判決の結果、今後は「一般権限条項」を PFRLR の1つと見る学説は誤りだったとするか、あるいはコミューンについて妥当する憲法原則が県には妥当しないとするかのいずれかしかないと述べて、同判決と学説との乖離を批判している175)。

もっとも、付託理由書自体が1871年法にしか言及しなかったために、1884年法の県やレジオンへの移転可能性という難問を扱うことを憲法院が避けたことは理解しうる。加えて、これはフランスの学者はあまり指摘していないことだが、1884年法自体、県知事による政策選択レベルにまで及ぶ事前統制である後見監督制を定めており、コミューンを含めた全ての自治体がこの後見監督から解放されたのは前述の1982年「新地方分権法」からであったことに鑑みるならば、い

---

173) 以上、Rapport de la mission d'information, présidée par Jean-Luc WARSMANN, n°1153, Commission des lois de l'Assemblée nationale, 8 octobre 2008. http://www.assemblee-nationale.fr/13/pdf/rap-info/i1153.pdf, pp.64-67 (2014年1月31日閲覧)。論拠となった文献は以下の通り(但し、同報告には引用箇所の頁は欠如)。G. MARCOU, « Le bilan en demi-teinte de l'Acte II », RFDA, mars-avril 2008, p.300 ; M. VERPEAUX, Les collectivités territoriales en France, 2ᵉ éd., Dalloz, 2004 (但し、ワルスマン報告は2006年版を使用していた), p.62.

174) E. BALLADUR, Il est temps de décider, op.cit., p.66.

175) M. VERPEAUX, « Les ambiguïtés... », op.cit., p.106.

くら1884年法61条が現行法と同一の「一般権限条項」的な文言を規定していたとしても、県知事の政策判断による事前の介入・妨害がありえた以上、法律に抵触しなかったとしても、地方議会の議決で当該自治体の事務と自ら観念する分野に自由に介入できるわけではなかった点で、1884年法61条を「一般権限条項」と見なすことにはなお問題があったと思われる。もちろん後述のように1982年改革以前から、見方によっては第3共和制中期頃から、地方自治に好意的な行政判例の積み重ねにより、「一般権限条項」が規定する「市町村の利益」や「市町村の事務」は、それ以外の法令の明確な根拠を要しないほどに次第に柔軟に解釈されるようになっていたという事実は無視できない。しかし、それでもなお1884年法61条を PFRLR と見なすには論理の飛躍が残るように思われる。

　次に同判決は、「地方改革法」73条が地方公共団体一般法典中、県とレジオンに関する L.3211条の1と L.4221条の1にそれぞれ2項を設けて、「法律が他のいかなる公法人にもその権限を与えていない場合、特別な理由を付した議決により、県の利益あるいはレジオンの利益に属するあらゆる対象をそれぞれ扱うことを県評議会あるいはレジオン評議会に認めている」ことを理由にして、「本条が地方公共団体の自由行政の原理に反するという付託理由は成り立たない」と主張している。そして直ちに続けて詳しい論証もないままに、本条が補完性原理を規定する「憲法72条2項を無視しているわけでもない」と結論づけている (cons.55)。

　補完性原理に抵触せずとしたことについては、権限の性質から見て明らかに自治体の処理の方がより適切なことが明らかな場合にこれを妨げる立法のみを違憲とする前述の2005年7月7日の憲法院判決の要件から見て、本条が違憲とまでは言えないことはまだ納得しうる。しかし「自由行政」原理違反については、もし「一般権限条項」の保障が「自由行政」原理の内容に含まれないというのであれば、わざわざ特別理由つきの議決の採択と他の公共団体に当該権限を帰属させる法律の欠如という条件さえ満たされれば、県もレジオンも法律の沈黙する領域に自発的に介入できるとする「例外規定」に言及する必要はなかったはずである。ヴェルポーは本判決について、「一般権限条項」の憲法的価値を認めつつも、本条がまだ違憲と判断されるほどにこれに抵触していないがゆえに合憲と判断したとする「楽観的見方」と、憲法72条は「一般権限条項」を保障しないことが示されたとする「悲観的見方」があると述べているが[176]、「例外規定」への言及を根拠に前者の見方に与する余地は十分にあろう。さらに憲法院は、権限配分に関す

る国民代表府（国会）の立法権独占原則を「建前」としては維持しながら、憲法上全能であるはずの立法者でも、なお「一般権限条項」を廃止することが「事実上」不可能なことを暗黙裡に認めたと解すことも不可能ではない[177]。

しかし法原則上の立法者の全能性と事実上のその制約の不可避性とは、果たしてどのようにして両立しうるのであろうか。

(6) 地方自治の一般原則としての「常に留まりし」もの

すぐ気づくように、「一般権限条項」廃止の違憲論にも合憲論にもマルクーやヴェルポーが登場している。その訳は、実は各々が想定する「一般権限条項」とその憲法的価値に関する理解が異なっていたためである。つまり学説の大部分にとっては、「一般権限条項は、公共団体があらゆる分野について権限を有し、国家〔の立法権〕と競い合えることまでも意味しているわけではない」[178]にもかかわらず、憲法院や改革推進側は、この条項を「県に、その領域と関わりのあるあらゆる事務を取り扱う権限を与えるもの」、すなわち「全権限性」を意味するものと理解して、これに憲法的価値を認めることを拒否した[179]と思われるのである。

しかし「全権限性」を意味しない「一般権限条項」の憲法的価値とは何であろうか。それは、法律の規定が許す限りでの自治体の公的分野全てへの関与の可能性という、法律が否定すれば消滅してしまうような空虚な自由空間の保障に過ぎないのではないか。この点で、「一般権限条項」を憲法的価値のある規範とは別の、いわば不動の公法原理と見なすポンティエの見解は傾聴に値すると思われる。

「一般権限条項」を法律の改正によって廃止できるかという問題は、実はすでに1982年の地方分権改革の時から、特に権限配分に関する前述の1983年1月7日法及び同年7月22日法の際に問題となっていた。なぜならこの2法律は、コミューン、県、レジオンのそれぞれに具体的な権限を列挙し領域別にブロック化して配分しようとしたからである。ブロック化した権限の列挙方式の採用により、

---

176) *Ibid.*, p.106.
177) Bertrand FAURE, « La nouvelle compétence générale des départements et des régions », *RFDA*, mars-avril 2011, pp.242-243 も、事実上の「一般権限条項」の存続を指摘する。
178) M. VERPEAUX, « Quelle répartition des compétences entre les différentes collectivités ? », in *Les collectivités territoriales : trente ans de décentralisation, Chaiers français*, n°362, La documentation française, 2011, p.40.
179) Jean-Marie PONTIER, « *Semper manet.* Sur une clause générale de compétence », *RDP*, 1984, p.49.

「一般権限条項」は消え去ったとの学説も登場する中、ラテン語で「常に留まりし」と題する論文を発表したポンティエは、「一般権限条項」の法的性格を明確にすることで、これとブロック権限列挙方式とが矛盾せず両立することを明らかにした。ポンティエによれば、「一般権限条項とは、法律が地方公共団体に委ねたあらゆる可能性を後者が駆使しうることを意味する」。それは「地方公共団体の権限の一般性 (généralité)」とも言い換えられるが、憲法規範というより「それ自体としては1つの権限画定方式に過ぎない」。「その基礎に見出されるのは、地方的利益という我が国の古い観念であるが、一般権限条項の新たな理解の仕方を通じて、この地方的利益の解釈は刷新されていく」。1983年法が採用したブロック権限列挙方式は、その実際の内容を見るならば、当該権限を配分された自治体が列挙されたもの以外の分野に介入することを禁止するものではなく、また他の自治体が当該権限分野に介入する可能性を全て否定したものでもない。それは国家の権限を地方に移譲する際に権限を明確化する手法に過ぎず、ブロック権限列挙方式でいかなる権限配分立法がなされようとも、「一般権限条項」の考え方はフランス公法の中に「常に留まり続ける」一般原則的な権限確定の手法なのである[180]。1983年法は特にレジオンについてブロック権限列挙方式の特徴を強く有する規定を設けており、それがそのまま地方公共団体一般法典に受け継がれていた。しかしこのように権限列挙性の強いレジオン権限規定が制定された後でも、これと併存して常に隠れた「一般権限条項」が存続しているという通説の成立は、このポンティエの有名な論文によるところが大きい[181]。

　2010年地方改革法と同年の憲法院判決を踏まえて再度「一般権限条項」の意味を論じた「レクイエム」の中でも、ポンティエは同様の主張を展開する。「レクイエム」は、「一般権限条項」が「自由行政」原理やPFRLRに当たるかという問いに次のように答える。すなわち、「一般権限条項はたとえそれが法文上に根拠を持つとしても、法原則とは言えない」。それは「住民の集団的な必要性の充足を確保するための市町村評議会の幅広い権限」に起源があり、「したがって一般権限条項の問題は、法律によっても憲法院判決によっても解決できない」。そうである以上、それは「憲法的と見なしうる価値を有する法原則に属するものではない。それは単に……真の地方分権の結局のところ実際的な保障であるイニ

---

180) *Ibid*., pp.1443-1472. この内容の要約は、本書の視点から再構成した。
181) B. FAURE, *Le pouvoir réglementaire ..., op.cit*., pp.67-68(特に note 146)。

シアティヴの自由の定式化でありその知的形式にすぎない。なぜなら、それは地方公共団体とその公選職に法律の文面の字義的な適用が許す以上のものやそれとは別のものを行うチャンスを、義務ではなく可能性として与えるからである」。この観点から「レクイエム」は、2010年「地方改革法」が「例外規定」により自治体の自主的介入分野の拡大を許容していることや、自治体が共有しうる分野として同法自体が規定する文化、観光、スポーツの各行政では排他的権限配分による介入の限定が現実には不可能であること、さらに同法が自治体間の権限委任を認めたために排他性の原則が崩れていることを確認するのである[182]。

1998年に条例制定権について秀逸な博士論文を書いたB・フォールも、「地方改革法」が採用する排他的権限という考え方が「特別理由を付した議決」手続きや例外的に共有権限分野を認める規定によって弱められていることを指摘する。彼は、「地方改革法」73条の最終結果が「一般権限条項」を廃止しようとした当初の案とは全くかけ離れたものの「寄せ集め」となったとしたうえで、それを、政府が「地域議員」制度の成立の方を優先したために「一般権限条項」の廃止について妥協した結果と見る。こうした分析を踏まえて、フォールも「一般権限条項」とはそもそも常に「地方が規律を加えるうえでの補充的な基礎」と見るべきであるから、伝統的な「一般権限条項」と「地方改革法」が採用した「新しい補充的なイニシアティヴの条項」との間には何の矛盾もないとするのである[183]。

「常に留まりしもの」としての「一般権限条項」という考え方は、地方自治関連のフランス行政判例を分析してきた論者の多くが共有するもののようである。行政裁判所はその判例の中で、地方評議会の議決に基づく自治体の権限踰越や無権限をめぐる係争について、多くの場合、明確な法文上の根拠がないにもかかわらず、「地方的利益」、「住民の必要性」、「地方的事情」といった一般的基準への該当性を緩やかに解することで、その合法性を認めてきた。そして常にそこでは「地方的利益」の規定が「一般権限条項」と見なされてきたのであった[184]。そして2010年「地方改革法」も、たとえ従来の「一般権限条項」に「法律がそれに割り当てた権限分野において」という規定を付加して、自治体の介入可能領域を

---

182) J-M. PONTIER, « Requiem... », op.cit., pp.47-55.
183) B.FAURE, « La nouvelle compétence... », op.cit., pp.240-245.
184) B.FAURE, Le pouvopir réglementaire... , op.cit., pp.65-75. 同旨、PAULIAT et DEFFIGIER, op.cit., pp.103-108。

第 4 章　現代憲法理論における「分権国家」原理の成立とその射程　　323

限定しようとしたとしても、すぐその後に続けて 2 項で、「特別理由を付した議決」により「県（又はレジオン）の利益に属するあらゆる対象を扱うことができる」と規定せざるをえなかったことで、結局のところ今まで通り「地方的利益」等の概念を広く柔軟に解する判例の伝統に事実上追従したとも言いうるのである[185]。なぜなら、「地方公共団体の関与はアプリオリには制限できず、その権限は法律の中に示しうるいかなる列挙を通じても示し尽くすことはできない」からである。つまり「一般権限条項」とは、自治体が国家とは「別のやり方で現実を理解する可能性を意味し」、「可能な限り示された権限のリストをも超えて、公共団体が可能な限りイニシアティヴをとることを保障するもの」に他ならなかった[186]。

　前述のように「一般権限条項」の廃止的修正は、2014年1月27日のマプタム法で取消された。しかしそれは単なる政策選択の結果ではなく、地方自治の現実から来る不可避的な要請の帰結と見るべきである。なお、マプタム法も憲法院に付託された。しかしその2014年1月23日の憲法院判決[187]を見ても、「メトロポール・グラン・パリ（Métropole du Grand Paris）」や「メトロポール・リヨン」に設定される大都市圏特別制度が争点となっただけで、「一般権限条項」の復活自体は合憲性審査の対象となってはいない。むろん憲法院は、憲法原理上の建前として、「〔法律事項を定める〕憲法34条が、地方公共団体の自由行政、その権限、その財源に関する基本原則の確定を立法府に留保させている」と述べ、立法府が適宜、法文を修正・廃棄する権限を行使しても「憲法的性格の要請から法的保障を奪うものではない」とする (cons.22)。しかしこれは憲法の規範論理上の話に過ぎない。現実には、「一般権限条項」の実質的な廃止が不可能なことがいよいよ明確になったと言える。では、こうした現実から来る不可避的な条件を憲法規範に高める論理はないのであろうか。

4　憲法判例におけるフランス型「分権国家」の変容可能性
(1) 憲法判例における「憲法条理」の展開

「一般権限条項」の存続はなお事実上のものであり、憲法院が認めるような裁

---

185)　B. FAURE, « La nouvelle compétence... », *op.cit*., pp.242–243.
186)　J.-M. PONTIER, « *Semper manet* ...», *op.cit*., p.1472.
187)　Déision n°2013–687 DC du 23 janvier 2014, *J.O.* du 28 janvier 2014, p.1622.

判規範性のある憲法原則ではない。だが実は、2003年の憲法改正前からすでに若干の憲法判例は、現実から来る不可避的要請の一部に裁判規範性を認めていた。

それは、「腐敗防止及び経済活動・公的手続の透明性に関する法律」（サパン法〔loi SAPIN〕）に関する1993年1月20日の憲法院の違憲判決[188]、並びに「連帯と都市再生に関する法律」に関する2000年12月7日の憲法院の違憲判決[189]が用いた論理であった。飯島淳子の優れた分析によれば、2つの判決はいずれも、「地方公共団体は、それぞれの地域の固有の事情に応じて行動を決定する」必要があること、したがって立法は「一律・画一的に負担を課したり規制を行ったりする」ことで、「地方公共団体が地域の実情を具体的に評価する余地を奪ってはならないという規範」を示したとされる[190]。すなわち自治体による地域的実情の具体的評価権に対する最低限の保障という憲法規範が成立しているのである。

同じく、「レジオン評議会議員及びコルシカ議会議員の選挙方式並びに州評議会の運営に関する法律」に対する1999年1月14日の憲法院判決[191]も、レジオン評議会内の常任委員会に対する審議公開を画一的に強制した法律の規定を違憲とした。同判決につき飯島は、憲法院が議会の内部規則制定権を認めただけでなく、レジオン評議会常任委員会の審議の公開制が「州〔＝レジオン〕によって扱いが異なるという現状に照らせば、……各州が地域の事情に応じて決めるべき」という憲法規範の存在を認めたと解すこともできるとする[192]。さらに飯島は、前掲の1984年1月20日の「地方公務員任用法」に対する憲法院違憲判決についても、フランス憲法学が従来これを「制度的保障」説の視点から理解してきたことを認めつつ、同判決が「その拒否を動機づけた理由の性質ないし価値によって区別することなく」（cons.15）との表現を用いている点に着目するならば、各地域の異なる状況を無視した一律・画一的な義務賦課・制約の禁止という同一の憲法規範が示されたと解すことも可能とするのである[193]。

---

188) Déision n°92-316 DC du 20 janvier 1993, *J.O.* du 22 janvier 1993, p.1118.
189) Déision n°2000-436 DC du 7 décembre 2000, *J.O.* du 14 décembre 2000, p.19840.
190) 飯島淳子「『理由の性質ないし価値への考慮』の法理」前掲『フランスの憲法判例Ⅱ』241-246頁。同「フランスにおける地方自治の法理論（2）」『国家学会雑誌』118巻7・8号（2005年）53-56頁。
191) Déision n°98-407 DC du 14 janvier 1999, *J.O.* du 20 janvier 1999, p.1028.
192) 飯島淳子「地域の事情を無視した画一的規律の禁止」前掲『フランスの憲法判例Ⅱ』247-249頁。同・前掲「フランスにおける地方自治の法理論（2）」56-58頁。
193) 飯島・前掲「『理由の性質ないし価値への考慮』の法理」246頁。

こうした自治体による地域的実情の具体的評価権に対する最低限の保障という論理は、まさしく「一般権限条項」について前述のポンティエやフォールが述べようとした、地方自治の現実から来る不可避的な最低限の要請には立法者も最終的には逆らえないとする論理と同一の基礎を持つものである。すなわち地方自治の存在を憲法規範として認める限り、その現実から来る不可避的な最低限の要請はいわば「憲法条理」と見なされることになり、しかもこの「憲法条理」の一部は憲法院判例を通じて裁判規範性のある憲法規範に転化していると考えられるのである。「地域的実情の具体的評価権の最低限の保障」の法理はまさにそれに当たる。なお、ここに言う「憲法条理」の憲法規範化は、単に法令の違憲審査において違憲判断の根拠となるだけでなく、後述するように[194]、法令と条例との抵触問題において、後者の適法性の幅を広げる法令解釈の根拠にもなるであろう。

(2) 「憲法条理」と民主主義の拡充的実現との距離感

もし「憲法条理」の存在とその立法者に対する拘束性を、単に事実上のものに留めず、法的なものとまで解そうとする場合には、すでに見たオーリゥの根本「イデー」に導かれた制度理論及びその「違憲立法審査権」論との類似性が想起されるはずである。確かに日本の行政法学では、自治体法を始めとして、現代社会の多様な「特殊法」領域におけるそれぞれに固有の「条理」の存在と法令解釈におけるその一定の拘束力を認める理論が成立しており、その背景にオーリゥを見ることも多い[195]。また、「事（柄）の性質」に由来する事実上の制度的拘束性が憲法規範に転ずる可能性についても、日本の最高裁判例自体がそのような志向性を部分的に有しているがゆえに、こうした可能性を「法制度保障」論の文脈で承認する傾向も近年強まっている[196]。だが、既存の法秩序の事実上の拘束性を憲法規範に転化させる論理については、民主主義との関係でなお一定の留保が必要で

---

194) 本章第3節3で論ずる。
195) 例えば兼子仁『行政法学』（岩波書店、1997年）。またオーリゥとの関係では、兼子仁・磯部力・村上順『フランス行政法学説史』（岩波書店、1990年）、特に225-436頁（磯部力）。また財政法については、木村琢麿『財政法理論の展開とその環境』（有斐閣、2004年）も参照。なお同書は、初期のオーリゥの財政法研究が晩年に一般化されて地方分権論を生んだとの見解を示す（208-211頁）。
196) 周知のように、「森林法事件」判決（最大判1987年4月22日民集41巻3号408頁）における近代所有権概念に固有の単独所有の原則を見る考え方、あるいは「郵便法事件」判決（最大判2002年9月11日民集56巻7号1439頁）における国賠責任制限の論理には、事実上の制度的拘束性の憲法規範への転化が見られる。この点につき、石川健治「法制度の本質と比例原則の適用」LS憲法研究会編『プロセス演習　憲法』（第4版、信山社、2011年）291-320頁参照。

ある。

　確かに、立法による既存の法秩序や制度の改革をその現実的条件を一切無視して行う場合には、その実効性を期待できないために、当該立法の根源的無効を憲法規範として理論化することの有用性は否定できない。また改革立法が国民の人権や生活を著しく害することが明白な場合に、国民の側から強い抵抗が続くことに鑑みて、人権侵害立法の法規範性の喪失を憲法規範として理論化することも、「超憲法規範」としての基本的人権の存在を肯定し、これに違憲審査制の保障を与える点で積極的意義を持つ。しかし多くの場合、法的安定性と継続性を理由とする既存の法秩序の抵抗力を憲法規範として肯認することは、特権ないし既得権を持つ支配層に有利に働く保守的法イデオロギーとなってしまう危険が高い。この点で、オーリゥが1921年の「ティシ事件」判決を肯定的に評価した際に、既得権を持つ支配層に有利な法秩序を「規約法」ないし「根本法律」として肯定したのはすでに見たところである。

　また、近年の憲法院判例における地域的実情の具体的評価に対する最低限の尊重傾向についても、前述の判例のうちの前2つは肯定しうるものの、最後の1つについては、やはり民主主義の深化の点から否定的な評価がなされなければならない。すなわち1993年判決は、公役務委託契約の延長に関する自治体の裁量を過度に制約する点（cons.43）、及び当該契約に関する適法性審査のために知事が行政裁判所に提訴した場合の執行停止期間の自動延長規定が、やはり自治体の裁量を過度に制約する点で（cons.57）、地域的実情に対する考慮の過度の欠如を理由に違憲とした。2000年判決も、公団住宅建設促進のためとはいえ、自治体による計画実施の遅れについて「遅れのもととなった理由の性質ないし価値による区別」をしないままで、一律に自治体負担となる制裁措置を発動する点で（cons.45）、やはり地域的実情の過度の無視として評価されてしかるべき事案であった。これらの判決ではいずれも、違憲判断が民主主義の後退につながるものではなかった。

　しかし1999年判決が、評議会の内部機関である常任委員会（commission permanente）に審議の公開制を義務づけた当該法律24条を、「自由行政」侵害を理由に違憲としたことについては（cons.26）、大きな疑問が残る。判例評釈をしたコンセイユ・デタ裁判官J-E・シェトル（Jean-Eric Schoettl）によれば、レジオン評議会の内部互選による従来の執行部（bureau）を改変しレジオンの「真の協議・議決機関」とするために、1992年2月6日法が制度化したのが常任委員会であっ

た。公開義務化を目指した当時の政府の主張によると、「公開で討議することは、レジオン〔評〕議会の大部分を代表する委員会の本質に属する」はずのものであった。他方では、非公開とする「一般利益に属する妥協を追求」することの必要性や公開すべきか否かはレジオンに応じて事情が異なることを理由に、自治体の内部条例（règlement intérieur〔＝内部規則？〕）に委ねるべきとの主張も根強く唱えられていた。そして憲法院は、「自由行政」が地方評議会の内部条例制定権を保障すると述べることで、後者の主張を採用したのだった[197]。つまり市民の監視下での代表制議会の自由討議という「半代表制」型民主主義に沿った制度の導入が、地域的実情の尊重と自治体の内部自治の名の下に退けられてしまったのである[198]。

　いくら国の立法権に対して既得権的な地方自治権を保障できるからといって、既存の非民主的な法秩序をそのまま維持しようとする憲法理論は認められるべきでない。現実が生み出す諸困難にもかかわらず、民主的決定たる立法を通じて既存の秩序の改善を目指す人間の意志的な営みこそが社会を進歩させる。したがって「一般権限条項」あるいは「全権限性」を保障する憲法理論も、それを「事(柄)の性質」や地域的実情の尊重の視点のみから説明することはできない。むしろ自治体立法権の「全権限性」を論証するために地域的実情の尊重を主張する場合には、そのような自治体立法の発動が当該事件の当事者にとって人権のより良い保障に通じ、かつそれが実質的に見て国と地域の民主主義（あるいは国民主権）を深化・拡充することの論証こそが必要である。

　実はフランスでも、地方民主主義の拡充という視点から「一般権限条項」を「自由行政」原理と結びつけようと試みる者もいる。例えばヴェルポーは、憲法72条が「公選制評議会」による「自由行政」を保障していることに着目し、政治選挙

　197）　Jean-Eric Schoettl, « Note », *AJDA*, 1999, p.156.
　198）　Laurence Baghestani-Perry et Michel Verpeaux, « Mode d'élection des conseillers régionaux et fonctionnement des conseils régionaux : enfin la réforme vint ? », *RFDA*, n° 16(1)janv.-févr. 2000, pp.122-125 は、一方では同判決が自治体内部条例が法律の地位を奪い取る（supplantée）ことを許し、この点で「規範の位階制の表面上の尊重」よりも条例による自治体内部組織権の保障の方を重視したことを批判する。このような「単一国家」観に基づく国会の立法の絶対的優位型の「規範の位階制」論には本書は賛同できない。しかし他方で同評釈は、同判決を「合議制議決機関（assemblées délibérantes）」に関する「市民による公選職の統制の進展の点からの透明性への正当な関心」を無視したものであることも批判しており、この点には賛同できる。なお、飯島・前掲「地域的実情を無視した画一的規律の禁止」248頁も、シェトルの注釈や本注釈に言及する。

である直接普通選挙で選ばれ、住民の要求を反映しやすい地方公選職に政治的イニシアティヴの自由を保障するために「一般権限条項」の存在が不可欠であることを論じる[199]。また E・メラ（Elisabeth MELLA）も、「自由行政」が「公選制評議会」及び「実質的な権限」の存在と結びつけられていることに着目し、そこから「自由行政の民主的拡張」の原理を導き出す。この原理の中核は、地方評議会が「分権制合議機関（organe collégial décentralisé）」の性格を保障されるところにある。彼女によれば、「地域的な地方事務（affaires locales territoriales）」ないし地域的必要性は、その特質として具体的内容を法律で予め定めることは不可能であり、公選制地方評議会の合議の結果でしか把握できない。このような論理から、「一般権限条項」も憲法72条の「自由行政」原理から保障されることになる[200]。

　しかし本書のこれまでの分析によれば、フランスの国民主権論は国の立法権を制約しうるような自治体立法権の存在を認める論理を常に欠落させてきた。革命期以来、「人民主権」やフェデラリスム（連邦主義であると連合主義であるとを問わない）との対抗関係の中で確立してきた通説的国民主権原理は、全ての公的事項の決定権を立法権として集約したうえで国民代表府に独占させる「ナシオン主権」であった。それは、国民代表が有権者や自治体など全ての政治主体から独立して一般意思を解釈して立法として示し、これを画一的に全国に適用するという原則の下で、この立法の「適用」として、あるいは立法が放任している領域では「私的・家庭内的行政」と観念することで、法令に反しない限りで自治体の自主的判断と執行を認める「単一国家」型地方自治原理を必然的に生み出した。

　革命期に、国民主権の深化の視点からこのような国民代表による立法権の独占に修正を加えようと試みた者、換言すれば民主主義の拡張的な解釈を通じ、自治体立法権を国の立法権と並存させうるような論理を提示しえた者は、「有権者と代表者との間の不断の相互行為的プロセス」を提示した N・コンドルセ（Nicolas de Caritat, Marquis DE CONDORCET）であった。1884年市町村組織法制定時には、A・J-L・ド・ラネサン（Antoine Jean-Louis DE LANESSAN）が全国レベルの代表政府における民主主義には必然的に不完全性が伴うことを根拠に、自治体限定で「人民の直接統治」論を唱え、国民代表府による民主的正当性の独占に風穴を開けようとした。この両者とも、厳密な法理論として「深化」した国民主権の枠内で国の立

---

199) « Observations... » de M. VERPEAUX, *op.cit*., p.249.
200) Elisabeth MELLA, *Essai sur la nature de la délibération locale*, L.G.D.J., 2003, pp.257-284.

法権と自治体立法権の併存を論証できたわけではなく、あくまでも政治論に留まっていた。

　精緻な法理論としては、第3共和制期のM・オーリウ（Maurice HAURIOU）の国民主権論と分権論にそのような可能性が見出された。それは「代表統治」と「代表の滝」を前提とした多数者権力としての選挙権力の持つ分権的な性格に着目した理論であった。しかも「仮の法」と「確立した法」の相互作用的関係に時間の要素も加味することで、抵触関係にある複数の立法の並存と「対話」を認めうるものでもあった。にもかかわらず、オーリウの分権論ですら立法権の多元的分有を認めえなかったのは、本書の分析が明らかにしたように、まさにフランス憲法史において峻烈に戦われてきた国民主権をめぐる激しい理論対立の結果として、民主的正当性を国民代表のそれに一元化する「単一国家」原理にフランスの論者のほぼ全てが囚われてしまったからである。そのためにフランスの憲法学説は、現在でもなお地方自治の憲法原理を「自由行政」の枠内でしか認識できず、条例制定権も国の政省令制定権と同じ「命令」概念の中でしか理解できない状態に留まっている。

　オーリウの理論を生かしつつこうした限界を克服するには、「半直接制」概念が有効である。しかしフランスの憲法学者は、現在でも「半直接制」と立法権分有とを重ね合わせつつ自治体立法権を論じることができない。そこで次節では序章で述べた複眼的視点から、フランスを含む西洋の立憲主義諸国に潜在的に共通すると考えうる憲法原理を再構成することで、この限界の克服を試みることにしたい。

第3節　新たな「分権国家」概念における
　　　　　「対話型立法権分有」の可能性

1　新たな「分権国家」概念の創出と連邦国家概念の変容可能性
（1）連邦国家論の新展開

a）「単一国家」の地方自治原理の制約要素としての連邦国家論　　フランス型「分権国家」概念が地方自治保障の憲法理論を「自由行政」原理の枠内に閉じ込め続ける元凶こそ、一方で「連邦国家」における州（ないし支邦）を「国家」と観念し、他方で「単一国家」における地方自治権を連邦国家の州自治権と本質的に異なる

ものと観念する思考様式であった。それは、西洋近代の国民国家＝主権国家の形成に由来する憲法論的固定観念である。この固定観念はヨーロッパのみならず、アメリカにおいても、市町村を州の被造物とし、市町村自治権を州法から授権されたものと見たうえで、州法による自治体（地方法人）への明示的又は黙示的授権の範囲を厳しく限定したうえで、これを超える条例制定その他の自治権の行使を「権限踰越（ultra vires）」とする「ディロンズ・ルール（Dilon's rule）」[201]を生み出した。またそれは日本においても、日本国憲法が連邦制を採用していないことを根拠に、条例が国の法律と競合することを全否定する旧通説[202]を生み出したのである。

　フランスの場合には、すでに見たように近代主権国家を単一不可分の国民国家として、特に単一不可分の共和国（République）として形成することができたという歴史的事情により、「非連邦制」型の地方自治の憲法原理を容易に定式化することができた。つまりフランスは、連邦制を主権分割（つまり「国家連合」）とほとんど同一視することで、そのアンチテーゼとして「王国」ないし「共和国」の主権の単一不可分性と、この主権行使の日常政治における中核的な要素としての立法権の中央国民代表府への独占的帰属の原理や、この国民代表府による立法について地域的に必要な一定の裁量的適用（すなわち「自由行政」）を行うことを本質とする「単一国家」型地方自治の原理を生み出した。それは一定の自治制度や自治権限を憲法上保障し、「共和国の組織の地方分権化」までも憲法で規定するフランス型「分権国家」に進化した現代においても、立法権分有制に通じうる理論的な可能性があることは別にして、現実の法制度や学説、判例では変わりない。

　しかし多様な民族が存在し続ける国家、あるいは国民的統一国家形成前からの地域的分立状態を容易に抜け出すことができない国家の場合には、歴史的条件として連邦制を採用しないわけにはいかない。だからこそ連邦国家においては、国

201）「ディロンズ・ルール」については、村上義弘「アメリカの条例」『公法研究』35号（1973年）218-219頁、阿部照哉・佐藤幸治・園部逸夫・畑博行・村上義弘編『地方自治体系Ⅰ』（嵯峨野書院、1989年）286-287頁（渋谷秀樹）、薄井一成『分権時代の地方自治』（有斐閣、2006年）113頁等を参照。また、「権限踰越」の法理による公法人に対する厳格な司法統制はイギリスの伝統に由来する。イギリスにおけるこの法理については、廣田全男「イギリスの地方分権改革と権限踰越の法理」『自治総研』33巻1号（2007年）、特に8-9頁を参照。

202）成田頼明「『地方の時代』における地方自治の法理と改革」『公法研究』43号（1981年）156頁。成田説の問題点も、本書終章第1節で再び論じる。

家主権の所在や州自治権の本質が問われ続けなければならなかった[203]。

b）ドイツの連邦国家論の歴史的制約　アメリカの場合は、独立戦争時の「国家連合」状態から「フェデラリスト」と「アンチ・フェデラリスト」の争いを経て、最終的には1861～65年の南北戦争によって連邦政府がアメリカ「国家」の主権的権力をアメリカ「国民」の代表府として独占的に行使できるようになるまで、理論的混乱が残った[204]。それ以上に深刻だったのは、19世紀後半に至っても統一国家を実現できず、1871年に成立したいわゆる「ビスマルク帝国」において連邦制を採ることで、初めて統一国家化を果たしたドイツである。ドイツの場合には、「ビスマルク帝国」自体が「諸君主国家の連合体」として自らを規定せざるをえず、本来の連邦国家となるにはワイマール共和国まで待たねばならなかった。加えてドイツは、理論的影響を相互に受け合う宿命を持つ隣国フランスにおいて、国家主権の単一不可分性が明瞭に定式化され運用されていたがゆえに、これと自らを対比しつつ、精緻な国法学を構築せざるをえなかった。そのため、ドイツの州自治権の法的本質論は混迷を極めることになる。

林知更によれば、「ビスマルク帝国」時代には、「ドイツ帝国の諸構成国は、帝国設立後も国家としての性質を維持しており、単なる帝国の行政区域に転落したわけではない、という見解が一般的であった」。こうした固定観念に基づき、国家の一般理論を構築しようとしたドイツ国法学者たちは、ドイツ帝国という連邦国家に主権を認めるために、「主権を持たない連邦構成国もまた国家である」という理論にしがみつくことになる。林の分析では、ドイツ国法学者のうちP・ラーバント（Paul LABAND）は、連邦国家に先行する存在として連邦構成国を想定し、これらの国家が相互に結合して社団としての連邦国家を構成すると主張したために、連邦全体の国民が各連邦構成国の所属民に留まらない存在であることや、彼らに対して連邦国家の立法権が直接適用され彼らを支配できる現実が説明できないという限界に突き当たった。この点を克服したのがG・イェリネック（Georg

---

203) フランス側の見方は次の通り。「19世紀のドイツ公法学者たち（ラーバント、イェリネック、……）は形成途上にある自分たちの国の統一を強化するために連邦制に依拠したのであり、かくして彼らは国家とその組織形態を連邦制理論の中核に据えたのに対して、その反動としてオーストリアの学説（ケルゼン）とフランスの学説（デュギー、……）では、連邦制をその基礎からしてある種の反国家として構成されたと考えることで、国家を『超越する』（……）ためにそれが用いられた」（L. FAVOREU et al., *Droit constitutionnel*, 13ᵉ éd., *op.cit*., p.439)。

204) アメリカ独立戦争時の連邦制と主権についての対立は、岩崎美紀子「連邦制と主権国家」杉田敦編『岩波講座　憲法3　ネーションと市民』（岩波書店、2007年）221-246頁。

JELLINEK）である。彼もまた主権を「国家の本質的な構成要素」ではないとし、連邦国家を「主権国家である連邦の下に非主権国家である連邦構成国家が服属する」存在と捉えるものの、近代の法理論としては国家に先行する法秩序は認められず、全ての法理論は成立済みの国家の意思からしか構成しえないとの立場を採る。その結果、連邦国家も国民国家の1形態として認められるようになる。すなわち連邦国家とは、「国民を基礎とし国民に直接的な支配権を持つ主権国家が構成国のために自らの権限の一部を委譲したもの」と概念構成されることになる。林は、イェリネック理論の方が近代国民国家に適合的な国家の法理論であると評価する[205]。

もっともイェリネックは、連邦構成国が「単一国家」の自治体と異なるのは、前者は「ただ自らの意思のみに依拠する彼ら自身の憲法……によって自らを組織」し、かつ「その共同体が最高独立の、独立して行為しうる機関」、すなわち「最高機関」を持っているのに対して、後者は「支配権力を行使している団体」でありながらも、「その組織を上位の国家からその国家の制定法として受け取っている場合」に過ぎず、「独立した最高機関」を持っていないという違いがあるからであるとも述べている。他方で彼は、「自己の法律によって他のものから国家的権限を剥奪しうる国家」を主権国家とし、「自己の国家法的権限を自己の法律によって拡大できず、他の国家的秩序によって自己の権限拡大を制限される国家は非主権国家」であるとも述べている[206]。つまり自己組織権を始源的に有するか否かが連邦構成国と「単一国家」の自治体を分け、この自己組織権を含む国家的諸権限の制限や付与・剥奪の可能性の有無が主権国家と連邦構成国を分ける指標になる。しかし付与・剥奪可能な始源的自己組織権とは何であろうか。結局イェリネックも、主権国家の憲法から自主的に自らの憲法を制定する「始源的立法権」を認められた存在を非主権国家たる連邦構成国と見ているだけではないかと思われる。

これに対してウィーン学派を代表するH・ケルゼン（Hans KELSEN）は、「主権なき国家」論を、主権を国家の本質的指標とすることをやめながら、市町村と異

---

205) 林知更「連邦と憲法理論——ワイマール憲法理論における連邦国家論の学説史的意義をめぐって（上）」『法律時報』84巻5号（2012年）99-105頁。

206) G・イェリネック（芦部信喜・小林孝輔・和田英夫訳者代表）『一般国家学』（第2版、学陽書房、1976年）398-401頁〔Georg JELLINEK, *Allgemeine Staatslehre*, 1900〕。

なる支邦の指標を探して虚しい理論的努力を重ねる試みに過ぎず、それでは国家の絶対性を放棄しながら国家の絶対性を再度追求しようとするがごとき矛盾に直面せざるをえないとの批判を加えている[207]。ケルゼン自身は、主権概念を放棄しつつ法段階説を採ることで、国際法秩序、国家連合体、いわゆる国家、連邦における支邦、自治行政団体、市町村の全てを法共同体間の授権関係で説明するので、どの段階を「国家」と呼ぶかは用語上の問題に過ぎず、全ては「地方分権の程度」問題に還元されることになる。

ケルゼンの理論では、連邦国家では全てにとっての根本的授権規範(「綜体秩序」)は連邦憲法であり、この連邦憲法がその部分秩序の1つである連邦政府の憲法と各支邦政府の憲法に対して、それぞれの立法権その他の統治的権限を授権すると考える。連邦政府の憲法は連邦全体に対する空間的な効力を有するが、それでも各支邦政府の憲法に対する効力を持たない以上、やはり1つの部分秩序に留まる。この部分秩序に過ぎない連邦政府の憲法は、通常は「綜体秩序」の根本規範である連邦憲法に組み込まれているので、両憲法は区別しにくい状態にある。また「綜体秩序」の機関の多くは、部分秩序に過ぎない連邦政府の機関がこれを兼ねているために、実際には連邦政府と支邦政府の2者しか存在しないように見えやすい。しかし憲法理論的には、主権を持つ「綜体秩序」たる連邦国家と連邦政府秩序と支邦秩序の3部構成で考えることが正しい。したがって連邦政府秩序の憲法も支邦秩序の憲法も、それぞれ「綜体秩序」の憲法（連邦憲法）から授権された限りでの始源的（立法）意思しか持たないという点では違いがないのである。このように考えることでケルゼンは、「綜体憲法」の枠内で自らの議会が自己の憲法までも制定できる支邦と、自らの議会が法律を制定できる「州」[208]と、その機関が「地方条例」しか制定できないとされる町村との間の区別も分権の程度に過ぎず、また「地方条例」と「州法律」との間にも、さらには支邦と州と町村の間にも本質的な区別はないとする[209]。

しかしケルゼンのような連邦国家の支邦と単なる自治体との間の本質的区別を否定する考え方は拡がらなかった。ワイマール共和国から現在までのドイツにお

---

207) ハンス・ケルゼン（清宮四郎訳）『一般国家学』（岩波書店、1971年〔改版、2004年〕）195-196頁（Hans KELSEN, *Allgemeine Staatslehre*, 1925）。

208) ケルゼンがここで述べる「州」(Land) とは連邦内の支邦 (Gliedstaat im Bundesstaat) ではなく、自治的広域団体を意味しているようである。

209) ケルゼン・前掲書318-324、326、332-335頁。

ける議論について、ここで詳細に検討することはできないが、林の分析からエッセンスのみ掴み取るならば、以下の通りである。すなわち、「君主国家連合」に近かった「ビスマルク帝国」から国民主権国家への転換を果たしたワイマール共和制下では、南北戦争後のアメリカと同様に、もはや実体として支邦は「自立した政治的存在」であることを止めてしまい、その結果、C・シュミット（Carl Schmitt）の主張などに見られるように、「真の『連邦』」から「連邦制的基礎を欠いた連邦国家」への移行が進んだ。それはもはや、当該国家（ないしその背後にある実質的意味の憲法）の本質と密接不可分に結びついた国家形態ではなく、単に「国民の憲法制定権力の決断に基づいて、過去の組織の要素が残存させられたものにすぎない」。第2次世界大戦後も、K・ヘッセ（Konrad Hesse）のように「民主政〔＝民主制〕と法治国家を補完する」権力分立の機能を持つ原理として連邦制を説明する状況は、林によれば「連邦制が固有の正統性を見失った」結果としか評価できないことになる。そうである以上、支邦を国家と観念することや、そこまで言わずとも支邦の自治権を一般の自治体の自治権と本質的に区別する必要もなくなったのではないかと思われるが、依然としてそのような議論には至っていない。それどころか現代ドイツ憲法学界では、連邦制の本質論に対する興味自体が失われ、むしろ立法権限配分や連邦参議院の同意立法の範囲、財政調整などの個別的技術的な論点にのみ関心が向けられているといわれる[210]。

　c）連邦国家論の新傾向　　もし現代の連邦制論が立法権限配分論に向かうのであれば、1つの注目すべき現象は2006年のドイツ連邦基本法改正である。清野幾久子によれば、とりわけEUから出された統合的環境保護指令の実施義務に関わって、基本法75条が定める連邦と州〔＝ラント、支邦〕との大綱的立法（連邦が大綱的規範を定め、州が具体化の規範を定立し実施義務を負う）の制度では、州ごとに異なる環境保護規範が残る可能性があり、またEU指令が求めるその国内法化の期限に間に合わない危険性もあった。そこでドイツは2006年改正で大綱的立法制度を廃止し、環境法に関わる連邦の権限の強化、逆に言えば州権限の縮小を図ることにしたが、それと同時に、憲法上の連邦と州の立法権配分のあり方自体を変えたのである。

　この改革では、連邦と州がそれぞれ単独の立法で規律する領域を拡大したうえ

---

210) 林・前掲論文（下）『法律時報』84巻6号（2012年）66-74頁。

で、残された両者の競合的立法権限領域については、対象事項の性質に応じて連邦法と州法とが対立した場合の異なる解決方法が制度化された。それは「連邦優位型」、「必須性要件型」、「完全競争型」の3類型であるが、特に興味を引くのは「完全競争型」である（基本法新72条3項）。これは連邦法と州法の競合時に、従来のような「連邦法は州法を破る」という原則が適用されるのではなく、連邦法と州法を完全に対等の立法と見なすものとされる。つまり競合時には「後法は前法を破る」の一般原則が適用される[211]。したがって先行する連邦法への対処法は州の政治的選択に委ねられることになる。ここには、分野を限定したうえで「連邦と州との二重に完全な立法権限」の試みが見られるのである[212]。

　もしこのドイツの最近の立法権限配分の変化を連邦制の「純化」と解するならば、連邦制と「非連邦制」の区別の指標は、もはや国（連邦を含む）の立法権と同質の規範定立権として、これと併存、競合しうる自治立法権を憲法が国家下位団体に配分していることの有無ではなくなるであろう。なぜなら従来の通説的理解では、連邦制における立法権配分原則は、それぞれの専管領域の存在に加えて、「連邦法優位」を前提とした共管領域における連邦立法権と州立法権の並存・競合の憲法的承認だったからである[213]。そしてもし今後の連邦制の指標が、州専管領域の明示的な保障に加えて、共管領域では「完全競争型」が示すような連邦立法権と州立法権との完全対等性（「連邦法の優位」原則のない共管領域の承認）の方向に「純化」していくとすれば、立法権分有制の有無自体は連邦制の指標ではなくなる。逆に言えば、たとえ当該国家の憲法が明文で連邦制を採用していないとしても、それは必ずしも国と自治体との間の立法権分有制を否定することを意味しないことになる。つまり実定憲法が「非連邦制」の形態を採ったことから導き出される憲法原理は、せいぜいのところ自治体専管領域の明示的な保障がないこ

---

211) 山田徹「ドイツにおける連邦制改革の現状」若松隆・山田徹編『ヨーロッパ分権改革の新潮流——地域主義と補完性原理』（中央大学出版会、2008年）55頁が、改正後の連邦法とこれに「逸脱」する州法の関係を詳述する。
212) 清野幾久子「ドイツ環境法分野における『連邦と州』の立法権限問題」拙編・前掲『地方自治の憲法理論の新展開』198-226頁。
213) フランス憲法学における連邦国家論の古典的名作を著したL・ル・フュルは、連邦国家と国家連合の区別と関わらせつつ、連邦制の指標の1つとして「連邦法は州法を破る」という一般原則の存在を指摘する（Loius LE FUR, *État fédéral et confédération d'États*, Librairie générale de jurisprudence Marchal et Billard, 1896 [Éditions Panthéon-Assas, 2000], p.682）。

とと、「連邦法は州法を破る」という考え方を国と自治体との間の立法権分有制の一般原則にまで拡げることで、共管領域においては裁判機関による決着に基づき、最終的に国の立法優位の原則が適用されることに限られるのである。そしてこのような限定的な思考に立つ場合には、「非連邦制」国家でも、非対等な形で並存・競合する自治体立法権なら、当該憲法の自治体立法権保障のあり方次第では、十分に認められうるとの結論も導き出されるはずである。

　立法権分有制の有無が連邦国家と「非連邦制」国家とを区別する指標とはなりえない根拠として、連邦制の本質をめぐる新たな理論展開にも触れておきたい。前掲の林知更は、現代の連邦国家の多様な形態や権限状態を踏まえた場合、それでも残る単なる地方自治と連邦制との本質的な相違は、「民主的正統化のあり方」にあるとする。林にとり、「国民主権原理の下では、国による統治は、すべて国民に由来し、国民によって正統づけられていなければならない」。そして単なる地方自治しか存在しない「単一国家」の場合には「民主的正統化の起点ないし淵源となる『国民』が1つしか存在しない」のに対して、連邦国家の場合には「連邦全体の『国民』と州の『国民』という2つの国民が存在するために民主的正統化のためのルートが複線化する」ことになる。複線的な民主的正統化のルートとしては、ドイツの連邦参議院やアメリカの上院のような第二院を通じた「州国民」の連邦意思への参加と連邦憲法の制定・改正の際の州単位の参加が規定されている。とりわけ州が、憲法制定・改正の「中心的な役割を担う」点が強調されている。他方で地方自治の場合には、「地方自治体は、この〔単一の〕全国民によって正統化された国家によって創設され、法律によってその形態を与えられる」。それが中央集権と異なる点は、「国家が自らから独立した自律的な正統化の単位を、自分自身の手で作り出す」ところに求められるとするのである[214]。

　すでに19世紀末に、連邦国家において支邦が主権を持つことも支邦が国家であることも否定し、「反国家」的な連邦制論に傾きがちだった当時のフランスの憲法理論を正常化したL・ル・フュル（Louis Le Fur）も、連邦国家における支邦の特質が連邦国家の意思形成への参加と連邦の主権の実体（substance）そのものへの参加にあり、この点で「分権制単一国家（État unitaire décentralisé）」における

---

[214]　林知更「憲法における自治と連邦」『地方自治』788号（2013年）2-16頁。なお本書は正当性と正統性を区別していない。ここでは林の用語法に従い、正統性の言葉を使っているに過ぎない。

自治体と異なる「特殊な性質の公共団体 (collectivités publiques d'une nature particulière)」であるとする連邦国家の法的定義を提示していた[215]。林の連邦制論もこの系譜に立つものと言える。但し疑問として残るのは、第1に「特殊な性質の公共団体」による国家意思への参加についてである。ドイツの連邦参議院と異なり、アメリカの上院は選挙区が州単位であることと、各州の上院議員数が等しいだけであって、上院議員は州政府や州議会から命令委任その他の法的拘束を受けることなく、やはり全国民の立場から立法を行う機関であることに鑑みると、他方で典型的な「単一国家」とされてきたフランスでも、上院 (元老院) の選出母体は基本的に地方議会の代表者からなる選挙人団であり、しかも「元老院は、共和国の地方公共団体の代表を保障する」と憲法24条4項後段 (2008年改正前は同条3項後段) が明文で規定している点に鑑みても、立法の場面で「特殊な性質の公共団体」が国家意思形成に参加することは、連邦制と単なる地方自治制を区別する指標たりえない。第2に、本書が後述するような「非連邦制」国家でも採用しうる「対話型立法権分有」制の場合には、国の立法内容に自治体立法が部分的暫定的な修正を加えることを認める点で、国家の意思形成たる立法に自治体が参加することを認める。林は地方自治の場合には、連邦制の州のようには「国家の民主的正統化に構成的に関与すること」はないとするが、もしこの「対話型立法権分有」制が憲法論的に成り立つ場合には、林の定義と部分的に矛盾することになる。

　したがって本書の視点から再考するならば、林理論のうち、自治体による国の立法意思形成への参加の有無は連邦制と単なる地方自治制とを分ける指標たりえない。しかし林が指摘する民主的正統化のルートが単線か複線かという視点は、国民主権の究極の発動形態である憲法制定と改正の場面に限るならば、なお有意義である。なぜならば、通常我々が真正の連邦国家として分類可能な国家群を見出すことができるとすれば、統治形態や権限配分の多様性にもかかわらず、これらの国のいずれにおいても、主権の究極の発動の場面で州政府や州議会が決定的な関与をしていること、拒否権までは至らずとも、州自治権と連邦制的形態を維持するか否かにつき、その選択権を州を単位とする「州国民」に手続的に保障していることは確かだからである。つまり本書の視点から連邦制論を構成し直すならば、連邦国家も、何らかの立法権分有制が認められる場合の「分権国家」も、

---

215) L. LE FUR, *État fédéral et confédération d'États, op.cit.*, p.675 et p.679.

日常的には主権者国民は国家レベル（連邦国家では連邦レベル）と自治体レベル（連邦国家では州と自治体の2層レベル）で、住民としての性格を併せ持つ国民として、複合的な「全国民」の立法意思形成に参加するけれども、憲法改正の場面では、連邦国家は「州国民」と「連邦国民」の2つのレベルで民主的正統化のルートが確保されるのに対して、「分権国家」の場合には単一の「全国民」として単一のルートによる民主的正統化しか確保されないと考えるべきなのである。そして、連邦国家が究極の主権行使の局面（憲法制定と改正）においても「州国民」の要素を介在させるところに示される憲法制定権力の多元化という特質は、民族や文化の相違あるいは歴史的伝統の相違を残したまま国家形成を進めざるをえなかったという、その歴史的事情に原因を求めるしかないであろう。このように連邦制を再構成するならば、「非連邦制」の憲法の場合にも、それだけでは決して立法権分有制を否定する理屈は出てこないことになろう。

(2)　「地域国家」論の登場と「分権国家」概念の再構成

　立法権分有制をその定義自体で否定するフランス型「分権国家」概念は、「非連邦制」国家でありながら立法権分有制を認めるイタリアやスペインのような「地域国家（État régional）」の存在によっても根拠を失いつつある[216]。フランス型「分権国家」概念を維持しようと努めるファヴォルーらの憲法教科書によれば、フランス憲法学は連邦国家と古典的な単一国家（中央集権国家）の間に、「地域国家（État régional）」と「分権制単一国家（État unitaire décentralisé）」の2つのカテゴリーを設けている。前者はイタリアやスペインが典型例であり、後者は分権改革後のフランスである。後者は本書がフランス型「分権国家」と呼ぶものである。ファヴォルーらによれば、「地域国家」とは、とりわけ「自治的規範定立権（pouvoir normatif autonome）」を含む「真の政治的自治」がレジオン（以下、「地域国家」の場合は州と訳す）に認められ、にもかかわらず「国家構造はなお単一制に留まる」ことを特徴とする。

　ファヴォルーらによれば、「分権国家」化したフランスのレジオン自治制はなお「行政的レジオン分権（régionalisation administrative）」に過ぎず、あくまでも「行政分権（décentralisation de l'administration）」の枠内に留まる。しかしイタリアや

---

[216]　「地域国家」に関する邦語文献としては、若松・山田編・前掲『ヨーロッパ分権改革の新潮流』、特に若松隆「スペイン自治権国家の実態と変容」（1-28頁）、高橋利安「イタリアにおける地方分権と補完性原理」（63-92頁）を参照した。

スペインの場合は「政治的レジオン分権（régionalisation politique）」である。それは、フランスのような「分権国家」とは異なり、連邦国家と同様に憲法によりその自治権が保障され、憲法上の「州の立法権の承認に基づく規範的淵源の二元性（dualité de sources normatives）」によって、換言すれば「立法権と……法秩序の二元性」によって特徴づけられる。つまり国の立法と自治立法との関係は「上下関係（hiérarchie）の原則」ではなくて「権限（compétence）〔配分〕の原則」によって処理される。この原則によれば、国の立法であれ自治立法であれ、「憲法ブロックによって定義された権限配分を無視したことを理由に、権限逸脱の法律は違憲となる」。

「地域国家」では、州の立法権は「憲法によって規定された領域」で行使され、「この領域は、原則として国の立法によるあらゆる侵害から保護される」。両立法権の対立は原則として憲法裁判所で処理される。他方で「分権制単一国家」では、「主権の不可分性」が「国土全体に対する主権の唯一の淵源の行使」を求めるため、立法権の多元化はありえない。それゆえ「命令（règlement）」の概念で理解される条例についても、2003年の憲法改正により自治体への条例制定権の帰属が直接憲法上に根拠を持つようになった（72条3項）とはいえ、それでもなおフランスの自治体は、「憲法72条を直接の根拠として行政決定を行うことができない」。ファヴォルーらによれば、改憲後も、法律から独立して憲法21条と37条に直接基づき「命令」制定権を行使できるのは政府の命令の場合だけであり、「地方公共団体の諸当局が行う規範的活動〔＝条例制定等〕は、法律がこれらの団体に付与した権限の行使から導かれる」に過ぎない。

このようにファヴォルーらの定義では「地域国家」は連邦国家にかなり近いものである。しかしなおこれらの国の憲法には、共和国ないし国民の単一不可分性の規定が残されている（イタリア憲法5条、スペイン憲法2条）。「地域国家」における「単一性（unicité）」は、州が「連邦構成国〔＝支邦〕の属性」を持っておらず、その自己組織権が枠づけられており、全国的国家権力の行使に対するその参加も極めて限られているところに見出される。ファヴォルーらによれば、連邦国家では「連邦構成国に帰属する憲法制定権力の存在」が認められるのに対して、「地域国家」の州は「立法レベルの地位」しか持っていない。つまりイタリアもスペインも憲法は1つしかない点が重要である。スペインの州や自治共同体の地位は、形式上は立法行為によって確定されている。イタリアの州も15の普通州は国会が

その地位を定め、「特別地位を持つ」5州の地位も、「国家の機関が可決した憲法的法律」から導き出されるに過ぎない[217]。

　以上のようなファヴォルーらの「地域国家」の定義はなお不明確である。彼ら自身、「地域国家」とは「新たな国家形態か、むしろ連邦制へと向かう過程での1段階という暫定的形態なのか」と自問しているほどである[218]。「地域国家」と「分権国家」の違いも、結局のところ定義の問題に過ぎない。ファヴォルーらの教科書で共著者を務めたG・スコッフォニィ（Guy SCOFFONI）も、別の機会には、「地域国家」という別個の憲法的カテゴリーなど存在せず、「憲法上再構成された分権国家……という概念だけが、連邦国家以外の選択肢として現れる」と述べている[219]。つまりフランス憲法学のように「単一国家」の固定観念に囚われ続ける場合に初めて、「分権制単一国家」とそれ以外のより分権ないし自治の進んだ国家とを「本質的に」区別できると、考えることができるに過ぎない。そして「分権制単一国家」と、「地域国家」を含むフランス型以外のより進んだ「分権国家」及び連邦国家とを区別する指標として、フランス憲法学が常に持ち出すものこそ、国の立法を介することなく直接憲法に根拠を持って具体的な規範定立まで行うことのできる自治体（又は国家下位団体）立法権の有無なのである。

　そうである以上、フランス的固定観念に囚われる必要のない我々は、何らかの形で憲法から直接に立法権まで授権された（つまり始源的立法権を持つ）自治体の存在を認めうる国家一般を「分権国家」と呼び、フランスの「分権制単一国家」はフランス型「分権国家」として区別するべきであろう。そしてすでに「一般権限条項」や「地域的実情の具体的評価権の最低限の保障」の法理を論ずるところで見たように、立法権分有制を表立って否定するフランス憲法学ですら国の立法権独占の原則は半ば形骸化しており、実質的には自治体が「憲法条理」に基づき、法律の個別具体的な授権〔委任〕を要することなく、その意味で独立して独自の具体的規範定立権を行使することが容認されている。つまりフランスは、自らが立法権分有制まで容認するに至っていることを自覚していない「分権国家」なの

---

217) L. FAVOREU et al., *Droit constitutionnel*, *op.cit*., pp.471-524. なお、只野雅人「自治体の立法権をめぐる『国家の型』の理論」拙編・前掲『地方自治の憲法理論の新展開』79頁も参照。
218) L. FAVOREU et al., *ibid*., p.471.
219) Guy SCOFFONI, « La notion constitutionnelle d'État décentralisé en Europe », in 拙編・前掲『日本とフランス（及びヨーロッパ）における分権国家と法』91-92頁（翻訳として、大藤紀子訳「ヨーロッパにおける憲法上の分権国家の概念」同書7頁）。

である[220]。

2 現代国民主権論における「対話型立法権分有」法理の論理的可能性
(1) 現代国民主権原理の「歴史普遍的」な内容と立法権分有
　a）実定憲法を根拠とする「地域国家」概念と憲法原理に基づく「分権国家」概念　では、国と自治体との間の立法権分有制を不可欠の要素とする「分権国家」はいかなる憲法原理と結びつくのであろうか。イタリアやスペインのような「地域国家」の場合には、最上位の（特殊な）広域自治体に限って憲法が明示的に立法権を分有させている。イタリアでは基礎自治体であるコムーネ（市町村）については立法権ではなく「行政権能」としての条例制定権を認めつつ、州を含む全てのレベルの自治体に「補完性原理」、「区分性原理」、「最適性原理」による権限配分における自治体尊重が保障されるに過ぎない（イタリア憲法118条1項）。これ自体、上述したようにドイツやフランスにおける連邦国家概念や「分権制単一国家」概念の影響から逃れきれず、州以外の自治体では「単一国家」における「自己行政」ないし「自由行政」としてしか地方自治を観念することができないところに原因がある。

　しかし、もしこうした固定観念から逃れることができるならば、個々の実定憲法上の規定の仕方の限界を超えて、国民主権原理の歴史的発展に基づく新たな民主主義の概念そのものから、一国内における多元的な公的主体による立法権の分有を導き出せるのではないか。そして、もしこの仮説が成り立つならば、現状の「地域国家」における州レベルにのみ限定された歪な立法権分有制も、さらには現代フランス判例理論における「憲法条理」レベルでの立法権分有化の諸傾向にしても、全ては現代国民主権原理に基づく真の「分権国家」への移行過程における諸現象と見ることも可能になろう。

　b）「正当性の契機」しかない「ナシオン主権」と「純粋代表制」　そこでここで再度、本書の分析による国民主権原理の歴史的展開過程を、芦部信喜の国民主権論における「正当性の契機」と「権力性の契機」の概念を利用しながら、より憲法理論として定式化した形で振り返ってみよう[221]。芦部は国民主権を憲法制定権力論の枠内で論じる傾向が強く、「正当性の契機」は実定憲法の正当性の根拠の

　220）　この表現は、もちろん前掲（本章第1節1(1)の注7））のミシャロンの論文、« La République Française, une fédération qui s'ignore ? »をもじったものである。

意味で、また「権力性の契機」は実定憲法上で有権者団が実際に政治的決定を行うことを保障する制度の意味で用いている。しかし本書では、実定憲法の規定が意味する内容の限界を超えて、憲法原理そのものから統治権力を正当化する論理として「正当性の契機」の表現を、憲法原理から演繹的に導かれる、実在する市民の集合体に統治権力（すなわち主権の行使権。その中核が一般意思定立権力としての憲法制定権と立法権）を実際に帰属させるための論理として「権力性の契機」の表現を用いる。

まずフランス革命以来、アベ・シェイエス（Abbé, Emmanuel-Joseph SIEYÈS）らによって定式化された「ナシオン主権」論は、全国民のために、他のいかなる主体・権力からも独立して自由に一般意思を解釈し表明すべきとされた中央の国民代表が、憲法制定及び立法をこうした「自由委任」原則に基づいて行う政治こそ正しい統治のあり方であることを定式化した。ここでは理念上も実際にも有権者ないし具体的な市民の集合体（人民）から完全に独立した政治が保障され、まさに国民主権は「（実在する全ての構成要素を捨象した）全国民のための政治」を理念上保障するという「正当性の契機」の意味しか持たなかった。これは、国民代表と有権者との関係においては「純粋代表制」を生み出し、主権主体も意思能力を欠く幼児を含む未成年者や未だ生まれていない将来世代の国民をも含む抽象的観念的存在となる。したがって選挙は、有権者の実在する意思を国民代表に伝える手段であってはならず、全国民のための正しい一般意思の解釈者を発見するための手段であり、この観点から財産を持ち豊かな教養と政治談議の時間を持ちうる有産階級（ブルジョワジー）に選挙権・被選挙権を限定する制限選挙制も正当化さ

221）芦部信喜『憲法学Ⅰ　憲法総論』（有斐閣、1992年）242-243頁。同（高橋和之補訂）『憲法』（第5版、岩波書店、2011年）41-43頁。なお芦部は「権力的契機」と「正当性の契機」又は「正当性的契機」という表現も用いる。しかし「正当性と権力性の両契機」という表現も用いるので、本書は平仄をそろえる表現にした。ここで芦部の概念を用いるのは、歴史的な諸憲法現象を憲法理論化するうえで憲法解釈論的な視点が欠かせないと考えるからであり、そして本書の視点（立法権分有制の弁証）からは、この芦部の概念が憲法解釈論として有益だからである。但し現行憲法の国民主権を「正当性と権力性の両契機」を持つものと説明する芦部説は、実際には「半代表制」への変容を遂げた「正当性の契機」中心に構成されており、憲法が明示的に保障する「権力性の契機」は96条の憲法改正国民投票の場面に限定する点で、本書とは立場を異にする。以下に示すように、本書は国と自治体との間の立法権分有の中に、さらには自治体立法権の中に住民投票をも部分的に組み込む概念構成を採ることで、「実在する民意」による国家の決定権力の部分的な実際の行使を見ており、「権力性の契機」は憲法改正の場面以外に、いわば地方分権化される中でも顕在化すると考える。

れた。「純粋代表制」を含み込んだ「ナシオン主権」原理は、「人民主権」やフェデラリスムを主張し、下から具体的な市民意思を突きつけようとする民衆運動を理論的に排除し、中央の国民代表府の一方的な立法意思を全国に画一的に適用することで資本主義市場経済を築き展開させるための近代法制を確立した。自治体は全国的な法制度の整備過程から排除され、一切これに関与できない状態に置かれた。そのうえで、国民代表府が全国的な利害に関わるものではないと判断した領域では放任される形で、全国的利害が関わると判断する領域では常に中央権力によるいかなる介入も可能となるような形で（すなわち立法の「適用」としての自治体行政と観念して）、地方自治が「自由行政」として認められることになった。

c）「人民主権」の本質とその制度化の困難性　本書が描き出した「人民主権」論は、あくまでも権力の民主化を徹底的かつ永続的に追求する「下からの民衆運動」の政治論であり、その意味でフェデラリスムと連結する。両者の違いは中央政府・中央権力を積極的に理論構成するか、それを常に危険なものとして回避する理論構成を目指すかであり、後者の場合もそれが国家の理論である限り、連邦国家の論理を取り入れざるをえない。他方で「人民主権」論を主張し運動する民衆運動の側では、そのリーダーを含めて、精緻な憲法理論というよりもむしろ「国家イメージ」、「憲法イメージ」こそ重要であった。もちろん M・ロベスピエール (Maximilien ROBESPIERRE) ら実際に国家権力を担う立場に至った者たちの場合には、現実の政治の必要性と妥協せざるをえず、どれほど理念上は「人民主権」を語ろうとも、実際に作り出す実定法制度やその運用は、「人民主権」原理を統一的国家権力の効率的維持・運営の方向に修正することを余儀なくされる。1970年代のフランス左翼共同政府綱領が示した「立法期契約」は、J-J・ルソー (Jean-Jaques ROUSSEAU) の命令委任の考え方から見れば国会議員への自由委任の度合いが大きく、いわば現代日本の「マニフェスト型選挙」に過ぎないにもかかわらず、これを現代版命令委任と見たうえで「人民代表制」論との結合を模索する杉原泰雄[222]や、命令委任の考え方を放棄し、全国レベルでの部分的な人民の直接決定制度（人民投票制）が採用されただけで「人民主権」あるいはその現代版としての「市民主権」の成立を認める辻村みよ子[223]らが示す憲法解釈学説としての「人民主権」説は、実定憲法の主権原理を「人民主権」の実現と見なすうえでやむをえない修

222）「立法期契約」につき、杉原泰雄『人民主権の史的展開』（岩波書店、1978年）436-438頁。「人民代表制」論については、杉原『憲法Ⅰ　憲法総論』（有斐閣、1987年）217-221頁。

正「人民主権」である。しかしそれは、民衆側がいかなる権力に対しても常に突きつけるその欺瞞性批判・イデオロギー性批判を介して初めて、(常に矛盾を抱えつつも)過度に「少数者支配」的でも「多数者による圧制」的でもない政治が、換言すれば、当該時代・社会において許容しうる程度にその欺瞞性を改善された代表民主制が実現するという視点を失わせる危険をはらむ[224]。

「人民主権」論は、実在する市民総体(有権者総体)を主権者人民とし、直接民主制ないし命令委任制を通じた間接民主制により人民自身が日常的に重要な政治的決定を行うことを保障するという、全面的な「権力性の契機」を主権原理の中核に据える。そして人民自身が行う決定は常に人民のための政治となることから、結果的に「正当性の契機」も確保されると考える。しかしこのような「人民主権」論には、論理的に見て「権力性の契機」と「正当性の契機」の間に簡単には超え難い溝が横たわっている。なぜなら「正当性の契機」が示す「国民のための政治」実現の理念は、普通選挙制を前提としたとしても、成人に限られてしまう現実の有権者総体を超える「全国民」を、すなわち未成年者や将来世代、さらにはグローバル化の進展を考慮した場合には定住外国人まで含んだ存在を主権者として想定し、彼ら全体のための政治でなければ主権者のための正しい政治ではないとする理念だからである[225]。さもなければ「治者と被治者の同一性」という民主主義の根本理念が成立しなくなる。

この点ルソーは、選挙民(有権者)が命令委任を付して議員を国会に送り出す時に、選挙民の特殊意思ではなく「国民の意思」を表明すべきとしていた[226]。しかしこのルソーの考え方は、利己主義を捨てて全体の利益のみを考える「偉大な立法者」を前提としていた。さらにそのような「偉大な立法者」である人民においては、実際に市民の間に存在する「距離感」を考慮に入れることが許されな

---

[223] 辻村みよ子『市民主権の可能性』(有信堂、2002年) 44-55頁、同『フランス憲法と現代立憲主義の挑戦』(有信堂、2010年) 62-80頁。

[224] 石川健治は、この問題を「サンキュロット達の魅力あるコミューン主義と、彼らのバイブルであったルソーの背後にある主権論の定式との間」の「論理的には架橋できない溝」、あるいは「フランス風の主権論の定式が」杉原自身の「よりラディカルな多元的自治論の構想を、裏切っていた」と表現する(石川健治「憲法学における一者と多者」『公法研究』65号〔2003年〕、133頁)。

[225] なお辻村の「市民主権」論は、定住外国人への参政権を認めることで、有権者総体と主権者とを同一視し、主権者による(部分的であれ)直接的政治決定に「権力性」と「正当性」の統合を見ようとする。

[226] 浦田一郎『シェースの憲法思想』(勁草書房、1987年) 200頁、注(1)。

い。むしろ均一な市民の間に予め存在する共通利益を討論抜きの全員一致的な決定で「発見」し、これを一般意思と見なすような共和主義イメージを前提としていた[227]。近代の黎明期に生きたルソーと異なり、近現代の歴史の流れの中で民主主義の発展・深化を体験してきた現代の我々の目からすれば、個人間に広がる価値観の多様性や、一個人自身の中にもアイデンティティーの多元化を認めるような現代社会を前提としないわけにはいかない。また個人や地域が自らの特殊利益を追求することを否定することも不可能である。したがって我々は、「偉大な立法者」も「均一の市民社会」も想定することなく、国民主権原理を構築しなければならない。そうだとすれば、「人民主権」論が提起する「ナシオン主権」原理の欺瞞性、イデオロギー性への批判的視点は必要だとしても、その矯正策としての直接民主制を採用してもなお残る主権の帰属主体と実際の主権行使主体との乖離を認めたうえで、後者による前者の意思の適切な「代表」を認める憲法理論こそ正しいことになる。

　d）「半代表制」と「半直接制」に見る「正当性の契機」と「権力性の契機」　「国民代表制」原理は、いくら少数のエリートによる民衆支配に寄与する側面があろうとも、利害対立が構造的に生み出される私たちの社会において、法的な意味で暫定的な正当性を持つ国家権力が、将来世代まで含む「全国民の利益」実現のための政治を、時に多数の市民（民衆層）の反対を押し切ってでも実行するために必要とされた、まさに近代の重要な発明品である。本書が分析してきた近・現代のフランス憲法史は、この「国民代表制」が地域からの具体的で切実な要求を一切無視して、「全国民」のための近代的法制度を強引に実現しようとした「純粋代表制」の時代から、「人民主権」あるいはフェデラリズムの度重なる理論的挑戦と現実の政治運動による批判を受けることで修正を受け、より民主主義的な度合いの強いものに変化し続けるという特質を持った法原理であることを示してきた。すなわち当初の「純粋代表制」はやがて変質し、普通選挙制の実現や近代政党政治の発達とも相まって、19世紀末から20世紀初頭には「実在する民意を尊重する政治こそ正しい」という理念が支配するようになったのである。これをフランス憲法学は「半代表制」と呼ぶ。そして20世紀後半になると、さらに「実在する民意の尊重」の理念が単に「正当性の契機」のレベルに留まらず、「権力性の契機」

---

[227] Michael J. SANDEL, *Democracy's Discontent*, The Belknap Press of Harvard University Press, 1996, pp.319-320.

にまで及んでいき、その結果、部分的であれ一定の直接民主主義的制度を備えていない国民主権は欺瞞であるという一般的な憲法観念が成立するようになる。ここに「半直接制」が成立する。

　但し「半直接制」は、人民ないし有権者総体が全ての重要な場面で決定権を独占する原理ではない。第5共和制憲法が当初設けた直接民主制は、憲法改正人民投票（憲法89条）であれ、立法のための人民投票（同11条）であれ、有権者の側には発案権はなく、国民代表機関、特に大統領が自らの政策実現手段として人民投票を利用する時に、有権者が「支持」又は「拒否」の形で最終的政治決定に参加するに過ぎなかった。2008年の憲法改正で、人民発案型人民投票制に近いものが導入された（新11条）。それは有権者の10分の1の支持を条件として、国会議員少数派（5分の1）が提出した法案が人民投票にかけられるというものである。しかしこの有権者の支持という条件付きの議員提出法案の人民投票は、「組織法律に定められた期限内に両議院において審議されない場合」に限り実施されるものに過ぎない（同条5項）。

　F・アモン（François Hamon）は、この市民と国会議員の「共有発案制（initiative partagée）」制度を、「フランスで初めて市民にレファレンダムの始動の際に能動的役割を果たす可能性を与えた」ものと述べる。しかし同時に彼は、この制度がその手続きの開始（法律の提案）でも手続きの最後（国民投票にかけるか否か）でも国会議員の意思に委ねられていること、人民投票にかけたくなければ、組織法律に定める期間内に両院で審議するだけでよく、法案を否決してもかまわないことに鑑みて、極めて強い制約がついた制度であることも認める[228]。ここから分かるように、「半直接制」は有権者の生の意思を立法化するものではなく、常にその内容も、またその人民投票の発動すら、国民代表府たる国会による修正と枠づけを経ることが必須条件なのである。つまり「全国民のための正しい政治の実現」の観点から、人民発案に国民代表制からの制約が課せられている。この意味で、「半直接制」は「権力性の契機」を強く示しつつも、なお「正当性の契機」によって修正と枠づけしたものと見るべきであり、ルソーらの「人民主権」論のように全面的に国民主権を「権力性の契機」中心に構成したものとは言い難い。

　　　228）　François Hamon, « La nouvelle procédure de l'article 11 : 'vrai faux référendum d'initiative populaire' », in Jean-Pierre Camby, Patrick Fraïsseix et Jean Gicquel (coordonné par), *La révision de 2008, une nouvelle Constitution ?*, L.G.D.J., 2011, pp.43-56.

e）国民代表権力間の永続的な相互作用と「歴史普遍的」な国民主権原理　本書が分析した第3共和制期のフランス憲法学者の学説は、「半代表制」段階の到来を意識しながら、国民主権原理に基づく新たな国家論・憲法理論を打ち立てようとしたものであった。「実在する民意の尊重」の理念を意識した者は、民意が国政のみならず地方政治にも現れることを無視できなくなる。ここに憲法理論としての地方自治論（フランスの場合は「地方分権」論）の成立する契機があるのも、すでに見たところである。しかし「人民主権」論との対抗の中で精緻な「ナシオン主権」原理が構築されたフランスでは、国民に帰属する主権の行使は「国民代表制」の一元的ルートでしか認められなかった。そのため、地方自治を「国民による主権の地域的行使」と観念する道は閉ざされ続けてきた。

　唯一、オーリゥの憲法理論だけが、代表概念を「イデー」実現のための表象の意味に抽象化したために、「代表の滝」という多段階的な「国民代表制」を構想できるようになった。さらに多様な主体間の相互作用を通じて「仮の法」が「確立した法」に展開するとする論理の中には、国会の立法権の至高性・全能性を否定し、立法権分有制に近づく要素が見出されることもすでに確認した。オーリゥ理論に伏在する可能性は、多数者権力としての選挙権力、すなわち有権者の権力を、一般意思ないし共通意思を「支持」や「拒否」の形式で「代表」するとした論理の中に見出される。但しオーリゥは、選挙権力（有権者権力）が一般意思を「代表」するうえで他の権力と質的に異なる優越した地位を持つことを十分に理論化できなかった。それは選挙による事実上の影響力の行使しか、選挙権力（有権者権力）に認めていないという「半代表制」段階の国民主権論の限界を、オーリゥも持っていたからである。

　すでにオーリゥ分析の個所で指摘したように、「半直接制」段階を意識できるようになれば、「国民代表制」の理論構成も変化するはずである。なぜなら「半直接制」段階では、たとえ拒否権の発動の場面に過ぎないとはいえ、「実在する民意」である有権者総体が国家の決定権力を実際に行使できることが認められるため、「実在する民意の尊重」理念の下では有権者総体の意思が他の国民代表機関の意思と比べて特権的位置を占めるようになるからである。したがって「半直接制」下では、有権者総体の意思が「国民代表制」において特権的地位を持つことを認めたうえで、それでもそれと「全国民」に帰属する一般意思とは完全な同一視はできないと考えるべきなのである。

有権者意思も「全国民」の一般意思を代表する権力であり、憲法で設けられたその他の国民代表権力（特に国会）と代表権能を共有する。両者は、実定憲法で配分された「全国民」代表権能を、憲法規定から明示的ないし黙示的に導き出される手続きを介して行使することで、相互に影響を与えあい、その総体が暫定的に「全国民」の一般意思を形成すると見るべきである。ここで「暫定的に」と表現するのは、オーリゥも指摘するように、いかなる国民代表意思も絶対的な真の「全国民」の一般意思を表明できるとは考えられないからである。たとえ有権者総体の意思であれ、国会の意思であれ、一方的に真の「正しい」一般意思を見つけ出すことはできない。憲法規定に従って暫定的に「仮の法」を示す権能が通常は国会（立法府）に、例外的には有権者総体（人民投票）に与えられるにせよ、真の「正しい」一般意思たる「確立した法」は常に闇の中に存在する。我々が到達できるのは、有権者総体を含む諸国民代表権力間の相互作用、及びこれらの権力間の相互作用の中で確定した「仮の法」ないし「仮の一般意思」と被治者としての国民が日常的に抱く諸々の意思との再度の、かつ永続的な相互作用を通じて、「真の一般意思」に接近していくという論理こそ、本書が追究してきた歴史的変化を示しつつも普遍的な内容へと深化していく国民主権の原理なのである。本書はこの論理を「歴史普遍的」な国民主権原理と呼ぶ。この「歴史普遍的」な国民主権原理という視点は、決してオーリゥが先駆けなのではない。それはすでに見たように、フランス革命期に「ナシオン主権」と「人民主権」（さらにはフェデラリズムも）との間の妥協と調整を目指したN・コンドルセ（Nicolas de Caritat, Marquis DE CONDORCET）の憲法構想の中に示されていたのである。

(2) 「対話型立法権分有」と地方自治

a)「歴史普遍的」な国民主権原理と「討議民主主義」　現代の民主主義理論は、制度化された民主主義と制度化されざるそれとの間の相互作用の中に、民主主義の深化を見る。もちろん、個人の価値観の多様性とその非和解性を所与の前提とし、各人が個人利益・私的選好を追求することを最大限尊重しうる政治理論のみに正当性を認めるリベラリズムの思潮も隆盛を誇っている。現代のリベラリズム論は、政治を、個人の私的自由の保障を前提としつつ、希少資源をめぐる個人・集団間の功利主義的な取引と決定のシステムと見なす。しかしリベラリズムが強い影響力を持つアメリカでさえ、公共善の存在を認め、これを追求する政治思潮も有力である。それが「討議民主主義（deliberative democracy）」である。現代の

民主主義論である「討議民主主義」は、フランスのルソーや革命期のジャコバン派のように予め特定の公共善が客観的な真理として存在し、「偉大な立法者」が当然のようにそれを発見するという立場は採らない。「討議民主主義」も現代社会における個人間の価値観の分裂と多元化を認めながら、それでも人々の選好は充実した討議を経れば変化しうること、そして絶対的な公共善を見つけ出すことよりも、討議を通じて暫定的なコンセンサスを形成し、公共善に接近していく過程こそが重要とする[229]。

日本における「討議民主主義」の紹介者であり、かつ実践者としても名高い篠原一は、コンドルセが「民主主義とその安定にとって、政治と市民社会との『循環性』がいかに大切かを強調していた」点で、「おそらく歴史上はじめての討議デモクラート」であったとする[230]。篠原は政治と市民社会の「循環性」しか見ていないが、本書がすでに明らかにしたように、『ジロンド憲法草案』に示されたコンドルセの構想では、国会による立法が市民の第1次会の拒否的人民発案を通じて永遠の問い直しを続けるところに真の国民主権を見ている。これは、篠原の言う市民社会の意思をも制度化したうえで、これらの制度化された多様な国民代表意思どうしの永遠の相互作用の中に一般意思への到達を見ようとした構想と考えることができる。つまり、コンドルセとオーリウの「歴史普遍的」な国民主権原理の考え方の延長線上に「討議民主主義」を見ることができるのである。

もっとも、現代の多くの「討議民主主義」論者は、市民間の公開討論を通じて市民自身が自己陶冶することを重視し、政治に対しては間接的な影響を及ぼすことで満足してしまう傾向が強い。彼らの議論は討論のプロセスのみを重視し、討論の条件整備に関心が集中する。「手続的共和制」に留まるリベラリズム論を批判し、政治的共同体としての共和制の再活性化を目指すM・サンデル（Michael J. SANDEL）は、「白熱教室」[231]等を通じて日本でも名高い「討議民主主義」論者であるが、彼の主張の大部分も、公民的徳性を強化・涵養する市民社会内のプロジェ

---

[229] 「討議民主主義」の概要については、以下の邦語文献を参照した。木下智史「アメリカ合衆国における民主主義の新傾向」『法律時報』73巻6号（2001年）70-73頁。阪口正二郎「リベラリズムと討議民主主義」『公法研究』65号（2003年）116-126頁。旗手俊彦「法の帝国と参加民主主義」井上達夫・島津格・松浦好治編『法の臨界Ⅰ──法的思考の再定位』（東京大学出版会、1999年）165-186頁。篠原一『市民の政治学』（岩波書店、2004年）。同編『討議デモクラシーの挑戦』（岩波書店、2012年）等。

[230] 篠原編・前掲『討議デモクラシーの挑戦』238-239頁。

クトの模索に留まっている。彼の論考には、連邦主義や地方分権に関する叙述も若干はあるものの、「歴史普遍的」な憲法原理やそれに基づく立法権分有制に関わる論理はほとんど見いだせない[232]。

この点では、ドイツから「討議民主主義」論に加わったJ・ハバーマス（Jürgen HABERMAS）が、自ら提唱する「手続主義的法パラダイム」に従い、「法的に制度化された国民主権と制度化されていない国民主権の、継続的な結合と相互的融和」（I・マウス〔Ingeborg MAUS〕の定式）を用いつつ、法の民主的形成を展望していることが注目される。彼が構想しているのは、特にジャーナリズムの役割を重視しつつ構想されるところの、法治国家の枠内での「民主的手続きを通じて、もしくは政治的公共圏のコミュニケーションの網の目において実施される」、より高次の間主観的な了解過程である[233]。彼の議論は難解であるが、政治と市民社会の2方向から法形成を考えることと、あくまでも法治国家の枠内での構想にこだわる点に特徴がある[234]。

他方で、ハバーマスをも不十分と見るJ・ドライゼク（Johns S. DRYZEK）は、ハバーマスの「討議民主主義」論が、制度化されえない市民社会のコミュニケーション力の意義を強調していた以前の彼の批判理論から後退していることを批判する。ドライゼクによれば、ハバーマスは選挙、立法者による法形成、合法的な行政権力による政策実施、そして司法における討論（judicial discourse）等に議論を集中させている点で、アメリカの立憲主義理論家たちと同じ土俵に戻ってしまったと言うのである。これに対してドライゼクは、従来用いてきた「deliberative democracy」に代えて「discursive democracy」の表現を用いることで、真の「討議民主主義」を示そうとする。彼によれば、市民社会には簡単には合意の得られない

---

231) マイケル・サンデル（鬼澤忍訳）『これからの「正義」の話をしよう』（早川書房、2010年）〔Michael J. SANDEL, *Justice : What's the Right Thing to Do ?*, 2009〕。同（NHK「ハーバード大学白熱教室」制作チーム・小林正弥・杉田晶子訳）『ハーバード白熱教室講義録＋東大特別授業（上）・（下）』（早川書房、2010年）。

232) サンデルの連邦主義や地方分権については以下の部分を参照。M. J. SANDEL, *Democracy's Discontent, op.cit.*, pp.345-349. なおサンデルの市民自己陶冶論については、大森秀臣「現代社会における自己統治回復について（1）・（2完）」『法学論叢』147巻6号（2000年）21-41頁、149巻5号（2001年）89-116頁。

233) ユルゲン・ハバーマス（河上倫逸・耳野健二訳）『事実性と妥当性（下）』（未來社、2003年）特に22-26、179-183頁〔Jürgen HABERMAS, *Faktizität und Geltung*, Suhrkamp Verlag, 1992〕。

234) 但しハバーマスは、市民社会が政治システムに影響を及ぼすことに失敗し、それ以外の手段も尽きたという例外的な場合には、「市民的不服従」の可能性を認める（同上、116頁）。

差異や敵対関係が存在するのであり、それゆえ市民社会の中の対抗的な諸勢力による支配的政治経済システムへの「反乱」の性格すら持ちうるような討議の繰り返しが、民主主義理論の中核に据えられなければならないというのである[235]。

　b）フランスにおける「対抗民主主義」論と「対話型法治主義」　ドライゼクの「討議民主主義」論のように、時に違法との非難すら浴びるような議会外の直接行動を民主主義の必須の要素とする理論は、度重なる革命の歴史があるがゆえに、フランスではより受け入れやすいものである。その代表格と言えるのがP・ロザンヴァロン（Pierre Rosanvallon）の「対抗民主主義（contre-démocratie）」論である。ロザンバロンは2008年の著書において、「対抗民主主義」を3つの次元から歴史的に解明しようとした。

　第1の次元は「監視の民主主義」であり、ロザンヴァロンはその原初形態を、命令委任を介した「人民主権」に見る。彼によれば、命令委任の定式は、「公開制の議会の討議」により討議参加者の意見が変化することの重要性が分かるにつれて放棄され、「組織された公選職への圧力」という「恒常的異議申立て」を本質とする代表委任に変化したという。「監視する人民の警戒心」こそが、「公選職と有権者との間の関係の劣化」を意味する「代表制のエントロピー」に対する治療薬となる[236]。

　第2の次元は、「制裁と妨害の権力」（「否定的な社会の主権」）である。代表委任は時に機能不全に陥るが、それは人民拒否制等の「拒否の権力」（「否定的民主主義」）により補完されることで解決が目指される。ロザンヴァロンはこの第2次元の構想例として、フランス革命激化期にジャコバン主流派と対立したエロー・ド・セシェル（Hérault de Séchelles）やコンドルセが展開した「複合主権（souveraineté

---

[235]　Johns S. Dryzek, *Deliberative Democracy and beyond*, Oxford University Press, 2000. 特にドライゼクのハバーマス批判については pp.20-27. また、ハバーマスとドライゼクの理論的関係については、篠原・前掲『市民の政治学』107-113頁も参照。篠原はこれらの議論を踏まえて、現代の「市民政治」論が法治国家に則った制度的プロセスと市民社会の非制度的プロセスの2回路制で構想されるべきことを確認する。加えて彼は、現代の「市民政治」論においては、市民社会内の十分な討議と政治システムにおける直接民主制のバランスのとれた結合が重要なこと、そして多様な価値観を認める社会でありながら、個人の価値観の変容を促す政治が必要になっているという観点からは、市民社会が政治システムにあまり直接的な影響力を及ぼすことよりも、むしろ市民社会内部での討論を活発化させることと、その制度化を通じて間接的な影響力を及ぼすことの方が重要とする（同上、184-187頁）。

[236]　Pierre Rosanvallon, *La contre-démocratie, la politique à l'âge de la défiance*, Seuil, 2008, pp.18-20, 33-121.

complexe)」の考え方に言及する。ロザンヴァロンは、本書が示したジロンド憲法草案における人民拒否制による永続的相互作用の制度には触れていない。しかし彼も、それが「人民蜂起に代わる制度」を意味し、「公権力の中に妨害の権力の形式を統合すること」が目指されていたことは確認している[237]。

この「複合主権」と前述した現代フランスの2008年憲法改正における「共有発案制」との類似性は興味深い。なぜなら前掲のアモンは、今回のような人民発案制が採用されるに至った背景として、従来のフランスの市民団体運動 (mouvements associatifs) が「対立の文化」しか生まず、非生産的な政治しか生まなかったことに鑑みて、「有権者を法律の製作 (fabrication des lois) に参加させること」を通じて「市民団体ネットワークに責任を持たせる」狙いがあったことを明言していたからである[238]。我々はこの類似性からも、「半直接制」を「人民主権」への到達を示すものというより、むしろ国民代表による立法に対する有権者の一参加形態として「拒否」可能性を制度化することを通じ、有権者にも国政全体に対する責任を持たせる本質があり、したがって現代における国民代表制の安定化に寄与するものと見た方が適切であることが確認できる。

そしてロザンヴァロンが示す第３の次元も、「責任を負う民主主義」が問題になる。彼はこれを実現するために、「裁判官としての人民 (peuple - juge)」の概念を提示する。「裁判官としての人民」の具体例としては北米の陪審制やフランスの労働審判所 (conseil des prud'hommes) が挙げられている。彼の目からは、これらの制度は国民代表府が作り出した立法をその「地方権力の次元で」修正する点で、「半ば立法的な作用」を果たしていると理解される。それは、「代表制システムが構築した規範秩序を社会的な裁量によって矯正すること」を意味する。この意味で彼はこれらの制度の中に「影の立法者」を見る。そしてそれが生み出す新たな民主主義の状態を「諸規範の競合的な生産」と呼んでいる[239]。

結論としてロザンヴァロンは、「制度上の最善の道 (*best way* institutionnel)」など存在しないと述べたうえで、現代民主主義は以上の３つの次元の組み合わせを模索する中でしか機能しえないことを力説する。アメリカの「討議民主主義」も

---

[237] *Ibid.*, pp.20-21, 123-191.「複合主権」については pp.143-145.

[238] F. HAMON, « La nouvelle procédure de l'article 11...», *op.cit.*, pp.51-52. アモンはここで、2008年5月22日の国民議会における議論を紹介している。

[239] P. ROSANVALLON, *La contre-démocratie, op.cit.*, pp.22-23, 193-250. Notamment, pp.222-229.

こうした展望の中に位置づけられる。もっとも彼は、「討議民主主義」が市民間の「理性的な議論」の手続き論に傾きがちなことには批判的であり、それが「異なる集団間の資源の不平等性を過小評価する危険」があることも指摘している[240]。ここには、穏健な「討議民主主義」論に対するドライゼクの批判に通じるものがあろう。

　ロザンヴァロンと同様に、現代フランスにおける立法作用の多元化を強調する法学者にJ・シュヴァリエ（Jacques Chevallier）がいる。彼は、伝統的なフランス公法学における法治主義を「『独白型の』法（droit « monologue »）による支配」と呼び、これを全国民の一般意思を独占的に解釈する全能の国民代表府による一方的な立法の位階制的な支配と説明する。ところが現代国家では、一方で法による国家権力の枠づけが明らかに幻想に過ぎないと思わざるをえない状態や法そのものの衰退現象が見られ、他方では法源の多様化と法の生成過程に関与するアクターの増大現象が現れている。地方分権化も伝統的な法治主義の諸原則を犠牲にして進展している。法そのものが統一性（unité）より複合性（complexité）を特徴とするものに変化している。以上を踏まえて、シュヴァリエは現代の法治主義が、もはや規範内容の「事前決定」を前提としない「『対話型の』法（droit « dialogue »）による支配」に変化したとするのである[241]。

　シュヴァリエの理論は、多様な主体が立法に参加することで「対話型立法」が実現されるとするものである。どこよりも「単一国家」型の国民主権原理を精緻化させてきたフランスでは、現代民主主義の多元化現象を受け入れることはあっても、それはあくまで最終的に単一と観念される一般意思の定立作用である立法が実現するまでのことである[242]。適法に成立した国の法律は、法治主義原理に基づき全国に適用されることが国民主権原理そのものから要求される。したがって地方自治の名において、国の立法を部分的であれ逸脱することは国民主権原理と法治主義原理に反する違法となる。2003年憲法改正で導入された地方的実験のための国の法令に対する逸脱制度も、それを許す国の法令上の根拠があることが前提であり、立法権の（中央国民代表府への帰属の）単一性は維持され続けてい

---

240) *Ibid*., pp.295-322. 傍点は原文がイタリック。「討議民主主義」批判については、*ibid*., pp.303-305.
241) Jacques Chevallier, *L'État de droit*, 4ᵉ éd., Montchrestien, 2003. 特にpp.143-144.
242) 只野雅人「フランス民主主義と多様性」『日仏法学』24号（2007年）44-76頁も、立法過程での多様な意見表明ルートとその立法への反映の保障を述べるに留まる。

るのは、すでに見たところである。

　しかしロザンヴァロンの理論、特にその第３の次元に関するそれは、多様な立法意思の複合体として立法がなされることだけでなく、それが執行に移された後の「半ば立法的な作用」に着目するものである。また前述したようにロザンヴァロン自身は、ジロンド憲法草案における人民拒否制を通じた立法府と有権者との間の永遠の相互作用の制度化を知らなかったために、コンドルセを「妨害の権力」たる第２の次元の論者に位置づけているが、本書がすでに明らかにしたように、実はコンドルセの理論の中にも、立法の執行を部分的・暫定的に拒否することを通じて、有権者（人民）が立法に参画する構想が念まれていたはずである。さらにオーリゥの「仮の法」と「確立した法」の間の相互作用的関係にも同様の視点があった。

　このように考えると、シュヴァリエの「対話型法治主義」は、多元的な立法意思の対話が決して立法過程のみで完結すると考えるべきではなく、必要性と合理性が十分に認められる限りで、そして部分的・暫定的であることを条件としつつ、国の立法が執行に移される場でそれとの競合やそれからの逸脱を試みる他の立法意思との対話の過程をも含むものと考えるべきである。こうして「歴史普遍的」な国民主権原理を想定する場合は、立法過程のみならずその執行過程にまで及ぶ「対話型立法権分有」が必然的に含まれることが分かるのである。さらに、合法的な手続きで成立した国の立法が、その執行において地方自治と関わりを持つ場合に、自治体内部の適法な手続きで定められた自治体意思（自治体立法）と時に競合し、時に後者が前者に対して部分的に抵触・逸脱することについても、「対話型法治主義」の視点から再解釈された国民主権原理の場合には、この主権原理そのものから演繹される適法性が認められるはずである。こうして「歴史普遍的」な国民主権原理は、「対話型法治主義」と結合することで、国と自治体との間の部分的・暫定的な立法権分有の必然性を導き出すことになる。この論理こそ、本書が追い求めてきた「国民主権の地域的行使」として地方自治を根拠づける論理であり、現代国民主権原理から「対話型立法権分有」を導き出す論理なのである。

　さらにこの論理は、「違法」な市民の「反乱」抜きの「討議民主主義」論では、現代社会の非和解的対立を乗り越えられないというドライゼクの批判についても、法治主義の側からそれを乗り越える視点を与えてくれるはずである。なぜなら、国の立法意思への抵抗が「違法」となるのは、あくまでも国の側からの解釈に過

ぎないからである。もし自治体が、地域的な必要性と合理性が十分に認められる自治体意思を、条例制定などの形で適法に定立した場合には、この自治体立法には少なくとも自治体市民の間の正当性と自治体立法として法令で定められた形式的適法性は満たしている。つまりここでは、国の立法と自治体立法とが暫定的な適法性を認められて並立しているのである。自治体立法が最終的に「違法」とされるのは、あくまで憲法上、規範抵触問題の最終的裁定権限を与えられた機関（日本では司法裁判所）が、抵触関係にある国の立法目的と効果をも勘案しつつ、地域的な必要性と合理性の観点から見ても自治体立法に適法性が認められないと判断した時に限られる。国の立法の方が、その必要性と合理性を否定されて、憲法92条の「地方自治の本旨」に照らして「違法」と判断される場合もありうる。このように考えれば、ハーバマスらが「討議民主主義」の中で追究しようとした法治国家ないし適法性の遵守という視点は、自治体立法による国の立法への挑戦という枠組みの場合には、十分に確保されるのである。

(3) 現代アメリカ判例理論における立法権分有と地方自治

a) トクヴィルにおける「人民主権」と地方自治の結合の視点　しかし、「歴史普遍的」な国民主権と「対話型法治主義」を結びつけた場合に、一般論として多様な主体間の「対話型立法権分有」の論理は導き出されるにせよ、それが国と自治体との間の「対話型立法権分有」として現れるという論理は、残念ながらフランス中心の理論・学説の分析では十分に導き出せない。そこで本章の最後で、「対話型立法権分有」に近い視点を示すアメリカの判例理論を概観することにする。

　アメリカの国民主権論と地方自治論との関係については、おそらく本書に匹敵する別の研究が必要であり、本書ではその余裕はない。すでに言及したように、19世紀アメリカの市町村自治の法理論は「ディロンズ・ルール」に見られるように、決して国民主権と結びつくものではなく、むしろ州の立法権による個別的な授権に根拠を持ち、その権限範囲も州法により厳格に縛られていたと言われる。しかし19世紀中頃にアメリカの地方自治を概観したA・トクヴィル（Alexis DE TOCQUEVILLE）においては、明確な法律論ではないにせよ、当時の一般市民の間の政治信念の問題として、「人民主権」とその応用としての地方自治の憲法理論を描き出していたことを忘れてはならない。アメリカはフランスと異なり、必ずしも精緻な法理論が憲法論議や判例を支配してはいない。市民の間の政治信念の強さが法曹の憲法論や判例に影響を与え、論理整合性を超越して政治改革志向的な

判例理論が生み出される。本書が探し求める立法権分有制に通じる法的論理は、このような判例理論の中に潜んでいる可能性がある。他方でトクヴィルの場合、フランスにおける精緻な国民主権の議論に接してきた彼だからこそ、アメリカの学者とは異なるフランス的な文脈でアメリカの地方自治を分析できた点も、本書の視点からは重要である。

　トクヴィルが1835年に公刊した『アメリカの民主主義』第1編（第1巻と第2巻）では、以下のような議論がなされていた。まず第4章で彼は、アメリカの民主主義の基礎をなす政治原理が「人民主権」であるとする。彼は、人民の自己統治として示される「人民主権」が、他のどの国よりもアメリカで明確に具体化されていると見る。また、その原点は市町村の自治の中に見出されるとも述べている。彼の言う「人民主権」は、一方で普通選挙の実現と、それを通じた寡頭政治から大衆民主主義への転換を意味するが、他方では人民の直接立法や、人民による直接の監視下での代議政治をも意味しており、理論的にはルソー流の「人民主権」に近い部分もある。トクヴィルは、若干曖昧であるが、こうした「人民主権」の原理がひとたび人々に受け入れられたならば、抗し難い流れとなって拡大していくことを歴史的必然と見ている。

　同書の第5章は、州内部の政治のあり方、とりわけ市町村の自治を紹介し、「人民主権」の原理が地方自治にどのように応用されているのかを論じている。アメリカは連邦制を採っており、地方自治のあり方は州の主権的権限の問題と観念されている。したがってアメリカの州と市町村の関係は、「単一国家」における国家と自治体との関係を意味することになる。トクヴィルによれば、「人民主権」の具体化としての市町村自治は、第1に、立法機関と政府（行政府）がより市民に近いので、代表制の原理は決して認められないこと、第2に、市町村は当該市町村にのみ関わる利益に関しては独立性を有し、他の市町村や全体に関わる利益に関してのみ国家（すなわち州）の権力に従属するに過ぎないこと、第3に、市町村は自己の権力を国家（州）から受け取るのではなく、逆に市町村の方が国家（州）に必要な範囲の権力を移譲しているだけであること、第4に、市町村の自治活動が不適切ないし非効率であるにせよ、それがなお適法性の枠内にある場合、国家（州）はこれに行政上の位階制的統制を加えてはならず、その是非は有権者の政治的判断による統制に委ねられるべきこと、第5に、市町村の自治活動が違法な場合にも、行政上の位階制的統制ではなく、刑罰の適用を含む司法手続きに

よる統制しか加えてはならないこと、などを説明していた[243]。ここには、決して「ディロンズ・ルール」に留まらない地方自治権の政治信念がアメリカの一般市民の中に息づいていたことを、フランスの観察者トクヴィルが確認していたことが示されている。

　b)「憲章市」における「目的効果基準」論の萌芽　　以上のトクヴィルの解説からも分かるように、アメリカの場合はもともと地方自治を、立法権を含む統治権のあり方の問題と理解し、「local self-government」と表現してきた。また連邦制における州自治権の場合は当然に憲法上で立法権の分有が規定されているが、州憲法で市町村自治体に「地方的事項」に関する包括的立法権が付与されたと観念する「憲法的ホームルール (home rule) 制」に基づく「憲章自治体 (Chartered City or County)」の場合にも、国としての州と「憲章自治体」との間で、具体的分野は示されないにせよ憲法に基づく何らかの立法権の分有が意識されている。「ホームルール制」が認められる「憲章市」制度は、19世紀末から20世紀にかけて、アメリカの草の根民主主義の進展の中で確立してきたものであるが[244]、本来、トクヴィルが見たようなアメリカの地方自治に関する政治信念と結びついていたものであった。

　そこで次に、アメリカにおける「憲章市」の条例と州法の抵触問題を検討した塩野宏の論考を手掛かりにして、州法と自治体の条例との関係がどのように判例理論化されているのかを見てみよう[245]。この問題では、州法が禁じていない種

---

243) Alexis DE TOCQUEVILLE, *De la Démocratie en Amérique*, Titre 1ᵉʳ, 1835, *Œuvres complètes*, Édition définitive publiée sous la direction de J.-P. MAYER, Gallimard, t.1, 1961, pp.54–98. なお筆者はすでに要約的な翻訳と解説を以下で行っている。拙稿「アレクシィ・ド・トクヴィル『アメリカの民主主義』(抄)」杉原泰雄他編『資料現代地方自治』(勁草書房、2003年) 149–164頁。したがって本書では、引用箇所の詳しい説明は省くことにする。

244)「ホームルール・憲章市」制については、村上・前掲論文223-228頁、阿部照哉ほか編・前掲書394-321頁 (渋谷秀樹)、薄井一成・前掲書119-150、237-273頁を参照。実際の制度では、州憲法ではなく州法により「ホームルール制」を認められたに過ぎないケースや、州憲法上の定めが州法の関与を広く認めるケースもあり、さらに歴史的変遷も見られるが、本書では基本原理に限定して考察を進める。なお「ホームルール制」が確立していく過程では、日本国憲法95条の原型とも言われるが、特定自治体の自治権を侵害する内容を持つ州法 (すなわち地方特別法) について、住民投票による同意を義務づける動きがあった。ここには「半直接制」へと向かう民主主義の傾向も垣間見られる。20世紀初頭以降のアメリカ各地における住民投票の制度化の隆盛を含め、自治体による立法権分有化の傾向と「半直接制」とのアメリカ的結合の (可能性の) 論証は、今後の課題としたい。

245) 塩野宏『国と地方公共団体』(有斐閣、1990年) 259-266頁。

類の賭博行為を禁止し処罰する市条例の合法性が問われた1964年のHubbard事件[246]におけるカリフォルニア州最高裁判所の判決が注目される。なぜならば州最高裁が、条例と州法の抵触問題については、「それぞれのケースを取り巻く諸事実と諸事情の観点から答えを出さなければならない」と述べて、本件市条例を適法と認めたからである。

　州最高裁によれば、「憲章市」は、(a)「当該事項が独占的に州の関心事となっていることを明白に示すほどに一般法律〔＝州法〕が当該事項を完全に規律している場合」、(b)「一般法律が当該事項を部分的にしか規律していない場合でも、何らかの最重要の（paramount）州の関心事が、さらなる、あるいは付加的な地方の行為を許容していないことを明確に示すような言葉を用いている場合」、(c)同じく「一般法律が当該事項を部分的にしか規律していない場合に、州の一時滞在者的な市民に対する地方条例の逆効果が、当該自治体のあるべき利益より重要であるような性質を当該事項が有する場合」の3つの場合を除けば、「地方的事項」については自治体が完全な立法権（full power to legislate）を有するというのである。ここでは、確かに州法の文言も条例の適法性の主要な基準の1つとなっているものの、州法が当該事例を完全に規律することを明文で明確に規定する場合（(a)の場合）を除けば、州法が条例の関与を禁止する趣旨を持っている場合であっても、なおその規律対象が州の利益の「最重要な」部分に当たらない場合や（(b)ではない場合)、自治体の「あるべき利益」が市民に対する不利益を上回る場合（(c)ではない場合）には、条例は州法に抵触したとは見なされないと判断しており、州法の「外」の立法事実、特に条例制定の必要性と合理性から州法に対する抵触を軽減する視点が示されていることが分かるのである。

　同判決については、この判決以前の1962年に出されたLane事件判決[247]だけでなく、この判決後の1972年に出されたLancaster事件判決[248]においても、州最高裁判所が、法律の文言だけでなく制定法の全目的及び立法体系の規律対象範囲等の観点から州法と条例の抵触の有無を判断するとしながらも、結局、条例は州法の内容に違反すると判断したために、これらの判決との間で整合性が取れていないので先例にはなりえないとの批判がある。しかし塩野も指摘するように、1962

---

246) In re Hubbard, 41 Cal. Rptr.393（1964）.
247) In re Carol Lane, 22 Cal. Rptr. 857（1962）.
248) Lancaster v. Municipal Court, 100 Cal. Rptr. 609, 610-11（1972）.

年と1972年の判決は、個人の性的自由を不必要に規制する条例を州法違反としたものであり、賭博行為の規律と性行為の規律とでは憲法の人権保障のあり方が異なることに着目するならば、より個人の自由を尊重しなければならない分野では全州的な統一的規律の方が適しているとの判断を裁判所が行ったものと見ることもできる[249]。したがって、問題となる分野がいかなる人権に関わるものかという点を含めて、当該州法の「外」の立法事実やその他の要考慮事項から、法律と条例の抵触を柔軟に判断する思考枠組みに変化はないと考えてよいであろう。
以上のように、論理整合性は別にして、「人民主権」に近い考え方と「憲章市」型の地方自治権保障の考え方とが結びつく場合には、自治体立法は国（州）の立法に正面から反することはできないにせよ、地域的な必要性と合理性を考慮に入れたうえで両者の抵触の有無を審査すべきという思考方法が、アメリカで採られていることが確認できた。

　c）自治体意思による国の意思への「部分的・暫定的」抵触の適法性　　立法権を含む国の統治権に下位の地方団体の立法が抵触した場合に、それが付随的、間接的、部分的、又は暫定的な抵触に留まる限り当該地方立法を適法とする判例は、連邦の外交権・条約締結権に抵触する州法や市町村条例に対する司法審査の場で時に見出される。外国人の州内財産の遺言検認手続きに際して、相手国の法律が合衆国市民に同様の権利を保障しない限りこれを認めない旨を規定するカリフォルニア州法に対する1947年の「クラーク事件」連邦最高裁判決[250]は、当該事項が州の固有権限であり、かつ当該事項を規律する条約が見当たらない場合には、条例が外交問題と抵触したとしても、それは「外国に何らかの偶発的あるいは間接的な影響を与えた」に過ぎないと述べて、州法が連邦の外交権限に「偶発的・間接的」に抵触する程度ではこれを違法としないことを認めていた。

　この判決については、連邦憲法が州の具体的な専管的立法権を認めているがゆえに、州法に限ってこのような部分的抵触を適法とする判断が出されたのであり、州法ではない市町村の条例にはこの基準は当てはまらないとする批判も想定されようが、これは正しくない。なぜならば、連邦と市自治体との関係においても、市職員年金基金の運用に関して「反アパルトヘイト」の立場から当時の南アフリカと取引のある企業への投資を禁じたボルチモア市条例について、メリーランド

249）　塩野・前掲『国と地方公共団体』262頁。
250）　Clark v. Allen, 331 U.S. 503, 91 L ed 1633（1947）.

州最高裁判所は、この州法が外国に「ある程度付随的な影響」しか与えていないことを理由に、やはり適法との判断を下していたからである[251]。他方で、1968年の「チェルニック事件」に対する連邦最高裁判決[252]では、「クラーク事件」におけるカリフォルニア州法に類似するオレゴン州の遺言検認法について、これを「持続的かつ巧妙なやり方で国際関係に影響を与え」、「国の外交政策の実効的な遂行を害する」と判断して違法・無効としたが、この判決でも「クラーク事件」判決が示した「偶発的・間接的影響」のレベルであれば許容する立場を維持している。

　これらの事例は、一方では外交権・条約締結権という憲法上明確な国の専管事項に関わるものであるという点で、法律と条例の抵触に関する事例とは区別する必要がある（だからこそ、「当該分野を規律する条約の欠如」という違法性の基準が示されたのである）。また、「地方自治の本旨」という憲法上の一般原則による地方自治権の保障から法律と条例の抵触の可能性を広く認めつつ、その調整原理を探ろうとする日本に比べて、伝統的に州や市自治体の専管的な固有の立法権の内容を確定することに注意が向きがちなアメリカという違いもある。にもかかわらず、国と自治体とが何らかの形で立法権を分有するとの考え方を採る場合、両者が抵触した場合の解決の仕方については、一方的に法律の目的・効果だけで条例による法律に対する抵触の適法性を判断するのではなく、法律の「外」の立法事実をも考慮に入れつつ、部分的、間接的、付随的、又は偶発的な抵触であればこれを適法と判断する思考方法が採られている点に共通性が見られることこそが重要である。

　d）まとめ　　日本国憲法は、学説の多数説によるならば、国民主権原理についてはフランスを源流とする国民主権原理の流れを受け継いでいる。地方自治や垂直的権力分立については、確かに戦前のドイツ国法学の伝統も根強いものの、戦後の市民意識や政治論議においては、自治体を「地方政府」と観念し、少なくとも自治体の条例制定権その他の権限が憲法から直接由来することを認めることが常識化している点で、アメリカ流の「憲章市」型自治観念を受け入れ、場合によっては州自治に近い考え方すら受け入れている。このように日本では、フランス憲法学とアメリカ判例理論を統合化することに違和感はない。したがって「歴

---

251) Board of Trustees v. Mayor & City Council of Baltimore, 562 A. 2d 720 (1989).
252) Zschernig v. Miller, 389 U.S. 492, 19 L ed 2d 683 (1968).

史普遍的」な憲法原理が正しいとすれば、地方自治の憲法理論はこの方向に収斂すべきなのである。

「歴史普遍的」な国民主権観を前提としたとき、現代の民主主義諸国では、程度の差こそあれ「半直接制」の実現と、多様な国民代表主体間、とりわけ全国レベルの国民代表権力と地域レベルの国民代表権力との間の立法権分有制の実現が、現代国民主権原理から必然的に導き出されることになる。もちろん現実には民主主義の先進国と見なされる国でも、その歴史的な事情や社会的特質が原因で十分な「半直接制」に到達できず、あるいは立法権分有制を連邦と州との間に限ろうとする現象も見られる[253]。しかし「歴史普遍的」な憲法原理とは、現実の姿や実現速度の違いはありつつも、社会の発展と民主主義の深化によりどの国もそこへと向かっていく根本的法規範群である。人間の社会科学的知見は常に不完全であるが、それでもそれは諸社会現象から合理的推論により確認できる[254]。

この立場に立つならば、たとえ現時点での比較憲法学的知見の水準が、中央集権制と非中央集権制の区別に加えて、後者をさらに連邦制とそれ以外の国家構造に区別すべきことを求めるとしても、この最後の国家構造の型に「行政分権」の性格しか認めないのは誤りである。むしろ国民主権の水平的及び垂直的な多元化傾向を認める「歴史普遍的」な国民主権原理を踏まえるならば、連邦制概念は、国家形成時の歴史的事情に基づく憲法制定権力の多元化を前提として、憲法改正への参加制度及び国の立法権と完全に対等な（つまり「前法は後法を破る」のルールが適用される）もう1つの立法権までも（州）自治体に認めるような「完全立法権分有制」を採る場合に限定されるべきである。そして、それに至らない全ての分権制は、憲法制定権力自体は単一であり続けるにせよ、国民主権の「歴史普遍的」な深化の結果として、遅かれ早かれ、何らかの形で「不完全ながらも相互作用的な立法権分有制」に進む本質があると見るべきである。「不完全な立法権分有制」こそ、アメリカ判例理論が州立法権と市町村自治体立法権に関してその輪郭を示

---

253) 現在のドイツ連邦共和国基本法が、レファレンダムについては州域の変更に関わる「連邦領域の再編」の際に関係する州の住民投票の制度を設けているだけで（29条）、その他の人民投票制度を設けていないのは、ワイマール共和国における「民主主義の暴走」という歴史的事件に対する警戒心が背景にある。

254) もちろん純粋な「不可知論」の立場を採る場合には、これは成り立たない。しかし立憲主義の憲法学が人間社会の根本的法規範の有り様を追究する知的営為である限り、純粋な「不可知論」を採ることはできないはずである。

した「部分的・暫定的な抵触」を認める立法権分有制である。ここでは、国と自治体の間の立法権の抵触は両立法権の非対称的な「対話」を通じて解決される。本書はこれを「対話型立法権分有制」と呼んでいる。

　このように考えるなら、「対話型立法権分有制」を何らかの形で認める憲法を持つ国は、全て「分権国家」の類型に入れることができるはずである。現実の「地域国家」も「分権国家」の1つの下位区分となる。そしてフランス型「分権国家」、すなわち「分権制単一国家」は、中央集権国家と「分権国家」の狭間に位置づけられることになる。もっとも、「一般権限条項」の存在や「地域的実情の具体的評価権の最低限の保障」の法理が憲法規範として認められるようになれば、フランスは「自らがそうであることを知らない（立法権分有制まで認める）分権国家」と見なされるべきことになる。この意味で、今後のフランス憲法学の変化が期待される。

　以上から、「歴史普遍的」な憲法原理として不断に深化を続ける国民主権原理は、20世紀後半以降、とりわけ21世紀に至ると、必然的に多元的な立法権共有主体の間の「対話」の傾向を、とりわけ国と自治体とが何らかの形で立法権を分有する傾向を示すことが明らかになった。本書は、アメリカ合衆国建国以来の古い歴史を持ち、各国の歴史的な特殊事情により憲法制定権力を多元化せざるをえなかった連邦国家の憲法原理とは異なる根拠に基づきながら、何らかの意味で国と自治体との間の立法権の競合性を認める憲法原理を持つ国を、括弧つきで「分権国家」と呼んできた。しかし、もし本書の分析の結果、憲法制定権力自体は一元化されていることを前提としつつも、非対称的な「対話」の関係を通じて国と自治体とが立法権の分有・競合関係に立つ国家構造となることを義務づける憲法規範を、国民主権原理の深化の帰結としての普遍的な憲法原理として確認できるのであれば、こうした「対話型立法権分有制」を採る国家は、同じく普遍的な国家構造であることを認めてよいであろう。そうだとすれば、普遍的な憲法原理に基づく国家構造の性格を認める意図から、これまでも括弧ぬきで用いてきた連邦国家と同様に、「分権国家」についても、もはや括弧なしで分権国家と呼ばれるべきであろう。そこで以下では、フランス型「分権国家」のように、特殊なイデオロギーにより歪められた場合を除き、括弧ぬきで分権国家と表記する[255]。

　それでは、日本国憲法92条の「地方自治の本旨」の憲法規範に基づく国家構造は、上述の意味での分権国家に該当するのか。そしてもし該当するというのであ

れば、それはいかなる解釈論上の帰結をもたらすのか。このような問題関心から、終章では日本の憲法解釈と地方自治関連立法に即して、「対話型立法権分有制」の成立可能性を検討してみよう。

---

255)「分権型単一国家」の限界を超えない限り、フランスは「単一国家」のイデオロギーに囚われた特殊な「分権国家」であり続ける。また「単一国家」の概念自体も、立法権分有制の否定を含む「連邦国家に非ざることを義務づけられた国家構造」という特殊な法イデオロギーに留まるものなので、これも括弧つきで用いるのが適切であろう。

終章　分権国家の憲法解釈への展望

第1節　「地方自治の本旨」の憲法解釈の現状

1　「地方自治の本旨」をめぐる学説の対立
(1)　固有権説・新固有権説

　日本国憲法は92条を地方自治の総則規定とする。その中核をなす地方自治権の保障原理こそ「地方自治の本旨」である。その法的意味と憲法保障の範囲については、現在に至るまで多くの学説が展開されてきた。そのうちで、フランス革命期の「地方権（pouvoir municipal）」論やドイツの団体法論に拠りつつ、自治体にも国家や実定憲法の成立以前から存在する自然権的な固有権があるとする固有権説は、日本では戦後一時期唱えられたものの、ほとんど支持されなかった。にもかかわらずそれは、のちに公害に対する自治体の独自規制の成功例を背景に新固有権説として復活し、現在でも少数説ながら根強く支持を集めている[1]。

　新固有権説は、憲法[2]の諸条項を確認規定として援用しつつ、自治権の自然権的性格を主張する。その代表的論者である手島孝によれば、憲法15条3項と前文1項の国民主権原理と13条後段の包括的基本権（幸福追求権）が住民自治の前国家性の根拠になるという。また、日本国憲法の人権論においては団体にも人権享有主体性が認められることから、憲法の人権保障の諸条項が、団体自治の前国家性の根拠になるというのである。憲法93条と94条は、こうした自然権的性格を持つ住民自治と団体自治の両権利を、前憲法的固有権として保障することの確認規

---

[1]　固有権説あるいは新固有権説の代表的論者としては、星野光男『地方自治の理論と構造』（新評論、1970年）112-123頁、林田和博『憲法保障制度論』（九州大学出版会、1985年）401-411頁、手島孝（後述）、鴨野幸男「地方自治論の動向と問題点」『公法研究』56号（1994年）1-33頁などが挙げられる。

[2]　以降の叙述では、特に断り書きがなく単に「憲法」と表記したものは、1946年制定の日本国憲法を指す。

定となる。この説によれば、地方的利害に関する自治権は全て自然権となるので、その中核部分は通常の法律改正のみならず憲法改正による改変からも保護される[3]。

　固有権説は、近代憲法の公理とされる単一不可分の主権の概念と、憲法改正によっても変更不可能な自治権の観念との整合性を十分に説明していないとの非難を浴びた[4]。新固有権説は、憲法の人権規定を自然権の確認規定と解する近代人権論に依拠して、自治権を自然権的人権と同視することでこの難点を克服しようとした。しかし自治権といえども、個人の人権保障の価値には劣位するというのが近代人権思想である以上、人権のよりよい保障のための憲法改正や立法による自治制度の改革を拒むことはできないはずである。

　また歴史的に見ても、自然権的固有権説は、立法から不可侵の自治権を憲法原理論から説明できなかった。フランス革命期のJ-G・トゥーレ（Jacques-Guillaume Thouret）らの「地方権」(本書の訳語では「自治体権力」) 概念についても、確かに自然人や家族が持つ自然権になぞらえられていたものの、本書がすでに確認したように、他方で、彼らは全国民の代表が主権者の意思を自由に解釈して立法し、これを国の末端にまで強制することを国民主権原理の必然的帰結と考えてもいた。したがって「地方権」は、立法権に対して不可侵性を主張できるものではなかった。むしろ「地方権」の自然性は、自治体が主権ないし統治権に一切関与できず、これに従属することの根拠とされたのである[5]。以上の難点に加えて、固有の自治事務の具体的内容が未だに不明な点も、常に批判されている。

(2) 伝来説・制度的保障説

　地方自治権は、国家の主権・統治権から伝来したもので、立法による自治内容の改変に合法的には抵抗できないとするのが伝来説である。極端な場合、憲法92条の意味さえ、立法府の裁量的判断による自治制度の設置を許容したに過ぎないとして、新たな立法による自治制度の完全廃止も可能とする承認説（憲法保障否定説）すら唱えられた[6]。しかし明文で地方自治を保障する日本国憲法では、立法によっても侵しえない地方自治権の内容を何ら論証することのない憲法論は成り立ちえない。

---

　　　3) 手島孝『憲法学の開拓線』（三省堂、1985年）256-266頁。
　　　4) 杉原泰雄「地方自治権の本質　2」『法律時報』48巻3号（1976年）89-90頁。
　　　5) 本書第1部第1章第1節 3(3)を参照のこと。

やがて伝来説は、既存の自治制度や自治体の権限について立法による改変の可能性を広く認めながらも、地方自治の本質的内容又は核心部分を改変することは憲法が禁じているとする制度的保障説に移行した。この説の代表的論者である成田頼明は、「地方自治の本旨」には単なる立法指針の部分と、立法によっても侵しえない規範的部分の両方が含まれると主張する。そして後者については、歴史的沿革をも加味しつつ、誰もが否定できない明白な一定の自治保障の内容を憲法の条文自体から導き出せるとする。

成田説によれば、92条がある以上、当然ながら地方自治制度の存在自体は保障される。しかし個々の自治体の存在やそれぞれの自治体の既存の法的地位まで保障するものではない。「憲法上の地方公共団体」としての市町村と都道府県の2層制自体は、歴史的沿革を加味した92条による地方自治制度の存在の保障に含まれるとする。しかし特殊な歴史的沿革及び首都（ないし大都市）の特性からくる特別な事情がある場合には、「憲法上の地方公共団体」としては1層制となるような制度に改変することも、例外として認められている（東京都特別区など）。93条は、それが「憲法上の地方公共団体」である限り、その自治体の首長と地方議員の直接公選制を廃止する立法を違憲無効にする。また93条が議決機関（正確には議事機関）として地方議会を予定している以上、地方議会の決定権を完全に奪い、諮問機関化する立法も禁止される。しかし現行地方自治法が定める直接請求制度や、自治体が独自に設ける住民投票制度などの直接民主主義的諸制度については、憲法93条の文言からはその存在も保障も自明でないとして、これを憲法保障の対象から外す。公選の「その他の吏員」の範囲も完全な立法裁量となる。94条はその文言上、一定の自治事務と条例の存在を予定しているところから、自治事務における活動領域の普遍性（全権限性）、自主組織権、人事権、自主財政権、条例制定権などが保障されるとする。しかしこれらの保障も、それらの権限の存在そのものを消滅させたり自治体の自主性を完全に失わせる内容でない限りは、立法による規律や個々の権限の改変・剝奪自体は違憲ではない。95条については、

---

6) 承認説の中の憲法保障否定説の代表的論者として、柳瀬良幹『憲法と地方自治』（有信堂、1954年）、特に5-46頁。なお原島良成は、柳瀬説の主眼が「本来の意味での地方自治」の内容が時代の変化に応じた「流動的」なものであることを憲法自身が要求していることを指摘するところにあり、逆に言えば柳瀬説も、時代の流れに沿わない法律を違憲とする余地がある点で、「決して、立法裁量を統制する憲法規範のあることを否定しているわけではない」と解釈している（同「地方政府の自律（上）」『自治研究』81巻8号〔2005年〕108-109頁）。

制度的保障の性格を持つものではなく、「立法府に対して一定の型の立法を禁止した直接的な命令的規範」と解している[7]。

　制度的保障説に対しては、住民自治を保障する内容が乏しいこと、とりわけ現代民主主義において重要性を増している直接民主主義的諸制度に対する憲法保障論が欠落していること、そして制度や権限の存在さえ残しておけば、極限まで自治権限や自治制度の内容を縮減しても合憲となってしまうことなどの批判が加えられてきた。また、制度的保障説は歴史的伝統や沿革をも考慮に入れることで、憲法の明文に直接規定されていない内容までも保障する意義を持つとされている。しかしそれは自治の伝統が強く、また地方自治関連立法の合理性を厳しく審査する裁判的伝統のあるドイツのような国では有効に機能する可能性があるものの、自治体合併が繰り返され、自治体の事務や国の関与に関する法令の改変が重ねられてきた日本のような国の場合、制度的保障説の論理は歴史的沿革の欠如を理由にかえって自治制約立法を容易に合憲視してしまう危険性があることも指摘されている[8]。実際、「大牟田市電気税訴訟」第1審判決（福岡地判1980年6月5日判時966号3頁）は、憲法が自治体に自主課税権を付与していると述べながら、具体的税目や課税標準などの決定の場面では国の立法による具体化を待って初めてその権限の行使が可能になると述べることで、国の立法に対抗しうるいわゆる「具体的課税権」の憲法保障を否定している。また、特別区に限って首長直接公選制を廃止した1952年地方自治法改正の合憲性が争われた「渋谷区長選贈収賄事件」（最大判1963年3月27日刑集17巻2号121頁）でも、最高裁は、特別区の歴史や実態が他の市町村と同程度の完全自治体の状況に至っていないことを理由に、特別区を「憲法上の地方公共団体」から外し、結果的に東京都の特別区がある区域には1層制の例外状況が生ずることすら許容した。ここに示された論理は、制度的保障説の限界をよく示すものである[9]。

　制度的保障説に立ったとしても、条例による国の立法への抵触が疑われるときに、両法規範の趣旨・目的・効果を限定的・調和的に解釈することで、国の立法から一定程度自治領域を守ることは可能である。最高裁判所も、「徳島市公安条

---

7)　成田頼明「地方自治の保障」『日本国憲法体系5巻　統治の機構Ⅱ』（宮沢還暦記念、有斐閣、1964年）287-303頁。
8)　杉原・前掲「地方自治権の本質　2」90-91頁。
9)　山下健次・小林武『自治体憲法』（学陽書房、1991年）（小林武）109頁。

例事件」判決（最大判1975年9月10日刑集29巻8号489頁）において、この論理を用いた。しかし制度的保障説が採用する「目的効果基準」論は、あくまでも国の立法の趣旨・目的こそが基準となっており、法律の規定内容に曖昧な部分や解釈の余地が残されている限りで独自の地域的規律の必要性を加味するに留まっており、後者の必要性を根拠に、法律の明文規定に明らかに反するところにまで「目的効果基準」論による条例の適法性を拡張する可能性を認めるものではない[10]。それは制度的保障説が、結局のところ日本国憲法における地方自治権を連邦国家の支邦（州）の自治権とは本質的に異なるものと捉えたうえで、憲法94条が「法律の範囲内」での条例制定権を定めていることの意味を、「第1次的に法律が条例の所管の『範囲』を決定することを意味」すること、したがって「法律と条例が同じ平面で全面的に所管が競合しているという考え方は、条例の本質を見誤るもの」と考えているからである[11]。結局それは、フランスの「自由行政」原理あるいはドイツの「自治行政〔本書では自己行政と訳した〕」原理と類似の原理から日本の地方自治権と条例制定権を理解するものであり、大陸法系法理論における「単一国家」原理（ドイツの場合には、連邦国家における州と自治体との関係における同様の原理）の呪縛から脱していない思考様式である。

(3) 「人民主権」論を基礎とする杉原説

　自然権論に依拠することなく、現憲法の統治原理の読み直しから地方自治権の憲法保障の内容を説明するのが杉原泰雄である。杉原説は、フランス近・現代憲法史を「ナシオン主権」と「プープル主権」の対抗と、前者から後者への移行の過程と理解したうえで、解釈論レベルでは日本国憲法の主権原理を市民が日常的に主権を行使できることを法的に保障する「人民主権」と解することから出発する。したがって同説は、憲法の地方自治に関する明文規定の内容を超えて、憲法の主権原理それ自体からの当然の帰結として、国と地方における部分的な直接民主制の導入（「半直接制」）や、命令委任ないしリコール制による国と地方の公選職に対する主権者人民の日常的統制の制度化を義務づける。したがって地方自治法上の直接請求制度の存在は憲法上必須となり、法律改正によるその廃止や適用対象の縮小は憲法違反となる。また人民による身近な統治（ないしその決定）を可能に

---

10) 成田頼明「法律と条例」清宮四郎・佐藤功編『憲法講座4』（有斐閣、1959年）213-216頁。
11) 成田頼明「『地方の時代』における地方自治の法理と改革」『公法研究』43号（1981年）156頁。

するために地方優先、基礎自治体（市区町村）最優先の事務配分を国会に義務づける。

杉原説は、必要な場合には地方自治制度の改変や自治体間あるいは自治体から国への権限移譲を認めるので、特定の制度や権限を「前国家的・前憲法的自然権」と見なし、一切の改変を許さない固有権説とは異なる。但し権限移譲を強いる法律が裁判で問題となったときには、国又は広域自治体でなければ当該事務を効率的に処理できないことの立証責任を国に課す。この考え方はのちに補完性原理と結びつくことになる。

当初の杉原説は、こうした地方優先の事務配分原則を「連邦制的なものとして構想」された国家形態から来る原則と説明していた。さらに憲法94条の「法律の範囲内」の理解として、法律と条例とが競合する場合に、通常は法律が条例に優越することを認め、また中央政府に留保されるべき一定の事務に条例が介入することの禁止を認めながらも、近代「市民憲法が公権力の存在理由を人権保障に求めてきた」こと（「人権の目的性・人権の最大限の尊重義務」）を根拠に、「住民の人権保障上不可欠である場合には、原則としていかなる事項についても、自主的に、法律の根拠の有無にかかわらずまた法律規定のいかんにかかわらず、地方公共団体は活動しうる」と主張していた。その結果、「住民の人権保障上不可欠な場合には」、事務の性質上、中央政府に留保されたはずの事項であっても、また競合事項について一般的には条例が法律に劣位する場合であっても、「例外」的に条例の実質的な効力が法律に優越することを認めていたのである[12]。

杉原説に対しては、たとえ解釈論としてであれ、現行憲法が「人民主権」を採用しているとすること自体への批判が強い[13]。加えて、もし杉原説が現行憲法における政治の実態を「人民主権」に反するとして批判するに留めず、解釈上の問題が解決された結果、現行憲法が「人民主権」を採用していると認めた場合には、逆に立法権分有制を認めることが困難になるというアポリアを生じてしまう。なぜなら、命令委任ないしそれに代わる現代型「人民代表制」に基づいて既存の自

---

12) 杉原「地方自治権の本質3・完」『法律時報』48巻4号（1976年）133-140頁。なお「連邦制的理解」はプルードン的な国家連合を否定する文脈でなされた。

13) 杉原は、少なくとも主権論3部作を作成していた時期（1971～1985年）の認識論では、日本国憲法やフランス第5共和制憲法を含む現代資本主義憲法を、なおも「ナシオン主権」に留まるものと見ていた。このような認識論と解釈論とのダブルスタンダード的使い分けに対する疑問も常に提起されてきた。

治権を縮減する法律が制定された場合には、そのような立法には憲法理論上、直ちに主権者人民の意思としての正当性と適法性（合憲性）が与えられることになりかねないからである。もちろん固有権説を採らない以上、憲法改正により明文で一定の事務を中央政府の専管とすること自体は認められるべきである。だが、日本国憲法は明文で特定の自治事務を保障しているわけではないので、憲法改正の手続きを経ることなく、「人民主権」の発動たる通常の立法により、自治権がいくらでも縮減されてしまうという問題が生ずるのである。さらに、住民の人権保障上不可欠な場合に条例が法律に優越するとする論理についても、そのような条例によって別の国民（ないし法人）の人権が過度に侵害される恐れがあり、このような多様な人権どうしの衝突の調整のために国が法律を制定したはずなのに、自治体の一方的な判断で特定の人権のみを常に優先させる「条例優位原則」は不合理・不公平であるとの批判も加えられている[14]。

　杉原は後に「充実した地方自治」論を展開するようになる。その理論的骨格は従前のような住民自治の「人民主権」的理解と地方優先・基礎自治体最優先の事務配分の憲法理論であることに変わりはない。しかし同時にその議論は、「充実した地方自治」の根拠づけとして、ヨーロッパ地方自治憲章などの国際的な地方自治保障の傾向を援用することに加え、A・トクヴィル（Alexis DE TOCQUEVILLE）の『アメリカのデモクラシー』を媒介にして、「人民主権」的傾向と地方自治重視の傾向とが実際に結合しがちなアメリカ民主主義の伝統の意義を強調すること、並びに「『人民主権』に立脚する『充実した地方自治』を通じて、『真の市民』——主権者の成員としての意識と知識を持った市民——が創出されること」[15]の重要性を強調することに力点を移したように見える。逆に、初期の杉原説に垣間見られたような、日本の国家と自治体との関係における「連邦制的な」理解や、法律と条例の抵触問題における住民の人権保障上必要不可欠な場合の「条例優位原則」の主張は消えている。

---

14) 成田・前掲「『地方の時代』における地方自治の法理と改革」153-154頁。拙稿「地方自治」山内敏弘編『新現代憲法入門』（第2版、法律文化社、2009年）363-364頁。また原島良成は、「人民を主権の担い手として実体化する人民主権論の、民主政に対する楽観的態度」への抵抗感を示すが（原島「地方政府の自律（中）」『自治研究』82巻1号〔2006年〕130頁）、これも特定の集団が「人民主権」を語って全国的な視点から自治権を縮減したり、あるいは逆に地域的な視点から特定の人権を侵害することへの警戒心を示すものであろう。

15) 杉原泰雄『地方自治の憲法論』（補訂版、勁草書房、2008年〔初版2002年〕）81頁。

現在の杉原が法律と条例の抵触問題で用いる理論は「補完性または近接性の原則」である。それは一方で「人民の意思による政治」を実現するうえで不可欠の原則とされる。またそれは、「地方的な性格・性質の事務」と「地方公共団体で効果的に処理できない全国的な性質・性格の事務」あるいは「中央政府の存立にかんする事務」とを截然と峻別できることを前提としている。そのうえで、地方優先・基礎自治体最優先の事務配分を保障するための原則が補完性と近接性なのである。またこの事務配分原則の「系」として「全権能性」原則も提示されている。しかしその意味は、「法律上、中央政府や他の自治体に専属的なものとして配分されていない事務や市町村の権能から明白に排除されていない事務について市町村が権能を持っていること」とされるにすぎず、逆に法律によって明白に自治体から排除された事務については、いくら地域的必要性があっても自治体がこれに関与する可能性を認める論理を示すものではない[16]。

　なお憲法94条の「法律の範囲内」での条例制定権の意味について、杉原は「法律が自治事務事項について実体的・手続的定めをすることまでも意味するものではなく、主として自治事務事項の具体的確定が法律で行われることを意味する」に留まるとするが、これでは法律の根拠なしに独自条例で自治体が作り出す自治事務が、法律の定める自治事務事項の限界に抵触した場合に、この独自条例の適法性を保障する論理を導くことができない。この点杉原は、「地方自治権・自治事務の権利性からすれば、それをめぐる中央政府および他の地方公共団体との間の法的紛争は、裁判所による司法的解決が求められることになる」[17]としか述べていない。しかし権限紛争の司法的解決は、ヨーロッパ地方自治憲章のみならず1999年の地方自治法改正の結果、日本でもすでに当然の原則となっており、憲法論としてとりたてて主張する意味はない。

　この問題ではむしろ司法的解決の際に、単に条例が「法律の範囲内」に収まればよいとするのではなく、むしろ十分な必要性と合理性が認められる場合には、「法律の範囲内」を乗り越える憲法的適法性を92条の「地方自治の本旨」から与えられることこそが論証されるべきであった。そして初期の杉原説には、「地方自治の本旨」の内容として住民の人権保障上必要不可欠な場合の「条例優先」まで含まれていたことを考えると、現在の杉原説には一定の後退が見られることを

---

16)　同上、53、171-178頁。
17)　同上、169-170頁。

指摘しないわけにはいかない。

　また少なくとも現在の杉原説は、国や自治体のそれぞれのレベルで処理することが効率か否かを基準とすることで、自治事務と国の事務とを本来的に峻別可能と見ている。それは時代の推移による変化を肯定しつつも、事務の性質から当然かつ客観的に国の事務と自治体の事務とを峻別できるはずとする「事務の本質」論を含んでおり、その意味で杉原説は新固有権説に限りなく接近している[18]。そしておそらくは、全国レベルで「人民主権」原理が実現したとしても、なお杉原説が「人民主権」の発動としての民主的な国の立法から不可侵の領域又は固有の自治領域を認めうると考えることができるのは、それは公的事務が自ずと国の事務と地域・自治体の事務とに本質的に区別できるという視点があってのことであろう[19]。また確かに、フランス革命激化期に「人民主権」論を唱えた M・ロベスピエール（Maximilien ROBESPIERRE）やサン゠ジュスト（SAINT - JUST）が、同時に国の事務・権力とは本質的に区別されるそれとして、自然権的なコミューン自治権論を展開していたことも、すでに本書第 1 部第 1 章第 3 節 3(2)・(3)で見たところである。

　しかし問題は、近代社会においては国の事務と自治体事務とが次第に絡まり合い融合していく現実があることに加えて、グローバル化が進行した結果、地域的問題に全国的問題や国際的問題までもが複雑に絡み合うことが増しつつある現代社会では、「事務の本質」論を用いて各事務の帰属先を客観的に確定できるのかという点にある[20]。たとえ効率性を根拠に挙げても、場合によっては国の考える

---

18) 小林武は地方自治権の本質を「人権保障及び『人民主権』的にとらえた国民主権の両原理に基づいて理解する」点で杉原説と同じ土俵に立つ。そのうえで一定の住民自治と団体自治の内容が「憲法改正によっても改変されることのない限界を形造るもの」として「『地方自治固有権』たる中核部分」の存在を認めている（小林武・渡名喜庸安『憲法と地方自治』〔法律文化社、2007年〕122-124頁）。小林は必ずしも「事務の本質」論から憲法改正の限界を論じているわけではないが、杉原説と新固有権説との本質的相違を認めない点に特徴がある。実は現代の新固有権説論者の多くは同様の傾向を示す（例えば前掲の鴨野幸男）。そして杉原説自体に、そのような傾向に親和的な部分があることも否定できない。

19) 杉原が次のように述べている部分には、「事務の本質」論的発想が見出せる。「……全国民的な事項と中央政府の組織運営に関する事項こそが、国会を含む中央政府の本務ということになる。この点からすれば、また、全国民に関わらない地方的事項は、本来地方公共団体の処理すべき事項ということになる」（杉原泰雄「地方自治の憲法理論史」拙編『地方自治の憲法理論の新展開』〔敬文堂、2011年〕71頁）。

20) この点について、拙稿「自治体の国際活動と外交権」『公法研究』55号（1993年）79-94頁を参照のこと。

効率性とは異なる基準もありうること——少数派のアイデンティティー保障や民主主義の実質的充実の要素を勘案した効率性もありうる——に鑑みると、結局は事務の帰属先をめぐる対立のほとんどは政策選択レベルの問題となってしまい、法原理的判断を本来の守備範囲とする司法裁判所の能力を超えてしまうおそれがある。つまり、憲法の根本原理から地方自治権の本質と範囲を探求する道から外れて、事務の本質論や効率論に傾斜すると、杉原説の法解釈論上の意義は大幅に減殺されるのだ。さらにジャコバンたちの歴史的結末に鑑みるならば、政治的決定によって全国民的必要性があると判断された事務を全て本来的な自治体事務から排除する論理と、「人民主権」原理に基づく決定は最高独立で絶対的な一般意思であるとする論理とが結合してしまったときに、実際には極めて過酷な中央集権制が生まれたことを忘れるわけにはいかない。それは単に革命期の政治的混乱のせいだけではなかった。

2 「ポスト杉原」の憲法学説の分布状況

それでも、杉原説が憲法学界に与えたインパクトは大きかったと言うべきであろう。その後の地方自治の憲法学説は、杉原説との距離を測りながら理論化されるようになる。管見によれば、現代日本において注目に値する「地方自治の本旨」の解釈学説には、以下のものが挙げられよう。

(1) 「垂直的権力分立」論の系譜

民主主義ないし国民主権の原理とは対立的な文脈における「垂直的権力分立」の視点から、「地方自治の本旨」を論ずる者は相変わらず多い。近年の特徴は、それを実定憲法に内在する諸原理から演繹することで、国民主権原理との対抗力を強めようとするところにある。例えば高橋和之はその概説書の中で[21]、「主権者たる国民」が「憲法により国家の内部構造を分権的に定め」、その結果作り出された「国と地方の対等関係における分権的構造」こそが地方自治を意味するとする。そのうえで、この「国家権力の『垂直的分立』」のあり方には連邦型と地方自治型とがあるとし[22]、統治権を予め「政治の領域」と「法の領域」に分けたうえで、「政治の領域」のみを中央（国）と地方（自治体）とで分割するものを地方自治型、統治権を予め分けることなく丸ごと中央と地方に分けたうえで、それ

---

21) 高橋和之『立憲主義と日本国憲法』（第3版、有斐閣、2013年）357-371頁。野中・中村・高橋・高見・前掲『憲法Ⅱ』4-5頁（高橋和之）。

れのレベルで立法・行政・司法の3権に分割するものを連邦型とする。したがって高橋説における連邦型と地方自治型との相違点は司法権の「垂直的分立」の有無ということになりそうであり、逆に言えば立法権については、論理的には中央政府と地方政府とで分有することが認められるように見える[23]。しかし高橋は、この地方自治型における分配原理こそ「憲法上は『地方自治の本旨』という言葉で表現され」たものとしながらも、「具体的な権限配分は、地方自治法によりなされている（自治2条参照）」としか述べていないため、この論理では国の立法権と並立・競合しうる自治体立法権を認めるところには到達できない。

　高橋が「政治の領域」に属する統治権を国と自治体とで分割し、したがって立法権を両主体が分有するかのように述べながら、それでも立法権分有の考え方に立ちきれないのは、その「地方自治の本旨」の理解が民主主義ないし国民主権原理と切断されているからである。高橋によれば、「地方自治の本旨」とは、「なぜ」憲法が地方自治を保障したのかを考察することから導かれるものである。その理由を高橋は、第1に「個人（のアイデンティティー）の尊重」がそれぞれの帰属する地域的共同体の尊重を要求すること、第2に国家と地域的自治団体との間の抑制・均衡を通じて個人の自由を守ること、第3に身近で容易な政治参加の場の確保により、自律的生の構成と民主主義への訓練の場が保障されることの3点に見る。第3点は民主主義に関わるものの、なおそれは「民主主義の小学校」論に留まっている[24]。

　個人のアイデンティティーの尊重、個人の自由の保護、政治参加要求の実現はそのいずれも近代立憲主義にとって重要な憲法的価値である。しかしこれらの価値は、NPOなどの非地域的な自発的結社でも実現可能であり、自由の保障についても、国の立法権や司法権の果たす役割も大きい。つまり、いくら日本国憲法が上記のような憲法的価値を保障する観点から、地方自治型の「垂直的権力分立」を実定憲法上の制度として定めたことを論じたとしても、連邦憲法のように実定

---

22)　連邦型も地方自治型も統治権を中央と地方とに分けるものであり、これとは別に統治権を全て中央に独占させ、これを立法、行政、司法の3権に分けたうえで、行政権のみを中央と地方に分ける権力分立の型もある。高橋はこれを戦前の日本の地方自治観念と連続するものと見るが、この型までも「垂直的権力分立」に含めて論じているわけではないように見える。

23)　高橋が立法権分割にまで踏み込んでいることを指摘するものとして、只野雅人「自治体の立法権をめぐる『国家の型』の理論」拙編・前掲『地方自治の憲法理論の新展開』81頁。

24)　高橋・同上『立憲主義と日本国憲法』370頁。

憲法上で自治体の専管的な自治立法領域が明示されていない場合には、それだけではこれらの憲法的価値は、地方自治以外の方法のほうが適切と考えて国の立法が生みだした別の手段でも十分に実現可能との理由づけが成り立つがゆえに、地方自治の存在理由に関する憲法理論としてはなお説得力が弱いのである。したがってこれらの憲法的価値の保障という理由づけだけでは、国の立法権と並立・競合しうるような自治体立法権の分立まで導き出すことはできないであろう[25]。

(2)「社会契約」説と憲法の拡張的文理解釈の系譜

近年、地方自治の憲法理論の分野で多くの労作を発表し続けているのが渋谷秀樹である。渋谷は憲法原理的な考察を行うと述べつつも、その実際の内容としては、比較憲法的アプローチも歴史的アプローチも法哲学的アプローチ（渋谷は功利主義的アプローチに限定する）も否定し、「原理的なアプローチとは、オーソドックスな憲法解釈論を意味する」との立場に自らを限定する[26]。この意味で、渋谷は本書が採用する比較憲法史的アプローチと民主主義論を中心とする法哲学的アプローチを合体させようとする方法論とは真っ向から対立する。実定憲法の文理解釈に努めつつも、可能な限りの拡張的解釈を施すことで、現代の地方自治が直面する諸課題に対応しようとする渋谷の解釈論は、例えば憲法93条が自治体執行機関を「地方公共団体の長」、地方議会を「議事機関」と規定しているところに着目し、首長と地方議会による自治体立法権・行政権の共有化[27]や、シティマネージャー制の導入を許容する憲法論を導き出す点で注目に値する[28]。

「地方自治の本旨」の法的意味については、渋谷はそれを地方統治権と地方参政権と対中央政府独立性の３つの概念で捉えるべきものとする。すなわち、団体自治と呼ばれていたものは地方政府の地方統治権に、住民自治と呼ばれていたものは住民の持つ地方参政権に、そして地方政府の地方統治権が他の政府に対して有する独立性については、「主権の概念に類比させて、一国内における統治団体

---

25) 原島良成「地方政府の自律（下）」『自治研究』82巻3号（2006年）116-126頁も、高橋以上に多様な憲法的価値を挙げながら、「垂直的権力分立」を「地方自治の本旨」の法的意味として示そうとする。しかし原島も高橋と同様に、その「垂直的権力分立」論が民主主義ないし国民主権の原理から切り離され、これと対抗関係に置かれるような論理に終始するため、立法権分有を論証できないという欠点を持つ。

26) 渋谷秀樹「都道府県と市町村の関係」『公法研究』62号（2000年）213-216頁。

27) これはフランスで言う「評議会制」、渋谷の用語法では「参事会制」を可能にする解釈論である。これらの融合制度はいわゆる「議員内閣制」を意味する。

28) 渋谷秀樹「地方公共団体の組織と憲法」『立教法学』70号（2006年）215-233頁。

(政府) 相互間の対等性・独立性になぞらえ」て解釈することになる[29]。しかし、国の統治権、国民の参政権、国の主権に「なぞらえて」自治体のそれを解釈するという論理だけでは、国の権利・権力と自治体のそれとが対立した時に、実定憲法上の明文規定（例えば憲法41条の国会中心立法の原則や94条の「法律の範囲内」の条例制定権）、あるいは現在でも通説的な単一不可分・最高独立の主権概念から来る国の権利・権力の一方的・全面的な優越化の主張に風穴を開けることはできない。渋谷説では、憲法上明文で保障された自治体の権利・権限や制度以外は、憲法解釈論上、そのような解釈も可能であるというにとどまり、国の立法府がそれとは異なる政治選択をした場合に、渋谷の立場から政策論的に望ましくないとは言えても、これを憲法違反として否定する論理までは有していないのである。

　政策論的な是非を超えて、かつ憲法の明文規定から異論なく保障される範囲を超える地点にまで、国の立法に対して自治体の統治権や対中央政府独立性、住民の地方参政権を保障するには、憲法の文理解釈を超えた本来の意味での憲法原理論が必要である。しかしこの点で渋谷が採用しているように見える「社会契約説」では、そこから論理的に一定の具体的内容を憲法が保障しているという解釈を導くことができない。この点につき渋谷は、「憲法が社会契約説をとった以上、地方公共団体の統治権も憲法制定という契約締結（または合同行為）によって、直接その地域住民から信託されたと解すべき」とする。また憲法95条も、「国権の最高機関たる国会の意思を表した法律に対してさえも、住民の同意の優位を要求する規定」と見たうえで、この規定は、「地方統治権の正統性は住民の同意にあるとする理論によってのみ基礎付けることができる」とする[30]。しかしこの説明は、「社会契約説」にもホッブスやロックのそれからシェイエスやルソーのそれまで多様なものがあり、ルソーを除けばその多くは国民代表府（あるいは統治権の信託を受けた「市民政府」）による最高独立の決定権を正当化するものに過ぎなかったという事実を無視するものである。この事実に鑑みれば、渋谷説のように単なる「社会契約」の論理に依拠するだけでは、地方統治権を、特にその中核たる自治体立法権を、国の立法権に対して優位させる論理を示すことはできないとの反論を受けざるをえない。また憲法95条についても、全ての地域生活や地方自治関係の問題に関して国の立法権に対する「住民の同意の優位」を示すものではないと

---

29) 渋谷秀樹『憲法』（第2版、有斐閣、2013年）730-732頁。
30) 同上732頁。

するのが通説であり、説得的な反論ぬきでこの通説を無視することはできない[31]。

　本書の視点からすれば、渋谷の主張にもかかわらずその「社会契約説」が無内容なものに留まるのは、やはりその国民主権論が憲法解釈論上で積極的な意味を持つものとして構成されていないことに起因する。渋谷によれば、国民主権とは「憲法の制定権が主権者たる国民にある」ことを意味する。渋谷にとっての主権の意味は、「統治活動の正統性の源泉を明確にするもの」であり、この意味での「正統性の源泉」を「主権者たる国民が憲法制定権力を行使して制定した憲法」に見ることで、「法の支配の原理の究極のかたち」が得られたと考える。そして君主主権から国民主権への転換の意味も、「『君主＝治者、国民（臣民）＝被治者』という対立構造の図式を、『国民＝治者＝被治者』という融合の図式（治者と被治者の自同性）に転換させる」ところにしか見ない。

　もちろん渋谷も「人民主権」と「ナシオン主権」の対立にも触れている。したがって国民を「治者」とするには、直接民主制ないしそれに類した市民の日常的主権行使のための法制度の完備が、主権原理それ自体から要求されるという「人民主権」の考え方も知っていたはずである。また「ナシオン主権」が、主権者国民を抽象的観念的存在（国籍保有者総体・全国民）と捉えることで、現実の非民主的な状況を隠ぺいしていることを「人民主権」が批判していたことも知っていたはずである。しかしこれらの点についても渋谷は、両主権原理の対立を「フランスの憲法」に独特なものと捉え、「明文上も理論上もこのような区別が自覚されていない日本国憲法の解釈として」用いるべきではないとする。結局、渋谷の国民主権論は、通説である芦部説と同様の「権力的契機」と「正当性〔の〕契機」の折衷的な融合説に留まることとなる。彼の考える「権力的契機」とは、憲法改正国民投票を含む穏健な形としての投票行動と過激な形としての政治行動の２つの契機からなる「主権の実践的側面」として捉えられている。ここには、市民の日常的な政治行動を国民主権の１要素と見なそうとする姿勢も垣間見られるが、市民の政治行動を具体的に保障する彼の憲法解釈は、憲法21条の表現の自由を除けば、命令委任や立法権分有の制度化のように、実定憲法の規定を超えて憲法原理論から導かれる具体的な制度の保障論にまで進んではいない[32]。

---

31) 憲法95条の地方（自治）特別法について限定的な理解を採る通説について、さしあたり拙稿「特別法の住民投票」芹沢斉・市川正人・阪口正二郎編『新基本法コンメンタール　憲法』（日本評論社、2011年）498-500頁を参照のこと。

渋谷や芦部が唱える国民主権の「権力的契機」論では、そこから主権者国民が、国と自治体という複数の場で主権を多元的に行使するための制度的保障として、国のみならず自治体にまで立法権の帰属を保障していることや、だからこそ国の立法権と自治体立法権とが抵触・競合したときには「対話」的な解決が司法その他の場で図られるべきことを導き出すことはできない。結局それは、芦部説と同様に、日本国憲法の国民主権原理を原則として「正統性〔の〕契機」の枠内で考えたうえで、選挙以外の場における有権者の政治参加の制度化については、それが立法政策上のものに留まらず、実定憲法に内在する規範から制度化が義務づけられていると考えられるものとしては、憲法改正国民投票制のように憲法上明示されたものしか認めない。つまり「権力的契機」は付加的に考慮されない憲法論なのである。したがって渋谷説では、地方参政権の新たな解釈を目指す姿勢はあるにせよ、地方自治を国民主権ないし民主主義の論理から説明する契機は存在しないと言わざるをえない。

(3) 国民主権原理から憲法上の地方自治権を弁証する解釈の系譜

　幸いなことに、現代の若い憲法学者の中には、より一層積極的に民主主義や国民主権の原理から憲法による地方自治権の保障の意味や内容を弁証しようとする傾向が見られる。

　例えば新村とわは、1988年11月23日のドイツ憲法裁判所の「ラシュテーデ(Rastede) 決定」[33]などを分析しつつ、同決定が違憲判断の根拠としたドイツ連邦共和国基本法28条2項に関する解釈として、白藤博行が行ったような防禦権的な議論とは異なる視点を示そうとしている。白藤は同決定について、全権限性（地域共同体の全ての事項を自己の責任において規律する権利）や比例原則（過剰規制禁止原則）の拡張解釈として補完性原理（市町村優先の事務配分原則）を理解すること、並びにこの原理を覆すほどにゲマインデ（Gemeinde＝市町村）レベルで事務処理の不合理さが生じていたことについて国側に挙証責任を課すこと、という制度的保障

---

32) 渋谷・前掲『憲法』46-50頁。なお本書は「référendum」を人民投票と訳してきたが、日本国憲法における憲法改正手続上のそれについては、通例となっている呼び方、並びに実定法上採用されている用語に従って、国民投票と表記する。厳密に言えば、全国民を意味する「国民」と有権者総体を意味する「人民」は区別されなければならない。もっとも渋谷は、主権主体について「融合説」を採ることで、「国民」と「人民」の区別を超越する立場を採っている（50頁）。

33) *Entscheidungen des Bundesverfassungsgerichts*, J.C.B. Mohr（Paul Siebeck）Tübingen（以下、*BverfGE* と略す), 79. Bd.（1989), S.127, Beschluß vom 23. November 1988.

説の実質化を目指す議論を展開したことで有名である[34]。これに対して新村の場合には、次のような新解釈が示される。すなわち、まず新村は、同決定の基となった1979年のリューネブルク上級行政裁判所判決は、ゲマインデの自治権を前国家的固有権と捉え、これを個人に保障される基本権になぞらえることで、ゲマインデの廃棄物処理権限のクライス（Kreis＝郡）への移譲を強制する州法を基本法28条2項違反としたのに対して、この上訴審である連邦行政裁判所の1983年判決では、ゲマインデも国家組織に組み込まれた存在に過ぎないとして、その前国家性や事務の固有権限性を否定したことに着眼した。新村によれば、1988年の連邦憲法裁判所の「ラシューデ法理」は、この両判決のくい違いを乗り越えようとして、上記連邦行政裁判所と同様にゲマインデの性格を国家の行政組織の一部としながらも、それが「住民に身近でかつ基本法によって民主的正当性を与えられている存在」であることを根拠として、ゲマインデ優先の事務配分原則を導き出し、上記州法を違憲としたと解すべきだと言うのである。そして新村は、ここに「市民近接型民主主義」又は「分節型民主主義」を根拠とする新たな自治権保障論を見たのである。

　新村の新たな民主主義理解に基づく地方自治権論は、定住外国人の選挙権を定めるシュレスヴィヒ＝ホルシュタイン州法の合憲性についての1990年10月31日の連邦憲法裁判所判決[35]を分析することで、さらに深められている。なぜなら同判決は、「国民主権と民主主義の原理（Prinzipien des Volkssouveränität und des Democratie）……に関する憲法の根本をなす決定（Grundentscheidungen）が、連邦と州レベルのみならず、州の下位区分であるゲマインデとゲマインデ連合体にも妥当すべきとする規範」が存在することを指摘し、この規範がドイツ連邦共和国内の「あらゆる地域団体（alle Gebietskörperschaften）に均一な民主的正当性の基盤があること（Einheitlichkeit der democratischen Legitimationsgrundlange）を保障する」と述べたからである[36]。この視点から新村は、国民主権の原理により、「公権力の行使は、その事項内容ごとに国民意思が介されなければならない」こと、「代表民主制国家においてかかる媒介機能を持つ議会にその中心的役割が与えられる」べ

---

34)　白藤博行「ゲマインデの自治権の範囲」栗木壽夫・戸波江二・島崎健太郎編『ドイツの憲法判例II』（第2版、信山社、2006）378-383頁。

35)　*BverfGE*, 83.Bd. (1991), S.37, Urteil vom 31. Oktober 1990.

36)　Ebenda., S.53. 翻訳は新村の後掲論文657頁も参照したが、必ずしも同一でない。

きこと、そのための条件として「議会的・機関的意思形成と議会外・社会的意思形成との」「双方向関係」＝「コミュニケーション的関係」が成立すべきこと、そしてこのような条件が整った場合には、ゲマインデ議会には「包括的な一般政治全権」が認められることを論証しようとした[37]。

確かに新村の地方自治権論は、未だに日本国憲法の解釈論を提示するものではない。しかし新村の国民主権の再構成の仕方は、本書が提示を試みる「国民主権の地域的行使の場」としての自治体という地方自治権の根拠づけや立法権分有制の考え方、あるいは、代表制議会の「対話」的特質の議論に接近していることが分かるであろう。

木村草太の論考にも、国民主権論から地方自治権論を論証しようとする姿勢が見られる。木村は、憲法が「日本国という単一の団体を想定し、それが国家主権を持つことを前提とする」ならば、「憲法が地方公共団体に権限を付与するのは、国全体のために有意義だからだと解される」ことを議論の出発点にする。そしてそこから、「基礎自治体を保障することの国全体にとっての意義」を論じるのである。

木村によれば、「基礎自治体の〈住民〉に、〈国民〉の代表としての役割を担わせる一方、国家とは異なる共同体の構成員としてふるまうことも期待する」という両義的性格を〈住民〉に認める点で、「現状の憲法学説」は一致するという。にもかかわらず木村は、近代主権国家が伝統的共同体から解放された個人により構成されるものである以上、上記〈住民〉の２つの性質は矛盾するのではないかと自問する。

木村はまず、〈国民〉を「〈国全体の利益〉を実現するため国家主権を行使する主体」と定義する。そして〈国民全体の利益〉をルソーの「一般意思」の文脈で読み解くのであるが、木村の場合それは、「一般意思」形成に参加する各市民の「熟慮」を通じて、特殊意思の総和から「相互に打ち消し合う両極を除く」ことで得られるものである。より正確には、「全ての者の特殊意思に配慮する〈第三者〉の視点から、それを追求することが正当だと評価される利益」こそが〈国民全体の利益〉であり、〈国民〉も「全ての特殊意思に対し〈第三者〉の位置にある主体」でなければならない。この意味の〈国民〉は、何らかの「身体」により

---

37) 新村とわ「自治権に関する一考察（２・完）」『法学』68巻4号（2004年）80-121頁。

表象＝代表されない限り国家権力を行使できない。しかし国民投票に参加する有権者総体であってもこの〈国民〉の「身体」の資格を独占することはできない。「あらゆる個人に配慮する視点を表象できる」存在は全て、〈国民〉の身体となりうる。つまり〈国民〉を代表しうるのである。そして〈住民〉も、「地域の利益を追求する主体」としてではなく、「地域に関する専門知を持つ、全ての特殊利益に配慮する視点にある主体だと主張することによって、〈国民〉を代表できる」ことになる。〈住民〉の〈国民〉代表性は、「地域に関する専門知が必要な判断について、決定の量を補充する」ことの不可欠性によって根拠づけられる。

　他方で〈国民〉の意思という観点から〈国民〉と〈住民〉の関係を考えた場合にも、〈住民〉の意思は〈国民〉の意思形成にとって不可欠である。木村によれば、「全ての特殊意思に配慮する一般意思」である〈国民〉の意思は、選挙を通じた多様な特殊意思の包摂プロセスによってしか得られないところから、ある時点で具体的な意思が得た「一般意思」としての資格も、常に暫定的なものである。〈国民〉代表となった〈住民〉の場合も、常にその意思が「一般意思」の資格を失う可能性を秘める。にもかかわらず木村は、「一般意思」の資格を失った〈住民〉の意思も、それが「〈住民〉によって取りまとめられる地域の特殊意思」であり、「一般意思により配慮されるべき意思であることに変わりはない」以上、なお「一般意思」形成にとって不可欠の要素であり続けることを認める。こうして木村は、〈国民〉代表性を持つ〈住民〉の意思が「一般意思」による決定量を増加させる点でも、また〈国民〉代表性を獲得できなかった場合の〈住民〉の意思が、それでも考慮要素としての「一般意思」の素材を提供することで「より包摂的な一般意思を形成する」点でも、〈国民〉は〈住民〉を不可欠とすると主張するのである[38]。

　住民に国民の代表者としての性格を見る木村の理論は、すでに本書第2部第3章第4節4(2)c)で言及したオーリゥの「代表の滝」論と選挙権力論を想起させる。そして「一般意思」の暫定性についても、オーリゥの「仮の法」と「確立した法」との「対話」的相互作用という思考様式に内在する国民代表の意思の「暫定性」の議論に近似している。もっとも木村の理論は、従来のルソーの「一般意思」の理解からかなり逸脱している。むしろ木村の問題関心は、本研究がこれま

---

[38]　木村草太「〈国民〉と〈住民〉──〈基礎的自治体〉の憲法論」『自治総研』2010年3月号49–72頁。

で示してきたように、「ナシオン主権」原理における国民意思(「一般意思」)形成プロセスの純粋形であった「純粋代表制」が、「人民主権」やフェデラリズムによるイデオロギー批判の影響を受ける中で「半代表制」へ、さらには「半直接制」へと変質してきた結果として理論構成したほうが、多元化された国民代表制において「国民代表」の1つとしての「住民」が持つ特権的な地位を説明しやすいように思われる。なぜなら、木村のように「一般意思」の決定量を増やすため、あるいは特殊意思への考慮のためというだけでは、世論や様々な中間団体も同様の役割を果たすことを期待できるがゆえに、なぜ多数存在する「特殊意思」の中でも自治体の枠組みを通じた住民意思として集約されたものが、国民主権に基づく国民の意思形成プロセスにおいて、特権的地位を認められるのかが説明できないからである。

　木村の理論はあくまでも国民主権から地方自治を説明するための1つの論理的可能性を示したものに過ぎず、また国と自治体との立法権分有制の憲法保障のような具体的な憲法解釈上の帰結をもたらすものでもない。それでも、新村の試みも併せ考えるに、現代の憲法理論としての地方自治権論の中には、これを国民主権原理や代表民主制論と密接に結びつけて展開する潮流が存在することだけは確認できるであろう。

第2節　「対話型立法権分有」に基づく 「地方自治の本旨」解釈の可能性

1　地方分権改革と行政法学説における「立法権分権」の展開と限界

(1)　「立法権分権」としての地方分権改革

　一般に1995年7月の地方分権推進委員会の発足から、1999年の地方分権一括法の成立と2000年4月のその施行までを指す「第1次分権改革」では、それまで支配的であった行政的関与を中心とする国の関与の縮減を目指す改革が行われた。2002年頃からその理念が提唱され始め、2004年度から2006年度にかけて実施された小泉内閣の「三位一体改革」は、ナショナルミニマムの切り下げと条件の悪い地域・弱小自治体の切り捨てを含みつつ、自治体に財政的「自立」を強要した[39]。その後は、2007年4月の地方分権改革推進委員会の発足と2009年の自民党から民主党への政権交代による「地域主権」への政治標語の架け替えを経て、

2011年4月、8月、2013年6月の3次にわたる「地域の自主性及び自立性を高めるための改革」推進のための一括法（平23法37、平23法105、平25法44号。以下、地域自主性一括法と略す）の制定と実施に至る。それは、自治事務の処理基準の設定に対する国の法令による規律密度を低めること（法令による義務づけ・枠づけの緩和・撤廃）を通じて、「立法権分権」を目指すところに特徴がある[40]。この2007年以降、現在までの時期は「第2次分権改革」と呼ばれている[41]。

「立法権分権」の概念は、法律の根拠を必要とせずに憲法が直接、国の立法権に匹敵する立法権を自治体に授権していると考える立法権分有の概念に比べると曖昧である。それは、国の法律を根拠に、法律が規律することを放棄ないし緩和した領域に限って自治体立法権の行使を認めるという思考様式に留まっているように見える。しかし立法権が立法権を「分権」するという論理は、やがて憲法が立法権を「分権」するという論理に変わる可能性を秘めている。

「第1次分権改革」前は、機関委任事務に属する事項については条例で規律することができず、国の法令による委任に基づき、首長がその規則制定を通じて住民の権利制限を含むこの分野の法規範定立を行っていた。地方議会の自主的な判断により独自条例を制定できるはずの自治事務についても、数多くの法令が自治事務の内容を規定したうえで条例への「委任」[42]又は「条例で定めることができる」旨を定め、しかもこうした「法定自治事務」では法令自身が事務処理の要件や実施基準を事細かく定めていたので、数少ない独自条例を別にすれば、ほとんどの条例が国の法令の委任条例であるかのように取り扱われていた。独自条例に

---

39) 分権改革における「三位一体改革」の位置づけについては、二宮厚美「分権型構造改革から新自由主義的改憲への展開」『法律時報』78巻6号（2006年）40-47頁、及び拙稿「『三位一体改革』と『分権型国家』の憲法論」『法律時報』同上号48-54頁を参照のこと。

40) 例えば地方分権改革推進委員会第2次勧告（2008年12月）は、「『地方政府』の確立には……立法権の分権が不可欠」と明言する。

41) 2014年2月には国から自治体、都道府県から政令指定市への若干の権限移譲を内容とする第4次地域主権一括法の概要が内閣府地方分権改革推進室から示された。しかし現在の安倍内閣は「集団的自衛権」の解禁など国家権力強化への志向性が強く、これまでの分権改革の流れは停滞ないし後退しているように見える。

42) 後述のように、分権改革以降は、通説及び法制度上においても、自治事務と法定受託事務を包括する「地域における事務」は憲法から直接授権されたと考えられている。したがって法律が当該事務を規定し条例に「委任」する規定を持っていたとしても、それは「委任条例」ではなく「法律規定条例」に過ぎない。しかし実務では、なお伝統的な「委任条例」の意識が残り続けている。こうした事情を踏まえ本書では、特に必要な場合には括弧つきで「委任（条例）」と表現する。

ついても、「第1次分権改革」における1999年の地方自治法改正により、旧法の2条3項にあった自治事務「例示」規定が廃止されて、自治体は「地域における行政」、「住民に身近な行政」を広く担当するという現在の概括的規定（新1条の2）に代わるまでは、実務では旧2条3項が一種の委任規定のように扱われており、そこに列挙されていない事務は、独自条例でこれを定め規律することに消極的な傾向が強かった。

　「第1次分権改革」では国と自治体の対等性、並びに両者の関係の法治主義化が図られ、この観点から国の関与の縮減が目指された。まず機関委任事務が廃止され、自治事務も法定受託事務も全て「地域における事務」（自治体の事務）とされただけでなく、新地方自治法14条2項により、権利制限や義務賦課の法規範は法令の特別の定めがない限り全て条例で定めるべきこととなった。その結果、それまで機関委任事務や「法定自治事務」の実施のために、国の法令が自治体の長等の規則で定めるべきとしていた規範内容、あるいは直接、長等が処理若しくは措置を講ずるものとしていた規制の内容を条例の定めに改める動きが起こった。にもかかわらず中央の各省庁は、国の統制を残す目的から新たな立法を行い、その中で条例に「委任」する形式を残すことで法令上の縛りをかけつづけたために、自治体立法の自主性は一向に向上しなかった。つまり「第1次分権改革」が縮減したのは行政的関与に過ぎず、立法的関与ではなかったために、法令による条例に対する規律密度の問題が残されてしまったのである[43]。

　そこで「第2次分権改革」では地域自主性一括法の明文規定を通じて、これまで国が政省令などで定めていた自治体事務の処理基準を、一定の範囲で条例で自主的に定めさせる改革がなされたのである。その結果、緩和ないし撤廃された国の基準に代わる基準を定める条例が爆発的に増えた。このような条例による新たな基準設定とそれを通じた新たな法律と条例の関係の構築可能性を考慮に入れるなら、現在は、むしろ新たな「立法権分権の時代」に突入しつつあるとも言える。

　もっとも現在までのところ、充実した「立法権分権」の観点から見て、「法令による義務づけ・枠づけの緩和・撤廃」を目指した「第2次分権改革」にはなお大きな限界が残る。まず中央の省庁からの抵抗を考慮した結果、分権改革推進委員会は地域自主性一括法をまとめる過程で、自治体が条例で処理基準を設定でき

43）　礒崎初仁「法令の規律密度と自治立法権」『ジュリスト』1396号（2011年）147頁。

る領域を自治事務に限定し、法定受託事務を外してしまった。加えて、条例への「委任」に際して条例の自主的な決定や補正を認める条項を持つ法律も最初から検討対象から除外したために、そこに国の政省令による基準設定を可能にする規定が残っていても不問に付されることになった。地域自主性一括法は、法律が条例に「委任」する場合には、政省令の定める基準を法律上「従うべき基準」、「標準」、「参酌すべき基準」に3分類するよう義務づけることで、後2つについては規律密度の一定の緩和を行った。しかし国は必要とあれば当該決定事項を「従うべき基準」に変えてこれを縛り上げることができた。さらに今回、先行的な見直し対象となった主な分野は、自治体が管理・運営の主体となっている施設・公物の設置管理であった。これは自治体が自律的に基準を決めやすい分野である。逆に言えば、民間の活動を規制する場合の許認可の基準等、まさに自治体立法権を行使するにふさわしい分野については、なお国の政省令が基準を設定し続けている。

　より重大な問題としては、今回実際に条例に委ねられることになったものの多くが、予め法律に定められた要件を実施に移す際の具体的な数値などの実施基準（要件該当基準）に過ぎなかったことである。その前提となる処理や規制の要件自体の決定を条例に譲り渡さない限り、真の「立法権分権」は実現できない[44]。実施基準の規範定立は、本来、自治体首長の規則制定権に委ねられるのがふさわしい。今回の分権改革が地方議会の条例と首長の規則の関係を十分に整理していなかった結果[45]、新地方自治法14条2項が義務賦課・権利制限の法規範を全て条例で定めるべきと定めてしまったことに引きずられて、法律から首長の規則に委任する方が適切である具体的実施基準の設定が、条例の制定対象になってしまったと批判する者もいる[46]。

(2)　行政法学における「全権限性」論と「規範抵触」論

　実のところ、日本の憲法学説が「地方自治の本旨」をめぐる議論から具体的な解釈論を導き出せないでいるうちに、行政法学説の方が、現実の「立法権分権」

---

[44]　小泉祐一郎『地域主権一括法の解説』（ぎょうせい、2011年）57-101頁。礒崎・前掲論文148-151頁。

[45]　分権改革に関わった小早川光郎自身、条例と規則の関係がなお不明確なことを告白している（大津他・前掲「〔座談会〕地方分権改革の意義と課題」48-49頁）。

[46]　小泉・前掲書105-158頁。解決策として、小泉は条例から首長の規則への更なる委任を勧める。

化の立法と判例の状況を踏まえて、一定の具体的な解釈論を提示してきたのかもしれない。ここでその概要と、なお残されているその限界を見ておきたい。

　日本では、戦後比較的早くから、憲法学説及び行政法学説のみならず判例でも、条例制定権の存在とその「全権限性」が憲法で保障されていること自体は広く認められてきた。残念ながらこれらの学説の大部分並びに判例では、「全権限性」が憲法92条の「地方自治の本旨」の内容としてではなく、文言上「法律の範囲内」の限定を伴うものと解釈されやすい憲法94条から導かれてきた点には問題が残る。しかしながら、2003年の憲法改正後も法律による具体化の根拠を欠く条例制定を一切認めないフランス型「分権国家」の条例制定権論から見れば、はるかに進んでいたと言える。また、「自己行政（Selbstverwaltung）」論を中心とするドイツの「全権限性」論も、一般論としては法律の根拠を要さずに、ドイツ連邦基本法28条2項に直接基づく条例制定権を認める点でフランスより進んでいるものの、なお条例には「法律の留保」原則が及ぶとし、国民の自由・財産を制限する条例の制定には、法律による授権を要することが通説及び判例とされている[47]。

　もちろん日本でも、戦後しばらくの間は、例えば戦前以来の「法治主義」概念を残していた田中二郎が、罰則つき条例の場合にはその根拠に、一般的包括的な委任規定であれ、何らかの法律の根拠を要するとし[48]、その後の旧通説を代表する成田頼明も同様の考え方を採っていたように[49]、ドイツやフランス流の「法律の留保」を条例制定権に適用する傾向があった。だからこそ「大阪市売春勧誘取締条例事件」最高裁判決（最大判1962年5月30日刑集16巻5号577頁）も、罰則つき条例には法律の委任が必要であるとしつつ、条例が議会による自主立法であることに鑑みればその委任は相当程度の具体性・限定性があれば足り、当該条例の根拠は旧地方自治法2条3項7号及び1号、及び同14条5項であるとする、委任要件の緩和を前提とした「条例＝委任命令」説を採ったのである。しかし「条例＝委任命令」説は、どれほど委任の要件を緩和しようとも、1999年の地方自治法改

---

[47]　木佐茂男「プロイセン＝ドイツ地方自治法理論研究序説（1）」『自治研究』54巻7号（1978年）99頁。斎藤誠「条例制定権の歴史的構造（2）」『自治研究』66巻5号（1990年）108頁。宇賀克也『地方自治法概説』（第5版、有斐閣、2013年）189頁。

[48]　田中二郎「条例の性質及び効力」田中『法律による行政の原理』（酒井書店、1954年〔初出1948年〕）329-345頁。条例を「自主法」と観念する田中の思考枠組みは、官撰知事が権力行政を行っていた戦前の論文「公共団体の自主法の根拠と限界」前掲『法律による行政の原理』〔初出1938年〕、特に317頁から変化していない。

[49]　成田頼明「法律と条例」清宮四郎・佐藤功編『憲法講座4』（有斐閣、1964年）201-207頁。

正により自治体の自治事務の例示規定が全廃されてしまった後には、もはや採用される余地はない。それゆえ現在の通説は、憲法学説のみならず行政法学説も、憲法31条（刑罰）や29条（財産権規制）、30条（課税）に示される「法律の留保」の憲法規範を、議会による民主的規範定立の義務づけの意味に再解釈することで、条例も「法律」に含まれるものとして考えるようになっており、したがって特に法律による授権（一般的包括的であれ、個別具体的であれ）は要しないことを認めるようになったのである[50]。

したがって現代日本の行政法学説は、地域的性質さえ見出せれば、いかなる領域でも条例による規律は可能であり、特に法律の根拠を要しないことを認めており、その意味で「全権限性」を認めていることになる。但し行政法学に言う「全権限性」とは、憲法94条の「法律の範囲内」の規定を根拠にして、法律（及び合理的解釈において法律の執行命令や委任命令と見なされる政省令等）に反しない限りでのそれである。つまり、条例は憲法94条に基づき、地域的必要に応じ、特に法律の根拠なく刑罰や財産権規制、課税をも定めることができるけれども、当該分野の法律による明示的ないし黙示的な規律内容に反しないことが、憲法上、義務づけられるとするのである[51]。なお法令に反しない限りでの「全権限性」という考え方は、理論的に見て条例による独自の規律は許されないとされてきた「私法秩序」についても、塩野も述べるように、当該分野の本質が条例の介入を排除するのではなく、すでにこの分野を先占している法律の趣旨・内容に反する条例が禁止される結果、ほとんどの場合、条例による規律の余地がなくなったに過ぎないと解することを可能にする[52]。

現在の行政法学は、こうした法令に反しない限りでの「全権限性」を前提としたうえで、国の立法との抵触を回避しながらどこまで条例制定が可能かの検討を進めている。その際には、「徳島市公安条例事件」最高裁判決が示した「目的効果基準」論が手掛かりにされている。同判決は、法律と条例との抵触が疑われる場合に、国の立法意思たる法律の趣旨を基準にして、その趣旨から合理的に導き

---

50) 現代行政法学の通説的立場を代表する塩野宏も同様の見解に立ち、「大阪市売春勧誘取締条例事件」最高裁判決が現在でも有する憲法判例としての意味は、「条例制定が法律に類した手続きによってなされている」ことを肯定的に評価したところにしかないとする（塩野宏『行政法Ⅲ』〔第4版、有斐閣、2012年〕182-184頁）。

51) 斎藤誠『現代地方自治の法的基層』（有斐閣、2012年）480頁。

52) 塩野・前掲『行政法Ⅲ』184-185頁。

出すことが可能な範囲で法律の目的・内容・効果を限定解釈し、同じく限定解釈された条例の目的・内容・効果がこれに抵触しない限りで適法とする。その後の学説においては、この考え方を一般原則化し、とりわけ当該条例の存在を予定する個別法律がなく、憲法の条例制定権のみを根拠に自治体の自発的な意思によって制定可能な（もっとも、制定手続きや条例の実効性担保のための権力的手段については地方自治法による規律を受けるが）「独自条例」の適法性審査に応用することで、この「独自条例」が国の法律と競合しかねない「並行条例」と化した場合にも、なお条例制定の許容範囲を拡大させようという傾向が強まっている。こうした状況に鑑みて岩橋健定は、条例制定権の限界をめぐる法律論が、従来の「法律先占論」における「先占領域」であるか否かの議論から、法律と条例の両法規範どうしの実質的な抵触の有無を論じる「規範抵触」の議論へと変化したことを指摘する[53]。

しかしこうした行政法学における法律と条例をめぐる非対称的ではあるが同質の法規範間の抵触関係と見て適法性を考察する考え方は、その基底に絶対的な「法律優位の原則」を置くという限界がある。その原因は、彼らが条例制定権の根拠に、「法律の範囲内」の条例制定を規定する憲法94条しか見ておらず、憲法92条の「地方自治の本旨」を法律と条例との間の規範抵触関係の処理規範と見ていないからである。その結果、法律と条例との抵触問題は、常に国の立法意思たる法律の趣旨を基準に考えることになる。ここからは、地域的な必要性と合理性が極めて強いことを理由に、法律の趣旨に反してでもあえて法律の目的・内容・効果に抵触する条例を制定する場合にまで、当該自治体立法意思を適法とする論理は出てこない。1999年の地方自治法改正によって、そのような解釈論も可能になったという主張も考えられるが、しかしながら、いくら同改正によって、自治体の「地域における行政」の「自主的かつ総合的に実施する役割」（同法1条の2第1項）

---

53) 岩橋健定「条例制定権の限界——領域先占論から規範抵触論へ」小早川光郎・宇賀克也編『行政法の発展と変革（下）』（塩野宏先生古希記念、有斐閣、2001年）357-400頁。興味深いのは、フランスにおいても条例の適法性をその規律対象との関係で考える（《légalité - objet》）ではなくて、対等な規範どうしの実質的な必要性の比較衡量で判断する（《légalité - rapport》）傾向が強いことである。もちろん「単一国家」の思考枠組みに囚われ続けている彼らは、この考え方を、法律と条例との関係ではなく、国の政令と条例との関係で用いているに過ぎない。それでも、当該条例の制定を「委任」した国の法律に示される立法趣旨を「その現実の状況から」（すなわち立法事実としての必要性から）解釈して条例の適法性判断に生かすという姿勢は、日本の「規範抵触」論と似ている。以上につき、Bertrand FAURE, *Le pouvoir réglementaire des collectivités locales*, L.G.D.J., 1998, p.239。

や、国と自治体との間の「適切な役割分担」に基づく立法や法令解釈（同法1条の2第2項、同条11、12項）が規定されたからと言っても、こうした法律の規定だけを根拠とするのでは解釈論としては成り立ちえない。なぜなら、日本国憲法は法律の間に区別を設けていないため、このような法秩序においては、地方自治法も国会制定法の1つに過ぎないと考えられるので、「後法は前法を破る」、又は「特別法は一般法に優越する」という法の一般原則が適用されてしまうからである。つまり条例の趣旨を法律の趣旨よりも時に優越させるような解釈は、これを司法府を含む全国家権力に義務づける憲法規範として、憲法92条の「地方自治の本旨」の新たな解釈から導き出さない限り、無理なのである[54]。

　さらに国の法令に違反しない限りでの「全権限性」論には、当該条例が以下に述べるような「法律規定条例」だった場合に、その裁量の幅が極めて小さくなるという問題もある。国と自治体との間で事務領域の完全峻別よりも両者の協調的関与を重視して組み立てられてきた日本の法制度の特質からしても、さらに資本主義社会の高度化・複雑化の下で国と自治体の規律対象がますます重複化していく現代的傾向からしても、国と自治体との間の事務・規律領域の融合化を押し止めることは極めて困難である[55]。そのため「第1次分権改革」以前はもちろんのこととして、分権改革後も法定受託事務のみならず自治事務の領域でも「法定自治事務」のカテゴリーを作ることで、極めて多くの領域で国は規律密度の高い法令を制定し、あるいは以前からのそれを維持し続けている。こうした法律は、「委任」の文言を使うと否とに関わらず、その実施のために自治体の関与を定めており、条例の制定を求めているものも多い。昔はこうした法律に基づく条例を「委任条例」と呼んできた。しかし現在では、行政法学においても、条例制定権は憲法から自治体に直接授権されるものである以上、法律がそれを「委任」しているとすることは理論的に間違っており、あくまで「法律優位の原則」に基づき（但し、その憲法上の根拠が明確には示されない場合が通例である）、自治体の条例制定権を拘束する法律が制定され、この法律による優越的な規律がなされるために自治体

54）　礒崎初仁は、「徳島市公安条例事件」最高裁判決をめぐって、「国の立法趣旨重視説」と「条例意義重視説」の対立が存在するという（同「自治体立法法務の課題」『ジュリスト』1380号〔2009年〕89頁）。しかし後者を導き出すためには、1999年の地方自治法改正の趣旨では足りないのであって、憲法上の根拠、すなわち後者を導き出すような「地方自治の本旨」の解釈論が必要である。

55）　両事務の峻別の困難性については、塩野・前掲『行政法Ⅲ』163-164頁。

が制定せざるをえなかった条例と考え、「法律規定条例」などと呼ばれるようになっている。したがって「法律規定条例」は、それを規定する国の個別法律（行政法学では、一般に地方自治法はこれに含まれないと考えられている）に定められた制度・手段を用いつつ、「法律の一部として、融合的に」適用される。「独自条例」の場合のように実効性を担保するための「フル装備」を要さないが、その代わりに国の法律（及法律の委任命令としての政省令）に強く拘束される[56]。

「法律規定条例」が地域的な必要性の判断に基づき、当該法律の定める規範内容を修正することに適法性を認めることは、法令に反しない限りでの「全権限性」を認める行政法の通説では極めて困難である。それは、前述の「法令による義務づけ・枠づけの緩和・撤廃」に関わって、その制定を「強制」されることになる自治体側の法令実施基準の規定条例の場合にとりわけ当てはまる。しかし後述するように、地方税法においては、法定地方税条例だけでなく、「法定外」地方税条例も「法律規定条例」だと考える場合には、後者はおよそ地方税の実施基準を定めたに過ぎないとは言えない性格を持つだけに、「法律規定条例」とされるものが法律から受ける規律の性格が問題となる。

法令の規律密度を緩和するために、「法律規定条例」が自らを規定する法令に国の法令の明示の根拠なく自主的に「上書き」することについては、「国の立法趣旨重視」の立場からは、立法府たる国会が自治体「行政」機関に与えた行政裁量の範囲内と見なしうるような重要度の低い若干の基準規範定立のみ可能とする解釈が示されている。小早川光郎はこの立場から、要件や要考慮事項の修正となる場合は、当該法律にそれを許す規定がない限り、条例による「上書き」を一切認めない[57]。「第２次分権改革」は、まさにこの立場から、個別の法律の改正により法令の規律密度の緩和を図ったものだった。

これに対して北村喜宣は、自治事務に関する法律が「法律規定条例」を予定している場合には、審査・処分基準を条例に委任する規定を欠いていたとしても、この法律は常に条例による「地域適合化」のための「最適の」基準設定を許す「標

---

56) 斎藤誠「条例制定権の限界」芝池義一・小早川光郎・宇賀克也編『行政法の争点』（第３版、有斐閣、2004年）160頁。同・前掲『現代地方自治の法的基層』301-305頁。田中孝男「地方公共団体における条例制定の裁量」『行政法研究』３号（2013年）74-75頁。北村喜宣「自治立法と政策手法」川﨑政司編『シリーズ自治体政策法務講座１　総論・立法法務』（ぎょうせい、2013年）118頁。
57) 小早川光郎「基準・法律・条例」前掲『行政法の発展と変革（下）』381-400頁。

準法」に過ぎないと解すべきとする。北村は、現在の地方分権改革を「立法権分権」と見たうえで、1999年改正後の地方自治法2条11項から13項を憲法92条の「地方自治の本旨」の具体化と見る。こうした憲法解釈に基づき、自治事務については、その事務の本来の性質上、「地域の特性」に応じて条例による「地域適合化」が認められるはずであると述べる。したがって不完全な形で自治事務を規律し、その完結を条例に委ねる法律がある場合には、その「法定自治事務」の性質に応じ、可能な範囲で「法律規定条例」（北村は「委任条例」又は「分任条例」と呼ぶ）により「根拠」法律の「上書き」が認められるとするのである[58]。

　北村は、条例が国の自治事務関連立法の規範内容に修正を加えて「地域適合化」することを合法化する根拠を、自治事務の本来的性質に見ている点で批判されている[59]。すでに述べたが、現代行政においては、本来的に地域に任せるのが適切な事務を予め選別・確定することはほとんど不可能である。地域住民の立場からは地域に任すべき事務と見なされながら、国民全体の立場からは全国的関心の及ぶ事務と見なされる場合、「本来的」にどちらの事務かということ自体が政治選択に委ねられざるをえない。加えて、北村が国の立法を完結させるための条例への「委任」（「分任」）には本来的に「上書き」許容の要素が含まれるとする根拠に、条例の民主的性格をも付け加えたことについては、このような主張は国と自治体の立法を並立関係と見るものであり、本書が主張するような立法権分有論にでも立たない限り不可能とする批判も加えられている[60]。確かに北村の議論は、改正地方自治法の規定を根拠に、憲法92条の「地方自治の本旨」を彼が望む方向で解釈し直すものであり、下位法規範たる法律の内容による最高規範たる憲法内容の確定を論じる点で法規範の位階制に反する。

　ここで確認しなければならないのは、現代の行政法学が論ずる多くの問題は、

---

58) 北村喜宣『分権改革と条例』（弘文堂、2004年）35-41、58-61、116-133、168-177頁。同「分任条例の法理論」『自治研究』89巻7号（2013年）30頁。なお、条例による法令「上書き」権の合法化については、地方自治法や通則法に、要件を定めたうえで条例による「上書き」を可能とする一般規定を置く方式も提案されてきた（例えば、松本英昭「自治体政策法務をサポートする自治法制のあり方について」『ジュリスト』1385号〔2009年〕93-95頁。北村喜宣「法律改革と自治体」『公法研究』72号〔2010年〕127-128頁）。この方式を実現するために必要な前法による後法の拘束という原則を設けることの困難性については、拙稿「対話型立法権分有」の事務配分論と『分権型法治主義』」拙編・前掲『地方自治の憲法理論の新展開』148-149頁、注（14）を参照されたい。

59) 原島良成「自治立法と国法」前掲『総論・立法法務』201-206頁。

60) 田中・前掲「地方公共団体における条例制定の裁量」82頁、注（30）。

終章　分権国家の憲法解釈への展望　393

まさに国の法令に反しない限りでの自治体立法（条例）の「全権限性」という論理の限界に関わっているということである。それを乗り越えるには、1999年の地方自治法改正を根拠にするのでは足りないのであり、まさに「歴史普遍的」な国民主権原理を日本国憲法が採用していることを根拠としなければ不可能である。なぜならここに言う「歴史普遍的」な国民主権原理とは、「国民主権の地域的行使の場としての地方自治」を認めることと、その結果として国と自治体との間で「対話型立法権分有制」が成り立つことを認めることを憲法の規範内容として含んでいるからである。そして国民主権原理を「対話型立法権分有」の意味で具体化した規範こそ、憲法92条の「地方自治の本旨」なのである。

2　憲法原理としての分権国家における地方自治権保障の新たな可能性
(1)　「対話型立法権分有」の必然性と「全権限性」の憲法保障の意味

　本書がフランス型「分権国家」の概念的曇りを取り除くことを通じて憲法原理的観点から再構成した分権国家の概念を前提とすれば、この意味の分権国家の中で、「地域国家」とは別の方向で1つの先進的な立法権分有制を示したものこそ、日本国憲法92条の「地方自治の本旨」となる。ここで、憲法原理としての分権国家を踏まえた場合の「地方自治の本旨」に含まれるべき規範内容を明確にしよう。

　まず、立法権とは全国民のための日常的な一般意思の解釈・表明である点で、憲法の制定・改正権に次ぐ、国民主権（憲法前文、1条、15条1項）行使の主要な要素であることを認めることが出発点となる。「歴史普遍的」な憲法原理として国民主権原理を考えた場合、日本国憲法では「権力性の契機」まで視野に入ることとなった「半直接制」段階のそれであることを踏まえなければならない。したがって日本国憲法の国民主権を「権力性の契機」から解釈する場合には、主権を直接行使できるだけの主権主体の具体的実在性が不可欠であるがゆえに、「治者と被治者の同一性」を追求する民主主義の理念からも、また歴史的経験からも、有権者総体こそが「全国民」に最も近い「実在する主権的存在」としての特権的な国民代表の地位を与えられることになる。そして彼らこそが、「正当性の契機」から観念したときの真の主権者である「全国民」の意思を、現実の社会生活にそくした多元的な場において、選挙及びレファレンダムを通じて代表すべきことになる。「実在する主権者的存在」にとっては、現実の社会生活における価値は国政と地方政治で等しく、どちらを欠いても人間的な社会生活は営めない。彼らが

多元的な政治の場で自らレファレンダムにより、あるいは有権者に次ぐ第2次国民代表機関である国会や地方代表機関（主に地方議会、部分的には直接公選の自治体首長）に選挙や世論の圧力を介して「半代表制」型の影響力を及ぼすことを通じて、これらの立法主体間で日常的に繰り広げられる多様で実質的な討議こそが、可決され執行される立法意思に暫定的な正当性を付与する。このように現代国民主権原理は、多元的な立法権分有主体どうしの「対話」をその主権行使の不可欠の要素とする。本書は出発点において、「国民による主権の地域的行使」として地方自治を構想しようとしていた。そして憲法原理論に遡って検討を加えたことで確認しえたのは、このように国民代表制を多元的かつ「対話」的に再構成する中でこそ、国民主権と地方自治とが論理的に連結しうるという視点であった。

憲法原理上、現代国民主権における立法権享有主体は多元化せざるをえず、特に国と地方では、「国全体」の視点のみから純粋な「全国民」の利益を代表する国（中央政府）の国民代表権力と、地域を足場とし地域的発想と必要性から地域的利益を含む「全国民」の利益を代表する自治体（地方政府）の国民代表権力の並存が当然に予定される。自治体は国の立法の地域的執行としての「行政」の場ではなく、あくまでも「実在する主権者的存在」である有権者・市民が地域的に主権を行使する「統治・政治」の場であり、その意味で国の（中央）政府と対等の地方政府である。自治体立法は、単に自治体内部で正当性を持つ立法であるだけでなく、国の立法との「対話」を通じ互いに影響を与え合うことで、国の立法と自治体立法とで形成する「国全体の正当な立法」に寄与し、この意味で「全国民」を代表する。したがって両立法主体間の紛争解決のために、憲法の規定に従い国の立法と自治体立法との間で正当性をめぐる暫定的な序列を実定憲法が設けているはず、と考えなければならない。日本国憲法の場合、確かに、それは先にも示した「法律優位の原則」である。しかしそれは、日本を「単一国家」と見た結果としての厳格なものではなく、「国会中心立法の原則」の規定（41条）と「法令に反しない限り」という意味に限定された「法律の範囲内」の条例制定権の規定（94条）から導かれる日本国憲法上の緩やかな原則に過ぎない。なぜなら日本国憲法の国民主権原理自体が、両立法権の「対話」と両者の優劣関係自体の暫定性と相対性の意味を含んでいるからである。特に「国会中心立法の原則」については、規律対象が国全体のみに関わる場合に限って国会による実質的意味の立法権の独占が導かれるに過ぎず、国全体にも地域にも関わる場合には国会による立

法権の独占ではなく、両立法権の競合を予定し、競合の際には国の立法権の優位を原則とするものの、これも暫定的で地域的実情に応じた例外を認めることを含んだものと理解されなければならない[61]。

　連邦制は、国の立法と自治体立法との間の紛争を激化させないために、両立法権の介入領域を予め明確に区別しておくシステムである。しかし連邦制の国家構造を採る旨を明示せず、あるいは具体的な立法領域を国と自治体とで明示的に分ける規定を持たないあいまいな「分権国家」である日本の憲法の場合には、国と自治体のそれぞれの固有の立法領域を、憲法規定を手掛かりにして予め区別することはできない。また国の立法領域と自治体のそれとは本質的に峻別可能とする「固有権」説的な主張は、現代の社会生活の実態を無視した考え方であり採用できない。両立法の対象領域は、融合ないし重複する可能性を常に秘める。もちろん特定の時点でほぼ「自明」と観念される若干の領域（例えば現時点でも、通貨管理や国境管理は国の「ほぼ専管的な領域」と観念できる）を想定することは可能であるが、そのように「自明」と観念されていたはずのものであっても、時代や社会の変化に応じて「自明」性が失われることを認めなければならない。したがって常に融合可能性を秘める両立法権同士の競合可能性を認めたうえで、これを解決するための憲法規範として「対話型立法権分有」の法理を含んだ「法律優位の原則」が予定されているのである。

　国の立法も自治体立法も、ともに民主的手続きに基づく主権者意思の代表制システムによる具現化であり、実定憲法上の適法性並びに憲法原理上の適法性を有する。「法律優位の原則」が示すのは国の意思と自治体意思とが競合した場合の両立法権力間の暫定的な正当性の序列に留まる。「国の立法優位」は絶対的なものではなく、国の立法と自治体立法による現実性・妥当性の観点からの正当性の競い合いの結果次第で変動する。地域的な必要性と合理性が十分に認められる場合には、部分的及び暫定的に自治体立法が国の立法に抵触ないしこれから逸脱することに憲法的適法性が認められる。紛争が司法府に係属された場合には、裁判官は、具体的紛争において現場のステークホルダーから見た自治体立法の必要性と合理性の存在を立法事実にそくして詳しく審査することを義務づけられる。そ

---

[61]　もちろん国全体（中央政府）の権力の間では、「国会中心立法の原則」は国会による（とりわけ行政立法権に対する）実質的意味の立法権の独占を意味する。しかし国・自治体間では、それは例外のある「法律優位の原則」しか意味しない。

して自治体立法の側に十分な地域的必要性と合理性が認められた場合には、例外的に条例優位とすべきことが憲法上義務づけられる。憲法92条の「地方自治の本旨」に含まれる「分権型法治主義」の法理とは、このような現実的妥当性の観点からの「対話」とその結果としての例外的逸脱を内包する「法律優位の原則」を意味する。

　市区町村意思（条例）と都道府県意思（条例）とが競合した場合についても、両者の関係は本来的に対等と考えるべきである。その紛争処理のあり方や、一般原則レベルでの優劣関係は、もし地方自治法その他の関係法律に定めがある場合には、「国の立法優位」原則に従って、その定めに沿った解決が図られることになり、法律の規定のない分野では、両地方意思どうしの政治的「対話」によって解決することになる。さらに市区町村意思と都道府県意思の関係についての国の法律の規定ですら、現場の地域的事情の切実さや採用された解決方法に強い妥当性が認められる場合には、司法による解決の際に、国の法律の定めとは異なる解決の仕方も許されよう。現場の切実な必要性や合理性は、多くの場合、住民に最も身近な自治体である市町村の意思の優越を帰結することになるであろう。

　以上の分析から分かるように、「地方自治の本旨」は具体的な法制度や権限配分を予めそれ自体として保障するものではない。後述する制度的保障説に対する「歴史普遍的」な国民主権原理にそくした再解釈から導かれる一定の規範内容を除けば、「地方自治の本旨」とは、「対話型立法権分有」と「分権型法治主義」の法理が許す限りで、地域住民の意思に基づき自治体代表機関が自発的に地域の必要性と合理性を解釈して作り出す法制度や権限・事務内容が、たとえ国の立法に抵触してでも実現されることの適法性を保障する憲法原理なのである。それは、やる気のない自治体には、国の法令が用意した制度と権限・事務以外は何も保障しない。やる気のある自治体にのみその意思に沿って、国の法令の定め方とは異なる形で独自の制度を創出し、権限配分をやり直させる契機を生み出すことを保障する能動的な法原理なのである。

　地域的な必要性と合理性が十分に認められる場合に、国の法令の規定に部分的ないし暫定的に抵触してでも、憲法92条の「地方自治の本旨」により憲法的適法性が付与される結果、いかなる公的分野にも自治体立法が介入できるとする考え方は、前述した行政法学で通説とされた「全権限性」論とはかなり異なったものである。後者の場合は、フランスとは異なる「全権限性」が憲法上の原則である

ことを認めつつも、自治体立法の適法性はそれが国の法令に反しないことを絶対条件とし、ただ国の法令違反の基準を緩和することで自治体立法の裁量の幅を広げているに過ぎない。前述したように、通説ではこの基準緩和の限界は、あくまでも国の法律に示された立法意思（法律の趣旨）を基準として設定される。しかし本書が展開してきた「対話型立法権分有」の意味を含み込んだ「地方自治の本旨」の場合には、自治体立法意思の必要やむをえない場合の部分的・暫定的な国の法令への抵触や法令からの逸脱に適法性を認めるものであり、いわば自治体立法意思が把握した地域的事情の方を国の立法意思が表明する国全体の必要性よりも、部分的とはいえ優越させる法概念である。憲法が保障する「全権限性」とは、本来このように部分的に国の法令に抵触することの保障まで含んだものと考えるべきであろう。

(2) 制度的保障説との連結可能性

ところでこの新しい分権国家の憲法原理の概念を前提とすれば、旧通説の制度的保障説の保障内容を、その意味の一部を修正して「地方自治の本旨」の解釈に取り込むことができるようになる。まず憲法92条から95条までの規定に明示された制度そのもの（例えば93条による二元代表機関の直接選挙制）の保障と、そこから論理必然的に推定できる一定の制度や権限の存在の保障（93条による地方議会への実質的な議決権の保障＝完全諮問機関化の禁止や94条による自治事務の存在の保障）については、この程度の保障内容は、違憲審査制を備えた実定憲法の立憲主義的な解釈として当たり前のものと考えるべきである。いかなる地方自治保障の憲法理論であれ、それが自治権保障を志向するものである限り、明示された制度とその制度保障の憲法規範の具体的内容から論理必然的に帰結される一定の派生的な制度や事務の存在自体は保障されることに異論はなかろう。

制度的保障説の独自性は、歴史的沿革から一定の自治制度を憲法保障の内容に組み込む点にある。前述したように代表的論者の成田の場合には、その具体例は基礎自治体と広域自治体の２層制の保障であるが、特別な歴史的沿革や法律が付与してきた制度や権限の実態を理由に、一定の例外（例えば特別区の除外）を認めてしまうという限界があった。また具体的な権限にはいかなる保障も与えられていなかった。さらに地方自治法の直接請求制度に具体化された直接民主制的諸制度に対する憲法保障も認めていなかった。

地方自治権保障の分野に留まらず、財産権保障や信教の自由の分野でも用いら

れている制度的保障論の源流はC・シュミット（Carl Schmitt）の憲法理論にあるとされる。シュミットの制度的保障論を「制度体保障」と「法制度保障」の意味に読み解いた石川健治の分析によれば、ゲマインデの自治行政にも適用される「制度体保障」とは、普遍的人権の保障理論などではなく、むしろ封建的な特権を持つ中間団体の制度（及びその構成員の特権）を近代憲法原理の例外として残すことを保障する理論であった[62]。オーリゥにも見られたように、古くからの法制度を、それが根強く存続してきたこと自体を理由にして丸ごと憲法保障（石川の理論では「憲法律」保障）されていると解することは、保守的・半封建的な慣行の存続を立憲主義の名において認めることになりかねない。

　しかし実定憲法で明示的に保障されたものではなく、法律上で認められてきたものに過ぎない一定の制度や法原則を憲法上のものと見なすためには、長期間にわたるその存続と大多数の国民による継続的な支持を要素とする制度的保障の理屈が確かに必要である。そしてシュミットやオーリゥに見るように、客観法の論理を認めるヨーロッパ大陸諸国の公法理論では、制度的保障論に類する解釈論は決して特異なものではない。すでに見たように、現在のフランス憲法学及び判例

---

62) 石川健治『自由と特権の距離──カール・シュミット「制度体保障」論・再考』（増補版、日本評論社、2007年）。石川によればシュミットの公法上の「制度体保障」論は、「近代的な市民的法治国家と普遍妥当的な自由の体系を選択した」はずのワイマール憲法が、他方で憲法制定権者により、既存の特定の特権身分的中間団体の存在を「憲法律」レベルで保障すると解釈しうる規定を含んでいたことを正当化する理論であった。石川は、実定憲法が制度それ自体を客観法的に保障する論理を提示しようとした。その主な意図は、特に政教分離原則や司法官僚制などについて、従来の日本における通説的制度的保障説が、憲法改正によっても侵しえない主観的権利としての基本権を保障するための中核的な制度の保障という、シュミット理論から見れば誤った論理を展開していたことに対するアンチテーゼを示すところにある。しかし石川は、論争上の文脈からであるが、他の「制度体保障」領域とは異なり地方自治についてはシュミットに「公法上の法制度としての輪郭を備えている」限りで「法制度保障」的な議論も存在していた「ふし」があることも指摘する（157-158頁、注（366））。また石川はシュミット理論では理論的には「ゲマインデの政治的自律性の否定と（全国民とは区別された）固有の正統性の剥奪」が求められるものの、他方で「公法上の制度体としての資格認定」に留まる限りで、「憲法制定者としての国民が、伝統ないし歴史的実体を維持するとの観点から、ゲマインデの自治権の存続を憲法律上保障する」ことは可能との論理から、「単なる国法伝来説」ではない制度的保障論が成立する可能性があることも指摘する（140-141頁。傍点は原文のまま）。石川を介したシュミットの「制度体保障論」としての地方自治権論からは、石川の意図とは異なるが、自治体の「政治」性の否定や「全国民と区別された固有の正統性の否定」を克服するためにこそ、「近代的な市民的法治国家」の論理を乗り越える新たな国民主権原理の構築が必要という視点を導き出すこともできると思われる。この点の検討は、石川が言及するシュミットとオーリゥとの関係も含めて、他日を期したい。

理論における「共和国の諸法律によって承認された基本的諸原則（PFRLR）」の法理も、同じ発想に立つものである。保守的・半封建的な遺物を排除しながら、近・現代憲法原理に適合的な一定の法制度や法原則を、それを規定する法律レベルの価値の枠を超えて保障する憲法理論が必要である。

　本書はここで、「歴史普遍的」な憲法原理によって正当化できる限りで、一定の存続性と国民の持続的支持のある一定の法制度や法原理は、それを根拠づける憲法上の一般規定がある場合には憲法上の保障がなされる、とする新しい制度的保障説を提唱したい。地方自治に関して言えば、例えば地方自治法上の住民の直接請求制度がこれに当たる。その根拠は、すでに1946年の制度化以来、長期間にわたり存続し、歴代政府による廃止の動きもなく、この制度に対する国民の強い持続的な支持があることに加えて、それが「半直接制」の強化へと向かう現代国民主権原理の流れに沿う制度だからである。国民主権原理の「歴史普遍的」な流れに沿った制度は、憲法92条の「地方自治の本旨」の保障内容と考えるべきである。もちろん現行の直接請求制度をさらに充実させる、あるいは社会変化に適合させるための改変を「地方自治の本旨」は禁止しない。しかし直接民主制の部分導入の観点から見て従来の直接請求制度を明らかに後退させるような法改正は（もちろん直接請求制度を全廃する法改正も）違憲である[63]。

　自治体の2層制の保障についても、「半直接制」への歴史展開を前提とする「歴史普遍的」な国民主権原理と制度的保障論の接合による新たな説明が可能となろう。ここで論じられるべきは、配置分合による自治体枠組みの修正に関していかなる住民自治的な同意が必要なのか（住民投票を必須とするか、地方議会の同意で足りるとするか、国による強制合併まで認めるか）という論点、並びに憲法93条により二元代表制（自治体首長と議会の別個の住民直接選挙制）が保障される憲法上の自治体について、その重層制を現行の2層制以外の形態にすることが認められるかという論点である。上述の視点からは、現行憲法制定時以降存続してきた制度枠組み（廃置分合については地方議会の同意で足りるとしつつ、全ての地域で例外なく2層制が採られていたこと）がそのまま憲法レベルで制度保障されたと考えることができ

---

63) 前述した「人民主権」論に依拠した杉原説は、現行憲法が「人民主権」を採用しているとの解釈論に基づき、直接請求制度の憲法保障論を導き出す。本書の視点からは、現行憲法の解釈として「人民主権」説を採ることの困難性に加えて、なぜ現行の地方自治法上の直接請求制度のみが憲法保障されるのか、あるいはそれ以上の直接請求制度の採用がなぜ憲法上義務づけられる（立法の不作為は憲法違反となる）とまで言わないのかという疑問が残る。

る[64]。しかも「半直接制」への歴史展開を踏まえた制度的保障を考えた場合、全国にあまねく置かれるはずの2層制を一部1層制に変える制度改革（例えば広域自治体レベルを議会の互選による首長選任制、いわゆる「議員内閣制」に変えることで、2元代表制の採用は基礎的自治体の1層のみにすること、あるいは都道府県から独立し都道府県と市の2重の地位と権限を持つ独立自治市制度を創設することなど）や3層制あるいはそれ以上にすることについては、「半直接制」の歴史的流れに沿うと解される場合に限り、憲法制定時の制度状態を維持すべきとする憲法上の縛りが解かれると考えてよい。つまり住民投票による直接民主制的同意を不可欠の条件として、2層制以外の自治体重複状態（あるいは1層制の採用）の創出が合憲になるという解釈が成立するのである。憲法95条の地方特別法の制度も、このような住民自身の自己決定と国会の立法意思との協働作業による独自の特別自治制度創出の手続きと見ることが可能である[65]。

(3) 新しい「目的効果基準」論と能動的権限配分論

すでに述べたように「神奈川県臨時特例企業税条例事件」控訴審判決は、従来の「目的効果基準」論に従い、条例による国の法律への実質的な抵触を一切認めなかった第1審判決（横浜地判2008年3月19日判時2020号29頁）を破棄し、条例が違法となるのは「一方の目的や効果が他方によりその重要な部分において否定されてしまう」場合に限られるとする新しい「目的効果基準」論を示した。同判決の背景には、曖昧ながらも「対話型立法権分有」に近い考え方が見出せる。なぜなら同判決は、「重要な部分」での抵触以外の場合には、条例の趣旨や効果が法律のそれを減殺したとしても適法と見るべきことの根拠として、「複雑な現代社会を規律する多様な法制度の下においては、複数の制度の趣旨や効果に違いがあるため、互いに他方の趣旨や効果を一定程度減殺する結果を生ずる場合があることは、避けられない」と述べていたからである。さらに同判決は、常に「地方議会の制定した条例を法律に違反するがゆえに無効」としてしまうことには、民主主

---

[64] この点で、特別区の首長を都知事の同意を得て区議会が選任する制度に変えた1952年地方自治法改正は、部分的な1層制の採用自体は違憲と見るべきではないが、住民投票を欠く点で憲法92条と95条違反であると考える。

[65] 未だに不十分な解釈論であるが、拙稿「地方自治——自治体政府形態選択権と国民主権原理の関係から」辻村みよ子・長谷部恭男編『憲法理論の再創造』（日本評論社、2011年）218-227頁、同「特別法の住民投票」芹沢斉・市川正人・阪口正二郎編『新基本法コンメンタール憲法』（日本評論社、2011年）498-500頁、同「地方自治」辻村みよ子編『ニューアングル憲法——憲法判例×事例研究』（法律文化社、2012年）379-385頁などで、これに近い議論を行った。

義の視点から大きな問題があることまでも指摘していた[66]。

ところが同じく前掲の同事件最高裁判決は、この控訴審判決を破棄して、古い「目的効果基準」論に戻ってしまった[67]。その原因の1つは、通説のように法定外地方税条例をあくまでも地方税法という国の立法の「法律規定条例」と解することで[68]、「独自条例」が国の法律との関係で「並行条例」となったに過ぎない場合に比して、条例の存在を規定する（そして条例の実効性を担保する制度をも提供する）法律が条例を厳格に規律する範囲を、明示的に規定された部分を超えて極めて広くとる解釈を行ったところにある。最高裁判決のような硬直した考え方は、今後「対話型立法権分有」の法理が広く普及する中で克服されていかなければならない。そのような展望を抱いたうえで、「重要な部分」以外での自治体立法による国の立法への抵触を適法とする解釈論は、以下のようになるであろう。

まず、杉原説も述べるように、日本国憲法の根本原理が基本的人権の保障の最優先性にある以上[69]、「法律優位の原則」もこの根本原理から理解されなければならない。もっとも法律と条例のいずれがよりよく人権を保障するかについては立場によって意見が異なり、簡単には一義的な答えの出ないことも確かである。したがって一般的には、法律による人権の保障と規制の調整が条例のそれに優越すると考えざるをえない。しかし紛争が生じた際には関係する具体的な人権の保障が常に最優先されるべきことを考慮するならば、また関連するその他の憲法上の人権規定について地域的視点から再解釈した結果として、あるいは現場にそくした実質的な解釈に依拠した結果として、同一事項を規律する法律よりも条例の方が、現場の具体的な必要性と合理性の観点から見て関連する具体的な人権をよ

---

66) 前掲・判時2074号、特に37-38頁参照。
67) もっとも最高裁判決の金築誠志補足意見は、控訴審判決が「重要な部分」での抵触以外を適法とする立論に関して、「そのような見解の当否はおくとしても」と述べつつ、本件の争点である欠損金の繰越控除が認められるかどうかは、「重要でないと考えることはできない」（前掲判時2193号11頁、前掲判例自治368号18頁）と述べることで、かえって「重要な部分」であったか否かを論点としてしまっている。金築は法律の趣旨のみから「重要な部分」であるか否かを判断しており、条例の背景にある地域的実情に鑑みた法律の趣旨の再解釈をしない。
68) 小早川・前掲「基準・法律・条例」388頁、注（9）。もっとも法定外地方税条例を「法律規定条例」としつつも、「枠組み法」でもあると見て法律の拘束力を減じさせようとする見解もある（村上順・白藤博行・人見剛編『新基本法コンメンタール地方自治法』〔日本評論社、2011年〕77頁〔市橋克哉〕）。
69) 憲法11条と97条は、憲法の最高法規性の根拠をその人権保障規範性に見る。これは実質的法治主義の観点からも説明できるものである。

りよく保障できることが明らかな場合には、たとえ当該法律の趣旨・目的・内容・効果の「重要な部分」において条例がこれに抵触するとしても、なお上記の憲法上の諸規定から総合的に再解釈された「地方自治の本旨」が許容する合憲かつ適法な抵触と解すべきである。もちろんこの場合でも、一方の側の人権保障が他方の側の人権制限や異なる不利益取扱いとなる場合には、人権制限や異なる取扱いを行う条例の必要性と合理性に関わり、憲法上の人権の価値序列や「二重の基準」等に基づく従来の違憲審査基準が問われるが、それは法律の場合と同様である[70]。

このような地域的特質のある住民の人権保障が特に問題となる場合を除くと、一般的な地方自治権保障の問題は、特定分野を国の専管領域としたり、法律の先占領域としたり、条例による地域的に異なる取り扱いを限定・制限したりする国の立法による関与の意思（当該領域における立法の欠如には、条例による独自の規律を禁止・制限する黙示的な趣旨があると国側が主張する場合を含む）と、自治体意思（特に条例）との間の抵触関係の調整問題に還元される。すでに述べたように、国と地方とが実質的に「対話」しうる関係を憲法92条及び94条に内在する「対話型立法権分有」の法理が要求していると考えるならば、一般論としては立法を通じた国の意思の優越性を認めながらも、かつまた個別具体的な紛争事案において、法律側の趣旨・目的・内容・効果から総合的に考えても自治体の意思（特に条例）が法律に実質的に抵触していると判断されざるをえない場合にも、なお当該具体的事案にそくし認めうる地域的かつ実質的な必要性と合理性の度合いに応じて、地域の独自意思による地域的な異なる取扱いが部分的ないし暫定的に認められることになる。

まず当該法律にとって、条例の抵触個所が「重要な部分」であるのか否かは、法律の当該規定から合理的に演繹される趣旨・目的・内容のうちで、まさにその中核部分であるか否かで判断され、当該規定から合理的に演繹されうる趣旨・目的・内容の全てと考えるべきではない。趣旨・目的・内容の中核部分の確定に際しては、当該法律内の諸規定に留まらず、関連する法令全体の趣旨との調和の中で再解釈されなければならず、さらには現実の必要性（地域的な現場からの必要性

---

70) 法律の場合と同様に、条例の規律対象となる人権の性質に応じて、その必要性と合理性に関する違憲審査基準を区別する考え方について、渋谷秀樹「憲法と条例」『ジュリスト』1396号（2010年）128-137頁。

を含む）も加味するという意味で、法律の「外」の要素も勘案して判断されなければならない。したがって予め一義的に中核部分を示すことは困難であるが、その極限の姿は、当該立法が最小限これだけは不可欠の目的とするものやその立法の存在理由そのものが当該抵触条例により完全に失われてしまうことの禁止に見出されよう。このように再解釈された法律の趣旨・目的・内容の「重要な部分」に抵触する条例は、いかに形式的に見る限り当該法律の趣旨・目的・内容と無関係な体裁を採っていたとしても、違憲性・違法性を惹起するものと見なされる。

　しかし次に、効果における抵触の検討に進まなければならない。効果における抵触については、まず法律の趣旨・目的・内容の「重要な部分」に抵触する条例であっても、その効果が当該法律を一切阻害することがない場合は、結局のところその条例は当該法律に抵触することにならず、条例は適法となる。効果の点で実質的な抵触がない対立関係は、対立する国の意思と地方の意思が互いに示されているだけであり、具体的紛争に至らない限り優先順位に決着をつける必要はないからである。逆に、その法律の趣旨・目的・内容の「重要な部分」に抵触があるだけでなく、この「重要な部分」の適用・実施から当然に予定されるその法律の効果についても、条例がこれに抵触する場合には、たとえそれが軽微なものであろうともこの抵触が実質的観点から見て実際に存在するならば、当該条例は違憲・違法と判断されざるをえない。本書は条例の規律対象を、その本来的性質に基づき自ずから適法な抵触と違法な抵触に仕分けできるとの立場を採っておらず、互いに正当性を主張する国と自治体のそれぞれの民主的な立法意思の対立として抵触問題を考えるので、明らかに憲法の明文に反するものでない限り、いくら国の立法意思が地域的必要性と合理性から見て大きな阻害要因になろうとも、国の立法意思の趣旨・目的・内容・効果の「重要な部分」に自治体意思（条例等）が抵触することには、民主的正当性が認められず、したがって適法性も認められないからである。そのような自治妨害的な国の法律については、自治体との政治的な「対話」を通じて、早急に改正させる以外に憲法上適法な解決策はない。

　もっとも、上記のように法律の趣旨・目的・内容の「重要な部分」（ないし中核部分）を地域的必要性を踏まえて再解釈し徹底的に限定した時には、法律と条例が効果の点で抵触するとされる場合のほとんどは、実際には条例が法律の趣旨・目的・内容の「重要な部分」以外で抵触し、しかも法律の効果の点でも一定の抵触を起こしている場合に過ぎないであろう。この場合には、さらにこの効果の「重

要な部分」への抵触であったか否かで合憲性・適法性を判断すべきである。具体的には、付随的、偶発的、部分的又は暫定的な抵触であったか否かという多元的な複数の観点から総合的に検討を加えた結果として、実質的に見て効果の点で「重要な部分」での抵触とは言えない場合に、当該条例は適法となるのである。

以上から分かるように、「重要な部分」以外で抵触する条例を合憲・適法とすることは、必ずしも常に法律に抵触する条例を合憲・適法とするものではない。むしろ部分的ないし暫定的な立法権どうしの抵触が続く中で国と地方とが「対話」を続け、やがてより良い新たな法が形成されることを期待するところに、「地方自治の本旨」の一内容たる「対話型立法権分有」の意義を見出すのである[71]。この点で、地方自治に関する法令の規定は「地方自治の本旨に基づいて」解釈・運用すべきとする地方自治法2条12項の規定は単なる立法政策により創設された規定などではなく、むしろ憲法92条の規定からの当然の要請と見るべきである。まさに同規定は、「対話型立法権分有」の意味を含む憲法規範としての「地方自治の本旨」を法律上で再確認した規定なのである[72]。

(4) その他の憲法解釈上の論点

分権国家の歴史的原点とその憲法原理論を扱う本書では、「歴史普遍的」な国民主権原理と制度的保障の論理の結合、並びに「対話型立法権分有」の法理から導かれる解釈論的帰結については、これ以上詳しく述べる余裕はない。そこで、近いうちに新たに「分権国家の憲法解釈」に関する著書を刊行し、その中で詳しい解釈論を展開することにしたい。ここではすでに発表済みの拙稿に言及しつつ、いかなる解釈論上の主な論点が残されているのかを確認するにとどめたい。

まず「独自条例」に基づく拘束型住民投票の制度化の適法性については、現状

---

[71] 「対話型立法権分有」の法理は、「違法」な条例に暫定的な適法性しか認めないだけでなく、これと対立関係にあった国の法律の廃止や修正をも促すところに実質的な「対話」を見る。神奈川県が法定外地方税として臨時特例企業税を条例化し、また東京都が法定地方税として銀行税を条例化したのは、欠損金の繰り越しを理由に法人事業税を払おうとしない大企業に応益課税を課したかったからである。それは東京都条例や神奈川県条例と地方税法が規範抵触という「対話」を行った結果、2003年に地方税法が改正され、一部ながら外形標準課税制度が導入されるという自治体の求める結果を生み出した。

[72] なお1999年の地方自治法改正で、同規定には「地方自治の本旨に基づいて」という文言に加えて「適切な役割分担を踏まえて」という文言が付け加えられたが、「対話型立法権分有」が国民主権の憲法原理と憲法92条の「地方自治の本旨」とから直接導き出される解釈法理である以上、この改正によっても憲法規範たる「対話型立法権分有」の確認としての同規定の意味が変わるものではない。

の各地の取り組みを見る限り、住民投票結果により自治体代表機関（主に首長）を法的に拘束する手段を創出できないでいることに鑑みるならば、日本国憲法の国民主権原理を「人民主権」として解釈する立場を前提にすれば適法になるといった解釈論にあまり有効性は認められない。むしろ随時発動可能なリコール制を備えた日本の地方自治法を前提とすれば、諮問型住民投票でも事実上の拘束力が発生することこそが重要であり、その意味では住民投票結果に逆らう行動をとった自治体代表機関には説明責任のレベルで法的拘束力を認めるにとどめた方が適切であるように思われる[73]。この視点は、直接民主制と代表制とを結合させる中に「対話」による相互作用的民主主義を見出す「歴史普遍的」国民主権論、並びにそこから帰結される「半直接制」の本質論とうまく合致する。

　次に「分権型法治主義」と司法権を通じた国による自治体の適法性統制との関係も大きな論点となる。自治体の立法意思と国の立法意思との本質的対等性を考慮するならば、そして日本が採用する裁判システムが私人（法人を含む）の具体的な権利・利益をめぐる具体的争訟の法的解決を本質とする司法作用一元型であることを考慮するならば、両立法権の抵触・紛争問題は、それが私人の具体的な権利・利益に関わらない限り、むしろ政治レベルで決着が図られるべきという考え方もある。1999年の地方自治法改正以降も、自治事務に関する限り、自治体によるその執行ないし不履行（「法定自治事務」の場合）が国から見て「違法」又は「著しく適正を欠き、かつ、明らかに公益を害している」（以下、「違法等」と略す）と判断されても、是正要求（市町村の場合は是正要求を出すよう都道府県知事に国から指示が出されるのが原則であり、国が直接是正要求をするのは「緊急を要するときその他特に必要があると認められるとき」に限られる）という国の関与がなされるに留まっていた。是正要求を出された自治体がこの問題を国地方係争処理委員会の審査にかけず、したがってその後の高等裁判所による国の関与の適法性に関する司法判断も求めない場合は、国側はそれ以上、当該自治体に「違法等」状態の是正のために裁判所に訴える手段はなかった。筆者はこうした「欠缺のある法治主義」状態を、むしろ司法権を介した国の立法意思による自治体立法意思に対する支配からの一種の解放手段と捉え、「対抗的対話」保障の観点から積極的な評価をしたこ

---

[73]　拙稿「住民投票結果と異なる首長の判断の是非」『平成12年度重要判例解説』（『ジュリスト』1202号〔2001年〕）24-25頁。また井口秀作「地方民主主義活性化のための住民投票の位置づけの再検討」拙編・前掲『地方自治の憲法理論の新展開』294-316頁も参照。

ともあった[74]。

このような「欠缺のある法治主義」状態は、2012年の地方自治法改正により、「違法等」状態を理由とする国等からの自治事務の処理に関する是正要求、又は法定受託事務の処理に関する是正の指示に対し、不作為を続ける自治体に対する国の側からの違法確認請求訴訟が制度化された結果（地方自治法251条7、252条）、解消された。こうした制度改革を踏まえるなら、現在では筆者も、もし司法府が部分的・暫定的な条例の「違法等」状態に憲法的適法性を認める新しい「目的効果基準」論を用いつつ、自治体意思と国の意思との間の紛争解決を行うべきことが憲法92条の「地方自治の本旨」の解釈として確立されるのであれば、欠缺のない法治主義こそむしろ望ましいと考える。また司法権の定義自体、必ずしも「具体的争訟性」を要件としない可能性も提起されており、客観訴訟の拡大を視野に入れた解釈の必要性とも相まって、伝統的な司法権の定義のみに依拠した「対抗的対話」の「分権型法治主義」論は撤回すべきと思われる[75]。

しかし、なお論点は残されている。それは国から見て「違法」な条例を単に制定しただけ、あるいは「違法」な内容の自治体宣言を地方議会が議決しただけで、それに対して国が是正要求を出し、不作為の場合に違法確認請求訴訟まで提起できるかという問題である。私人の権利・利益の侵害が発生していない状況で、しかも自治体が当該条例や宣言に基づく活動を実際には何も行っておらず、単に自治体側の立法意思が示されただけの段階で、即座にその「違法」性を司法府に判断させる制度は、対等な立法権どうしの実質的「対話」の可能性を全て奪い去る。また国側にだけこうした抽象的規範統制の訴訟の提起を認め、自治体から見て憲法が保障する自治権を侵害していると思われる国の立法に対して、自治体側から抽象的規範統制となる訴訟の提起を認めない制度が作られるならば、まさしくそれは立法権分有制を否定するものである。そのような考え方は、自治体立法を国の立法に従属する「行政立法」としか見ない古い地方自治の観念からしか生まれえない。もっとも、自治体の側からも国の立法の違法確認請求訴訟という客観訴訟を提起できる制度を設ける場合には、今度はそれが、法令に対する純粋な抽象

---

74) 拙稿「国民主権と『対話』する地方自治」杉田敦編・前掲『講座憲法学3 ネーションと市民』272-274頁。*Ibid*., « État de droit", contrôle juridictionel de légalité et pouvoir normatif autonome local au Japon », *RFDC*, n° 65, janvier 2006, pp.48-54.

75) 但し「著しく適正を欠き、公益侵害が明白」な場合をも訴訟対象とする点は、これが対等な立法機関間の紛争処理制度としてふさわしいものであるのかについて、なお判断を留保したい。

的違憲審査は司法権の守備範囲外の作用であると述べて、司法権の本質論からこれを否定した「警察予備隊違憲確認訴訟」最高裁判決（最大判1952年10月8日民集6巻9号787頁）に真っ向から反するおそれがある。したがって自治体立法権を、国の立法権と同様に憲法が直接授権する権力と見て、両者の対等性を認める立場からは、純粋に抽象的な規範統制訴訟の内容となってしまう条例や自治体宣言そのものに対する違法確認請求訴訟は、依然として憲法92条違反と言うほかはない[76]。

　他にも、自治体の国際活動と関わって、人権条約を独自に国内法化するための人権条例の適法性問題にも、「対話型立法権分有」の法理が関わっている[77]。地方議会の条例と首長の規則の関係についても、立法府と執行府との間の現代的権力分立制のあり方とも関わり、「歴史普遍的」な国民主権原理が関わっている。いずれの論点も、憲法92条の「地方自治の本旨」の具体的な内容を形成する重要な要素となる。憲法原理の視点から「地方自治の本旨」を読み直す作業は、このように極めて豊かな具体的内容を「地方自治の本旨」に与えてくれるのである。にもかかわらず、原理論的な解明の努力を欠いたままで、「地方自治の本旨」を空虚で無内容と非難するのは、まさにためにする議論に過ぎないであろう。

---

76) 拙稿・前掲「『対話型立法権分有』の事務配分……」139-147頁。なお松本・前掲「自治体政策法務をサポート……」は、法令に対する条例の「上書き」権を一般法で認める代わりに、地方議会で条例が可決されただけで、国から見てそれが「違法」な内容を持つ場合は国側の提訴による司法審査を可能にする制度の創設を提案している。

77) 拙稿・前掲「自治体の国際活動と外交権」79-94頁。同「国際人権保障の視点から見た自治体国際活動」『国際人権』第8号（1997年）12-18頁。同「地方自治における国際人権保障と私人間紛争」『国際人権』第20号（2009年）59-61頁。同「国際人権保障における自治体の権能と義務」芹田健太郎・戸波江二・棟居快行・薬師寺公夫・坂元茂樹編『講座国際人権法3　国際人権法の国内的実施』（信山社、2011年）5-26頁。

主要参考文献一覧（BIBLIOGRAPHIE）

（注）議事録、法令集、判例集等は省略した（主要なものは凡例参照）。

I 外国語文献

ALVERGNE, Christel et MUSSO, Pierre (éd.), *Les grands textes de l'aménagement du territoire et de la décentralisation*, La Documentation française, 2003.

AUBY, Jean-Bernard, AUBY, Jean-Françis et NOGUELLOU, Rozen, *Droit des collectivités locales*, 3e éd. refondue, PUF, 2004.

AUBY, Jean-Marie, « Le pouvoir réglementaire des autorités des collectivités locales », *AJDA*, 1984.

AUCOC, Léon, « Les controverses sur la décentralisation administratives », *Revue politique et parlementaire*, avril 1895.

AUTEXIER, Christian, « L'ancrage constitutionnel des collectivités de la République », *RDP*, t.97, 1981.

BACOT, Guillaume, *Carré de Malberg et l'origine de la distinction entre souveraineté su peuple et souveraineté nationale*, Éditions du CNRS, 1985.

BACOYANNIS, Constantinos, *Le principe constitutionnel de libre administration des collectivités territoriales*, Econoica/PUAM, 1993.

BAGHESTANI-PERRY, Laurence et VERPEAUX, Michel, « Mode d'élection des conseillers régionaux et fonctionnement des conseils régionaux : enfin la réforme vint ? », *RFDA*, n°16（1）janv.-févr. 2000.

BALLADUR, Edouard, *Il est temps de décider, Rapport au Président de la République*, Fayard / La Documentation française, 2009.

BASDEVANT-GAUDEMET, Brigitte, *La commission de décentralisation de 1870, contribution à l'étude de la décentralisation en France au XIXe siècle*, PUF, 1973.

BELLOUBET-FRIER, Nicole, « Les référendum minicipaux », *Pouvoirs*, n°77, 1996.

BONNARD, Roger, « La doctrine de Duguit sur le droit et l'État », *Revue internationale de la théorie du droit*, 1927.

BOUGLÉ, C., « Proudhon fédéraliste », in GUY-GRAND et al., *Proudhon et notre temps*, Éditions et Libraire, 1920.

BOURJOL, Maurice, *Les institutions régionales de 1789 à nos jours*, Berger-Levrault, 1969

———, « Statut constitutionnel, Principe de la libre administration », in *Juris-Classeurs, Collectivités territoriales*, Éditions Techniques, 1994, f.23.

———, *Intercommunalité et Union européenne*, L.G.D.J., 1994.

BOURDON, Jacques, PONTIER, Jean-Marie et RICCI, Jean-Claude, *Droit des collectivités territoriales*, PUF, 1987.

BOURNE, Henry E., « Municipal politics in Paris in 1789 », *American Historical Review*, vol. 11, January 1906.

BRUHAT, Jean, DAUTRY, Jean, TERSEN, Émile (sous la direction de), *La Commune de 1871*, Éditions Sociales, 2e éd., 1970.

BURDEAU, François, « Affaires locales et décentralisation, évolution d'un couple de la fin de l'Ancien Régime à la Restauration », in *Mélanges offerts à Georges Burdeau*, L.G.D.J., 1977.

——, « L'Etat jacobin et la culture politique française », *Projet*, n°185-186, mai-juin 1984.

CAPITANT, René, « L'œvre juridique de Raymond Carré de Malberg », in *Archives de philosophie du droit et de sociologie juridique*, Sirey, 1937.

CARRÉ DE MALBERG, Raymond, « La condition juridique de l'Alsace-Lorraine dans l'Empire allemande », *RDP*, 1914.

——, *Contribution à la théorie générale de l'État*, Recueil Sirey, t.1, 1920, t.2, 1922, [réimprimé par CNRS, 1962].

——, *La loi, expression de la volonté générale*, Sirey, 1931 [Economica, 1984].

——, « Considérations théoriques de la combinaison du referendum avec le parlementarisme », *RDP*, 1931.

CHANTEBOUT, Bernard, *Droit constitutionnel et science politique*, Armand Colin, 1982.

CHARVAY, Étienne, *Assemblée électorale de Paris*, Maison Quantin, 1905 [Édition AMS, 1974].

CHEVALLIER, Jacques, *L'État de droit*, 4e éd., Montchrestien, 2003.

COBBAN, Alfred, « Local government during the French Revolution », *The English Historical Review*, vol.58, 1943.

Conseil de l'Europe, *Définition et limites du principe de subsidiarité*, Communes et régions d'Europe n°55, Conseil de l'Europe, 1994.

DANDURAND, Pierre, *Le mandat impératif*, Faculté de droit de Bordeaux, 1896.

DEBBASCH, Charles, *Institutions et droit administratifs*, t.1, *les structures administratives*, PUF, 1982.

DEBBASCH, Roland, *Le principe révolutionnaire d'unité et d'indivisibilité de la République*, Economica, 1988.

——, « L'accusation de fédéralisme dans le processus politique de 1793 » in J. BART, J.-J. CLÈRE, Cl. COURVOISIER et M. VERPEAUX (éd.), *La Constitution du 24 juin 1793, L'utopie dans le droit public français ?*, Éditions Universitaires de Dijon, 1997.

DENQUIN, J.-M., « Référendums consultatifs », *Pouvoirs*, n°77, *op.cit*.

DOAT, Mathieu, *Recherche sur la notion de collectivité locale en droit administratif français*, L.G.D.J., 2003.

DRAGO, Guillaume, « Le principe de subsidiarité comme principe de droit constitutionnel », *Revue Internationale de Droit Comparé*, 2-1994.

DRYZEK, Johns S., *Deliberative Democracy and beyond*, Oxford UP., 2000.

DUGUIT, Léon, *L'État, les gouvernants et les agents*, (*Études de droit public*, t.2), A. Fontemoing, 1903.

——, « Les syndicats de fonctionnaires » *RDP*, t.48, 1906.

——, *Traité de droit constitutionnel*, 2 éd., 5 vols, t.1, 1921, t.2, 1923, t.3, 1923, t.4, 1924 et t.5, 1925 [3e éd., Ancienne librairie Fontemoing & Cie, E de Boccard, t.1, 1927, t.2, 1928, t.3, 1930].

Dupont de Nemours, *Mémoire sur les Municipalités*, 1775 [*Des Administrations provinciales, Mémoire présenté au Roi, par feu Turgot*, Lausanne, 1788].

Eckly, Pierre, « Le statut constitutionnel contemporain du droit local d'Alsace-Moselle》『法政理論』(新潟大学法学会) 31巻4号 (1999年).

Ellery, Eloise, *Brissot de Warville, a study in the history of the French Revolution*, 1916 [Éditions AMS, 1970].

Esmein, Adémar, « Deux formes de gouvernement », *RDP*, t.1, 1984.

——, *Éléments de droit constitutionnel français et comparé*, 1ère éd., 1895 [6e éd., par Joseph Barthélemy, Recueil Sirey, 1914].

——, *Cours élémentaire d'histoire du droit français*, 6e éd., Rec. Sirey, 1905.

Faure, Bertrand, *Le pouvoir réglementaire des collectivités locales*, L.G.D.J., 1998.

Favoreu, Louis, « Décentralisation et constitution », *RDP*, 1982, n°5.

——, « La décision 'Statut de la Corse' du 9 mai 1991》, *RFDC*, 1991, n°6.

Favoreu, Louis et Gaïa, Patrick, « Les décisions du Conseil constitutionnel relatives au traité sur l'Union européenne », *RFDC*, 1992, n°11.

Favoreu, Louis, Gaïa, Patrick, Ghevontian, Richard, Mestre, Jean-Louis, Pfersmann, Otto, Roux, André et Scoffoni, Guy, *Droit constitutionnel*, Dalloz, 13e éd., 2010.

Flauss, Jean-François, « Droit local alsacien-mosellan et Constitution », *RDP*, 1992, n°6.

Flogaïtis, Spiridon, *La notion de décentralisation en France, en Allemagne et en Italie*, L.G.D.J., 1979.

Grewe, Constance, « La révision constitutionnelle en vue de la ratification du traité de Maastricht », *RFDC*, 1992, n°11.

Guillaume-Hofnung, Michèle, « Référendum local », in *Juris-Classeurs*, 1994, op.cit., f. 520.

Gusdorf, Georges, *La conscience révolutionnaire, les idéologues*, Payot, 1978.

Hamon, François, « La nouvelle procédure de l'article 11 : vrai faux référendum d'initiative populaire », in J-P. Camby, P. Fraisseix et J. Gicquel, *La révision de 2008, une nouvelle Constitution* ?, L.G.D.J., 2011.

Hatschek, Julius, *Die Selbstverwaltung in politischer und juristischer Bedeutung*, Duncker und Humbolt, 1898.

Hauriou, Maurice, *Étude sur la décentralisation*, Paul Dupont, 1892.

——, *La souveraineté nationale*, Sirey (E. Privat), 1912.

——, *Principes de droit public*, 2ème éd., Recueil Sirey, 1916.

——, *Précis élémentaire de droit administratif*, Recueil Sirey, 1926.

——, *Précis de droit constitutionnel*, Recueil Sirey, 1ère éd., 1923, 2ème éd., 1929 [CNRS, 1965].

——, (réunies et classées par André. Hauriou), *Notes d'arrêts sur décisions du Conseil d'État et du tribunal des conflits, publiées au Recueil Sirey de 1892 à 1928*, t.3, Éditions La Mémoire du droit, 2000.

Jaume, Lucien, « La souveraineté montagnarde : République, peuple et territoire », in J. Bart et al., *La Constitution du 24 juin 1793*, op.cit.

JELLINEK, Georg, *System der subjectiven öffentlichen Recht*, 1 Aufl., Akademische Verlagsbuchhandlung von J.C.B. Mohr, 1892.

LACROIX, Sigismond, *Actes de la Communes de Paris, pendant la Révolution*, 1ère série, 1789-1790, t.1, 1894, t.3, 1895, t.4, 1896 [Éditions AMS, 1974].

LE FUR, Loius, *État fédéral et confédération d'États*, Librairie générale de jurisprudence Marchal et Billard, 1896 [Éditions Panthéon-Assas, 2000].

LEMOYNE DE FORGES, Jean-Marie, « Subsidialité et chef de file », in Y. GAUDEMET et O. GOHIN (sous la dir.), *La République décentralisée*, Éditions Panthéon-Assas, 2004.

LEPOINTE, Gabriel, *Histoire des institutions du droit public français au XIXe siècle, 1789-1914*, Éditions Domat Montchrestein, 1953.

LUCHAIRE, François et LUCHAIRE, Yves, *Le droit de la décentralisation*. PUF, 1983.

MARCOU, Gérard, « Le bilan en demi-teinte de l'Acte II, Décentraliser plus ou décentraliser mieux ? », *RFDA*, mars-avril 2008.

——, « Le Conseil constitutionnel et la réforme des collectivités territoriales », *AJDA*, n° 7378, 2011.

——, « La réforme des collectivités territoriales : pourquoi ? », in *Les collectivités territoriales : trente ans de décentralisation, Cahier français*, n° 362, La Documentation française, 2011.

MELLA, Elisabeth, *Essai sur la nature de la délibération locale*, L.G.D.J., 2003.

MELLERAY, Guy, *La tutelle de l'État sur les communes*, Sirey, 1981.

MICHALLON, Thierry, « La République Française, une fédération qui s'ignore ? », *RDP*, 1982.

MICHOU, Léon, « De la responsabilité des communes, à raison des fautes de leurs agents », *RDP*, t.7, 1897.

MOUSNIER, Roland, *Les institutions de la France, sous la monarchie absolue*, t.1, PUF, 1974

OLIVIER-MARTIN, françois, *Histoire du droit français, des origines à la Révolution*, 1948 [Éditions CNRS, 1984].

PAULIAT, Hélène et DEFFIGIER, Clotilde, *La réforme des collectivités territoriales commentée*, Groupe Moniteur (Éditions du Moniteur), 2011.

PONTIER, Jean-Marie, *L'État et les collectivités locales, la répartition des compétences*, L.G.D.J., 1978.

——, « Semper manet. Sur une clause générale de compétence », *RDP*, 1984.

——, « La subsidiarité en droit administratif », *RDP*, 1986.

——, « Requiem pour une clause générale de compétence ? », *La Semaine juridique*, 2011, n°2 (10 janvier 2011).

PORTELLI, Hugues, « Vers un droit constitutionnel local», *Pouvoirs Locaux*, n°55, décembre 2002.

PROUDHON, Pierre-Joseph, *Du principe fédératif et de la nécessité de reconstituer le parti de la révolution*, E. Dentu, 1863, in *Œuvres complètes*, nouvelle éd. sous la dir. de C. BOUGLÉ et H. MOYSSET, t.15, Slatkine, 1982.

PUISSOCHET, Jean-Pierre, « La subsidiarité en droit français », in Knut Wolfgang NÖRR & Thomas OPPERMANN (hrsg. von), *Subsidiarität : Idee und Wirklichkeit*, J.C.B. Mohr (Paul Siebeck), 1997.

RAFFARIN, Jean-Pierre, *Pour une nouvelle gouvernance*, L'Archipel, 2002.

RIVERO, Jean, *Droit administratif*, 10ᵉ éd., Dalloz, 1983.

ROBIQUET, Paul, *Le personnel municipal de Paris, pendant la Révolution*, 1890 [Éditions AMS, 1974].

ROSANVALLON, Pierre, *La contre-démocratie, la politique à l'âge de la défiance*, Seuil, 2008

ROSE, Robert Barrie, *The Enragés, socialists of the French Revolution ?*, Melbourne U.P., 1965.

ROUSSEAU, Jean-Jacques, *Du contrat social, ou principes du droit politique*, 1762, liv.1, chap.6, in VAUGHAN (éd.), *The political Wrighting of J.-J. Rousseau*, vol.2, Cambridge, 1915.

——, *Du contrat social, ou essai sur la forme de la République*, (Manuscrit de Genève), in VAUGHAN, *op.cit.*, vol.1.

——, *Considérations sur le gouvernement de Pologne et sur sa réformation projetée*, *1771*, in VAUGHAN, *op.cit.*, vol.2.

ROUX, André, *Droit constitutionnel local*, Economica, 1995.

SANDEL, Michael J., *Democracy's Discontent*, The Belknap Press of Harvard UP, 1996.

SAUTEL, Gérard, *Histoire des institutions publiques depuis la Révolution Française*, 5ᵉ éd., Dalloz, 1982.

SCHMITZ, Julia, *La théorie de l'institution du doyen Maurice Hauriou*, L'Harmattan, 2013.

SCHOETTL, Jean-Eric, « Note », *AJDA*, 1999.

SCOFFONI, Guy, « La notion constitutionnelle d'État décentralisé en Europe », in 後掲『日本とフランス（及びヨーロッパ）における分権国家と法』(2011年).

SIEYÈS, *Quelques idées de constitution applicable à la ville de Paris*, en juillet 1789, Bibliothèque Nationale, 8° Lb³⁹ 2107.

SOBOUL, Albert, *Les sans-culottes parisiens en l'an II, mouvement populaire et gouvernement révolutionnaire, 2 juin 1793- 9 themidor an II*, Librairie Clavreil, 1958.

——, « De l'Ancien Régime à la Révolution, Ploblème régional et réalités sociales », in Christian GRAS et Georges LIVET (*sous la dir.*), *Régions et régionalisme en France, du 18ᵉ siècle à nos jours*, PUF, 1977.

——, *Comprendre la Révolution, problèmes politiques de la révolution française* (*1789-1797*), François Mespero, 1981.

STEINER, Kurt, *Local Government in Japan*, Stanford UP, 1965.

DE TOCQUEVILLE, Alexis *De la Démocratie en Amérique*, Titre 1ᵉʳ, 1835, *Œuvres complètes*, t. 1, Édition sous la dir. de J.-P. Mayer, Gallimard, 1961.

——, *L'ancien régime et la Révolution*, 1856, [Éditions Gallimard, 1967].

VERPEAUX, Michel, « Des corps administratifs et municipaux : l'apparente continuité », in J. BART et al., *La Constitution du 24 juin 1793*, *op.cit.*

——, « La loi du 13 août 2004 : le demi-succès de l'acte II de la décentralisation »,

AJDA, octobre 2004.

——, *Les collectivités territoriales en France*, 2ᵉ éd., Dalloz, 2004.

——, « Les ambiguïtés entretenues du droit constitutionnel des collectivités territoriales », *AJDA*, n°2, 2011.

——, « Quelle répartition des compétences entre les différentes collectivités ? », in *Chaiers français*, n°362, *op.cit*.

VOILLIARD, Odette, « Autour du programme de Nancy (1865) », in *Régions et régionalisme en France, op.cit*.

WALINE, Marcel, « Les idées maîtresses de deux grands publisistes français : Léon Duguit et Maurice Hauriou », *L'Année politique française et étrangère*, Iᵉʳᵉ partie (Léon Duguit), 1929 et IIᵉᵐᵉ partie (Maurice Hauriou), 1930.

II 邦語文献

芦部信喜『憲法制定権力』(東京大学出版会、1983年)

飯島淳子「フランスにおける地方自治の法理論(1)～(5)」『国家学会雑誌』118巻3＝4、7＝8号、11＝12号(2005年)、119巻1＝2、5＝6号(2006年)

―― 「地方分権・地方自治の法構造」『法学』73巻1号(2009年)

―― 「『『理由の性質ないし価値への考慮』の法理」、「地域的事情を無視した画一的規律の禁止」辻村みよ子編『フランスの憲法判例Ⅱ』(信山社、2013年)

イェリネック、G(芦部信喜・小林孝輔・和田英夫訳者代表)『一般国家学』(第2版、学陽書房、1976年)

井口秀作「地方民主主義活性化のための住民投票の位置づけの再検討」拙編『地方自治の憲法理論の新展開』(敬文堂、2011年)

石川健治「憲法学における一者と多者」『公法研究』65号(2003年)

―― 『自由と特権の距離――カール・シュミット「制度体保障」論・再考』(増補版、日本評論社、2007年)

礒崎初仁「自治体立法法務の課題」『ジュリスト』1380号(2009年)

―― 「法令の規律密度と自治立法権」『ジュリスト』1396号(2011年)

市川直子「住民投票の憲法原理」前掲『フランスの憲法判例Ⅱ』(2013年)

入江俊郎「憲法と地方自治」自治省編『地方自治法20周年記念自治論文集』(第一法規、1968年)

岩崎美紀子「連邦制と主権国家」杉田敦編『岩波講座 憲法3 ネーションと市民』(岩波書店、2007年)

岩橋健定「条例制定権の限界――領域先占論から規範抵触論へ」小早川光郎・宇賀克也編『行政法の発展と変革(下)』(塩野宏先生古希記念、有斐閣、2001年)

植村哲也他「サルコジ大統領によるフランスの地方自治制度改革に関する動向(11)～(14)」『地方自治』761、762、763、764号(2011年)

薄井一成『分権時代の地方自治』(有斐閣、2006年)

浦田一郎『シエースの憲法思想』(勁草書房、1987年)

鴨野幸男「地方自治論の動向と問題点」『公法研究』56号(1994年)

河合義和「憲法第 8 章の虚像と実像――序説」『日本法学』44 巻 4 号（1979年）
　――　日本国憲法第 8 章制定の意義とその限界」『日本法学』48 巻 2 号（1983年）
　――　『近代憲法の成立と自治権思想』（勁草書房、1989年）
川﨑政司編『シリーズ自治体政策法務講座 1　総論・立法法務』（ぎょうせい、2013年）〔北村喜宣「自治立法と政策手法」、原島良成「自治立法と国法」〕
北村喜宣『分権改革と条例』（弘文堂、2004年）
　――　「法律改革と自治体」『公法研究』72 号（2010年）
　――　「分任条例の法理論」『自治研究』89 巻 7 号（2013年）
木村草太（「〈国民〉と〈住民〉――〈基礎的自治体〉の憲法理論」『自治総研』2010年 3 月号（2010年）
ケルゼン、H（清宮四郎訳）『一般国家学』（岩波書店、1971年〔改版2004年〕）
小島慎司『制度と自由――モーリス・オーリウによる修道会教育規制法律批判をめぐって』（岩波書店、2013年）
小早川光郎「基準・法律・条例」前掲『行政法の発展と変革（下）』（2001年）
齊藤芳浩「国家・法・同意（1）・（2 完）――モーリス・オーリウの制度理論とその検討」『法学論叢』131 巻 5 号（1992年）、133 巻 4 号（1993年）
斎藤誠『現代地方自治の法的基層』（有斐閣、2012年）
佐々木髙雄「『地方自治の本旨』条項の成立の経緯」『青山法学論集』46 巻 1 ・ 2 合併号（2004年）
佐藤達夫「北米合衆国市制概説（1）～（8）」『自治研究』10 巻 1 、 3 、 5 、 9 号、11 巻 5 号、12 巻 9 、10 号、13 巻 4 号（1933年～1935年）
　――　「憲法第 8 章覚書」自治庁記念論文編集部編『町村合併促進法施行 1 周年・地方自治綜合大展覧会記念・地方自治論文集』〔（財）地方財務協会、1954年）
塩野宏『国と地方公共団体』（有斐閣、1990年）
　――　「地方自治の本旨に関する一考察」『自治研究』80 巻11号（2004年）
　――　『行政法Ⅲ』（第 4 版、有斐閣、2012年）
篠原一『市民の政治学』（岩波書店、2004年）
篠原一編『討議デモクラシーの挑戦』（岩波書店、2012年）
柴田三千雄『近代世界と民衆運動』（岩波書店、1983年）
渋谷秀樹「都道府県と市町村の関係」『公法研究』62 号（2000年）
　――　「地方公共団体の組織と憲法」『立教法学』70 号（2006年）
　――　「憲法と条例」『ジュリスト』1396 号（2010年）
　――　『憲法』（第 2 版、有斐閣、2013年）
白藤博行「ゲマインデの自治権の範囲」栗木壽夫・戸波江二・島崎健太郎編『ドイツの憲法判例Ⅱ』（第 2 版、信山社、2006年）
杉原泰雄『国民主権の研究』（岩波書店、1971年）
　――　「地方自治権の本質（1）～（3 完）」『法律時報』48 巻 2 、 3 、 4 号（1976年）
　――　『人民主権の史的展開』（岩波書店、1978年）
　――　『国民主権の史的展開』（岩波書店、1985年）
　――　『民衆の国家構想』（日本評論社、1992年）

―――『地方自治の憲法論』（勁草書房、初版2002年、補訂版2008年）
―――『憲法と国家論』（有斐閣、2006年）
―――「地方自治の憲法理論史」前掲『地方自治の憲法理論の新展開』（2011年）
清野幾久子「ドイツ環境法分野における『連邦と州』の立法権限問題」前掲『地方自治の憲法理論の新展開』（2011年）
高橋和之「フランス憲法学説史研究序説（1）～（5完）――伝統的国家理論と社会学的国家理論」『国家学会雑誌』85巻1＝2、3＝4、5＝6、7＝8、9＝10号（1972年）
―――「現代フランス代表民主政論の源流（1）・（2）」『法学志林』79巻4号、80巻1号（1982年）3＝4号（1983年）
―――『立憲主義と日本国憲法』（第3版、有斐閣、2013年）
只野雅人「フランス民主主義と多様性」『日仏法学』24号（2007年）
―――「自治体の立法権をめぐる『国家の型』の理論」前掲『地方自治の憲法理論の新展開』（2011年）
田中孝男「地方公共団体における条例制定の裁量」『行政法研究』3号（2013年）
田中二郎『法律による行政の原理』（酒井書店、1954年）
辻村みよ子『フランス革命の憲法原理――近代憲法とジャコバン主義』（日本評論社、1989年）
―――『市民主権の可能性』（有信堂、2002年）
―――『フランス憲法と現代立憲主義の挑戦』（有信堂、2010年）
手島孝『憲法学の開拓線』（三省堂、1985年）
成田頼明「法律と条例」清宮四郎・佐藤功編『憲法講座4』（有斐閣、1959年）
―――「地方自治の保障」『日本国憲法体系5巻　統治の機構Ⅱ』（宮沢俊義先生還暦記念、有斐閣、1964年）
―――「『地方の時代』における地方自治の法理と改革」『公法研究』43号（1981年）
新村とわ「自治権に関する一考察（1）・（2完）」『法学』68巻3、4号（2004年）
ハバーマス、ユルゲン（河上倫逸・耳野健二訳）『事実性と妥当性（上）・（下）』（未來社、2002年、2003年）
林知更「連邦と憲法理論――ワイマール憲法理論における連邦国家論の学説史的意義をめぐって（上）・（下）」『法律時報』84巻5、6号（2012年）
原島良成「地方政府の自律（上）・（中）・（下）」『自治研究』81巻8号（2005年）、82巻1、3号（2006年）
樋口陽一『近代立憲主義と現代国家』（勁草書房、1973年）
―――『比較憲法』（全訂第3版、青林書院、1992年）
―――『近代国民国家の憲法構造』（東京大学出版会、1994年）
廣田全男・糠塚康江「『ヨーロッパ地方自治憲章』『世界地方自治宣言』の意義」『法律時報』64巻12号（1994年）
廣田全男「（資料）ヨーロッパ地域自治憲章案」『経済と貿易』177号（1999年）
―――「イギリスの地方分権改革と権限踰越の法理」『自治総研』33巻1号（2007年）
深瀬忠一「A・エスマンの憲法学――フランス現代憲法学の形成（1）」『北大法学論集』15巻2号（1964年）／「L・デュギィの行政法論と福祉国家（a）・（b）――フランス現代憲法学の形成（2）」同16巻2＝3、4号（1966年）

福岡英明『現代フランス議会制の研究』（信山社、2001年）
星野光男『地方自治の理論と構造』（新評論・1970年）
松本英昭「自治体政策法務をサポートする自治法制のあり方について」『ジュリスト』1385号（2009年）
村上順「越権訴訟の訴の利益に関する1考察——フランスにおける『国民（住民）代表制の原則』le principe de représentation と納税者、地域住民の原告適格」『神奈川法学』12巻1号（1976年）
村上順・白藤博行・人見剛編『新基本法コンメンタール地方自治法』（日本評論社、2011年）
柳瀬良幹『憲法と地方自治』（有信堂、1954年）
山崎榮一『フランスの憲法改正と地方分権——ジロンダンの復権』（日本評論社、2006年）
山下健次・小林武『自治体憲法』（学陽書房・1991年）
山元一『現代フランス憲法理論』（信山社、2014年）
若松隆・山田徹編『ヨーロッパ分権改革の新潮流——地域主義と補完性原理』（中央大学出版会、2008年）
亘理格「フランスにおける国、地方、住民（1）〜（5完）——1884年《コミューン組織法》」制定前後」『自治研究』59巻3、8、9、10、12号（1983年）

Ⅲ　本書と関連する主な拙編著・拙稿

「フランス革命初期における地方自治の憲法学的考察」『一橋論叢』94巻4号（1985年）
「フランス地方分権制と単一国主義」宮島喬・梶田孝道編『現代ヨーロッパの地域と国家』（有信堂、1988年）
「フランス憲法史と公法解釈学説における『単一国家』型の地方自治原理の成立（1）・（2）」『法政理論』（新潟大学）25巻3号（1993年）、27巻1号（1994年）
「自治体の国際活動と外交権」『公法研究』55号（1993年）
「国際人権保障の視点から見た自治体国際活動」『国際人権』8号（1997年）
「フランスにおける自治体統制権の憲法理論」比較憲法史研究会編『憲法の歴史と比較』（日本評論社、1998年）
「フランスの自治体憲法学」杉原泰雄先生古稀記念論文集刊行会編『21世紀の立憲主義』
「フランス憲法改正における補完性の原理と実験への権利」『自治総研』2003年5月号（2003年）
「『地方分権化された共和国』のためのフランス憲法改正」『法律時報』75巻7号（2003年）
「補完性原理とフランス地方自治権論」中村睦男・高橋和之・辻村みよ子編『欧州統合とフランス憲法の変容』（有斐閣、2003年）
「アレクシィ・ド・トクヴィル『アメリカの民主主義』（抄）」杉原泰雄ほか編『資料現代地方自治』（勁草書房、2003年）
「『三位一体改革』と『分権型国家』の憲法論」『法律時報』78巻6号（2006年）
「『市民政治』・『参加民主主義』と憲法学」『憲法問題』（全国憲法研究会）18号（2007年）
「国民主権と『対話』する地方自治」前掲『ネーションと市民』（2007年）
「地方自治における国際人権保障と私人間紛争」『国際人権』20号（2009年）
「『対話型立法権分有』の事務配分論と『分権型法治主義』」前掲・拙編『地方自治の憲法理論

の新展開』（2011年）
「地方自治——自治体政府形態選択権と国民主権原理の関係から」辻村みよ子・長谷部恭男編『憲法理論の再創造』（日本評論社、2011年）
『日本とフランス（及びヨーロッパ）における分権国家と法——2009年12月12日成城大学日仏比較法シンポジウムの記録』（拙編、成城大学〔非売品〕、2011年）
「地方自治体の権能」・「特別法の住民投票」芹沢斉・市川正人・阪口正二郎編『新基本法コンメンタール・憲法』（日本評論社、2011年）
「国際人権保障における自治体の権能と義務」芹田・戸波・棟居・薬師寺・坂元編『講座国際人権法3 国際人権法の国内的実施』（信山社、2011年）
「『対話型立法権分有』の法理に基づく『目的効果基準』論の新展開——神奈川県臨時特例企業税条例の合憲性・合法性についての一考察」『成城法学』81号（2012年）
「地方自治」辻村みよ子編『ニューアングル憲法——憲法判例×事例研究』（法律文化社、2012年）
「分権改革の合理化」、「補完性原理の裁判規範性」前掲『フランスの憲法判例Ⅱ』（2013年）
「『一般権限条項』と地方自治の憲法原理」『日仏法学』（2013年）
「国の立法と自治体立法——『正統な』自治体立法の規範理論」西原博史編『立法システムの再構築（立法学のフロンティア2）』（ナカニシヤ出版、2014年）

あとがき

　27年ぶりに、忘れ物を取りに戻った気がする。

　本書は、私がフランス地方自治の憲法原理に関する歴史研究をまとめて、1987年に一橋大学大学院法学研究科に提出した博士後期課程単位修得論文「単一国家原理に基づく地方自治の研究」(200字詰原稿用紙2376枚) が基になっている。もちろん本書は、日本における地方自治の憲法解釈の現状から新たに課題設定を行い(序章)、その観点から上記論文を圧縮するとともに、必要に応じて加筆・修正し(第1章～第3章)、さらに現代フランスにおける地方自治の憲法理論の変容状況の分析やフランス以外の国々の連邦制や地方自治の憲法研究からの知見を付け加えることで (第4章)、この課題に解釈論上で対応することを試みている (終章)。したがって、単位修得論文執筆時に比べてかなり分析視角を修正し、かつ理論水準も引き上げている。しかし究極の問題関心の所在やフランス憲法研究を中核に据えている点は、単位修得論文執筆の頃と変わりはない。

　単位修得論文は博士論文ではない。大学院博士後期課程の必要単位を全て取得した満期退学であることを認定するとともに、退学後にそれを書き直し、一定期間内に博士論文として提出し審査に合格すれば、課程博士の学位を得ることができるという制度に過ぎない。本来の課程博士の学位は、独立した研究者の能力があることの証明だけで十分だったはずであるが、当時の一橋大学大学院の場合には、運用上、課程博士であってもその論文に学界の学問水準の向上に寄与する内容が求められたため、逆に単位修得論文の方に独立した研究者の能力を証明する質が求められた。正規の論文審査と面接試験もあるため、これを完成できない者も少なくなかった。もっとも単位修得論文は普遍的な制度ではなく、これを課さずに満期退学を認める大学院も多い。学位を欲する留学生の増大や、厳格すぎる学位認定の是正を求める文科省の指導もあり、現在では博士後期課程満期時に、直ちに博士論文の提出が許され、課程博士の学位を取得する者も多いと聞く。

単位修得論文の審査に合格し満期退学した私は、運よくその年に公募で新潟大学教育学部の助手（社会科教育の法律学）に採用された。このポストは同学部では専任講師と同等の権利と授業・学務の負担があり、ポスト配分の関係で新任教員が1年だけ配置され、その後、専任講師、助教授へと昇格していくものだった。当時の一橋大学の大学院生の多くは満期退学し、就職して授業や学務をこなしながら、期限内に博士論文を仕上げることを目指した。しかし資料などの整っていない大学に赴任し、かつ日常的な業務に忙殺されるため、よほど自己を律しない限り、挫折して満期退学止まりとなってしまう。かく言う私も、新任教員としての日常の雑事に追われて、結局、課程博士となる機会を逸してしまった。

　その後は、より高度な学問水準を要求される論文博士の道しか残されていない。私も、なんとか博士論文に値するものを仕上げたいと思い、何度か論文執筆に挑戦した。大学院時代の指導教授から言われていたのは、課程博士に比べて論文博士の認定を受けるためには、学界の学問の発展により一層寄与する研究の質が求められるということと、そのような質に達していると見なされ審査対象となるには、絶対条件とは言わないまでも、単著の研究書として公刊されていることが必要ということだった。しかしこの2つの条件は、必要ではあるが達成することが難しい。まず、それなりの学問水準に到達することを考えると、大学院博士後期課程満了レベルの学識で執筆した論文では全く不十分である。また時間が経つにつれて当該分野と憲法学全体の学問水準が上がり、学界の関心も変化し、データも古くなるという困難に直面する。さらに憲法学者としてその専門分野で一定の解釈論を公にした後で博士論文を公にするとなれば、こうした解釈論と原理論的な博士論文との整合性が問われてしまうため、原理論自体を問い直すことも必要になる。加えてますます出版事情が厳しくなる中で、一部の著名な学者の場合を除き、出版助成を得られない限り出版社に学術書の出版を引き受けてもらえないという困難もあった。そのような事情の下、出版の目途も立たないまま何度か単著の原稿を執筆しかけては挫折を繰り返し、馬齢と後悔を重ねてきたのであった。

　幸い、現在私が奉職する成城大学法学部から今回、出版助成を認めていただき、有信堂高文社にも出版を受け入れていただいたことにより、今度こそ論文をまとめようと決意し直すことができた。今回もこれまでと同様に、本務校やいくつかの非常勤先での授業、学務その他の諸々の日常業務、そして10年ほど前から始めた弁護士業務（主に刑事弁護）などが積み重なり、執筆時間がなかなか確保でき

ないことに苦しんだ。さらに年齢による視力の低下や、その他の身体の不調も経験した。それでも準備期間も含め1年半ほどかけてようやく単著の研究書を仕上げることができて、ほっとしている。執筆作業の過程では、単位修得論文の内容を全て見直し、またその後の研究で得た新たな視角や知見を盛り込むことで、現時点で可能な最大限の研究のまとめを行ったつもりである。このような機会を与えて下さった成城大学法学部及び有信堂高文社には、厚く御礼を申し上げたい。

　私が地方自治の憲法理論を研究課題としたのは、ほかでもなく一橋大学法学部と大学院法学研究科を通じて研究指導をして下さった杉原泰雄先生（一橋大学名誉教授）のおかげである。私が1979年に学部3年生として杉原先生の専門ゼミに加えていただいた頃は、杉原先生はちょうど国民主権研究の一環として「人民主権」の分析を進められつつ、これを基礎とする新たな地方自治論の研究も進めておられた。前年度の2年生時に前期教養課程で杉原先生の「憲法総論」の授業を受講し、「ナシオン主権」と「人民主権」の対抗関係から論じられる比較憲法学の魅力を知った私は、「人民主権」と地方自治との原理論的な関係に興味を抱くようになっていた。当時、一橋大学後期専門課程の学生には、神戸大学、大阪市立大学の学生と持ち回りで行う「三商大ゼミ」という合同ゼミの行事があった。3年生時の会場校は神戸大学で、地方自治が討論テーマだった。合同ゼミでの研究発表と討論は、初めて学問的な活動に触れた私に大きな喜びを与えてくれた。しかも神戸大学では、若かりし頃の浦部法穂先生（神戸大学名誉教授）が、講評の中で「人民主権」に基づく地方自治論の重要性を説かれたことも、このテーマへの関心を強めた。その後、大学院に進学した時に、杉原先生から未解明のテーマの1つとして地方自治を勧めていただいた。学部生時代から育んでいた問題関心とも合致し、私も進んでこのテーマを研究しようと考えたのであった。

　しかし地方自治論の比較研究のための準拠国をフランスに設定したことは、理論的に大きな困難につきまとわれる原因となった。フランスは主権論や代表制論では、他のどの国にも増して有益な知見を与えてくれるけれども、逆に地方自治論の分野では、その主権論と代表制論とが自治体に対する国民代表府の絶対的優越を正当化してしまうがゆえに、国会の立法による介入から地方自治権を保障する論理が導き出せないのである。しかしフランスの主権論に対する興味から地方自治論の研究に進んだ私としては、フランスを研究する以外の選択肢はなかった。

結局、私の修士論文と単位修得論文では、なぜフランスの国民主権論が地方自治権保障の論理を排除するのかに焦点を絞って、フランス革命期と第3共和制期の憲法論議と法制度、並びに第3共和制期の法学説を分析するに留めざるをえなかった。そこでは、政治対立の中で勝利を収めたのは国民主権のうちでも「ナシオン主権」であり、特にその純粋形である「純粋代表制」が採用されてしまったことが、民主主義と政治的中央集権の直結を生んでしまったことを明らかにした（詳しくは本書第1章〜第3章を参照）。だがこのような研究では、否定されるべき憲法原理は明らかにできても、国の立法意思にも対抗できるような自治体立法意思を法的に正当化する憲法原理を示すことはできない。否定されるべきものを理論的に解明するのも無意味ではないが、憲法学が解釈論までも含んだ総合規範学であるべきだと考えるなら、なお不十分だと言わざるをえない。

　杉原先生の見通しでは「人民主権」こそが、全国レベルでも地方レベルでも人民の政治参加を最大限保障し、その結果、地方自治権も最大限保障されるというものであった。しかし本書で示すように、実際の憲法史における政治論議においても、あるいは法学者の憲法論においても、少なくとも現在までに得られた知見を前提とする限りは、「人民主権」そのものから国の立法意思と競合し、時に抵触するような自治体の立法意思を法的に正当化する理屈は見出せなかった。大学院を終えた私は、一人の独立した研究者として理論的な試行錯誤を続けた。その結果、本書で示すように「人民主権」からの帰結というよりも、むしろ「人民主権」の挑戦を受けつつ変容を続けた「ナシオン主権」が、現代に至り「半直接制」の形態に到達する中でこそ、発達した資本主義社会という現在の条件下でも許容されうる、国と自治体との間の立法権分有制を論証しうる論理が育まれるとの結論に至った。私はこれを、憲法原理としての分権国家の名の下に示そうとした。おそらくそれは、杉原先生が目指そうとした方向とはかなり違っているであろう。しかし私は、この結論を杉原憲法学の否定とは思っていない。それは、杉原先生のようにタブーなく理論的挑戦を続け、かつフランスの主権論が持つ積極的意義を追究し続けた結果であり、その意味で本書は杉原先生に対する1つのオマージュである。不肖の弟子の分際で恐縮であるが、杉原先生におかれてはいつまでも元気でいて下さり、今後も真剣な批判と叱咤激励を下さることを切に願っている。

　本文では杉原先生をはじめ、全ての先生方のお名前に敬称を付することを省い

た。学術論文では、誰に対しても忌憚なく批評することが必要だと考えるからである。実際、高名な先生方の学説に対しては、敬称を省いて初めて自由に論ずることができたように思う。もし失礼があった場合には、ここでお詫び申し上げたい。

　本書は私の初めての単著である。そこで、尊敬する先生方に対する献辞を述べることをお許しいただきたい。一橋大学大学院では浦田一郎明治大学教授からも多大のご指導をいただいた。また、山内敏弘先生（一橋大学名誉教授）、辻村みよ子明治大学教授、成嶋隆獨協大学教授、糠塚康江東北大学教授、廣田全男横浜市立大学教授などの諸先生、諸先輩からも指導や叱咤激励をいただいた（肩書は現職）。ここに名前を挙げることができなかった方々には失礼をお詫びしつつ、一橋大学関係者に限らず多くの先生方から多大の学恩をいただいたことに感謝申し上げる。

　フランスとの関係についても一言述べたい。私は1994年夏から1996年夏まで、新潟大学に在職しながらストラスブールで在外研究を行った。この在外研究については、新潟大学内部で在外研修の順番が回ってくる可能性がなかったため、新潟市国際ロータリークラブの奨学金を得ることで1年目の在外研究を実現し、2年目はその延長として新潟大学の給料で滞在を続けた。当時、社会人であった私に奨学生となることを認めて下さった新潟市ロータリアンの皆さんには心から感謝している。ストラスブールでは、ロベール・シューマン大学（現ストラスブール大学法学部）の大学院ゼミに参加しつつ、ヨーロッパ評議会の下で進む自治体越境協力の法制度の研究を行った。ロベール・シューマン大学では、財政法と地域開発法制の専門家であるロベール・エルゾク教授（当時）や私と同年代のピエール・エクリ専任講師の知己を得た。特にピエールは、日仏公法セミナーの基礎を築くことに尽力してくれた。この活動は、日本からは長谷川憲工学院大学教授や山元一慶應義塾大学教授らの参加を得て今日も発展を続けている。ピエールは今、体調が思わしくないと伝え聞き心配している。恢復を心から祈っている。

　次に2003年夏から2004年夏にかけての1年間、東海大学法学部在職中に（在外研究途中で同大学法科大学院に配置換えとなったが）、同大学の在外研修制度を用いて、エックス・アン・プロヴァンスにあるポール・セザンヌ大学（現エックス＝マルセイユ大学法学部）で在外研究を行った。ここでは地方自治の憲法理論を集中的に研究した。同大学では、とりわけ地方自治法の専門家であるジャン＝マリ・ポン

ティエ教授、自治体憲法学の専門家であるアンドレ・ルゥ教授、そして日仏交流にも熱心な多元的裁判権論のティエリ・ルヌー教授の知己を得た。現在まで続く彼らとの親交も、私の大切な財産である。

　最後に、私の家族の名前を挙げることをお許しいただきたい。父健太郎と母ヤスは、私が大学で学ぶために東京で一人暮らしをし、その後、大学院に進学してさらに勉強を続けることを快く許してくれた。新潟の片田舎で小中学校の教師を務める父だけの給料で、私を含め3人の子ども、祖父母、社会人になる前の叔父叔母など扶養家族が多かったにもかかわらず、このような援助を続けてくれたこと、特に長男である私には戻って来て欲しいという気持ちもあったであろうに、一言もそのようなことを言わずに私の人生の選択を許し、見守っていてくれたことに感謝したい。難病を患った母は7年前に帰らぬ人となったが、最後まで気高く過ごされた。間もなく米寿の父はなお健在であり、離れて暮らす私にとっては心強い限りである。妻の里乃は、ルーズな生活を送りやすい私のために、睡眠時間や食事の管理に気を配ってくれた。そのおかげで大病もせずに本書の刊行に辿り着くことができた。彼女が私の心の支えとなっていることは言うまでもない。

　なお、有信堂編集部の川野祐司氏には、執筆の遅れや校正補助で大変なご苦労をおかけした。川野氏の叱咤激励がなければ、本書は決して実現できなかった。

　本書は上述したように2013（平成25）年度成城大学法学部の出版助成を受けて刊行されたものである。また本書は、私が研究分担者として参加した (1) 2009（平成21）年度〜2011（平成23）年度科学研究費補助金（基盤研究B：課題番号21402016）「グローバル時代のマルチ・レベル・ガバナンス」（研究代表者・多賀秀敏早稲田大学教授）、(2) 2011（平成23）年度〜2013（平成25）年度科学研究費補助金（基盤研究A：課題番号23243006）「地方自治法制のパラダイム転換」（研究代表者・木佐茂男九州大学教授）、(3) 2013（平成25）年度〜2015（平成27）年度科学研究費補助金（基盤研究B：課題番号25301012）「東アジアにおけるサブリージョナル・ガバナンスの研究」（研究代表者・多賀秀敏早稲田大学教授）の研究成果の1つであることを書き添えておく。

　　　　　　　　　　　　2014年　季節の移ろいを感じる彼岸明けの日に
　　　　　　　　　　　　　　　　　　　　　　　　大津　浩

著者紹介

大津　浩（おおつ・ひろし）

略歴
1957年新潟県生まれ。一橋大学法学部卒。同大学大学院博士後期課程単位取得満期退学。
新潟大学教育学部助教授、東海大学法学部教授、同大学法科大学院教授を経て、
現在、成城大学法学部教授。
ロベール・シューマン大学招聘教授（2002年）、ポール・ゼザンヌ大学招聘教授（2005年）、同大学政
　治学院（IEP）招聘教授（2009年）等
法学修士、弁護士（2003年登録。第1東京弁護士会）。

主要業績
「自治体の国際活動と外交権」『公法研究』55号（1993年）
『自治体外交の挑戦』（共編著、有信堂、1994年）
『憲法四重奏』（共著、有信堂、第1版2002年、第2版2008年）
『資料・現代地方自治』（共編著、勁草書房、2003年）
Le nouveau défi de la Constitution japonaise,（共編著）L.G.D.J., 2004
『プロセス演習　憲法』（共著、信山社、第1版2004年、第4版2011年）
《'État de droit', contrôle juridictionnel et pouvoir normatif autonome locale au Japon》, RFDC, n°65, 2006
「国民主権と『対話』する地方自治」杉田敦編『ネーションと市民』（岩波講座憲法第3巻、岩波
　書店、2007年）
『地方自治の憲法理論の新展開』（編著、敬文堂、2011年）
「国の立法と自治体立法」西原博史編『立法学のフロンティア2　立法システムの再構築』（ナカ
　ニシヤ出版、2014年）。

分権国家の憲法理論——フランス憲法の歴史と理論から見た現代日本の地方自治論

2015年2月6日　初　版　第1刷発行　　　　　　　　〔検印省略〕

著者©大津浩／発行者　髙橋明義　　　　　　印刷　亜細亜印刷／製本　中條製本

東京都文京区本郷1-8-1　振替00160-8-141750
〒113-0033　TEL（03）3813-4511
　　　　　　FAX（03）3813-4514
http://www.yushindo.co.jp/
ISBN 978-4-8420-1074-8

発　行　所
株式会社　有信堂高文社

Printed in Japan

分権国家の憲法理論	大津 浩著	七〇〇〇円
公共空間における裁判権	日仏公法セミナー編	五八〇〇円
憲法 四重奏〔第二版〕	大津・大藤・髙佐・長谷川著	三〇〇〇円
自治体外交の挑戦	大津・羽貝・正浩美編	二三〇〇円
亡 命 と 家 族	水鳥能伸編	近 刊
憲 法 と 人 権 条 約	建石真公子著	近 刊
地方自治権の国際的保障	廣田全男著	近 刊
フランス憲法と現代立憲主義の挑戦	辻村みよ子著	七〇〇〇円
市民主権の可能性——21世紀の憲法・デモクラシー・ジェンダー	辻村みよ子著	四二〇〇円
憲法の「現在」——いまなぜ日本国憲法か	杉原泰雄著	三〇〇〇円
財政民主主義と経済性——ドイツ公法学の示唆と日本国憲法	石森久広著	五〇〇〇円
外国人の退去強制と合衆国憲法	新井信之著	七〇〇〇円
アメリカ連邦議会と裁判官規律制度の展開	土屋孝次著	四六〇〇円
ロールズの憲法哲学	大日方信春著	五〇〇〇円
リベラリズム／デモクラシー〔第二版〕	阪本昌成著	二〇〇〇円
世 界 の 憲 法 集〔第四版〕	阿部照哉・畑博行編	三五〇〇円

★表示価格は本体価格（税別）

有信堂刊